Mehrhoff · Meindl · Muhr
Unfallbegutachtung

Friedrich Mehrhoff
Renate Chr. Meindl
Gert Muhr

Unfallbegutachtung

begründet von Paul Rostock †
fortgeführt von Eckhard Günther † und Reinhard Hymmen †
übernommen von Willy Izbicki, Norbert Neumann und Heinz
Spohr †

12., überarbeitete und erweiterte Auflage

DE GRUYTER

Dr. iur. Friedrich Mehrhoff
Leiter des Stabsbereichs Rehabilitationsstrategien und -grundsätze
Deutsche Gesetzliche Unfallversicherung e. V. (DGUV)
Mittelstr. 51
10117 Berlin
Tel.: 49 30 288763-804 · Fax: -813
e-mail: friedrich.mehrhoff@dguv.de

Dr. med. Renate Ch. Meindl
Leitende Ärztin der Abteilung für Neurotraumatologie und Rückenmarkverletzte
Universitätsklinik
Bürkle-de-la-Camp-Platz 1
44789 Bochum
Tel. + 49 2 34-3 02-67 01 · Fax + 49 2 34-3 02-67 04
e-mail: renate.meindl@ruhr-uni-bochum.de

Prof. Dr. med. Gert Muhr
Ärztlicher Direktor der Berufsgenossenschaftlichen Kliniken Bergmannsheil
Universitätsklinik
Bürkle-de-la-Camp-Platz 1
44789 Bochum
Tel. + 49 2 34-3 02-65 00 · Fax + 49 2 34-3 02-65 30
e-mail: chirurgie@bergmannsheil.de

Die Grafik auf dem Einband wurde unter Verwendung eines Fotos der DGUV erstellt.
© HVGB/Danetzki, Köln 1999.

ISBN 978-3-11-020230-4

Bibliografische Information Der Deutschen Bibliothek

Die Deutsche Bibliothek verzeichnet diese Publikation in der Deutschen
Nationalbibliografie; detaillierte bibliografische Daten sind im Internet
über <http://dnb.ddb.de> abrufbar.

♾ Gedruckt auf säurefreiem Papier, das die US-ANSI-Norm über Haltbarkeit erfüllt.

Satz und Druck: Tutte Druckerei GmbH, Salzweg-Passau – Buchbinderische Verarbeitung: Druckhaus
„Thomas Müntzer", Bad Langensalza – Einbandgestaltung: deblik, Berlin.

Vorwort

Über 200.000 ärztliche Gutachten mit einem Finanzvolumen von rund 100 Mio. Euro werden jährlich allein von den Trägern der gesetzlichen Unfallversicherung vergeben. Hinzu kommen die Gutachten, die die Medizinischen Dienste der gesetzlichen Kranken- und Rentenversicherung, private Versicherungen und Gerichte einholen. Auftraggeber und Auftragnehmer sind gemeinsam an der Qualität von Gutachten interessiert, ebenso wie an einer verständlichen Sprache im Umgang miteinander und an dem Streben danach, Entscheidungen über Gesundheits- und Vermögensinteressen Unfallverletzter und deren Angehörigen überzeugend vorzubereiten.

Mit der 12. Auflage ändert sich nichts an den traditionellen Vorzügen dieses Buches: Brücken zu bauen im Grenzbereich zwischen rechtlichem und medizinischem Sachverstand. Darüber erhalten die ärztlichen Gutachter in der Neuauflage das aktuelle und wichtigste Grundwissen, mit dem sie jeden Gutachtenauftrag zu Personenschäden nach Unfällen qualitativ erledigen können. Die Arbeitsunfälle stehen traditionell im Vordergrund. Das neue SGB VII (Recht der gesetzlichen Unfallversicherung) ist integriert genauso wie die neue Rechtsgrundlage und Begrifflichkeit (GdS) im sozialen Entschädigungsrecht ab 1.1.2009. Zudem wendet sich die Neuauflage noch stärker als zuletzt den Bedürfnissen der Begutachtung von Risiken und Schäden in der Kranken-, Unfall-, Berufsunfähigkeits-, Lebens- und Haftpflichtversicherung zu. Der Medizinische Teil bleibt unverändert.

Alle Auftraggeber von medizinischen Gutachten erwarten zunehmend nicht nur Expertenrat zur Kausalität oder zu Renten nach Unfällen, sondern zur beruflichen Leistungsfähigkeit der Verletzten. Im Vordergrund der Begutachtung stehen damit die Leistungspotentiale von Unfallopfern, nicht deren Defizite. Dieser Stärkung der Teilhabe in der Gesellschaft und der Beschäftigungsfähigkeit von Menschen trägt das Nachschlagewerk Rechnung. Die Rechtsordnung und die demografische Entwicklung geben diesen europaweiten Trend vor. Dazu gehört die Orientierung der Begutachtung an dem bio-psycho-sozialen Ansatz der ICF der WHO, wonach alle Kontextfaktoren bei der medizinischen Bewertung mit zu berücksichtigen sind. Nicht zuletzt deswegen ist der Teil zu „psychischen Störungen nach Unfällen" ausgebaut worden.

Wir wünschen uns, ebenso wie nach der letzten Auflage, einen Dialog mit Ärzten/ Gutachtern, mit Auftraggebern von Gutachten sowie anderen Beteiligten, z.B. auch Unfallverletzten, um verbessernde Ratschläge und Informationen in der nächsten Auflage berücksichtigen zu können.

Berlin/Bochum, im November 2009   F. Mehrhoff, R. Ch. Meindl, G. Muhr

Inhalt

Teil 1: Rechtliche Grundlagen der Unfallbegutachtung

1	Überblick	3
2	Gesetzliche Unfallversicherung	7
2.1	Allgemeines	7
2.2	Aufbringung der Mittel	10
2.3	Versicherter Personenkreis	10
2.4	Versicherungsfall	14
2.4.1	Arbeitsunfall	14
2.4.2	Ursache und Beweis	15
2.4.3	Wesentliche Änderung	17
2.4.4	Wegeunfälle	17
2.4.5	Berufskrankheiten	18
2.5	Entschädigung	20
2.5.1	Abstrakter Schadensersatz	20
2.5.2	Sachleistungen	21
2.5.2.1	Heilbehandlung und medizinische Rehabilitation	21
2.5.2.2	Teilhabe am Arbeitsleben	23
2.5.2.3	Teilhabe am Leben in der Gemeinschaft	23
2.5.2.4	Pflege	24
2.5.3	Geldleistungen	24
2.5.3.1	Verletztengeld – Übergangsgeld	24
2.5.3.2	Rente	25
2.5.3.3	Vorläufige Rente – „Dauerrente"	29
2.5.3.4	Rente bei Kindern in Kindergärten, Schülern und Studierenden	29
2.5.3.5	Leistungen an Hinterbliebene	30
2.5.3.6	Abfindungen	30
2.6	Verhältnis der Unfallversicherungsträger zu den Ärzten	31
2.7	Verwaltungsverfahren	36
3	Gesetzliche Krankenversicherung	39
3.1	Allgemeines	39
3.2	Träger der Krankenversicherung	39
3.3	Aufbringung der Mittel	40
3.4	Versicherter Personenkreis	40
3.5	Versicherungsfall	41
3.6	Leistungen der Krankenversicherung	41
3.7	Beziehungen zur Unfallversicherung	42

3.8	Beziehungen zu den Ärzten	42
3.9	Verwaltungsverfahren	43
4	Gesetzliche Rentenversicherung	45
4.1	Allgemeines	45
4.2	Träger der Rentenversicherung	46
4.3	Aufbringung der Mittel	46
4.4	Versicherter Personenkreis	47
4.5	Leistungen	47
4.5.1	Leistungen zur Teilhabe	47
4.5.2	Minderung der Erwerbsfähigkeit	49
4.5.3	Befristung der Renten	50
4.5.4	Tod	51
4.5.5	Wartezeit	51
4.5.6	Leistungsfall	51
4.6	Beziehungen zur Unfallversicherung	52
4.7	Verwaltungsverfahren	53
5	Soziale Entschädigung	54
5.1	Allgemeines	54
5.2	Soziale Entschädigung nach dem BVG	54
5.3	Soziale Entschädigung nach anderen Gesetzen	55
5.4	Umfang der Versorgungsleistungen bei Gesundheitsschäden	57
5.4.1	Heil- und Krankenbehandlung	57
5.4.2	Besondere Hilfen im Einzelfall	58
5.4.3	Renten und andere Geldleistungen	59
5.5	Aufbringung der Mittel	61
5.6	Verwaltungsverfahren	61
5.7	Hinweise für die Gutachter	61
6	Teilhabe von Menschen mit Behinderungen	65
6.1	Allgemeines	65
6.2	Aufgabe der Gutachter	65
6.3	Inhalt des Rehabilitationsrechts	66
6.4	Beziehungen der Reha-Träger zu den Gutachtern	67
7	Gesetzliche Pflegeversicherung	69
7.1	Allgemeines	69
7.2	Versicherter Personenkreis	69
7.3	Beiträge	70
7.4	Leistungsberechtigte	70
7.5	Leistungen	70
7.5.1	Häusliche Pflege	70

7.5.2	Stationäre Pflege	72
7.6	Begutachtung von Pflegebedürftigkeit	73
8	Private Unfallversicherung	78
8.1	Allgemeines	78
8.2	Versicherter Personenkreis	80
8.3	Versicherungsfall	80
8.4	Leistungen	82
8.5	Ärztliches Berichtswesen	84
8.6	Verfahren	84
9	Sonstige Auftraggeber	86
9.1	Gesetzliche Arbeitslosenversicherung	86
9.2	Sozialhilfe	88
9.3	Gerichte	88
10	Vergütung von Gutachten	90
10.1	Allgemeines	90
10.2	Gerichte	91
10.3	Gesetzliche Krankenversicherung	91
10.4	Gesetzliche Rentenversicherung	91
10.5	Bundesagentur für Arbeit	92
10.6	Soziale Entschädigung	92
10.7	Gesetzliche Unfallversicherung	92

Teil 2: Medizinische Gesichtspunkte der Unfallbegutachtung

1	Allgemeines	97
1.1	Gutachtertätigkeit der Ärzte	97
1.2	Rechtliche Stellung der Gutachter und ihre Aufgaben	97
1.3	Formulierung der Gutachten	98
1.4	Befunderhebung	99
1.5	Entgegengesetzte Meinungen der Sachverständigen	100
1.6	Untersuchung der Verletzten für die Begutachtung	101
1.7	Personenverwechslungen bei der Untersuchung	101
1.8	Fehler und Irrtümer im Gutachten	101
1.9	Die Würdigung der Beweiskraft	102
1.10	Allgemeine Form des Gutachtens	102
1.11	Ausstellung von Bescheinigungen und Zeugnissen	103
1.12	Auskunftspflicht der Ärzte	103
1.13	Schweigepflicht der Ärzte	104
1.14	Sachkunde und Gutachternachwuchs	105

1.15   Schwierige Krankheitsfälle 105
1.16   Vordruckgutachten 106
1.17   Form des freien Gutachtens 106
1.18   Die Minderung der Erwerbsfähigkeit (MdE) 110
1.19   Vorläufige Rente 112
1.20   Dauerrente 112
1.21   Rentenänderung 113
1.22   Vorschaden, Nachschaden 114
1.23   Wiederherstellende Behandlungsmaßnahmen –
         Zumutbarkeit von Operationen 115
1.24   Wichtige Untersuchungsmethoden für die Begutachtung 116
1.25   Anleitung zur Benutzung der Messblätter und der Messung nach
         der Neutral-0-Methode 126
1.26   Simulation and Aggravation 136

2   Spezielles 139
2.1   Die wichtigsten Rentensätze 139
2.2   Körperoberfläche 141
2.3   Kopf 142
2.4   Brustkorb und Brusthöhle 154
2.5   Wirbelsäule 155
2.6   Becken 155
2.7   Bauchdecke und Bauchorgane 156
2.8   Harnorgane 157
2.9   Männliche Geschlechtsorgane 158
2.10   Weibliche Geschlechtsorgane 159
2.11   Obere Gliedmaße 159
2.12   Untere Gliedmaße 163
2.13   Anhaltspunkte zur Bemessung des Pflegegeldes gemäß
         §44 Abs. 1 und Abs. 2 SGB VII 168
2.13.1   Zweck und inhaltliche Voraussetzungen des Pflegegeldes 168
2.13.1.1 Art und Schwere des Gesundheitsschadens 169
2.13.1.2 Umfang der Hilflosigkeit 169
2.13.1.3 Einzelfallentscheidungen/Dokumentation und Erhebungsbogen .. 170
2.14   Kategorien der Gesundheitsschäden und Einzeleinstufungen für
         die Festsetzung des Pflegegeldes bei Arbeitsunfällen und Berufs-
         krankheiten 170
2.14.1   Kategorien der Gesundheitsschäden 170
2.14.2   Einzeleinstufungen des Pflegegeldes bei Arbeitsunfällen
         (§8 SGB VII) 172

3   Die Begutachtung von Fragen des ursächlichen Zusammenhanges
         zwischen Körperschäden und Arbeitsunfall 191

3.1	Die Form der Gutachten	191
3.2	Der Inhalt	192
3.2.1	Rechtliche Voraussetzungen	192
3.2.2	Medizinische Voraussetzungen	194
3.3	Spezielles über die Begutachtung von Zusammenhangsfragen	195
3.3.1	Thermische Schädigungen	195
3.3.1.1	Erfrierungen	195
3.3.1.2	Verbrennungen	196
3.3.1.3	Sonnenstich	197
3.3.1.4	Hitzschlag	197
3.3.2	Verletzungen durch Einwirkungen des elektrischen Stroms	197
3.3.3	Akute Schädigungen durch Röntgenstrahlen, radioaktive Stoffe und andere ionisierende Strahlen	197
3.3.4	Intoxikationen	198
3.3.4.1	Vergiftungen	198
3.3.4.2	Gasvergiftung	198
3.3.4.3	Insektenstiche	198
3.3.5	Infektionskrankheiten	198
3.3.5.1	Diphtherie	198
3.3.5.2	Typhus abdominalis, Paratyphus	199
3.3.5.3	Tuberkulose	199
3.3.5.4	Milzbrand	199
3.3.5.5	Rotz	199
3.3.5.6	Aids, HIV-Infektion	199
3.3.5.7	Hepatitis	200
3.3.6	Parasitäre Erkrankungen	201
3.3.6.1	Aktinomykose	201
3.3.6.2	Lues	201
3.3.7	Wundinfektionskrankheiten	201
3.3.7.1	Blutergussinfektion	201
3.3.7.2	Erysipel	201
3.3.7.3	Lymphangitis	202
3.3.7.4	Allgemeininfektion	202
3.3.7.5	Tetanus	202
3.3.7.6	Wunddiphtherie	202
3.3.8	Geschwülste	202
3.3.9	Stoffwechselkrankheiten und Krankheiten der endokrinen Drüsen	204
3.3.9.1	Diabetes mellitus	204
3.3.9.2	Fettleibigkeit	204
3.3.9.3	Nebennieren	205
3.3.9.4	Altersveränderungen	205
3.3.10	Erkrankungen des Blutes	205

3.3.10.1 Leukämie 205
3.3.10.2 Perniziöse Anämie 205
3.3.10.3 Milzzerreißungen 206
3.3.11 Erkrankungen des Gefäßsystems 206
3.3.11.1 Herzmuskel und Herzklappen 206
3.3.11.2 Aortenaneurysma 206
3.3.11.3 Aneurysmen peripherer Gefäße 208
3.3.11.4 Krampfadern 208
3.3.11.5 Unterschenkelgeschwüre 208
3.3.11.6 Thrombose 209
3.3.11.7 Embolie 210
3.3.11.8 Arteriosklerose 210
3.3.11.9 Apoplexie 210
3.3.11.10 Endangiitis obliterans 211
3.3.11.11 Gangrän einer Gliedmaße 211
3.3.12 Erkrankungen der Atmungsorgane 211
3.3.12.1 Lungenverletzungen 211
3.3.12.2 Lungenentzündung 211
3.3.12.3 Lungenemphysem 212
3.3.12.4 Lungentuberkulose 212
3.3.12.5 Lungenblutung 212
3.3.12.6 Lungenembolie 213
3.3.12.7 Pleuritis 213
3.3.13 Erkrankungen der Bauchdecken 213
3.3.13.1 Eingeweidebrüche 213
3.3.13.2 Bauchfellentzündung 214
3.3.14 Erkrankungen des Magen- und Darmkanals 214
3.3.14.1 Ösophagusdivertikel 214
3.3.14.2 Magen- und Zwölffingerdarmgeschwür 215
3.3.14.3 Magenblutung 215
3.3.14.4 Magensenkung 215
3.3.14.5 Magenkrebs 216
3.3.14.6 Darmzerreißungen 216
3.3.14.7 Darmgeschwüre 216
3.3.14.8 Darmverschluss 216
3.3.14.9 Appendizitis 216
3.3.14.10 Mastdarmvorfall 217
3.3.14.11 Mastdarmfisteln 217
3.3.15 Erkrankungen der Leber, Gallenwege und Bauchspeicheldrüse ... 217
3.3.15.1 Virushepatitis 217
3.3.15.2 Chronische Hepatitis, Zirrhose 217
3.3.15.3 Gallenblasenentzündung 217
3.3.15.4 Pankreasnekrose 218

3.3.15.5   Pankreaszysten 218
3.3.16   Erkrankungen des Harnsystems 218
3.3.16.1   Nierenstein und Ureterstein 218
3.3.16.2   Hydro- und Pyonephrose 219
3.3.16.3   Neurogene Blasenentleerungsstörung 219
3.3.16.4   Erektile Dysfunktion 219
3.3.16.5   Nierentuberkulose 220
3.3.16.6   Nierenbeckenentzündung 220
3.3.16.7   Harnblasenstein 221
3.3.16.8   Harnröhrenstrikturen 221
3.3.17   Genitale Erkrankungen 221
3.3.18   Erkrankungen der Haut und des Unterhautzellgewebes .. 222
3.3.18.1   Furunkel 222
3.3.18.2   Panaritium 222
3.3.18.3   Zellgewebsentzündung (Phlegmon) 222
3.3.19   Erkrankungen der Muskeln, Sehnen und Schleimbeutel .. 222
3.3.19.1   Muskelrisse 222
3.3.19.2   Muskelhernien 222
3.3.19.3   Myositis ossificans 223
3.3.19.4   Lumbago (Hexenschuss) 223
3.3.19.5   Bandscheibenvorfall im Bereich der Wirbelsäule 223
3.3.19.6   Bizepssehnenriss 227
3.3.19.7   Riss der Achillessehne 227
3.3.19.8   Tendovaginitis crepitans 227
3.3.19.9   Dupuytrensche Kontraktur 228
3.3.19.10 Schleimbeutelentzündungen 228
3.3.19.11 Periarthritis humero-scapularis 228
3.3.19.12 Rotatorenmanschettenruptur 229
3.3.20   Erkrankungen der Knochen und Gelenke 229
3.3.20.1   Akute Ostitis nach Weichteiltrauma 229
3.3.20.2   Ostitis fibrosa 230
3.3.20.3   Tuberkulose der Knochen und Gelenke 230
3.3.20.4   Spontanfrakturen 230
3.3.20.5   Dornfortsatzbruch (Schipperkrankheit) 231
3.3.20.6   Navikularpseudarthrose der Hand 231
3.3.20.7   Lunatumnekrose (Mondbeintod) 231
3.3.20.8   Spondylarthrose 231
3.3.20.9   Bechterew'sche Erkrankung 232
3.3.20.10 Spondylolisthesis (Wirbelgleiten) 232
3.3.20.11 Arthrosis deformans 232
3.3.20.12 Traumatische Schultergelenksluxationen 233
3.3.20.13 Meniskusriss 234
3.3.20.14 Gelenkrheumatismus 235

3.3.20.15 Ganglion 235
3.3.20.16 Osteochondritis dissecans 235
3.3.20.17 Gelenkchondromatose 236
3.3.20.18 Gicht 236
3.3.20.19 Knochennekrosen 236
3.3.21   Erkrankungen des Nervensystems 237
3.3.21.1 Epilepsie 237
3.3.21.2 Psychoreaktive Syndrome 237
3.3.21.3 Hirnabszess 238
3.3.21.4 Ischias 238
3.3.21.5 Traumatische Querschnittlähmung und Hämatomyelie 238
3.3.21.6 Neurofibromatose 240
3.3.21.7 Progressive spinale Muskelatrophie 240
3.3.22   Erkrankungen der Augen 240
3.3.22.1 Grüner Star (Glaukom) 240
3.3.22.2 Grauer Star 240
3.3.22.3 Netzhautablösung 240
3.3.23   Berufsbedingte Erkrankungen der Wirbelsäule 240
3.3.23.1 Überblick 240
3.3.23.2 Grundlagen der Biomechanik 242
3.3.23.3 Untersuchung 243
3.3.23.4 Differentialdiagnose 244
3.3.23.5 Beurteilung 246

4   Psychische Störungen nach Unfällen 247
4.1   Besonderheiten der Begutachtung psychoreaktiver Verhaltens-
           weisen 247
4.2   Begutachtungsmethodik bei psychischen Störungsbildern 248
4.3   Prüfkriterien der Unfallkausalität von psychischen Störungen 250
4.4   MdE-Maßstäbe für psychische Funktionsbeeinträchtigungen 252
4.5   MdE-Tabelle für psychische Gesundheitsschäden 254

Anhang 1
Bildtafeln 257

Anhang 2
1 Die gesetzlichen Unfallversicherungsträger (Stand: Mai 2009) 275
2 Vertrag Ärzte/Unfallversicherungsträger (Ärztevertrag) 277
3 Gemeinsame Richtlinien der Verbände der Unfallversicherungsträger über
   Hilfsmittel (UV-Hilfsmittelrichtlinien) 294
4 Gemeinsame Richtlinien der Verbände der Unfallversicherung über
   häusliche Krankenpflege (§ 32 Abs. 4 SGB VII) 302

5 Gemeinsame Richtlinien der Spitzenverbände der Unfallversicherungsträger zur Gewährung von Rehabilitationssport 307
6 Gemeinsame Richtlinien der Spitzenverbände der Unfallversicherungsträger über Belastungserprobung 311
7 Grundsätze der DGUV zur Förderung von Erholungsaufenthalten für
   Schwerstbehinderte im Rahmen der Teilhabe am Leben in der
   Gemeinschaft – Stand: 1. Juli 2009 314
8 Berufsgenossenschaftliche Unfallkliniken 315
9 Gemeinsame Empfehlung nach § 13 Abs. 1 i.V.m. § 12 Abs. 1 Nr. 4 SGB IX
   für die Durchführung von Begutachtungen möglichst nach einheitlichen
   Grundsätzen – Gemeinsame Empfehlung „Begutachtung" vom
   22. März 2004 317

Anhang 3
1 Allgemeine Unfallversicherungsbedingungen (AUB 2008/II) –
   Musterbedingungen des GDV (Stand: Dezember 2008) 329
2 Qualitätssicherung bei Gutachten in der privaten Unfallversicherung..... 343

Anhang 4
Kriterien der medizinischen Beurteilung der Berufskrankheiten 347
1 Liste der Berufskrankheiten 347
2 Merkblätter zu Berufskrankheiten (Auswahl) 351

Literatur 375

Sachregister 379

Teil 1
Rechtliche Grundlagen der Unfallbegutachtung

1 Überblick

In Deutschland sichert der Staat durch gesetzlich verankerte Versicherungen seine Bürger gegen existentielle Risiken ab. Dazu gehören *Krankheit* (Krankenversicherung), *Einkommensverlust* im Alter (Rentenversicherung), *Gesundheitsrisiko* am Arbeitsplatz (Unfallversicherung), *Arbeitslosigkeit* (Arbeitslosenversicherung) und *Pflegebedürftigkeit* (Pflegeversicherung). Die Bürger brauchen sich gegen diese Risiken im Prinzip also nicht freiwillig (durch Privatversicherungen) absichern. Auch werden die Risiken nicht der Familie (Familienunterhalt) überlassen. Vielmehr übernimmt der Staat die Verantwortung durch gesetzliche Regeln und Kontrolle dieses Sicherungssystems, überlässt die Durchführung hingegen mehreren öffentlich-rechtlichen Institutionen.

In dieses Leistungsgeflecht werden die ärztlichen Gutachter von allen Versicherungen, also von gesetzlichen und privaten Versicherungen, im Vorfeld ihrer Entscheidungen eingeschaltet. Dabei sind die Fragen und die Probleme vielschichtig. Im Rahmen eines Gutachtenauftrags bedürfen Gutachter jeweils der Kenntnisse über die *Rechtsgrundlagen* des gegliederten Versicherungssystems. Nicht zuletzt tragen die Gutachter zu einem harmonischen Übergang an den Zuständigkeitsgrenzen der einzelnen Sozialversicherungsträger bei, etwa wenn sie die Anerkennung eines Arbeitsunfalls empfehlen, was die Zuständigkeit der gesetzlichen Unfallversicherung, anstatt die der Krankenversicherung (Privatunfall) bedeutet.

Die Regeln der Sozialversicherung stehen im Sozialgesetzbuch. Der *Allgemeine Teil des Sozialgesetzbuches* (SGB I) fasst ebenso wie das SGB IV und SGB X (Verwaltungsverfahren) wesentliche Grundsätze für alle Zweige zusammen. Dazu gehören die sozialrechtlichen Grundpositionen des Bürgers, seine Mitwirkungspflichten (§§ 60 f. SGB I) und die Auskunftspflicht der Ärzte (§ 100 SGB X etc.). Daneben existieren spezielle Kodifikationen des Rechts, etwa der gesetzlichen Krankenversicherung (SGB V), der gesetzlichen Rentenversicherung (SGB VI) und der gesetzlichen Unfallversicherung (SGB VII). Eine Zusammenfassung des Rehabilitationsrechts aller Versicherungszweige findet sich seit dem 1. Juli 2001 im SGB IX.

Die Rehabilitationsträger sind in einer *Bundesarbeitsgemeinschaft für Rehabilitation* (BAR e. V.) zusammengeschlossen. Sie hat ihren Sitz in Frankfurt/Main (www. bar-frankfurt.de). Diese Interessengemeinschaft für Rehabilitation wie auch jeder Sozialversicherungsträger geben, zumeist über ihre Verbände, Empfehlungen und Richtlinien, auch zur Begutachtung, heraus, an denen sich u.a. die Leistungserbringer, also auch die Ärzteschaft, orientieren sollten. Diese Regeln gehören als Rechtsquellen zum Handwerkszeug eines jeden ärztlichen Gutachters. In den nachfolgenden Darstellungen des Versicherungssystems und deren Regeln werden gerade diese für die Gutachter besonders wichtigen Leitlinien entweder abgedruckt (s. Anhang) oder mit der Bezugsquelle versehen – jeweils indes nur mit einer Relevanz zum Thema Unfall. Von besonderer Bedeutung für die ärztliche Begutachtung von Unfallfolgen sind die öffentlich-rechtlichen Rechtsansprüche von Unfallgeschädigten. Solche Ansprüche ergeben sich vor allem aus dem öffentlich-rechtlichen Versicherungsverhältnis zu den Trägern der Sozialversicherung. Dies sind in erster Linie die Träger der gesetzlichen Unfall-, Kranken- und Rentenversicherung.

Das Gutachten der ärztlichen Sachverständigen über die Folgen eines Privatunfalls ist erforderlich, um über die etwaigen Rechtsansprüche der von dem Unfall betroffenen Personen entscheiden zu können. Sowohl diese Ansprüche selbst als auch die Zuständigkeit zur Entscheidung darüber sind von dem Rechtsverhältnis zwischen Versicherern und Versicherten abhängig, aus dem die von einem Unfall betroffene Person ihre Ansprüche wegen der Personenschäden herleitet und an dem sich die Gutachter orientieren müssen. Ein solches privates Rechtsverhältnis kann gegenüber einem Schädiger aus der schuldhaften, d.h. vorsätzlichen oder fahrlässigen, und rechtswidrigen Verursachung eines Unfalls (unerlaubte Handlung §§ 823 ff. Bürgerliches Gesetzbuch) oder aus strengeren Haftungsverpflichtungen, wie z.B. der Gefährdungshaftung des Kraftfahrzeughalters (§ 7 Straßenverkehrsgesetz) bestehen.

Während die privatrechtlichen Ansprüche, soweit nicht eine außergerichtliche Erledigung erfolgt, vor den ordentlichen Gerichten zu verfolgen sind, wird über die öffentlich-rechtlichen durch Verwaltungsakt (Bescheide) entschieden. Die Rechtmäßigkeit der Entscheidung eines Leistungsträgers der Sozialversicherung unterliegt der Prüfung durch die Sozialgerichtsbarkeit. Eine der Voraussetzungen für eine rechtmäßige Entscheidung ist die sachgemäße Begutachtung. Zwar haben die Gutachter nicht die Aufgabe, aus den mit den Mitteln der ärztlichen Wissenschaft gewonnenen Erkenntnissen über den Sachverhalt rechtliche Schlüsse zu ziehen. Aber ihnen muss doch bekannt sein, welche durch ein Gutachten festzustellende Tatsachen für eine Entscheidung rechtserheblich sind. Das gilt etwa für die mit der Beurteilung des Ursachenzusammenhangs und der Minderung der Erwerbsfähigkeit in der gesetzlichen Unfallversicherung zusammenhängenden Rechtsgrundlagen.

Zuvor ist aber wegen der Inanspruchnahme als Gutachter durch alle Sozialleistungsträger auf die Vorschriften des Sozialgesetzbuches X hinzuweisen, die das Rechtsverhältnis zwischen den Gutachtern und den Auftraggebern grundsätzlich regeln. Danach dienen u.a. die schriftlichen Äußerungen der Sachverständigen dem Sozialversicherungsträger als *Beweismittel* zur Ermittlung des Sachverhalts (§ 21 Abs. 1 SGB X). Für eine etwaige Rechtspflicht eines ärztlichen Sachverständigen, ein Gutachten zu erstatten, gilt § 407 der Zivilprozessordnung entsprechend, wenn dieses Gutachten zur Entscheidung über Art, Umfang und Höhe einer Sozialleistung unabweisbar ist (§ 21 Abs. 3 SGB X). Zwangsmaßnahmen ergeben sich aus § 22 SGB X.

Nach der genannten Vorschrift der Zivilprozessordnung ist u.a. zur Erstattung eines Gutachtens verpflichtet, wer zur Ausübung der Wissenschaft, deren Kenntnis Voraussetzung der Begutachtung ist, öffentlich bestellt oder ermächtigt ist (§ 407

Abs. 1 ZPO). Das ist bei einem approbierten Arzt der Fall. Gleiches gilt, wenn ein Sachverständiger sich gegenüber einem Sozialleistungsträger zur Erstattung eines Gutachtens bereit erklärt hat (§ 407 Abs. 2 ZPO).

Der Sachverständige kann die Erstattung eines Gutachtens aus den Gründen verweigern, aus denen ein Zeuge die Aussage verweigern kann, ebenso wenn er sich mit guten Gründen für befangen hält und eine Befangenheit anerkannt werden muss. Ein Grund kann in der verwandtschaftlichen Beziehung zur begutachtenden Person liegen.

Die Sozialleistungsträger sind verpflichtet, darauf hinzuwirken, dass die Berechtigten die ihnen zustehenden Sozialleistungen in zeitgemäßer Weise umfassend und schnell erhalten (§ 17 Abs. 1 Nr. 1 SGB I). Die Erfüllung dieser Verpflichtung hängt bei vielen Sachverhalten auch davon ab, dass der Sachverständige durch *schnelle Erledigung* eines Gutachtenauftrags die schnelle Entscheidung der Sozialleistungsträger ermöglicht. Das SGB IX (Rehabilitationsrecht) gibt eine Frist von zwei Wochen vor (§ 14 Abs. 5 Satz 5). Im Bereich der gesetzlichen Unfallversicherung ist dazu in § 49 Abs. 2 des Ärztevertrags für die Erstattung von Rentengutachten eine Frist von längstens drei Wochen vereinbart. Sollte ein Sachverständiger diese Frist oder einen anderen im Gutachtenauftrag genannten Termin aus guten Gründen nicht einhalten können, ist er verpflichtet, den Unfallversicherungsträger unverzüglich zu benachrichtigen.

Personen, die Sozialleistungen beantragen oder erhalten, haben andererseits bei der Gutachtenerstattung dadurch mitzuwirken, dass sie sich auf Verlangen des Leistungsträgers ärztlichen und psychologischen Untersuchungsmaßnahmen unterziehen. Kommt eine solche Person dieser – oder einer anderen – Mitwirkungspflicht ohne rechtserhebliche Begründung nicht nach, können Rechtsnachteile in Form von Versagung oder Entziehung der Leistung die Folge sein. Behandlungen und Untersuchungen,

– bei denen im Einzelfall ein Schaden für Leben oder Gesundheit mit hoher Wahrscheinlichkeit ausgeschlossen werden kann,

– die mit erheblichen Schmerzen verbunden sind oder

– die einen erheblichen Eingriff in die körperliche Unversehrtheit bedeuten,

können abgelehnt werden (§§ 65 ff. SGB I).

Diese Mitwirkungspflicht der Patienten/Versicherten berührt, wie alle anderen Rechtsregeln im Verhältnis der Versicherung zu ihren Versicherten, auch das Verhältnis zwischen Gutachtern und Patienten/Versicherten. Deswegen hat sich jeder Gutachter mit den Rechtspositionen der Versicherten auseinanderzusetzen, um seine Rechte und Pflichten zu kennen und Streit zu vermeiden. Jeder Gutachter sollte sich überdies im klaren sein, dass er auch zur *Stärkung des Vertrauens* aller Beteiligten beiträgt. Die Versicherungen benötigen gute, aber auch überzeugende Gutachten. Denn weitere Gutachten und gerichtliche Streitigkeiten kosten die Auftraggeber Geld. Ein erfolgreicher Gutachter wird sich, neben der Berücksichtigung der Rechtspositionen, dieser Verantwortung annehmen, die er durch die Vorbereitung, die Abfassung und die Verwertung seines Gutachtens übernimmt. Jeder Gutachter trägt insoweit zum sozialen Frieden in der Gesellschaft bei.

Vernachlässigt wird in diesem Buch die Abfassung von Gutachten zur Arzthaftung. Diesem speziellen Rechtsgebiet widmen sich entsprechende Empfehlungen, die im Auftrag der Arbeitsgemeinschaft Medizinrecht in der Deutschen Gesellschaft für Gynäkologie und Geburtshilfe, erstellt und abgedruckt wurden von der Deutschen Gesellschaft für Unfallchirurgie in: DGU – Mitteilungen und Nachrichten 45/2002, 59 – 56. Für die Unfallbegutachtung bieten dieses Rechtsgebiet und überhaupt die Gerichtbarkeit keine Besonderheiten, die hervorzuheben sind.

Tipp

Jedes Jahr im Sommer findet das „Heidelberger Gespräch" statt, das sich an Ärzte und Juristen aus den Bereichen Sozialmedizin und Sozialrecht richtet und Begutachtungsprobleme aufnimmt; Infos unter „Heidelberger Gespräch, Postfach 10 17 42, 70015 Stuttgart".

2 Gesetzliche Unfallversicherung

2.1 Allgemeines

Nicht nur in Deutschland zwingt der Staat die Arbeitgeber über ein Gesetz (deswegen: *gesetzliche* Unfallversicherung), das Risiko der Arbeitnehmer, durch Arbeitsunfälle und durch Berufskrankheiten ihre lebenswichtige Arbeitskraft nicht mehr einsetzen zu können, finanziell abzusichern. Dieses Schutzes durch eine zahlungskräftige Versicherungsinstanz bedürfen die Beschäftigten auch schon deswegen, weil sie ihre Schadensersatzansprüche aus dem Arbeitsverhältnis gegenüber dem Arbeitgeber mitunter auch nicht durchsetzen können. Die gesetzliche Versicherung (UV) gegen Arbeitsunfälle und Berufskrankheiten löst die arbeitsrechtliche Haftpflicht des Unternehmers ab. Der einzelne Arbeitgeber wird von Ansprüchen seiner Mitarbeiter freigestellt, wenn es zu einem Arbeitsunfall oder einer Berufskrankheit kommt. Die Ansprüche der Beschäftigten richten sich in diesen Fällen nicht gegen die Arbeitgeber, belasten also nicht das Arbeitsverhältnis, sondern werden von den Trägern der gesetzlichen Unfallversicherung geprüft und entschieden. Über 60 Millionen Beschäftigte sind in Deutschland gegen die Risiken am Arbeitsplatz versichert. Die Unfallrisiken der Kinder in Kindergärten und Schulen und der Studenten hält der Staat für so gewichtig, eine gesetzliche Unfallversicherung auch für sie einzuführen (unechte Unfallversicherung) und sie den Unfallkassen (in den Bundesländern) zu übertragen. Hinzu kommt die Einbeziehung weiterer geschützter Personen in die gesetzliche Unfallversicherung, wie etwa die Nothelfer bei einem Unfall im Straßenverkehr, womit der Staat Anreize für soziales Verhalten der Bürger schaffen will. Das Recht der gesetzlichen Unfallversicherung ist im SGB VII geregelt, das in der neuen Fassung seit dem 1. 1. 2009 gilt.

Jeder Arbeitgeber, und im Falle der unechten Unfallversicherung der Staat über Steuermittel, finanziert die gesetzliche Unfallversicherung durch Beiträge. Die Beiträge werden also nicht, wie etwa in der gesetzlichen Kranken- und Rentenversicherung, jeweils zur Hälfte von Arbeitgebern und Beschäftigten gezahlt. Meldepflichten unterstützen die Erfassung der Mitglieder, also der Arbeitgeber. Die Versicherten, also etwa die Arbeitnehmer, erhalten aber auch dann Leistungen von dem zuständigen UV-Träger, wenn ein Arbeitgeber sie nicht angemeldet hat. So erhält eine Haushaltshilfe auch dann Leistungen von der zuständigen Unfallkasse, wenn eine Meldung des Arbeitgebers nicht vorliegt, ungeachtet also von einer Beitragszahlung. Ein solches Solidarsystem ließe sich durch eine private Unfallversicherung nur schwer realisieren. Deswegen bildete der Gesetzgeber größere Finanzierungseinheiten. So gibt es in der gewerblichen Wirtschaft bald unter 10 gewerbliche UV-Träger (Berufsgenossenschaften), die nach Gewerbezweigen untergliedert sind. Etwa in der Bau-Berufsgenossenschaft, der Metall-BG und der BG für Gesundheitsdienst und Wohlfahrtspflege sind nicht nur die speziellen Berufe versichert, sondern alle Be-

schäftigten der Mitglieder. Die Sozialpartner, die Arbeitgeber und die Arbeitnehmer
der einzelnen Gewerbezweige, verwalten ihr solidarisches UV-System selbst. In den
Entscheidungsgremien der UV-Träger (Vertreterversammlung, Vorstand, Renten-
und Widerspruchsausschüsse) entscheiden beide Sozialpartner trotz der Alleinfi-
nanzierung der Arbeitgeber paritätisch über die wichtigsten Angelegenheiten in den
UV-Trägern. Sie handeln ehrenamtlich. Die laufenden Verwaltungsgeschäfte oblie-
gen dem hauptamtlich angestellten Hauptgeschäftsführer und seinen Verwaltungs-
mitarbeitern. Die Kontrolle der UV-Träger durch den Staat beschränkt sich auf die
gesetzlichen Vorgaben und die zur Rechtmäßigkeit und Wirtschaftlichkeit durch
die Prüfungen des Bundesversicherungsamtes als nachgeordnete Behörde des Bundesministeriums für Arbeit und Soziale Sicherung (BMAS). Die deutsche gesetzliche
Unfallversicherung ist also weder privat noch staatlich organisiert, sondern wird
von den Sozialpartnern selbst verwaltet.

Im Unterschied zu anderen Ländern haben die UV-Träger in Deutschland die Aufgabe, sowohl Maßnahmen zum Arbeits- und Gesundheitsschutz als auch zur medizinischen Versorgung, zur Rehabilitation/Teilhabe sowie zur Pflege und zur Entschädigung (Rente) zu übernehmen. Dieses Prinzip, das mit „alles aus einer Hand"
bezeichnet wird, gibt den UV-Trägern eine umfassende Zuständigkeit bei Arbeitsunfällen und Berufskrankheiten. Damit überträgt der Gesetzgeber den UV-Trägern
die Verantwortung, Prävention und Rehabilitation/Teilhabe „mit allen geeigneten
Mitteln" (gesetzlicher Auftrag) zu betreiben, bevor Renten zu zahlen sind. Die UV-
Träger sind also verpflichtet, neben den einzelnen Arbeitgebern gemäß dem Ar-
beitsschutzgesetz und neben dem Staat mit ihren Arbeitsschutzbehörden (staatliche
Gewerbeaufsicht), Maßnahmen zur Arbeitssicherheit und zum Gesundheitsschutz
am Arbeitsplatz zu ergreifen. Kommt es indes zu einem Arbeitsunfall oder einer
Berufskrankheit, so haben die UV-Träger die Erste Hilfe, Heilbehandlung, die medizinische Rehabilitation und die Leistungen zur Teilhabe zu übernehmen. Erst
wenn die Arbeitskraft nicht wiederhergestellt werden kann, ist eine (gegebenenfalls
lebenslange) Entschädigung in Geld zu zahlen, entsprechend der Minderung der
Erwerbsfähigkeit (MdE).

In anderen Sozialversicherungszweigen sind die Sozialleistungen auf mehrere Leistungsträger aufgeteilt: Auf die gesetzliche Kranken- und Rentenversicherung sowie
die Bundesagentur für Arbeit bzw. die Sozialhilfe. Zuständigkeitsabgrenzungen,
etwa im Verlaufe der Rehabilitation und der Teilhabe kennt das Sondersystem der
gesetzlichen Unfallversicherung nicht. Die Organisation nach Gewerbebranchen
fördert zudem den engen Bezug zum Arbeitsplatz bei Präventionsmaßnahmen und
bei der betrieblichen Reintegration Beschäftigter. Der gleiche Vorteil ergibt sich aus
dem Selbstverwaltungsprinzip. Aufsichtspersonen der UV-Träger und die Sozialpartner selbst entwickeln Erfahrungen und Lösungen im Falle von Gesundheitsrisiken in der Arbeitswelt. Diese Ordnungsprinzipien tragen zur praxisnahen Entwicklung und erfolgreichen Umsetzung von Präventions- und Teilhabemaßnahmen bei.

Ein allein durch die Arbeitgeber finanziertes Sondersystem bedarf indes einer ständigen Weiterentwicklung der Grenzbereiche zu anderen Trägern der sozialen Sicherheit. Die UV-Träger und damit die Arbeitgeber als ihre Mitglieder dürfen nur
mit Risiken belastet werden, die sich am Arbeitsplatz verwirklichen. Je weiter der
Zuständigkeitsbereich sozialpolitisch gezogen und erwünscht wird, desto stärker
werden die Stimmen laut, die meinen, das Sondersystem sei nicht mehr finanzier-
bar. Die Entscheidungen über die Zuständigkeit, ob also ein Arbeitsunfall oder eine
Berufskrankheit vorliegt, treffen die UV-Träger nach dem Kausalitätsprinzip. Bei
diesen Einzelfällen, ob eine Verletzung oder Erkrankung wesentlich auf die berufliche Tätigkeit oder aber auf innere oder private Ursachen (Freizeit) zurückzuführen
sind, hilft das medizinische Gutachten. Jeder Gutachter trägt insoweit zur Klärung
der Zuständigkeit bei. Ist ein UV-Träger zuständig, so hat er die gesamte Heil-
behandlung/Rehabilitation zu finanzieren und zu organisieren und ggf. zurückblei-
bende Gesundheitsschäden zu kompensieren. Der *Klärung von Krankheitsursachen*,
bezogen auf die berufliche Tätigkeit und der Ursachenforschung kommen also in
der gesetzlichen Unfallversicherung besondere Bedeutung zu.

Wenn indes die UV-Träger ihre Zuständigkeit anerkannt haben, so leisten sie auf
der Grundlage der gesetzlichen Bestimmungen im SGB VII, die sich im wesentlichen
an zivilrechtlichen Grundsätzen zum Schadensersatz orientieren. Die Versicherten
sollen so gestellt werden, wie sie gestanden hätten, wenn kein Arbeitsunfall und
keine Berufskrankheit entstanden wäre. Hierin kommt der Gedanke der Ablösung
der Unternehmerhaftpflicht zum Ausdruck. Die UV-Träger haben die Gesundheit
der Versicherten „mit allen geeigneten Mitteln" wiederherzustellen oder aber einen
Ausgleich für ihre Erwerbsminderung zu zahlen. Über Jahrzehnte hinweg haben die
UV-Träger Qualitätsmaßnahmen in der Heilbehandlung/Rehabilitation eingeführt.
Die medizinische Versorgung nach Arbeitsunfällen dürfen nur besonders qualifizierte Ärzte, unter anderem die sogenannten D-Ärzte, übernehmen. Sie werden
durch die bundesweite Dachorganisation aller UV-Träger, die Deutsche Gesetzliche
Unfallversicherung (DGUV) in Berlin, mit ihren Landesverbänden nach einheitlichen Qualitätskriterien (persönliche Eignung und räumliche sowie apparative Ausstattung) zugelassen. Diese Maßnahmen zur Strukturqualität haben die UV-Träger
auch auf die stationäre Versorgung Arbeitsunfallverletzter übertragen. Krankenhäuser werden auf der Grundlage eines Katalogs von „Anforderungen" zugelassen.
Einzelheiten, etwa zur persönlichen Leistungserbringung der zugelassenen Ärzte,
ergeben sich aus dem Ärztevertrag, den die DGUV auf der Grundlage des § 34
Abs. 3 SGB VII, mit der Kassenärztlichen Bundesvereinigung abgeschlossen hat
(s. Anhang 2.2). Die 11 BG-Kliniken in Deutschland, die von den UV-Trägern, und
damit fast ausschließlich von den Arbeitgebern, finanziert werden, übernehmen die
Behandlung von u.a. besonderen Unfallfolgen (z.B. Rückenmark, Hirn-, Brand-
und Handverletzungen) und damit auch Qualitätsaufgaben für die Diagnose, die
Therapie und die Begutachtung sowie für die Forschung (s. Anhang 2.8). Wegen
des Grundsatzes „Rehabilitation vor Rente" übernehmen die UV-Träger nicht nur
die Finanzierung im Sinne einer Zahlstelle. Vielmehr organisieren und steuern sie

das Heilverfahren zusammen mit der Ärzteschaft. Die Verknüpfung der einzelnen Phasen bis zur Wiedereingliederung in den Beruf und in das soziale Umfeld obliegt den Reha-Managern/Berufshelfern. Die Berufshelfer, die oft als Disability Manager (CDMP) zertifiziert sind (www.disability-manager.de), sind besonders geschulte Mitarbeiter der UV-Träger. Sie betreuen die Schwerverletzten von den ersten Tagen am Krankenbett über die berufliche und soziale Wiedereingliederung ggf. lebenslang und helfen insoweit im Sinne eines Case-Managements, eine frühzeitige, ganzheitliche und dauerhafte Rehabilitation sicherzustellen.

Ihrer Verfassung nach sind die UV-Träger Körperschaften des öffentlichen Rechts mit eigener Satzungsbefugnis. Sie führen die ihnen durch das Gesetz übertragenen Aufgaben in eigener Verantwortung im Wege der Selbstverwaltung durch. An dieser Selbstverwaltung sind die Mitglieder, nämlich die durch das Gesetz zur Mitgliedschaft verpflichteten Unternehmer („Berufs-Genossen"), und die Versicherten (Beschäftigten) paritätisch beteiligt. Dies gilt auch für die Versicherten in den öffentlichen Diensten und anderen Versicherungsgruppen für die die Versicherungsträger der öffentlichen Hand zuständig sind, nämlich die Unfallkassen, die Feuerwehr-Unfallkassen, die Ausführungsbehörden des Bundes und der Länder und die zu Versicherungsträgern bestimmten Gemeinden.

2.2 Aufbringung der Mittel

Die für die Aufgaben der UV-Träger erforderlichen Finanzmittel werden von den Unternehmern allein aufgebracht oder, wie in den Unfallkassen, vom Staat über Steuermittel finanziert. Von den Versicherten werden keine Beiträge erhoben. Mit den Beiträgen zu der für ihn zuständigen Berufsgenossenschaft löst der Unternehmer seine Haftpflicht gegenüber den Arbeitnehmern (Versicherten) aus dem Arbeitsverhältnis ab. Er kann also die Arbeitnehmer, die ihn wegen eines Arbeitsunfalls in seinem Unternehmen auf Schadensersatz in Anspruch nehmen, an seine Berufsgenossenschaft oder Unfallkasse verweisen.

2.3 Versicherter Personenkreis

Die für die gesetzliche Unfallversicherung maßgeblichen Vorschriften sind im SGB VII enthalten. Danach sind vor allem die Personen gegen Arbeitsunfall versichert, die in einem Arbeits-, Dienst- oder Lehrverhältnis beschäftigt sind, wobei der Versicherungsschutz unabhängig von der Stellung der Person im Unternehmen oder der tatsächlichen Bezahlung der Beiträge durch den Unternehmer ist. Der leitende Angestellte einer Aktiengesellschaft ist demnach ebenso gegen Arbeitsunfall versichert wie der jüngste Auszubildende des Unternehmens. Der versicherte Personenkreis ist aus § 2 SGB VII zu entnehmen. Hier sind aufgeführt:

1. Beschäftigte,

2. Lernende während der beruflichen Aus- und Fortbildung in Betriebsstätten, Lehrwerkstätten, Schulungskursen und ähnlichen Einrichtungen,

3. Personen, die sich Untersuchungen, Prüfungen oder ähnlichen Maßnahmen unterziehen, die aufgrund von Rechtsvorschriften zur Aufnahme einer versicherten Tätigkeit oder infolge einer abgeschlossenen versicherten Tätigkeit erforderlich sind, soweit diese Maßnahmen vom Unternehmen oder einer Behörde veranlasst worden sind,

4. behinderte Menschen, die in anerkannten Werkstätten für behinderte Menschen oder in Blindenwerkstätten im Sinne des §143 des Neunten Buches oder für diese Einrichtungen in Heimarbeit tätig sind,

5. Personen, die

   a) Unternehmer eines landwirtschaftlichen Unternehmens sind und ihre im Unternehmen mitarbeitenden Ehegatten oder Lebenspartner,

   b) im landwirtschaftlichen Unternehmen nicht nur vorübergehend mitarbeitende Familienangehörige sind,

   c) in landwirtschaftlichen Unternehmen in der Rechtsform von Kapital- oder Personenhandelsgesellschaften regelmäßig wie Unternehmer selbstständig tätig sind,

   d) ehrenamtlich in Unternehmen tätig sind, die unmittelbar der Sicherung, Überwachung oder Förderung der Landwirtschaft überwiegend dienen,

   e) ehrenamtlich in den Berufsverbänden der Landwirtschaft tätig sind,

   wenn für das Unternehmen eine landwirtschaftliche Berufsgenossenschaft zuständig ist,

6. Hausgewerbetreibende und Zwischenmeister sowie ihre mitarbeitenden Ehegatten oder Lebenspartner,

7. selbstständig tätige Küstenschiffer und Küstenfischer, die zur Besatzung ihres Fahrzeugs gehören oder als Küstenfischer ohne Fahrzeug fischen und regelmäßig nicht mehr als vier Arbeitnehmer beschäftigen, sowie ihre mitarbeitenden Ehegatten oder Lebenspartner,

8. a) Kinder während des Besuchs von Tageseinrichtungen, deren Träger für den Betrieb der Einrichtungen der Erlaubnis nach §45 des Achten Buches oder einer Erlaubnis aufgrund einer entsprechenden landesrechtlichen Regelung bedürfen, sowie während der Betreuung durch geeignete Tagespflegepersonen im Sinne von §23 des Achten Buches,

   b) Schüler während des Besuchs von allgemein- oder berufsbildenden Schulen und während der Teilnahme an unmittelbar vor oder nach dem Unterricht von der Schule oder im Zusammenwirken mit ihr durchgeführten Betreuungsmaßnahmen,

   c) Studierende während der Aus- und Fortbildung an Hochschulen,

9. Personen, die selbstständig oder unentgeltlich, insbesondere ehrenamtlich im Gesundheitswesen oder in der Wohlfahrtspflege tätig sind,

10. Personen, die

   a) für Körperschaften, Anstalten oder Stiftungen des öffentlichen Rechts oder deren Verbände oder Arbeitsgemeinschaften, für die in den Nummern 2 und 8 genannten Einrichtungen oder für privatrechtliche Organisationen im Auftrag oder mit ausdrücklicher Einwilligung, in besonderen Fällen mit schriftlicher Genehmigung von Gebietskörperschaften ehrenamtlich tätig sind oder an Ausbildungsveranstaltungen für diese Tätigkeit teilnehmen,

b) für öffentlich-rechtliche Religionsgemeinschaften und deren Einrichtungen oder für privatrechtliche Organisationen im Auftrag oder mit ausdrücklicher Einwilligung, in besonderen Fällen mit schriftlicher Genehmigung von öffentlich-rechtlichen Religionsgemeinschaften ehrenamtlich tätig sind oder an Ausbildungsveranstaltungen für diese Tätigkeit teilnehmen,

11. Personen, die

a) von einer Körperschaft, Anstalt oder Stiftung des öffentlichen Rechts zur Unterstützung einer Diensthandlung herangezogen werden,

b) von einer dazu berechtigten öffentlichen Stelle als Zeugen zur Beweiserhebung herangezogen werden,

12. Personen, die in Unternehmen zur Hilfe bei Unglücksfällen oder im Zivilschutz unentgeltlich, insbesondere ehrenamtlich tätig sind oder an Ausbildungsveranstaltungen dieser Unternehmen teilnehmen,

13. Personen, die

a) bei Unglücksfällen oder gemeiner Gefahr oder Not Hilfe leisten oder einen anderen aus erheblicher gegenwärtiger Gefahr für seine Gesundheit retten,

b) Blut oder körpereigene Organe, Organteile oder Gewebe spenden,

c) sich bei der Verfolgung oder Festnahme einer Person, die einer Straftat verdächtig ist oder zum Schutz eines widerrechtlich Angegriffenen persönlich einsetzen,

14. Personen, die nach den Vorschriften des Zweiten oder des Dritten Buches der Meldepflicht unterliegen, wenn sie einer besonderen, an sie im Einzelfall gerichteten Aufforderung einer Dienststelle der Bundesagentur eines nach § 6 des Zweiten Buches zugelassenen kommunalen Trägers, des nach § 6 a Abs. 1 Satz 1 Nr. 2 des Zweiten Buches zuständigen Trägers oder eines beauftragen Dritten nach § 37 des Dritten Buches nachkommen, diese oder eine andere Stelle aufzusuchen,

15. Personen, die

a) auf Kosten einer Krankenkasse oder eines Trägers der gesetzlichen Rentenversicherung oder einer landwirtschaftlichen Alterskasse stationäre oder teilstationäre Behandlung oder stationäre, teilstationäre oder ambulante Leistungen zur Rehabilitation erhalten,

b) zur Vorbereitung von Leistungen zur Teilhabe am Arbeitsleben auf Aufforderung eines Trägers der gesetzlichen Rentenversicherung oder der Bundesagentur für Arbeit einen dieser Träger oder eine andere Stelle aufsuchen,

c) auf Kosten eines Unfallversicherungsträgers an vorbeugenden Maßnahmen nach § 3 der Berufskrankheiten-Verordnung teilnehmen,

16. Personen, die bei der Schaffung öffentlich geförderten Wohnraums im Sinne des Zweiten Wohnungsbaugesetzes oder im Rahmen der sozialen Wohnraumförderung bei der Schaffung von Wohnraum im Sinne des § 16 Abs. 1 Nr. 1 bis 3 des Wohnraumförderungsgesetzes oder entsprechender landesrechtlicher Regelungen im Rahmen der Selbsthilfe tätig sind,

17. Pflegepersonen im Sinne des § 19 des Elften Buches bei der Pflege eines Pflegebedürftigen im Sinne des § 14 des Elften Buches; die versicherte Tätigkeit umfasst Pflegetätigkeiten im Bereich der Körperpflege und - soweit diese Tätigkeiten überwiegend Pflegebedürftigen zugute kommen – Pflegetätigkeiten in den Bereichen der Ernährung, der Mobilität sowie der hauswirtschaftlichen Versorgung (§ 14 Abs. 4 des Elften Buches).

Gegen Arbeitsunfall sind ferner Personen versichert, die wie nach Absatz 1 Nr. 1 als Versicherte tätig werden, sowie Entwicklungshelfer und sonstige Personengruppen, die vorübergehend im Ausland tätig sind (Abs. 3).

Soweit die aufgelisteten Tatbestände weder eine Beschäftigung noch eine selbstständige Tätigkeit voraussetzen, gelten sie für alle Personen, die die dort genannten Tätigkeiten im Geltungsbereich dieses Gesetzes ausüben. Daher sind Tätigkeiten im öffentlichen Interesse, soweit weder eine Beschäftigung noch eine selbstständige Tätigkeit vorliegt (z. B. als Blutspender, Hilfeleistende bei einer Dienstleistung, Zeugen vor Gericht) dann versichert, wenn die Tätigkeit im Geltungsbereich des SGB, d. h. also in Deutschland, ausgeübt wird. Aber Nothelfer oder Lebensretter (Nr. 13a s. oben) sind auch bei einer Rettungstätigkeit im Ausland versichert, wenn sie innerhalb des Geltungsbereichs des SGB ihren Wohnsitz oder gewöhnlichen Aufenthalt haben.

Über die Versicherung bei Tätigkeiten außerhalb des Geltungsbereichs des SGB, die sog. „Ausstrahlung", bestimmt § 4 SGB IV im übrigen:

(1) Soweit die Vorschriften über die Versicherungspflicht und die Versicherungsberechtigung eine Beschäftigung voraussetzen, gelten sie auch für Personen, die im Rahmen eines im Geltungsbereichs dieses Gesetzbuches bestehenden Beschäftigungsverhältnisses in ein Gebiet außerhalb dieses Geltungsbereichs entsandt werden, wenn die Entsendung infolge der Eigenart der Beschäftigung oder vertraglich im voraus zeitlich begrenzt ist.

(2) Für Personen, die eine selbstständige Tätigkeit ausüben, gilt Absatz 1 entsprechend.

Ambulante Maßnahmen zur medizinischen Rehabilitation, die im Zuständigkeitsbereich der Krankenversicherung, der Rentenversicherung und der landwirtschaftlichen Alterskassen liegen, genießen ebenfalls den Schutz der gesetzlichen Unfallversicherung.

Soweit Personen durch eine im öffentlichen Interesse versicherte Tätigkeit einen Arbeitsunfall erleiden (z. B. Blutspender, Lebensretter o. a.), sind für die Betreuung und Entschädigung nicht die Berufsgenossenschaften, sondern die Unfallversicherungsträger der öffentlichen Hand zuständig (s. o. 2.1). Diese Versicherungsträger sind auch in der Regel für die Unfallversicherung von Schülern, Studenten und Kindergartenkindern zuständig und haben daher sehr bedeutungsvolle Aufgaben auf dem Gebiet der Heilbehandlung, der medizinischen und schulischen Rehabilitation sowie der Leistungen zur Teilhabe nach Unfällen von Kindern, Jugendlichen und Heranwachsenden erhalten. Diesen besonderen Aufgaben muss auch die Begutachtung gerecht werden.

Schließlich genießen Personen Versicherungsschutz, die während einer auf Grund eines Gesetzes angeordneten Freiheitsentziehung oder auf Grund strafrechtlicher, staatsanwaltlicher oder jugendbehördlicher Anordnung wie Beschäftigte tätig werden (§ 2 Abs. 2 Satz 2 SGB VII).

Versicherungsfrei sind Beamte, Soldaten, Mitglieder geistlicher Genossenschaften, Diakonissen, Schwestern vom Deutschen Roten Kreuz und Angehörige ähnlicher Gemeinschaften, selbstständig tätige Ärzte, Tierärzte, Heilpraktiker, Zahnärzte und

Apotheker, weiterhin Verwandte oder Verschwägerte bis zum zweiten Grad, die bei Haushaltsführenden, den Ehegatten oder den Lebenspartnern unentgeltlich im Haushalt tätig sind (§ 4 SGB VII). Die Grundsätze des Schadenersatzes, etwa bei den Dienstunfällen Beamter, sind vergleichbar, zuletzt im sog. Einsatzverwendungsgesetz für Soldaten in Friedenseinsätzen (BGBl. I (2007), S. 2861).

Unternehmer, die nicht schon kraft Gesetzes versichert sind (§ 2 Abs. 1 Nr. 5 – 7 SGB VII) können dann versicherungspflichtig kraft Satzung sein, wenn die Satzung des Trägers der Unfallversicherung die Versicherung auf Unternehmer erstreckt. Freiwillig versichern können sich auf Antrag grundsätzlich Unternehmer und ihre im Unternehmen mitarbeitenden Ehegatten sowie Personen, die in Kapital- oder Personengesellschaften regelmäßig wie Unternehmer selbstständig tätig sind (§ 6 SGB VII) entsprechend den Satzungsregeln der UV-Träger.

Insbesondere für die ärztliche Anzeige eines Arbeitsunfalls oder einer Berufskrankheit, aber auch für eine erstrebenswerte allgemeine Kommunikation und Korrespondenz zwischen Ärzteschaft und UV-Träger, hilft die Kenntnis über die Zuständigkeit der UV-Träger. Deswegen ist im Anhang 2.1 das Verzeichnis der UV-Träger abgedruckt.

2.4 Versicherungsfall

2.4.1 Arbeitsunfall

Nach den gesetzlichen Bestimmungen (§ 8 Abs. 1 SGB VII) ist ein Arbeitsunfall ein Unfall, den Versicherte infolge einer versicherten Tätigkeit erleiden, z. B. also ein Unfall bei der Tätigkeit als Beschäftigter (§ 2 Abs. 1 Nr. 1 SGB VII) oder als Studierender während der Aus- und Fortbildung an Hochschulen (§ 2 Abs. 1 Nr. 8c) usw. (s. o. 2.3). Der Begriff des Unfalls ist im Gesetz definiert. Danach sind Unfälle zeitlich begrenzte, von außen auf den Körper einwirkende Ereignisse, die zu einem Gesundheitsschaden oder zum Tod führen. Das Erfordernis der zeitlichen Begrenzung ist erfüllt, wenn das schädigende Ereignis innerhalb einer Arbeitsschicht eingetreten ist, auch wenn ein näherer Zeitpunkt der Schädigung nicht festgestellt werden kann. Als Gesundheitsschaden gilt auch die Beschädigung oder der Verlust eines Hilfsmittels (§ 8 Abs. 3 SGB VII).

Weil nach der zuvor angeführten gesetzlichen Bestimmung ein Unfall dann ein Arbeitsunfall ist, wenn ein Versicherter ihn infolge einer versicherten Tätigkeit erleidet, muss das körperlich schädigende, zeitlich begrenzte Ereignis mit der versicherten Tätigkeit in innerem Zusammenhang stehen. Ob dieser Zusammenhang im Einzelfall vorliegt, ist eine Frage, die durch rechtliche Wertung des Sachverhalts zu beantworten ist. Dabei können ärztliche Befunde oder die persönlichen Angaben der Verletzten zum Unfallhergang beim Arzt von Bedeutung sein. Die Mitwirkung der ärztlichen Gutachter mit ihrem Sachverstand ist jedoch vorwiegend zur Klärung einer weiteren Frage erforderlich. Denn außer dem inneren Zusammenhang zwischen dem zeitlich begrenzten Ereignis und der versicherten Tätigkeit muss ein Kausalzusammenhang zwischen dem Unfallereignis und dem Körperschaden bestehen. Für den Bereich der gesetzlichen Unfallversicherung sollte demnach zur Anerkennung eines Arbeitsunfalls (Versicherungsfall) stets zwischen einem zweifachen Kausalzusammenhang differenziert werden, nämlich:

1. zwischen versicherter Tätigkeit und Unfallereignis – sogenannte haftungsbegründende Kausalität –,

2. zwischen Unfallereignis und Gesundheitsschaden – sogenannte haftungsausfüllende Kausalität –,

Grundsätzlich gelten auch bei den nach § 2 Abs. 1 Nr. 15a SGB VII (Rehabilitanden der gesetzlichen Kranken- oder Rentenversicherung) versicherten Personen die allgemeinen Kriterien über den Versicherungsschutz bei Arbeitsunfällen. Es sind jedoch folgende Besonderheit zu beachten:

Die „versicherte Tätigkeit" des Patienten besteht darin, dass er sich zur Durchführung der medizinischen Behandlung in dem ihm fremden Gefahrenbereich einer Heilbehandlungsstätte aufhält und bei der Durchführung der Behandlung mitwirkt.

Der Patient begibt sich zur medizinischen Rehabilitation in den ihm fremden Gefahrenbereich (= Betrieb) eines Krankenhauses oder einer stationären bzw. ambulanten Rehabilitationseinrichtung. Versichert ist somit seine Mitwirkung an der Rehabilitation, nicht aber das Verrichten privater Dinge (z.B. Einkaufen, Essen) und nicht das Erdulden der Vornahme ärztlicher oder sonstiger medizinischer Behandlung an seinem Körper. Die mit der ärztlichen oder den sonstigen medizinischen Behandlungen verbundenen Risiken (z.B. Misslingen einer Operation oder Knochenbruch bei der Massage) gehören nicht zu dem in der gesetzlichen Unfallversicherung versicherten Bereich. Haftpflichtansprüche aus der Behandlung selbst sind nicht dem Unfallversicherungsschutz zuzurechnen. Keine Versicherungsfälle sind Unfälle aus innerer, im Patienten selbst liegender Ursache (z.B. Sturz wegen einer Kreislaufschwäche). Diese Rehabilitanden-Unfälle bei stationären, teilstationären und ambulanten Leistungen werden von dem Unfallversicherungsträger bearbeitet, der für den Kostenträger der Reha-Maßnahme (Krankenkasse, Rentenversicherungsträger) zuständig ist. Im Regelfall ist dies die Verwaltungs-Berufsgenossenschaft.

2.4.2 Ursache und Beweis

Für die gesetzliche Unfallversicherung gilt – wie das auch auf andere Rechtsgebiete, etwa des Strafrechts oder des Zivilrechts, zutrifft – ein ihr eigentümlicher Begriff der rechtserheblichen Verursachung. Wenn nämlich an dem eingetretenen Erfolg (Körperschaden) mehrere Ursachen und nicht das angeschuldigte Ereignis allein mitgewirkt haben, so kann ein Arbeitsunfall nur anerkannt werden, wenn dieses Ereignis den schädigenden Erfolg wesentlich mitverursacht hat, wenn es also eine wesentliche Teilursache ist. Das Bundessozialgericht weist auf die Bedeutung der

Mitwirkung von ärztlichen Sachverständigen bei der Beurteilung von Mitursachen und ihrem Verhältnis zueinander hin. Bei der Prüfung des Ursachenzusammenhangs ist also die Frage zu beantworten, ob ein Ereignis wesentlich den Erfolg herbeigeführt hat oder ob es nur eine, rechtlich unbeachtliche, **Gelegenheitsursache** darstellt, die den Erfolg „ausgelöst" hat (Beispiele: Eintritt einer habituellen Luxation während der Arbeit, Spontanfraktur, Leistenbruch). Eine besonders kritische Prüfung des beruflichen Zusammenhangs mit den von Versicherten geschilderten Ereignissen wird meist etwa bei Meniskusschäden, Thrombosen und Krampfaderleiden erforderlich sein. Schwierig ist auch die Prüfung des Ursachenzusammenhangs, wenn dabei zu entscheiden ist, ob durch den Unfall ausgelöste Geschehensabläufe, die außerhalb des körperlich-organischen, also im seelischen Bereich, liegen, als wesentliche Ursache anzusehen sind. Diese Geschehensabläufe werden im Sprachgebrauch auch als psychische Traumen oder als posttraumatische Belastungsstörungen (PTBS) bezeichnet (s. gesonderter Abschnitt unter 4.).

In das Gebiet der rechtlichen Beurteilung seelischer Reaktionen auf ein Unfallereignis fällt auch die Frage, ob ein *Selbstmord* wesentlich durch einen Unfall verursacht worden ist. Da absichtliches Verursachen eines Unfalls den Versicherungsschutz ausschließt, ist der Selbstmord an der Arbeitsstelle und durch Betriebseinrichtungen kein Arbeitsunfall. Ein Selbstmord jedoch, der in einem durch einen Arbeitsunfall verursachten Zustand der Unzurechnungsfähigkeit begangen wird, ist eine Folge dieses Unfalls, sodass die Hinterbliebenen zu entschädigen sind. Ein rechtserheblicher Ursachenzusammenhang eines Freitodes mit einem Unfall kann aber auch schon dann bestehen, wenn die Fähigkeit zur Willensbildung durch Auswirkungen des Unfalls wesentlich beeinträchtigt war. Für die Entscheidung kommt es darauf an, in welchem Umfang bei Berücksichtigung der gesamten Persönlichkeit die seelische Störung (Depression) durch Auswirkungen des Unfalls hervorgerufen war. Ist eine solche Störung rechtlich wesentlich durch Unfallfolgen verursacht, so ist zu prüfen, in welchem Umfang dadurch die Fähigkeit des Verstorbenen „zu vernunftgemäß würdigenden folgerichtigen Überlegungen und darauf aufgebauter Entschließung beeinträchtigt war und welche Bedeutung derartige Veränderungen der Persönlichkeit für den *Entschluss* zur Selbsttötung hatten" (Bundessozialgericht Urteil vom 18.12.1962, Entscheidungen des Bundessozialgerichts Bd. 18, S. 163).

Es ist nicht erforderlich, dass Tatsachen, die für einen Kausalzusammenhang sprechen, mit Sicherheit bewiesen sind. Als **Beweisanforderung** genügt vielmehr, dass sie wahrscheinlich sind. Wahrscheinlich ist ein Zusammenhang nach der Rechtsprechung dann, wenn bei Abwägung aller Umstände die für den Zusammenhang sprechenden Erwägungen so stark überwiegen, dass sich darauf die Überzeugung gründen kann, bzw. die dagegen sprechenden Erwägungen billigerweise außer Betracht bleiben können. Die bloße Möglichkeit eines Zusammenhangs hingegen genügt weder für die haftungsbegründende noch für die haftungsausfüllende Kausalität. Auf der anderen Seite wird ein besonderes Maß von Wahrscheinlichkeit wie „mit an Sicherheit grenzender" oder „überwiegender" Wahrscheinlichkeit nicht gefordert.

Durch einen Arbeitsunfall können auch *mittelbare Unfallfolgen* wesentlich verursacht sein. Sie sind den unmittelbaren rechtlich gleichwertig, z.B. Sturz mit Verletzungsfolgen infolge einer durch einen Arbeitsunfall verursachten Körperbehinderung. Das Gesetz (§ 11 SGB VII) bezeichnet es ausdrücklich als (mittelbare) Folge eines Arbeitsunfalls, wenn Unfallversicherte etwa bei der Durchführung einer Heilbehandlung oder von Leistungen zur Teilhabe wegen dieses Arbeitsunfalls oder bei der Wiederherstellung oder Erneuerung eines Hilfsmittels oder bei einer wegen des Arbeitsunfalls zur Aufklärung des Sachverhalts angeordneten Untersuchung oder auf einem dazu notwendigen Wege einen weiteren Unfall erleidet.

Mittelbare Unfallfolgen sind auch Gesundheitsstörungen, die infolge der Heilbehandlung wegen eines Arbeitsunfalls entstehen, wie z.B. atypischer Verlauf, Komplikationen, Behandlungsfehler von Ärzten oder ärztlichem Hilfs- oder von Pflegepersonal. Mittelbare Unfallfolgen sind weiterhin durch ärztliche Eingriffe hervorgerufene Gesundheitsstörungen, wenn die Eingriffe dazu gedient haben, Art, Umfang und Ausmaß von Unfallfolgen festzustellen. Das gilt auch, wenn ein solcher Eingriff zu dem Ergebnis führt, dass die dabei festgestellten Befunde nicht Unfallfolge sind.

2.4.3 Wesentliche Änderung

Folgen eines Gesundheitsschadens können sich sowohl verschlimmern als auch bessern. Solche Änderungen in den Unfallfolgen sind nur dann rechtserheblich, wenn sie wesentlich sind. Wesentlich ist eine Änderung nach § 73 Abs. 3 SGB VII, wenn sich dadurch der Prozentsatz der Minderung der Erwerbsfähigkeit auf Dauer um mehr als 5 v.H. geändert hat (Beispiel: 20 v.H. auf 30 v.H. und umgekehrt).

Ein Arbeitsunfall kann aber auch ein bestehendes, unfallunabhängiges Leiden verschlimmern. Ist der Unfall eine wesentliche Teilursache für eine solche **Verschlimmerung**, so ist die Verschlimmerung Unfallfolge. Wenn in der gutachterlichen Praxis verschiedene Möglichkeiten einer solchen Verschlimmerung, nämlich die vorübergehende oder die dauernde, die einmalige oder die richtunggebende Verschlimmerung erörtert werden, so kann eine solche Erörterung der Klärung des medizinischen Sachverhalts oder für Maßnahmen des Leistungsträgers, etwa zur medizinischen Rehabilitation, dienlich sein.

Die Frage der Verschlimmerung eines bestehenden Leidens durch einen Unfall ist bei Tod durch dieses Leiden besonders zu prüfen. Der Unfall ist als wesentliche Teilursache dann anzuerkennen, wenn das Leben der Versicherten durch den Unfall um wenigstens ein Jahr verkürzt worden ist.

2.4.4 Wegeunfälle

§ 8 Abs. 2 SGB VII erweitert die versicherten Tätigkeiten z.B. auf

– das Zurücklegen des mit der versicherten Tätigkeit zusammenhängenden unmittelbaren Weges nach und von dem Ort der Tätigkeit

– das Zurücklegen des mit der versicherten Tätigkeit zusammenhängenden Weges von und nach der ständigen Familienwohnung, wenn die Versicherten wegen der Entfernung ihrer Familienwohnung von dem Ort der Tätigkeit an diesem oder in dessen Nähe eine Unterkunft haben,

– das mit der versicherten Tätigkeit zusammenhängende Verwahren, Befördern, Instandhalten und Erneuern eines Arbeitsgerätes oder einer Schutzausrüstung sowie deren Erstbeschaffung, wenn diese auf Veranlassung der Unternehmer erfolgt.

Es handelt sich um Tätigkeiten, die mit der eigentlichen versicherten Tätigkeit in einem unmittelbaren Zusammenhang stehen, bzw. deren Aufnahme erst ermöglichen. Als Weg zum/vom Ort der Tätigkeit ist das „sich Fortbewegen auf ein Ziel" versichert, in der Regel zwischen Wohnung und dem Ort der versicherten Tätigkeit. Versichert ist grundsätzlich nur der unmittelbare, d.h. kürzeste verkehrsgerechte Weg. Das Gesetz nennt jedoch Ausnahmen, bei denen auch das Abweichen vom unmittelbaren Weg versichert ist. Das sind insbesondere (s. im einzelnen § 8 SGB VII) Wegabweichungen

– zur Unterbringung von Kindern der Versicherten (§ 56 SGB I), die mit ihnen in einem gemeinsamen Haushalt leben, wegen ihrer Ehegatten oder ihrer Lebenspartner beruflichen Tätigkeit fremder Obhut anvertraut werden,

– zur gemeinsamen Nutzung eines Fahrzeuges mit anderen Berufstätigen oder Versicherten (Fahrgemeinschaften).

Andere Umwege und Zwischenaufenthalte können den Zusammenhang unterbrechen, oder, wenn sie in unverhältnismäßiger Zeitdauer zur Wegstrecke stehen, auch lösen. Die Wahl des Verkehrsmittels, mit dem die Versicherten den Weg zurücklegen, ist ohne Bedeutung. Der Weg beginnt und endet jeweils an der Außenhaustür des Wohngebäudes. Wege innerhalb des Wohngebäudes sind nicht mehr versichert.

2.4.5 Berufskrankheiten

Die Berufskrankheit ist neben dem Arbeitsunfall ein eigenständiger Versicherungsfall (§ 9 SGB VII). Berufskrankheiten (BK) sind nach den gesetzlichen Vorschriften die Krankheiten, welche die Bundesregierung durch Rechtsverordnung mit Zustimmung des Bundesrates (Berufskrankheitenverordnung, BKV) gemäß § 9 Abs. 1 SGB VII bezeichnet und die Versicherten infolge einer versicherten Tätigkeit erleiden. Diese Berufskrankheitenliste umfasst seit der 2. BKV-Änderungsverordnung mit Wirkung vom 1.7.2009 (BGBl 2009, 1273–1276) die Berufskrankheiten, die im Anhang 4.1 wiedergegeben sind. Die Merkblätter des Bundesministeriums für Arbeit und Sozialordnung, also die Hinweise zur ärztlichen Anzeige von Berufskrankheiten sind im Anhang 4 insoweit abgedruckt, als sie einen Bezug zu Verletzungen haben und zur Abgrenzung davon dienen (insbesondere Stütz- und Bewegungsapparat). Denn während ein Unfall plötzlich geschieht und der Zeitpunkt feststellbar ist (s. 2.4.1), entsteht eine Berufskrankheit allmählich, also erst nach längerer schädigender Einwirkung.

Von einer rentenberechtigenden Berufskrankheit zu unterscheiden ist eine Berufskrankheit „dem Grunde nach", also ohne den Anspruch auf eine Rentenleistung. Jede Erkrankung im Sinne der BKV mit den Listenkriterien, die also ihre wesentliche Ursache im Beruf hat, zieht im Falle der Behandlungsbedürftigkeit Leistungen zur Heilbehandlung und Teilhabe (Rehabilitation) nach sich, die von der gesetzlichen Unfallversicherung finanziert werden.

Die UV-Träger erkennen im Einzelfall eine Krankheit, auch wenn sie nicht in der BK-Liste bezeichnet ist, wie eine Berufskrankheit an, sofern nach neuen Erkenntnissen der medizinischen Wissenschaft diese Krankheit durch besondere Einwirkungen verursacht ist, denen bestimmte Personengruppen durch ihre versicherte Tätigkeit in erheblich höherem Grade als die übrige Bevölkerung ausgesetzt sind (§ 9 Abs. 2 SGB VII).

Bei Berufskrankheiten sind besondere Verfahrensvorschriften von Bedeutung. So besteht für alle Ärzte oder Zahnärzte die gesetzliche Pflicht, eine unverzügliche Anzeige zu erstatten, falls sie den begründeten Verdacht haben, dass bei Versicherten eine Berufskrankheit besteht (§ 202 SGB VII). Die Ärzte haben die Versicherten über den Inhalt der Anzeige zu unterrichten und ihnen den UV-Träger und die Stelle zu nennen, denen sie die Anzeige übersenden. Häufig taucht die Frage auf, ob diese Anzeigepflicht auch besteht, wenn der Patient nicht einwilligt. Dahinter verbirgt sich die Angst vor dem Arbeitsplatzverlust. Die rechtliche Antwort lautet ‚ja'. Aber die Ärzte haben die Möglichkeit zu vermerken, dass der Patient keine Unterrichtung des Arbeitgebers wünscht. Insoweit obliegt es dem umsichtigen Vorgehen des UV-Trägers, die BK-Anzeige angemessen zu behandeln.

Die Anzeige ist unverzüglich dem zuständigen UV-Träger (s. Anhang 2.1) oder der durch Landesrecht bestimmten, für den medizinischen Arbeitsschutz zuständigen Stelle – in der Regel den Staatlichen Gewerbeärzten – zu erstatten. Dazu ist der Vordruck „Ärztliche Anzeige bei Verdacht auf eine Berufskrankheit" zu verwenden. Einzelheiten sind der Verordnung über die Anzeige von Versicherungsfällen in der gesetzlichen Unfallversicherung (UVAV) vom 23.1.2002 zu entnehmen. Mit dem Vordruck sind Erläuterungen zur Unterrichtung des anzeigenden Arztes verbunden (Hinweise und herunterladbare Texte unter www.dguv.de). Meldekriterien hat das Bundesministerium für Arbeit und Sozialordnung für jede einzelne Berufskrankheit erarbeitet und veröffentlicht (s. Anhang 4.2).

Weiterhin kann die für den medizinischen Arbeitsschutz zuständige Stelle (Staatlicher Gewerbearzt), falls sie es für erforderlich hält, die Versicherten untersuchen oder für Rechnung des UV-Trägers untersuchen lassen, wenn sie ein Zusammenhangsgutachten für erforderlich hält. Die Gebühr beträgt 200 Euro (§ 5 Abs. 1 BKV). Schlägt die Stelle Beweiserhebungen vor, so hat der UV-Träger solchen Vorschlägen zu folgen, es sei denn, dass eine entsprechende Beweiserhebung bereits eingeleitet ist. Außerdem besteht eine gegenseitige Informationspflicht über die eingeleiteten Maßnahmen.

Besondere gutachtliche Aufgaben ergeben sich aus der Verpflichtung der UV-Träger zur Vorbeugung von Berufskrankheiten. Besteht nämlich für Versicherte die Gefahr, dass eine Berufskrankheit entsteht, wieder auflebt oder sich verschlimmert, so hat der UV-Träger „mit allen geeigneten Mitteln dieser Gefahr entgegenzuwirken" (§ 3 BKV). Um diese Mittel – etwa vorbeugende Maßnahmen zur Heilbehandlung oder Teilhabe (Rehabilitation), aber auch einen Wechsel des Arbeitsplatzes oder des Berufes – einzusetzen, bedarf es der gutachtlichen Stellungnahme und der Mitwirkung des arbeitsmedizinisch erfahrenen Arztes. Da bereits das Entstehen einer Berufskrankheit zu verhindern ist, kann die ärztliche Tätigkeit bereits vor dem Zeitpunkt erforderlich sein, zu dem die „Ärztliche Anzeige über eine Berufskrankheit" zu erstatten wäre. Minderung des Verdienstes oder sonstige wirtschaftliche Nachteile, die die Versicherten durch die Einstellung der gefährdenden Tätigkeit erleiden, sind vom UV-Träger durch als „Übergangsleistungen" bezeichnete Geldleistungen auszugleichen.

Der Prävention dienen auch die vorbeugenden ärztlichen Untersuchungen, über die die UV-Träger Vorschriften erlassen können (§ 15 SGB VII). Die entsprechende Vorschrift ist die Unfallverhütungsvorschrift „Arbeitsmedizinische Vorsorge". Nach dieser Unfallverhütungsvorschrift (UVV) hat der Unternehmer auf seine Kosten dafür zu sorgen, dass der Gesundheitszustand seiner Beschäftigten durch arbeitsmedizinische Vorsorgeuntersuchungen überwacht wird. Die Regelungen dieser UVV sind weitestgehend durch die Verordnung zur Arbeitsmedizinischen Vorsorge (ArbMedVV) abgelöst worden.

Zu den Inhalten arbeitsmedizinischer Vorsorgeuntersuchungen liegen „Berufsgenossenschaftliche Grundsätze für arbeitsmedizinische Vorsorgeuntersuchungen" vor, die die Deutsche Gesetzliche Unfallversicherung herausgegeben hat (4. Aufl. Stuttgart 2007, Gentner-Verlag).

Das weite Feld gutachterlicher Aufgaben bei diesen Vorsorgeuntersuchungen erfordert besonderen arbeitsmedizinischen Sachverstand. Daher müssen die mit den Vorsorgeuntersuchungen betrauten Ärzte entweder die Gebietsbezeichnung „Arbeitsmedizin" oder die Zusatzbezeichnung „Betriebsmedizin" führen.

2.5 Entschädigung

2.5.1 Abstrakter Schadensersatz

Gesetzliche Aufgabe der Unfallversicherung (§ 1 SGB VII) ist es, Arbeitsunfälle und Berufskrankheiten sowie arbeitsbedingte Gesundheitsgefahren mit allen geeigneten Mitteln zu verhüten. Für die Gutachter sind indes vor allem die Entschädigungsleistungen von Bedeutung. Bei der Erfüllung der hier gestellten Aufgabe, öffentlich-rechtliche Schadensersatzansprüche der Versicherten zu befriedigen, sind die UV-

Träger auf die Unterstützung der Ärzte sowohl bei der Heilbehandlung/Rehabilitation der Versicherten als auch bei der Gewährung von Geldleistungen angewiesen. Die Entgeltersatzleistungen wie etwa das Verletztengeld (während der Arbeitsunfähigkeit) und das Übergangsgeld (während der Maßnahmen zur Teilhabe am Arbeitsleben) sind von den Rentenleistungen zu unterscheiden.

Der Anspruch der Versicherten auf Rentenleistungen ist dabei ein abstrakter, d. h. die Leistungen werden nicht konkret nach dem eingetretenen Schaden wie Einkommensverlust o. ä. berechnet, sondern nach allgemeinen, für alle Versicherten gleichmäßig geltenden Maßstäben, die durch die gesetzlichen Vorschriften festgelegt sind. Das sind die Minderung der Erwerbsfähigkeit (MdE) durch die Folgen des Arbeitsunfalls / der Berufskrankheit in Prozenten ausgedrückt und das Einkommen der Versicherten im Jahr vor dem Versicherungsunfall, der sog. Jahresarbeitsverdienst. Ein Versicherter kann also wegen der Folgen eines Arbeitsunfalls auch dann einen Anspruch auf Rentenleistungen haben, wenn ihm ein Einkommensverlust durch den Unfall nicht entstanden ist. Die Unfallrente wird grundsätzlich auch neben der Altersrente gezahlt. Darin kommt der Schadensersatzgedanke in der gesetzlichen Unfallversicherung zum Ausdruck. Hingegen kann es auch sein, dass die den Versicherten zustehende Entschädigung den Einkommensverlust nicht ausgleicht.

Entschädigt wird im allgemeinen nur der Körperschaden, nicht aber der Sachschaden. Es besteht kein Anspruch auf Schmerzensgeld gegenüber dem Arbeitgeber. Der Schadensersatz gegenüber dem Arbeitgeber wird vollständig von der Unfallversicherung abgelöst. Der Verlust oder die Beschädigung eines beim Unfall getragenen Hilfsmittels werden als Körperschaden angesehen und ersetzt bzw. wiederhergestellt (§ 8 Abs. 3 SGB VII).

2.5.2 Sachleistungen

Unter Sachleistungen fallen alle Maßnahmen zur Wiederherstellung der Erwerbsfähigkeit, zur Teilhabe am Arbeitsleben und zur Erleichterung der Verletzungsfolgen, die den Unfallversicherten durch Dritte (Leistungserbringer) gewährt werden. Den Versicherten wird grundsätzlich kein Geld erstattet, sondern sie erhalten von den UV-Trägern auf der Grundlage der gesetzlichen Vorgaben die Leistungen. Als derartige Maßnahmen sieht das Gesetz z.B. Erstversorgung, Heilbehandlung, Pflege, Maßnahmen zur Rehabilitation/Teilhabe vor. Die Unfallversicherung ist also für die medizinische Versorgung und für alle Teilhabeleistungen „alles aus einer Hand" verantwortlich. Seit dem Jahr 2008 können gemäß § 17 Abs. 2 SGB IX auch persönliche Budgets gezahlt werden (Einzelheiten unter 6.).

2.5.2.1 Heilbehandlung und medizinische Rehabilitation
Die Heilbehandlung hat mit allen geeigneten Mitteln zu erfolgen. Dieser gesetzliche Auftrag beruht auf dem Schadensersatzprinzip in der gesetzlichen Unfallversicherung und entspricht dem Prinzip „Rehabilitation vor Rente". Er umfasst die ärztliche und zahnärztliche Behandlung, die Versorgung mit Arznei- und Verbandmitteln, Heilmitteln einschließlich Krankengymnastik, Bewegungstherapie, Sprachthe-

rapie und Beschäftigungstherapie, Ausstattung mit Körperersatzstücken, orthopädischen und anderen Hilfsmitteln einschl. der notwendigen Änderung, Instandsetzung und Ersatzbeschaffung sowie der Ausbildung im Gebrauch der Hilfsmittel,
Belastungserprobung und Arbeitstherapie und ergänzende Leistungen, wie ärztlich
verordneter Behindertensport in Gruppen unter ärztlicher Betreuung oder psycho-
soziale Begleitung. Außerdem sind erforderlichenfalls Leistungen bei Pflegebedürftigkeit zu gewähren.

Dabei sind die UV-Träger verpflichtet, alle Maßnahmen zu treffen, durch die eine
möglichst frühzeitig nach dem Versicherungsfall einsetzende, schnelle und sachgemäße Heilbehandlung gewährleistet wird. Insoweit verbleibt es nicht nur bei einer
bloßen Zahlstelle, sondern ein kooperatives Miteinander zwischen UV-Trägern und
Ärzten tragen zum Rehabilitationserfolg bei. Die Ausstattung mit Körperersatzstücken, orthopädischen und anderen Hilfsmitteln ist durch gemeinsame Richtlinien
der DGUV geregelt, ebenso wie „Häusliche Krankenpflege" und die Gewährung
von Rehabilitationssport (s. Anhang 2.3 – 5).

Zur Durchführung ihrer Aufgabe auf dem Gebiet der Heilbehandlung haben die
UV-Träger seit Jahrzehnten besondere organisatorische Maßnahmen zur Qualitätssicherung entwickelt, die zum Teil die freie Arztwahl der Versicherten entsprechend
der gesetzlichen Ermächtigung in § 28 Abs. 4 Satz 2 SGB VII einschränken. Sie
stehen unter dem Gesichtspunkt der Notwendigkeit einer möglichst bald nach dem
Arbeitsunfall einsetzenden, schnellen und sachgemäßen, insbesondere – soweit nötig – fachärztlichen oder besonderen unfallmedizinischen Versorgung. Daher werden diese organisatorischen Maßnahmen von den beiden Grundsätzen der Rechtzeitigkeit und der Auswahl getragen. Es kommt für den Erfolg der Heilbehandlung
nämlich wesentlich darauf an, dass die Unfallverletzten unverzüglich nach dem
Unfall ärztlich versorgt werden und dass bei dieser Versorgung zugleich festgestellt
wird, ob die Art der Verletzung eine besondere fachärztliche oder unfallmedizinische Behandlung erfordert.

Bei Gesundheitsschäden, für die wegen ihrer Art oder Schwere eine besondere unfallmedizinische stationäre Behandlung angezeigt ist, wird diese in besonderen
Einrichtungen erbracht (§ 33 Abs. 3 SGB VII). Für die Behandlung solcher schweren
Verletzungsarten sind rund 600 Krankenhäuser zugelassen, die über besondere
personelle und technische Einrichtungen verfügen. Die durch diese besondere Auswahl festgelegten Verletzungsarten sind in einem besonderen Verzeichnis enthalten,
das stets weiterentwickelt wird, um die Qualität der unfallmedizinischen Versorgung sicherzustellen (www.dguv.de). In erster Linie stehen aber die 9 Unfallkliniken
der UV-Träger (s. Anhang 2.8) für eine umfassende Akutversorgung und Rehabilitation „unter einem Dach" zur Verfügung.

Der Strukturqualität dienen zudem die Grundsätze für eine „Erweiterte Ambulante Physiotherapie (EAP)", die eine schnelle Rehabilitation nach schweren Verlet-
zungen/Erkrankungen des Stütz- und Bewegungsapparates sicherstellen sollen. Die
Website www.dguv.de gibt weitere Auskunft über dieses Qualitätssicherungsinstru-

ment der UV-Träger ebenso über die „Berufsgenossenschaftliche Stationäre Weiterbehandlung" (BGSW) und deren Zulassungsvoraussetzungen.

Auch bei einem optimalen Heilverfahren kann es am Ende der Behandlung zweifelhaft sein, ob die Versicherten ihre vor dem Versicherungsfall ausgeübte Tätigkeit weiterhin verrichten können; es ist über das Bestehen oder Weiterbestehen der Arbeitsunfähigkeit zu entscheiden. Das Gesetz bietet den UV-Trägern die Belastungserprobung und Arbeitstherapie (§ 26 Abs. 2 Nr. 7 SGB IX) als Maßnahmen zum Test an. Dem behandelnden Arzt kommt hinsichtlich der Beurteilung der Notwendigkeit einer solchen Maßnahme eine Initiativ-, Motivations- und Steuerungsfunktion zu. Gemäß dem Ärztevertrag (Anhang 2.2) haben die behandelnden Ärzte dem UV-Träger frühzeitig zu berichten, wem eine Maßnahme zum erleichterten Übergang ins Arbeitsleben förderlich erscheint. Eine zeitliche Begrenzung der Maßnahme sieht das Gesetz nicht vor. Je nach den Besonderheiten des Einzelfalles können 4 – 6 Wochen ausreichen, aber auch eine längere Dauer erforderlich werden, um das angestrebte Ziel der Reintegration möglichst an den alten Arbeitsplatz zu erreichen. Einzelheiten ergeben sich aus den „Gemeinsamen Richtlinien der Unfallversicherungsträger über Belastungserprobung" (s. Anhang 2.6).

2.5.2.2 Teilhabe am Arbeitsleben
Mit den Leistungen zur Teilhabe am Arbeitsleben sollen die Unfallversicherten unter Anwendung aller geeigneten Mittel nach ihrer Leistungsfähigkeit unter Berücksichtigung ihrer Eignung, Neigung und bisherigen Tätigkeit möglichst auf Dauer beruflich eingegliedert werden (§ 35 Abs. 1 SGB VII i. V. m. § 33 SGB IX).

Zu diesem Ziel führen eine Reihe von Maßnahmen wie u. a. Hilfen zur Erhaltung oder Erlangung eines Arbeitsplatzes, auch durch Eingliederungshilfen an Arbeitgeber, Berufsfindung und Arbeitserprobung, Umschulung usw. Der zuständige UV-Träger hat die Versicherten auch bei ihrem weiteren beruflichen Werdegang zu betreuen. Angesichts der großen Bedeutung der Maßnahmen zur Teilhabe am Arbeitsleben sollte ein ärztlicher Gutachter, der Unfallversicherte untersuchen und begutachten muss, stets auch Ratschläge für zweckmäßige Maßnahmen oder Initiativen im Rahmen der beruflichen Eingliederung anregen. Für diese Leistung gemäß § 17 des Ärztevertrags erhalten die Ärzte eine gesonderte Vergütung.

2.5.2.3 Teilhabe am Leben in der Gemeinschaft
Zu den Aufgaben der gesetzlichen Unfallversicherung gehört es auch, den Unfallversicherten Hilfen zur Bewältigung der Anforderungen des täglichen Lebens und zur Teilnahme am Leben in der Gemeinschaft unter Berücksichtigung von Art und Schwere des Gesundheitsschadens bereitzustellen. Die Leistungen umfassen Kraftfahrzeughilfe, Wohnungshilfe, Beratung sowie sozialpädagogische und psycho-soziale Betreuung, Haushaltshilfe, Reisekosten und Erholungsaufenthalte (s. §§ 39 ff SGB VII i. V. m. §§ 55 ff SGB IX). Zu diesen Leistungen hat die DGUV Richtlinien und Empfehlungen veröffentlicht (s. Anhang 2). Alle diese Leistungen sollen dabei helfen, den Rehabilitationserfolg, wenn nötig lebenslang, zu erreichen und sicher-

zustellen. Bevor die UV-Träger über diese Leistungen entscheiden, werden häufig ärztliche Bewertungen zu besonderen Fragestellungen in der Rehabilitation einge-holt. Insoweit ist § 14 Abs. 5 SGB IX zu beachten (vgl. unten unter 6.).

2.5.2.4 Pflege

Schwerwiegende Unfallfolgen bedingen besondere Maßnahmen der UV-Träger, wenn die Versicherten trotz aller Maßnahmen zur Heilbehandlung und Teilhabe/ Rehabilitation pflegebedürftig werden. Eine solche Pflegebedürftigkeit besteht dann, wenn die Versicherten infolge des Versicherungsfalls so hilflos sind, dass sie der Pflege gemäß § 44 SGB VII berdürfen. Insoweit gehört der Pflegefall zur Zustän-digkeit der Unfallversicherung. Die allgemeinen Vorschriften im Pflegeversiche-rungsgesetz (s. unter 7.) finden indes keine Anwendung. Die UV-Träger zahlen so-gar Beiträge in die Pflegekasse, wenn der Arbeitsunfall eines Versicherten anerkannt wurde.

Beispiele für eine solche Pflegebedürftigkeit sind Querschnittlähmungen, Erblin-dungen o. ä. Die Gewährung von Pflege ist an sich eine Sachleistung und besteht in erforderlichen Hilfen durch Kranken- oder Hauspflege bzw. in der Gewährung von Unterhalt und Pflege in einer geeigneten Einrichtung. Finden die Unfallversicherten im eigenen Familienkreis die erforderliche Pflege, sieht § 44 SGB VII vor, dass an-stelle externer pflegerischer Maßnahmen ein Pflegegeld gewährt werden kann. In der Praxis werden die „Anhaltspunkte für die Bemessung von Pflegegeld" verwen-det (s. Richtlinien der UV-Träger unter www.dguv.de). Ein Pflegegeld kann ange-messen erhöht werden, wenn die Aufwendungen für fremde Wartung und Pflege den Betrag des Pflegegeldes übersteigen. Die Pflegegelder werden vom 1. Juli eines jeden Jahres verändert (§ 44 Abs. 2 Satz 2 SGB VII).

2.5.3 Geldleistungen

2.5.3.1 Verletztengeld – Übergangsgeld

Solange Unfallversicherte infolge eines Arbeitsunfalls arbeitsunfähig sind und keine Entgeltfortzahlung erhalten oder wegen einer Maßnahme der Heilbehandlung eine ganztägige Erwerbstätigkeit nicht ausüben können, haben sie Anspruch auf *Verletz-tengeld* zur Abdeckung des Lebensunterhalts. Arbeitsunfähig im Sinne der Kran-kenversicherung ist ein Versicherter, wenn er wegen seiner Verletzung nicht oder doch nur unter der Gefahr, seinen Zustand in absehbarer Zeit zu verschlimmern, fähig ist, seine bisherige unmittelbar vor dem Unfall ausgeübte Tätigkeit fortzuset-zen. Das Verletztengeld wird von dem Tage an gewährt, ab dem die Arbeitsunfä-higkeit ärztlich festgestellt wird. Wenn sich die Leistung zur Teilhabe am Arbeits-leben aus Gründen, die der Unfallversicherte nicht zu vertreten hat, nicht gleich an die Heilbehandlung anschließt, so ist Verletztengeld bis zum Beginn dieser Leistung zu gewähren, wenn der Unfallversicherte seine bisherige Tätigkeit nicht wieder ausüben kann und ihm eine andere zumutbare Tätigkeit nicht vermittelt werden kann. Die Höhe des Verletztengeldes wird grundsätzlich entsprechend den Vor-schriften der Krankenversicherung über die Berechnung von Krankengeld errech-

net, mit der Maßgabe, dass das Regelentgelt bis zu den in der gesetzlichen Unfallversicherung geltenden Obergrenzen zu berücksichtigen ist und das Verletztengeld
80 v.H. des Regelentgelts beträgt, soweit es das Nettoarbeitsentgelt nicht übersteigt.

Das Verletztengeld endet

1. mit dem letzten Tag der Arbeitsunfähigkeit oder der Hinderung an einer ganztä-
tigen Erwerbstätigkeit durch eine Heilbehandlungsmaßnahme,

2. mit dem Tag, der dem Tag vorausgeht, an dem ein Anspruch auf Übergangsgeld
entsteht.

Wenn mit dem Wiedereintritt der Arbeitsfähigkeit nicht zu rechnen ist und Leistungen zur Teilhabe am Arbeitsleben nicht zu erbringen sind, endet das Verletztengeld

1. mit dem Tag, an dem die Heilbehandlung so weit abgeschlossen ist, dass die
Versicherten eine zumutbare, zur Verfügung stehende Berufs- oder Erwerbstätigkeit aufnehmen können,

2. mit Beginn der in § 50 Abs. 1 Satz 1 des Fünften Buches genannten Leistungen,
es sei denn, dass diese Leistungen mit dem Versicherungsfall im Zusammenhang
stehen,

3. im übrigen mit Ablauf der 78. Woche, gerechnet vom Tag des Beginns der Arbeitsunfähigkeit an, jedoch nicht vor dem Ende der stationären Behandlung.

Während einer Maßnahme zur Teilhabe am Arbeitsleben haben die Unfallversi-
cherten Anspruch auf *Übergangsgeld*. Die Vorschriften zur Berechnung des Über-
gangsgeldes finden sich im SGB IX (§§ 46 ff.) i.V.m. § 50 SGB VII. Anspruch auf
Übergangsgeld bis zu 6 Wochen besteht auch, wenn Unfallversicherte aus gesundheitlichen Gründen an der Maßnahme nicht weiter teilnehmen können oder im
Anschluss an eine Maßnahme arbeitslos werden, in diesem Fall bis zu 3 Monaten.
Neben dem Anspruch auf Übergangsgeld besteht Anspruch auf Rente, wenn die
Voraussetzungen hierfür vorliegen. Das Übergangsgeld beträgt 75 v.H. bzw. 68
v.H. des Verletztengeldes bei Arbeitslosigkeit nach der Maßnahme 67 v.H. bzw. 60
v.H. (§§ 46 Abs. 1, 51 Abs. 4 SGB IX).

2.5.3.2 Rente

Nach dem Wegfall des Anspruchs auf Verletztengeld haben Unfallversicherte Anspruch auf Verletztenrente, wenn bei ihnen wegen der Folgen eines Arbeitsunfalls
oder einer Berufskrankheit eine Minderung der Erwerbsfähigkeit von in der Regel
wenigstens 20 % über die 26. Woche nach dem Unfall hinaus besteht. Haben Unfallversicherte keinen Anspruch auf Verletztengeld, so beginnt die Rente am Tag
nach dem Versicherungsfall (§ 72 Abs. 1 Nr. 2 SGB VII). Voraussetzung für die
Zahlung einer Verletztenrente ist demnach der Versicherungsfall (Arbeitsunfall

oder Berufskrankheit), der Fortfall des Anspruchs auf Verletztengeld und schließlich eine Minderung der Erwerbsfähigkeit über die 26. Woche nach dem Unfall hinaus (s. § 56 Abs. 1 Satz 1 SGB VII). Die Erwerbsfähigkeit eines Verletzten kann durch Unfallfolgen nicht mehr gemindert werden, wenn der Verletzte bereits vor Eintritt des Arbeitsunfalls vollständig erwerbsunfähig war. In einem solchen Fall besteht daher kein Anspruch auf Verletztenrente. Vollständig erwerbsunfähig ist ein Versicherter dann, wenn er die Fähigkeit verloren hat, einen nennenswerten Verdienst zu erlangen, d. h. wenn er unfähig ist, sich unter Ausnutzung der Arbeitsangelegenheiten, die sich ihm nach seinen gesamten Kenntnissen sowie körperlichen und geistigen Fähigkeiten im ganzen Bereich des wirtschaftlichen Lebens bieten, einen Erwerb zu verschaffen.

Die Minderung der Erwerbsfähigkeit muss wenigstens ein Fünftel (20 v. H.) entweder durch die Folgen des Arbeitsunfalls allein oder durch mehrere Arbeitsunfälle/Berufskrankheiten von jeweils 10 % MdE (Stützrente) betragen. Zu beachten ist, dass sich die Rente bei Schwerverletzten (insgesamt MdE von 50 v. H.) unter den Voraussetzungen des § 57 SGB VII automatisch um 10 v. H. erhöht. Den Arbeitsunfällen stehen dabei gleich: Unfälle oder Entschädigungsfälle nach den Beamtengesetzen, dem Bundesversorgungsgesetz, dem Soldatenversorgungsgesetz, dem Gesetz über den zivilen Ersatzdienst, dem Gesetz über die Abgeltung von Besatzungsschäden, dem Häftlingshilfegesetz und den entsprechenden Gesetzen, die Entschädigung für Unfälle oder Beschädigung gewähren, so z. B. dem Gesetz über die Entschädigung für Opfer von Gewalttaten. Hat der Verletzte infolge des Arbeitsunfalls seine Erwerbsfähigkeit verloren, so erhält er die Vollrente. Diese beträgt ⅔ des Jahresarbeitsverdienstes. Im anderen Falle erhält er als Teilrente den Teil der Vollrente, der dem Grade der Minderung seiner Erwerbsfähigkeit entspricht.

Die Höhe der Verletztenrente richtet sich nach dem Einkommen der Versicherten im Jahre vor dem Arbeitsunfall (Jahresarbeitsverdienst). Der Jahresarbeitsverdienst beträgt mindestens 60 v. H. bei Personen, die das 18. Lebensjahr vollendet haben bzw. 40 v. H. bei Personen, die das 15., aber noch nicht das 18. Lebensjahr vollendet haben, jeweils orientiert an der zum Zeitpunkt des Versicherungsfalls maßgebenden Bezugsgröße (§ 85 Abs. 1 SGB VII). Der Höchstbetrag des Jahresarbeitsverdienstes beträgt das Zweifache der Bezugsgröße (§ 85 Abs. 2 SGB VII i. V. m. § 18 SGB IV). Die Satzung kann eine höhere Obergrenze festsetzen. Hiervon haben einzelne UV-Träger Gebrauch gemacht.

Voraussetzung für die Gewährung einer Verletztenrente durch UV-Träger ist das Vorliegen einer rechtserheblichen Minderung der Erwerbsfähigkeit. Zu ihrer Feststellung ist das ärztliche Gutachten erforderlich. Bei der Begutachtung muss der für das Gebiet der gesetzlichen Unfallversicherung maßgebliche Begriff der Minderung der Erwerbsfähigkeit berücksichtigt werden. Danach wird die MdE in der gesetzlichen Unfallversicherung als die Fähigkeit eines Menschen bezeichnet, sich unter Ausnutzung aller Arbeitsgelegenheiten, die sich ihm nach seinen verbleibenden Kenntnissen und körperlichen und geistigen Fähigkeiten im gesamten Bereich des wirtschaftlichen Lebens („allgemeiner Arbeitsmarkt") bieten, einen Erwerb zu verschaffen.

Zur Feststellung der verbliebenen Erwerbsfähigkeit nach dem Arbeitsunfall ist von der individuellen Erwerbsfähigkeit der Unfallversicherten vor dem Arbeitsunfall auszugehen. Diese ist der vollen Erwerbsfähigkeit vor der eingetretenen Schädigung gleichzusetzen. Danach ist durch entsprechende Untersuchung festzustellen, ob diese Erwerbsfähigkeit durch den Körperschaden auf dem *Gesamtgebiet des Erwerbslebens* eingeschränkt worden ist (Abstrakter Schadensersatz). Es ist hierbei zu berücksichtigen, dass das Erwerbsleben einem Wandel unterworfen ist. Langfristige strukturelle Veränderungen der Erwerbstätigkeiten können nicht unbeachtet bleiben. Bei dieser Schätzung kann von *allgemeinen Erfahrungssätzen*, wie sie nachfolgend dargelegt sind, ausgegangen werden. Jedoch muss dabei stets der Einzelfall mit seinen Besonderheiten berücksichtigt werden. Es gibt im Recht der gesetzlichen Unfallversicherung keine verbindliche „Gliedertaxe" oder „Knochentaxe", nur Erfahrungswerte wie die in diesem Buch.

Der grundsätzliche Bezug auf das Gesamtgebiet des Erwerbslebens gilt nicht ohne jede Rücksicht auf die individuellen Verhältnisse der Verletzten. Kann der Verletzte „bestimmte von ihm erworbene besondere berufliche Kenntnisse und Erfahrungen nicht mehr oder nur noch in vermindertem Umfang nutzen", ohne dass ein Ausgleich „durch sonstige Fähigkeiten, deren Nutzung ihm zugemutet werden kann", vorhanden ist, so sind solche Nachteile „bei der Bemessung der Minderung der Erwerbsfähigkeit zu berücksichtigen" (§ 56 Abs. 2 S. 3 SGB VII).

Da damit der Grundsatz der abstrakten Schadensberechnung nicht aufgegeben wird, können dergleichen Nachteile nur in Ausnahmefällen berücksichtigt werden. Allein die Tatsache etwa, dass ein erlernter Beruf wegen der Unfallfolgen nicht mehr ausgeübt werden kann, genügt nicht. Es muss sich im Einzelfall vielmehr um ganz spezielle berufliche Fähigkeiten und Kenntnisse handeln, deren Ausübung durch den Unfall beeinträchtigt wird, zugleich muss die Verweisung auf die zumutbare Nutzung anderer Fähigkeiten unmöglich sein.

Die individuelle Erwerbsfähigkeit der Versicherten kann durch vielfache Faktoren schon vor dem Unfall beeinträchtigt sein, z.B. durch Vorerkrankungen, Alters- oder Verbrauchserscheinungen, angeborene oder durch einen Unfall oder durch Versorgungsleiden erworbene Behinderungen usw. Gleichwohl ist sie mit 100 v.H. anzusetzen.

Die Folge ist, dass die Minderung der Erwerbsfähigkeit bei Unfallversicherten mit einem solchen Vorschaden anders anzusetzen ist, als dies bei Versicherten ohne Vorschaden der Fall wäre. Rechtserheblich ist ein solcher Vorschaden aber nur dann, wenn zwischen dem Vorschaden und dem durch den Arbeitsunfall verursachten Körperschaden eine Wechselbeziehung besteht. Auch bei einem rechtserheblichen Vorschaden ist die Minderung der Erwerbsfähigkeit frei zu schätzen. Für die Begutachtung können folgende Merksätze hilfreich sein:

1. Ausgangspunkt ist die individuelle Erwerbsfähigkeit des Versicherten, die durch Vorschäden beeinträchtigt sein kann.

2. Rechtlich relevant ist ein Vorschaden dann, wenn zwischen dem Vorschaden und dem durch einen Arbeitsunfall oder eine Berufskrankheit verursachten Schaden eine Wechselbeziehung besteht.

3. Liegt eine Wechselwirkung vor, so wird in der Regel eine höhere Minderung der Erwerbsfähigkeit die Folge sein, sofern nicht Vorschaden und Unfallschaden ineinander aufgehen.

4. Die Minderung der Erwerbsfähigkeit durch einen Vorschaden ist nach dem Befund zur Zeit des Unfalls frei zu schätzen.

5. Die individuelle Minderung der Erwerbsfähigkeit bei wechselseitigen Beziehungen von Vorschaden und Unfallfolgen muss vom Gutachter bewertet werden, *sie kann nicht rein rechnerisch ermittelt werden.*

Die im Zusammenhang mit der Bewertung eines Vorschadens immer wieder erwähnte (schon ältere) Lohmüllersche Formel

$$x = \frac{(y-z) \cdot 100}{a}$$

x = Grad der zu ermittelnden MdE

y = Grad der nach dem Unfall bestehenden Gesamt-MdE

z = Grad der MdE auf Grund des Vorschadens

a = Grad der vorherigen Erwerbsfähigkeit

kann ebenso wie die MdE-Werte in den entsprechenden Tabellen nicht schematisch angewendet werden. Wie die dort zusammengefassten Erfahrungswerte ist die von Lohmüller erarbeitete Formel ein Hilfsmittel; die Beurteilungsmaßstäbe sind nachvollziehbar und ermöglichen im Verwaltungs- wie auch im Gerichtsverfahren eine Überprüfung. Das Gebot der Gleichbehandlung lässt sich aber leichter und besser verwirklichen. Die Anwendung der Formel entbindet den Gutachter nicht von der Pflicht, die MdE unter Ausschöpfung auch aller sonstigen Erkenntnisquellen zu schätzen.

Eine eingehende Begründung der Beurteilung des unfallbedingten Folgeschadens ist unverzichtbar. Der sogenannte *Nachschaden,* d.h. die Verschlimmerung von Unfallfolgen durch ein späteres, nicht mit dem Unfall in ursächlichem Zusammenhang stehendes Ereignis ist unbeachtlich. Er beeinflusst die nach dem Recht der gesetzlichen Unfallversicherung zu entscheidende Minderung der Erwerbsfähigkeit nicht, etwa im Fall eines Verletzten, der durch einen Arbeitsunfall die Sehkraft eines Auges und später aus endogener Ursache die Sehkraft des anderen verloren hat.

Der Grad der Minderung der Erwerbsfähigkeit muss durch 5 teilbar sein oder 33⅓ bzw. 66⅔ v.H. betragen. Eine Minderung von weniger als 10 v.H. ist nicht zu berücksichtigen.

2.5.3.3 Vorläufige Rente – „Dauerrente"

Die Verletztenrente wird als vorläufige oder Rente auf unbestimmte Zeit (früher „Dauerrente") gewährt. Eine vorläufige Rente wird während der ersten Jahre festgestellt, wenn die Rente noch nicht als Rente auf unbestimmte Zeit festgesetzt werden kann (§ 62 SGB VII). Diese vorläufige Rente kann bei Änderung der Verhältnisse jederzeit anders festgestellt werden, vorausgesetzt, dass die Änderung wesentlich ist (s. o. 2.4.3). Die Rente wird mit Ablauf von 3 Jahren nach dem Unfall Rente auf unbestimmte Zeit. Eine solche Rente auf unbestimmte Zeit kann bei Vorliegen wesentlicher Änderungen, jedoch nur in Abständen von mindestens einem Jahr nach dem Zeitpunkt, zu dem sie kraft Gesetzes Rente auf unbestimmte Zeit geworden oder der letzte Bescheid über eine Dauerrente zugestellt worden ist, geändert werden aber nur, wenn die Änderung länger als drei Monate andauert (§ 73 Abs. 3 SGB VI).

Für die rechtliche Bewertung kann es von beträchtlicher Bedeutung sein, wenn die vorläufige Rente nicht kraft Gesetzes zur Rente auf unbestimmte Zeit wird, sondern eine besondere Feststellung der Rente auf unbestimmte Zeit erfolgt. Denn die erste Feststellung der Rente auf unbestimmte Zeit, abweichend von der zuvor festgestellten Vorläufigen, setzt eine Änderung der Verhältnisse nicht voraus. Die Einschätzung der Minderung der Erwerbsfähigkeit hat demnach unabhängig von früherer Einschätzung nach dem objektiven Befund zu erfolgen. Wegen des bevorstehenden Ablaufs der 3-Jahres-Frist ist es besonders wichtig, dass die Begutachtung für die erste Feststellung der Rente auf unbestimmte Zeit unverzüglich nach Erteilung des Auftrages erfolgt.

2.5.3.4 Rente bei Kindern in Kindergärten, Schülern und Studierenden

Auch hier gilt der Grundsatz: Die MdE muss über die 26. Woche nach dem Arbeitsunfall andauern und im allgemeinen mindestens 20 % betragen.

Bezugspunkt der MdE-Schätzung bleibt die Möglichkeit, sich unter Nutzung aller Arbeitsgelegenheiten, die sich unter Berücksichtigung der körperlichen und geistigen Fähigkeiten bieten, einen Erwerb zu verschaffen. Bei dem genannten Personenkreis, der üblicherweise nicht am Erwerbsleben teilnimmt, überrascht diese Feststellung, die aber dennoch richtig ist. Bei der Schätzung der MdE ist so zu verfahren, als stünden die Kinder, Schüler und Studierenden dem Arbeitsmarkt bereits zur Verfügung. Auswirkungen des Arbeitsunfalles auf die besondere erzieherische und schulische Situation bleiben dabei unberücksichtigt.

Bei der Schätzung der MdE, insbesondere für zurückliegende Zeit oder mit zeitlicher Begrenzung in die Zukunft, ist zu beachten, dass sich bei Kindern und Jugendlichen erfahrungsgemäß Unfallfolgen wesentlich schneller und weitgehender als bei Erwachsenen zurückbilden und ggf. auch eine Anpassung an den veränderten Körperzustand häufig schneller eintritt.

Die MdE ist i.d.R. vom Tage nach dem Arbeitsunfall einzuschätzen. Die Dauer einer unfallbedingten Unterbrechung des Kindergarten-, Schul- oder Hochschul-

besuchs lässt zwar Rückschlüsse auf den Heilverlauf zu, ist jedoch nicht von vornherein einer völligen Erwerbsunfähigkeit gleichzusetzen. In der Praxis haben sich
die hier wiedergegebenen Anhaltspunkte als sehr hilfreich herausgebildet, die vom
ehemaligen Bundesverband der Unfallkassen als „Hinweise zur ärztlichen Schätzung der MdE bei Kindern in Kindergärten, Schülern und Studierenden" herausgegeben wurden. Daraus entnommen sind folgende Erfahrungswerte:

Für die Dauer der stationären Behandlung   MdE = 100 %

Für die Dauer der Versorgung mit:

– Liegegips   MdE = 100 %

– Gehgips (Oberschenkel)   MdE = 50 %

– Gehgips (Unterschenkel)   MdE = 40 %

– Oberarmgips (Gebrauchsarm)   MdE = 60 %

– Oberarmgips (kein Gebrauchsarm)   MdE = 40 %

– Unterarmgips   MdE = 30 %

– Ober- und Unterarmgips bd. Arme   MdE = 100 %

Zweifellos ist die Schätzung der MdE individuell vorzunehmen und eine schematische Handhabung der Erfahrungswerte nicht zulässig; dennoch sollte ein Abweichen nur mit besonderen anatomischen Veränderungen gegenüber der Norm begründet werden.

2.5.3.5 Leistungen an Hinterbliebene

Die Leistungen an Hinterbliebene richten sich bei Arbeitsunfällen mit tödlichem
Ausgang ebenfalls nach dem Einkommen (Jahresarbeitsverdienst) der Unfallversicherten im Jahr vor dem Unfall. Anspruchsberechtigt sind die Witwe oder der
Witwer, unter Umständen die geschiedene Ehefrau des Versicherten, die ehelichen
und außerehelichen Kinder, Stiefkinder und Pflegekinder, unter bestimmten Bedingungen auch Eltern, Stiefeltern, Pflegeeltern und Großeltern. Auf die Rente der
Witwe und des Witwers werden Einkünfte des Leistungsberechtigten (z.B. Arbeitsentgelt, Renten aus eigener Versicherung, Ruhegehalt oder Einkünfte aus Vermö-
gen) in einer vom Gesetz bestimmten Höhe angerechnet (s. § 65 SGB VII). Die
Waisenrente regeln §§ 67 ff. und die Rente an Verwandte der aufsteigenden Linie
(Eltern) § 69 SGB VII. Neben der Rente gibt es noch „Beihilfen" (§ 71 SGB VII).

2.5.3.6 Abfindungen

Rentenansprüche können unter bestimmten Voraussetzungen vom UV-Träger abgefunden werden. Das Gesetz sieht für solche Abfindungen mehrere Möglichkeiten
vor (§§ 75 ff. SGB VII). Für die Entscheidung über eine Abfindung kann auch das
ärztliche Gutachten von Bedeutung sein.

Wenn nach allgemeinen Erfahrungen unter Berücksichtigung der besonderen Verhältnisse des Einzelfalles zu erwarten ist, dass nur eine vorläufige Rente zu gewähren ist, so kann der UV-Träger diesen voraussichtlichen Rentenaufwand durch eine *Gesamtvergütung* in der Höhe der voraussichtlichen Zahlungen abfinden. Diese Gesamtvergütung ist bei Verletzungen, deren Folgen innerhalb der ersten 3 Jahre nach dem Unfall ohne wesentliche Minderung der Erwerbsfähigkeit auszuheilen pflegen, von erheblicher praktischer Bedeutung. Die Gutachter werden zu überlegen haben, ob eine solche Gesamtvergütung empfohlen werden kann. Die Versicherten können nach Ablauf des Zeitraumes, für den die Gesamtvergütung festgesetzt war, Antrag auf weitere Zahlung der Verletztenrente stellen. Der UV-Träger muss dann prüfen, ob noch eine Minderung der Erwerbsfähigkeit vorliegt, die den Anspruch auf weitere Zahlung der Rente begründet.

Während die Gesamtvergütung vom Antrag der Unfallversicherten unabhängig ist, können andere Abfindungen nur auf Antrag vorgenommen werden. Dabei ist zu unterscheiden, ob den Versicherten ein Anspruch auf Rente von weniger als 40 v. H. der Vollrente oder von 40 v. H. und mehr zusteht. Ist die Rente niedriger als 40 v. H., so werden auf Antrag die Verletzten mit einem dem Kapitalwert der Rente entsprechenden Betrage vollständig abgefunden. Der Kapitalwert der Rente ergibt sich aus einer Rechtsverordnung der Bundesregierung. Er ist abhängig vom Lebensalter der Verletzten zur Zeit des Unfalls und von dem seit dem Unfall vergangenen Zeitraum in Jahren. Sind mehr als 15 Jahre seit dem Unfall vergangen, so wird ein besonderer Schlüssel für die Feststellung des Kapitalwertes angewandt.

Dies trifft auch zu, wenn es sich um eine Abfindung einer Rente von 40 v. H. und mehr der Vollrente handelt. Der Rentenempfänger muss das 18. Lebensjahr vollendet haben. Die Abfindungssumme beträgt das 9fache des Jahresbetrages der Rente. Soweit die Rente abgefunden ist, erlischt der Anspruch darauf für 10 Jahre mit Ablauf des Monats der Auszahlung.

Dem Antrag des Versicherten auf Abfindung der Rente auf unbestimmte Zeit kann nur entsprochen werden, wenn nicht zu erwarten ist, dass die Minderung der Erwerbsfähigkeit wesentlich sinkt. Schließlich muss festgestellt werden, ob die Versicherten sich in einem Gesundheitszustand befinden, der eine Kapitalabfindung rechtfertigt. Für diese beiden Feststellungen wird eine ärztliche Begutachtung erforderlich sein.

2.6 Verhältnis der Unfallversicherungsträger zu den Ärzten

Die zahlreichen und mannigfaltigen Aufgaben der UV-Träger bei der Entscheidung über Sach- und Geldleistungen sind nur im Zusammenwirken mit den Ärzten zu erfüllen. Die Beziehungen zu den Ärzten, zu denen untrennbar auch die in der Begutachtung gehören, bedürfen daher besonderer Regelung.

Zunächst sind mehrere *Aktionsfelder* herauszugreifen, in denen die UV-Träger mit den Ärzten zusammenarbeiten.

● Die *UV-Träger* kümmern sich mit eigenen Mitarbeitern selbst um den Verlauf des Heilungsprozesses. Ziel sind frühe, vollständige und nachhaltige Maßnahmen zur Teilhabe/Rehabilitation. Die Verantwortung für die *ambulante Behandlung* von Unfallverletzten übertragen die UV-Träger besonders qualifizierten und ausgesuchten Ärzten (z. B. D-Ärzte). Diese Vertrauensärzte sind nicht bei den Versicherungsträgern angestellt, sondern arbeiten in freier Praxis und erhalten von den UV-Trägern eine Zulassung. Die Zulassungskriterien in persönlicher Eignung, räumlicher und sächlicher Ausstattung sind festgelegt. Ein solches Zulassungssystem mit Qualitätskriterien gibt es auch für die *stationäre Behandlung*. Eine Führungsrolle nehmen hier die neun Unfallkliniken der UV-Träger in Deutschland ein. Festzuhalten ist, dass die UV-Träger mithelfen, Zuweisungswege zu gestalten, um den Unfallversicherten die geeignete Versorgung zu ermöglichen. Die behandelnden Ärzte haben die Versicherten sofort an besondere Unfallärzte zu überweisen. Das gleiche gilt im klinischen Sektor, es sei denn, es handelt sich um einen nicht verlegbaren Notfall. Mit diesen Zuweisungen wird zwar die freie Arztwahl der Unfallversicherten eingeschränkt. Die Ermächtigung dazu steht ausdrücklich in § 28 Abs. 4 Satz 2 SGB VII. Aber die Qualität der ärztlichen Behandlung steigt. Die UV-Träger sind dabei nicht nur Zahlstelle, sondern verantwortungsbewusste Partner der Ärzte.

● Das Vertrauen untereinander wird durch einen engen *Informationsaustausch* gestärkt. In Deutschland hat jeder Arzt die Pflicht, dem zuständigen UV-Träger über die Folgen eines Arbeitsunfalls zu berichten oder den Verdacht auf eine Berufskrankheit anzuzeigen (§ 202 SGB VII). Diese Nachricht versetzt den UV-Träger in die Lage, das beschriebene Kontroll- und Präventivsystem in Gang zu setzen. Ein formularmäßiges Berichtswesen zwischen Versicherung und Ärzten soll zu schnellen Entscheidungen beitragen. Die letzte Entscheidungskompetenz liegt indes beim UV-Träger.

● Gemeinsame Verantwortung mit den Ärzten tragen die UV-Träger im *medizinischen Fortschritt* (§ 26 Abs. 4 S. 1 SGB VII). Die UV-Träger vergeben Forschungsmittel und zeigen gemeinsame Zukunftsperspektiven auf. Denn der Grundsatz lautet: „Rehabilitation vor Rente" und „aus der Rehabilitation für die Prävention lernen". Außerdem sind die UV-Träger auf Ergebnisse von Ursachenforschung, bezogen auf das Arbeitsleben oder den Straßenverkehr, angewiesen. Denn der Kausalbezug zum Arbeitsplatz gestaltet die Zuständigkeitsgrenzen der UV-Träger zu anderen Trägern der sozialen Sicherheit.

● Die *Nähe zum Arbeitsplatz* trägt zur Prävention von Arbeitsunfällen und Berufskrankheiten bei. Die Zusammenarbeit zwischen Klinikern und Betriebsärzten gehört dazu (s. § 13 Abs. 2 Nr. 8 SGB IX). Die Bundesarbeitsgemeinschaft für Rehabilitation hat für diese frühzeitige Kooperation eine eigene gemeinsame Empfehlung veröffentlicht (www.bar-frankfurt.de). Die UV-Träger übernehmen oft eine Moderatorenrolle. Die deutschen UV-Träger haben es insoweit leicht, als sie nach Gewerbebranchen („Berufsgenossenschaften") organisiert sind. Dies bringt Vorteile in der Präventionskompetenz und in den Bemühungen, Menschen mit Behinderungen wieder am Arbeitsleben teilhaben zu lassen. Die Gremien der Selbstverwaltung sind paritätisch mit Arbeitgeber- und Arbeitnehmervertretern aus der Gewerbebranche besetzt. Die Mitarbeiter kennen die Betriebe und die branchenspezifischen Besonderheiten.

● Die Ärzte benötigen einen festen Ansprechpartner in den UV-Trägern, der die Grundlage für einen sachbezogenen und akzeptablen Dialog zugunsten der Versicherten legt (Reha-, Disability Manager oder Berufshelfer). Sie begleiten die Unfallversicherten vom Krankenbett (Besuchsdienst) bis zur Wiedereingliederung in den Beruf und in die Familie. Er ist in vielen Fällen ein lebenslanger Berater der Versicherten, aber auch Vermittler zu den behandelnden Ärzten (www.disabilitymanager.de).

● Ein *Dachverband* hat den Vorteil, Erkenntnisse in der Medizin und im Verwaltungsverfahren zu koordinieren und, in Abstimmung mit den Mitgliedern, über Richtlinien zu verbreiten. Die Deutsche Gesetzliche Unfallversicherung (DGUV) ist ein solcher Dachverband mit Sitz in Berlin, in dem u. a. Richtlinien für die Zulassung von Ärzten im Heilverfahren, zur Qualität der Heilbehandlung und zu Begutachtungen erarbeitet werden. Er verhandelt über die Vergütung mit der Ärzteschaft auf Bundesebene und wickelt die Finanzierung von Gemeinschaftsaufgaben ab, wie etwa die Finanzierung der BG-Kliniken, der Forschungsinstitute und -projekte.

Zu einem der wichtigsten Felder in dem Geflecht der Rechtsbeziehungen zwischen den UV-Trägern und den Ärzten gehört die *Begutachtung*. Der UV-Träger beauftragt die ärztlichen Gutachter im wesentlichen, ihm bei der Entscheidung über den beruflichen Ursachenzusammenhang und bei der Festlegung der Minderung der Erwerbsfähigkeit (MdE) behilflich zu sein. Während es bei der MdE-Einschätzung um die Höhe der Rente geht, stellt der Gutachter mit seiner Kausalitätsbewertung die Weichen, ob ein UV-Träger im Einzelfall überhaupt für die Leistungen zur Rehabilitation/Teilhabe und die Entschädigung zuständig ist. Der Gutachter gestaltet insoweit also auch die Grenzen zu anderen Sozialversicherungen.

Jeder UV-Träger entscheidet gemäß § 21 Abs. 1 SGB X nach pflichtgemäßem Ermessen, welche Sachverständige er beauftragt. Dieses Ermessen schränkt § 200 Abs. 2 SGB VII ein, wonach der UV-Träger vor Erteilung eines Gutachtenauftrages den Versicherten mehrere Gutachten zur Auswahl benennen soll. Dieses Auswahlrecht hat § 14 Abs. 5 Satz 3 SGB IX für die Begutachtung von Leistungen aller Sozialversicherten zur Teilhabe/Rehabilitation übernommen. Die medizinischen Gutachter sind nicht über ein Arbeitsverhältnis an die UV-Träger gebunden. Vielmehr greifen die UV-Träger auf klinisch und frei praktizierende Ärzte zurück, selbstverständlich auch auf Ärzte in den BG-Kliniken oder anderen BG-Einrichtungen, deren einzige Hauptaufgabe es indes nicht ist, Gutachten zu erstellen, sondern zu behandeln oder zu forschen. Die UV-Träger greifen also nicht auf festangestellte Ärzte zurück, wie etwa die gesetzliche Krankenversicherung auf den Medizinischen Dienst und die gesetzliche Rentenversicherung auf den Sozialmedizinischen Dienst, sondern zahlen Einzelhonorare.

Über 200 000 Gutachten im Jahr werden nach grober Schätzung von den UV-Trägern entweder in freier Form oder über Vordrucke (70 – 80 %) eingeholt. Sie dienen als Beweismittel gem. § 21 Abs. 1 SGB X für die Verwaltungsentscheidung, die letztlich beim UV-Träger liegt, hier insbesondere bei den mit den Sozialpartnern paritätisch besetzten sog. Rentenausschüssen. Im BK-Verfahren wirken die Staatlichen Gewerbeärzte mit. Sie haben das Recht gem. § 4 Abs. 4 BKV, Zusammenhangsgutachten für die UV-Träger zu erstellen (s. o. 2.4.5).

Regeln zum Gutachtenwesen, die die UV-Träger zu beachten haben, gibt es im Ärztevertrag (s. Anhang 2.2). Dort wird indes nicht die Auswahl von Gutachtern geregelt, sondern die §§ 46 – 50 und 57 – 60 beinhalten Rahmenbedingungen zur Gutachtenerstattung einschließlich der Vergütung. Die DGUV moderiert seit Jahren zusammen mit den 6 Landesverbänden den fachlichen Dialog zwischen Ärzten und den Verwaltungen sowie den der Ärzte untereinander, um die herrschende Meinung in der Medizin zu begleiten, nicht aber zu bestimmen. So beteiligt sich die DGUV an der Entwicklung über die Ausrichtung von BG-Foren mit Begutachtungsthemen auf medizinischen Bundeskongressen, so wie die Landesverbände auf ihren Unfallmedizinischen Tagungen. Im wesentlichen geht es darum, Motor zu spielen für Empfehlungen zur Beurteilung der Kausalität, also des Bezugs der Verletzung/ Krankheit zum Beruf, und zur Einschätzung der MdE. Mitte 2009 ist eine Arbeitsgruppe „Begutachtungswesen" eingesetzt worden, die sich insbesondere auf der Grundlage der seit dem Jahre 2000 vorhandenen „Empfehlungen der UV-Träger zur Begutachtung bei Berufskrankheiten" der Qualitätssicherung in der Begutachtung von Arbeitsunfällen widmet.

Für die Erstbegutachtung sind in der Regel die behandelnden Ärzte geeignet. Diese Einheit von Therapie und Begutachtung, insbesondere bei Arbeitsunfällen, hat zwei Vorteile. Zum einen reduziert sich dadurch der Vorwurf, die UV-Träger würden nicht objektive Gutachter auswählen. Zum anderen wird das Vertrauensverhältnis zwischen Arzt und Patient sinnvoll genutzt, um die Akzeptanz der späteren Gutachten und damit das Vertrauen auch zwischen UV-Träger und Versicherten zu stabilisieren.

Das interdisziplinäre Streben dient ebenfalls der Qualität im Gutachtenwesen. Mustergutachten geben weitere Orientierungshilfe für die Gutachter. Ziel sollte ein möglichst hohes Maß an EDV-Unterstützung sein. Die Kooperation zwischen Gutachtern und Berufshelfern/Aufsichtspersonen in den UV-Trägern muss im Vordergrund stehen, also eine schnelle und dauerhafte berufliche Wiedereingliederung der Versicherten. Die Unfallversicherung hat es in der Hand, ihren Vorteil zu nutzen, für die Heilbehandlung einschließlich der Leistungen zur Teilhabe und zur Rehabilitation insgesamt („alles aus einer Hand") verantwortlich zu sein. Jeder Gutachter sollte sich dieses Vorteils bewusst sein, etwa wenn es um eine Empfehlung über die frühzeitige Arbeitserprobung geht (s. o. 2.5.2.1).

Die allgemeinen zivilrechtlichen Rechte und Pflichten im Verhältnis von Auftraggebern und Auftragnehmern gelten zwar auch für die Begutachtung in der gesetzlichen UV. Wichtig sind aber mehr die Betreuungs- und Führungsaufgaben der UV-Träger als Auftraggeber von Gutachten, die die Besonderheiten des Unfallversicherungssystems einbeziehen können. Der Grundsatz des § 404 a Zivilprozessordnung (ZPO), die Tätigkeit des Sachverständigen zu leiten, damit der Wahrheit möglichst nahe kommende Feststellungen getroffen werden können, sind auch auf das Gutachtenwesen in der gesetzlichen UV zu übertragen. Auch dadurch wird die Qualität verbessert. Maßnahmen zur Ausgestaltung des Gutachtenverhältnisses sollten sich immer an den Zielen orientieren, die Akzeptanz der Gutachten und das Vertrauensverhältnis unter den Beteiligten zu stärken. In einem solchen entspannten Verhältnis wird leicht die Forderung zu realisieren sein, den Gutachter über den Ausgang des Feststellungsverfahrens zu informieren. In diese Art der Rückkopplung und Qualitätssicherung des Gutachters wird der Versicherte leichter einwilligen und damit ein Stück seines Persönlichkeitsrechtes (Datenschutz) preisgeben, wenn man ihn als mündigen Bürger bei „seiner" Versicherung und deren Gutachter achtet.

Der Qualitätssicherung dienen ebenso folgende Maßnahmen:

– Persönliche Leistungserbringung der Gutachter

– Registrierung auffälliger Gutachter und ihre Streichung in den Gutachterlisten

– Adäquate Honorierung, aber auch konsequent verfolgte Mängelrügen

– Befragungen der Versicherten über die Gutachterqualität und über Verbesserungsvorschläge

– Persönlicher Streit unter Gutachtern mit unsachlichen Äußerungen sollten sofort von den UV-Trägern geschlichtet werden.

Eine der wichtigsten Betreuungsaufgaben der UV-Träger liegt darin, das Gutachten fristgerecht zu erhalten. Dieses Element, von dem auch die Akzeptanz des Verwaltungsverfahrens der UV-Träger insgesamt abhängt, soll noch besonders hervorgehoben werden. Nach § 49 Abs. 1 Satz 1 des Ärztevertrags ist der Arzt im Interesse der Unfallversicherten zur pünktlichen Berichterstattung verpflichtet. Die *Frist* beträgt nach der dort getroffenen Regelung vom Tage des Eingangs der Anforderung ab gerechnet für Rentengutachten längstens 3 Wochen. In die Bestimmung ist aufgenommen, dass der Gutachter den UV-Träger unverzüglich benachrichtigen muss, wenn es ihm nicht möglich ist, das Gutachten innerhalb der genannten Frist bzw. des im Gutachtenauftrag genannten Termins zu erstatten. Längere Fristen werden dem Gutachter dann eingeräumt, wenn Zusatzgutachten anderer Fachgebiete erforderlich sind. Falls sich der Gutachter nicht rechtzeitig meldet, setzt sich im Regelfall der Sachbearbeiter telefonisch mit ihm in Verbindung, um die Gründe für die Verspätung zu erfahren und auf eine rasche Erledigung zu drängen.

2.7 Verwaltungsverfahren

Das in der gesetzlichen Unfallversicherung üblicherweise als Feststellungsverfahren bezeichnete Verwaltungsverfahren beginnt von Amts wegen; bis auf wenige Ausnahmefälle (z. B. Rente nach Gesamtvergütung, Abfindung der Rente) bedarf es keines Antrages. Der UV-Träger erhält i. d. R. durch den Bericht der Ärzte und die Unfallanzeige des Unternehmers (§ 193 Abs. 1 SGB VII) Kenntnis von dem Arbeitsunfall, sodass er in der Lage ist, das Verwaltungsverfahren einzuleiten.

Zu den Grundsätzen eines rechtsstaatlichen Verwaltungsverfahrens, das für alle Träger der sozialen Sicherheit gemäß den allgemeinen Vorschriften im Sozialgesetzbuch gelten, gehört es, dass der Staat den Bürger nicht als bloßes Objekt obrigkeitlichen Handelns betrachtet, sondern ihm die Möglichkeit eröffnet, als aktiver Beteiligter in einem nach rechtsstaatlichen Grundsätzen geordneten Verfahren seine Interessen und Rechte wahrzunehmen. Die Unfallversicherten erlangen als Beteiligte (§ 12 SGB X) des Verwaltungsverfahrens einen dem Prozeßrechtsverhältnis vergleichbaren Status.

Bei Gutachtenaufträgen ist die Vorschrift des § 200 Abs. 2 SGB VII (s. auch § 14 Abs. 5 Satz 3 SGB IX) zu beachten, wonach der UV-Träger vor Erteilung eines Gutachtenauftrages den Versicherten mehrere (mehr als zwei) Gutachter zur Auswahl benennen soll. Das gilt nicht für ein „Zusatzgutachten", das ein Gutachter (nicht ein UV-Träger!) im Rahmen des von ihm vom UV-Träger erteilten Gutachtenauftrags heranzieht, um Fragen auf anderen medizinischen Fachgebieten mitbeurteilen zu können.

Der Beteiligte darf jederzeit während des Verwaltungsverfahrens Einsicht in die Verwaltungsakte nehmen (§ 25 SGB X). Dies sollte dem behandelnden Arzt oder dem Gutachter bewusst sein. Grundsätzlich können die Versicherten also alles das lesen, was die Ärzte dem UV-Träger in Schreiben, Berichten oder Gutachten mitgeteilt haben.

Der Beteiligte hat das Recht auf Anhörung (§ 24 SGB X), wenn eine für ihn nachteilige Entscheidung getroffen werden soll. Vor dem Erlass eines Verwaltungsaktes, der in die Rechte der Beteiligten eingreift, ist diesen Gelegenheit zu geben, sich zu den für die Entscheidung erheblichen Tatsachen zu äußern (z. B. Herabsetzung oder Entziehung der Rente). Die unterlassene Anhörung ist ein nicht heilbarer Formfehler, der auch bei rechtlich gebundenen, materiell rechtmäßigen Entscheidungen zur Aufhebung des Verwaltungsaktes führt. Der UV-Träger hat die Feststellung der Leistungen zu beschleunigen. Dieses Gebot ist nach Auffassung der Aufsichtsbehörde erfüllt, wenn zwischen den einzelnen Arbeitsschritten nicht mehr als 4 Wochen liegen. Auch die in § 49 des Ärztevertrages genannten Fristen (Berichte und Gutachten) haben ihre Grundlage in diesem Beschleunigungsgebot. Werden die Leistungen nicht rechtzeitig festgesetzt, muss der UV-Träger unter den in § 44 SGB I genannten Voraussetzungen Zinsen zahlen.

Ferner gehört zu den Pflichten des UV-Trägers, das Sozialgeheimnis zu wahren (§ 35 SGB I). Eine Offenbarung personenbezogener Daten ist nur zulässig, soweit sie für die Erfüllung einer gesetzlichen Aufgabe erforderlich ist (§ 69 SGB X). Insoweit ist auch die Vorlage der vollständigen Verwaltungsakte an die Ärzte im Falle einer Begutachtung grundsätzlich nicht erlaubt.

Zur Datenerhebung und Verarbeitung durch Ärzte und zu Auskunftspflichten gelten besondere Vorschriften für die Unfallversicherung:

1. Ärzte und Zahnärzte, die an einer Heilbehandlung nach § 34 Abs. 2 SGB VII beteiligt sind, erheben, speichern und übermitteln an die UV-Träger Daten über die Behandlung und den Zustand der Versicherten sowie andere personenbezogene Daten, soweit dies für Zwecke der Heilbehandlung und die Erbringung sonstiger Leistungen erforderlich ist. Ferner erheben, speichern und übermitteln sie die Daten, die für ihre Entscheidung, eine Heilbehandlung nach § 34 SGB VII durchzuführen, maßgeblich waren.

2. Der Versicherte kann vom UV-Träger verlangen, über die von den Ärzten übermittelten Daten unterrichtet zu werden. § 24 Abs. 2 des SGB X (Anhörung Beteiligter) gilt entsprechend. Der Versicherte ist von den Ärzten über den Erhebungszweck, ihre Auskunftspflicht nach den Sätzen 1 und 2 sowie über sein Recht nach Satz 3 zu unterrichten (§ 201 Abs. 1 Satz 3 SGB VII).

3. Ärzte und Zahnärzte, die nicht an einer Heilbehandlung nach § 34 SGB VII beteiligt sind, sind verpflichtet, dem UV-Träger auf Verlangen Auskunft über die Behandlung, den Zustand sowie über Erkrankungen und frühere Erkrankungen der Versicherten zu erteilen, soweit dies für die Heilbehandlung und die Erbringung sonstiger Leistungen erforderlich ist. Der UV-Träger soll Auskunftsverlangen zur Feststellung des Versicherungsfalls auf solche Erkrankungen oder auf solche Bereiche von Erkrankungen beschränken, die mit dem Versicherungsfall in einem ursächlichen Zusammenhang stehen können. § 98 Abs. 2 Satz 2 des SGB X (Auskunftspflicht des Arbeitgebers) gilt entsprechend (§ 203 Abs. 1 SGB VII).

4. Die UV-Träger haben den Versicherten auf ein Auskunftsverlangen nach § 203 Abs. 1 SGB VII sowie auf das Recht, auf Verlangen über die von den Ärzten übermittelten Daten unterrichtet zu werden, rechtzeitig hinzuweisen. § 25 Abs. 2 des SGB X (Akteneinsicht durch Beteiligte) gilt entsprechend (§ 203 Abs. 1 SGB VII).

Das Verwaltungsverfahren endet mit dem Verwaltungsakt (§ 31 SGB X). Handelt es sich um

1. Renten, die nicht nur für die Vergangenheit zu zahlen sind,

2. Änderung, Entziehung und Ruhen von Renten,

3. Pflege, Heilanstaltspflege oder Anstaltspflege oder

4. Abfindungen,

so ist der Verwaltungsakt in Form eines Bescheides (§ 102 SGB VII) zu erteilen, ebenso generell auf Antrag der Versicherten.

Die Entscheidung trifft der Rentenausschuss, der paritätisch mit je einem Vertreter der Versicherten und einem der Arbeitgeber besetzt ist. Der Bescheid ist zu begründen (§ 35 SGB X). Es sind insbesondere zu nennen: Der Jahresarbeitsverdienst, die Unfallfolgen und die unfallfremden Erkrankungen. Hierfür gilt die im Sozialgesetzbuch ausdrücklich vorgesehene Regelung: Die Amtssprache ist deutsch (§ 19 SGB X). Der Verwaltungsakt/Bescheid ist mit einer Rechtsbehelfsbelehrung zu versehen und den Versicherten bekanntzugeben (§§ 36, 37 SGB X).

Die Nachprüfung der Verwaltungsakte/Bescheide obliegt zunächst den Widerspruchsstellen der UV-Träger, die wiederum paritätisch mit je einem Vertreter der Versicherten und Arbeitgeber besetzt sind, und sodann den Gerichten der Sozialgerichtsbarkeit. Den Versicherten entstehen durch das Widerspruchsverfahren keine Kosten. Auch das Verfahren vor den Gerichten der Sozialgerichtsbarkeit ist im Prinzip kostenfrei. Nur in der 3. Instanz, vor dem Bundessozialgericht, besteht der Zwang zur Bestellung eines Prozessbevollmächtigten.

Tipps

Bereiter-Hahn/Schieke/Mehrtens: Gesetzliche Unfallversicherung, Handkommentar, Berlin 2009 Loseblattwerk.

Berufsgenossenschaftliche Grundsätze für arbeitsmedizinische Vorsorgeuntersuchungen, 4. Auflage 2007. (Hrsg. DGUV).

Kaiser, V. (Verfasser), Hinweise für den Sachbearbeiter zur ärztlichen Begutachtung, 5. Auflage 2001, hrsg. v. Landesverband Südwestdeutschland der gewerblichen Berufsgenossenschaften, Heidelberg.

Noeske-Franz: Erläuterungen zum Vertrag Arzte/Unfallversicherungsträger, Berlin Loseblattwerk, 2001.

Schönberger/Mehrtens/Valentin, Arbeitsunfall und Berufskrankheit, 8. Auflage, Berlin 2010.

Zeitschrift für Trauma und Berufskrankheit, Springer-Verlag Heidelberg, www.springer.de.

3 Gesetzliche Krankenversicherung

3.1 Allgemeines

Eine Körperschädigung als Folge eines Unfalls ist auch eine Krankheit im Sinne der gesetzlichen Krankenversicherung. Gleichwohl ist eine Unfallbegutachtung im Gebiet der Krankenversicherung kaum relevant. Fragen können sich gelegentlich bei der Beurteilung der Arbeitsunfähigkeit ergeben.

Arbeitsunfähig ist der Versicherte dann, wenn er wegen seiner Krankheit nicht oder nur mit der Gefahr, seinen Zustand zu verschlimmern, fähig ist, seiner bisher ausgeübten Erwerbstätigkeit nachzugehen. Hier ist wichtig zu wissen, ob das Arbeitsverhältnis noch besteht oder ob es faktisch infolge der schweren Verletzung bzw. rechtlich durch Kündigung beendet ist.

Im ersteren Falle ist die Fähigkeit zu prüfen, die zuletzt ausgeübte Tätigkeit verrichten zu können. Die Beurteilung hat nach dem Inhalt des Arbeitsvertrages der Versicherten zu erfolgen. Es kann eine ganz konkrete Einzeltätigkeit oder aber auch – wie nicht selten – eine Anzahl gleichartiger Tätigkeiten sein.

Ist die Rückkehr des Versicherten an den bisherigen Arbeitsplatz ausgeschlossen, ist die Fähigkeit zu beurteilen, eine *andere*, als die bisher ausgeübte Tätigkeit zu verrichten. Allerdings ist dies keine beliebige, sondern eine solche Tätigkeit, die der früheren im wesentlichen entspricht; Entscheidungskriterium ist die Vergleichbarkeit der beiden Tätigkeiten.

Einzelheiten ergeben sich aus der „Anleitung zur sozialmedizinischen Beratung und Begutachtung bei Arbeitsunfähigkeit (ABBA)" – Stand 2004, die ebenso wie andere Begutachtungsempfehlungen sowie die „Begutachtungs-Richtlinie Vorsorge und Rehabilitation" – Stand 2005, auf der Website des Medizinischen Dienstes des Spitzenverbandes Bund der Krankenkassen unter www.mds-ev.org/Dokumente_ Formulare_Gesundheit.htm einsehbar und auszudrucken sind. Das Recht der gesetzlichen Krankenversicherung (GKV) im SGB V ist zuletzt durch das Gesetz zur Stärkung des Wettbewerbs in der GKV (GKV-WSG) vom 26. März 2007 (BGBl. I S. 378–915) geändert worden.

3.2 Träger der Krankenversicherung

Die Aufgaben der Krankenversicherung werden von den Krankenkassen wahrgenommen. Sie sind wie die Träger der gesetzlichen Unfallversicherung Selbstverwaltungskörperschaften des öffentlichen Rechts. Ihre Organe sind gleichfalls paritätisch je zur Hälfte aus Vertretern der Versicherten und der Arbeitgeber zusammengesetzt. Träger der Krankenversicherung sind die Ortskrankenkassen, die Betriebskrankenkassen, die Innungskrankenkassen, die landwirtschaftlichen Krankenkassen, die Bundesknappschaft, die Seekrankenkasse und die Ersatzkassen. Die Entscheidungen des Spitzenverbandes Bund der Krankenkassen, der ab dem 1. 7. 2008 insbesondere auch die Grundsätze der Prävention und Rehabilitation festlegt, sind für alle Krankenkassen verbindlich (§ 217e Abs. 2 SGB V). Neben der Webseite des MDS (s. o.) und der des seit 2004 gesetzlich verankerten Gemeinsamen Bundesausschusses Ärzte/Krankenkassen (www.gb-a.de) liefert www.gkv-spitzenverband.de alle, auch für die Begutachtung von Folgen privater Unfälle, wichtigen Rechtsgrundlagen.

3.3 Aufbringung der Mittel

Die für die Durchführung der Krankenversicherung erforderlichen Mittel werden durch Beiträge aufgebracht. Die Beiträge werden in erster Linie von den Arbeitgebern und den Versicherten je zur Hälfte geleistet. Seit dem 1. 1. 2009 schreibt das GKV-WSG einen einheitlichen Beitragssatz aller Krankenkassen vor.

3.4 Versicherter Personenkreis

Auch bei der Krankenversicherung besteht wie bei den anderen Trägern der Sozialversicherung für bestimmte Personengruppen Versicherungszwang. Zu diesen Personengruppen gehören (Auszug aus § 5 SGB V):

1. Arbeiter, Angestellte und zu ihrer Berufsausbildung Beschäftigte, die gegen Arbeitsentgelt beschäftigt sind,
2. Landwirte, ihre mitarbeitenden Familienangehörigen und Altenteiler,
3. Künstler und Publizisten nach dem Künstlersozialversicherungsgesetz,
4. Personen, die in Einrichtungen der Jugendhilfe für eine Erwerbstätigkeit befähigt werden sollen,
5. Teilnehmer an Leistungen zur Teilhabe am Arbeitsleben,
6. behinderte Menschen, die in anerkannten Werkstätten für behinderte Menschen ... tätig sind,
7. behinderte Menschen, die in Anstalten, Heimen oder gleichartigen Einrichtungen in gewisser Regelmäßigkeit eine Leistung erbringen ...
8. Studenten, die an staatlichen oder staatlich anerkannten Hochschulen eingeschrieben sind ...
9. Personen, die eine in Studien- oder Prüfungsordnungen vorgeschriebene berufspraktische Tätigkeit ohne Arbeitsentgelt verrichten sowie zu ihrer Ausbildung ohne Arbeitsentgelt Beschäftigte ...
10. Rentenantragsteller und -bezieher.

Nicht versicherungspflichtig ist, wer hauptberuflich selbstständig erwerbstätig ist (§ 5 Abs. 5 SGB V) und andere wenige Versicherungsfreiheiten gemäß § 6 SGB V, wie etwa hohes Arbeitsentgelt (Jahresarbeitsentgeltgrenze). Das GKV-WSG hat die umfassende Sicherung der Bürger gegen Krankheitsrisiken verstärkt.

3.5 Versicherungsfall

Öffentlich-rechtliche Ansprüche der Versicherten gegenüber dem Träger der Krankenversicherung bestehen auf Leistungen zur Verhütung und Prävention von Krankheiten und anderen Schutzgütern (§§ 20 bis 26 SGB V) sowie zur Behandlung einer Krankheit (§§ 27 ff. SGB V).

Zu diesen Pflichtleistungen zählen auch Leistungen zur medizinischen Rehabilitation (§ 40), zur Belastungserprobung und Arbeitstherapie (§ 42) und zur stufenweisen Wiedereingliederung (§ 74). Siehe dazu die Begutachtungs-Anleitung „ABBA" (s. o. 3.1).

3.6 Leistungen der Krankenversicherung

Bei den Sach- bzw. Dienst- und Geldleistungen wird zwischen Regel- und Mehrleistungen unterschieden. Die Regelleistungen sind die gesetzlich vorgeschriebenen Pflichtleistungen der Krankenkasse, die von den Trägern der Krankenversicherung nicht unterschritten werden können. Mehrleistungen sind die Leistungen, die über die Regelleistung hinaus durch die Satzung der einzelnen Krankenkassen festgelegt und den Versicherten dieser Kasse gewährt werden, soweit das Gesetz – SGB V – diese Mehrleistung zulässt.

Dabei werden als Krankenbehandlung (§ 27 SGB V) gewährt:
– ärztliche Behandlung,
– zahnärztliche Behandlung einschließlich der Versorgung mit Zahnersatz,
– Versorgung mit Arznei-, Verband-, Heil- und Hilfsmitteln,
– häusliche Krankenpflege und Haushaltshilfe,
– Krankenhausbehandlung,
– medizinische und ergänzende Leistungen zur Rehabilitation.

Geldleistungen sind insbesondere Krankengeld gemäß §§ 44 ff. SGB V.

Die Krankenbehandlung muss ausreichend, zweckmäßig und wirtschaftlich sein, sie darf jedoch das Maß des Notwendigen nicht überschreiten (§ 12 i.V.m. § 70 SGB V). Bei der Konkretisierung dieses Grundsatzes haben die Beschlüsse des Gemeinsamen Bundesausschusses gemäß § 91 SGB V eine besondere Bedeutung (www.g-ba.de). Für bestimmte Arznei-, Verband- und Hilfsmittel werden Festbeträge festgesetzt. Die Krankenkasse erfüllt ihre Leistungspflicht mit dem Festbetrag (§ 12 Abs. 2 SGB V).

3.7 Beziehungen zur Unfallversicherung

Auf Leistungen der Krankenversicherung haben gesetzlich Krankenversicherte keinen Anspruch, wenn die Leistungen als Folge eines Arbeitsunfalles oder einer Berufskrankheit im Sinne der gesetzlichen Unfallversicherung zu erbringen sind (§ 11 Abs. 5 SGB V). Die Krankenkasse darf bei einem Arbeitsunfall den krankenversicherten Verletzten keine Leistungen gewähren, sondern zuständiger Versicherungszweig ist ausschließlich die gesetzliche Unfallversicherung. Die Leistungen zum Entgeltersatz (Verletztengeld) der UV-Träger zahlen die Krankenkassen aufgrund besonderer Vereinbarungen im Auftrage und für Rechnung des zuständigen Unfallversicherungsträgers aus.

Sind Unfallversicherte zu Lasten der Krankenkassen behandelt worden, stehen dem Träger der Krankenversicherung gegenüber dem Träger der Unfallversicherung Erstattungsansprüche zu, ebenso stehen dem Unfallversicherungsträger Erstattungsansprüche zu, wenn er als Nichtleistungspflichtiger Leistungen erbracht hat (§§ 102 ff. SGB X). Bei Maßnahmen zur Teilhabe ist § 14 SGB IX zu beachten. In der „Betrieblichen Gesundheitsförderung" (§ 20 a) und in der „Prävention arbeitsbedingter Gesundheitsgefahren" (§ 20 b) arbeiten die Krankenkassen eng mit den UV-Trägern zusammen. Dazu gibt es eine gemeinsame Anleitung der Spitzenverbände aus dem Jahr 2009 (www.dguv.de).

3.8 Beziehungen zu den Ärzten

Während in der gesetzlichen Unfallversicherung die Beziehungen zwischen den Ärzten und den Zahnärzten einerseits und dem Versicherungsträger andererseits vornehmlich auf der vertraglichen Grundlage des Vertrags Ärzte/Unfallversicherungsträger (s. Anhang 2.2) beruhen, ist das Verhältnis der Krankenkassen zu den Ärzten bzw. Zahnärzten in § 72 ff. SGB V geregelt. Nach diesen gesetzlichen Vorschriften haben die Kassenärztlichen Vereinigungen und die Kassenärztliche Bundesvereinigung die den Krankenkassen obliegende ärztliche bzw. zahnärztliche Behandlung sicherzustellen und den Krankenkassen und ihren Verbänden gegenüber zu gewährleisten, dass die vertragsärztliche Versorgung den gesetzlichen und vertraglichen Erfordernissen entspricht (Selbstverwaltung). Die Kassenärztlichen Vereinigungen haben dazu Richtlinien zu erlassen. Von besonderer Bedeutung ist der Gemeinsame Bundesausschuss (§ 91), in dem die Kassenärztlichen Bundesvereinigungen, die Deutsche Krankenhausgesellschaft und der Spitzenverband Bund der Krankenkassen Grundregeln zu Leistungen und Vergütungen der Krankenkassen verabreden (www.g-ba.de) (§ 75 Abs. 7 SGB V). So wurden z.B. unter anderen Arzneimittel-, Heilmittel- und Hilfsmittelrichtlinien, Krebsfrüherkennungs-Richtlinien und Rehabilitations-Richtlinien beschlossen.

Die Ärzte werden durch eine besondere Zulassung zur Teilnahme an der kassenärztlichen Versorgung berechtigt und verpflichtet und zugleich ordentliche Mitglieder der Kassenärztlichen Vereinigung (§ 95 SGBV). Die Kassenärztlichen Vereinigungen sind Körperschaften des öffentlichen Rechts. Grundsätzlich hat der krankenversicherte Patient die freie Arztwahl (§ 76 SGB V). An einigen Stellen wird die
Zusammenarbeit der Ärzte untereinander hervorgehoben, so etwa im Kontext zur
„Stufenweise Wiedereingliederung" gemäß § 74 mit den Betriebs- und Werksärzten
oder zur „Integrierten Versorgung" gemäß §§ 140 a ff.

3.9 Verwaltungsverfahren

Sofern die Versicherten Leistungen der Krankenkassen in Anspruch nehmen wollen, müssen sie einen Antrag stellen und für die ärztliche Behandlung eine Kranken-
versicherungskarte (§ 291) vorlegen und die Arbeitsunfähigkeit wegen einer Krankheit ihrer Krankenkasse melden. Wie in der gesetzlichen Unfallversicherung sind die
auf den Einzelfall bezogenen Entscheidungen der Krankenkasse Verwaltungsakte
und der Nachprüfung durch die Sozialgerichtsbarkeit unterworfen. Eine besondere
Bedeutung für die ärztliche Begutachtung im Rahmen der Aufgabenerfüllung der
Krankenversicherung hat der Medizinische Dienst (§§ 275 ff. SGB V). Insgesamt
werden rund 160.000 externe ärztliche Gutachten von den MdK auf der Grundlage
des § 279 Abs. 5 2. Hs vergeben. Die Spitzenverbände der Krankenkassen hatten
zur Beauftragung von externen Gutachtern im Jahre 1990 Empfehlungen verabschiedet, die Bestandteil der „Richtlinien über die Zusammenarbeit mit den Medizinischen Diensten der Krankenversicherung" waren und Regelungen zur Qualitätssicherung und zum Anforderungsprofil an ärztliche Gutachter enthielten. Diese
Aufgabe wird der Medizinische Dienst des Spitzenverbandes Bund der Krankenkassen gemäß § 282 übernehmen (www.mds-ev.org).

Die Krankenkassen sind in den gesetzlich bestimmten Fällen oder wenn es nach Art,
Schwere, Dauer oder Häufigkeit der Erkrankung oder nach dem Krankheitsverlauf
erforderlich ist, u. a. verpflichtet:

- bei Erbringung von Leistungen, insbesondere zur Prüfung von Voraussetzungen,
  Art und Umfang der Leistung,

- zur Einleitung von Leistungen zur Teilhabe, insbesondere zur Koordination der
  Leistungen und Zusammenarbeit der Rehabilitationsträger, im Benehmen mit
  dem behandelnden Arzt,

- bei Arbeitsunfähigkeit

  a) zur Sicherung des Behandlungserfolgs, insbesondere zur Einleitung von Maß-
     nahmen der Leistungsträger für die Wiederherstellung der Arbeitsfähigkeit,
     oder

  b) zur Beseitigung von Zweifeln an der Arbeitsunfähigkeit,

eine gutachtliche Stellungnahme des Medizinischen Dienstes der Krankenversicherung (Medizinischer Dienst) einzuholen (§ 275 Abs. 1 SGB V). Die Ärzte des Medizinischen Dienstes sind bei der Wahrnehmung ihrer medizinischen Aufgaben nur
ihrem ärztlichen Gewissen unterworfen. Sie sind nicht berechtigt, in die ärztliche
Behandlung einzugreifen (§ 275 Abs. 5 SGB V).

Die Krankenkassen sind verpflichtet, dem Medizinischen Dienst die für die Beratung und Begutachtung erforderlichen Unterlagen vorzulegen und Auskünfte zu
erteilen. Unterlagen, die der Versicherte über seine Mitwirkungspflicht nach den
§§ 60 und 65 SGB I hinaus seiner Krankenkasse freiwillig selbst überlassen hat,
dürfen an den Medizinischen Dienst nur weitergegeben werden, soweit der Versicherte eingewilligt hat. Für die Einwilligung gilt § 67 Satz 2 SGB X (§ 276 Abs. 1
SGB V).

Der Medizinische Dienst hat dem an der vertragsärztlichen Versorgung teilnehmen-
den Arzt, sonstigen Leistungserbringern, über deren Leistungen er eine gutachtliche
Stellungnahme abgegeben hat, und der Krankenkasse das Ergebnis der Begutachtung und die erforderlichen Angaben über den Befund mitzuteilen. Der Versicherte
kann der Mitteilung über den Befund an die Leistungserbringer widersprechen
(§ 277 Abs. 1 SGB V).

Tipps

Empfehlungen zur Beauftragung von Gutachtern und Richtlinien über die Zusammenarbeit mit den Medizinischen Diensten der Krankenversicherung gemäß § 282
Satz 4 SGB V, Medizinischer Dienst des Spitzenverbandes Bund der Krankenkassen
e.V. (MDS), Lutzowstr. 53, 45141 Essen, Tel. 0201 8327-0,
Fax: 0201 8327-100, email: office@mds-ev.de.

Leistner/Beyer (Hrsg.), Rehabilitation in der GKV, Landsberg 2005.

Nüchtern, E./Mohsmann, M., Begutachtung von Vorsorge- und Rehabilitationsleistungen in der GKV, in: Gesundheitswesen 2005, 59–64.

Rieger, M. et al., Wandel der Begutachtung der Arbeitsunfähigkeit im MDK der
Krankenversicherung Westfalen-Lippe, in: MedSach 2007, 170–175.

4 Gesetzliche Rentenversicherung*

4.1 Allgemeines

Der gesetzlichen Rentenversicherung obliegt in dem gegliederten System der sozialen Sicherung in der Bundesrepublik Deutschland die Absicherung der Risiken Erwerbsminderung, Alter und Tod sowie für die vor dem 2. Januar 1961 geborenen Versicherten im Rahmen des Bestandsschutzes die Absicherung einer Berufsunfähigkeit. So ist es die Aufgabe der gesetzlichen Rentenversicherung beim Eintritt entsprechender Leistungsfälle, die finanzielle Versorgung des bei ihr versicherten Personenkreises durch Rentenzahlungen an die Versicherten selbst oder an ihre Hinterbliebenen zu gewährleisten. Zur Abwendung bzw. Vermeidung von krankheits- oder unfallbedingten vorzeitigen Erwerbsminderungsrenten erbringt die gesetzliche Rentenversicherung Rehabilitationsleistungen (Leistungen zur Teilhabe). Diese sollen bei Vorliegen einer erheblichen Gefährdung oder Minderung der Erwerbsfähigkeit möglichst frühzeitig eingeleitet und erbracht werden, um dem gesetzlichen Auftrag „Rehabilitation vor Rente" gerecht zu werden. Da eine erhebliche Gefährdung oder eine Minderung der Erwerbsfähigkeit, aber auch ein Todesfall, nicht selten auch unfallbedingt sein können, sind im Rahmen der Unfallbegutachtung auch Kenntnisse über die Kriterien der Zuständigkeit der gesetzlichen Rentenversicherung bei unfallbedingten Funktions-, Aktivitäts- und Teilhabeeinschränkungen relevant.

Die gesetzliche Rentenversicherung ist immer dann für die Abwendung unfallbedingter Aktivitäts- und Teilhabebeeinträchtigungen zuständig, wenn es sich nicht um einen Arbeits- oder Wegeunfall handelt, die Erwerbsfähigkeit durch den Unfall aber gemindert bzw. erheblich gefährdet ist und die versicherungsrechtlichen Voraussetzungen erfüllt sind.

Die gesetzliche Rentenversicherung ist somit häufig mit Unfallfolgen ihrer Versicherten und deren Kompensation befasst. An dieser Stelle muss aus den gleichen Gründen wie bei der gesetzlichen Krankenversicherung ein kurzer Überblick genügen, zumal die in der Unfallversicherung so bedeutsamen Fragen des Ursachenzusammenhangs und der abgestuften Einschätzung der Minderung der Erwerbsfähigkeit (MdE) bei der Begutachtung in diesem Rechtsgebiet (SGB VI) entfallen. In der gesetzlichen Rentenversicherung gilt das Finalprinzip, nicht das Kausalitätsprinzip.

---

* Unter Mitwirkung von Dr. med. Ina Ueberschär, DRV Mitteldeutschland, Leipzig.

4.2 Träger der Rentenversicherung

Die Deutsche Rentenversicherung ist europaweit der größte gesetzliche Rentenversicherer. Sie betreut mehr als 57 Millionen Menschen, das sind fast ¾ der Bevölkerung der Bundesrepublik Deutschland. Mit der Organisationsreform in der gesetzlichen Rentenversicherung zum 1. Oktober 2005 wurde die frühere Trennung in Arbeiter- und Angestellten-Rentenversicherung aufgehoben. Dieser Schritt war vor dem Hintergrund des Wandels in der Arbeitswelt mit dem damit verbundenen dramatischen Rückgang der körperlichen Arbeit und der stetigen Zunahme der geistigen Arbeit längst überfällig. Die Trennung in Arbeiter (körperlich arbeitend, blue collar) und Angestellte (mental arbeitend, white collar) gilt als überholt.

Seit Oktober 2005 treten alle gesetzlichen Rentenversicherungsträger unter dem gemeinsamen Dach der Deutschen Rentenversicherung (DRV) auf. Bei der Deutschen Rentenversicherung Bund (DRV Bund), dem Zusammenschluss der früheren Bundesversicherungsanstalt für Angestellte (BfA) und dem Verband Deutscher Rentenversicherungsträger (VDR), werden seit dem 1. Oktober 2005 die Grund- und Querschnittsaufgaben gebündelt. Sie vertritt die gesetzliche Rentenversicherung als Gesamtheit und ist unter anderem für fachliche und rechtliche Grundsatzfragen sowie für grundsätzliche organisatorische und finanzielle Fragen zuständig. Neben diesen Grundsatz- und Querschnittsaufgaben betreut die Deutsche Rentenversicherung Bund als Rentenversicherungsträger 40 Prozent aller Versicherten.

Aus der Bundesknappschaft, der Bahnversicherungsanstalt und der Seekasse wurde ein zweiter Bundesträger gebildet, die Deutsche Rentenversicherung Knappschaft-Bahn-See (DRV KBS). Sie ist für fünf Prozent der Versicherten zuständig.

Neben den beiden Bundesträgern gibt es 14 Regionalträger. Dies sind die früheren, teilweise inzwischen miteinander fusionierten Landesversicherungsanstalten, zum Beispiel die Deutsche Rentenversicherung Mitteldeutschland, die Deutsche Rentenversicherung Baden-Württemberg oder die Deutsche Rentenversicherung Nord, um nur einige zu nennen. Die Regionalträger sind für 55 Prozent der Versicherten zuständig; außerdem verwalten sie zukünftig den größten Teil des Auskunfts- und Beratungsdienststellennetzes der gesamten Deutschen Rentenversicherung. Die Zuordnung der Neuversicherten erfolgt anhand der jeweiligen Versicherungsnummer nach dem Zufallsprinzip. In einem Ausgleichsverfahren werden 55 Prozent der neu rentenversicherten Menschen dem zuständigen Regionalträger und 40 Prozent der Deutschen Rentenversicherung Bund zugeordnet.

4.3 Aufbringung der Mittel

Die Finanzierung erfolgt durch die Solidar- bzw. Versichertengemeinschaft über die Rentenversicherungsbeiträge. Der Preis für das Schutzpaket der Deutschen Rentenversicherung liegt derzeit bei 19,9 Prozent des Bruttoverdienstes. Arbeitnehmer und

Arbeitgeber teilen sich den Beitrag jeweils zur Hälfte. Der Beitragssatz wird jährlich neu festgelegt. Zusätzlich wird ein Bundeszuschuss gewährt. Weitergehende Informationen sind im folgenden Kapitel nachlesbar sowie unter www.deutsche-rentenversicherung.de abrufbar.

4.4 Versicherter Personenkreis

Bei der gesetzlichen Rentenversicherung sind grundsätzlich alle abhängig beschäftigten Arbeiter, Angestellten und Lehrlinge versichert, soweit sie nicht Kraft Gesetzes versicherungsfrei (z. B. Beamte, Richter) oder von der Versicherungspflicht befreit sind. Für fast alle Arbeitnehmer besteht in der gesetzlichen Rentenversicherung eine gesetzliche Versicherungspflicht.

Ebenso genießen Kindererziehende, nicht erwerbsmäßig tätige Pflegepersonen und Bezieher von bestimmten Sozialleistungen (z. B. Krankengeld, Arbeitslosengeld I und II oder Übergangsgeld während einer Rehabilitation) unter bestimmten Bedingungen einen Pflichtversicherungsschutz. Darüber hinaus können auch Wehr- und Zivildienstleistende sowie verschiedene Selbständige (wie z. B. Handwerker) versicherungspflichtig sein. Zusätzlich bieten die Versicherungspflicht auf Antrag (z. B. für Selbständige, die nicht Kraft Gesetzes versicherungspflichtig sind) und die freiwillige Versicherung die Möglichkeit, in der gesetzlichen Rentenversicherung versichert zu sein, wobei auch hier gewisse Voraussetzungen erfüllt sein müssen. Gering-verdienende Menschen mit bis zu 400 Euro Monatsverdienst sind zwar grundsätzlich nicht Vollmitglied in der gesetzlichen Rentenversicherung; sie können aber mit geringen Aufstockungseigenbeiträgen den vollen Schutz erwerben. Auszubildende sind unabhängig vom Verdienst versichert. Pflichtversicherte Selbständige und freiwillig Versicherte müssen ihren Beitrag allein aufbringen. Die Beiträge für Wehr- und Zivildienstleistende übernimmt der Staat, für Pflegepersonen zahlt die Pflege-kasse. Beträgt der monatliche Bruttolohn bei Auszubildenden nicht mehr als 325 Euro oder leistet der Versicherte ein freiwilliges soziales bzw. ökologisches Jahr, dann übernimmt der Arbeitgeber den Beitrag in voller Höhe.

4.5 Leistungen

4.5.1 Leistungen zur Teilhabe

Der Umfang der Leistungen zur Teilhabe ist durch die Verpflichtung der Renten-versicherungsträger zu medizinischen (§ 15 SGB VI), zu berufsfördernden (§ 16 SGB VI) Leistungen sowie zu sonstigen Leistungen (§ 31 Abs. 1 Satz 1 SGB VI) bestimmt.

Nach § 8 SGB IX haben Leistungen zur Teilhabe Vorrang vor Rentenleistungen, die bei erfolgreichen Leistungen zur Teilhabe nicht oder voraussichtlich erst zu einem späteren Zeitpunkt zu erbringen wären. Dies gilt während des Bezuges einer Rente entsprechend.

Die Rentenversicherung erbringt daher ihre Leistungen nach dem Grundsatz „Rehabilitation vor Rente". Die gesundheitlichen oder behinderungsbedingten Einschränkungen der Erwerbsfähigkeit sollen möglichst rasch und dauerhaft überwunden werden. Der „Rentenfall" wegen voller oder teilweiser Erwerbsminderung soll durch geeignete medizinische und/oder berufliche Rehabilitationsmaßnahmen abgewendet werden. Die Teilhabe am Erwerbsleben sichert dem Betroffenen außerdem eine weitgehende Unabhängigkeit und selbständige Lebensführung.

Folgende Leistungen zur Teilhabe können durch die gesetzliche Rentenversicherung bei unfallbedingten Behinderungen erbracht werden:

– **Medizinische Rehabilitation:** Diese Leistungen können als stationäre Leistung in Rehabilitationskliniken oder ambulant in dafür zugelassenen ambulanten Rehabilitationseinrichtungen erbracht werden. Sofern nicht wichtige medizinische Gründe ein kürzeres Intervall erfordern, muss zwischen zwei Rehabilitationsmaßnahmen – egal ob ambulant oder stationär – ein Zeitraum von vier Jahren liegen.

– **Anschlussrehabilitation:** Eine besondere Form der Rehabilitation ist die Anschlussrehabilitation (AHB). Die Abkürzung AHB wurde wegen ihres Bekanntheitsgrades trotz der Umbenennung in Anschlussrehabilitation beibehalten und geht auf den früheren, überholten Begriff Anschlussheilbehandlung zurück. Die Anschlussrehabilitation ist eine ganztägig ambulante oder stationäre Leistung zur medizinischen Rehabilitation. Die Besonderheit dieser Leistung besteht darin, dass sie nur bei bestimmten Erkrankungen in Betracht kommt und sich unmittelbar an eine Akutbehandlung, meist in einer Akutklinik, anschließt. Die Einleitung einer Anschlussrehabilitation erfolgt bereits im Krankenhaus. Der Abstand zwischen dem Krankenhausaufenthalt und dem Beginn der Anschlussrehabilitation sollte 14 Tage nicht überschreiten.

– **Rehabilitationssport:** Als ergänzende Leistung bieten die Rentenversicherungsträger nach Abschluss einer von ihnen erbrachten Rehabilitationsleistung Rehabilitationssport oder Funktionstraining an. Der Rehabilitationssport findet nicht nur nach Operationen und Unfallfolgen an den Bewegungsorganen Anwendung, sondern auch bei anderen Erkrankungen. Der Rehabilitationssport erfolgt im unmittelbaren Anschluss an eine Rehabilitationsleistung. Dieser muss durch den Arzt der Rehabilitationseinrichtung verordnet werden.

– **Leistungen zur Teilhabe am Arbeitsleben (LTA):** LTA-Maßnahmen sind immer dann angezeigt, wenn aus gesundheitlichen, hier unfallbedingten, Gründen der bisherige Beruf bzw. die zuletzt ausgeübte Tätigkeit nicht mehr oder nur unter Gefahr einer richtungsgebenden Verschlimmerung ausgeübt werden kann. So soll die Eingliederung im Arbeitsleben erhalten oder wieder erreicht bzw. eine Ausgliederung verhindert werden. Grundsätzlich gilt für die Gewährung von Leistungen zur Teilhabe am Arbeitsleben eine Wartezeit (Mindestversicherungszeit) von 15 Jahren. Dies gilt jedoch nicht, wenn durch den gesetzlichen Rentenversicherungsträger ohne eine berufliche Rehabilitation eine Rente wegen verminderter Erwerbsfähigkeit zu leisten wäre oder die LTA-Maßnahme im Anschluss an eine Leistung zur medizinischen Rehabilitation der Rentenversicherung zum Erreichen der beruflichen Eingliederung zusätzlich erforderlich ist (§ 11 Abs. 2a SGB VI).

4.5.2 Minderung der Erwerbsfähigkeit

Mit Inkrafttreten des Gesetzes zur Reform der Renten wegen verminderter Erwerbsfähigkeit am 1. Januar 2001 trat an die Stelle der bisherigen Rente wegen Berufs- bzw. Erwerbsunfähigkeit eine zweistufige Erwerbsminderungsrente: die volle und die teilweise Erwerbsminderungsrente. Für Versicherte, die am 31. Dezember 2000 bereits Bezieher einer Berufs- oder Erwerbsunfähigkeitsrente waren, gilt allerdings das bisherige Recht weiter (§ 302b SGB VI).

Die Minderung der Erwerbsfähigkeit wird grundsätzlich nicht mehr an dem zuletzt ausgeübten Beruf bzw. an der zuletzt ausgeübten Tätigkeit, sondern an der Fähigkeit gemessen, jede denkbare und zumutbare Tätigkeit auf dem allgemeinen Arbeitsmarkt unter den üblichen Bedingungen ausüben zu können.

Bei einem Restleistungsvermögen auf dem allgemeinen Arbeitsmarkt von täglich 6 Stunden und mehr liegt keine rentenrechtlich relevante Erwerbsminderung vor (§ 43 Abs. 3 SGB VI). Von diesen Versicherten wird erwartet, dass sie ihr Restleistungsvermögen auf dem allgemeinen Arbeitsmarkt zur Ausübung einer Erwerbstätigkeit einsetzen. Finden sie bei einem noch mindestens 6-stündigen Leistungsvermögen keinen ihrem Leistungsvermögen adäquaten Arbeitsplatz, so fällt dies in den Zuständigkeitsbereich der Arbeitslosenversicherung (SGB III und SGB II), nicht in den der Rentenversicherung.

Eine teilweise und eine volle Erwerbsminderung unterscheiden sich wie folgt:

- **Teilweise Erwerbsminderung**
  Es besteht Anspruch auf eine Rente wegen teilweiser Erwerbsminderung, wenn Versicherte, soweit sie die versicherungsrechtlichen Voraussetzungen erfüllt haben, wegen Krankheit oder Behinderung auf nicht absehbare Zeit außerstande sind, unter den üblichen Bedingungen des allgemeinen Arbeitsmarktes mindestens 6 Stunden täglich erwerbstätig zu sein (§ 43 Abs. 1 SGB VI), aber das Leistungsvermögen noch mindestens 3 Stunden beträgt. Die Rente wegen teilweiser Erwerbsminderung deckt somit eine teilweise Erwerbsminderung von 3 bis unter 6 Stunden ab und hat keine volle Lohnersatzfunktion. Sie soll vielmehr an die Stelle des Teils des Einkommens treten, das wegen der quantitativen Leistungsminderung nicht (mehr) durch Erwerbstätigkeit erzielt werden kann (abstrakte Betrachtungsweise). Die Höhe einer Rente wegen teilweiser Erwerbsminderung entspricht einer halben Erwerbsminderungsrente. Dabei geht man davon aus,

dass die betroffenen Versicherten zur Sicherung ihres Lebensunterhaltes weitere Einkommen erzielen – entweder durch den Einsatz ihres Restleistungsvermögens auf dem allgemeinen Arbeitsmarkt oder durch den Bezug anderer Sozialleistungen. Bei einem arbeitsmarktbedingtem verschlossenen Teilzeitarbeitsmarkt wird allerdings häufig auch bei einer teilweisen Erwerbsminderung und zugleich bestehender Arbeitslosigkeit zeitlich befristet eine volle Erwerbsminderung wegen verschlossenem Teilzeitarbeitsmarkt („Arbeitsmarktrente") gewährt.

– **Volle Erwerbsminderung**

Für Versicherte, deren Restleistungsvermögen auf dem allgemeinen Arbeitsmarkt auf unter 3 Stunden täglich gesunken ist, besteht Anspruch auf Rente wegen voller Erwerbsminderung, sofern die versicherungsrechtlichen Voraussetzungen erfüllt sind (§ 43 Abs. 2 SGB VI). Die Höhe der vollen Erwerbsminderungsrente orientiert sich an der Höhe einer Altersrente.

Der Begriff „Erwerbsminderung" löste mit dem Rentenreformgesetz 2001 den Begriff der Erwerbsunfähigkeit ab. Der Begriff „Erwerbsminderung" ist zutreffender, da eine Rentenleistung nicht nur bei der Unfähigkeit, einer Erwerbstätigkeit nachzugehen gewährt wird, sondern auch bei einer Erwerbsminderung.

4.5.3 Befristung der Renten

Nach „altem" Recht vor 2001 wurden Renten wegen verminderter Erwerbsfähigkeit nur dann auf Zeit geleistet, wenn begründete Aussicht bestand, dass die Minderung der Erwerbsfähigkeit in absehbarer Zeit behoben werden konnte. In allen anderen Fällen war – mit Ausnahme der Arbeitsmarktrenten – eine Dauerrente zu gewähren. Mit dem Rentenreformgesetz wurde ab 2001 dieses Regel-/Ausnahmeprinzip umgekehrt: Danach werden aus medizinischen Gründen bewilligte Renten wegen verminderter Erwerbsfähigkeit grundsätzlich nur noch befristet als Zeitrenten gewährt (§ 102 Abs. 2 Satz 1 SGB VI). Die Befristung der Erwerbsminderungsrenten erfolgt für längstens 3 Jahre nach Rentenbeginn und kann mehrfach wiederholt werden. Eine unbefristete Rente kann nur dann geleistet werden, wenn der Anspruch unabhängig von der jeweiligen Arbeitsmarktlage besteht und wenn es unwahrscheinlich ist, dass die Minderung der Erwerbsfähigkeit behoben werden kann. Dies ist dann der Fall, wenn aus ärztlicher Sicht bei Betrachtung des bisherigen Krankheitsverlaufes nach medizinischen Erkenntnissen, auch unter Berücksichtigung noch vorhandener therapeutischer Möglichkeiten, eine rentenrelevante Besserung auszuschließen ist. Hiervon ist auch nach einer Gesamtdauer der Befristung von neun Jahren auszugehen (§ 102 Abs. 2 Satz 4 SGB VI), so dass jede mehrfach wiederholt befristete Rente nach neun Jahren zu einer Dauerrente wird. Dies gilt jedoch nur für medizinisch bedingte, nicht für arbeitsmarktbedingte Erwerbsminderungsrenten. Arbeitsmarktbedingte Erwerbsminderungsrenten werden stets auf Zeit gewährt (§ 102 Abs. 2 Satz 1 SGB VI).

4.5.4 Tod

Beim Tode des Versicherten bestehen die Ansprüche der bezugsberechtigten Hinterbliebenen, nämlich der Witwe, der geschiedenen Witwe, des Witwers und der Waisen.

4.5.5 Wartezeit

Die allgemeine Wartezeit beträgt fünf Kalenderjahre (60 Kalendermonate). Sie ist Voraussetzung für die Regelaltersrente ab Vollendung der Regelaltersgrenze, für die Rente wegen verminderter Erwerbsfähigkeit und für alle Renten wegen Todes. Auf diese Wartezeit werden Beitragszeiten und Ersatzzeiten sowie zusätzliche Monate aus einem Versorgungsausgleich oder einer partnerschaftlichen Aufteilung von Rentenanwartschaften zwischen Eheleuten (Ehegattensplitting) angerechnet.

In besonderen Fällen ist die allgemeine Wartezeit vorzeitig erfüllt, obwohl noch keine fünf Jahre eingezahlt wurde. Dies ist z. B. dann der Fall, wenn die Erwerbsminderung durch einen Arbeitsunfall, eine Berufskrankheit, eine Wehr- oder Zivildienstbeschädigung oder einen politischen Gewahrsam eingetreten ist. Grundsätzlich genügt zur vorzeitigen Erfüllung der Wartezeit schon ein einziger Beitrag zur gesetzlichen Rentenversicherung. Ist die Erwerbsminderung durch einen Arbeitsunfall oder eine Berufskrankheit eingetreten, muss jedoch zu diesem Zeitpunkt Versicherungspflicht bestanden haben oder mindestens ein Jahr mit Pflichtbeiträgen in den letzten zwei Jahren vor der Erwerbsminderung vorhanden sein.

4.5.6 Leistungsfall

Der Begriff „Leistungsfall" bezeichnet im Bereich der gesetzlichen Rentenversicherung den Zeitpunkt, an dem sämtliche gesetzlichen Voraussetzungen für eine Rentenleistung erfüllt sind. Der Leistungsfall setzt den Eintritt des Ereignisses voraus, das für die Leistung vorgeschrieben ist, z. B. bei der Erwerbsminderungsrente den Eintritt der Erwerbsminderung. Im Feststellungsverfahren für eine Erwerbsminderungsrente kommt es deshalb darauf an, ein konkretes Datum für den Eintritt einer leistungsrelevanten Einschränkung im Erwerbsleben (Eintritt der Erwerbsminderung) zu bestimmen. Bei Unfällen dürfte es sich beim Leistungsfall oft um das Unfalldatum handeln. Schwieriger ist die Festlegung eines Datums für den Eintritt der Erwerbsminderung, wenn die vorliegenden Daten keine sichere Einschätzung der medizinischen Konstellation zulassen, z. B. bei chronischen oder schleichend progredient verlaufenden Erkrankungen, aber auch bei unfallbedingten Spätfolgen. Ein Gutachter muss dann hilfsweise auf andere Ereignisse zurückgreifen, z. B. auf den Beginn der letzten Arbeitsunfähigkeit, wenn das Ausmaß der jetzigen Leistungsminderung bereits zu diesem Zeitpunkt vorgelegen hat bzw. auf das Datum der Berufs-/Arbeitsaufgabe aus Krankheitsgründen oder auf das Datum einer stationären Krankenhausaufnahme. Das Datum des Rentenantrages kommt höchstens dann in Betracht, wenn – gegebenenfalls nach weiteren Ermittlungen – keinerlei andere Anhaltspunkte festzustellen sind und angenommen werden muss, dass der Versicherte sich selbst spätestens zum Antragszeitpunkt als erwerbsgemindert eingeschätzt hat.

Bei befristeten Erwerbsminderungsrenten beginnt die Rente frühestens ½ Jahr (mit Beginn des siebten Kalendermonats) nach Eintritt des Leistungsfalls.

4.6 Beziehungen zur Unfallversicherung

Aus den Aufgaben der Rentenversicherung ergibt sich insbesondere bei Leistungen zur Teilhabe die Notwendigkeit einer engen Zusammenarbeit mit den Unfallversicherungsträgern. In diesem Kontext ist auch das Sozialgesetzbuch IX (Rehabilitation und Teilhabe behinderter Menschen) zu beachten.

Begutachtungen sollten basierend auf der Gemeinsamen Empfehlung der Bundesarbeitsgemeinschaft für Rehabilitation für die Durchführung von Begutachtungen möglichst nach einheitlichen Grundsätzen erfolgen.

Um bei noch offenen Fragen zur Zuständigkeit des jeweiligen Leistungsträgers dennoch zeitnah die notwendigen Rehabilitationsmaßnahmen für den betroffenen Menschen zu gewähren, regelt der § 14 SGB IX die Zuständigkeitsklärung: Der zweit angegangene Sozialleistungsträger muss beim Vorliegen eines entsprechenden Rehabilitations- bzw. Teilhabebedarfs die notwendigen Leistungen erbringen, auch wenn er sich eigentlich nicht für zuständig hält. Dieser Leistungsträger hat später die Möglichkeit über die Geltendmachung entsprechender Erstattungsansprüche seine ihm entstandenen Kosten von dem eigentlich zuständigen Rehabilitationsträger zurückzufordern.

Im Übrigen werden solche Regressansprüche durch den Rentenversicherungsträger bei einer entsprechenden Fallkonstellation nicht nur gegenüber anderen Rehabilitationsträgern geltend gemacht, sondern bei Unfällen mit Fremdverschulden auch gegenüber dem Unfallverursacher bzw. seiner privaten Haftpflichtversicherung. Bei solchen Regressfällen ist auch bei der ärztlichen Begutachtung in der Deutschen Rentenversicherung die Frage eines ursächlichen Zusammenhangs zwischen dem erlittenen Unfall, den Unfallfolgen und der erforderlichen Renten- bzw. Rehabilitationsleistung zu prüfen und zu bewerten. Ansonsten werden in der gesetzlichen Rentenversicherung Leistungen zur medizinischen Rehabilitation oder zur Teilhabe am Arbeitsleben nicht von der Frage abhängig gemacht, warum der betroffene Mensch in seiner Leistungsfähigkeit eingeschränkt ist. Es genügt die Feststellung, dass die Betroffenen rehabilitationsbedürftig sind (siehe auch Punkt 4.1.).

4.7 Verwaltungsverfahren

Die Leistungen der Rentenversicherung setzen einen Antrag der Versicherten voraus. Der Versicherte muss also tätig werden, um die im Versicherungsfall zustehenden Leistungen zu erhalten. Dieser Antrag kann auch vom Vormund oder Betreuer des Versicherten gestellt werden.

Die Feststellung der Leistungen bzw. die Entscheidung darüber erfolgt durch Bescheid. Solche Bescheide sind als Verwaltungsakte durch die Sozialgerichtsbarkeit nachprüfbar.

Tipps

Sozialmedizinische Begutachtung für die gesetzliche Rentenversicherung. Hrsg. Verband Deutscher Rentenversicherungsträger, 6., völlig neu bearbeitete Auflage; 646 Seiten, 10 Abbildungen, Springer-Verlag Berlin Heidelberg New York, 2003 (ISBN 3-540-01296-6)

Gemeinsame Empfehlung der Bundesarbeitsgemeinschaft für Rehabilitation nach § 13 Abs. 1 i.V.m. § 12 Abs. 1 Nr. 4 SGB IX für die Durchführung von Begutachtungen möglichst nach einheitlichen Grundsätzen unter www.bar-frankfurt.de

Das ärztliche Gutachten für die gesetzliche Rentenversicherung – Hinweise zur Begutachtung, Stand September 2001. Kostenloser Download unter www.deutsche-rentenversicherung.de

Rehabilitation – Infos für Ärzte unter www.deutsche-rentenversicherung-bund.de (unter Zielgruppe Sozialmedizin und Forschung)

5 Soziale Entschädigung*

5.1 Allgemeines

Kernstück der sozialen Entschädigung bei Gesundheitsschäden nach dem Sozialgesetzbuch ist die Kriegsopferversorgung. Darunter ist die Gesamtheit der staatlichen Leistungen zu verstehen, die nach dem Gesetz über die Versorgung der Opfer des Krieges (Bundesversorgungsgesetz ⟨BVG⟩) den Personen, die durch Krieg, militärischen oder militärähnlichen Dienst gesundheitlich geschädigt worden sind, und den Hinterbliebenen der infolge einer solchen Schädigung verstorbenen Personen erbracht werden (§ 1 BVG).

Schon frühzeitig begann die Umwandlung der inneren Struktur des BVG von einem fürsorgerisch ausgestalteten Gesetz zu einem Entschädigungsgesetz, das den Gesundheitsschaden und den dadurch bedingten beruflichen und wirtschaftlichen Schaden des einzelnen in den Vordergrund rückte und seine Leistungen von der Größe dieses Schadens abhängig machte. Bestätigung fand diese Entwicklung im Jahre 1976 mit der Anerkennung eines Anspruchs auf soziale Entschädigung im § 5 SGB I. Danach hat derjenige, der einen Gesundheitsschaden erleidet, für dessen Folgen die staatliche Gemeinschaft in Abgeltung eines besonderen Opfers oder aus anderen Gründen nach versorgungsrechtlichen Grundsätzen einsteht, ein Recht auf

1. die notwendigen Maßnahmen zur Erhaltung, zur Besserung und zur Wiederherstellung der Gesundheit und der Leistungsfähigkeit und

2. angemessene wirtschaftliche Versorgung.

Ein Recht auf angemessene wirtschaftliche Versorgung haben auch die Hinterbliebenen eines Geschädigten.

Ein Gesundheitsschaden wird nur dann entschädigt, wenn er eine bestimmte Ursache hat, die im Gesetz näher bezeichnet ist. Die Beurteilung des ursächlichen Zusammenhangs zwischen einer als Schädigungsfolge geltend gemachten Gesundheitsstörung und einem schädigenden Ereignis erfordert eine ärztliche Begutachtung. Diese verlangt von dem Gutachter neben fundiertem medizinischem Wissen auch Kenntnisse über die Inhalte der in diesem Rechtsbereich geltenden Begriffe.

5.2 Soziale Entschädigung nach dem BVG

Schädigungstatbestände nach dem BVG sind
● eine militärische oder militärähnliche Dienstverrichtung,

---

* Unter Mitwirkung von Dr. med. Eberhard Losch, Frankfurt/M.

● ein Unfall während der Ausübung des militärischen oder militärähnlichen Dienstes,

● die dem militärischen oder militärähnlichen Dienst eigentümlichen Verhältnisse,

● eine unmittelbare Kriegseinwirkung (z.B. Einwirkung von Kampfmitteln, Flucht),

● eine Kriegsgefangenschaft,

● eine Internierung wegen deutscher Staatsangehörigkeit oder deutscher Volkszugehörigkeit,

● offensichtlich unrechtmäßige Straf- oder Zwangsmaßnahmen im Zusammenhang mit militärischem oder militärähnlichem Dienst,

● ein Unfall als Beschädigter, Angehöriger eines Schwerbeschädigten, Hinterbliebener, Pflegeperson oder als notwendige Begleitperson eines Beschädigten bei der Durchführung bestimmter Maßnahmen (z.B. Heilbehandlung, berufliche Rehabilitation) oder auf den damit verbundenen Wegen.

Zwischen dem militärischen Dienst und dem schädigenden Ereignis sowie zwischen dem schädigenden Ereignis und der Gesundheitsstörung muss ein ursächlicher Zusammenhang bestehen. Für den Nachweis des ursächlichen Zusammenhangs zwischen dem schädigenden Ereignis und der Gesundheitsstörung lässt das Gesetz die Wahrscheinlichkeit genügen.

5.3 Soziale Entschädigung nach anderen Gesetzen

Nach Erlass des BVG machten weitere Bundesgesetze die Leistungen dieses Gesetzes zum Maßstab für Versorgungsansprüche aufgrund anderer Schädigungstatbestände.

Dies sind:
Häftlingshilfegesetz (HHG), Soldatenversorgungsgesetz (SVG), Zivildienstgesetz (ZDG), Infektionsschutzgesetz (IfSG), Opferentschädigungsgesetz (OEG), Strafrechtliches Rehabilitierungsgesetz (StrRehaG), Verwaltungsrechtliches Rehabilitierungsgesetz (VwRehaG).

Diese Gesetze mit ihren eigenen Schädigungstatbeständen verweisen hinsichtlich der zu erbringenden Leistungen und ihrer besonderen Voraussetzungen auf die entsprechende Anwendung der Vorschriften des BVG. Die danach zu erbringenden Leistungen sind Leistungen des sozialen Entschädigungsrechts im Sinne des SGB I. Im einzelnen erhalten Versorgung in Anwendung des BVG:

● Nach dem **HHG** Deutsche, die aus politischen Gründen nach der Besetzung ihres Aufenthaltsortes oder nach dem 8. Mai 1945 in der sowjetischen Besatzungszone oder im sowjetisch besetzten Sektor von Berlin oder in den im Bundesvertriebenengesetz genannten Vertreibungsgebieten inhaftiert worden sind und dadurch eine gesundheitliche Schädigung erlitten haben. Ist der Beschädigte an den Folgen der Schädigung gestorben, so erhalten seine Hinterbliebenen Versorgung.

● Nach dem Dritten Teil des **SVG** Soldaten der Bundeswehr, die eine Wehrdienstbeschädigung erlitten haben, sowie die Hinterbliebenen von ehemaligen Soldaten der Bundeswehr, die infolge einer Wehrdienstbeschädigung verstorben sind. Wehrdienstbeschädigungen sind gesundheitliche Schädigungen durch Wehrdienstverrichtung, Unfälle während der Dienstausübung, wehrdiensteigentümliche Verhältnisse und durch Unfälle bei der Durchführung bestimmter Maßnahmen sowie bestimmte Wegeunfälle. Darüber hinaus kommen auch Schädigungen durch Angriffe auf den Soldaten wegen seines pflichtgemäßen dienstlichen Verhaltens, wegen seiner Zugehörigkeit zur Bundeswehr sowie Schädigungen durch gesundheitsschädigende Verhältnisse oder bei Unruhen, Aufruhr oder Kriegshandlungen, denen der Soldat bei seinem dienstlichen Aufenthalt im Ausland besonders ausgesetzt war, in Betracht.

● Nach dem **ZDG** Zivildienstpflichtige und deren Hinterbliebene. Die Vorschriften entsprechen weitgehend denen des Dritten Teils des SVG.

● Nach dem **IfSG** Impfgeschädigte oder durch andere Maßnahmen der spezifischen Prophylaxe gesundheitlich Geschädigte oder deren Hinterbliebene. Geschützt sind Schutzimpfungen oder andere Maßnahmen der spezifischen Prophylaxe, die von einer zuständigen Landesbehörde öffentlich empfohlen wurden, aufgrund des IfSG angerechnet wurden, gesetzlich vorgeschrieben waren oder aufgrund der Verordnungen zur Ausführung der Internationalen Gesundheitsvorschriften durchgeführt wurden sowie bestimmte Impfungen außerhalb des Geltungsbereichs dieses Gesetzes.

● Nach dem **OEG** Personen, die durch einen vorsätzlichen, rechtswidrigen tätlichen Angriff oder durch dessen Abwehr eine gesundheitliche Schädigung erlitten haben, sowie die Versorgung der Hinterbliebenen schädigungsbedingt gestorbener Gewaltopfer. Tätlicher Angriff ist jede in feindlicher Willensrichtung unmittelbar auf den Körper eines anderen zielende Einwirkung, ohne Rücksicht auf deren Erfolg. Keine Rolle spielt dabei, ob der Angriff gegen den Geschädigten selbst oder gegen eine andere Person gerichtet war. Vorsätzliches Handeln setzt nach dem Opferentschädigungsgesetz nicht die Schuldfähigkeit des Handelnden voraus. Ein tätlicher Angriff kann auch dann vorliegen, wenn der Täter, wie z. B. beim sexuellen Missbrauch von Kindern, keine nennenswerte Kraft aufwendet, um den Widerstand des Opfers zu überwinden, sondern den Widerstand des Opfers durch Täuschung, Überredung oder sonstige Mittel ohne besonderen Kraftaufwand bricht oder gar nicht erst aufkommen lässt.

Darüber hinaus stellt das Opferentschädigungsgesetz die vorsätzliche Giftbeibringung und die fahrlässige Herbeiführung einer Gefahr für Leib und Leben durch ein mit gemeingefährlichen Mitteln (z. B. Sprengstoff, Brandstiftung) begangenes Verbrechen dem tätlichen Angriff gleich.

Entschädigung nach dem Opferentschädigungsgesetz kommt nur in Betracht, wenn die Schädigung im Bundesgebiet oder auf einem deutschen Schiff oder Luftfahrzeug eingetreten ist. Entscheidend ist der Ort, an dem die Schädigung eintritt.

● Nach dem **StrRehaG** Personen, die infolge einer rechtsstaatswidrigen Freiheitsentziehung in der ehemaligen DDR eine gesundheitliche Schädigung erlitten haben und rehabilitiert wurden sowie ihre Hinterbliebenen, wenn der Betroffene an den Folgen der Schädigung gestorben ist.

● Nach dem **VwRehaG** Betroffene, die infolge einer rechtsstaatswidrigen Verwaltungsentscheidung in der ehemaligen DDR eine gesundheitliche Schädigung erlitten haben, und die Verwaltungsentscheidung aufgehoben wurde sowie ihre Hinterbliebenen, wenn der Betroffene an den Folgen der Schädigung gestorben ist.

5.4 Umfang der Versorgungsleistungen bei Gesundheitsschäden

Nach § 24 SGB I können als Versorgungsleistungen in Anspruch genommen werden:

– Heil- und Krankenbehandlung sowie andere Leistungen zur Erhaltung, Besserung und Wiederherstellung der Leistungsfähigkeit einschließlich wirtschaftlicher Hilfen,

– besondere Hilfen im Einzelfall einschließlich Berufsförderung,

– Renten wegen Minderung der Erwerbsfähigkeit,

– Renten an Hinterbliebene, Bestattungsgeld und Sterbegeld,

– Kapitalabfindungen, insbesondere zur Wohnraumbeschaffung.

Es sind demnach auch in diesem Rechtsgebiet Sach- und Geldleistungen zu gewähren. *Sachleistungen* sind Heil- und Krankenbehandlung und teilweise die besonderen Hilfen im Einzelfall, die anderen sind *Geldleistungen*.

5.4.1 Heil- und Krankenbehandlung

Heilbehandlung wird für Gesundheitsstörungen gewährt, die als Folge einer Schädigung anerkannt oder durch eine anerkannte Schädigungsfolge verursacht worden sind, ebenso für Gesundheitsstörungen, die im Sinne der Verschlimmerung als Folge einer Schädigung anerkannt sind. Umfassendes Ziel der Heilbehandlung ist es, die Gesundheitsstörungen oder die durch sie bewirkte Beeinträchtigung der Berufs- oder Erwerbsfähigkeit zu beseitigen oder zu bessern, eine Zunahme des Leidens zu verhüten, körperliche Beschwerden zu beheben, die Folgen der Schädigung zu erleichtern oder die Beschädigten möglichst auf Dauer in Arbeit, Beruf und Gesellschaft einzugliedern (§ 10 Abs. 1 BVG). Schwerbeschädigten (GdS mindestens 50) wird Heilbehandlung auch für Gesundheitsstörungen gewährt, die nicht als Folge einer Schädigung anerkannt sind (§ 10 Abs. 2 BVG).

Die Heilbehandlung umfasst (§ 11 BVG):

– ambulante ärztliche und zahnärztliche Behandlung,

– Versorgung mit Arznei- und Verbandmitteln,

– Versorgung mit Heilmitteln einschließlich Krankengymnastik, Bewegungstherapie, Sprachtherapie und Beschäftigungstherapie sowie mit Brillen und Kontaktlinsen,

– Versorgung mit Zahnersatz,

– stationäre Behandlung in einem Krankenhaus (Krankenhausbehandlung),

– stationäre Behandlung in einer Rehabilitationseinrichtung,

– häusliche Krankenpflege,

– Versorgung mit Hilfsmitteln,

– Belastungserprobung und Arbeitstherapie,

– nichtärztliche sozialpädiatrische Leistungen.

Krankenbehandlung wird auch dem Schwerbeschädigten für den Ehegatten und für Kinder, den Empfängern einer Pflegezulage für die Pflegekräfte, sowie Witwen, Waisen und versorgungsberechtigten Eltern gewährt. Sie umfasst Leistungen wie die Heilbehandlung, außer Versorgung mit Zahnersatz. Sie wird nicht gewährt, wenn ein Sozialversicherungsträger zu einer entsprechenden Leistung verpflichtet ist oder andere im Gesetz genannte Ausschlußvoraussetzungen vorliegen (§ 10 Abs. 7 BVG).

Zu den medizinischen Leistungen gehören auch Versehrtenleibesübungen (§§ 10, Abs. 3, 11a BVG). Während der Heil- oder Krankenbehandlung hat der arbeitsunfähige Beschädigte Anspruch auf Versorgungskrankengeld. Der Berechtigte gilt als arbeitsunfähig, wenn er wegen einer Maßnahme der medizinischen Rehabilitation keine ganztägige Erwerbstätigkeit ausüben kann (§ 16 BVG).

5.4.2 Besondere Hilfen im Einzelfall

Die Leistungen durch besondere Hilfen im Einzelfall (§ 24 SGB I) ergeben sich aus den Bestimmungen des Abschnitts „Kriegsopferfürsorge" des BVG (§§ 25 – 27 BVG). Anspruchsberechtigt sind Beschädigte und ihre Hinterbliebenen, wenn sie wegen der Schädigung nicht in der Lage sind, trotz der übrigen Leistungen sowie ihres sonstigen Einkommens und ihres Vermögens eine angemessene Lebensstellung zu erlangen oder sich zu erhalten, bzw. wenn es unbillig wäre, von den Geschädigten oder Hinterbliebenen den Einsatz ihres Einkommens zu verlangen.

Leistungen der Kriegsopferfürsorge sind:

– Hilfen zur Teilhabe am Arbeitsleben (§§ 26 und 26a),

– Krankenhilfe (§ 26b),

– Hilfe zur Pflege (§ 26c),

– Hilfe zur Weiterführung des Haushalts (§ 26d),

– Altenhilfe (§ 26e),

– Erziehungsbeihilfe (§ 27),

– ergänzende Hilfe zum Lebensunterhalt (§ 27a),

– Erholungshilfe (§ 27b),

– Wohnungshilfe (§ 27c),

– Hilfen in besonderen Lebenslagen (§ 27d).

Die Leistungen zur Teilhabe am Arbeitsleben (§ 26 BVG) haben den gleichen Umfang wie diejenigen der gesetzlichen Unfallversicherung (s. o. 2.5.2.2). Übergangsgeld ist u. a. zu gewähren, wenn der Beschädigte wegen der Teilnahme an einer Maßnahme zur Teilhabe am Arbeitsleben keine ganztägige Erwerbstätigkeit ausüben kann.

Erziehungsbeihilfen sind Waisen und Kindern von Beschädigten zu ihrer Erziehung bzw. Ausbildung zu gewähren. Ergänzende Hilfen sind, unter entsprechender Anwendung von Bestimmungen des SGB II und SGB XII, denjenigen Beschädigten und Hinterbliebenen zum Lebensunterhalt zu leisten, die diesen nicht aus den übrigen Leistungen des Gesetzes und ihren sonstigen Mitteln bestreiten können. Sonderfürsorge ist bestimmten Gruppen besonders schwer Beschädigter, so z. B. Kriegsblinden, Ohnhändern, Querschnittsgelähmten, Hirnbeschädigten zu gewähren (§ 27e BVG).

5.4.3 Renten und andere Geldleistungen

Kennzeichnend für das Leistungssystem des Bundesversorgungsgesetzes ist, dass sich die Versorgung je nach Umfang und Schwere der Schädigungsfolgen aus mehreren Rententeilen zusammensetzt und so in schweren Schadensfällen zu beachtlichen Leistungen kumulieren kann. Diese Rententeile, für die jeweils spezifische Anspruchsvoraussetzungen erfüllt sein müssen, sorgen dafür, dass die im Einzelfall gewährten Leistungen dem jeweiligen Bedarf angepasst sind. Im Rahmen der Beschädigtenversorgung sieht das Gesetz folgende Renten vor:

● die Grundrente einschließlich der Erhöhung für besondere berufliche Betroffenheit und der Alterserhöhung (§ 31 Abs. l BVG)

● die Schwerstbeschädigtenzulage (§ 31 Abs. 5 BVG)

● die Ausgleichsrente (§ 32 BVG)

● den Ehegattenzuschlag (§ 33 a BVG)

● den Kinderzuschlag (§ 33b BVG)

● den Berufsschadensausgleich (§ 30 Abs. 3 BVG)

● die Pflegezulage (§ 35 BVG)

● die Führzulage für Blinde (§ 14 BVG)

● den Pauschbetrag für Kleider- und Wäscheverschleiß (§ 15 BVG).

Abgesehen von der Ausgleichsrente, dem Ehegattenzuschlag, dem Kinderzuschlag und dem Berufsschadensausgleich sind diese Leistungen einkommensunabhängig.

Grundrente erhalten Beschädigte von einem Grad der Schädigungsfolgen (GdS) von 30 an. Diese ist von 10 zu 10 Graden bis zu einem Grad von 100 gestaffelt. Dabei umfassen die höheren Zehnergrade jeweils auch einen um fünf Grad geringeren Grad der Schädigungsfolgen. Ein Grad der Schädigungsfolgen um mehr als 90 bedeutet Erwerbsunfähigkeit. Von der Vollendung des 65. Lebensjahres an wird die Grundrente für Schwerbeschädigte erhöht.

Der Begriff „Grad der Schädigungsfolgen" (GdS) hat im sozialen Entschädigungs-recht den Begriff der „Minderung der Erwerbsfähigkeit" (MdE) als Maßstab für den Leistungsumfang ersetzt. Nötig geworden war dies, da der Inhalt mehr und anderes umfasste, als der Begriff anklingen ließ. Er ist – anders als im Recht der gesetzlichen Unfallversicherung – im Gesetz definiert.

Diese Definition lautet (§ 30 Abs. 1 BVG): *„Der Grad der Schädigungsfolgen ist nach den allgemeinen Auswirkungen der Funktionsbeeinträchtigungen, die durch die als Schädigungsfolge anerkannten körperlichen, geistigen oder seelischen Ge-sundheitsstörungen bedingt sind, in allen Lebensbereichen zu beurteilen ... Vorü-bergehende Gesundheitsstörungen sind nicht zu berücksichtigen; als vorübergehend gilt ein Zeitraum von bis zu sechs Monaten. Bei beschädigten Kindern und Jugend-lichen ist der Grad der Schädigungsfolgen nach dem Grad zu bemessen, der sich bei Erwachsenen mit gleicher Gesundheitsstörung ergibt ..."*

Entschädigt werden also Auswirkungen in allen Lebensbereichen. Haben sich die Schädigungsfolgen darüber hinaus besonders auf den vor der Schädigung nachweis-bar angestrebten, begonnenen oder ausgeübten Beruf ausgewirkt, so ist der Grad der Schädigungsfolgen höher zu bewerten (§ 30 Abs. 2 BVG).

Bei der Begutachtung waren bis Ende 2008 für die Einschätzung des GdS die vom Bundesministerium für Arbeit und Sozialordnung herausgegebenen „Anhaltspunk-te für die ärztliche Gutachtertätigkeit im sozialen Entschädigungsrecht und nach dem Schwerbehindertenrecht (Teil 2 SGB IX)" zu beachten. Für diese war wieder-holt von der Rechtsprechung das Fehlen einer verfassungskonformen Rechtsgrund-lage beanstandet worden. Als Abhilfe ist nun zum 01. 01. 2009 die „Versorgungs-medizin-Verordnung" in Kraft getreten. Die Anlage „Versorgungsmedizinische Grundsätze" enthält die Grundlagen zur versorgungsmedizinischen Bewertung von Schädigungsfolgen, zur Feststellung von GdS und GdB nach dem Teil 2 SGB IX sowie die bislang schon aus den „Anhaltspunkten" bekannten GdS/GdB-Tabellen, die nahezu vollständig übernommen wurden. Die bisher in den „Anhaltspunkten" in den Kapiteln 53 bis 143 niedergelegten „Kausalitätsbeurteilungen bei einzelnen Krankheitsbildern" wurden zwar nicht übernommen, behalten aber weiterhin Gül-tigkeit als antizipiertes Sachverständigengutachten.

Die in den „Versorgungsmedizinischen Grundsätzen" angegebenen GdS-Sätze un-terscheiden sich mitunter von den weiter unten für den Bereich der gesetzlichen Unfallversicherung vorgeschlagenen MdE-Werten. Sie beruhen in Eckpunkten auf den in der Verwaltungsvorschrift Nr. 5 zu § 30 BVG festgelegten Mindestsätzen für Körperschäden. Für den Grad der Behinderung (GdB) nach dem Schwerbehinder-tenrecht (Teil 2 SGB IX) gelten die in § 30 BVG (s. o.) genannten Maßstäbe entspre-chend. Daher sind die „Versorgungsmedizinischen Grundsätze" auch der ärztlichen Tätigkeit im Schwerbehindertenrecht zugrunde zu legen.

5.5 Aufbringung der Mittel

Die für die Versorgung erforderlichen Mittel werden je nach der Rechtsgrundlage des Versorgungsanspruchs vom Bund bzw. den Ländern aufgebracht. Z.B. werden Versorgungsleistungen nach dem BVG, SVG oder ZDG zu 100 v.H. vom Bund, nach dem IfSG zu 100 v.H. vom Land erbracht. Im OEG trägt der Bund 40 v.H. der Ausgaben, die den Ländern durch Geldleistungen entstehen.

5.6 Verwaltungsverfahren

Die Leistungen werden auf Antrag gewährt. Die Durchführung obliegt den Versorgungsämtern, die z.T. auch andere Bezeichnungen führen, wie z.B. Amt für Versorgung und Familienförderung, Amt für Familie und Soziales, Amt für Versorgung und Soziales. Die Versorgungsbehörden sind Landesbehörden bzw. -dienststellen. Sie unterstehen der Aufsicht der Minister und Senatoren für Arbeit und Soziales der Länder.

5.7 Hinweise für die Gutachter

Wenn eine Entschädigung wegen der gesundheitlichen Folgen einer bestimmten Schädigung beantragt ist, wird dem ärztlichen Sachverständigen die Frage nach dem *ursächlichen Zusammenhang* gestellt. Zu dieser kann er sich nur äußern, wenn die anspruchsbegründenden *Tatsachen geklärt* sind. Die Fakten, auf die sich die Beurteilung des ursächlichen Zusammenhangs gründet, müssen *bewiesen* sein. Das bedeutet, dass sie belegt sein müssen oder dass – wenn Belege nicht zu beschaffen sind – zumindest nach den gegebenen Umständen die Überzeugung zu gewinnen ist, dass es so gewesen ist. Allerdings räumt das Gesetz über das Verwaltungsverfahren in der Kriegsopferversorgung (§ 15) hinsichtlich der mit der Schädigung im Zusammenhang stehenden Tatsachen, die eigentlich bewiesen sein müssen, eine Beweiserleichterung ein: Wenn Unterlagen nicht mehr vorhanden oder zu beschaffen sind oder ohne Verschulden des Antragstellers oder seiner Hinterbliebenen verlorengegangen sind, sind die Angaben des Antragstellers der Entscheidung zugrunde zu legen, soweit sie nach den Umständen des Falles **glaubhaft** erscheinen.

Zu den Fakten, die bewiesen sein müssen, gehören der *schädigende Vorgang*, die *gesundheitliche Schädigung* und die zu beurteilende *Gesundheitsstörung*. Der *schädigende Vorgang* ist das Ereignis, das zu einer Gesundheitsschädigung führt, z.B. ein KfZ-Unfall, eine Vergewaltigung, die Übertragung von Krankheitserregern, eine Impfung oder besondere körperliche oder seelische Belastungen. Die *gesundheitliche Schädigung* ist die primäre Beeinträchtigung der Gesundheit durch den schädigenden Vorgang, z.B. die Verletzung durch den Unfall, eine seelische Störung, die Infektionskrankheit oder die Resistenzminderung durch Belastung. Die zu beurteilende bleibende *Gesundheitsstörung* ist die Schädigungsfolge, wenn der ursächliche Zusammenhang bejaht wird.

Zwischen dem schädigenden Vorgang und der Gesundheitsstörung muss eine nicht unterbrochene *Kausalkette* bestehen, die mit den Erkenntnissen in der medizinischen Wissenschaft und den ärztlichen Erfahrungen in Einklang steht. Dabei sind *Brückensymptome* oft notwendige Bindeglieder. Fehlen Brückensymptome, so ist die Zusammenhangsfrage besonders sorgfältig zu prüfen und die Stellungnahme anhand eindeutiger objektiver Befunde überzeugend wissenschaftlich zu begründen.

Nach der im Versorgungswesen geltenden *Kausalitätsnorm* kommt es dann darauf an, ob die Gesundheitsstörung als w*esentliche Bedingung* für den jetzt vorliegenden Gesundheitsschaden anzusehen ist. Als wesentliche Bedingung gilt dabei der Umstand, der entweder den Eintritt des Erfolges allein bewirkt oder dem, wenn mehrere Umstände zu dem Erfolg beigetragen haben, gegenüber den anderen Umständen eine zumindest annähernd gleichwertige Bedeutung zukommt. Eine solche Bedingung ist *Ursache* im Rechtssinne.

Für die Annahme, dass eine Gesundheitsstörung Folge einer Schädigung ist, genügt versorgungsrechtlich die *Wahrscheinlichkeit*. Diese ist gegeben, wenn nach der geltenden medizinisch-wissenschaftlichen Lehrmeinung *mehr für als gegen* einen ursächlichen Zusammenhang spricht. Beim Abwägen aller Umstände müssen die Argumente für einen ursächlichen Zusammenhang – also dafür, dass der relevanten Schädigung für den Gesundheitsschaden gegenüber anderen Bedingungen zumindest eine annähernd gleichwertige Bedeutung zukommt – gewichtiger sein, als die Argumente dagegen. Die Entscheidung muss klar für oder gegen einen ursächlichen Zusammenhang getroffen werden, einen Mittelweg gibt es nicht. Auch kann kein Grundsatz „in dubio pro aegroto" Anwendung finden!

Ist die Wahrscheinlichkeit im Einzelfall nicht gegeben, weil *in der medizinischen Wissenschaft Ungewissheit über die Ursache* des festgestellten Leidens besteht, so kann das Leiden mit Zustimmung des Bundesministers für Gesundheit und Soziale Sicherung als Folge einer Schädigung anerkannt werden (§ 1 Abs. 3 Satz 2 BVG – „Kannversorgung"). Für eine Reihe häufiger vorkommender Gesundheitsstörungen mit unbekannter Ursache (z.B. Crohn-Krankheit, bestimmte Systemkrankheiten des Nervensystems) ist diese Zustimmung unter bestimmten Bedingungen allgemein erteilt worden. Bei weiteren, seltener vorkommenden Leiden oder bei Anerkennungen im Sinne der Verschlimmerung ist eine Zustimmung im Einzelfall erforderlich. Ungewissheiten im Sachverhalt des Einzelfalles, die von der Ungewissheit in der medizinischen Wissenschaft über die Ursachen eines Leidens streng zu trennen sind, rechtfertigen die Anwendung der Kannvorschrift nicht.

Bei jeder Kausalitätsbeurteilung muss auch dargelegt werden, ob die zu beurteilende Gesundheitsstörung durch das schädigende Ereignis hervorgerufen oder verschlimmert worden ist, ob also eine *Anerkennung im Sinne der Entstehung* oder *im*

Sinne der Verschlimmerung vorgeschlagen wird. Die Anerkennung einer Gesundheitsstörung im Sinne der Entstehung setzt voraus, dass zur Zeit des schädigenden Vorganges noch kein dieser Gesundheitsstörung zugehöriges pathologisches, physisches oder psychisches Geschehen vorhanden war. Sofern ein solches Geschehen aber zur Zeit der Einwirkung des schädigenden Vorganges, wenn auch noch nicht bemerkt oder bemerkbar, vorhanden war, kommt nur eine Anerkennung im Sinne der Verschlimmerung in Frage.

Von diesem Verschlimmerungsbegriff ist der zu unterscheiden, der als *wesentliche Änderung* der gesundheitlichen Verhältnisse im Sinne der Zunahme des Leidensumfanges zu verstehen ist und der eine Neufeststellung der Gesundheitsstörungen erlaubt. Diese wesentliche Änderung im Ausmaß der Schädigungsfolgen liegt nur vor, wenn der veränderte Gesundheitszustand mehr als sechs Monate angehalten hat oder voraussichtlich anhalten wird und die Änderung des „Grades der Schädigungsfolgen (GdS)" wenigstens 10 beträgt. Eine wesentliche Änderung liegt nicht vor, wenn eine Gesundheitsstörung, ohne sich verändert zu haben, von den Gutachtern lediglich abweichend beurteilt wird.

Bei Begutachtungen im sozialen Entschädigungsrecht sind auch die Begriffe „Vorschaden", „Nachschaden", „Folgeschaden" und „mittelbare Schädigungsfolge" zu berücksichtigen.

Ein *Vorschaden* ist eine schädigungsunabhängige Gesundheitsstörung, die bei Eintritt der Schädigung bereits bestanden hat. Der Vorschaden ist nicht ohne Bedeutung für die Einschätzung des schädigungsbedingten GdS. So kann gegenüber der Beurteilung bei Nichtvorgeschädigten sowohl eine gleichhohe als auch ein niedrigerer oder höherer GdS in Betracht kommen, abhängig von der funktionellen Wechselwirkung zwischen dem Vorschaden und den Folgen der Schädigung.

Ein *Nachschaden* ist eine Gesundheitsstörung, die zeitlich nach der Schädigung eingetreten ist und nicht in ursächlichem Zusammenhang mit der Schädigung steht. Durch einen Nachschaden kann der schädigungsbedingte gesundheitliche Schaden nicht in seinem Umfang erweitert werden, auch dann nicht, wenn er ein paariges Organ betrifft, z.B. Verlust einer Niere schädigungsbedingt, GdS 25. Später schädigungsunabhängiger Verlust der anderen Niere. Die Schädigungsfolgen werden unverändert mit einem GdS in Höhe von 25 bewertet, obwohl die Gesundheitsstörung jetzt zusammen mit den Schädigungsfolgen zu besonderen Auswirkungen führt, bei denen die Schädigungsfolgen eine gleichwertige oder sogar überwiegende Bedeutung haben.

Von dem Nachschaden ist der *Folgeschaden* zu unterscheiden. Hierbei handelt es sich zwar auch um eine Gesundheitsstörung, die zeitlich nach einer Schädigung eingetreten ist; jedoch müssen hierbei die Schädigung und deren Folgen mit Wahrscheinlichkeit bei der Entstehung dieser neuen Gesundheitsstörung wesentlich mitgewirkt haben, sodass ein ursächlicher Zusammenhang mit der Schädigung besteht. Der Folgeschaden, der somit eine weitere Schädigungsfolge darstellt, ist mit seinem gesamten GdS zu berücksichtigen. Tritt ein solcher Folgeschaden erst viele Jahre nach der Schädigung in Erscheinung, so spricht man auch von einem *Spätschaden* (z. B. Kniegelenksarthrose nach in Fehlstellung verheilter Unterschenkelfraktur, Entwicklung eines Cor pulmonale bei sekundärem Lungenemphysem nach Schwartenbildung der Lunge oder einer Herzinsuffizienz nach langjährigem Bestehen eines Herzklappenfehlers). Zwischen einer Änderung des als Schädigungsfolge anerkannten Leidenszustandes und dem Eintritt eines Folge- oder Spätschadens lässt sich oftmals kein klarer Trennungsstrich ziehen.

Alle primären Folgen einer Gesundheitsschädigung und ebenso das in der Eigenart des Primärschadens liegende weitere pathologische Geschehen – also die Verschlechterung in den Verhältnissen der Schädigungsfolgen und auch der Folgeschaden – sind als u*nmittelbare Schädigungsfolgen* anzusehen. Als *mittelbare Schädigungsfolgen* werden demgegenüber Gesundheitsstörungen bezeichnet, die durch ein äußeres Ereignis, das seine Ursache in einem schädigungsbedingten Leiden hat, herbeigeführt worden sind (z. B. Sturz infolge Hypoglykämie bei als Schädigungsfolge anerkanntem Diabetes mellitus). Die mittelbaren Schädigungsfolgen werden versorgungsrechtlich wie unmittelbare Schädigungsfolgen behandelt.

Tipps

Versorgungsmedizinische Grundsätze: http://www.bgblportal.de/BGBL/bgbl1f/ anlageband_bgbl108057.pdf

Rösner, N.: Das professionelle Gutachten – Besonderheiten im sozialen Entschädigungsrecht und Schwerbehindertenrecht. MedSach (2008), 104(3): 111–114.

Ernst-Morr, Ratgeber zum Behindertenrecht und sozialen Entschädigungsrecht, 2008 (Boorberg).

6 Teilhabe von Menschen mit Behinderungen

6.1 Allgemeines

Im SGB IX ist das Rehabilitationsrecht (Teil 1) und das Schwerbehindertenrecht (Teil 2) zusammengefasst. In den Kreis der Rehabilitationsträger (gesetzliche Kranken-, Renten- und Unfallversicherung, Bundesagentur für Arbeit) sind neu die Träger der öffentlichen Jugend- und Sozialhilfe aufgenommen worden. Das SGB IX regelt Leistungen nach der Akutversorgung, also Leistungen zur Teilhabe von Menschen mit Behinderungen in der Gesellschaft. Neue Rechtsbegriffe lassen den behindertenbezogenen Charakter des am 1.7.2001 in Kraft getretenen Gesetzes erkennen. Anstatt des übergeordneten Begriffes Rehabilitation findet der Begriff Teilhabe Eingang in die Gesetzessprache. Dies ist auch in der Begutachtung zu berücksichtigen. Der Begriff der „Beruflichen Rehabilitation" wird durch „Leistung zur Teilhabe am Arbeitsleben" ersetzt und der der „Sozialen Rehabilitation" durch „Leistung zur Teilhabe am Leben in der Gemeinschaft". Nur der Begriff „Leistung zur medizinischen Rehabilitation" bleibt vertraut (§ 5). Seit dem März 2009 gilt die UN-Behindertenrechtskonvention (BRK) durch Ratifizierung auch in Deutschland. Dort wird der Begriff „Teilhabe" mit „Inklusion" umschrieben. Im Wesentlichen spiegeln sich die Ziele und Pflichten in der BRK in denen des schon seit 2001 geltenden SGB IX.

6.2 Aufgabe der Gutachter

Das SGB IX greift die medizinische Begutachtung für die Rehabilitationsträger an verschiedenen Stellen auf. Grundsätzlich regeln weiterhin die Spezialgesetze der Reha-Träger das spezifische Recht der Begutachtung. Im SGB IX geht es im Wesentlichen um die Begutachtung der Rehabilitationsbedürftigkeit und der Leistungsfähigkeit, z.B. für eine Maßnahme der beruflichen Bildung (Umschulung). Im Rahmen dieses Anwendungsbereiches des SGB IX soll die Begutachtung möglichst nach einheitlichen Grundsätzen durchgeführt werden (§ 12 Absatz 1 Nr. 4). Dazu sind Gemeinsame Empfehlungen gemäß § 13 unter den Reha-Trägern auf der Ebene der Bundesarbeitsgemeinschaft für Rehabilitation vereinbart worden (s. Anhang 2.9). In diesem Verein, der von den Bundesverbänden der traditionellen Reha-Träger (Kranken-, Renten- und Unfallversicherung, Bundesagentur für Arbeit) im Wesentlichen finanziert wird und in dem weitere Beteiligte, die Teilhabeleistungen gewähren, Mitglieder sind, können jeweils der aktuelle Stand und weitere Informationen abgefragt werden (Bundesarbeitsgemeinschaft für Rehabilitation (BAR) Tel.: 069 605018-0 E-Mail: info@bar-frankfurt.de und www.bar-frankfurt.de).

Für die Gutachter von Bedeutung ist zudem § 14 Absatz 5 SGB IX, wonach Reha-Träger nur Sachverständige beauftragen dürfen, bei denen Zugangs- und Kommunikationsbarrieren für Menschen mit Behinderungen nicht bestehen. Neu ist im Übrigen, dass die Reha-Träger den Leistungsberechtigten in der Regel drei wohnortnahe Sachverständige unter Berücksichtigung sozialmedizinischer Dienste zur Auswahl benennen müssen (§ 14 Absatz 5 Satz 3 SGB IX). Damit wird die bewährte Regelung in der gesetzlichen Unfallversicherung (§ 200 Abs. 2 SGB VII) übernommen. Haben sich Leistungsberechtigte für einen benannten Sachverständigen entschieden, so wird dem Wunsch Rechnung getragen. Der Sachverständige nimmt eine umfassende sozialmedizinische, bei Bedarf auch psychologische Begutachtung vor und erstellt das Gutachten innerhalb von 2 Wochen.

Weitere ärztliche Aufgaben sind im SGB IX aufgenommen. Zum einen sollen die Rehabilitationsträger über o. a. „Gemeinsame Empfehlungen" gemäß § 13 Absatz 2 Nr. 8 die Einbindung der behandelnden Hausärzte oder Fachärzte einerseits und der Betriebs- oder Werksärzte andererseits sicherstellen, um deren Zusammenwirken bei der Einleitung und Ausführung von Leistungen zur Teilhabe zu verbessern. Darin kommt der präventive Charakter des SGB IX zum Ausdruck. Bereits im Betrieb sollen frühe Maßnahmen und Informationen initiiert werden, um die Gesundheit und den Arbeitsplatz der Mitarbeiter möglichst zu erhalten. Diese gemeinsame Empfehlung ist unter www.bar-frankfurt.de einsehbar. § 61 SGB IX erwähnt zudem die ärztliche Beratung, die sich auf geeignete Leistungen zur Teilhabe behinderter Menschen erstrecken muss. In den Bundesländern können Landesärzte bestellt werden, die über besondere Erfahrung in der Hilfe für Behinderte und von Behinderung bedrohte Menschen verfügen. Die Aufgaben werden in § 62 Absatz 2 beschrieben. Sie umfassen die Begutachtung und die Beratung von Landesbehörden entsprechend der Medizinischen Dienste anderer Rehabilitationsträger.

6.3 Inhalt des Rehabilitationsrechts

Die Schwerpunkte des SGB IX können wie folgt zusammengefasst werden: Der Gesetzgeber fordert zum einen die Kooperation der Rehabilitationträger ein. Für die Begutachtung wichtig sind einige der bereits erwähnten sog. „Gemeinsamen Empfehlungen", die auf der Ebene der BAR in Frankfurt am Main erarbeitet werden. Zum anderen wird der Vernetzung von der Akutversorgung mit Leistungen zur medizinischen Rehabilitation und diese wiederum mit denen zur Teilhabe am Arbeitsleben und am Leben in der Gemeinschaft große Bedeutung beigemessen. Gemeinsame Servicestellen der Reha-Träger (§§ 22 ff.) sollen zudem den Leistungsberechtigten eine trägerübergreifende und wohnortnahe Beratung ermöglichen, um rasch Leistungen zur Teilhabe beim zuständigen Reha-Träger einleiten zu können. Dabei handelt es sich nicht um selbstständige und rechtsfähige Institutionen, durch die sämtliche Leistungsfälle durchgeschleust werden müssen, sondern um ein freiwilliges Angebot der Reha-Träger, das auch die Gutachter nutzen können. Unter www.reha-servicestellen.de stehen alle Servicestellen in Deutschland. Nach dem Willen des Gesetzgebers sollen Ärzte sogar auf die Möglichkeiten einer Gemeinsamen Servicestelle hinweisen (§ 61 SGB IX). Auf die Beschleunigung der Zuständigkeitsklärung innerhalb der Reha-Träger wird in § 14 Wert gelegt. Darin sind auch zusätzliche Regeln der Ausführung von Gutachten aufgenommen. Nicht zuletzt sollten die Gutachter das behindertenpolitische Ziel des SGB IX beachten, wonach der Gesetzgeber mit überwältigender Mehrheit der Selbstbestimmung der Leistungsberechtigten eine rechtliche Stärkung gewährt hat. So wurden die Wunsch- und Wahlrechte hervorgehoben (§ 9), die selbstbeschafften Leistungen geregelt (§ 15), persönliche Budgets für Leistungen zur Teilhabe ermöglicht (§ 17 Abs. 2) sowie die Selbsthilfe gefördert (§ 29) und Leistungen zur Motivation von Leistungsberechtigten eingeführt (§§ 26 Abs. 3, 33 Abs. 6). Als einer der ersten Staaten in der Welt hat Deutschland die UN-Konvention zur Stärkung der Rechte Behinderter mit Wirkung vom 28. 3. 2009 in das deutsche Recht übernommen.

Leistungen zur medizinischen Rehabilitation, in die die Gutachter oft eingeschaltet sind, umfassen gemäß § 26 Abs. 2 insbesondere

– Behandlung durch Ärzte, Zahnärzte und Angehörige anderer Heilberufe, soweit deren Leistungen unter ärztlicher Aufsicht auf ärztliche Anordnung ausgeführt werden, einschließlich der Anleitung, eigene Heilungskräfte zu entwickeln,
– Arznei- und Verbandmittel,
– Heilmittel einschließlich physikalischer, Sprach- und Beschäftigungstherapie,
– Psychotherapie als ärztliche und psychotherapeutische Behandlung,
– Hilfsmittel,
– Belastungserprobung und Arbeitstherapie.

Hinzu kommt die stufenweise Wiedereingliederung (§ 28), wonach medizinische und die sie ergänzenden Leistungen erbracht werden sollen, wenn arbeitsunfähige Leistungsberechtigte nach ärztlicher Feststellung ihre bisherige Tätigkeit nur teilweise verrichten können oder sie durch eine stufenweise Wiederaufnahme ihrer Tätigkeit voraussichtlich besser wieder in das Erwerbsleben eingegliedert werden können. Dazu hat die BAR eine gute „Arbeitshilfe" erstellt, die unter www.bar-frankfurt.de einsehbar und zu bestellen ist.

6.4 Beziehungen der Reha-Träger zu den Gutachtern

In der gesetzlichen Unfallversicherung enthält der Ärztevertrag an zahlreichen Stellen Informationspflichten der Ärzte gegenüber den UV-Trägern, wie etwa zahlreiche Berichte und Stellungnahmen, so z.B. die frühe Information darüber, wenn die behandelnden Ärzte Maßnahmen zur Belastungserprobung oder Arbeitstherapie für erforderlich halten (s.o. 2.6). So werden Maßnahmen im Rahmen der oft später einsetzenden Begutachtung von Maßnahmen zur Teilhabe überflüssig. Die anderen Reha-Träger haben gemeinsam mit ihren Medizinischen Diensten einige Regeln vorgegeben, um diejenigen Bürgerinnen und Bürger, die eine Teilhabeleistung benötigen, frühzeitig zu erkennen. Dazu sind insbesondere die ärztlichen Gutachter, die für die Medizinischen Dienste tätig werden, angehalten (s. o. 3.8 und 3.9). Bei der Frage, bei welchen Behinderungen, unter welchen Voraussetzungen und nach welchen Verfahren von den Ärzten Mitteilungen über Behinderungen an die Krankenkassen zu machen sind, gibt es Rehabilitations-Richtlinien, gemäß § 92 Abs. 1 Satz 2 Nr. 8 SGB V vom Bundesausschuss der Ärzte und Krankenkassen herausgegeben (www.g-ba.de). Ziel ist die frühzeitige Erhebung der Rehabilitationsbedürftigkeit, um Maßnahmen rechtzeitig einzuleiten und die Zusammenarbeit zwischen Vertragsärzten und Leistungsträgern zu verbessern. Die Mitteilung muss unterbleiben, wenn die Leistungsberechtigten trotz ärztlicher Beratung über die Vorteile einer Teilhabeleistung einer Mitteilung an die Krankenkasse ausdrücklich widersprechen. Den Rehabilitations-Richtlinien ähnliche Regeln bestehen für Ärzte, die im Zusammenhang mit Maßnahmen zur Sozialhilfe Informationen an das Gesundheitsamt weiterleiten. Die Rehabilitations-Richtlinien sind von den Krankenkassen gemeinsam mit den Trägern der gesetzlichen Rentenversicherung verabschiedet worden, um ein nahtloses Ineinandergreifen beider Rehabilitationsträger zu Gunsten von Einzelfällen zu ermöglichen. Dazu trägt auch die Gemeinsame Empfehlung zu Nahtlosigkeit/Einheitlichkeit von Maßnahmen zur Teilhabe bei, die unter www.bar-frankfurt.de einsehbar ist.

Tipps

Kommentar zum SGB IX, Krankenhaus- und Rehalex (elektronisch) v. Senger-Sparenberg/Mehrhoff, 2009, Verlag LexisNexis, Münster (www.lexisnexis.de).

Rehabilitation und Teilhabe, Wegweiser für Ärzte und andere Fachkräfte der Rehabilitation (Hrsg. Bundesarbeitsgemeinschaft für Rehabilitation) 3. Auflage Köln 2005.

Die Rehabilitation, Zeitschrift für Praxis und Forschung in der Rehabilitation, Georg Thieme Verlag Stuttgart, kunden.service@thieme.de.

Blumenthal, W., Schliehe, F. (Hrsg.), Teilhabe als Ziel der Rehabilitation, Heidelberg 2009.

Mehrhoff, F., Schian, H.-M. (Hrsg.), Zurück in den Beruf, Berlin 2009.

7 Gesetzliche Pflegeversicherung*

7.1 Allgemeines

Ziel der Pflegeleistungen ist es, einerseits die Situation der Pflegebedürftigen und andererseits der pflegenden Angehörigen und sonstigen Pflegepersonen zu verbessern. Die zivilrechtliche Unterhaltspflicht wird von einer gesetzlichen Versicherung übernommen, um möglichst unabhängig von der Inanspruchnahme der Sozialhilfeleistungen zu sein.

Durch seine Beitragszahlung erwirbt der Versicherte einen Rechtsanspruch auf Hilfe bei Pflegebedürftigkeit. Der Anspruch ist unabhängig von der wirtschaftlichen Lage der Versicherten. Eine Bedürftigkeitsprüfung und eine Heranziehung der Angehörigen zu den Kosten finden nicht statt. Die Absicherung des Pflegerisikos im Rahmen der solidarischen Pflegeversicherung ist offen für eine Ergänzung im Rahmen privater Vorsorge. Die Pflegeversicherung hat nicht das Ziel, die gesamten Kosten des Pflegefalls sicherzustellen.

Um Pflegebedürftigkeit zu mindern oder ihre Verschlimmerung zu verhindern, sind die Möglichkeiten der medizinischen Rehabilitation, aber auch aktivierende und rehabilitative Elemente der Pflege gezielt einzusetzen. Als Grundsatz gilt: Vorrang von Prävention und Teilhabe/Rehabilitation vor der Inanspruchnahme von Pflegeleistungen. Es besteht in jedem Einzelfall die Verpflichtung zur Prüfung und Durchführung der notwendigen und zumutbaren Maßnahmen zur medizinischen Rehabilitation.

Ab dem 1. 7. 2008 gilt das Pflege-Weiterentwicklungsgesetz v. 28. 5. 2008 (BGBl. I S. 874–914), mit dem die Qualität der pflegerischen Versorgung weiter entwickelt und die Leistungssätze den finanziellen Veränderungen angepasst wurden (www. mds-ev.de).

7.2 Versicherter Personenkreis

Die Versicherungspflicht richtet sich nach dem Grundsatz: Die Pflegeversicherung folgt der Krankenversicherung. Der versicherte Personenkreis umfasst diejenigen, die in der gesetzlichen Krankenversicherung versichert sind, also sowohl die Pflichtversicherten als auch die freiwillig Versicherten. Das sind rd. 90 % der Bevölkerung.

---

* Unter Mitwirkung von Christian Hassel, AOK-Bundesverband, Berlin.

7.3 Beiträge

Der bundeseinheitliche Beitragssatz beträgt 1,95 %. Kinderlose: 2,2 %. Die zusätzlichen 0,25 % sind vom Versicherten allein zu tragen. Die Höhe der Beiträge richtet sich nach dem beitragspflichtigen Einkommen des einzelnen Mitglieds. Die Einnahmen werden bis zur Beitragsbemessungsgrenze der gesetzlichen Krankenversicherung berücksichtigt. Die Beiträge werden grundsätzlich von den Versicherten und von den Arbeitgebern je zur Hälfte aufgebracht.

7.4 Leistungsberechtigte

Pflegebedürftig sind Personen, die wegen einer körperlichen, geistigen oder seelischen Krankheit oder einer Behinderung für die gewöhnlichen und regelmäßig wiederkehrenden Verrichtungen im Ablauf des täglichen Lebens auf Dauer in erheblichem Maße der Hilfe bedürfen. Die pflegebedürftigen Menschen werden je nach der Häufigkeit des Hilfebedarfs in *drei Pflegestufen unterteilt*:

Pflegestufe I: erheblich pflegebedürftig =
Hilfebedarf mindestens einmal täglich für wenigstens zwei Verrichtungen mindestens eineinhalb Stunden, davon 45 Minuten für die Grundpflege.

Pflegestufe II: schwer pflegebedürftig =
Hilfebedarf mindestens dreimal täglich zu verschiedenen Tageszeiten mindestens drei Stunden, davon zwei Stunden für die Grundpflege.

Pflegestufe III: schwerst pflegebedürftig =
Hilfebedarf rund um die Uhr mindestens fünf Stunden, davon vier Stunden für die Grundpflege.

Die Feststellung, ob und in welchem Umfang Pflegebedürftigkeit vorliegt, erfolgt durch den Medizinischen Dienst der Krankenversicherungen.

7.5 Leistungen

Die Leistungen in der Pflegeversicherung richten sich danach, ob häusliche oder stationäre Pflege erforderlich ist. Vorrang hat die häusliche Pflege.

7.5.1 Häusliche Pflege

Die Leistungen in der häuslichen Pflege werden nach dem o.g. Grad der Pflegebedürftigkeit gestaffelt. Als Sachleistung zur Pflege (z.B. Pflegeeinsätze durch ambulante Dienste) übernimmt die Pflegekasse monatlich

- für *erheblich Pflegebedürftige*:   bis zu   € 420,–
  ab 1.1.2010:   bis zu   € 440,–
  ab 1.1.2012:   bis zu   € 450,–

● für *Schwerpflegebedürftige*:   bis zu   € 980,–
   ab 1. 1. 2010:   bis zu   € 1040,–
   ab 1. 1. 2012:   bis zu   € 1100,–

● für *Schwerstpflegebedürftige*:   bis zu   € 1470,–
   ab 1. 1. 2010:   bis zu   € 1510,–
   ab 1. 1. 2012:   bis zu   € 1550,–

wobei in besonderen Härtefällen
die Sachleistungen   bis zu   € 1918,–
monatlich betragen können.

Das Pflegegeld i. S. v. Geldleistungen beträgt monatlich

● PS I: € 215,–
   ab 1. 1. 2010:   € 225,–
   ab 1. 1. 2012:   € 235,–

● PS II: € 420,–
   ab 1. 1. 2010:   € 430,–
   ab 1. 1. 2012:   € 440,–

● PS III: € 675,–
   ab 1. 1. 2010:   € 685,–
   ab 1. 1. 2012:   € 700,–

Pflegegeld und Pflegesachleistungen können auch kombiniert in Anspruch genommen werden. Bei Verhinderung der Pflegeperson übernimmt die Pflegekasse einmal jährlich für 4 Wochen die Kosten für eine Ersatzpflegekraft bis zu € 1432,–.

Als weitere Leistungen können gewährt werden:

● PS I: bis zu   € 420,–
   ab 1. 1. 2010:   bis zu   € 440,–
   ab 1. 1. 2012:   bis zu   € 450,–

● PS II: bis zu   € 980,–
   ab 1. 1. 2010:   bis zu   € 1040,–
   ab 1. 1. 2012:   bis zu   € 1100,–

● PS III: bis zu   € 1470,–
   ab 1. 1. 2010:   bis zu   € 1510,–
   ab 1. 1. 2012:   bis zu   € 1550,–

● *Kurzzeitpflege*
   bis zu 4 Wochen im Kalenderjahr bis zu   € 1470,–
   ab 1. 1. 2010:   bis zu   € 1510,–
   ab 1. 1. 2012:   bis zu   € 1550,–

● *Pflegehilfsmittel* (z.B. Pflegebett)

- Zuschüsse zu pflegebedingtem
  Umbau der Wohnung   bis zu   € 2 557,– je Maßnahme

- unentgeltliche Pflegekurse für Angehörige und ehrenamtliche Pflegepersonen.

- Für pflegebedürftige mit demenzbedingten Fähigkeitsstörungen sowie für psychisch Kranke und für Menschen mit geistigen Behinderungen, die einen Anspruch auf Leistungen der Pflegeversicherung haben, wird ein zusätzlicher Be-
  treuungsbetrag von bis zu € 100 monatlich (Grundbetrag) oder bis zu € 200
  monatlich (erhöhter Betrag) gezahlt. Die Höhe des jeweiligen Anspruchs wird
  von der Pflegekasse auf Empfehlung des MDK im Einzelfall festgelegt und dem
  Versicherten mitgeteilt.

7.5.2 Stationäre Pflege

Bei stationärer Pflege übernimmt die Pflegeversicherung als pflegebedingte Aufwendungen monatlich

- Pflegestufe   I: € 1023,–
- Pflegestufe II: € 1279,–
- Pflegestufe III: € 1470,–
  ab 1. 1. 2010:   € 1510,–
  ab 1. 1. 2012:   € 1550,–

Für schwerst Pflegebedürftige stehen zur Vermeidung von Härtefällen ausnahmsweise bis zu € 1750,– (ab 1. 1. 2010 € 1825,–; ab 1. 1. 2012 € 1918,–) monatlich
zur Verfügung. Kosten für Unterkunft und Verpflegung trägt der Pflegebedürftige
selbst. Die Finanzierung der Investitionskosten obliegt den Ländern. Für die Pflege
in vollstationären Einrichtungen der Behindertenhilfe wird ein Zuschuss zu den
pflegebedingten Aufwendungen in Höhe von monatlich € 256,– übernommen.

Die vom Gesetzgeber festgelegte Höhe der Pflegeleistungen wird künftig durch
Rechtsverordnung der Bundesregierung der Entwicklung angepasst. Für unentgeltlich tätige häusliche Pflegekräfte übernimmt die Pflegeversicherung die Beitragszah-
lungen zur Rentenversicherung. Die Länder, die Kommunen, die Pflegeeinrichtun-
gen und die Kassen wirken eng zusammen, um eine leistungsfähige, regional geglie-
derte, ortsnahe und aufeinander abgestimmte ambulante und stationäre pflegerische
Versorgung der Bevölkerung zu gewährleisten. Hierzu haben die Bundesländer
entsprechende Landespflegegesetze erlassen. Die Pflegekassen haben durch Versor-
gungsverträge und Vergütungsvereinbarungen mit Pflegeheimen, Sozialstationen
und ambulanten Pflegediensten die pflegerische Versorgung der Versicherten zu
gewährleisten. Hierzu sind vertragliche Beziehungen zwischen den Pflegeeinrichtun-
gen und den Pflegekassen mit dem Ziel, eine quantitativ ausreichende und qualitativ hochwertige Versorgung der Pflegebedürftigen zu gewährleisten, umgesetzt
worden (s. www.mds-ev.de). Seit dem 1. 1. 09 haben Versicherte einen Anspruch
auf Pflegeberatung. Die Kassen setzen hierzu Pflegeberater ein.

7.6 Begutachtung von Pflegebedürftigkeit

Die Begutachtung von Pflegebedürftigkeit wird maßgeblich durch die im elften Sozialgesetzbuch (SGB XI) normierten Begriffe und die Stufen der Pflegebedürftigkeit bestimmt (s. o.). Verbindlich konkretisiert wird dies durch die Pflegebedürftigkeits- und Begutachtungs-Richtlinien der Verbände der Kranken- und Pflegekassen auf Bundesebene, die bundesweit die Begutachtung mit einem hohen Maß an einheitlichen Kriterien ermöglichen sowie die Überprüfbarkeit der Begutachtungsergebnisse gewährleisten. Um dieses Ziel zu erreichen, ist zudem bei dem Medizinischen Dienst des Spitzenverbandes Bund der Krankenkassen ein internes und ein externes Qualitätssicherungsverfahren verbindlich eingeführt worden. Einzelheiten dazu und zu den Begutachtungsrichtlinien (neu April 2009) in www.mds-ev.de.

Für die Empfehlung des Gutachters, ob die Voraussetzungen der Pflegebedürftigkeit erfüllt sind und welche Stufe der Pflegebedürftigkeit vorliegt, wird ein einheitliches und verbindliches Formular verwendet. Regionale Abweichungen sind nicht zulässig. Das Gutachten muss ein nachvollziehbares, schlüssiges, vollständiges und begründetes Bild des Hilfebedarfs des Pflegebedürftigen widerspiegeln.

Die Ziele der sozialen Pflegeversicherung sind auch bei der Begutachtung zu beachten. Danach soll dem Pflegebedürftigen ermöglicht werden, ein selbstbestimmtes und selbstständiges Leben führen zu können. Im Vordergrund steht die aktivierende Pflege, mit der vorhandene Fähigkeiten erhalten und ggf. verlorene Fähigkeiten zurückgewonnen werden sollen. Auch die pflegerische Kompetenz und Motivation der pflegenden Angehörigen soll gestärkt und gefördert werden.

Die sozialmedizinische Begutachtung bewertet nicht die Schwere der Krankheit oder Behinderung, sondern allein den aus der konkreten Funktionseinschränkung resultierenden Hilfebedarf in bezug auf die gesetzlich definierten Verrichtungen des täglichen Lebens in den Bereichen der hauswirtschaftlichen Versorgung, der Grundpflege (wie Waschen, Duschen, Baden, Darm-Blasenentleerung, Ernährung, Aufstehen und Zubettgehen, An- und Auskleiden, Gehen, Stehen) und des Bedarfs an allgemeiner Beaufsichtigung und Betreuung. Die Pflegestufe wird nach Art, Häufigkeit und zeitlichem Umfang des Hilfebedarfs bei den Verrichtungen bestimmt.

Blindheit oder Taubheit sind z. B. alleine noch nicht ursächlich für Pflegebedürftigkeit im Sinne des SGB XI. Auch sagt der Grad der Behinderung eines Schwerbehinderten nichts über die Voraussetzung der Pflegebedürftigkeit aus. Daraus folgt auch, dass sich die Begutachtung statt nach diagnostisch-therapeutischen Gesichtspunkten stärker nach pflegerischen Kriterien orientiert. Kenntnisse über pflegerische Zielsetzungen und Maßnahmen sind erforderlich, um Interventionsmöglichkeiten durch pflegerisches Handeln bei der Ermittlung des individuellen Hilfebedarfs erkennen und berücksichtigen zu können. Pflegebedürftigkeit ist als ein Prozess zu verstehen, der insbesondere durch präventiv orientierte Maßnahmen und aktivierend-rehabilitative Pflege beeinflusst werden kann, Pflegebedürftigkeit ist also kein unveränderbarer Zustand.

Maßgeblich ist die Einschränkung der Fähigkeit, die regelmäßig wiederkehrenden Verrichtungen ohne fremde Hilfe vornehmen zu können. Hilfebedarf ist auch dann gegeben, wenn die Verrichtung zwar motorisch ausgeübt, jedoch deren Notwendigkeit nicht erkannt oder nicht in sinnvolles Handeln umgesetzt werden kann. Die verschiedenen Formen der Hilfeleistungen – Unterstützung, teilweise oder vollständige Übernahme, Beaufsichtigung der Ausführung dieser Verrichtungen oder die Anleitung zu deren Selbstvornahme – spiegeln die Individualität des Hilfebedarfs wider und sind gleichrangig bei der Begutachtung maßgeblich.

Zu folgenden Sachverhalten ist in dem Gutachten differenziert Stellung zu nehmen:

– Vorliegen der Voraussetzung für Pflegebedürftigkeit und Beginn der Pflegebedürftigkeit,
– Pflegestufe,
– Prüfung, ob und in wieweit ein außergewöhnlich hoher Pflegeaufwand vorliegt (Härtefall),
– Umfang der Pflegetätigkeit der Pflegepersonen,
– Prüfung, ob und inwieweit ein erheblicher Bedarf an allgemeiner Beaufsichtigung und Betreuung gegeben ist,

sowie in einem individuellen Pflegeplan

– Prognosen über die weitere Entwicklung der Pflegebedürftigkeit,
– Vorschläge über weitere Versorgungsformen (z. B. erforderliche Pflegehilfsmittel) sowie Aussagen über die im Einzelfall sich ergebenden Notwendigkeiten und die Zeitabstände für eine Wiederholungsbegutachtung,
– Feststellung, ob und in welchem Umfang Maßnahmen zur Beseitigung, Minderung oder Verhütung einer Verschlimmerung der Pflegebedürftigkeit einschließlich der Leistungen zur medizinischen Rehabilitation geeignet, notwendig und zumutbar sind.

Die vom Gutachter festgestellten funktionellen Defizite und Fähigkeitsstörungen sowie die aus den noch vorhandenen Fähigkeiten bestehenden Ressourcen bestimmen den *individuellen Hilfebedarf*. Dazu sind zunächst die **pflegebegründende Anamnese und pflegebegründenden Befunde** zu erheben. Zu beschreiben ist die derzeitige Versorgungs- und Betreuungssituation aus der Sicht des Antragstellers bzw. seiner Pflegeperson (Ist-Zustand). Darunter sind die ärztliche Betreuungssituation, die Art der Heil- und Hilfsmittelversorgung, der Umfang der bisherigen pflegerischen Versorgung sowie Angaben zu den pflegerelevanten Aspekten der Wohnsituation, wie Stockwerk, Lage von Bad und Toilette zu subsumieren.

In der pflegebegründenden Vorgeschichte ist zu schildern, wie sich Beginn und Verlauf der Krankheit/Behinderung, die ursächlich für den bestehenden Hilfebedarf sind, ergeben. Eventuell vorhandene längerfristige Aufzeichnungen über den Pflegeverlauf (Pflegetagebücher, Entwicklungsberichte von Rehaträgern) sowie Fremdbefunde sind ebenfalls zu berücksichtigen.

Die pflegebegründenden Befunde werden aufgrund der funktionellen Einschränkungen (medizinisches Instrumentarium) und der Aktivitäten des täglichen Lebens – ATL – (pflegerisches Instrumentarium) erhoben. Über die **Funktionseinschränkungen** und die Fähigkeiten/Ressourcen des Antragstellers muss sich der Gutachter ein Bild machen. Der notwendige Umfang der Untersuchung wird dabei durch Art und Ausmaß der Krankheit/Behinderung bestimmt. Neben dem Allgemeinzustand und der Leistungsfähigkeit sind klinisch feststellbare funktionelle Einschränkungen oder Schädigungen einzelner Organsysteme bezogen auf den Stütz- und Bewegungsapparat, auf innere Organe, Sinnesorgane, ZNS sowie Psyche präzise nach Art, Lokalisation und Schweregrad ihrer Ausprägung auf den Hilfebedarf bzw. die Rehabilitationsmöglichkeiten zu beschreiben (z.B. schlaffe oder spastische Parese, vollständige oder Teilparese). Die Nennung einer reinen Diagnose, z.B. Zustand nach Apoplexie, ist nicht zielführend. Entscheidend ist die daraus resultierende Funktionseinschränkung, z.B. Hemiparese mit Steh- und Gehunfähigkeit.

Neurologische und psychische Störungen sind bezogen auf Verhaltensstörungen, Kontaktaufnahme, Kooperationsfähigkeit, Orientierung zur Person, zur Zeit, zum Ort, zur Gedächtnisfunktion und zum formalen Gedankenablauf zu beschreiben.

Mit den **Aktivitäten des täglichen Lebens – ATL –** können Hilfebedarf und Ressourcen des Antragstellers unabhängig vom klinischen Krankheitsbild umfassend und ganzheitlich abgebildet werden. Mit den einzelnen Items (vitale Funktionen aufrechterhalten, sich situativ anpassen können, für Sicherheit sorgen können, sich bewegen können, sich sauberhalten und kleiden können, essen und trinken können, ausscheiden können, sich beschäftigen können, kommunizieren können, ruhen und schlafen können, soziale Bereiche des Lebens sichern können) soll anhand verschiedener Grade eingeschätzt werden, bei welchen Aktivitäten des täglichen Lebens die Selbstständigkeit des Versicherten erhalten geblieben ist und wie sich Fähigkeitseinschränkungen auf die psychosoziale Gesamtsituation auswirken könnten. Anhand der ATL können auch Rückschlüsse auf die Belastung der Pflegepersonen/Angehörigen gezogen werden. Die ATL bilden damit in ihrer Gesamtheit den Rahmen für die weiteren Empfehlungen an die Pflegekasse zum individuellen Pflegeplan.

Hilfebedarf bei Kindern: Pflegebedürftige Kinder sind zur Feststellung des Hilfebedarfs mit einem gesunden Kind gleichen Alters zu vergleichen. Maßgeblich für die Beurteilung des Hilfebedarfs ist nicht der natürliche, altersbedingte Pflegeaufwand, sondern nur der darüberhinausgehende Hilfebedarf, der z.B. als Langzeitfolge einer angeborenen Krankheit oder Behinderung u.a. in häufigeren Mahlzeiten oder zusätzlicher Körperpflege oder Lagerungsmaßnahmen besteht. Im ersten Lebensjahr liegt Pflegebedürftigkeit nur ausnahmsweise vor, z.B. bei schweren Zerebralparesen, die mit ausgeprägten Störungen der Mundmotorik einhergehen und die Nahrungsaufnahme erheblich erschweren.

Zusammenfassend ergibt sich der maßgebliche Hilfebedarf des Pflegebedürftigen für die Verrichtungen des täglichen Lebens nach Art, Häufigkeit, zeitlichem Umfang und Prognose aus:

– der individuellen Ausprägung von funktionellen Einschränkungen und Fähigkeitsstörungen durch Krankheit oder Behinderung (Befund und Anamnese),
– der individuellen Lebenssituation (Wohnverhältnisse, soziales Umfeld),
– der individuellen Pflegesituation,
– der Individualität des Pflegebedürftigen,
– der Prüfung, ob ein erheblicher Bedarf an allgemeiner Beaufsichtigung und Betreuung gegeben ist.

In der Begutachtungssituation muss einerseits in jedem Einzelfall der individuelle Hilfebedarf des Versicherten festgestellt und andererseits die subjektive Sicht des Gutachters durch konkrete Vorgaben geleitet werden. Das Verständnis über den maßgeblichen Hilfebedarf muss einheitlich sein und ist aus diesem Grunde als Vorgabe zu dem **Zeitaufwand für die Verrichtungen** in den Begutachtungs-Richtlinien beschrieben. Diese sogenannten „Zeitkorridore" geben für den grundpflegerischen Zeitaufwand in den einzelnen Verrichtungen Orientierungswerte vor. Beim Vorliegen von Erschwernisfaktoren (wie z.B. Hemiplegien, schwere kardiopulmonale Dekompensation, Fehlstellungen der Extremitäten, starke therapieresistente Schmerzen) kann – mit nachvollziehbarer Begründung – über diese Zeitkorridore hinausgegangen werden.

Zusätzliche gutachterliche Empfehlungen: Im Anschluss an die Pflegestufenbestimmung ist in einer Prognose die weitere Entwicklung der Pflegebedürftigkeit abzuschätzen, nachvollziehbar zu dokumentieren und in Bezug zu einem möglichen Termin einer Wiederholungsbegutachtung zu stellen. Darüber hinaus sind im Rahmen des individuellen Pflegeplans, wenn erforderlich, weitere Empfehlungen an die Pflegekasse zu beschreiben, die über die derzeitige Versorgungssituation hinausgehen. Dies bezieht sich z.B. auf bauliche Maßnahmen zur Anpassung des Wohnumfeldes (Verbreiterung von Türen, Versetzen von Türgriffen, behindertengerechter Umbau der Dusche oder Wanne, Beseitigung von Stolperquellen wie Teppichläufer) oder auf Beratung und Entlastungsmöglichkeiten für pflegende Angehörige (Ersatzpflege, Pflegekurse).

Auch Maßnahmen zur Rehabilitation sind zu berücksichtigen. In jedem Einzelfall ist im Rahmen der Begutachtung zu prüfen, ob mit den Zielen der Rehabilitation die Wiedergewinnung, Verbesserung oder der Erhalt einer möglichst weitgehenden Selbstständigkeit des Versicherten bei den Verrichtungen des täglichen Lebens erreicht werden kann. Indikationen für Rehabilitationsmaßnahmen liegen dann vor, wenn eine Rehabilitationsbedürftigkeit und eine Rehabilitationsfähigkeit bestehen und die vorgeschlagenen Maßnahmen zumutbar sind. Ebenso sind ggf. Empfehlungen zu präventiven Leistungen und zur Heilmittelversorgung anzusprechen.

Eine bundesweit einheitliche und qualitativ hochwertige Begutachtung von Pflege-bedürftigkeit kann wesentlich nur mit konkretisierten Vorgaben und Definitionen umgesetzt werden; dies ist mit dem verbindlichen Instrumentarium der Begutach-tungs-Richtlinien realisiert. Die Zugangsvoraussetzungen zur Inanspruchnahme von Leistungen der Pflegeversicherung stehen damit auf einer einheitlichen Grund-lage. Die Individualität des Pflegebedürftigen muss aber weiterhin im Zentrum der Begutachtung stehen.

Tipps

Bundesministerium für Gesundheit, http://www.bmg.bund.de/themen/pflege.

Bundesministerium für Familien, Senioren, Frauen und Jugend, http://www.bmfsfj.de/top/sonstige/Politikbereiche/Familie/.

Texte zum Gesundheits- und Sozialrecht, Pflegeweiterentwicklungsgesetz 2008 – Textausgabe mit systematisch zugeordneten Begründungen und Aussagen aus den Parlamentsdrucksachen, Remagen, 2008.

Richtlinien der Spitzenverbände der Pflegekassen zur Begutachtung von Pflegebe-dürftigkeit nach dem XI. Buch des Sozialgesetzbuches (Begutachtungs-Richtlinien) vom 1. 7. 2009 (www.mds-ev.org).

8 Private Unfallversicherung*

8.1 Allgemeines

Die Versicherung der Risikofälle des Lebens wie Unfall, Krankheit, Alter, Tod ist außerhalb und neben der gesetzlichen Unfallversicherung auch durch private Versicherungsverträge möglich. Eine solche Versicherung wird auf Grund eines freiwilligen Entschlusses sowohl des Versicherungsnehmers als auch des Versicherers, eine entsprechende vertragliche Regelung zu treffen, abgeschlossen. Der Versicherungsvertrag ist demnach privatrechtlicher Natur. Für den Bereich der Unfallbegutachtung ist die auf einem solchen privatrechtlichen Vertrag beruhende *Unfallversicherung* von Bedeutung. Art und Umfang dieser Versicherung richten sich im Prinzip nach dem Versicherungsvertragsgesetz und nach den „Allgemeinen Unfallversicherungsbedingungen (AUB 2008 s. Anhang 3). Die AUB 2008 entsprechen im wesentlichen den AUB 2000, die mit nur geringen Änderungen auf den AUB 94 und 88 basieren. Gegenstand des Vertrages ist die im Vertrag genannte AUB, wobei in der privaten Unfallversicherung eine Anpassung der Altverträge häufig das Ziel der Vertriebsaktivitäten ist. In der AUB 2008 wurde eine Anpassung an das neue Versicherungsvertragsgesetz und das allgemeine Gleichstellungsgesetz vorgenommen. Es wurden Regelungen zu nicht versicherbaren Personen in der AUB gestrichen.

Ein erheblicher Teil der Bevölkerung ist heute privat unfallversichert; häufig besteht eine Doppelversicherung. Die Bewertungsmaßstäbe und die Beurteilungskriterien von Unfallfolgen unterscheiden sich jedoch in der privaten und gesetzlichen Unfallversicherung zum Teil erheblich. Die private Unfallversicherung soll den Verlust oder die Minderung der Arbeitskraft in finanzieller Form ausgleichen. Die Höhe der Ersatzleistung hängt von dem Grad der dauernden Beeinträchtigung der körperlichen oder geistigen Leistungsfähigkeit (Invalidität) einerseits und der Höhe der frei vereinbarten Versicherungssumme andererseits ab. Sie ist grundsätzlich eine Summenversicherung.

Zu beachten ist, dass es in der privaten Unfallversicherung neben den AUB 2008 noch Besondere Bedingungen und Zusatzbedingungen zu den AUB gibt. Die Besonderen Bedingungen werden entwickelt und angeboten, um für einen bestimmten Kundenkreis aufgrund der besonderen Leistungen oder anderen Grundlagen der Leistungsbemessung attraktiv zu sein. Beispiele dafür sind die Besonderen Bedingungen für die verbesserte Bemessung des Invaliditätsgrades (BB verb. Gliedertaxe – 96), die Besonderen Bedingungen für die verbesserte Berechnung der Invaliditätsleistung bei unfallbedingter Dienst- oder Berufsunfähigkeit des Versicherten (BB Dienst-/Berufsunfähigkeit – 96) und die Besonderen Bedingungen für die Unfallversicherung mit progressiver Invaliditätsstaffel (BB Progression 500 % – 96). Ebenso

---

* Unter Mitwirkung von Dipl. Volkswirt Norbert Neumann, Reha Assist Deutschland GmbH, Meschede.

sind für Kinder Allgemeine Versicherungsbedingungen für die Invaliditäts-Zusatz-versicherung von Kindern (KIZ 2008) sowie die zuvor entwickelten Besonderen Bedingungen in der Kinderunfallversicherung zu berücksichtigen, die den besonderen Umständen des Kinderunfalls, ebenso aber deren besonderes Schutz- und Absicherungsbedürfnis entsprechen, z. B. die Einbeziehung von Vergiftungen aufgrund versehentlicher Einnahme von für Kinder schädliche Stoffen.

Einige der Leistungen (z. B. Krankenhaustage- und Genesungsgeld, Tagegeld) werden nur für einen vertraglich vereinbarten Zeitraum erbracht. Dies gilt auch für vertraglich zugesicherte Assistanceleistungen, z. B. sogenannte Alltagshilfen (Wohnungsreinigung, Essensservice) oder häusliche Pflegleistungen. Bei anderen Leistungen muss die Unfallfolge (Invalidität, Tod) in einem bestimmten Zeitraum eingetreten bzw. ärztlich festgestellt sein.

Gliedmaßenverlust und völlige Funktionsunfähigkeit einer Gliedmaße werden gleich bewertet. Der Dauerschaden lässt sich in diesen Fällen i. d. R. schon nach Abschluss der Behandlung bestimmen. So wird z. B. der Verlust einer Hand mit 55 % bewertet. Der Verlust des rechten wie des linken Daumens wird jeweils mit 20 %, der Verlust eines Zeigefingers mit 10 %, der Verlust eines der übrigen Finger wie der Verlust einer Großzehe mit 5 % bewertet.

Bei Verlust oder Funktionsunfähigkeit von mehreren der vorgenannten Körperteile werden die Prozentsätze addiert. Ergibt die Addition mehr als 100 %, wird wie bei einer Vollinvalidität abgefunden. Bei Teilverlusten oder teilweiser Funktionsunfähigkeit von Gliedmaßen bzw. Sinnesorganen werden die angegebenen Werte entsprechend herabgesetzt. Die Teilbewertung ist dabei schwieriger als der volle Verlust. Sie erfolgt nach funktionell-anatomischen Gesichtspunkten. Rechts oder links ist ebenso wie der Beruf der Versicherten nicht von Bedeutung. Allerdings werden, wie zuvor aufgezeigt, bei bestimmten Berufen die verbesserten Gliedertaxen vereinbart, z. B. in medizinischen Berufen werden Verträge angeboten, die den Verlust von Arm/Hand mit 100 % bewerten, den von Daumen/Zeigefinger mit 60 %.

Die Minderung der Funktionsfähigkeit einer Gliedmaße wird nicht in Prozentsätzen, sondern in Bruchteilen angegeben. In der Praxis hat sich die Angabe in Zehntel bewährt; gebräuchlich sind aber auch ¼, ⅓, ½, ⅔ oder ¾ des jeweiligen Gliedwertes. Als Schadensregulierung ist eine einmalige Kapitalzahlung vorgesehen; bei Teilinvalidität wird anteilig die versicherte Summe ausgezahlt. Bei vereinbarter Progressionsleistung wird der Progressionsfaktor ab dem im Vertrag bestimmten Invaliditätsgrad (z. B. bei 90 % gilt Faktor 6 der Auszahlung die sechsfache Summe) zugrunde gelegt. Bewertet und abgefunden wird der eingetretene Dauerschaden; er umfasst das, was sich längstens 3 Jahre nach dem Unfall feststellen lässt. Alle später möglichen oder wahrscheinlichen Verschlechterungen und Besserungen finden im Gegensatz zu der gesetzlichen Unfallversicherung keine Berücksichtigung. Bei Rentenleistungen ist eine regelmäßige Überprüfung des Invaliditätsgrades möglich, sofern dies vereinbart wurde.

8.2 Versicherter Personenkreis

Versicherer sind die in verschiedener Rechtsform bestehenden Versicherungsgesellschaften, soweit sie diese Art von Versicherung betreiben. Die Mittel werden durch die Beiträge der Versicherungsnehmer beschafft. Versicherungsnehmer sind die Personen, die mit dem Versicherer einen entsprechenden Vertrag geschlossen haben, für die Dauer des Vertrages. Ein solcher Vertrag ist auch für die Versicherung von Unfällen möglich, die einem anderen als dem Versicherungsnehmer zustoßen. Voraussetzung für das wirksame Zustandekommen einer Unfallversicherung ist die Entrichtung des ersten Beitrages oder des vereinbarten Einmalbetrages. Eine ärztliche Untersuchung vor Abschluss eines Vertrages entfällt in der Regel bei Verträgen im normalen Leistungsbereich, ab einer Versicherungssumme von ca. 1 Million € erfolgt meist eine Gesundheitsprüfung, ggf. auch mit ärztlicher Untersuchung, auf Verlangen und zu Lasten des Versicherers. Zuvor waren die Altverträge mit einem Endalter ausgestattet, d. h. sie endeten automatisch mit der Vollendung des 70. oder 80. Lebensjahres, nach den AUB 2008 können beide Seiten die Verträge mit einer Kündigungsfrist von 3 Monaten zum Jahresende kündigen, ansonsten findet eine automatische Prolongation des Vertrages um jeweils ein Jahr statt. Seniorenprodukte sind grundsätzlich mit einem offenen Endalter ausgestattet und sichern den Tatbestand Pflegebedürftigkeit als Unfallfolge leistungsmäßig ab. Soweit Versicherte nach Vertragsschluss versicherungsunfähig werden, erlischt der Versicherungsschutz. Der entrichtete Beitrag ist indes zurückzuzahlen.

8.3 Versicherungsfall

Versicherungsschutz wird gegen die Folgen der dem Versicherten während der Vertragsdauer zustoßenden Unfälle gewährt. Im Gegensatz zur gesetzlichen Unfallversicherung sind also auch Unfälle des täglichen Lebens einbegriffen; ein Zusammenhang mit einer bestimmten Tätigkeit oder Verrichtung ist nicht erforderlich. Es besteht generell eine Weltdeckung, das heißt, anders als beim Arbeitsunfall ist der geografische Ort des schädigenden Ereignisses für die Leistungsentscheidung ohne Bedeutung. Der Begriff des Unfalls ist in § 1 Abs. 3 der AUB 2008 definiert und lautet:

Ein Unfall liegt vor, wenn die versicherte Person durch ein plötzlich von außen auf ihren Körper wirkendes Ereignis (Unfallereignis) unfreiwillig eine Gesundheitsschädigung erleidet.

Es stellen sich dem Gutachter damit zwei Grundfragen, die die Qualität des Gutachtens prägen*:

---

* S. 4 Qualitätssicherung bei Gutachten in der privaten Unfallversicherung, Herausgeber Gesamtverband der Deutschen Versicherungswirtschaft, Berlin 2006, s. Anhang 3.2.

1. Liegt eine ursächlich auf den Unfall zurückzuführende dauernde Beeinträchtigung der körperlichen oder geistigen Leistungsfähigkeit vor?

2. In welchem Ausmaß besteht die Beeinträchtigung der körperlichen oder geistigen Leistungsfähigkeit aufgrund ausschließlich medizinischer Gesichtspunkte und haben unfallfremde Komponenten an der Gesundheitsschädigung oder ihren Folgen mitgewirkt?

Außerdem ist bestimmt, dass unter den Versicherungsschutz fällt, wenn durch eine erhöhte Kraftanstrengung an Gliedmaßen oder Wirbelsäule ein Gelenk verrenkt wird oder Muskeln, Sehnen, Bänder oder Kapseln gezerrt oder zerrissen werden.

Unter den Versicherungsschutz fallen u. a. nicht:

a) Erkrankungen infolge psychischer Reaktionen
b) Vergiftungen infolge Einnahme fester oder flüssiger Stoffe durch den Schlund (Im übrigen s. Nr. 5.2.5 der AUB 2008 im Anhang 3).

Eine Reihe von Tatbeständen werden von der Versicherung ausgeschlossen, wie Unfälle durch Kriegsereignisse o. ä., Unfälle bei der vorsätzlichen Ausführung von Straftaten, Heilmaßnahmen oder Eingriffen, soweit nicht durch ein Unfallereignis veranlasst, Unfälle infolge von Schlaganfällen und Krampfanfällen, die den ganzen Körper ergreifen, von Geistes- oder Bewusstseinsstörungen einschließlich solcher, die durch Trunkenheit verursacht sind, soweit diese Anfälle oder Störungen nicht durch ein unter die Versicherung fallendes Unfallereignis hervorgerufen worden sind.

Der Versicherte muss den Unfall unfreiwillig erleiden. Vorsätzlich zugefügte Verletzungen, wie Selbstbeschädigung, Selbstmord usw. sind daher keine Unfallereignisse im Sinne der Unfallversicherungsbedingungen. Hierzu ist aber das Gesetz zur Änderung des Gesetzes über den Versicherungsvertrag vom 30.6.1967 von Bedeutung, durch das in das Versicherungsvertragsgesetz § 180a eingefügt worden ist. Dieser lautet:

„Hängt die Leistungspflicht des Versicherers davon ab, dass der Betroffene unfreiwillig eine Gesundheitsbeschädigung erlitten hat, so wird die Unfreiwilligkeit bis zum Beweise des Gegenteils vermutet.

Auf eine Vereinbarung, durch die von den Vorschriften des Absatzes 1 zum Nachteil des Betroffenen abgewichen wird, kann sich der Versicherer nicht berufen."

Der Versicherer muss demnach beweisen, dass die erlittene Gesundheitsbeschädigung nicht unfreiwillig war.

Auch im Bereich der privaten Unfallversicherung wird der Gutachter sich mit der Frage auseinandersetzen müssen, ob bei den Unfallfolgen andere mitwirkende Faktoren von Bedeutung sind. Wenn bei den Unfallfolgen Krankheiten oder Gebrechen mitgewirkt haben, so ist nach den AUB die Leistung aus der Unfallversicherung entsprechend dem Anteil dieser Krankheiten oder Gebrechen zu kürzen. Der Anteil muss aber mindestens 25 v. H. betragen.

Handelt es sich um Schädigungen an Bandscheiben sowie Blutungen aus inneren Organen oder um Gehirnblutungen, so leistet der Versicherer nur dann, wenn für diese Schäden die überwiegende Ursache ein Versicherungsfall, nicht aber eine innere Erkrankung oder ein Gebrechen gewesen ist. Bauch- oder Unterleibsbrüche werden nur dann entschädigt, wenn sie durch eine gewaltsame, von außen kommende Einwirkung entstanden sind.

Die Entschädigung von *Unfallneurosen*, d.h. von psychischen oder nervösen Störungen, die im Anschluss an einen Unfall eintreten, werden anders als in der gesetzlichen Unfallversicherung behandelt. Solche Störungen werden nur dann entschädigt, wenn sie auf eine durch den Unfall verursachte organische Erkrankung des Nervensystems oder auf eine durch den Unfall neu entstandene Epilepsie zurückzuführen sind. Da die Invalidität innerhalb eines Jahres eingetreten sein und vor Ablauf von weiteren drei Monaten ärztlicherseits festgestellt und geltend gemacht worden sein muss, schließt dies vom Zeitablauf her die Einbeziehung bestimmter Verschlimmerung aus, ebenso werden mögliche positive Verbesserungen der Funktionalität möglicherweise außer Betracht bleiben.

8.4 Leistungen

Die private Unfallversicherung kennt nur Geldleistungen. Einzelne Gesellschaften bieten inzwischen ergänzende Beratungsleistungen einschließlich einen Rehabilitations-Managements von medizinischen Unfallfolgen an sowie psycho-traumatologische Beratung. Die Höhe der Geldleistungen hängt von der bei Abschluss der Versicherung vereinbarten Entschädigungssumme und von dem Umfang der Unfallfolgen ab. Die Todesfallentschädigung wird durch die versicherte Todesfallsumme bestimmt. Bei der sogenannten Invaliditätsentschädigung, d.h. also bei Leistungen wegen einer Beeinträchtigung infolge eines Unfalls, wird die Ganzinvalidität und die Teilinvalidität unterschieden. Dabei werden die folgenden durch die allgemeinen Unfallversicherungsbedingungen bestimmten Invaliditätsgrade angenommen. Diese lauten:

a) bei Verlust	v. H.
eines Armes im Schultergelenk	70
eines Armes bis oberhalb des Ellenbogengelenkes	65
eines Armes unterhalb des Ellenbogengelenkes	60
einer Hand im Handgelenk	55
eines Daumens	20
eines Zeigefingers	10
eines anderen Fingers	5
b) bei Verlust	
eines Beines über Mitte des Oberschenkels	70
eines Beines bis zur Mitte des Oberschenkels	60

	v.H.
eines Beines bis unterhalb des Knies	50
eines Beines bis zur Mitte des Unterschenkels	45
eines Fußes im Fußgelenk	40
einer großen Zehe	5
einer anderen Zehe	2
eines Auges	50
des Gehörs auf einem Ohr	30
des Geruchs	10
des Geschmacks	5

Die vollständige Funktionsunfähigkeit eines Körperteils oder Sinnesorgans hat den gleichen Invaliditätsgrad wie der Verlust. Handelt es sich um einen teilweisen Verlust oder eine teilweise Funktionsunfähigkeit, so wird der entsprechende Teil des Satzes angenommen.

Soweit sich der Invaliditätsgrad nicht nach den festen Sätzen bestimmen lässt, ist bei der Bemessung des Invaliditätsgrades in Betracht zu ziehen, inwieweit die normale körperliche oder geistige Leistungsfähigkeit unter ausschließlicher Berücksichtigung medizinischer Gesichtspunkte beeinträchtigt ist (2.1.2.2.2 AUB 2008).

Bei der Ganzinvalidität erhält der Versicherte die volle, bei Teilinvalidität den dem Grade der Invalidität entsprechenden Teil der Versicherungssumme für den Invaliditätsfall. Wenn aber ein Unfall innerhalb eines Jahres vom Unfalltag an gerechnet zum Tode führt, so wird als Entschädigung nur die versicherte Todesfallsumme geleistet. Die als dauernde Beeinträchtigung der Arbeitsfähigkeit bezeichnete Invalidität als Unfallfolge muss innerhalb eines Jahres vom Unfalltage an gerechnet eingetreten sein. Bei der Bemessung der Invalidität sind körperliche und geistige Funktionsbeeinträchtigungen, die vor dem Unfall bereits bestanden, als Abzug in Höhe dieser Vorinvalidität berücksichtigt (2.1.2.2.3 AUB 2008). In vielen Verträgen wird anstelle oder in Ergänzung der Einmalsumme eine Unfallrente auf Lebenszeit vereinbart. Üblicherweise beginnt sie ab einem Invaliditätsgrad von 50 %. Ab einem Invaliditätsgrad von 90 % kann eine Verdoppelung des monatlichen Rentenbetrages vorgesehen sein. Starken Zuspruch finden auch die sogenannten Verträge mit Progressionsstaffel. Die Invaliditätssumme bzw. die Rentenzahlung wird im Leistungsfall bei Erreichen bestimmter Invaliditätsgrade erhöht, bei Vollinvalidität auf einen maximalen Betrag von 400 bzw. 500 % der vereinbarten Versicherungssumme. Diese Steigerungen bei hohen Invaliditätsgraden führen zu sehr hohen Kapitalbeträgen, während bei niedrigen Invaliditätsgraden, die häufiger festgestellt werden, die normalen Versicherungssummen vereinbart wurden. Neben der Entschädigung für Todesfall und Invalidität können auch Tagegelder-, Krankenhaustagegelder und Heilkostenversicherungen abgeschlossen werden, häufig sind Soforthilfen vereinbart. Ein wichtiger Baustein im Leistungsbereich sind die Pflegeunfallrenten bei Seniorenprodukten.

8.5 Ärztliches Berichtswesen

Grundsätzlich ist jedes Unternehmen frei in der Wahl seiner Vordrucke und ärztlichen Berichte bzw. Gutachten. Der Gesamtverband der deutschen Versicherungswirtschaft e.V. hat jedoch zur effizienteren Abwicklung der Zusammenarbeit mit den Ärzten die CUBUS-Software entwickelt. CUBUS steht für computerunterstütztes Berichtswesen Unfall/Schaden und soll das ärztliche Berichtswesen in der privaten Unfallversicherung steuern. Der Arzt kann mit dem angebotenen System die Berichte selbst am PC erstellen oder wie gewohnt diktieren und schreiben lassen. Die CUBUS-Berichte stehen auch in Papierform zur Verfügung. Der Berichtsrahmen wird vom Versicherer aus 16 Bausteinen zusammengestellt, mit denen gezielt die benötigten Informationen abgefragt werden. Das Programm enthält zusätzliche Hilfetexte, die dem Arzt Erläuterungen zu den AUB und Hilfestellungen für die Erstellung seines Berichtes geben. Die Erläuterungen helfen dem Arzt, die versicherungsrechtlichen Probleme besser zu verstehen. Zudem gibt das Programm bei bestimmten unplausiblen Antworten Hinweise und Fehlermeldungen. Sie erscheinen automatisch und fordern zu einer Überprüfung der Antwort auf.

Der ärztliche Bericht soll so möglichst AUB-konform erstellt werden. Es ist für den Arzt zweckmäßig, wenn nicht sogar notwendig, dass Programm auf dem Rechner zu installieren, um so die Eingaben direkt am Bildschirm vornehmen zu können. Dies ist für die ärztliche Gutachter die wirtschaftlichste Form der Berichterstattung. Das Programm kann technisch problemlos und kostenfrei von der Homepage des GDV (Gesamtverband der Versicherungswirtschaft e.V., http://www.gdv.de) heruntergeladen werden. Es ist allerdings auch als CD-ROM beim GDV in Berlin erhältlich (Anschrift: GDV, Friedrichstr. 191, 10117 Berlin). Grundsätzlich wäre es auch möglich, die Berichte per e-mail zu versenden. Hiergegen bestehen jedoch noch erhebliche Datensicherheitsbedenken. Auch in technischer Hinsicht sind die Bedingungen sowohl bei den Ärzten, den Krankenhäusern als auch den Versicherungsunternehmen noch zu unterschiedlich, um diesen Weg zu beschreiten.

8.6 Verfahren

Der Versicherte hat gegenüber dem Versicherten bei Eintritt eines Unfalls verschiedene Verpflichtungen. Er muss einen Unfall, der voraussichtlich eine Entschädigungspflicht herbeiführt, unverzüglich anzeigen. Falls der Tod Folge eines Unfalls ist, muss die Anzeige spätestens innerhalb von 48 Stunden telegraphisch erfolgen. Der Versicherte muss gemäß Nr. 71 der AUB 2008 unverzüglich nach dem Unfall einen Arzt zuziehen, ferner muss er sich der ärztlichen Behandlung bis zum Abschluss des Heilverfahrens regelmäßig unterziehen. Er muss für angemessene Krankenpflege und nach Möglichkeit für Abwendung und Minderung der Unfallfolgen sorgen. Er ist verpflichtet, entsprechende Vordrucke im Versicherungsfall auszufüllen (Schadenanzeigen) und alle verlangten sachdienlichen Auskünfte zu erteilen.

Den behandelnden Arzt muss der Versicherte von der Schweigepflicht entbinden und alle mit dem Unfall beschäftigten Stellen ermächtigen, dem Versicherer auf Verlangen Auskunft zu erteilen. Außerdem ist der Versicherte verpflichtet, den vom Versicherer bezeichneten Arzt zur Untersuchung aufzusuchen.

Der Versicherer seinerseits ist verpflichtet, nach Vorlage der Unterlagen sich spätestens innerhalb eines Monats darüber zu erklären, ob er den Anspruch auf die Todesfallsumme, Tagegeld oder Heilkosten und wieweit er ihn anerkennt. Bei der Invaliditätsentschädigung beträgt diese Frist 3 Monate.

Bei Meinungsverschiedenheiten über Art und Umfang der Unfallfolgen oder darüber, ob und in welchem Umfang der eingetretene Schaden auf den Versicherungsfall zurückzuführen ist, kann der Versicherte Klage vor den ordentlichen Gerichten erheben.

Tipps

Grimm, W., Unfallversicherung, AUB-Kommentar, 3. Auflage, Verlag CH-Beck München 2000.

Hinweise für die Prüfung der Pflegebedürftigkeit und für die Bemessung des Invaliditätsgrades sowie der Leistungsbeeinträchtigung in der privaten Unfallversicherung, Gesamtverband der Deutschen Versicherungswirtschaft e.V. (GDV).

Spier, R., Japtok, H.-IJ., Grundbegriffe der Unfallmedizin (u.a. Gutachten), 2. Auflage, Verlag Versicherungswirtschaft Karlsruhe, 1998.

Zeitschrift Versicherungsmedizin, Prognose, Therapie, Begutachtung, Verlag Versicherungswirtschaft Karlsruhe, Telefon 07 21 / 3 50 90, Fax 07 21 / 3 18 33 und www.vvw.de.

9 Sonstige Auftraggeber

9.1 Gesetzliche Arbeitslosenversicherung

Das Arbeitsförderungsrecht ist im SGB III verankert und hat die Aufgabe, nicht nur die Arbeitslosen finanziell abzusichern, sondern die Teilhabe am Arbeitsleben zu fördern. Es gilt, einen hohen Grad an Beschäftigung zu erreichen und zu erhalten. Arbeitslosigkeit soll vermieden bzw. minimiert werden. Mit der Umsetzung des SGB III ist die Bundesagentur für Arbeit als öffentlichrechtliche Körperschaft betraut (www.bundesagentur.de). Auf regionaler Ebene ist das jeweilige Arbeitsamt mit seinen dezentralen Geschäftsstellen zuständig.

Für Fragen im Zusammenhang mit der Unfallbegutachtung ist das Reha-Team bzw. der Kundenbereich Rehabilitation der richtige Ansprechpartner. Ggf. wird im Rahmen der Feststellung des individuellen Teilhabebedarfs eine ärztliche Begutachtung durch den in seinem ärztlichen Urteil von Weisungen unabhängigen Arbeitsamtsarzt notwendig. Im Rahmen der Unfallbegutachtung ist zu beachten, dass die Bundesagentur für Arbeit immer dann der zuständige Träger für notwendige Leistungen zur Teilhabe am Arbeitsleben ist, wenn nicht ein anderer Leistungsträger, z.B. bei einem Arbeitsunfall die zuständige Berufsgenossenschaft, zuständig ist (§ 6 SGB IX).

Die zur Wahrnehmung der Aufgaben erforderlichen Mittel werden durch die Beiträge der Versicherten und der Arbeitgeber sowie bei Bedarf durch einen zusätzlichen Bundeszuschuss aufgebracht.

Versicherungspflichtig zur Arbeitslosenversicherung sind nach §§ 24, 25 SGB III Personen, die gegen Arbeitsentgelt oder zu ihrer Berufsausbildung beschäftigt sind. Damit ist in der Regel jeder Arbeitnehmer (Arbeiter, Angestellte und Auszubildende) versicherungspflichtig. Versicherungspflicht besteht auch, wenn der Bruttoverdienst über der Beitragsbemessungsgrenze liegt. Versicherungsfrei zur Arbeitslosenversicherung sind dagegen in erster Linie Beamte, Richter und Soldaten, Geistliche, Privatlehrer, Mitglieder geistlicher Genossenschaften und Vorstandsmitglieder von Aktiengesellschaften. Die jeweiligen Voraussetzungen für die Versicherungsfreiheit werden in § 27, 28 SGB III bestimmt.

Neben der reinen Arbeitslosenversicherung ist die Bundesagentur für Arbeit auch ein wichtiger Rehabilitationsträger für Leistungen zur Teilhabe am Arbeitsleben (s. o.). Die Arbeitsverwaltung ist der zuständige Leistungsträger für alle notwendigen Leistungen zur Teilhabe am Arbeitsleben bei Personen, bei denen die versicherungsrechtlichen Voraussetzungen für berufliche Rehabilitationsleistungen des Rentenversicherungsträgers (Wartezeit von 15 Jahren) vom Versicherten noch nicht erfüllt sind, die keine Rente wegen verminderter Erwerbstätigkeit beziehen oder wenn es sich um eine Berufserstausbildung handelt. Außerdem darf kein anderer

Leistungsträger, wie z.B. bei Arbeitsunfällen ein Träger der gesetzlichen Unfallversicherung, zuständig sein.

Leistungen zur Teilhabe am Arbeitsleben erhalten Menschen mit Behinderungen i.S.d. § 19 SGB III, bei denen Aussicht besteht, am Arbeitsleben wieder oder weiter teilzuhaben (s. S. 97ff. SGB III). Dies gilt darüber hinaus auch für behinderte Menschen, die wegen Art oder Schwere der Behinderung nicht, noch nicht oder noch nicht wieder auf dem allgemeinen Arbeitsmarkt beschäftigt werden können und deshalb am Eingangsverfahren bzw. am Berufsbildungsbereich einer Werkstatt für behinderte Menschen teilnehmen (§ 39, 40 SGB IX).

Auch im Interesse der Versicherten wird versucht, die Dauer der Arbeitslosigkeit so kurz wie möglich zu halten und die Reintegration in Arbeit so rasch wie möglich zu realisieren. Es gilt, insbesondere Langzeitarbeitslosigkeit zu vermeiden. Je länger die Dauer der Arbeitslosigkeit, je geringer sind die Chancen der Reintegration in Arbeit. Deshalb sollten notwendige Maßnahmen zur Teilhabe am Arbeitsleben möglichst früh beginnen, nicht erst nach Abschluss aller medizinischen Maßnahmen (s. o.). Sobald sich abzeichnet, dass es, z.B. infolge einer unfallbedingten Gesundheitsstörung, Einschränkungen für eine weitere Beschäftigung im erlernten Beruf oder in der zuletzt ausgeübten Tätigkeit gibt, wird die BA die Notwendigkeit von Maßnahmen zur Teilhabe am Arbeitsleben prüfen.

Die BA gewährt Leistungen zur Teilhabe am Arbeitsleben gemäß den § 33–42 SGB IX i.V.m. §§ 97ff SGB III.

Bei der Auswahl der Leistungen werden die individuellen gesundheitlichen Aspekte, die berufliche Eignung einschließlich der Fähigkeiten und Fertigkeiten, die persönlichen Neigungen, die bisherige Tätigkeit sowie die Lage und die Entwicklung auf dem Arbeitsmarkt berücksichtigt.

Die Leistungen der Bundesagentur für Arbeit zur Teilhabe am Arbeitsleben setzen einen Antrag der Versicherten voraus. Dabei ist es unerheblich, bei welchem Sozialleistungsträger der Antrag gestellt wird. Die Feststellung der Leistungen bzw. die Entscheidung darüber erfolgt durch einen Bescheid. Die im Rahmen des Feststellungsverfahrens erstellten arbeitsamtsärztlichen Gutachten werden bei der Bescheiderteilung als wichtige Entscheidungsgrundlage genutzt, stellen für sich aber noch keinen Bescheid dar. Der Ärztliche Dienst der Bundesagentur für Arbeit hat allein eine beratende Funktion.

Stellt sich nachträglich heraus, dass die Ursache für die Behinderung und damit für die erbrachte Leistung zur Teilhabe eigentlich ein Arbeitsunfall bzw. eine Berufskrankheit gewesen ist, tritt die Bundesagentur für Arbeit an die zuständigen Träger der gesetzlichen Unfallversicherung heran und macht ihren Anspruch geltend. Im Rahmen der Prüfung des Erstattungsanspruchs wird neben der Kausalitäts- und damit Zuständigkeitsprüfung auch geprüft, ob die erbrachten Leistungen zur Teilhabe geeignet gewesen sind, bei Beachtung der Art und Schwere der Gesundheitsstörung eine berufliche Wiedereingliederung auf Dauer zu erreichen.

9.2 Sozialhilfe

Die Sozialhilfeträger (Städte, Kreise) leisten gegenüber den anderen Sozialversicherungsträger nur nachrangig. Zudem berücksichtigt dieser Leistungsträger, der über Steuern, also nicht über Beiträge, finanziert wird, die (vorrangige) zivilrechtliche Unterhaltspflicht, etwa zwischen Ehegatten und Eltern/Kindern. Mit dem SGB IX sind die Träger der Jugend- und Sozialhilfe in den Kreis der Rehabilitationsträger aufgenommen worden. Für die Gutachter gilt damit auch der § 14 Abs. 5 SGB IX (s. o. 6). Im Übrigen regelt das SGB XII die Sozialhilfe mit Ausnahme der erwerbsfähigen Arbeitssuchenden gemäß § 21 SGB XII, die unter das SGB II fallen. Sie werden in den sog. Arbeitsgemeinschaften, federführend durch die Bundesagentur für Arbeit, betreut (s.o. 9.1).

Wenn ärztliche Gutachter von Sozialhilfeträgern beauftragt werden, sollten sie über die Grundsätze des Leistungsrechts verfügen. Aufgabe der Sozialhilfe ist es, den Leistungsberechtigten die Führung eines Lebens zu ermöglichen, das der Würde des Menschen entspricht (§ 1 Satz 1 SGB XII). Dazu zählen Hilfe zum Lebensunterhalt, Grundsicherung im Alter und bei Erwerbsminderung, Hilfen zur Gesundheit, Eingliederung für behinderte Menschen, Hilfe zur Pflege und Hilfe in anderen Lebenslagen und zur Überwindung besonderer sozialer Schwierigkeiten. Die einzelnen Regeln dazu finden sich im SGB XII. Ziel der Sozialhilfe ist es, möglichst auf die Unabhängigkeit von Sozialleistungen hinzuwirken. Die Geldleistungen stehen im Vordergrund, obwohl auch Dienst- und Sachleistungen erbracht werden.

9.3 Gerichte

Wenn ärztliche Gutachter von einem Gericht beauftragt werden, können sie nur sehr eingeschränkt ablehnen. Ein Grund ist die Befangenheit. Ansonsten besteht eine Pflicht zur persönlichen Leistungserbringung, wie bei den anderen Auftraggebern auch. Die Gutachter bei Gericht haben fast immer Gutachten, die in derselben Sache schon von Versicherungen oder Verwaltungen eingeholt wurden, mit zu berücksichtigen, die ihnen dann zur Verfügung gestellt werden. Denn mit diesen Erstgutachten sind die „Unterlegenen" meist unzufrieden und lassen vor Gericht die Rechtmäßigkeit von Entscheidungen überprüfen, denen meist Gutachten zugrunde lagen. Dabei hängt die Zuständigkeit der Gerichte von dem Recht der Auftraggeber dieser Gutachten ab.

Gegen Entscheidungen (Bescheide) der Sozialversicherungsträger (SGB) können Leistungsberechtigte bei den örtlich zuständigen Sozialgerichten und gegen die der Verwaltungen (Versorgungsämter) bei den Verwaltungsgerichten klagen. Es gilt der Ermittlungsgrundsatz. Die Richter beauftragen von sich aus Gutachter, die aus der Gerichtskasse bezahlt werden, wenn sie selbst Entscheidungshilfe benötigen. Davon unabhängig hat jede Partei des Gerichtsverfahrens das Recht, von sich aus auf eigene Kosten einen Gutachter zu beantragen (§ 109 SGG), was die Richter dann umsetzen. In jeder der drei Gerichtsinstanzen kann erneut ermittelt werden, je nach den Regeln der Berufungs- und Revisionsgerichte. Diese Gutachten werden meist immer grundsätzlicher und haben oft für andere vergleichbare Fälle präjudizierende Bedeutung.

Zivilgerichte sind für die Überprüfung von Entscheidungen der privaten Versicherungen zuständig. Das sind meist die Amts- und Landgerichte, aber auch die Oberlandesgerichte sowie der Bundesgerichtshof. In diesem Rechtsweg beauftragen die Richter Gutachten nur gegen finanzielle Vorleistung der Prozessparteien. Indes tragen sie dann auch dem Gutachterwunsch der Parteien Rechnung. Eine Ausnahme bildet die Arbeitsgerichtsbarkeit, wo die Arbeitnehmer als Kläger einen größeren Schutz im Arbeitsverhältnis zum Arbeitgeber genießen. Die Arbeitsgerichte agieren bei der Beauftragung von Gutachtern vergleichbar mit den Sozialrichtern, etwa zur Überprüfung der Arbeitsfähigkeit im EFZG (s. o. 3). Die Zivilgerichte entscheiden auch über Klagen gegen Ärzte oder Kliniken wegen Behandlungsfehler. Auch in diesem Kontext werden ärztliche Gutachten eingeholt, meist nach Einschaltung von Schlichtungsstellen.

10 Vergütung von Gutachten

10.1 Allgemeines

Ärzte, die Gutachten erstellen, erhalten von ihren Auftraggebern *keine einheitliche Vergütung* in Deutschland. Das liegt an der Vielfalt der Auftraggeber, also zumeist Versicherungen sowie Gerichte. Eine Abstimmung der Auftraggeber über die Höhe der Vergütung existiert nicht. Die Vergütung sollte angemessen sein und einen Anreiz bieten, ein Gutachten schnell und gut zu erstellen. Gutachten bieten Nebeneinnahmen für die Ärzte. Aber der Zeitdruck wächst und die Anforderungen an die Qualität. Denn ein nicht überzeugendes Gutachten, das weitere Gutachten notwendig macht, kostet die Auftraggeber zusätzliches Geld und führt zu einem Verlust an Bonität für beide Seiten.

Die *Höhe der Vergütung* für die Begutachtung richtet sich danach, ob Formulare ausgefüllt oder freie Gutachten erstellt werden. Die Letzteren bringen zumeist einen höheren Zeitaufwand und eine rechtliche Komplexität mit sich. Fast alle Auftraggeber orientieren sich an der Gebührenordnung für Ärzte (GOÄ 96), die auch Grundregeln für die Vergütung von Gutachten an die Hand gibt. Danach liegt ein Stundensatz bei 29,14 EUR (1fach), bei 67,02 EUR (2, 3fach) und 101,99 (3,5fach). Einzelne Vergütungssysteme orientieren sich zum Teil an Einzelleistungen, die nach Stunden abgerechnet werden. Hinzu kommen mitunter Erstattungen von Leistungen wie Röntgen, Labor, Porto oder Schreibgebühren. Daneben gibt es „all inclusive" Pauschalvergütungen. Von den Gutachten sind kurze schriftliche Meinungen von Ärzten zu unterscheiden, wie etwa Berichte, Befunde, Arztbriefe etc.

Keine Vergütung für Gutachten erhalten die Medizinischen Dienste der einzelnen Versicherungen, zu deren Hauptaufgabe die Erstellung von Gutachten gehört. Sie schalten aber zunehmend, etwa weil sie selbst überlastet oder nicht spezialisiert genug sind, freie Gutachter ein. Ob sich die Erstellung von Gutachten lohnt, wird von einer Mischkalkulation abhängen. Je mehr Gutachten an einen Arzt vergeben werden, desto eher wird der Arzt im Einzelfall mit einer geringeren Vergütung einverstanden sein. Bei der Mengenkomponente ist indes die Umsatzsteuer bei Gutachten gemäß § 4 Nr. 14 UStG in der Fassung vom 1. 1. 2009 zu beachten. Danach sind nur solche Gutachten von der Steuerpflicht befreit, die zum Zwecke der Vorbeugung, Diagnose, Behandlung und, soweit möglich, der Heilung von Krankheiten oder Gesundheitsstörungen bei Menschen erstellt werden. Das therapeutische Ziel etwa muss im Vorgergrund stehen. Dazu gehören keine Rentengutachten.

10.2 Gerichte

Die Vergütung von Gutachtern, die von den **Gerichten** und Staatsanwaltschaften beauftragt werden, richtet sich nach dem Justizvergütungs- und Entschädigungsgesetz (JVEG) v. 12. 5. 2004 (BGBl. S. 776). Gemäß § 9 Abs. 1 können die Gutachter einen Stundensatz von 50, 60 oder 85 Euro abrechnen, je nach Fachkenntnissen, Schwierigkeitsgrad und technischen Hilfsmitteln bzw. besonderen Umständen.

10.3 Gesetzliche Krankenversicherung

Die Medizinischen Dienste der **Krankenkassen** vergüten externe Gutachter in den einzelnen Bundesländern unterschiedlich. Insgesamt holen sie fast 200.000 externe Gutachten ein. Gemäß § 282 Satz 4 SGB V hat der Medizinische Dienst des Spitzenverbandes der Krankenkassen Empfehlungen zur Beauftragung von Gutachtern verabschiedet, in denen Kriterien für die Vergabe von Gutachten und zur Qualitätssicherung (Anforderungsprofil der Gutachter) enthalten sind (s. o. 3. unter TIPPS). Besondere Vereinbarungen gibt es in den einzelnen Bundesländern für Pflegegutachten, die von externen Gutachtern erstattet werden. Für die Erstellung von fachärztlichen Begutachtungen durch das Versorgungsamt bei der Prüfung der Versorgung mit Körperersatzstücken und anderen orthopädischen Hilfsmitteln werden gesonderte Beträge vergütet. Falls im Rahmen der vertragsärztlichen Versorgung ein Gutachten erforderlich wird, richtet sich die Vergütung im Bereich der Ersatzkassen nach dem Abschnitt V der Ersatzkassen-Gebührenordnung (E-GO) bzw. nach dem Bundesmantelvertrag Ärzte (BMÄ). Zusätzlich können die Vertragsärzte die anfallenden Portokosten abrechnen.

10.4 Gesetzliche Rentenversicherung

In der Deutschen **Rentenversicherung** gilt eine Empfehlung zur „Vergütung ärztlicher Leistungen (Gutachten und Befundberichte) für die gesetzliche Rentenversicherung" (Stand 1. Januar 2002). Dort wird zwischen Anträgen auf Leistungen zur medizinischen Rehabilitation und Leistungen zur Teilhabe am Arbeitsleben sowie im Rentenverfahren unterschieden. Formulargutachten werden mit 40 bis 75 EUR vergütet, formfreie ärztliche Begutachtungen mit 58 bis 168 EUR, je nach Facharztgebieten und Schwierigkeitsgraden. Daneben werden Beurteilungen von radiologischen Leistungen und Laborleistungen vergütet ebenso wie die Portokosten und Schreibgebühren. Die Honorierung der Gutachtenleistungen in den neuen Bundesländern einschließlich Berlin-Ost beträgt 90 %. Einzelheiten sind der Vergütungsempfehlung zu entnehmen (www.drv-bund.de).

10.5 Bundesagentur für Arbeit

Die Gutachten, die von der **Bundesagentur für Arbeit** in Auftrag gegeben werden, richten sich grundsätzlich nach § 11 GOÄ mit Modifikationen. Ab dem 01.01.2002 erhalten die Vertragsärzte für ein erstelltes arbeitsamtsärztliches Gutachten mit Untersuchung ein Pauschalhonorar in Höhe von 70,05 Euro, wenn in den Diensträumen der Bundesagentur untersucht wird. Sofern die Untersuchung außerhalb der Bundesagentur durchgeführt und keine Schreibleistung des nichtärztlichen Personals der Bundesagentur in Anspruch genommen wird, beträgt das Honorar je Begutachtung mit Untersuchung 76,69 Euro. Zusätzliche Sonderleistungen können nach der GOÄ abgerechnet werden.

10.6 Soziale Entschädigung

Für die Vergütung von Sachverständigen, die Gutachten für die **Träger der sozialen Entschädigung** und zum Schwerbehindertenrecht erstatten, wird das o.g. JVEG zu Grunde gelegt. Auf der Basis dieses Gesetzes – und der ergänzenden Regelung der GOÄ – sind von den Bundesländern unterschiedliche pauschale Entschädigungssätze für ärztliche Gutachten festgelegt worden. Dabei sind die jeweils gewonnenen Erfahrungswerte über Dauer und Schwierigkeit ärztlicher Gutachten sowie die im Bereich der Sozialgerichtsbarkeit geltenden Entschädigungskriterien berücksichtigt. Die Entschädigungssätze weichen – insbesondere auf Grund der unterschiedlichen Leistungsinhalte – erheblich voneinander ab. Dies beruht schon auf dem breiten Stundensatz des JVEG von 50–85 Euro.

10.7 Gesetzliche Unfallversicherung

Die Vergütung von ärztlichen Sachverständigengutachten, die von einem Träger der gesetzlichen Unfallversicherung in Auftrag gegeben werden, richtet sich nach der UV-GOÄ, die Anlage zum Vertrag zwischen den Bundesverbänden der gesetzlichen Unfallversicherung und der Kassenärztlichen Bundesvereinigung über die Durchführung der Heilbehandlung, die Vergütung der Ärzte sowie die Art und Weise der Abrechnung der ärztlichen Leistungen (Vertrag Ärzte/Unfallversicherungsträger) ist (s. Anhang 2.2). Die Vergütung der Gutachten ist in den Gebührennummern 146 bis 191 geregelt und seit dem 1. Mai 2001 um 30 % angehoben worden. Grundsätzlich wird unterschieden zwischen Formulargutachten und freien Gutachten.

Die **normalen** Gutachten zur Rentenfeststellung werden über Formulargutachten abgewickelt. Die Vergütung hierfür liegt zwischen 40 und 67 Euro. Hierbei handelt es sich um die reine Gutachtengebühr. Hinzu kommen die Gebühren für die ärztliche Untersuchung anlässlich der Begutachtung sowie Schreibgebühren und Portokosten. Eine Ausnahme bildet das Gutachten zur Feststellung der Berufskrankheit „Lärmschwerhörigkeit". Hierfür wurde eine Pauschalvergütung von 153,28 Euro vereinbart, in der die standardmäßig anfallenden Untersuchungsleistungen bereits enthalten sind.

Bei den **freien** Gutachten ist jeweils ein Gebührenrahmen vorgesehen. Für das Gutachten ohne Fragestellung zum ursächlichen Zusammenhang gilt ein Gebührenrahmen von 67 bis 156 Euro. Enthält der Gutachtenauftrag auch die Fragestellung zum ursächlichen Zusammenhang, beträgt der Gebührenrahmen 84 bis 236 Euro. Wird ein eingehend begründetes wissenschaftliches Gutachten verlangt, so können hierfür 100 bis 317 Euro verlangt werden. Maßgeblich für die Höhe innerhalb des Gebührenrahmens ist jeweils der Schwierigkeitsgrad und der Umfang des Gutachtens. Auch bei den freien Gutachten werden die Untersuchungsleistungen, die Schreibgebühren sowie das Porto zusätzlich vergütet. Die Schreibgebühr beträgt pro Seite 3,50 Euro. Sofern der Arzt umsatzsteuerpflichtig ist, erhöhen sich die Vergütungen um die gesetzliche Umsatzsteuer.

Tipp

Vertiefung bei Mehrhoff in: Fritze, J. / Mehrhoff F. (Hrsg.), Die ärztliche Begutachtung, 7. Aufl., Heidelberg 2008, S. 869–876. m.w.N.

Teil 2
Medizinische Gesichtspunkte der Unfallbegutachtung

1 Allgemeines

1.1 Gutachtertätigkeit der Ärzte

Die Unfallbegutachtung steht mit der Fürsorge um die Versicherten in einem engen Zusammenhang. Sie hat die wichtige Aufgabe, die Beweisgrundlagen für rechtliche Entscheidungen zu schaffen. Die Entschädigungsansprüche der Verletzten wegen Unfallfolgen an die Versicherungen oder sonstige Stellen müssen objektiviert, als fassbare Funktionseinbußen herausgearbeitet und nach übergeordneten Prinzipien adäquat bemessen werden.

Die gutachterliche Tätigkeit wird von vielen Ärzten oft als wesensverschieden von ihren beruflichen, kurativ ausgerichteten Beziehungen zu den Verletzten empfunden.

Es gibt jedoch bei der Ausdehnung der Sozial- und Privatversicherung heute wohl kaum noch einen Arzt, der nicht auch gutachterlich für seine eigenen Patienten eintreten müsste.

Der Arzt muss nicht nur eine zutreffende Krankheitsbezeichnung ermitteln, er muss aus den medizinischen Sachverhalten zudem schlüssige Beurteilungen ableiten. Das Unbehagen, Unfallfolgen auf messbare und damit vergleichbare Größen zu reduzieren, beruht auf missverstandener ärztlicher Ethik und mangelndem Rechtsverständnis für versicherungsrechtliche Zusammenhänge.

Wenn ärztlicherseits bedacht wird, dass die eingeforderten gutachterlichen Äußerungen zur Prüfung von Schadenersatzansprüchen der Patienten für die Folgen von Unfällen erforderlich sind, dann wird den Ärzten auch diese Seite ihrer Tätigkeit nicht als wesensverschieden von ihren sonstigen gesellschaftspolitischen Aufgaben im Dienst ihrer Mitmenschen erscheinen können.

1.2 Rechtliche Stellung der Gutachter und ihre Aufgaben

Der Gutachter hat nach dem Gesetz die Stellung eines „Gehilfen", allerdings eines unentbehrlichen. Er entscheidet also niemals selbst, und er ist auch in keiner Weise persönlich an der Entscheidung der Verwaltungen oder Gerichte beteiligt. Er hat nur die Aufgabe, der in der Sache entscheidenden Stelle (Versicherer, Gericht) durch seine sachverständigen Darlegungen die für die Rechtsfindung erforderlichen Grundlagen zu liefern. Nur diese Stellen allein – nicht etwa die Gutachter – tragen die Verantwortung für die jeweilige Entscheidung.

Die oft tiefgreifenden Auswirkungen, die diese Entscheidungen in menschlicher, wirtschaftlicher und rechtlicher Hinsicht für den Betroffenen haben können, sollten es den Gutachtern – schon im wohlverstandenen eigenen Interesse – verbieten, irgendwie durch gefühlsbetonte Äußerungen Einfluss auf die Entscheidung zu nehmen, ganz abgesehen davon, dass sie durch einen solchen Versuch gegen das oberste Gesetz strengster Unparteilichkeit verstoßen würden. Als ein solcher Verstoß gilt auch die Erteilung von Ratschlägen in Rechtsfragen an die Gutachterpatienten, die sich auf den vorliegenden Begutachtungsfall beziehen. Nach den schon mehrfach zitierten „Hinweisen für die Erstattung von Berichten und Gutachten" in der gesetzlichen Unfallversicherung darf der Gutachter dem untersuchten Verletzten die Minderung der Erwerbsfähigkeit, die er in seinem Gutachten vorschlägt, *nicht* mitteilen. Im Falle einer durchaus legitimen Abweichung der Entscheidungsgremien nämlich entstehen Unzufriedenheit, Verständnislosigkeit und Verbissenheit, mit der dann oft überflüssige und sinnlose Verfahren in Gang gesetzt und über Jahre durch die Instanzen meist erfolglos hindurchgezogen werden. Die Gutachter sollen den Dingen völlig unvoreingenommen gegenüber stehen und jede gefühlsmäßige Einstellung vermeiden. An der Unparteilichkeit darf auch nicht der leiseste Zweifel bestehen. Er soll sich ferner immer genau und in reiner Sachlichkeit an den ihm erteilten Auftrag halten und es unterlassen, sich in seinem Gutachten mit fachfremden Dingen zu befassen, wie zum Beispiel der Diskussion versicherungsrechtlicher Fragen. Damit dient er der Sache und sich selbst am Besten.

1.3 Formulierung der Gutachten

Genauigkeit in der Formulierung der Gutachten und präzise Schlüsse sind unabdingbar.

Wenn gutachtliche Stellungnahmen in schwierigen Fällen nicht sicher zu treffen sind, weil eben sichere Forschungsergebnisse fehlen oder wenn es um streitige Annahmen oder Feststellungen geht, dann muss in solchen Fällen hilfsweise auf die Wahrscheinlichkeit zurückgegriffen werden.

Beispielsweise wird die Feststellung eines ursächlichen Zusammenhangs nicht immer mit einer jeden Zweifel ausschließenden vollkommenen Sicherheit möglich sein. Deshalb fordert die Rechtsprechung für die Annahme eines ursächlichen Zusammenhanges keine absolute Sicherheit, sondern sowohl im Bereich der gesetzlichen Unfallversicherung als auch der Bundesversorgung das Vorliegen einer Wahrscheinlichkeit. Das bedeutet: bei vernünftiger Abwägung aller für und gegen den Zusammenhang sprechenden Umstände müssen die für den Zusammenhang sprechenden Erwägungen überwiegen. Die dagegen sprechenden Überlegungen treten in ihrer Bedeutung für die Bildung und Rechtfertigung der Überzeugung weitgehend zurück. Eine „überwiegende" oder „mit an Sicherheit grenzende" Wahrscheinlichkeit ist für die Feststellung des beruflichen Zusammenhangs in der gesetzlichen Unfallversicherung nicht erforderlich; solche Formulierungen müssen unterbleiben. Von der Wahrscheinlichkeit ist die bloße Möglichkeit zu unterscheiden, die zur Annahme des ursächlichen Zusammenhanges nicht ausreicht (s. dazu Teil 1, Abschnitt 2.4.2).

Letztlich brauchen die Versicherer und die Richter für ihre Entscheidung eine feste Grundlage.

Das Gutachten soll dem neuesten Stand medizinisch-wissenschaftlicher Erkenntnisse und den Erfahrungen der Praxis entsprechen.

Anstelle der medizinischen und der wissenschaftlichen Fachausdrücke verwende man soweit wie möglich die leichtverständlichen deutschen Bezeichnungen.

Eine Vereidigung der Sachverständigen ist im Verwaltungsverfahren der gesetzlichen Unfallversicherung nicht vorgesehen, wohl aber vor Gericht. Von diesem kann der Arzt als Zeuge, sachverständiger Zeuge oder Sachverständiger vernommen werden.

1.4 Befunderhebung

Eine genaue und vollständige Befunderhebung ist für die Beurteilung von größter Wichtigkeit. Gutachten, die diesen Erfordernissen nicht entsprechen, sind deshalb allein schon aus diesem Grunde nicht verwertbar.

Ergibt die Nachprüfung eines Gutachtenvorbefundes die Richtigkeit desselben, dann ist durch diese Bestätigung des Befundes dem Versicherten und der Sache mehr gedient, als durch gelegentlich unsachliche Äußerungen gegen Vorgutachter.

Grundlage der gutachterlichen Schätzung ist allein der Befund und nicht der Fall an sich. Er muss daher plastisch, nachvollziehbar, aussagefähig und begründendsein. Oft steht die Dürftigkeit des Befundes in einem krassen Widerspruch zum angesetzten Grad der Minderung der Erwerbsfähigkeit. Es ist weder die befundmüßige Individualität des Einzelfalles gewahrt, noch eine befundrelevante Schätzung dokumentiert. Natürlich kann man einen Beinverlust im Oberschenkel ohne viele Worte richtwertweise schätzen. Man kann aber auch durch Beschreibung der Stumpfbeschaffenheit, der Narben, des Weichteilmantels und der Protheseneignung des Stumpfes seine richtwertmäßige Schätzung belegen oder durch Herausstellen von flächenhaften eingezogenen Narben, Stumpfneuromen und Durchspiessung des Knochenstumpfes durch den Muskelmantel eine höhere Schätzung als den Richtwert mühelos begründen.

Ein nachvollziehbarer Befund ist allgemein und mit sich selbst vergleichbar. Diese Voraussetzung ist eminent wichtig für Befundüberprüfungen anlässlich gutachterlicher Nacherhebungen zum Zwecke eines Besserungs- oder Verschlimmerungsnachweises. Denn nur die festgestellte Befunddifferenz begründet eine Abweichung von der Vorschätzung, die im Regelfalle immer als Bezugsgröße bzw. geschützte Vorgabe versicherungsrechtlich gilt.

Die gesetzliche Unfallversicherung sieht nämlich eine vorgabefreie Schätzung der Minderung der Erwerbsfähigkeit nur zweimal vor:

1. bei der Ersteinschätzung überhaupt anlässlich der Erstfestsetzung einer „vorläufigen"
   Rente
2. bei Bewertung anlässlich der Festsetzung der Rente auf unbestimmte Zeit, bei der auf einen Befundänderungsnachweis bewusst verzichtet wird, um eine befundgerechte Bemes-
   sungskorrektur zu ermöglichen.

Liegt bei den sonstigen Schätzungen nur ein dürftiger Bezugsbefund vor, so kann
der erforderliche Änderungsnachweis nicht geführt werden und der Rentensatz
muss verbleiben, selbst dann, wenn er dem Unfallfolgezustand längst nicht mehr
entspricht.

Die Befunderhebung ist das Kernstück jeder Begutachtung.

Sie weist den Meister aus nicht durch eine markig knappe Form der Aufzählung
unfallbedingter Auffälligkeiten, sondern durch die Vollständigkeit der Erfassung
aller überhaupt möglichen Veränderungen einschließlich Normvarianten. In diesem
Zusammenhang kommt den sonst im klinischen Alltag nicht üblichen Negativfeststellungen eine hohe Ausschlusskraft zu (z. B. keine Krampfadern, keine Gefühlsstörungen, keine Fehlbeschwielung usw.). Sie dokumentieren den Gedankengang bei
der Befunderhebung und damit den Weitblick des Gutachters.

1.5 Entgegengesetzte Meinungen der Sachverständigen

Die schwierigen medizinischen Sachverhalte bringen es mit sich, dass Gutachter zu
verschiedenen, oft stark voneinander abweichenden Meinungen zu denselben Fragen kommen. Dies hängt mit der beruflichen Erfahrung, dem Spezialgebiet, der
fachlichen Belesenheit und dem Wissensstand der Gutachter zusammen. Häufig
sind die Differenzen einfach in der Verletzung elementarer Gutachterpflichten begründet. Exaktheit der Befunderhebung, der Einsatz objektiver Untersuchungs- und
Messverfahren sowie sachkundige Befundwertung ermöglichen erst eine korrekte
und unangreifbare Aussage. Schon allein durch die vollständige Erfassung aller
wichtigen Befunde wird eine andere Einschätzung begründet und gerechtfertigt.

Wird aber unstreitig derselbe Befund anders bewertet, so bedarf die abweichende
Wertung einer eingehenden Erläuterung und Begründung. Dabei gebührt der sach-
lichen und fachkundigen Argumentation bei der Auseinandersetzung mit der Meinung der Vorgutachter absoluter Vorrang. Zwangsläufig muss dabei die Ebene
persönlicher Meinungen und anderweitig unbelegter Eigenerfahrungen der Sachverständigen verlassen werden. Fachkundige Heranziehung einschlägiger Literatur als
Beleg für das Für und Wider der eigenen Einschätzung entzieht jeglicher Spekulati-
on den Boden und baut die Beurteilung auf integren Fakten auf. Es ist oft erstaun-
lich, wie vieles bereits in der Literatur bekannt ist und wie viele Probleme sich dadurch souverän lösen lassen.

Natürlich ist eine in dieser Weise qualifizierte Auseinandersetzung arbeitsaufwen-
diger und damit unbequemer als eine bloße Meinungsäußerung. Sie dient aber dem
Ansehen der Gutachter und vor allem der Sache selbst.

1.6 Untersuchung der Verletzten für die Begutachtung

Die beauftragten Gutachter müssen die Kernverrichtungen jeder Begutachtung selbst durchführen. Dazu gehört vor allem die persönliche Untersuchung der Verletzten. Diese Grundforderung ist unerlässlich. Sie sollte für jeden Gutachter etwas Selbstverständliches sein. Auch die Konzeption des Gutachtens, die Wertung der Befunde und die gutachterliche Gesamtbeurteilung müssen von den Gutachtern selbst stammen. Die für die Erstellung des Gutachtens erforderlichen Spezialuntersuchungen und -arbeiten dürfen auf entsprechend befähigte Mitarbeiter übertragen werden, die Verantwortung hierfür verbleibt dennoch bei den Gutachtern selbst. Soweit sich die delegierten Untersuchungen auf Speziallabors oder untersuchungsspezifisches Fachpersonal beschränken, wird niemand dagegen etwas einwenden. Es ist aber unerwünscht und unzweckmäßig, die für den Laien sichtbaren wichtigen Untersuchungsgänge nicht selbst auszuführen, weil dies häufig Anlass zu gerichtlichen Auseinandersetzungen gibt. Denn die Verletzten begründen ihre Einsprüche gegen Rentenbescheide oft damit, dass sie einige von den im Gutachten genannten Ärzten überhaupt nie gesehen hätten. Beim Auftraggeber stößt es zudem auf Unverständnis, wenn ein Gutachter, dessen eigene Ansicht man ja gerade hören wollte, nun bei der Begutachtung nur als Nebenperson erscheint.

Das Gutachten muss immer erkennen lassen, dass die beauftragten Gutachter die Verletzten persönlich untersucht und sich dadurch ein Urteil gebildet haben etwa durch die Formulierung:

„Einverstanden aufgrund persönlicher Untersuchung und eigener Urteilsbildung."

Die Unterschrift der beauftragten Gutachter allein oder mit dem Zusatz „Einverstanden" genügt nicht.

1.7 Personenverwechslungen bei der Untersuchung

Es kann vorkommen, wenn auch nur ganz vereinzelt, dass die zur Begutachtung erscheinende Person mit der versicherten Person nicht identisch ist. Es kann jedoch nicht die Aufgabe eines Gutachters sein, sich jedes Mal durch Prüfung der Ausweispapiere Sicherheit über die Personenidentität zu verschaffen. Bei einem Verdacht auf Verwechslung oder Täuschung sollte dies im Gutachten vermerkt werden.

1.8 Fehler und Irrtümer im Gutachten

Für die Auswirkungen eines durch Fahrlässigkeit fehlerhaft oder unrichtig erstatteten Gutachtens haften die Gutachter in der Regel nicht. So hat der Bundesgerichtshof in einem – in der Literatur allerdings kritisierten – Urteil vom 18.12.1973 festgestellt, dass der gerichtliche Sachverständige „in der Regel nicht von dem Verfahrensbeteiligten, zu dessen Nachteil sich das Gutachten ausgewirkt hat, mit der Behauptung, er habe sein Gutachten fahrlässig unrichtig erstattet, auf Ersatz in Anspruch genommen werden" kann. Eine Haftung der Sachverständigen könne bei Unrichtigkeit seines Gutachtens, die auf grober Fahrlässigkeit beruht, dann in Betracht kommen, wenn sie mit einer Rechts- oder Rechtsgutverletzung oder einer sonstigen Schädigung gerechnet und diese billigend in Kauf genommen haben (Neue Juristische Wochenschrift 1974 Seite 312 ff. und 556 f.).

Hierzu sei auch noch auf § 278 des Strafgesetzbuches hingewiesen. Er lautet:

„Ärzte und andere approbierte Medizinalpersonen, welche ein unrichtiges Zeugnis über den Gesundheitszustand eines Menschen zum Gebrauch bei einer Behörde oder Versicherungsgesellschaft wider besseres Wissen ausstellen, werden mit Freiheitsstrafen bis zu zwei Jahren oder mit Geldstrafe bestraft."

1.9 Die Würdigung der Beweiskraft

Die Würdigung der Beweiskraft eines Gutachtens ist Sache der zuständigen Verwaltung und letzten Endes des Richters. Es ist dem freien Ermessen dieser Stellen überlassen, inwieweit sie den Ausführungen der Gutachter folgen wollen.

Im *Streitverfahren* kann der Versicherte die Anhörung eines bestimmten ärztlichen Gutachters verlangen, muss aber unter Umständen die dadurch entstandenen Kosten vorschießen und selber tragen (§ 109 Absatz 1 Sozialgerichtsgesetz). Wie bereits erwähnt, dienen hinsichtlich der Höhe der Minderung der Erwerbsfähigkeit die ärztlichen Beurteilungen nur als Anhalt für die Entscheidung.

1.10 Allgemeine Form des Gutachtens

Schriftliche Gutachten sowie Berichte und Stellungnahmen sind nur in Maschinenschrift zu erstatten. Dies ist aus Gründen der Klarheit und Übersicht erforderlich, weil Handgeschriebenes oft nur schwer lesbar ist und dadurch leicht Schwierigkeiten bzw. Missverständnisse entstehen können.

Es empfiehlt sich, von allen Schriftstücken einen Durchschlag in den eigenen Akten der Gutachter zu behalten.

Bei der Formulierung aller schriftlichen Gutachten und Äußerungen (auch im Krankenblatt) ist stets zu beachten, dass diese Schriftstücke in einem Streitverfahren den Verletzten oder ihren Rechtsvertretern unmittelbar durch das Recht der Akteneinsicht bekannt werden, oder aber mittelbar durch Anforderung einer Abschrift oder Ablichtung, die er von dem Versicherungsträger verlangen kann.

Diejenigen Stellen in den Gutachten, die sich nicht zur Bekanntgabe an die Versicherten eignen, wie z. B. über einen ungünstigen Heilverlauf oder eine lebensbedrohende Prognose, sind in geeigneter Weise durch einen Sperrvermerk der Gutachter zu kennzeichnen (z. B. durch Einklammerung mit Farbstift oder durch darüber geklebte schmale Papierklappen). Die Sperrung muss begründet werden.

Das Gutachten ist allein für den Auftraggeber bestimmt. Die Gutachter sollten den Untersuchten von sich aus dieses Gutachten nicht zugänglich machen oder sich ihnen gegenüber nicht zu der eigenen Auffassung äußern. Das überlasse man den zuständigen Stellen, die letztlich die Entscheidung fällen.

1.11 Ausstellung von Bescheinigungen und Zeugnissen

Bescheinigungen und Zeugnisse, die die Ärzte den Patienten ausstellen, müssen besonders dann zurückhaltend und vorsichtig abgefasst sein, wenn den Ärzten die Leidensvorgeschichte und der Inhalt etwa vorhandener Akten nicht genau bekannt sind. Die Ärzte sollten sich in derartigen Attestfällen streng darauf beschränken, eigene Befunde kurz mitzuteilen.

Der vom Patienten angegebene Verwendungszweck ist in dem Attest immer zu vermerken. Das ist erforderlich, weil die oft sehr verschiedenartigen Verwendungsmöglichkeiten solcher Atteste einen Missbrauch nicht ausschließen und sich im voraus meist nicht übersehen lassen.

Zur Minderung der Erwerbsfähigkeit oder gar eines ursächlichen Zusammenhanges sollten sich die Gutachter, wenn überhaupt, nur äußerst vorsichtig und zurückhaltend äußern.

1.12 Auskunftspflicht der Ärzte

Ärzte und Zahnärzte sind gemäß § 203 SGB VII verpflichtet, den Trägern der gesetzlichen Unfallversicherung auf Verlangen Auskunft über die Behandlung, den Zustand sowie Erkrankungen und frühere Erkrankungen der Versicherten zu erteilen. Dies muss für die Heilbehandlung und die Erbringung sonstiger Versicherungsleistungen erforderlich sein. Insoweit soll der UV-Träger das Auskunftsverlangen auf solche Erkrankungen oder solche Bereiche von Erkrankungen beschränken, die mit dem Versicherungsfall in einem ursächlichen Zusammenhang stehen können. Wer vorsätzlich oder fahrlässig eine Auskunft nicht, nicht richtig, nicht vollständig oder nicht rechtzeitig erteilt, handelt ordnungswidrig und kann mit einer Geldbuße bis zu € 2.500,– herangezogen werden. Die Ärzte können davonausgehen, dass die UV-Träger ihrer gesetzlichen Pflicht nachkommen, die Versicherten auf ein Auskunftsverlangen im obengenannten Sinne sowie auf das Recht, auf Verlangen über die von den Ärzten übermittelten Daten unterrichtet zu werden, rechtzeitig hinzuweisen. Eine weitergehende Sonderregelung haben die Ärzte und Zahnärzte zu beachten, die für eine Heilbehandlung bei den Versicherten der gesetzlichen Unfallversicherung zugelassen und beteiligt sind. Der Ärztevertrag sichert einen gegenseitigen Informationsaustausch durch Berichte. Insoweit werden Daten über die Behandlung und den Zustand der Versicherten sowie andere personenbezogene Daten – soweit dies für Zwecke der Heilbehandlung und die Erbringung sonstiger Versicherungsleistungen erforderlich ist – erhoben, gespeichert und an die UV-Träger übermittelt. Die Ärzte haben die Versicherten über den Erhebungszweck und über ihre Auskunftspflicht zu unterrichten, ebenso wie über das Recht der Versicherten, vom UV-Träger zu verlangen, über die von den Ärzten übermittelten Daten unterrichtet zu werden. Diese Verpflichtungen sind über das SGB VII nicht bußgeldbewehrt.

Bei der Anpassung des Ärztevertrags an das SGB VII sind Vordrucke entwickelt worden, die die Ärzte benutzen können, um die Erfüllung ihrer Dokumentationspflichten gegenüber den Versicherten zu erfüllen. Außerdem sind die Informationen der UV-Träger an die Krankenkassen an die geltenden Vorschriften angepasst. So werden auf den Durchschriften an die Krankenkassen diejenigen Daten unkenntlich gemacht, die die Krankenkassen zur Erfüllung ihrer Aufgaben nicht benötigen. Auskunfts- und Mitteilungspflichten bestehen auch im Verhältnis der Ärzte zur Krankenversicherung, Meldungen etwa auch nach dem Bundesseuchengesetzt. Die Auskunftspflicht gilt auch für die Übersendung von Röntgenaufnahmen und Krankenblattunterlagen. Statt der Urschriften können nur Kopien eingereicht werden. Die dadurch entstehenden Kosten werden erstattet. Sollten die gesetzten Fristen nicht eingehalten werden können, so muss dies rechtzeitig begründet werden und, soweit das bei den besonderen Umständen des Falles möglich ist, eine Fristverlängerung beantragt werden.

Sowohl die Gutachter als auch die um Auskunft ersuchten Ärzte sollten, sofern nicht besondere Anhaltspunkte dagegen sprechen, im Zweifel davon ausgehen, dass das Auskunftsverlangen der UV-Träger rechtmäßig ist und der Schutz der Sozialdaten den gesetzlichen Vorschriften entsprechend gewahrt ist.

1.13 Schweigepflicht der Ärzte

Die ärztliche Schweigepflicht, d.h. der Schutz des persönlichen Lebens- und Geheimbereichs vor unbefugter Offenbarung, ist in den ärztlichen Berufsordnungen festgelegt. Dieser persönliche Bereich ist auch strafrechtlich geschützt. § 203 Strafgesetzbuch (StGB) bestimmt:

„Wer unbefugt ein fremdes Geheimnis, namentlich ein zum persönlichen Lebensbereich gehörendes Geheimnis oder ein Betriebs- oder Geschäftsgeheimnis offenbart, das ihm als

1. *Arzt,*

2. *Zahnarzt,*

3. *Tierarzt,*

4. *Apotheker oder Angehöriger eines anderen Heilberufes, der für die Berufsausübung oder die Führung der Berufsbezeichnung eine staatlich geregelte Ausbildung erfordert,*

anvertraut ist oder sonst bekannt geworden ist, wird mit Freiheitsstrafe bis zu einem Jahr oder mit Geldstrafe bestraft."

Ist der Arzt verstorben, so steht ihm in der Verpflichtung zur Geheimhaltung derjenige gleich, der das Geheimnis von dem Verstorbenen oder aus dessen Nachlass erlangt hat.

Die gesetzlichen Verpflichtungen zur Auskunftserteilung machen jedoch die *Offenbarung* befugt. Der Auskunft erteilende Arzt kann also weder standesrechtlich noch strafrechtlich belangt werden, weil diese Folgen nur den *unbefugt* Auskunft erteilenden Arzt treffen.

Bei Begutachtung von Fällen, die nicht im Zuständigkeitsbereich von Sozialleistungsträgern liegen, ist dem Arzt allerdings zu empfehlen, sich von dem Betroffenen vor der Auskunftserteilung schriftlich von der Schweigepflicht entbinden zu lassen.

1.14 Sachkunde und Gutachternachwuchs

Der Gutachternachwuchs sei auf folgendes hingewiesen:

Wer als Gutachter tätig werden will, sollte ein gediegenes medizinisch-ärztliches Wissen und ein gutes fachliches Beurteilungsvermögen medizinischer Sachverhalte besitzen. Außerdem sollte er mit den wichtigsten versicherungsrechtlichen Bestimmungen hinreichend vertraut sein, weil er sonst nicht in der Lage ist, seinem Gutachten die erforderliche Beweiskraft zu verleihen.

1.15 Schwierige Krankheitsfälle

In bestimmten Fällen kommt es vor, dass eine einmalige ambulante Untersuchung nicht ausreicht, um eine klare Einschätzung und Zuordnung sicher vorzunehmen.

Dies gilt für einige seltene Krankheitsbilder oder aber bei Verdacht auf Selbstschädigungsmaßnahmen zum Zwecke der Vortäuschung gravierender Unfallfolgen (z.B. Aufkratzen von Narben oder Abschnürung eines Armes oder Beines zum Aufstau).

In solchen Fällen ist eine längere stationäre Beobachtung erforderlich, deren Dauer nach dem jeweiligen Befund und der Fragestellung zu bemessen ist.

Die während dieser Beobachtungszeit vom Patienten erhaltenen Angaben müssen ausführlich schriftlich festgehalten und dann anhand der Aktenunterlagen überprüfend gewürdigt werden.

Besonders die Erhebung zur Vorgeschichte – auch über den Gesundheitszustand der Familie des Patienten – kann in solchen schwierigen Begutachtungsfällen wertvolle Aufschlüsse liefern.

1.16 Vordruckgutachten

Es handelt sich um Gutachten, die in ihrer Form durch Standardvordrucke schematisch festgelegt sind. Sie erleichtern die Erstellung und Bearbeitung der Gutachten bei einfacher Sachlage des Regelfalles. Die einzelnen Punkte bzw. Fragen sollen klar dargestellt bzw. erschöpfend beantwortet werden. Die Formulare dürfen nicht zu unrichtigen oder unvollständigen Angaben verleiten. Es handelt sich um vollwertige Gutachten mit uneingeschränkter Wertigkeit. Fremdwörter und wissenschaftliche Fachausdrücke sollte man grundsätzlich meiden, damit der Text für jeden Beteiligten sprachlich nachvollziehbar wird.

Das für den Fachsprachen gewohnte Kliniker anfänglich etwas befremdende Bemühen um eine stets klare und leicht verständliche deutsche Sprache erleichtert auf Dauer den Umgang mit den häufig fremden versicherungsrechtlichen Begriffen und verleiht ihm Sicherheit auf diesem Aufgabengebiet.

Auf die Einhaltung der am Kopf des Vordruckes angegebenen Erledigungsfrist muss der Arzt im eigenen Interesse achten. Es können sehr *schwerwiegende Haftpflichtansprüche* bei Außerachtlassung dieser Bearbeitungsfristen entstehen.

Die Honorierung der Vordruckgutachten erfolgt nach festgelegten Gebührensätzen. Möchte der Arzt das Gutachten z. B. aus Platzgründen in freier Form erstatten, kann er dies unter Beachtung der im Vordruck genannten Fragen tun. Das Honorar ändert sich hierdurch nicht.

1.17 Form des freien Gutachtens

Freie Gutachten sind in ihrer Form nicht durch Vordrucke festgelegt und damit in der Gestaltung frei.

Je nach Schwierigkeitsgrad des Auftrages bzw. der Fragestellung und des Falles reicht ihr Inhalt von der Beurteilung einfacher Krankheiten und des Zusammenhangs bis zur umfassenden Erörterung wissenschaftlicher Standpunkte und Herausarbeitung vielseitiger, vielschichtiger und verwickelter Zusammenhänge oder gutachtenbezogener Aufarbeitung wissenschaftlicher Forschungsergebnisse.

Zur Honorierung siehe Teil 1 Abschnitt 10.

Freie Gutachten, die sich zur Frage der Minderung der Erwerbsfähigkeit ohne weitere Erörterungen äußern sollen, werden zweckmäßig in allen medizinischen Fachgebieten nach folgendem Schema erstellt:

1. Kurze Vorgeschichte/Anknüpfungstatsachen

2. Derzeitige Beschwerden des Verletzten

3. Befund

3.1 Klinischer Befund

3.2 Klinische Spezialtests

3.3 Röntgenbefunde

3.4 Etwaige labortechnische Befunde (Blutbild, Harnstatus usw.)

4. Zusammenfassung und Beurteilung

5. Angabe der unfallunabhängigen Erkrankungen

6. Berufliche Teilhabe

7. Weitere Behandlungsmaßnahmen

Bei einer Begutachtung zur Rentenfestsetzung nach Aktenlage entfallen die Punkte 2, 3 und 6.

Die formalen Voraussetzungen für ein freies Gutachten zur Frage des ursächlichen Zusammenhanges werden später besprochen.

Die *Vorgeschichte* soll, falls es sich um das erste Gutachten nach Abschluss einer Heilbehandlung überhaupt handelt, *kurzgefasst* sein. Der Sachverhalt ist von der Verwaltung vorzugeben; grundsätzlich ist der Gutachter nicht zur Sachverhaltsermittlung befugt. Im Einzelfall hat die Verwaltung bei voneinander abweichenden Darstellungen des Ereignisablaufes zu bestimmen, welche Schilderung dem Gutachten zugrundezulegen ist. Ergeben sich für den Arzt neue Gesichtspunkte, kann es der Sache dienlich sein, alternative Beurteilungen abzugeben.

Enthalten die Akten keine oder unklare Ausgangstatsachen, die für die Beurteilung wesentlich sind, so hat der Gutachter die Verwaltung zur Vervollständigung anzuhalten. Die Vorgeschichte sollte immer die wichtigsten Daten enthalten wie: Hergang des Unfallereignisses und Entstehung der Verletzung, den ärztlichen Erstbefund und die komplette, ggf. im Verlauf des Heilverfahrens ergänzte Unfalldiagnose, den Verlauf des Heilverfahrens selbst, dessen Abschluss und den Wiedereintritt der Arbeitsfähigkeit. Unbedingt muss erwähnt werden, ob der Patient wegen früherer Unfälle oder wegen sonstiger Leiden eine Rente, auch im Ausland, erhalten hat oder noch bezieht. Ist die Vorgeschichte schon durch ein früheres Gutachten aktenkundig, dann kann dieser Punkt des Bearbeitungsschemas sich auf die Angaben zur Zwischenzeit beschränken.

Die *Eigenangaben* der Verletzten über Art und Ausmaß ihrer *Beschwerden* sind nicht selten unbeholfen und erfordern meist Zusatzfragen durch den Gutachter, um Wesentliches herauszustellen. Gelegentlich werden durch die Versicherten umfangreiche Beschwerdekomplexe vorgetragen, manchmal anhand von vorgefertigten Listen. Bei der endgültigen Niederlegung der Klageangaben kommt es auf die mit der Verletzung in weitgezogenem Rahmen zusammenhängenden Beschwerden an. Dabei obliegt es den Gutachtern, eine Ordnung in den Klagevortrag einzubringen, ohne den Inhalt und Aussagewert zu verfälschen. Aus den Klagen soll sich die funktionelle Behinderung ergeben. Eine in Gegenwart der Untersuchten formulierte Wiedergabe des Vorbringens in der Ich-Form ist am unverfänglichsten. Sie kann wertfrei und wenn brauchbar wortgetreu den Klagevortrag bringen. Durch entsprechende Fragen gelenkt, soll der Untersuchte dabei ein aussagefähiges Bild über seine etwaigen Behinderungen erstellen. Er soll sagen, ob z.B. sein Hinken nach einer Beinverletzung durch Schmerzen, durch Beinschwäche oder durch eine Beinverkürzung oder aber Gelenksteife bedingt ist. Die Festlegung auf eingeschränkte funktionelle Abläufe ist wichtiger und sachdienlicher als die Beschreibung diffuser Schmerzen.

In seltenen Fällen mag es geboten erscheinen, sich die Vollständigkeit der vorgebrachten Klagen in der Niederschrift durch Gegenzeichnung bestätigen zu lassen.

Damit wird ein späterer Vorwurf vermieden, man habe als Gutachter nicht alles Vorgebrachte aufgeführt und berücksichtigt.

Der *Befund* muss erschöpfend sein und alles Wesentliche enthalten. Er soll mit einer kurzen Wiedergabe des Allgemeinzustandes beginnen. Die eingehende Untersuchung unfallunbetroffener Organe und Körpergegenden und die langatmige Feststellung des dort erhobenen Befundes sind entbehrlich. Nur auftrags- bzw. sachrelevante Merkmale bedürfen der ausführlichen Darstellung. Neben den Folgen der Verletzungen sind auch die unabhängig vom Unfall bestehenden krankhaften Veränderungen aufzuzeigen. Diese Angaben müssen bei jeder Begutachtung neu erfasst werden, weil zwischenzeitlich hinzugetretene Verletzungen oder Erkrankungen vom Unfallfolgezustand abgegrenzt sein müssen.

Wie bereits unter Befunderhebung (1.4) ausgeführt, belegen sogenannte Negativfeststellungen die Vollständigkeit der gutachterlichen Untersuchung. Die Nichterwähnung unfallunabhängiger Veränderungen und bestimmter Normbefundmerkmale bedeutet im Gutachtenwesen nicht etwa „Normalzustand" sondern Unvollständigkeit der Befunderhebung oder inkomplette Untersuchung. In Streitfällen ist solch ein Gutachtenbefund angreifbar, weil später behauptete, zum Zeitpunkt der Untersuchung durchaus mögliche Veränderungen durch den Befund nicht widerlegt werden können. Bei Zusammenhangsbegutachtungen spielt dies eine große Rolle, weil eben hier oft geltend gemacht wird, dass bestimmte krankhafte Veränderungen, z.B. Krampfadern, nicht vorgelegen haben oder aber umgekehrt, dass später eingetretene Schäden bereits bei der ersten Untersuchung vorlagen, zum Beispiel Gefühlsstörungen infolge Bandscheibenschadens im Bein bei einem Brustwirbelkörperbruch.

Die *Befundschilderung* selbst kann in schwierigen Fällen durch Beifügung von *Skizzen* oder *Lichtbildern* wirkungsvoll unterstützt werden. Aus der Art der Beschreibung soll auf mögliche Ursachen geschlossen werden können. Die Behinderung in einem Kniegelenk kann z.B. durch einen knöchern harten Anschlag, einen bindegewebig straffen Widerstand oder eine federnde Muskelanspannung bedingt sein.

Sehr wichtig ist die genaue Angabe der Längen- und Umfangmaße bei Gliedmaßen und der Winkelmaße für die Bewegungsumfänge von Gelenken. Diese sollten nie geschätzt, sondern immer exakt gemessen werden. Bandmaß und Winkelmesser gehören daher unbedingt zum Rüstzeug des begutachtenden Arztes.

Selbstverständlich ist, dass nicht nur die Maße der verletzten Seite, sondern auch die Vergleichszahlen der gesunden Seite angegeben werden.

Nur durch den Vergleich haben die Zahlen überhaupt eine Bedeutung. Die Messpunkte und die Messweise sind heute standardmäßig festgelegt.

Hierzu sei auf die in der Unfallbegutachtung allgemein eingeführten Messbögen verwiesen (S. 130 ff.). Ein gewisser Schematismus ist bei der gesamten Untersuchung notwendig, um wichtige Momente nicht zu übersehen und immer einen kompletten Befund zu haben. Dagegen werden die besonderen notwendigen Untersuchungen erfahrungsgemäß weniger unterlassen.

Die moderne Röntgendiagnostik sollte stets im gebotenen Umfang zur Objektivierung der Unfallfolgen herangezogen werden. Bei der Anfertigung von *Röntgenbildern sind Vergleichsaufnahmen* korrespondierender Gliedmaßenabschnitte erforderlich. Dabei sind die Rechtsvorschriften über die diagnostische Anwendung von Röntgenstrahlen zu beachten (z. B. Schwangere).

Im Bedarfsfalle soll bei der Unfallbegutachtung das gesamte Rüstzeug moderner Diagnostik herangezogen werden. Dazu gehören klinische und apparative Testmethoden und labortechnische Untersuchungen. Ihre Einbeziehung sollte immer dann erfolgen, wenn hierdurch eine größere Sicherheit der gutachterlichen Aussage erreicht wird.

Viele diagnostische Hilfsmethoden sind bei exakter Untersuchung des Gutachtenpatienten völlig überflüssig. Der Befundung einer ausgeheilten Gliedmaßenverletzung ist auch ohne ausgedehnte Erfassung umfangreicher labortechnischer Daten möglich, während der Verlust der inneren Organe (Niere, Milz) ohne diese Werte unvollständig untersucht ist.

Es kommt auch nicht auf die Vielzahl der Zusatzbefunde an, sondern auf ihre Aussagefähigkeit für den Einzelfall. Die eingesetzten Funktionstests und Untersuchungsmethoden sollen zur Überzeugungskraft des Gutachtens beitragen und daher sachbezogen sein.

Am Anfang der *Zusammenfassung und Beurteilung* jeden Gutachtens steht eine knappe Wiedergabe der den Gutachtenauftrag begründende Sachlage. Es schließt sich an die genaue und klare Bezeichnung der Verletzungen. Man gewöhne sich an, diese Regel stets zu befolgen, weil man so sich selbst und dem Auftraggeber die Übersicht erheblich erleichtert.

Dann folgt die Aufzählung der *Unfallfolgen* im Einzelnen. Etwaige unfallfremde Körperschäden sind präzise abzutrennen. Eine exakte Diagnose und die genaue Aufzählung der im Befund einzeln beschriebenen Unfallfolgen sollten eindeutig und verständlich in deutscher Sprache gewählt werden, damit sie ohne Änderungen in den Bescheid des Versicherungsträgers übernommen werden können. An diese Aufstellung schließt sich dann als *Vorschlag* für die anfordernde Stelle die nach bestem Wissen und Gewissen ermittelte Einschätzung des Grades der unfallbedingten Minderung der Erwerbsfähigkeit. Bei schwierig gelagerten Fällen sollte die Schätzung erläutert werden.

Als *unfallfremde Veränderungen* sind alle nicht normalen Zustände aufzuzählen, die nicht als direkte oder indirekte Folge des infrage stehenden Unfalles zu bewerten sind. Eine genaue Aufgliederung dient der Aktualität und der Übersicht; der Verweis auf Vorgutachten ist unzureichend. Oft hat die Kenntnis dieser unfallfremden Veränderungen einen Einfluss sowohl auf den Grad der unfallbedingten Erwerbsminderung selbst, als auch auf die Entschädigung von bisher nicht rentenberechtigenden Folgen anderer Unfälle.

Ein Gutachten über gesetzlich Unfallversicherte schließt mit Angaben über die Maßnahmen zur beruflichen Teilhabe. Diese Zusammenarbeit zwischen Gutachter und Unfallversicherungträger ist eine wesentliche Voraussetzung für den Wirkungsgrad jeglicher berufshelferischer Maßnahmen überhaupt. Die gesellschaftspolitische und volkswirtschaftliche Bedeutung der damit zusammenhängenden Fragen kann nicht hoch genug veranschlagt werden. Die *Maßnahmen der Rehabilitation* (§ 26 ff. SGB VII) haben bekanntlich das schon 1844 von Ritter von Buhs geforderte Ziel:

„… soll der heilbare Kranke vollkommen rehabilitiert werden. Er soll sich zu der Stellung wieder erheben, von welcher er herabgestiegen war. Er soll das Gefühl seiner persönlichen Würde wiedergewinnen und mit ihm ein neues Leben gewinnen."

Die rechtzeitige Einleitung gezielter und geeigneter Hilfsmaßnahmen (Rehabilitation durch Unfallversicherungsträger, Rentenversicherung, Arbeitsamt) wird maßgeblich von den ärztlichen Hinweisen bei jeder Begutachtungsuntersuchung beeinflusst und unterstützt.

Der Gutachter muss daher durch entsprechende Hinweise in jedem seiner Gutachten mithelfen, dass die Versicherten die ihnen zustehenden sozialen Leistungen erhalten. Die nachgehende berufliche Teilhabe liegt insofern auch in der Hand des Gutachters, der meist als erster vom drohenden Arbeitsplatzwechsel, von der Kündigung und ähnlichem erfährt.

1.18 Die Minderung der Erwerbsfähigkeit (MdE)

Bei der Einschätzung des Grades der unfallbedingten Minderung der Erwerbsfähigkeit sind einige versicherungsrechtliche Besonderheiten in der Gesetzlichen Unfallversicherung zu beachten.

Erwerbsfähigkeit im Sinne der Gesetzlichen Unfallversicherung ist die Fähigkeit, auf Erwerb gerichtete Arbeitstätigkeit auszuüben. Daraus ergibt sich, dass die Minderung oder der Ausfall von *Fähigkeiten*, also von Körper- oder Gliedmaßenfunktionen, den Maßstab für die Bewertung bildet und nicht etwa anatomische Defekte oder Schäden. Unfallbegutachtung ist somit immer Funktionsbegutachtung.

Die Schätzung der durch den Unfall verursachten *Minderung der Erwerbsfähigkeit* (MdE) geht grundsätzlich nicht von dem erlernten oder ausgeübten Beruf des Verletzten/Untersuchten aus, sondern von dem Begriff des „allgemeinen Arbeitsmarktes". Darunter versteht man den gesamten Bereich des wirtschaftlichen Lebens mit allen Arbeitsgelegenheiten, die sich dem Verletzten nach seinen gesamten Kenntnissen und körperlichen sowie geistigen Fähigkeiten bieten.

Die Minderung der Erwerbsfähigkeit (MdE) ist ein Rechtsbegriff. Sie besteht in der Einschränkung der Fähigkeit des Versicherten, sich auf dem allgemeinen Arbeitsmarkt einen Erwerb zu verschaffen. Diese Betrachtungsweise folgt aus dem in der Gesetzlichen Unfallversicherung geltenden Grundsatz der abstrakten Schadensbemessung. Als Bezugsgröße hierfür dient nicht eine etwaige konkrete Einkommensminderung, sondern die Beeinträchtigung der individuellen Erwerbsfähigkeit zum Zeitpunkt des Unfalles. Die entsprechend dem Grad der MdE gezahlte Unfallrente hat keine Ausgleichsfunktion im Hinblick auf mögliche oder tatsächliche Einkommenseinbußen, sondern einen reinen Entschädigungscharakter. Entsprechend dem erlittenen Schaden ist die Minderung der Erwerbsfähigkeit in verschiedene Grade unterteilbar, ausgedrückt in Prozentsätzen von 10 bis 100. Dagegen ist die „Arbeitsunfähigkeit" im Sinne der Unfall- und Krankenversicherung nicht teilbar. Sie ist vorhanden oder sie ist es nicht.

Bei der Abschätzung des Einflusses der Unfallfolgen auf die Erwerbsfähigkeit der Versicherten haben sich im Laufe der Zeit allgemeine Erfahrungswerte eingebürgert, die auf den Seiten 143 ff. aufgeführt sind und auf die man zweckmäßigerweise zurückgreift. Weicht der Gutachter bei seiner Einschätzung davon wesentlich ab, so muss er die besonderen Verhältnisse des Einzelfalles angeben, die ihn aus dem Richtwertbereich herausheben und damit die abweichende Bewertung begründen (vgl. dazu Teil 1, 2.5.3.2).

Dabei sind im Unfallrecht auch Nachteile zu berücksichtigen, die der Verletzte dadurch erleidet, dass er bestimmte, von ihm erworbene berufliche Kenntnisse und Fähigkeiten infolge des Unfalls nicht mehr oder nur noch in vermindertem Umfang nutzen kann.

Die Erwerbsfähigkeit eines Verletzten vor dem Unfall wird stets als voll gegeben, das heißt mit 100 % angenommen, auch wenn er durch ein Gebrechen oder frühere Unfälle, z. B. die Lähmung eines Armes schon behindert war.

Voraussetzung für die Gewährung einer Verletztenrente ist im Regelfalle der Umstand, dass die Erwerbsfähigkeit durch die Folgen eines Unfalles um wenigstens 1/5 = 20 % über die 26. Woche nach dem Unfall hinaus gemindert ist, das heißt die MdE erreicht erst mindestens mit 20 % einen rentenberechtigenden Grad. Es werden aber auch Renten unter 20 v.H. ausgezahlt, wenn eine andere Rente wegen Unfallfolgen/Berufskrankheit vorliegt (sogenannte Stützrente s. Teil 1, 2.5.3.2).

1.19 Vorläufige Rente

Nach Abschluss der Behandlung innerhalb der ersten drei Jahre nach einem Unfall wird beim Vorliegen entsprechender Verletzungsfolgen im allgemeinen eine vorläufige Rente („Rente als vorläufige Entschädigung") gemäß § 62 SGB VII gewährt, wenn hierdurch die Erwerbseinbuße mindestens 20 % beträgt. Die Vorläufigkeit besagt, dass diese Rente jederzeit geändert werden kann, wenn eine wesentliche Änderung im Zustand der Unfallfolgen eingetreten ist. Als wesentlich gilt eine Änderung nur dann, wenn die Besserung oder Verschlimmerung *mehr* als 5 %, in der Regel aber mindestens 10 % beträgt. Ein Änderungsnachweis gegenüber der maßgeblichen Voruntersuchung muss geführt werden.

Ist voraussichtlich nur für eine befristete Zeit eine vorläufige Rente zu gewähren, so kann der Unfallversicherungsträger den Verletzten nach Abschluss des Heilverfahrens mit einer *Gesamtvergütung* gemäß § 75 SGB VII in Höhe des voraussichtlichen Rentenaufwandes entschädigen. Der Verletzte wird dann nicht zum Bezieher einer laufenden Rente. Aufgabe der Gutachter ist es, den Unfallversicherungsträger auf geeignete Fälle hinzuweisen. In solchen Fällen darf ausnahmsweise eine Schätzung der Minderung der Erwerbsfähigkeit mit zeitlicher Begrenzung bis zu einem in der Zukunft liegenden Endtermin vorgenommen werden.

1.20 Dauerrente

Spätestens drei Jahre nach dem Unfall muss die Dauerrente festgesetzt werden oder die bis dahin gewährte vorläufige Rente wird kraft Gesetzes zur Dauerrente. Die Festsetzung kann auch schon innerhalb der ersten drei Jahre erfolgen.

Eine Dauerrente darf dann nur in Zeitabständen von mindestens einem Jahr geändert werden.

Bei der Festsetzung der ersten Dauerrente handelt es sich um eine Neueinschätzung. Sie erfolgt ohne Rücksicht auf den Vorbefund. Daher ist der Nachweis einer Änderung im Befund nicht notwendig, auch wenn von der bisherigen Einschätzung abgewichen wird. Aus diesem Grund kann sich bei der Festsetzung der Dauerrente auch eine Änderung der Einschätzung um nur 5 % ergeben.

Das Wesentliche an der Festsetzung der Dauerrente ist also der Umstand, dass der sonst bestehende Zwang, den Nachweis einer wesentlichen Besserung oder Verschlimmerung im Unfallfolgezustand befundmäßig zu erbringen, dabei völlig entfällt. Hier bekommt der erfahrene Gutachter die einmalige und nicht mehr wiederkehrende Gelegenheit, vorgabefrei und befundgerecht zu schätzen. Diese Schätzung muss gut ausgewogen und dem Einzelfall unter Umständen auch auf Jahre hin angemessen sein, weil wesentliche Befundabweichungen mit den Jahren immer unwahrscheinlicher werden. Die Dauerrente kann nämlich nur jeweils nach einem

Jahr geändert werden und nur unter Nachweis einer wesentlichen Änderung im Unfallfolgezustand.

Es muss auch bedacht werden, dass bei einer 25 %igen Dauerrente ein Besserungs-nachweis mit dem Entzug der Rente verbunden ist, was den Versicherten unter Umständen sehr hart trifft, weil er mit 15 % immer in unmittelbarer Nähe des rentenberechtigten Mindestsatzes von 20 % liegt.

1.21 Rentenänderung

Oft ist es zweckmäßig, die Gründe anzugeben, die zu einer bestimmten Schätzung geführt haben. Bei allen Vorschlägen, eine bereits vorgegebene Rente zu ändern, ist der Nachweis einer *wesentlichen Änderung* (Besserung oder Verschlimmerung) im Vergleich zum zuletzt *maßgeblichen Gutachtenbefund* erforderlich. Das zeitlich letzte Gutachten ist bekanntlich nicht immer das rechtlich und ärztlich zuletzt maß-gebliche Vergleichsgutachten. Wie bereits oben aufgeführt, ist nur dasjenige Gut-achten frei von dem Zwang, die vom maßgeblichen Vorgutachten abweichende Einschätzung der Erwerbsminderung befundmäßig begründen zu müssen, das aus Anlass der ersten Festsetzung der Dauerrente erstellt wird. Man muss stets die Än-derungsmerkmale im Einzelnen aufführen und eventuell anhand von Zahlen erläu-tern. Nur eine wesentliche Änderung im gesamten objektivierten Unfallfolgezustand begründet eine gradmäßige Herauf- oder Herabsetzung der Erwerbsminderung.

Nach § 48 Sozialgesetzbuch X – Verwaltungsverfahren – kann eine Rente dann eingestellt bzw. geändert werden, wenn in den Verhältnissen, die für die Feststel-lung der Rente maßgeblich gewesen sind, eine wesentliche Änderung eingetreten ist. Nach der Rechtsprechung ist eine *wesentliche* Änderung der Verhältnisse anzuneh-men, wenn die Minderung der Erwerbsfähigkeit durch Unfallfolgen um *mehr* als 5 v.H. gesunken oder gestiegen ist. So sind z.B. Änderungen von 20, 30, 40, 50 % usw. auf 10, 20, 30, 40 % usw., ferner von 33 1/3 auf 25 %, von 40 auf 33 1/3 %, von 75 auf 66 2/3 bzw. 65 % und umgekehrt zulässig. Die Änderung um mehr als 5 v.H. muss jedoch durch den Vergleich des bei der anstehenden Untersuchung erhobenen Befundes mit den für die Feststellung der laufenden Rente im zuletzt maßgeblichen Gutachten niedergelegten Befund objektiviert werden. Im Falle der *Verschlimmerung* ist die Angabe unerlässlich, von *welchem Zeitpunkt* ab mit Wahrscheinlich die *Änderung der Verhältnisse* eingetreten ist.

Andererseits können auch nach Jahren *Anpassung und Gewöhnung* als Besserungs-merkmale in Betracht kommen. Es genügt aber nicht, wenn der Gutachter lediglich zum Ausdruck bringt, Anpassung oder Gewöhnung an die Unfallfolgen oder beides zusammen seien eingetreten. Aus dem ärztlichen Gutachten müssen vielmehr greif-bare Merkmale einer Anpassung oder Gewöhnung des Verletzten an den Unfallfol-gezustand hervorgehen. Nur am Rande sei vermerkt, dass neben den medizinischen oft auch außermedizinischen Erkenntnisse zu berücksichtigen sind, welche sich vornehmlich aus einer Prüfung der tatsächlichen Arbeitsverhältnisse des Verletzten anhand der Arbeitsauskünfte des Arbeitgebers gewinnen lassen. Es ist selbstverständlich, dass man stets die individuelle Gesamtsituation berücksichtigt. Ein Vorschaden, auf welchen sich die Unfallfolgen verschlimmernd auswirken, ist ebenso zu würdigen, wie eine etwa durch hohes Alter erschwerte Anpassung an die Unfallfolgen.

Bei einer erneuten Entscheidung über einen Rentenanspruch wird häufig übersehen, dass bei der Überprüfung nicht ausschließlich auf eine wesentliche Änderung der Unfallfolgen (§ 48 SGB X) abzustellen ist.

Die Tatsache, dass ein sog. Verschlimmerungsantrag gestellt wurde, führt allzu leicht in dem Feststellungsverfahren zu der Suche nach einer „Verschlimmerung"; das Kriterium der wesentlichen Änderung im Sinne einer Verschlimmerung ist jedoch nur dann von Bedeutung, wenn ein Verwaltungsakt *mit* Dauerwirkung erlassen wurde (z.B. Rente für unbestimmte Zeit, Gesamtvergütung, Erhöhung oder Herabsetzung der Rente).

Handelt es sich jedoch um einen Verwaltungsakt *ohne* Dauerwirkung (z.B. Ablehnung/Entziehung der Rente, Rente für zurückliegende Zeit, Ablehnung der Rente nach Gesamtvergütung, Entziehung der vorläufigen Rente und gleichzeitige Ablehnung der Dauerrente), ist die MdE frei einzuschätzen. Der Nachweis einer wesentlichen Änderung der Unfallfolgen ist nicht erforderlich; die MdE kann in diesen Fällen z.B. von 15 % auf 20 % erhöht werden.

1.22 Vorschaden, Nachschaden

Ein unfallfremder Vorschaden ist stets zu berücksichtigen.

Die Höherbewertung der Minderung der Erwerbsfähigkeit ist aber deshalb noch nicht generell gerechtfertigt. Sie ist erst dann geboten, wenn eine nachweisbare funktionelle Wechselwirkung zwischen Vorschaden und dem neuen Unfallschaden besteht und wenn ferner Art und Ausmaß des Vorschadens einen wesentlichen Einfluss auf die individuelle Erwerbsfähigkeit dieses Verletzten hatten. Es kann durch einen neuen Unfall nicht nur eine Summierung, sondern manchmal eine Potenzierung von jetzt fehlenden Fähigkeiten eintreten. So wird der Verlust des Auges bei Einäugigkeit ungleich höher bewertet als der Verlust nur eines Auges bei Verbleib des anderen.

Andererseits kann infolge des Vorschadens auch eine geringere Minderung der Erwerbsfähigkeit durch neue Unfallfolgen begründet erscheinen, als die sonst normalerweise gegeben wäre (etwa ein Unterschenkelbruch bei einem Querschnittsgelähmten).

Bei der Begutachtung solcher oft schwieriger Sachverhalte erweist sich der Meister seines Faches.

Ein unfallfremder Nachschaden (etwa ein zeitlich später erfolgter zweiter Bruch am gleichen Bein) darf keine Berücksichtigung bei der Schätzung der Minderung der Erwerbsfähigkeit finden.

Dagegen stellt der unfallbedingte Spätschaden (z.B. Sekundärarthrose nach Gelenkverletzung, Spätgangrän nach unfallbedingter Gefäßplastik) eine Verschlimmerung der Unfallfolgen dar.

Bei der Schätzung der Minderung der Erwerbsfähigkeit sind stets *genaue Zahlenangaben* erforderlich. Angaben wie „unter 20 v.H." „um 10 v.H.", „40 bis 100 v.H." sind wertlos. Verteilen sich die Unfallfolgen auf mehrere Fachgebiete, so ist für jede dieser Disziplinen eine exakte Teilerwerbsminderung anzugeben. Der Hauptgutachter schätzt danach aus diesen Teilerwerbsminderungssätzen die *Gesamterwerbsminderung.*

Dabei wird eine rein numerische Zusammenzählung dem Gesamtunfallfolgezustand fast nie gerecht, weil wohl meistens Überschneidungen vorliegen (z.B. eine Fußheberschwäche infolge Peronaeuslähmung nach einer Sprunggelenkfraktur).

In jedes Gutachten gehört ferner die Angabe, wann eine Nachuntersuchung angezeigt ist. Im Rahmen der vorläufigen Rente (innerhalb der ersten drei Jahre nach dem Unfall) beträgt die unterste Zeitgrenze für eine Nachuntersuchung drei Monate, bei einer Dauerrente (3 Jahre und später nach dem Unfall) beträgt die unterste Zeitgrenze für eine Nachuntersuchung ein Jahr. Erfahrungsgemäß lassen sich nämlich in jeweils kürzeren Zeiträumen kaum wesentliche Änderungsmerkmale objektivieren.

Das Vorliegen eines Dauerzustandes kann in der Regel frühestens fünf Jahre nach einem Unfall als gegeben erachtet werden. Gelegentlich sind noch nach längeren Zeiträuen wesentliche Besserungen zu beobachten.

Mit der Angabe, dass ein Dauerzustand eingetreten und daher weitere Nachuntersuchungen nicht mehr angezeigt seien, möge man als Gutachter zurückhaltend verfahren und erweitere besser den jeweiligen Kontrollzeitraum auf zwei oder drei Jahre.

1.23 Wiederherstellende Behandlungsmaßnahmen – Zumutbarkeit von Operationen

Sofern besondere wiederherstellende Behandlungsmaßnahmen zur Besserung des Unfallfolgezustandes notwendig erscheinen oder wenn der Gutachtenpatient dahingehende Wünsche äußert, sollten im Gutachten die Erfolgsaussichten dieser Maßnahmen erörtert werden. Der funktionelle Gewinn ist wertfrei gegen mögliche Risiken und Komplikationen abzuwägen. Bei Vorschlägen für Behandlungsmaßnahmen ist davon auszugehen, dass die gesetzliche Unfallversicherung *Kurbehandlungen* im Sinne der Rentenversicherung nicht kennt.

Die gegenwärtige Rechtslage zur Frage der Zumutbarkeit von Operationen ist folgende:

Die Verpflichtung des Versicherten zur Mitwirkung bei Maßnahmen der Heilbehandlung ist in den Vorschriften des Sozialgesetzbuches I. Buch, 3. Titel „Mitwirkung des Leistungsberechtigen" festgelegt. Nach § 63 dieser Vorschriften soll sich der Versicherte, der wegen Krankheit oder Behinderung – also auch wegen der Folgen eines Arbeitsunfalles – Leistungen beantragt oder erhält, auf Verlangen des zuständigen Leistungsträgers einer Heilbehandlung unterziehen, wenn zu erwarten ist, dass dadurch eine Besserung seines Gesundheitszustandes herbeigeführt oder eine Verschlechterung verhindert wird. Kommt der Versicherte dem Verlangen nicht nach, können ihn Rechtsnachteile treffen.

Der Versicherte kann Untersuchungen und Maßnahmen der Heilbehandlung demnach auch Operationen – ablehnen (§ 65, Abs. 2),

1. bei denen im Einzelfall ein Schaden für Leben oder Gesundheit nicht mit hoher Wahrscheinlichkeit ausgeschlossen werden kann,

2. die mit erheblichen Schmerzen verbunden sind oder

3. die einen erheblichen Eingriff in die körperliche Unversehrtheit bedeuten.

Kann dem Verletzten eine Operation nach diesen gesetzlichen Vorschriften nicht zugemutet werden, so kann der Sozialversicherungsträger diese auch dann nicht verlangen, wenn zu erwarten ist, dass sich der Grad der Minderung der Erwerbsfähigkeit wesentlich bessern würde.

Gleiches gilt für die Duldung von diagnostischen Maßnahmen.

1.24 Wichtige Untersuchungsmethoden für die Begutachtung

Wie bereits mehrfach oben ausgeführt, ist es ganz selbstverständlich, dass jeder Begutachtung eine *sorgfältige* Untersuchung des Verletzten vorauszugehen hat. Diese Untersuchung muss sich in ihrem Umfang dem vorliegenden Einzelfall anpassen. Begutachtungen, bei denen notwendige Untersuchungen unterlassen worden sind, haben keinen Aussagewert infolge unzureichender Beweis- oder Ausschlusskraft. Andererseits ist es überflüssig, die Untersuchungen unkritisch weit auszudehnen. Beispielsweise ist es nicht notwendig, bei einer Rentennachprüfung wegen eines komplikationslosen Fingerverlustes eine Leberfunktionsprüfung oder eine Lungendurchleuchtung oder eine Serumelektrophorese auszuführen. Bei Fehlen einer stichhaltigen Begründung werden diese Leistungen ohnehin nicht honoriert.

In jedem Falle ist es aber notwendig, sich nicht nur den verletzten Körperteil, sondern den ganzen Menschen genau anzusehen. Das fordert schon allein die ärztliche Sorgfaltspflicht bei jeder Krankenuntersuchung überhaupt.

Bei der Begutachtung sind möglichst genaue, am besten durch Messungen objektivierte und damit nachprüfbare Befunde von Wert.

Darum sind alle Befunde nicht nur exakt zu beschreiben, sondern es sind auch die Messstellen nach bekannten anatomischen Fixpunkten festzulegen. Das alles kann kurz, telegrammstilartig, aber deshalb nicht weniger genau geschehen. Alle Angaben sind in vergleichbaren Maßeinheiten zu liefern und ungenaue Feststellungen („um 1/3", „etwa die Hälfte", „annähernd normal") zu vermeiden. Die feineren Abstufungserfordernisse in der Unfallversicherung bei der Angabe der Erwerbsminderungssätze und die Unterschiede um 10 v.H. erfordern differenzierte diagnostische Methoden.

Bei strittigen Krankheitsbezeichnungen oder unklaren Diagnosen sowie bei ungeklärten Beschwerden muss die Klärung mithilfe der gesamten modernen Diagnostik herbeigeführt werden. Die Inanspruchnahme von Ärzten anderer Fachdisziplinen gehört ebenso dazu wie der Einsatz der verfügbaren technischen Einrichtungen. Es ist zumindest peinlich, wenn nachfolgende Gutachter einem Arzt mangelnde Sachaufklärung schlüssig nachweisen und damit die Deutung und die Schlussfolgerungen seines Gutachtens erschüttern oder gar aufheben. Die Zusammenarbeit von Fachkollegen aller Richtungen kann sich stets nur zum Besten auswirken. Sie fördert die fachliche Aufklärung des Einzelfalles und die Entwicklung der eigenen gutachterlichen Qualitäten.

Die Aufgaben dieser „Unfallbegutachtung" sind so eng gesteckt, dass sie mit denjenigen eines Handbuches nicht vergleichbar sind. Hier wird bewusst nur auf allgemeine Grundforderungen und praktisch bemerkenswerte Einzelfragen schlaglichtartig hingewiesen.

Vor jeder Untersuchung soll der Arzt die *Unfallakten* durchlesen, um sich so vorher über den Sachverhalt zu orientieren. Die Begutachtungsuntersuchung beginnt mit der genauen Betrachtung des stehenden Unfallverletzten. Dieser hat den Körper soweit entblößt, wie dies für einen genügenden Überblick notwendig erscheint. So ist bei Verletzungen der oberen Gliedmaße der ganze Oberkörper, bei Verletzungen der unteren Gliedmaßen der ganze Unterkörper in unbekleidetem Zustand zu betrachten. Häufig muss sich der Verletzte auch ganz ausziehen, um das Gesamtbild der Unfallfolgen besser zu erfassen.

Wichtig ist es auch, den Untersuchten bei An- und Auskleiden unauffällig zu beobachten. Mitunter wird man dabei feststellen können, dass beim Kleiderwechsel ein Gelenk in einem großen Umfang und schmerzfrei beweglich ist, das bei der Untersuchung selbst schon bei leichter Berührung der Haut schmerzhaft sein soll und das sich angeblich wegen enormer Steigerung der Schmerzen aktiv und passiv fast gar nicht bewegen lässt. Auch kann man es erleben, dass derselbe Patient sich beim

Anziehen der Schuhe auf einen Stuhl setzt und den Oberschenkel im rechten Winkel zum Rumpf beugt, während bei der vorangegangenen Untersuchung, als er noch ausgestreckt auf der Untersuchungsbank lag, jede Bewegung der Hüfte sehr erheblich eingeschränkt war. Und schließlich, um nur einige Beispiele herauszugreifen, kommt es nicht selten vor, dass ein Patient im Untersuchungszimmer ganz anders geht als nach Verlassen des Wartezimmers auf offener Straße. Eine solche Kontrollbeobachtung ist, wenn die Möglichkeit dazu besteht, immer angebracht.

Aus der Art, wie der Gutachtenpatient sich hält, sich bewegt, auf Fragen reagiert und welchen Gesichtsausdruck er dabei hat, kann der erfahrene Arzt sehr wesentliche Schlüsse ziehen. Allgemein scheitert die Ablenkung der Aufmerksamkeit der Patienten bei aktiven Bewegungen häufig daran, dass es zahlreiche Menschen gibt, die nicht gleichzeitig, etwa beim Ausziehen der Hose, eine Frage beantworten können. Die Ablenkung durch Befragung während passiver Bewegungsprüfungen ist leichter.

Die *Betrachtung* des Untersuchten muss alle äußerlich sichtbaren Formveränderungen erfassen. Muskelabmagerungen kann man oft mit dem Auge wesentlich sicherer feststellen als mit dem Maßband und dem Tasterzirkel. Dasselbe gilt für Veränderungen in der Achsenrichtung von Körperteilen, den Folgen frischer oder alter Verletzungen wie Wunden, Schwellungen und Narben. Ihre genaue Beschreibung, am besten unter Beifügung von Skizzen und Eintragungen in handelsüblichen Körperschemata ist notwendig. In seltenen Fällen empfiehlt es sich sogar, Fotos anfertigen zu lassen. Dies hat sich vor allem bei der Dokumentation von kosmetisch entstellenden Befunden sehr bewährt, ganz abgesehen davon, dass ein Lichtbild die oft schwierige Befunderhebung sinnvoll ergänzen kann. Auf die gutachterliche und diagnostische Bedeutung von Infrarot-Aufnahmen zur Dokumentation der Wärmeverteilung in den abgebildeten Strukturen oder Gewebsbezirken sei hingewiesen.

Komplexe Bewegungsvorgänge können in geeigneten Fällen durch Filmaufnahmen festgehalten und im Zeitlupentempo besser beurteilt werden.

Diese Möglichkeiten werden in letzter Zeit zunehmend durch die Videotechniken erweitert. Videoaufzeichnungen diagnostischer Untersuchungsgänge und Befunde helfen bei der Objektivierung von Unfallfolgen.

Zur visuellen Befunderhebung am entkleideten Gutachtenpatienten gehört die Erfassung der verschiedenen Hautveränderungen, Ausschläge, etwa vorhandener wassersüchtiger Schwellungen, Haltungsanomalien, Rundrücken, Buckelbildungen der Wirbelsäule, Verdrehungen und Verbiegungen derselben, Verformungen des Brustkorbes und dessen Ausladungen bei der Atmung, Veränderungen von Brust- und Bauchatmung, Stauungen im Pfortaderkreislauf, Krampfadern an Beinen oder Armen, Unterschenkelgeschwüren, einer glänzenden oder trockenen Haut, vasomotorischer Störungen, von Dermographismus, abnormer Schweißabsonderung, Senkfüßen usw.

Der durch die Betrachtung erhobene Befund wird durch *Betastung* (Palpation) erweitert und vertieft. Dabei ist es ganz besonders wichtig, zum Vergleich die andere, nicht verletzte Körperseite heranzuziehen. Damit können individuelle Normabweichungen unterschieden werden von krankhaften oder unfallbedingten Befunden.

Die *Betastung* ist eine sehr wichtige *Untersuchungsmethode*. Bei erfahrenen Untersuchungshänden ist sie auch sehr leistungsfähig. Sie umfasst die Prüfung der Hauttemperatur und der Narben, die Untersuchung auf Druck- und Klopfschmerzen, die Prüfung der Kraft, der Festigkeit der Gelenke und gebrochener Knochen, die Prüfung der Kraft und der Qualität der Muskulatur und schließlich die Messungen der Umfange, Verkürzungen und Verdrehungen sowie der Beweglichkeit der Gelenke.

Ein Vergleich des Tastbefundes mit einem Röntgenbild ergibt häufig wichtige Aufschlüsse, z. B. ob eine Verhärtung knöchern bedingt ist oder nicht.

Nach Knochenbrüchen muss jedes Gutachten die Angabe enthalten, ob der Bruch knöchern geheilt ist. Die Festigkeit wird geprüft, indem man das Glied beidseits der Bruchstelle fest umfasst und kräftige Biegungsversuche nach allen Richtungen durchführt. Abnorme Beweglichkeit und Biegungsschmerz belegen Instabilität und damit ausgebliebene Knochenbruchheilung.

Die Prüfung der Bandfestigkeit der Gelenke erfolgt durch Aufklapp- und Rüttelversuche sowie Provokation von Dreh-Gleitbewegungen. Gelockerte Gelenke an einem Bein beeinträchtigen die Standfestigkeit besonders auf unebenem Boden, auf Leitern und Gerüsten und beim Tragen von Lasten. An den Armen wird die grobe Kraft herabgesetzt.

Das Betasten der Muskulatur während der Anspannung und Entspannung gibt Aufschlüsse über die Funktionstüchtigkeit dieser Organe. Die Prüfung der Konsistenz und der unterschiedlichen Spannungszustände der verschiedenen Muskelgruppen muss immer im Vergleich mit der gesunden Gegenseite erfolgen. Durch Messungen lassen sich die gewonnenen Erkenntnisse vervollständigen.

Bei der Unfallbegutachtung spielt das Messen eine sehr wichtige Rolle. Gerade die Unfallmediziner haben sich stets um den Ausbau der Messtechniken und die Förderung von Messmethoden bemüht. Die Brauchbarkeit unserer Messergebnisse ist dennoch auf Vergleichsmessungen auf der gesunden Körperseite angewiesen und auf die Kenntnis der Vieldeutigkeit des globalen Messwertes. Die Umfangmaße eines Armes oder Beines werden durch den Muskelschwund, durch Weichteilverluste, durch Seitenverschiebung der Knochen, durch Callusmassen, durch Weichteilschwund infolge Nervenlähmung und durch Schwellungen beeinflusst. Sie können an der verletzten Gliedmaße daher größer oder kleiner sein als an der gesunden. Aus dem Befund muss hervorgehen, wodurch eine Umfangsdifferenz bedingt ist. In erster Linie werden durch die Umfangmaße Schwellungen oder der Schwund der Muskulatur zum Ausdruck gebracht. Zur besseren Vergleichbarkeit und Vereinheitlichung der Messuntersuchungen sind von den Unfallversicherungträgern Standardmessstellen festgelegt (s. Messbogen, S. 130 ff.).

Verkürzungen und Verbiegungen sowie Verdrehungen nach schweren Verletzungen müssen immer eingehend befundet werden, weil sie auf Dauer sekundäre Veränderungen und damit Verschlimmerungen im jeweiligen Unfallfolgezustand nach sich ziehen.

Im Allgemeinen soll man die Messwerte nicht auf den Millimeter genau angeben, sondern auf den halben Zentimeter, da methodikbedingte Messwertschwankungen in dieser Größenordnung liegen. Differenzen von einem 1/2 Zentimeter sowohl in der Länge eines Gliedes als auch bei seinem Umfang sind völlig belanglos.

Die häufigste Längenmessung wird an den Beinen vorgenommen, ferner an Amputationsstümpfen. Dabei gilt als Beinlänge der Abstand zwischen dem oberen vorderen Darmbeinstachel und der Innenknöchelspitze bei senkrechter Ausrichtung des Beines zu der Verbindungslinie der beiden oberen Darmbeinstachel. Bei Kontrakturen muss das gesunde Bein zur Messung in die gleiche Position gebracht werden wie das verletzte. Die Ursache einer Längendifferenz kann an den verschiedensten Stellen des Beines z. B. im Schenkelhals, Oberschenkelschaft oder Unterschenkel liegen. Daher ist es häufig notwendig, Sondermessungen der Gliedmaßenabschnitte auszuführen. Im Befundbericht müssen die Messpunkte genau angegeben werden. Längenänderungen im Oberschenkelbereich kommen im Abstand vorderer oberer Darmbeinstachel – innerer Kniegelenkspalt zum Ausdruck. Am Unterschenkel ist es der Abstand innerer Kniegelenkspalt – Innenknöchelspitze.

Längenmessungen an den Armen sind von geringerer Bedeutung, weil deren Verkürzung für ihre Funktion weniger wichtig ist.

Messungen an Röntgenbildern sind dagegen nur unter Beachtung besonderer Vorsichtsmaßregeln zulässig, weil Röntgenbilder Schattenzeichnungen darstellen, deren absolute Längen nicht mit den tatsächlichen Längen des Körpers übereinstimmen. Entsprechend den Strahlengesetzen ist die Verzeichnung umso größer, je näher der Brennfleck der Röhre an dem Körper bei der Aufnahme war. Nur bei Verwendung entsprechender Winkelmesser und Korrekturtafeln sind reelle Werte erzielbar.

Wie bereits oben erwähnt, dienen die Umfangmaße hauptsächlich der Feststellung des Zustandes der Muskulatur.

Sie sind je nach der Körperhaltung im Augenblick der Messung (liegend oder im Stehen) und je nach dem Anspannungs- oder Erschlaffungszustand der Muskulatur verschieden. Davon kann man sich sehr leicht durch einige Testmessungen überzeugen. Weil die genannten Zustände die gemessenen Zahlen erheblich beeinflussen können, müssen im Befundbericht also stets die näheren Messbedingungen angegeben werden, wenn im Sonderfall abweichend von der Norm vorgegangen wird.

Für Begutachtungsmessungen ist die einheitliche Messtechnik verbindlich, die in den Messbögen (S. 130 ff.) angegeben ist.

Die Beinmaße werden im Liegen auf der Untersuchungsbank bei entspannter Muskulatur gemessen. Alle Maße an den Armen sind bei schlaff herabhängendem Arm zu nehmen. Außer den im Bogen festgelegten typischen Messstellen können in Einzelfällen noch andere Messungen zweckmäßig erscheinen, die den jeweiligen Sonderverhältnissen angepasst und benannt sein müssen.

Die Auswertung der Umfangmaße an den Gliedmaßen ist dadurch erschwert, dass man nicht die Muskulatur allein misst, sondern auch den Haut- und Unterhautfettgewebsmantel. Wassersüchtige Schwellungen sind vornehmlich hier lokalisiert und daher am besten mit Angabe der Uhrzeit im Befund zu verzeichnen. Am Kniegelenk können differente Umfangmaße einen Gelenkerguss bedeuten. Allerdings muss dabei die Kapselbeschaffenheit berücksichtigt werden.

Eine weitere Umfangmessung wird am Brustkorb bei Ein- und Ausatmung vorgenommen, die nach alter Gewohnheit bei seitlich erhobenen Armen über den Brustwarzen und über der Schwertfortsatzspitze erfolgt. Sie ist ein grobes aber leicht ausführbares Verfahren zur Bestimmung des Atemvolumens. Sie kann die Spirometrie jedoch niemals ersetzen.

Daher ist bei ausgedehnteren Brustkorbverletzungen die Ermittlung der atemabhängigen körperlichen Leistungsfähigkeit durch detaillierte Untersuchungsmethoden erforderlich. Hierzu gehören zahlreiche klinische Lungenfunktionsprüfungen, Blutgasanalyse und an Spezialinstituten die Messung des Sauerstoffs bei standardisierter körperlicher Belastung.

Schließlich gehören zur Betastung die Prüfung der Narben, der Hauttemperatur und der Pulse.

Funktionsbehindernde Narben, die die Erwerbsfähigkeit beeinträchtigen, müssen ausführlich beschrieben werden. Es handelt sich dabei besonders um solche, die an der Greiffläche der Finger und der Hand liegen, bzw. an den Füßen, um solche, die das Auftreten und das Tragen von Schuhen erschweren. Wichtig ist auch die Beschreibung der Narben an Amputationsstümpfen. Kosmetisch störende Narben, in erster Linie im Gesicht und am Hals sind bei der Einschätzung zu berücksichtigen und daher genau zu beschreiben, auch wenn sie funktionell nicht von Bedeutung sind.

Eine erhöhte Hauttemperatur zeigt einen Reizzustand oder eine Entzündung an. Bei Durchblutungsstörungen und Nervenverletzungen kann die Haut kühler sein und verschieden starke Schweißsekretion aufweisen. Eine Störung der Hauttemperatur kann besonders an den Fingern sehr hinderlich sein, weil die Finger bei der Arbeit Kälte und Nässe und Temperaturschwankungen ausgesetzt sind. Zur Abgrenzung von Unfallfolgeschäden gegen etwaige Durchblutungsstörungen ist die Tastung der Pulse unabdingbar. Bei Differenzierungsschwierigkeiten kann eine einfache Ultraschall-Doppleruntersuchung Klarheit bringen.

Für die Ermittlung der Gelenkfunktion sind die *Winkelmessung*en in der gutachterlichen Praxis von sehr großer Bedeutung.

Im In- und Ausland hat sich die Neutral-Null-Methode durchgesetzt. Man sollte die Winkelwerte nie schätzen, sondern mit dem Winkelmesser objektivieren.

Wenn auch Differenzen gegenüber der gesunden Seite von 10 Grad praktisch nicht sehr ins Gewicht fallen, so ist doch im Interesse der Messgenauigkeit und der Selbstkontrolle die Verwendung eines Winkelmessers immer vorzuziehen. Auf jeden Fall sind Winkelangaben aussagefähiger als summarische Feststellungen wie z. B. „etwas eingeschränkte Beweglichkeit", „mäßig eingeschränkte Beweglichkeit" oder aber „um die Hälfte gegenüber der anderen Seite behindert". Derartige Angaben sind nicht nachvollziehbar oder vergleichbar und damit wertlos.

Jedes Gelenk muss im Vergleich mit der gesunden Seite gemessen werden.

Die Beweglichkeit der meisten Gelenke weist nämlich schon physiologisch eine große Schwankungsbreite auf. Das Schultergelenk ist bei alten Menschen oft weniger beweglich als bei jungen, ohne dass es krankhaft behindert ist. Ein geübter Turner verfügt über einen erheblich größeren Bewegungsumfang als sein untrainierter Arbeitskollege.

Winkelmessungen sind an allen Gliedmaßengelenken uneingeschränkt möglich.

Lediglich bei der Bewegungsprüfung des Rumpfes bzw. der Wirbelsäule ist die Verwendung des Winkelmessers weniger gebräuchlich, da es sich hierbei um eine Bewegung handelt, die nicht in einem Gelenk erfolgt, sondern in einer Kette hintereinander geschalteter Gelenke. Daher kommen hier die kritische Betrachtung und Analysierung der Bewegungsvorgänge zu ihrem Recht. Auch Lichtbilder in seitlicher Richtung beim Stehen und bei maximaler Beugung bzw. Überstreckung des Oberkörpers sowie Röntgenfunktionsaufnahmen bei den einzelnen Bewegungszuständen können äußerst aufschlussreich sein. Auch zur Dokumentation einer Wirbelsäulenverkrümmung in ihrer Größe und Veränderlichkeit sind fotografische Aufnahmen in verschiedenen Körperhaltungen anschaulicher als Gesamtwinkelangaben oder umständliche Beschreibungen.

Am *Schultergelenk* muss man zwischen den Bewegungen im Schultergelenk selbst (also bei fixiertem Schulterblatt) und den Komplexbewegungen mit dem gesamten Schultergürtel unterscheiden. Die Erhebungsmöglichkeit des Armes nach vorn, seitlich und hinten ist in Winkelgraden messbar. Die Drehbewegungen des Armes im Schultergelenk können in zwei Arten gemessen werden:

1. Bei in Neutralstellung anliegendem Oberarm mit 90 Grad gebeugtem Ellbogengelenk; dabei dient der Unterarm als Zeiger.

2. In Abspreizstellung des Armes im Schultergelenk von 90 Grad und Beugung im Ellbogengelenk ebenfalls von 90 Grad; auch hier dient der Unterarm als Zeiger.
   Einwärtsdrehung und Rückführung des Armes sind für die Praxis gekoppelte Bewegungen, deren Umfang sich durch die Angabe ausdrücken lässt, bis zu welchem Teil der Wirbelsäule die auf den Rücken gelegten Hand des Patienten aktiv gebracht werden kann bzw. welcher Abstand in Zentimetern verbleibt (sogenannter Kreuz- oder Schürzengriff). Die Messung der Beuge- und Streckfähigkeit des *Ellenbogengelenkes* ist einfach. Hierzu gehört auch die Messung der Unterarmdrehung bzw. Wendbewegung. Am *Handgelenk* sind neben dessen Streck- und Beugefähigkeit d. h. der Hebung bzw. Senkung des Handgelenkes auch die ellen- bzw. speichenseitige Knickung zur Längsachse des Unterarmes anzugeben.

An den *Fingern* kann man naturgemäß die Beweglichkeit jedes einzelnen Gelenkes durch Winkelmessung prüfen. Allerdings ist das Ausmessen von 14 Gelenken je

Hand recht umständlich und zeitraubend. Im Einzelfalle mag aber dennoch die Winkelmessung der Fingergelenkbeweglichkeit angebracht und wichtig sein.

Als praktikable und brauchbare Lösung haben sich Abstandsmessungen durchgesetzt. Die Bestimmung der Streckfähigkeit der Finger erfolgt als Abstandsangabe in Zentimetern zwischen Nagelrand des gestreckten Fingers und der Handrückenebene. Bei der Prüfung der Beugefähigkeit wird für den jeweils gebeugten Finger der Abstand seines Nagelrandes von der queren Hohlhandfalte in Zentimetern gemessen.

Um einen genauen Eindruck von der Greiffähigkeit einer Hand zu vermitteln, sollte bei dieser Prüfung auch die Stellung der Fingergrundgelenke vermerkt werden, weil diese besonders wichtig für den Faustschlussvorgang sind. Die Abspreiz- und Oppositionsfähigkeit des Daumens lässt sich am Besten in Winkelmaßen angeben in der Ebene der Hand bzw. senkrecht dazu, seine Einschlagfähigkeit durch die Benennung der Stelle der Handfläche, der die Daumenspitze bis zur Berührung bzw. am nächsten genähert werden kann. Die Funktionstüchtigkeit des Spitzgriffes zwischen Daumen und Zeigefingerkuppe sowie des Grob- oder Breitgriffes (3. bis 5. Finger) sind zu vermerken. Bei der Begutachtung von Finger- und Handverletzungen sind of zusätzliche Untersuchungen erforderlich (Nervenfunktionsprüfungen, Zwei-Punkte-Unterscheidungsvermögen, Aufsammeltest, Auszählung der Schweißpunkte, Ninhydrin-Test und andere).

Kraftmessungen haben nur einen relativen Wert, da ihr Ausfall in hohem Maß von dem Willen und der Mitarbeit des Gutachtenpatienten abhängt. In besonderen Fällen besitzen diese Messungen einen großen Wert im negativen Sinne, nämlich dann, wenn ein muskelkräftiger Patient mit starken Arbeitsschwielen an den Händen beim Händedruck zwischen der verletzten und der unverletzten Hand einen zu großen Unterschiedswert aufweist. Spannt er dabei nicht nur die Beugemuskulatur des Unterarmes, sondern gleichzeitig auch die Streckmuskulatur, dann ist sicher, dass der geringe Druckwert absichtlich erzeugt ist und mit dem Muskel- und Verarbeitungsbefund nicht übereinstimmt. Kraftmessungen kommen in Betracht nur zur Prüfung der Druckkraft der Hand. Man kann dazu aber auch Metallfederinstrumente verwenden, die beim Zusammendrücken einen Skalenwert anzeigen. Sie haben sich in der Praxis nicht durchsetzen können.

Praktisch wird die grobe Kraft beim überkreuzenden Händedruck geprüft mit mehrfachem Wechsel der Über- bzw. Unterkreuzungen, sodass der Prüfling mehrfach rasch in verschiedenen Ebenen zugreifen muss. Bei williger Kooperation ist sein Krafteinsatz annähernd gleich. Bei großer Schwankungsbreite dagegen mit reliefschwacher und schlaffer Unterarmmuskulatur passt die demonstrierte Schwäche nicht zum sonstigen Befund. Auch der Anpressdruck der Finger und ihre Auflagestellen lassen Rückschlüsse auf Funktionsausfälle bzw. ihre Vortäuschung zu.

Die *Röntgenuntersuchung* spielt naturgemäß bei allen Verletzungen, nicht nur bei den Knochenbrüchen und ihren Folgezuständen eine sehr erhebliche Rolle. Ohne

Anspruch auf Vollständigkeit und Ausführlichkeit sei auf einige wichtige Einzelheiten und grundsätzliche Punkte hingewiesen.

Röntgenaufnahmen haben einen hohen dokumentarischen Wert. Sie sind stets in zwei Körperebenen zu fertigen. Das gilt auch für den Brustkorb und das Becken. Sonderfälle müssen immer durch Spezialtechniken abgeklärt werden. Hierzu eignen sich Schrägaufnahmen, Funktionsaufnahmen, Schichtaufnahmen, Kontrastmittelfüllungen und Durchleuchtungen, Darstellungen des arteriellen oder venösen Gefäßsystems, Doppelkontrastdarstellungen der Gelenke und nicht zuletzt Computertomographie und Kernspintomographie.

Auch hier sind Vergleichsaufnahmen der gesunden korrespondierenden Körperteile für die Beurteilung unerlässlich. Gelegentlich sind Aufnahmen in verschiedenen Strahlenqualitäten (Hartstrahl- und Weichstrahlaufnahmen) sowie Vergrößerungs- und Kontrastaufnahmen notwendig.

Die Deutung der Röntgenbilder ist keineswegs leicht und erfordert eine ständige Übung. Fehldeutungen normaler Befunde und belangloser Gefäß- und Skelettvarietäten kommen immer wieder vor. Man kann sie vermeiden, wenn man in Zweifelsfällen die einschlägigen Werke oder Wandtafeln zu Rate zieht.

Die Röntgendurchleuchtung hat in der Diagnostik bei Herz, Lunge, Magen-Darm-Kanal und Gefäßen ihre Bedeutung behalten. Durch die Einführung verschiedener Kontrastmittel sind die Möglichkeiten ihrer Anwendung noch gesteigert worden. Auch bei unklaren Lageverhältnissen (z. B. bei Fremdkörpern, kompliziert gebauten Gelenken, Geschwülsten) kann eine Durchleuchtung von sehr großem Nutzen sein. Die *Bildwandler-Geräte* vermitteln eine lebendigere Anschauung von den Lagebeziehungen der einzelnen Objekte zueinander. Sie wurden jedoch durch modernere Techniken wie z. B. die Computertomografie und Kernspintomografie verdrängt.

Es muss betont werden, dass bei der Gutachtenerstellung bei Wirbelsäulenverletzten sowie bei strittigen Gelenkbefunden dringend eine Kernspintomographie gemacht werden sollte, auch zur Dokumentation bei Wirbelsäulenveränderungen bei Berufskrankheiten ist die Computertomographie und die MRT-Untersuchung unumgänglich. Fachneurologische Befunde und/oder neuropsychologische und psychologische Befunde sind bei Wirbelsäulenerkrankungen und wirbelsäulenbedingten Berufskrankheiten notwendig, um die Befindlichkeitsstörungen korrekt zu erfassen. Auf das nachfolgend abgedruckte Messblatt über Wirbelsäulenerkrankungen sei hingewiesen. Im Zuge der Vergleichbarkeit der Untersuchungsergebnisse sollte bei Wirbelsäulenveränderungen dieses Messblatt benutzt werden. Bei Wirbelsäulenveränderungen und Querschnittlähmung oder Teilquerschnittlähmung sei auf den ASIA-Befundbogen hingewiesen, er dient zur korrekten Erfassung von Ist-Zuständen als Unfallfolge.

Allgemein beweisen Röntgenbefunde keine Ausfallserscheinungen. Röntgenbild und Klinik sind sehr oft diskrepant. Auf den Grad funktioneller Auswirkungen bestimmter anatomischer Veränderungen kann aus Röntgenaufnahmen nicht geschlossen werden. Sie sind lediglich geeignet, klinische Erhebungen zu ergänzen oder bestimmte Symptome zu erklären.

Die unfallchirurgische Begutachtung streift häufig auch andere Fachgebiete.

Die Blutdruckmessung gibt häufig wertvolle Hinweise auf komplizierte Leiden, die als überlappende Geschehen auch für die Unfallbegutachtung von Bedeutung sind. Abgesehen von körperlichen Anstrengungen und seelischen Erregungen sind die erhaltenen Werte weitgehend reproduzierbar. Die Beurteilung der verschiedenen Pulsqualitäten kann ebenfalls Anhaltspunkte für weitergehende Begleiterkrankungen liefern.

Die überprüften Reflexe und der erhobene Reflexbefund sind im Gutachten zu vermerken. Dies lässt sich ohne viele Worte klar und eindeutig festlegen. Bei Unfallfolgen, die das neurologische Fachgebiet berühren, ziehe man stets einen Neurologen zu. Mit seinen spezialisierten Kenntnissen ist er besser in der Lage, neurologische Störungen zu werten und sie anatomisch bzw. funktionell zu lokalisieren. Neben Blutuntersuchungen, zytologischen und serologischen Methoden sind bei allen Erkrankungen des zentralen Nervensystems fachspezifische Untersuchungen wie z.B. die Liquordiagnostik sowie Lumbalpunktion mit Liquordruckmessung erforderlich.

Bei Anforderung von Laborbefunden muss der Gutachter dem Laborarzt genau angeben, welche Untersuchungen er durchgeführt haben will und mit welcher Fragestellung. Auch ein hinzugezogener Pathologe kann sich nur zu einer konkreten Fragestellung sinnvoll und erschöpfend äußern.

Bei Schädelverletzungen sind Zusatzuntersuchungen durch den Augenarzt, Hals-Nasen-Ohren-Arzt, Neurologen und ggf. Psychiater notwendig. Die speziellen Untersuchungsgänge sind so fachspezifisch, dass auf eine Darstellung hier verzichtet wird, da bei entsprechender Fragestellung eine disziplingebundene Zusatzuntersuchung unabdingbar ist.

Für den unfallchirurgisch tätigen Gutachter gehören allgemeine und spezielle Diagnostikmethoden mit ihren Fortschritten zum notwendigen Rüstzeug, seine wesentlichsten Mittel bleiben aber immer die Fachkenntnis, die genaue und gekonnte Untersuchung und die im Laufe der Zeit gesammelte Erfahrung.

Abschließend seien die Muster für *Messbögen* wiedergegeben. Diese Bögen haben sich zur Vermeidung unnötigen Schreibwerks aber auch als Gedächtnisstützen für den Untersuchungsablauf eingebürgert. Sie können über die Unfallversicherungsträger bezogen werden.

Weil diese Messbögen eine Schematisierung bedeuten, sei daran erinnert, dass die Bemessung der Leistungsfähigkeit im Erwerbsleben sich nach dem klinischen Gesamtbefund richtet und nicht nach Einzelergebnissen.

1.25 Anleitung zur Benutzung der Messblätter und der Messung nach der Neutral-0-Methode

Von verschiedenen Autoren wurde eine einheitliche Schreibweise der gemessenen Gelenkbeweglichkeit vorgeschlagen als sogenannte Neutral-0- oder Null-Durchgangsmethode, die heute international verbreitet ist.

Ausgangspunkt aller Messungen ist dabei die sogenannte Neutralstellung der untersuchten Person. Diese *Neutral-0-Stellung* entspricht der normalen Funktionsstellung aller Gelenke eines gesunden Menschen im aufrechten Stand mit hängenden Armen und nach vorn gehaltenen Daumen und parallel ausgerichteten Füßen.

Die Messung der Gelenkbeweglichkeit erfolgt durch Anlegen des Winkelmessers an die vom Gelenk ausgehenden Gliedmaßen. Der Winkelmesser wird weder dorsal noch ventral angelegt, sondern lateral, und zwar so, dass die Schenkel des Winkelmessers mit den gedachten Längsachsen der Gliedmaßen zur Deckung gebracht werden und die Drehachse des Winkelmessers mit der Drehachse des Gelenkes zusammenfällt. Der durchlaufende Winkel wird an der Winkelmesserskala abgelesen und Sinnvollerweise unter Rundung auf die nächste Fünferstelle notiert. Bei der *Protokollierung* werden immer 3 Zahlen eingetragen. Im Normalfall wird die 0 zwischen die beiden Ziffern für die Anfangs- und Endstellung gesetzt, da üblicherweise die Gelenke über die 0-Stellung hinaus in zwei Richtungen Bewegungen zulassen.

Beispiel

Hüftgelenk: Streckung/0/Beugung   10−0−130

bedeutet: Der Bewegungsumfang erreicht von 10° Streckung über die 0-Position bis 130° Beugung.

Wird bei der Bewegung die 0-Stellung erreicht ohne weiteren Bewegungsausschlag darüber hinaus, so wird durch 2-malige Schreibung der 0 angezeigt, dass die erreichbare Endstellung der 0-Stellung des Gelenkes entspricht:

Beispiel

Ellbogengelenk: Streckung/0/Beugung   0−0−150

bedeutet: Die normale Streckstellung des Gelenkes ist gleichzeitig Endstellung, eine Überstreckbarkeit liegt nicht vor.

Wenn infolge einer Bewegungseinschränkung die Normalposition (gleich 0-Stellung) nicht erreicht wird, so wird der bei Bewegung beschriebene Winkel durch die erreichbaren Grenzausschläge auf der Bewegungsseite der 0-Position angegeben:

Beispiel

Zeigefingergrundgelenk: Streckung/0/Beugung   0−30−80

bedeutet: Das Bewegungsausmaß ist durch die Grenzen 30 bzw. 80° Beugung gegeben, das heißt, es beträgt 50°. Es liegt also eine Beugekontraktur von 30° vor.

Messblatt für Obere Gliedmaßen (nach der Neutral-0-Methode)

Name		Untersuchungstag
geb.	Aktenzeichen	
		□ Rechtshänder □ Linkshänder

Abb. 1
Abb. 2
Abb. 3
Abb. 4
Abb. 5
Abb. 6
Abb. 7
Abb. 8
Abb. 9
Abb. 10

Rechts **Links**

Schultergelenke:

Arm seitw./körperw. (Abb. 1) ....

Arm rückw./vorw. (Abb. 2)........
Arm ausw./einw. drehen (Oberarm anliegend) (Abb. 3) ....
Arm ausw./einw. (Oberarm 90° seitw. abgeh.) (Abb. 4) ....

Ellenbogengelenke:

Streck./Beugg. (Abb. 5)............

Unterarmdrehung:

ausw./einw. (Abb. 6) ....

Handgelenke:

handrückenw./hohlhandw.(Abb.7)..

speichenw./ellenw. (Abb. 8) ....

Fingergelenke:
Abstände in cm:
Nagelrand
/quere Hohlhandfalte (Abb. 9) .....
Nagelrand
/verl. Handrückenebene (Abb. 10)

II III IV V   II III IV V

Abb. 12

Abb. 11

Daumengelenke:

Streckung/Beugung:

Grundgelenk..........

Endgelenk..........

Abspreizung (Winkel zwischen 1. und 2. Mittelhandknochen)

In der Handebene (Abb. 11)........ 0 0

Rechtwinklig zur Handebene (Abb. 12)........ 0 0

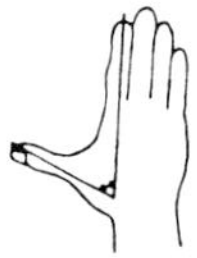

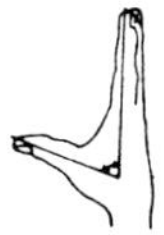

II   III   IV   V   II   III   IV   V

Ankreuzen, welche Langfinger-kuppen mit der Daumenspitze erreicht werden können ...

Handspanne:

Größter Abstand in cm zwischen Daumen- und Kleinfingerkuppe ...

Umfangmaße in cm:
(Hängender Arm)

15 cm ob. äußerem Oberarm-Knorren ...

Ellenbogengelenk ...
10 cm unt. äußerem Oberarm-Knorren ...

Handgelenk ...

Mittelhand (ohne Daumen) ...

Armlänge in cm:

Schulterhöhe/Speichenende ...

Stumpflängen in cm:

Schulterhöhe/Stumpfende ...

Äuß. Oberarmknorren/Stumpfende

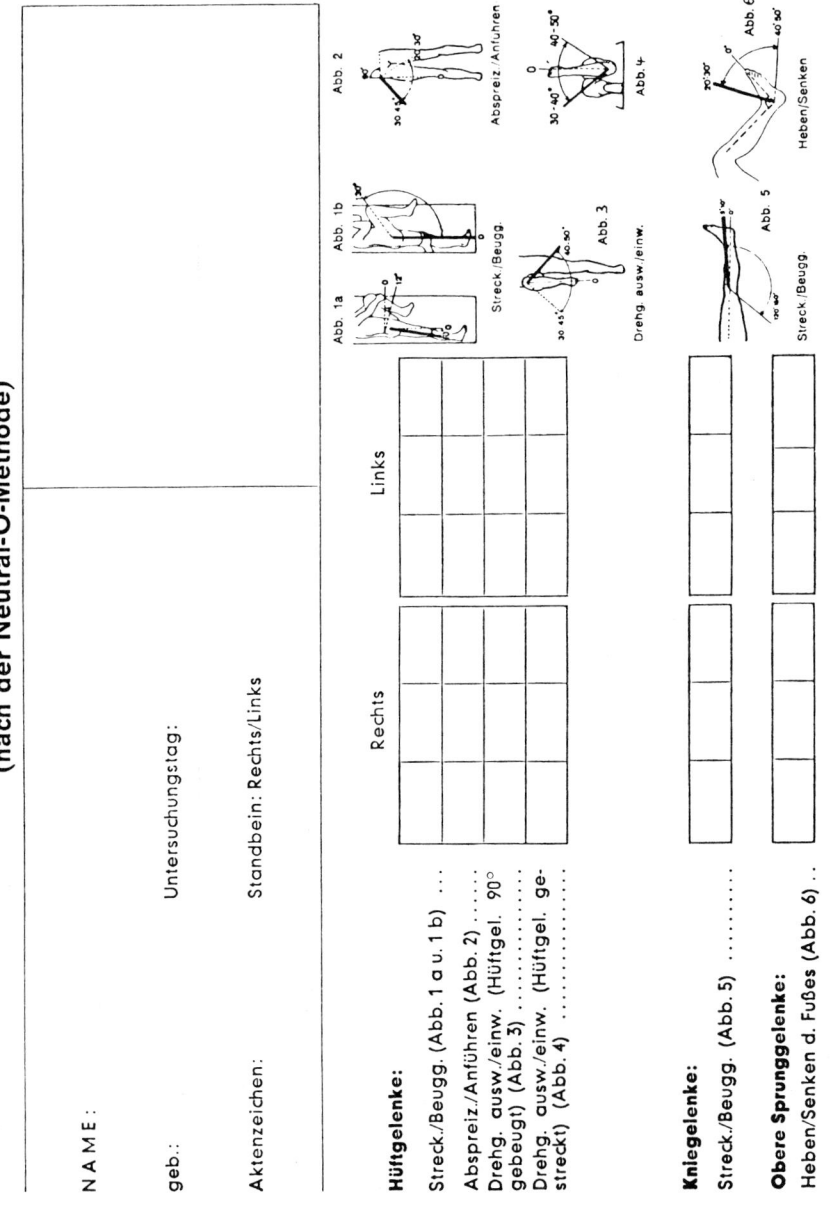

Messblatt für Untere Gliedmaßen
(nach der Neutral-O-Methode)

N A M E :

geb.:

Untersuchungstag:

Aktenzeichen:

Standbein: Rechts/Links

Rechts   Links

Hüftgelenke:

Streck./Beugg. (Abb. 1 a u. 1 b) ...

Abspreiz/Anführen (Abb. 2) ......

Drehg. ausw./einw. (Hüftgel. 90°
gebeugt) (Abb. 3) ....

Drehg. ausw./einw. (Hüftgel. ge-
streckt) (Abb. 4) ....

Kniegelenke:

Streck./Beugg. (Abb. 5) ....

Obere Sprunggelenke:

Heben/Senken d. Fußes (Abb. 6) ..

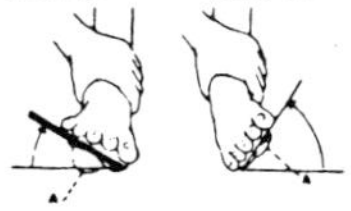

Abb. 7a   Abb. 7b

Gesamtbeweglichkeit

Untere Sprunggelenke:
Ges.-Beweglichk. (Fußaußenr.heb./senk.) (Abb. 7 a/7 b) ....
(In Bruchteilen der normalen Beweglichkeit)

Zehengelenke:
(In Bruchteilen der normalen Beweglichkeit)

Umfangmaße in cm:
20 cm ob. inn. Knie-Gelenkspalt ..
10 cm ob. inn. Knie-Gelenkspalt ..
Kniescheibenmitte ....
15 cm unterh. inn. Gelenkspalt ...
Unterschenkel, kleinster Umfang ..
Knöchel ....
Rist über Kahnbein ....
Vorfußballen ....

Beinlänge in cm:
Vord. ob. D-beinstachel — Außenknöchelsp. ....

Stumpflänge in cm:
Sitzbein — Stumpfende ....
Inn. Knie-Gelenkspalt — Stumpfende ....

L. Düringshofen, 1000 Berlin 31   ☏ (0 30) 8 85 20 05

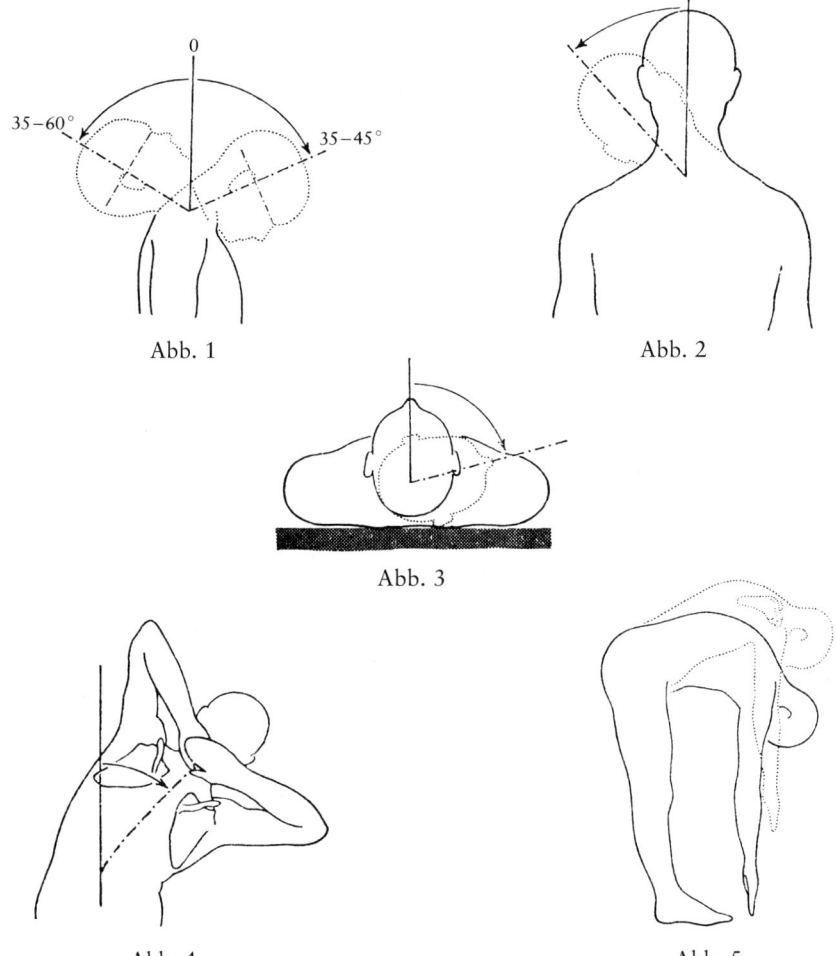

Abb. 1

Abb. 2

Abb. 3

Abb. 4

Abb. 5

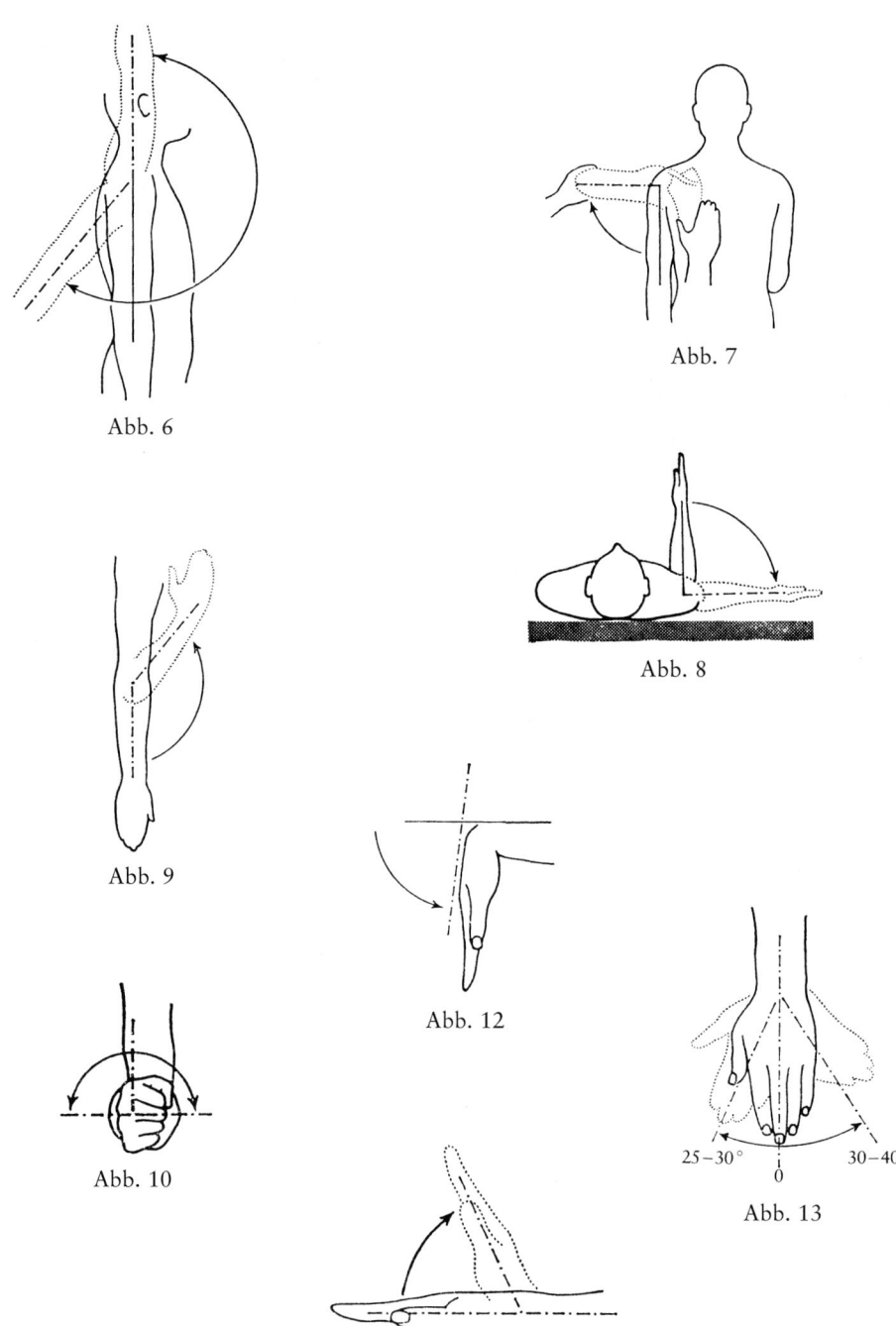

Abb. 6

Abb. 7

Abb. 8

Abb. 9

Abb. 10

Abb. 12

Abb. 13

25−30°   0   30−40°

Abb. 11

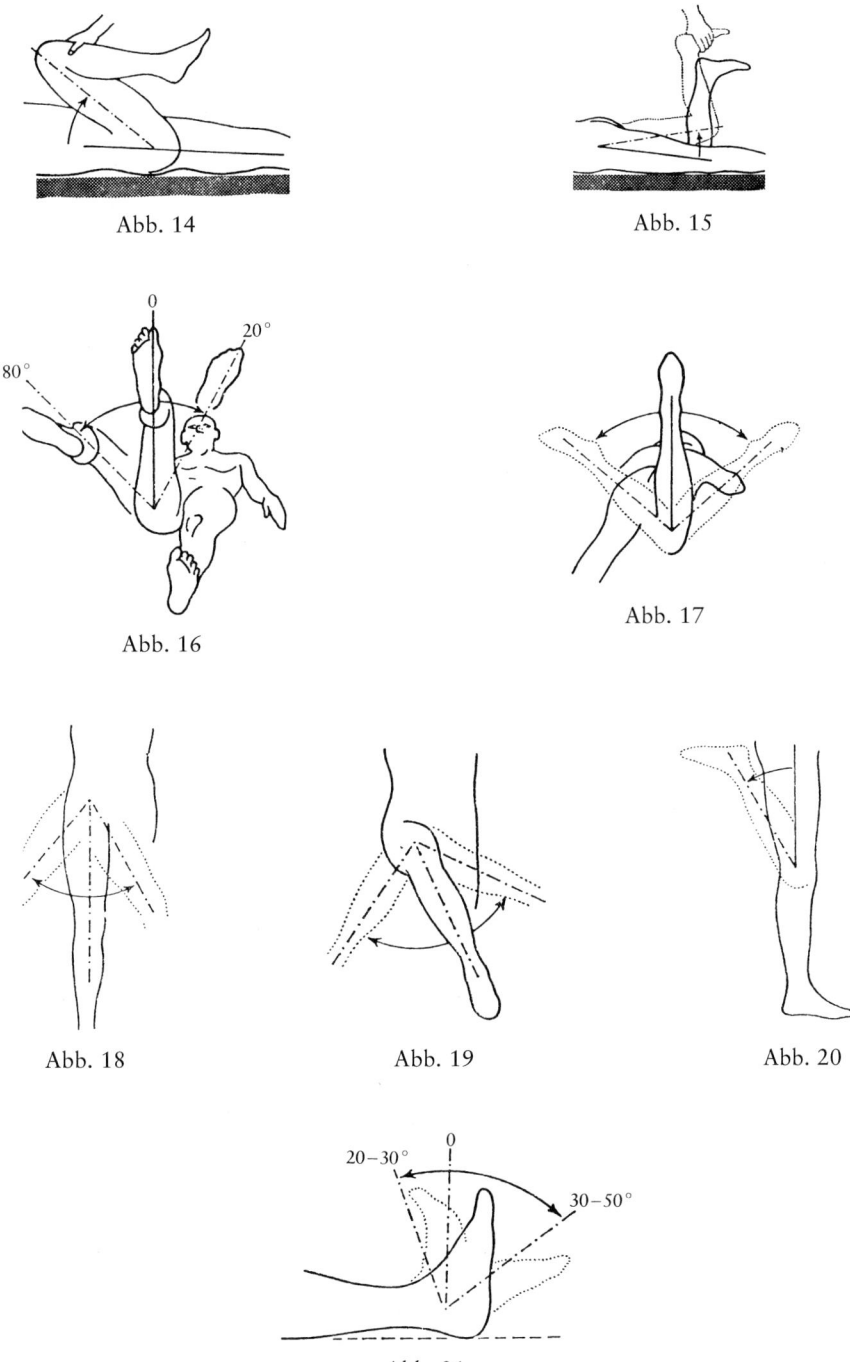

Abb. 14

Abb. 15

Abb. 16

Abb. 17

Abb. 18

Abb. 19

Abb. 20

Abb. 21

Berufsgenossenschaftliche Krankenanstalten ''Bergmannsheil Bochum''
Chirurgische Universitätsklinik und Poliklinik

Messblatt für die Wirbelsäule
(nach der Neutral-0-Methode)

Name:

Vorname:

geb.:

Aktenzeichen:

Untersuchungstag:

Halswirbelsäule

Vorneigen / Rückneigen   (Abb. 1)

Seitneigen   re. / li.   (Abb. 2)

Drehen   re. / li.   (Abb. 3)

Kinnspitzenschulterhöhenabstand
bei maximaler Drehseitneigung re. / li.

BWS und LWS

Seitneigen   re. / li.   (Abb. 4)

Drehen im Sitzen re. / li.   (Abb. 5)

Liegen / Jugulumabstand (cm)   (Abb. 6)

Aktive Aufrichtung aus Rückenlage
Meßstrecke Liege — DF C7

Fingerbogenabstand (cm)

a) Ott   (Abb. 7)
   Messstrecke DF C7 30 cm caudal

b) Schober   (Abb. 7)
   Messstrecke DF S1 10 cm cranial

c) Messstrecke 10 cm mit Mittel-   (Abb. 7)
   punkt DF L1

Beckentiefstand (cm) re. / li.

Seitverbiegung

Kyphose

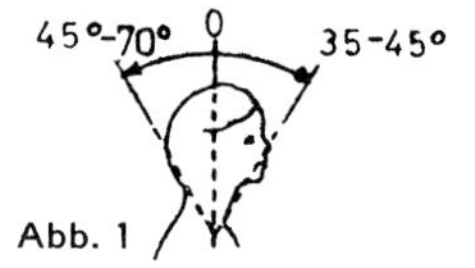

Abb. 1

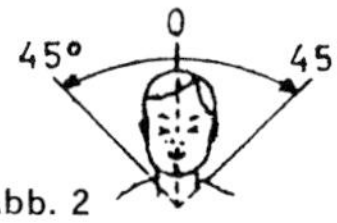

Abb. 2

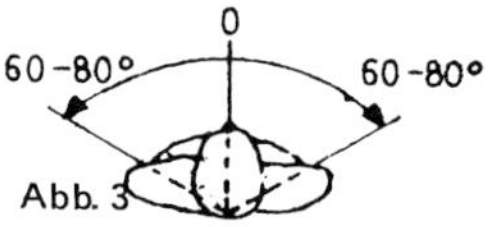

Abb. 3

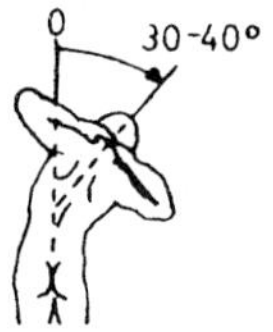

Abb. 4

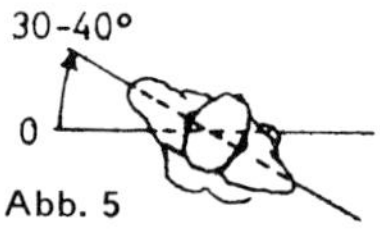

Abb. 5

Abb. 6

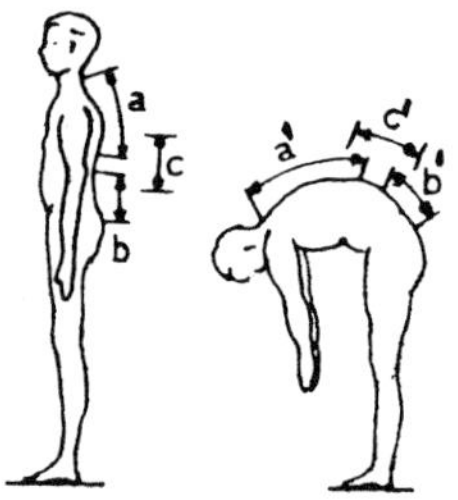

Abb. 7

a : a' = 30 : 32
b : b' = 10 : 15
c : c' = 10 : 14

Muskelverspannung

rechts

C1, C2, C3, C4, C5, C6, C7, T1, T2, T3, T4, T5, T6,
T7, T8, T9, T10, T11, T12, L1, L2, L3, L4, L5,

links

C1, C2, C3, C4, C5, C6, C7, T1, T2, T3, T4, T5, T6,
T7, T8, T9, T10, T11, T12, L1, L2, L3, L4, L5,

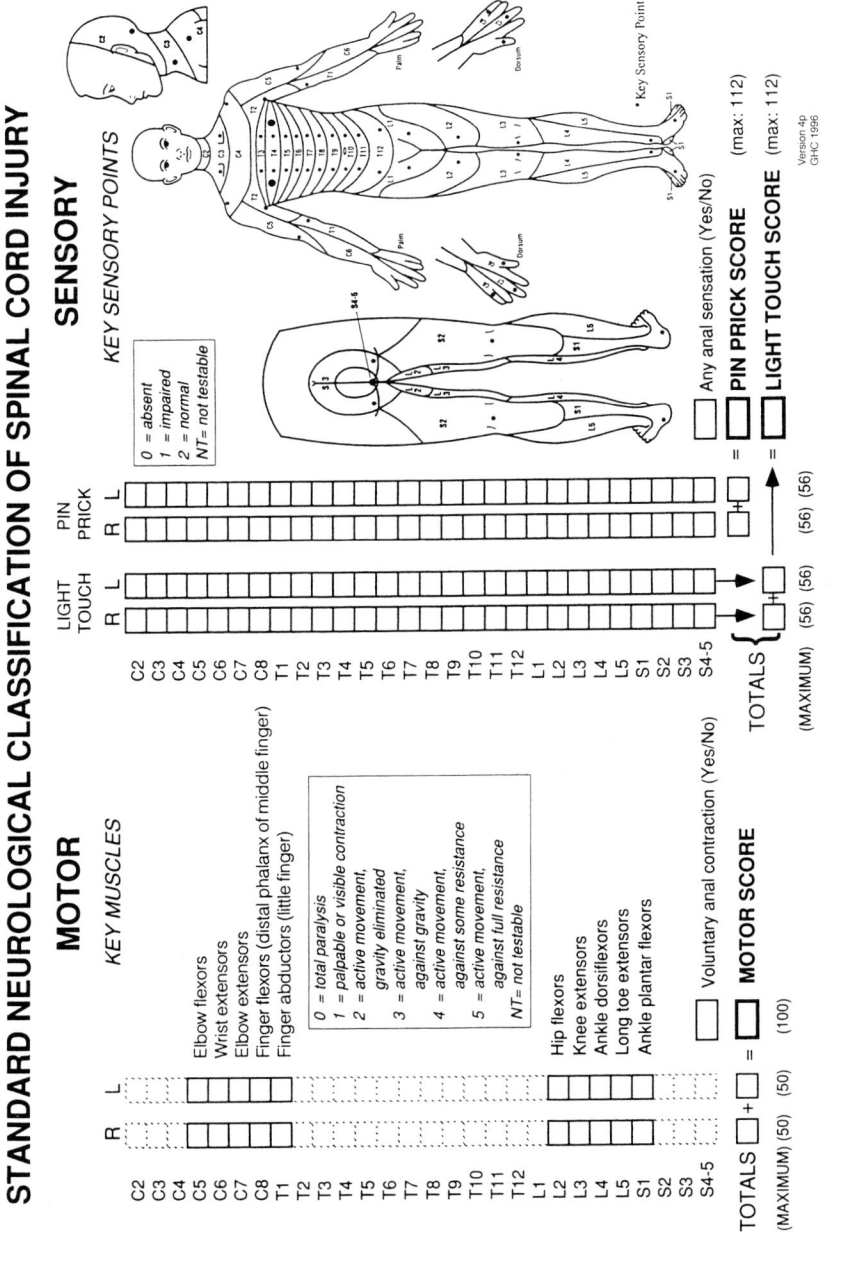

Bei Versteifung eines Gelenkes wird durch doppelte Notierung der Gelenkstellung angezeigt, dass ein Bewegungsausschlag nicht möglich ist:

Kniegelenk: Streckung/0/Beugung   0 – 20 – 20

bedeutet: Es besteht eine Versteifung in 20° Beugestellung.

Eine Versteifung in Streck- bzw. Überstreckstellung wird wie folgt notiert:

Kniegelenk: Streckung/0/Beugung   10 – 10 – 0

bedeutet: Hier besteht eine Versteifung in 10° Überstreckstellung.

Die *Längen- und Umfangmessungen* sollen wenn möglich ebenfalls in der Neutralstellung erfolgen, um vergleichbare Werte zu erhalten. Als Maßband ist ein kunststoffüberzogenes Schneiderbandmaß zu empfehlen. Stahlmessbänder knicken und legen sich der Haut weniger gut an. Auch hier soll die Notierung mit einer Genauigkeit von 0,5 cm erfolgen.

Das Messblatt muss möglichst vollständig und genau ausgeführt und beziffert werden, um dem Nachuntersucher brauchbare Vergleichswerte liefern zu können. Dem Untersucher noch erforderlich erscheinende Zusatzmessungen können eingefügt werden.

Beschreibende Angaben über Funktionszustände (z.B. Faustschluss, Spitzgriff etc.) müssen im Gutachtentext enthalten sein und erscheinen daher nicht im Messblatt.

1.26 Simulation und Aggravation

Bei der Begutachtung muss der Arzt in einem erheblichen Prozentsatz mit bewusster oder unbewusster Übertreibung (Aggravation), in seltenen Fällen sogar mit *Vortäuschung* (Simulation) rechnen. Diese Beobachtung macht man in allen Versicherungszweigen besonders bei ungewissen Wirtschaftslagen des einzelnen oder der Gesamtheit. Die Begutachtung entscheidet oft über starke materielle oder soziale Interessen.

Der Grund für dieses Verhalten liegt zweifellos in dem Bestreben des Versicherten, sich anhand eines Unfalls wirtschaftliche oder sonstige Vorteile zu verschaffen. Was kann nun der Versicherte vortäuschen?

1. Das Unfallereignis. Die Untersuchung derartiger Fälle ist Sache der Unfallversicherungsträger. Der Arzt muss nur die Frage beantworten, ob Hergang und Befund miteinander übereinstimmen (z.B. Blutergussverfärbung nach äußerer Gewalteinwirkung).

2. Die Unfallfolgen. Die unbewusste Vortäuschung und Übertreibung von Krankheitserscheinungen kommt bei seelisch normalen wie bei seelisch kranken und abnormen Persönlichkeiten vor. Nur selten gelingt die Klärung, ob eine Vortäuschung bewusst oder unbewusst war. Allerdings ist die Zahl der bewussten Simulanten wesentlich geringer als die der unbewussten.

Zu den Unfallfolgen, die am meisten vorgetäuscht oder übertrieben werden, gehören: Schmerzen, Sensibilitätsstörungen, Kraftlosigkeit, Gangstörungen, Gelenkbehinderungen; von den neurologischen Unfallfolgen besonders: Schwindel, Zittern, Gedächtnisschwäche, Krämpfe, Schlaflosigkeit, Sehbehinderungen, Hör- und Gleichgewichtsstörungen. Beim Internisten werden vorgebracht: Atembeschwerden, Herzklopfen, Herzschmerzen und nach Bauchverletzungen die schwer objektivierbaren Bauchschmerzen und Verdauungsstörungen. Beweisen können wir eine Simulation oder Aggravation in der Regel nicht. Wir haben vor allem kein Maß, mit dem wir den Schmerz messen können.

3. Den Zusammenhang eines vorbestehenden Leidens mit einem Unfallereignis. *Häufig werden Erkrankungen, die vielleicht oder sogar sicher schon vor dem Unfall bestanden haben, von den Versicherten als Unfallfolgen betrachtet und hingestellt, wenn sie anlässlich des Unfalles oder gelegentlich einer Unfallbegutachtung aufgedeckt wurden. Hierbei handelt es sich meistens jedoch um mangelnde Sachkenntnis des Laien in medizinischen Dingen. Die damit aufgeworfene Frage nach dem ursächlichen Zusammenhang muss durch einen speziell erfahrenen Gutachter sachverständig beantwortet werden.*

Eine nicht unwesentliche Rolle für die Entstehung und Förderung der unbewussten seelischen Fehlverarbeitung eines Unfalles und seiner Folgen kommt den unvorsichtig oder unbedacht abgefassten Bescheinigungen in diesen Dingen nicht bewanderter Ärzte zu. Die Verbissenheit mancher Versicherter führt zu oft jahrelangen mehrinstanzlichen Rechtsauseinandersetzungen. Derartige Menschen vermag auch die Entscheidung selbst der letzten Rechtssprechungsinstanz über ihre Rentenansprüche nicht zur Ruhe zu bringen.

Folgende Gesichtspunkte erleichtern bei der Untersuchung die Differenzierung zwischen Übertreibung und Vortäuschung und echten Unfallfolgen: Genaue und möglichst unauffällige Beobachtung des Gutachtenpatienten während der ganzen Untersuchung, ohne bei ihm den Verdacht zu erwecken, dass man ihm nicht traut. Die sorgfältige Erhebung der Vorgeschichte mit besonderer Berücksichtigung der subjektiven Klagen. Die exakte ärztliche Untersuchung mit wechselnden Untersuchungsabläufen im Stehen, Sitzen und Liegen, hier in Rücken- und Bauchlage. Die Ablenkung der Aufmerksamkeit des Patienten und seine Ermüdung durch langdauernde, sich wiederholende Untersuchungen, die durch Monotonie die Konzentrationsfähigkeit herabsetzen. Die Anwendung von Untersuchungsmethoden, die dem Verletzten nicht bekannt sind. Besonders alte Rentenbezieher und chronisch Kranke kennen den Großteil der üblichen Untersuchungsmethoden und wissen genau, wie sie sich dagegen zu verhalten haben. Die stationäre Beobachtung und bei vorgetäuschten Gelenkbehinderungen eine Untersuchung in Narkose, die Anwendung fotografischer Dokumentation oder eine Fernsehbeobachtung sind weitere Möglichkeiten. Vor allem ist aber die Kenntnis gleichartiger Erkrankungen bei Nichtversicherten erforderlich.

In jedem begründeten Verdachtsfall ist es angebracht, höher spezialisierte apparative Untersuchungen einzusetzen.

Die gelegentlich vorkommenden Selbstschädigungen sind bei erfahrener Befundauswertung ahn- oder aufdeckbar.

2 Spezielles

2.1 Die wichtigsten Rentensätze

Der ursprüngliche Sinn der Rente in der Unfallversicherung war die Linderung der rein materiellen Not durch eine Entschädigung für den unfallbedingt geringeren Arbeitsverdienst. Minderung der Erwerbsfähigkeit und Lohneinbuße waren vor etwa 110 Jahren praktisch identisch. In der heute hoch spezialisierten Arbeitswelt gibt es das allgemeine Erwerbsleben, den allgemeinen Arbeitsmarkt von 1885 nicht mehr. Die Unfallrente entschädigt heute für körperliche Beeinträchtigung, die Verminderung der Arbeitsmöglichkeiten, die Erschwerung wirtschaftlichen Fortkommens, für die Notwendigkeit, den Arbeitsplatz oder gar den Beruf wechseln zu müssen, seltener noch für geringeren Arbeitsverdienst.

„Bei der Gewährung der Rente handelt es sich um die Versorgung wegen der wirtschaftlichen Folgen der erlittenen Gesundheitsstörung. Diese wirtschaftlichen Folgen werden daran gemessen, inwieweit der Geschädigte in seiner Erwerbsfähigkeit gemindert ist. Die Minderung der Erwerbsfähigkeit ist also das Maß für die wirtschaftlichen Folgen einer Gesundheitsstörung" (Entscheidung Bundessozialgericht vom 6.8.1963).

Im Laufe der Zeit haben sich für die Schätzung bestimmter Unfallfolgen Erfahrungswerte herausgebildet. Diese sind in Form sogenannter *Rententabellen* zusammengefasst. Die Erweiterung der in diesen Tabellen erfassten Schädigungsfolgen und ihrer gradmäßigen Bewertung geschieht durch Relativierung zu den bereits bekannten vergleichbaren Bemessungen, ferner durch Berücksichtigung der wissenschaftlichen Forschungsergebnisse und weiter durch die Rechtsprechung.

Der ärztliche Gutachter wird immer auf diese Rententabellen verwiesen, welche die üblichen Sätze namentlich für Unfallfolgen an den Gliedmaßen enthalten. Diese Zusammenstellungen stellen jedoch keine verbindlichen Normen dar. Sie sind ärztlicherseits immer nur als Arbeitshilfen innerhalb einer sich wandelnden versicherungsrechtlichen Begriffswelt aufgefasst und benutzt worden.

In der Praxis hat es sich als zweckmäßig erwiesen, große Abweichungen von den nachfolgenden Schätzungsregeln stets stichhaltig zu begründen, um die bewusste Abweichung von den üblichen und allgemein anerkannten Anhaltspunkten schlüssig erscheinen zu lassen. Die Rente selbst setzt der Versicherungträger dann fest, wenn ihm der Schätzungsvorschlag des Sachverständigen überzeugend erscheint.

In der Unfallversicherung sind die praktisch wichtigsten Eck-Rentensätze einmal 20 v.H., weil an diesen Satz in der Regel die Zahlbarmachung der Rente überhaupt gebunden ist (Ausnahme: 10 % bei Stützrente), weiterhin 50 v.H., weil an diesen Satz die begehrte Schwerbehinderteneigenschaft gekoppelt ist (Kinderzulage, Kündigungsschutz, Witwen- und Waisenbeihilfe bei nicht unfallbedingtem Tod) und der Satz von 80 v.H., weil dann eine noch weitere wesentliche Vergünstigung fällig werden kann (laufende Witwenbeihilfe bei nicht unfallbedingtem Tod nach 10-jährigem Rentenbezug).

Bei gleicher Einschätzung des Satzes der Minderung der Erwerbsfähigkeit sind in der Unfallversicherung die finanziellen Folgen deshalb individuell verschieden, weil der vor dem Unfall erzielte Jahresarbeitsverdienst die jeweils maßgebliche Berechnungsgrundlage abgibt (Minderung der Erwerbsfähigkeit von 100 v.H. = 66 2/3 v.H. des Jahresarbeitsverdienstes). Wenn auch manchmal nur anatomische oder röntgenologische Veränderungen stichwortartig als Begutachtungskriterien aufgeführt werden, so soll das nicht bedeuten, dass nicht vorrangig funktionelle Gesichtspunkte gelten und bei den Rentensätzen berücksichtigt wurden. Die funktionelle Auswirkung der Körperschäden ist – wie seit Jahrzehnten üblich – das maßgebliche Begutachtungsmerkmal.

Die nachstehend mitgeteilten Zahlen für Erfahrungswerte sind im Sinne der vorstehenden Ausführungen als *Richtlinien* aufzufassen. Sie sollen nur als Anhaltspunkte für die Einschätzung im Einzelfall dienen. Die genannten Zahlen haben erst nach einer gewissen Gewöhnung und Anpassung an den Zustand der unfallbedingten Schädigung Geltung. Erfahrungsgemäß liegen kurze Zeit nach Ausheilung der akuten Verletzungen die angemessenen Entschädigungssätze höher, weil auch die funktionellen Auswirkungen der Unfallfolgen durch Übungs- und Trainingsmangel bzw. Verlust schwerer wiegen. Selbstverständlich muss man der Ausprägung und dem Schweregrad der unfallbedingten Befunde Rechnung tragen. Stets ist also die zusätzliche Berücksichtigung der Einzelsituation eines jeden Verletzten und seiner geistigen, körperlichen und sozialen Fähigkeiten erforderlich.

Die Tabellen führen nur häufig vorkommende Unfallfolgen als Beispiele für die jeweilige Bemessung der Dauerrente auf. Die vorgeschlagenen Entschädigungssätze an den Gliedmaßen gehen davon aus, dass die Gegenseite völlig gesund und gebrauchsfähig ist.

Vor dem Ansatz dieser Erfahrungswerte muss der Gutachter also stets für sich die Frage beantworten, ob in den Verhältnissen des Einzelfalles Besonderheiten vorliegen, die ihn aus dem Durchschnitt herausheben oder nicht. Die abweichende Schätzung nach oben oder unten muss anhand dieser Besonderheiten erläutert werden. Die Schätzung der Minderung der Erwerbsfähigkeit muss immer von der *individuellen* und nicht von einer allgemeinen Erwerbsfähigkeit ausgehen. Diese Individualität muss bei Abweichungen immer herausgestellt werden.

Bei seiner Beurteilung kann sich der Gutachter immer nur für eine einzige Zahl entscheiden.

Bei den Erwerbsminderungssätzen an der oberen Gliedmaße wurde von der naturgegebenen Tatsache ausgegangen, dass die Rechtshändigkeit überwiegt (93 % der Erdbevölkerung). Wegen der Umstrukturierung des Arbeitsmarktes (z.B. Bedienen von Computern) sollte jedoch nicht mehr zwischen Hilfshand und Gebrauchshand unterschieden werden.

Auch an dieser Stelle sei darauf hingewiesen, dass Anregungen und Vorschläge zur Rehabilitation oder kurze Bemerkungen über das Ergebnis der bisherigen Einordnungsversuche des Gutachtenpatienten viel nützlicher sind als „wohlwollende" Einstufungen der Minderung der Erwerbsfähigkeit.

Zur Verletztenrente bei Kindern in Kindergärten, Schülern und Studierenden siehe Teil 12.5.3.4.

2.2 Körperoberfläche

Flächenhafte Narbenbildungen ohne Berücksichtigung von Versteifungen, trophischen Störungen und anderen Schäden

	Prozentsatz
20 v. H. Körperoberfläche	10
30 v. H. Körperoberfläche	20

Verbrennungsnarben u.ä. in v.H. der Körperoberfläche	1 bis 4 Jahre	5 bis 9 Jahre	10 bis 14 Jahre	15 Jahre	Erwachsene
Kopf	17 %	13 %	11 %	9 %	7 %
Hals	2	2	2	2	2
Rumpf (vorn)	13	13	13	13	13
Rumpf (hinten)	13	13	13	13	13
R. Gesäßhälfte	2½	2½	2½	2½	2½
L. Gesäßhälfte	2½	2½	2½	2½	2½
Genitalien	1	1	1	1	1
R. Oberarm	4	4	4	4	4
L. Oberarm	4	4	4	4	4
R. Unterarm	3	3	3	3	3
L. Unterarm	3	3	3	3	3
R. Hand	2½	2½	2½	2½	2½
L. Hand	2½	2½	2½	2½	2½
R. Oberschenkel	6½	8	8½	9	9½
L. Oberschenkel	6½	8	8½	9	9½
R. Unterschenkel	5	5½	6	6½	7
L. Unterschenkel	5	5½	6	6½	7
R. Fuß	3½	3½	3½	3½	3½
L. Fuß	3½	3½	3½	3½	3½

Bei körperlichen Entstellungen, insbesondere bei erheblichen Verstümmelungen sichtbarer Körperteile sind nicht nur medizinische, sondern auch wirtschaftliche Fragen (Herabsetzung der Angebotsfähigkeit, Einschränkung dienstlicher Kontakte) und die seelischen Auswirkungen zu berücksichtigen.

2.3 Kopf

Schädel und Gesicht   *Prozentsatz*
Schädelbasisbruch (ohne neurologische oder HNO-Begleitschäden) . .   0
Brüche des Hirn- oder Gesichtsschädels ohne weitere Auswirkungen .   10
Kleinere Knochenlücken am Schädel (ohne Hirnfunktionsstörung) . . .   10
Knochenlücken im Schädeldach (ohne Hirnfunktionsstörung), je nach
Größe (Pelotte nach Bedarf)   10–40
Einbruch des Augendachrandes und des Jochbeines, je nach Grad der
Gesichtsentstellung   0–15
Einfache Entstellung des Gesichtes;
kosmetisch nur wenig störend.   10
kosmetisch störend, ohne Korrektur und Epithese   20
Abstoßende Entstellungen des Gesichtes, die den Umgang mit Men-
schen erschweren, ohne Korrektur oder Epithese   30–50
Gesichtsnervenlähmung
einseitig, wenig störend.   10
ausgeprägte Störungen oder Kontrakturen   20
komplette Lähmung oder entstellende Kontraktur   30
beidseitig, je nach Ausprägung   20–40
Skalpierung bei Frauen (dazu Perücke)   30
Skalpierung oder Vernarbung der Kopfhaut bei Männern (mit und
ohne Perücke)   10–20

Gehirn   *Prozentsatz*
Gehirnerschütterung, im Regelfalle.   0
Gehirnerschütterung mit nachweisbaren neurologischen Störungen
und geringer Leistungsbeeinträchtigung (bis 2 Jahre nach dem Unfall)   10–20
Hirnschäden mit Leistungsbeeinträchtigung
geringen Grades   10–20
mittelschweren Grades   30–50
schwere bis schwersten Grades   60–100
Hirnschäden mit Teillähmungen und Lähmungen
leichten Grades . . . .   bis 40
mittelschweren Grades   40–60
schweren Grades   60–80
Halbseitenlähmung   100
Lähmung beider Beine.   100

Teillähmungen und Lähmungen der Gliedmaßen sind aus vergleichbaren Funktionseinbußen der Gliedmaßen abzuleiten.

Hirnschädigung mit organisch-psychischen Störungen (sogenannte Hirnleistungs-schwäche und organische Wesensänderung), je nach Art   *Prozentsatz*

leicht 20–40

mittelgradig 40–50

schwer.. 60–100

Hirnschädigungen mit zentralen vegetativen Störungen (z.B. Kopf-schmerzen, Schwindel, Schlafstörungen, Kreislaufregulationsstörungen)

leichter Art 10–20

mittelschwer (auch vereinzelt synkopale Ausfälle)............... 20–30

schwerer Natur mit häufigen Anfällen oder schweren Auswirkungen auf den Allgemeinzustand.. 30–40

Blasen- und Darmlähmung 100

Hirnschäden mit herdbedingten Ausfällen (z.B. Aphasie, Apraxie, Agnosie)

leicht .... bis 30

mittelschwer 40–60

schwer.. 70–100

Koordinations- und Gleichgewichtsstörungen zerebraler Ursache, je nach Gebrauchsfähigkeit der Gliedmaßen.................................... 30–100

Zerebrale Krampfanfälle (epileptische Anfälle), je nach Art, Schwere, Häufigkeit und tageszeitlicher Verteilung) 40–100

sehr selten (große Anfälle mit Pausen von mehr als einem Jahr; kleine Anfälle mit Pausen von Monaten)... 40

selten (große Anfälle mit Pausen von Monaten; kleine Anfälle mit Pausen von Wochen)... 40–50

mittlere Häufigkeit (große Anfälle mit Pausen von Wochen; kleine Anfälle mit Pausen von Tagen) 50–60

häufig (große Anfälle wöchentlich oder Serien von generalisierten Krampfanfällen, von fokal betonten oder von multifokalen Anfällen; kleine Anfälle täglich) 70–100

nach drei Jahren Anfallsfreiheit bei weiterer Notwendigkeit antikonvulsiver Behandlung (wegen fortbestehender Anfallsbereitschaft) 20

Ein Anfallsleiden gilt als abgeklungen, wenn ohne Medikation drei Jahre Anfallsfreiheit besteht. Ohne nachgewiesenen Hirnschaden ist dann keine MdE mehr anzunehmen.

Isolierte Hirnnervenstörungen sind von den entsprechenden Funktionseinbußen der Erfolgsorgane abzuleiten.

Hirnerkrankungen sind nach den vergleichbaren Leistungsausfällen zu beurteilen.

Auge		*Prozentsatz*
	einseitig	*beidseitig*
entstellende Verletzung der Lider	10	25
Verletzung der Tränenwege.	10	25
chronischer Bindehautkatarrh.	10	15
unzureichender Lidschluss (vgl. auch Gesichtsnervenlähmung).		
je nach Gefährdung des Auges und Entstehungsgrad . . .	10–20	20–30
Schließunfähigkeit des Auges	25	30–40
Lähmung des Oberlides.		
mit geringem Herabsinken ohne Sehbehinderung	0	10
mit geringem Herabsinken mit Sehbehinderung	10–20	20–30
mit vollständigem Verschluss des Auges	30	70
Augenmuskellähmungen an einem Auge ohne wesentliche Störung des zweiäugigen Sehens	1	0
wenn das Auge vom Sehen ausgeschlossen werden muss	30	
Doppeltsehen	20	
Verlust oder Blindheit beider Augen		100
Verlust oder Blindheit eines Auges bei uneingeschränktem Sehvermögen des zweiten Auges, auch bei problemlosem Tragen eines Kunstauges.	25	
Verlust eines Auges mit Unmöglichkeit des Tragens einer Prothese	30	
Verlust eines Auges mit chronischer Eiterung der Augenhöhle oder Gesichtsentstellung	40	
Verlust oder Blindheit eines Auges bei		
Herabsetzung der Sehschärfe auf dem zweiten Auge auf 0,4.		50
beidseitige Herabsetzung des Sehvermögens auf 0,2		50
beidseitige Herabsetzung der Sehschärfe auf 0,05		100
Linsenverlust.		
beidseitig: Die sich aus der Sehschärfe ergebende MdE ist zu erhöhen um		10
einseitig (korrigiert durch Kunst- oder Kontaktlinse)		
Sehschärfe 0,4 oder mehr		10
Sehschärfe 0,1 bis weniger als 0,4		20
Sehschärfe weniger als 0,1		25

Rententabelle der DOG

Für die Bewertung der Minderung der Erwerbsfähigkeit durch Schäden des Sehvermögens (Herabsetzung der Sehschärfe) hat die Deutsche Ophthalmologische Gesellschaft (DOG) Richtlinien erarbeitet, die als Bemessungsgrundlage von den Trägern der Gesetzlichen Unfallversicherung berücksichtigt werden. Diese „Rententabelle" der DOG folgt den Erfahrungen der Praxis und der damit einhergehenden Rechtsprechung. Einzelheiten, auch zur Untersuchung der Sehschärfe nach DIN 58220, sind der Broschüre aus dem Jahre 1995 zu entnehmen, die im Hauptverband der gewerblichen Berufsgenossenschaften erhältlich ist.

Der Gutachter ist bei seiner Schätzung der MdE grundsätzlich unabhängig. Allerdings soll er Abweichungen von diesen Richtlinien im Einzelfall begründen.

Der Visus (= Sehschärfe) wird heute als Dezimalbruch angegeben. Die Schreibweise in einem echten Bruch lässt im Zähler die Prüfentfernung in Metern erkennen und im Nenner die gelesene Zeile der Sehprobentafel.

Die nachfolgende Tabelle liefert die sich ergebende MdE im Hundertsatz. Die Bewertung berücksichtigt die beidäugige Gesamtsehschärfe, weil die Sehschärfe beider Augen gemeinsam in aller Regel besser ist als die jedes bzw. des besseren Einzelauges. Sind die Ergebnisse beider Prüfungsarten unterschiedlich, so ist bei der Bewertung die beidäugige Gesamtsehschärfe (bG) als Sehschärfewert des besseren Auges anzusetzen. Der Tabellenwert für das schlechtere Auge ist der Spalte sA zu entnehmen.

MdE-Tabelle der DOG (1995)

Sehschärfe		1,0	0,8	0,63	0,5	0,4	0,32	0,25	0,2	0,16	0,1	0,08	0,05	0,02	0
sA	bG	$5/5$	$5/6$	$5/8$	$5/10$	$5/12$	$5/15$	$5/20$	$5/25$	$5/30$	$5/50$	$1/12$	$1/20$	$1/50$	0
1,0	$5/5$	0	0	0	5	5	10	10	10	15	20	20	25	25	25*
0,8	$5/6$	0	0	5	5	10	10	10	15	20	20	25	30	30	30
0,63	$5/8$	0	5	10	10	10	10	15	20	20	25	30	30	30	40
0,5	$5/10$	5	5	10	10	10	15	20	20	25	30	30	35	40	40
0,4	$5/12$	5	10	10	10	20	20	25	25	30	30	35	40	50	50
0,32	$5/15$	10	10	10	15	20	30	30	30	40	40	40	50	50	50
0,25	$5/20$	10	10	15	20	25	30	40	40	40	50	50	50	60	60
0,2	$5/25$	10	15	20	20	25	30	40	50	50	50	60	60	70	70
0,16	$5/30$	15	20	20	25	30	40	40	50	60	60	60	70	80	80
0,1	$5/50$	20	20	25	30	30	40	50	50	60	70	70	80	90	90
0,08	$1/12$	20	25	30	30	35	40	50	60	60	70	80	90	90	90
0,05	$1/20$	25	30	30	35	40	50	50	60	70	80	90	100	100	100
0,02	$1/50$	25	30	30	40	50	50	60	70	80	90	90	100	100	100
0	0	25*	30	40	40	50	50	60	70	80	90	90	100	100	100

* Bei Komplikationen durch äußerlich in Erscheinung tretende Veränderungen wie Beweglichkeitseinschränkung, Ptose, entstellende Narben, chronische Reizzustände oder Notwendigkeit, ein Kunstauge zu tragen, beträgt die MdE, sofern hierdurch der Einsatz des Betroffenen auf den allgemeinen Arbeitsmarkt erschwert ist: 30 v.H.

Visusbeurteilung bei hoher Myopie und hochgradigem Astigmatismus

Hochgradige Refraktionsanomalien weisen häufig in der mittleren Seh-Distanz (0,7 m − 3 m) eine bessere Sehschärfe als für die Ferne auf. In diesen Fällen sollte der Gutachter nicht nur den Visus für die Ferne, sondern auch in 1 m Abstand prüfen und den für die Ferne anzusetzenden MdE-Wert korrigieren, wenn zwischen beiden Visuswerten eine zu große Diskrepanz besteht. Die beiden wiedergegebenen Renten-Tabellen von Marchesani und von Wegner sind für Sehschärfenwerte in 1 m Entfernung ausgearbeitet. Sie sollen aber keineswegs übernommen werden, sondern sind als zusätzliche Information gedacht, wenn der Gutachter für seine MdE-Einschätzung Bedenken hat. Generell gilt auch in diesen Fällen die Renten-tabelle der DOG.

Rent">Rententabelle für hochgradige Myope (Marchesani 1942)

Prüfentfernung 1 m

Sehschärfe	⅓	¼	⅕	⅒	1/20	1/30	1/50	< 1/50
⅓	13	19	22	29	32	33	34	36
¼	19	30	33	40	43	44	45	47
⅕	22	33	40	47	50	51	52	53
⅒	29	40	47	60	63	64	65	67
1/20	32	43	50	63	70	71	72	73
1/30	33	44	51	64	71	73	74	76
1/50	34	45	53	65	72	74	76	77
< 1/50	36	47	53	67	73	76	77	100

Rententabelle nach Wegner

S	⅓	¼	⅕	⅒	1/20	1/30	1/50	0
⅓	0	5	10	15	20	25	30	35
¼	5	10	15	20	25	30	35	40
⅕	10	15	25	30	35	40	45	50
⅒	15	20	30	40	45	50	55	60
1/20	20	25	35	45	55	60	65	70
1/30	25	30	40	50	60	70	75	80
1/50	30	35	45	55	65	75	85	90
0	35	40	50	60	70	80	90	100

Zur Bewertung von Gesichtsfeldeinengungen dient folgende Tabelle (DOG 1995):

1. Konzentrische Gesichtsfeldeinengung   *Prozentsatz*

1.1 auf einem Auge
     (bei normalem Gesichtsfeld des anderen Auges)
     auf 10° Abstand vom Zentrum.........................   10
     auf 5° Abstand vom Zentrum.........................   25

Prozentsatz

1.2 doppelseitig

auf 50° Abstand vom Zentrum.   10

auf 30° Abstand vom Zentrum.   30

auf 10° Abstand vom Zentrum.   70

auf 5° Abstand vom Zentrum.   100

1.3 bei Fehlen des anderen Auges. . . . .

auf 50° Abstand vom Zentrum.   40

auf 30° Abstand vom Zentrum.   60

auf 10° Abstand vom Zentrum.   90

auf 5° Abstand vom Zentrum.   100

Anmerkung: Abstand vom Zentrum = Radius = ½ Durchmesser!

2.   *Halbseiten- und Quadrantenausfälle*

Homonyme Hemianopsie
(gleichseitiger Halbseitenausfall).   40

Heteronyme Hemianopsie
(gegenseitiger Halbseitenausfall)

bitemporale Hemianospie.   30

binalsale Hemianospie

– mit Binokularsehen.   10

– mit Verlust des Binokularsehens   30

Homonymer Quadrantenausfall

obere Quadranten   20

untere Quadranten.   30

3. *Unregelmäßige Gesichtsfeldausfälle*

Ausfall einer Gesichtsfeldhälfte (lateral) bei Verlust
oder Blindheit des anderen Auges. Bei unvollständigen Halbseiten- und Quadrantenausfällen sind
die MdE-Sätze entsprechend niedriger anzusetzen.   60–70

Als Rahmenempfehlung für die Begutachtung der beruflichen Lärmschwerhörigkeit gilt das sogenannte „Königsteiner Merkblatt", Ausgabe 1996, das vom Hauptverband der gewerblichen Berufsgenossenschaften als Empfehlung herausgegeben wird und dort erhältlich ist. Einzelheiten können dort nachgelesen werden wie etwa zur Berücksichtigung des Vor- und Nachschadens, des Tinnitus, zur Versorgung mit Hörhilfen und zur Prävention von Lärmschaden gemäß § 3 BKV.

Die Minderung der Erwerbsfähigkeit aufgrund einer Hörschädigung wird aus dem prozentualen Hörverlust der beiden Ohren bestimmt (s. folgende Tabelle nach Feldmann):

beidseitiger Hörverlust in %	Gradeinteilung	MdE
0–20	normales Hörvermögen	0
20–40	geringgradige Schwerhörigkeit	15
40–60	mittelgradige Schwerhörigkeit	30
60–80	hochgradige Schwerhörigkeit	50
80–95	an Taubheit grenzende Schwerhörigkeit	70
100	Taubheit	80

(s. auch Tabelle auf S. 154)

Der prozentuale Hörverlust wird nach dem Sprachverständnis ermittelt. Er kann für jedes Ohr bestimmt werden

a) aus der Tonschwellenantiometrie (Tab. 1),

b) aus der Sprachaudiometrie (Tab. 2).

Tabelle 1   Berechnung des prozentualen Hörverlustes aus dem Tonaudiogramm nach der Drei-Frequenz-Tabelle (*Röser* 1980)

Summe der Hörverluste bei 2 und 3 kHz / dB	Tonhörverlust bei 1 kHz										
	0	5 / 10	15 / 20	25 / 30	35 / 40	45 / 50	55 / 60	65 / 70	75 / 80	85 / 90	95 / 100
0 – 15	0	0	0	0	5	15			Hörverlust in Prozent		
20 – 35	0	0	0	5	10	20	30				
40 – 55	0	0	0	10	20	25	35	45			
60 – 75	0	0	10	15	25	35	40	50	60		
80 – 95	0	5	15	25	30	40	50	60	70	80	
100 – 115	5	15	20	30	40	50	55	70	80	90	100
120 – 135	10	20	30	35	45	55	65	75	90	100	100
140 – 155	20	25	35	45	50	60	75	85	95	100	100
160 – 175	25	35	40	50	60	70	80	95	100	100	100
180 – 195	30	40	50	55	70	80	90	100	100	100	100
ab 200	40	45	55	65	75	90	100	100	100	100	100

Tabelle 2   Tabelle nach *Boenninghaus* u. *Röser* (1973) zur Berechnung des prozentualen Hörverlustes aus dem Sprachaudiogramm

Gesamt-verstehen	Hörverlust für Zahlen in dB											
	< 20	ab 20	ab 25	ab 30	ab 35	ab 40	ab 45	ab 50	ab 55	ab 60	ab 65	ab 70
< 20	100	100	100	100	100	100	100	100	100	100	100	100
ab 20	95	95	95	95	95	95	95	95	95	95	95	100
ab 35	90	90	90	90	90	90	90	90	90	90	95	100
ab 50	80	80	80	80	80	80	80	80	90	90	95	100
ab 75	70	70	70	70	70	70	70	70	80	90	95	100
ab 100	60	60	60	60	60	60	60	70	80	90	95	
ab 125	50	50	50	50	50	50	60	70	80	90		
ab 150	40	40	40	40	40	50	60	70	80			
ab 175	30	30	30	30	40	50	60	70				
ab 200	20	20	20	30	40	50	60					
ab 225	10	10	20	30	40	50						
ab 250	0	10	20	30	40							

Die sprachaudiometrisch ermittelten prozentualen Hörverluste für beide Ohren werden nun zur Bewertung der MdE in die Tabelle nach Feldmann eingesetzt.

Tabelle zur Berechnung der MdE aus den Schwerhörigkeitsgraden für beide Ohren (nach Feldmann)

		0–20	20–40	40–60	60–80	80–95	100
Normalhörigkeit	0–20	0	0	10	10	15	20
Geringgradige Schwerhörigkeit	20–40	0	15	20	20	30	30
Mittelgradige Schwerhörigkeit	40–60	10	20	30	30	40	40
Hochgradige Schwerhörigkeit	60–80	10	20	30	50	50	50
An Taubheit grenzende Schwerhörigkeit	80–95	15	30	40	50	70	70
Taubheit	100	20	30	40	50	70	80*
rechtes Ohr / linkes Ohr	Hörverlust in %	0–20	20–40	40–60	60–80	80–95	100

(Diagonale Stufenmarkierungen in der Tabelle: 10, 20, 40, 60, 80)

* In besonders begründeten Einzelfällen kann bei beidseitiger Taubheit eine höhere MdE als 80 % bedingt sein.

Das für die Begutachtung der Lärmschwerhörigkeit, insbesondere zur Ermittlung der MdE, anerkannte o.g. „Königsteiner Merkblatt" ist durch die von Feldmann entwickelte „Methode des Gewichteten Gesamtwortverstehens" zu ergänzen (vgl. Urteil des LSG Niedersachsen vom 07.11.88 – L 6 U 52/87 sowie Beschluss des BSG vom 21.07.89 – 2 B U 22/89).

Diese Methode beruht auf der Prüfung mit Einsilbern nach folgender Formel: 3 × Verständnisquote bei 60 dB + 2 × Verständnisquote bei 80 dB + 1 × Verständnisquote bei 100 dB. Diese Summe wird durch 2 dividiert. Dadurch wird der Hörverlust bei der für die sprachliche Verständigung wichtigen Lautstärke von 60 dB stärker berücksichtigt.

Die Beschränkung auf den genannten Schweregrad der Einschränkung des Gehörs ist damit zu begründen, dass sich die moderne Sprachübertragungstechnik im Bereich höhergradiger Schwerhörigkeit nicht mehr auswirkt und daher erfahrungs-

gemäß Diskrepanzen zwischen den Hörverlustwerten aus Ton- und Sprachaudiometrie nicht zu beobachten sind.

Zur Verdeutlichung folgendes Beispiel:

Bisherige Auswertung

A 1-Wert: 25
WS: : 30 + 70 + 90 = 190

Der Hörverlust beträgt nach der Boenninghaus-Röser-Tabelle 30 % (s. Tabelle 2).

Auswertung nach dem „Gewichteten Gesamtwortverstehen"

A 1-Wert: 25
WS: : (3 × 30 + 2 × 70 + 1 × 90) : 2 = 320 : 2 = 160

Der Hörverlust beträgt nach der o. g. Tabelle aufgrund der ermittelten Wortsumme
40 %; folgerichtig ist die MdE nicht auf 15 %, sondern auf 20 % zu schätzen.

Mit dieser sinnvollen Ergänzung ist das „Königsteiner Merkblatt" weiterhin eine
bewährte und wichtige Grundlage zur Beurteilung der beruflich bedingten Lärmschwerhörigkeit.

Für die *Gleichgewichtsstörungen* sind von Feldmann folgende Richtwerte vorgeschlagen:

MdE-Richtsätze für vestibuläre Störungen

Entscheidend für die MdB-Bewertung von vestibulären Störungen ist die Auswirkung auf die Körpergleichgewichtsstörungen. Objektiviert wird die vestibuläre
Störung durch Nystagmusbefund und experimentelle Erregbarkeit.

	Prozentsatz
Schwere objektivierbare Labyrinthstörung mit Unfähigkeit zu stehen oder zu gehen, mit vegetativen Erscheinungen	100
Objektivierbare Labyrinthstörung mit Unfähigkeit, ohne Unterstützung zu stehen oder zu gehen, ohne vegetative Erscheinungen	80
Objektivierbare Labyrinthstörung mit erheblicher Unsicherheit beim Gehen und Stehen mit offenen Augen	60
Objektivierbare Labyrinthstörung mit erheblichem Belastungsschwindel, Unfähigkeit, mit geschlossenen Augen zu stehen oder zu gehen	40
Objektivierbare Labyrinthstörung mit deutlichem Belastungsschwindel, Schwierigkeiten, mit geschlossenen Augen zu stehen oder zu gehen	30

Prozentsatz

Objektivierbare Labyrinthstörung mit Belastungsschwindel, Unsicherheit bei geschlossenen Augen 20

Objektivierbare Labyrinthstörung mit gelegentlichem Belastungsschwindel, Unsicherheit bei plötzlichen Kopfdrehungen. Lageschwindel 10

Geruch und Geschmack

Verlust der Geruchsempfindung 10
Verlust der Geruchs- und Geschmacksempfindung 10

Nase

Vollständiger Verlust der Nase (ohne Korrektur) 40
Teilverlust der Nase (Nasenspitze) 10–20
Sattelnase mit Entstellung des Gesichts 10–20
Behinderte Nasenatmung durch erhebl. Verengung der Nasengänge. . 10–20
Stinknase, je nach Ausmaß und Belästigung 20–40

Mundhöhle und Zähne

Lippendefekt mit Speichelfluss 20
Verengung der Mundöffnung oder Kieferklemme mit der Notwendigkeit nur flüssiger Ernährung 30
Schwere Leistungsstörung der Zunge durch Lähmung, Gewebsverlust oder Narbenverziehung. 30
Schlaffe Falschgelenkbildung am Unterkiefer, Teilverlust desselben . . 25
Teilverlust des Oberkiefer mit Eröffnung von Nebenhöhlen und Nase 30
Verlust erheblicher Teile der Zahnleiste mit wesentlicher Leistungsstörung oder mit Verlust aller Zähne. 25
Verlust des Gaumens. 30

Hals

Luftröhrenschnitt mit Notwendigkeit der Dauerkanüle 50
Verlust des Kehlkopfes 50
Völlige Tonlosigkeit der Stimme 30

2.4 Brustkorb und Brusthöhle

Prozentsatz

Verheilte Brüche der Rippen, des Schlüsselbeins, Schulterblatts oder
des Brustbeins ohne oder mit geringer Verschiebung, ohne Leistungs-
störung   0
Zwerchfellbruch   20–50
Leichte Bronchitis   10–20
Stärkere Bronchitis mit Auswurf und Atembeschwerden.   30–60
Verwachsungen des Rippenfells und Verschwartungen desselben . . . .   bis 50
Schwarten des Rippenfells mit Rippenverformungen oder
Rippendefekten je nach Ausdehnung   20–60
Lungenerweiterung ohne Katarrh   20–30
        mit Kurzatmigkeit   30–50
        mit sehr starker Kurzatmigkeit und Katarrh   30–70
Schwere Silikose   50–100
Reizlos im Lungengewebe eingeheilter Fremdkörper.   0
Nicht reizlos ins Lungengewebe eingeheilter Fremdkörper, je nach
Schwere der Erscheinungen und Lokalisation . . . .   bis 30
Ausfall oder Zerfall von Lungengewebe (nicht Tbc)   40–100
Gasbrust (Pneumothorax) bei voll leistungsfähiger Gegenseite
        im 1. Jahr   60–100
        im 2. Jahr   40–60

Lungentuberkulose

inaktive.   20–40
aktive (stationär oder fortschreitend)   50–100
offen, schwere Form   100

Schäden an Herz und Kreislauforganen

ohne wesentliche Beeinträchtigung der allgemeinen Leistungsfähigkeit   bis 20
mit Beeinträchtigung der Leistungsfähigkeit (z.B. komp. Herzklappen-
fehler)   30
mit starker Beeinträchtigung der Leistungsfähigkeit und dauernder
Schonungsbedürftigkeit (z.B. Herz-Muskeldegeneration)   40–100

Fremdkörper im Herzen oder Herzbeutel ohne Reizerscheinungen. . .   10
mit Reizerscheinungen   40–100

Aneurysmen, je nach Lokalisation und Auswirkung auf die Kreislauf-
verhältnisse   30–100

2.5 Wirbelsäule

	Prozentsatz
Dornfortsatz	0
Querfortsatz	0
Wirbelkörperbruch ohne Nervenbeteiligung, je nach der Leistungs-fähigkeit der Wirbelsäule	10–20
Wirbelkörperbruch mit Beteiligung des Rückenmarks	50–100
Alleinige Blasen-, Mastdarmstörungen nach Wirbelbruch oder Bluter-guss ins Rückenmark	30–100
Lähmungen beider Beine, der Blase und des Mastdarms nach Wirbel-körperbruch	100

Bei *Rückenmarksschädigung* und anderen schweren Verletzungen gelten außerdem für die Gewährung von Pflegegeld (§ 44 SGB VII) die auf S. 176 angegebenen „Anhaltspunkte für die Bemessung von Pflegegeld".

Querschnittslähmungen

	Prozentsatz
Inkomplette Tetraplegie (nicht funktionelle Muskulatur, rollstuhlabhänig)	100
Inkomplette Tetraplegie (Zentrales Halsmarksyndrom, keine Handfunktion)	80–100
Inkomplette Tetraplegie (Muskulatur funktionell, keine Blasen-Mastdarmstörung)	30–60
Inkomplette Paraplegie (Muskulatur unfunktionell, Blasen- und Mastdarmstörung)	80–100
Inkomplette Paraplegie (Muskulatur funktionell, Blasen-Mastdarmstörung)	60–80
Inkomplette Paraplegie (ohne Blasen-Mastdarmstörung)	60

2.6 Becken

	Prozentsatz
Alleiniger Bruch von Beckenknochen, Kreuz- oder Steißbein	0
mehrfache Beckenringbrüche	20–30
Beckenbrüche mit groben Verschiebungen der Beckenhälften	30–40
Breitklaffende Schamfugensprengung	40

2.7 Bauchdecke und Bauchorgane

	einseitig	beidseitig
Leisten- oder Schenkelbruch	10	20
Nabelbruch oder Bruch in der weißen Linie	bis 20	
Narbenbruch der Bauchwand	10 – 30	
Bauchfellverwachsungen mit Störungen der Darmtätigkeit	bis 30	
Zwerchfellbruch	20 bis 50	
Verlust der Milz		10
Magen- und Zwölffingerdarmgeschwür		30 – 40
chron. Magenkatarrh mit erhebl. Minderung des Ernährungs- und Kräftezustandes		30 – 50
Magenresektion		0 – 20
Künstliche Magen-Darmverbindung (Gastro-Enteroanastomose)		
mit guter Funktion		10 – 20
mit Störungen und Komplikationen		30 – 50
Chronische Erkrankung des Darmes mit erheblicher Beeinträchtigung des Ernährungs- und Kräftezustandes		30 – 50
Mastdarmvorfall		30
Verlust des Afterschließmuskels oder völliger Funktionsausfall desselben		30
Verlust des Afterschließmuskels mit erheblichem Darmvorfall		40 – 70
Kunstafter (Dünndarm).		30 – 60
(Dickdarm)		20 – 50
Fistel in der Umgebung des Afters, je nach Absonderung		20 – 30
Darmfistel.		20 – 40
Verlust von Dünndarmteilen.		0 – 50
Verlust von Colonanteilen bei normalem After.		10 – 30
Erkrankungen und Verletzungen der Leber- und Gallenwege		
mit Beeinträchtigung der allgem. Leistungsfähigkeit		20 – 40
mit starker Beeinträchtigung der Leistungsfähigkeit		40 – 60
mit starker und dauernder Beeinträchtigung der Leistungsfähigkeit		60 – 100
Chronische Gallenfistel.		20 – 30
Postheptatitis-Syndrom		20 – 30
Chronisch-persistierende Heptatitis.		30 – 40
Chronisch-aggressive Hepatitis		
mäßig aktiv		40
aktiv		40 – 60
hoch aktiv.		60 – 80
Heptatitische Cirrhose		
mäßig aktive Cirrhose.		40 – 50
aktive Cirrhose		50 – 80
Alle Stadien einer Cirrhose mit deutlicher portaler Hypertension		100

Zuckerharnruhr (Diabetes mellitus)   *Prozentsatz*

  bei gutem Ausgleich durch leichte Kosteinschränkung.   10–20
  bei komplikationsfreiem Ausgleich mit Kosteinschränkung oder
  ständiger Medikamentbedürftigkeit (oral Insulin bis 40 E/Tag). . . .   30
  bei schwerster Form (höhere Insulinmenge, schlecht einstellbarer
  oder labiler Diabetes, anderweitige Komplikationen)   30–70

2.8 Harnorgane

Niere   *Prozentsatz*

Verlust einer Niere bei Gesundheit der anderen Niere   20
Verlust einer Niere bei Schädigung oder Funktionsstörung der anderen
Niere.   30–100
Verlust beider Nieren   100
einseitige Nierenschädigung:
Erhebliche Funktionsschädigung, massiver Harnbefund, wechselnde
Beschwerden.   10–20
Einseitiger Nierenstein und Nierenbeckenentzündung.   30
Funktionsausfall mit ständigen Beschwerden und massivem Harnbe-
fund   30–40
beidseitige Nierenschädigung:
leichte Funktionsbeeinträchtigung, geringer Flarnbefund   0–20
deutliche Funktionsstörung, chronische Nierenbeckenentzündung
beidseits mit entsprechendem Harnbefund, Bakteriurie, latenter Kom-
pensationszustand.   30–50
schwere Nierenschädigung, Organschrumpfung, Dekompensations-
zustand   50–100
Nierenbeckenentzündung, je nach Grad der Funktionsstörung und
Begleiterscheinungen   10–50
Nierenfistel   30

Harnblase

Blasenkatarrh oder Blasenschwäche
  leichten Grades   10–20
  schweren Grades   20–40
Blaseninkontinenz mit nächtlichem Einnässen   10–30
Völlige Blaseninkontinenz.   60–100
Schrumpfblase mit Fassungskraft bis 50 cm³.   70
Blasenfistel   20

Harnröhre   *Prozentsatz*

Beschwerdefreie Harnröhrenverengung, die gelegentlich aufgedehnt
werden muss...   10–20

die wiederholt aufgedehnt werden muss.......................   20–30

Häufiges Harnlassen, geringes Nachträufeln....................   20
Schmerzhaftes Harnlassen mit starkem Nachträufeln.............   50
Harnfistel mit Notwendigkeit, Urinal zu tragen................   50
Dauernde Fistel in der vorderen Harnröhre ohne Harninfektion   20
Harnfistel am Damm...   30–50

2.9 Männliche Geschlechtsorgane

Die Schätzung ist stets individuell durchzuführen unter besonderer Berücksichtigung der sozialen, familiären und psychischen Gesamtsituation. Die Beeinträchtigung des Seelenlebens und der Persönlichkeit kann im Individualfalle die Leistungsfähigkeit im allgemeinen Erwerbsleben erheblich herabsetzen (mindern).

In Anlehnung an Bichler gelten folgende Richtwerte:

                                                           Prozentsatz
Verlust oder Schwund eines Hodens bei Gesundheit des anderen....   10
Verlust oder Schwund beider Hoden vor Abschluss der körperlichen
Entwicklung...   50
nach Abschluss der körperlichen Entwicklung bis zum 60. Lebensjahr   30
nach dem 60. Lebensjahr...   10
Verlust eines Nebenhodens..   0
Verlust beider Nebenhoden (= Unfruchtbarkeit) je nach Alter......   30–40
Wasserbruch (Hydrocele)...   0–20
Krampfaderbruch (Varikocele)..   0–20
narbige Veränderungen am Glied...   10–20
Teilverlust des Gliedes (je nach Alter) und Ausmaß..............   10–40
Verlust des Gliedes (ja nach Alter)....................................   bis 40
Krankhafte Gliedsteife (Priapismus)....................................   10–20

Beischlafunfähigkeit (je nach Alter)...............................   20–40
Libidoverlust...   20
Schwäche der Gliedsteife...   10–20
Ausfall der Gliedsteife..   30–40
Störung der Gliedeinführung..   10–20
vorzeitiger Samenerguss..   10–20
Zeugungsunfähigkeit
ohne endokrine Ausfallerscheinungen....................................   30–40
mit endokrinen Ausfallerscheinungen....................................   40–50

2.10 Weibliche Geschlechtsorgane

	Prozentsatz
Lageveränderungen der Gebärmutter ohne Komplikationen........	0
mit Beschwerden	10–20
Senkung der Scheide allein	10
Vorfall der Scheide allein	20–30
Vorfall der Gebärmutter, mittlere Größe	20
Vorfall der Scheidenwandung oder Gebärmutter, welche sich durch Ringe zurückhalten lässt..............................	10–20
Völliger Vorfall von Scheide und Gebärmutter, durch Ringe oder Bandagen nicht zurückzuhalten............................	60
Vaginalfistel	30

2.11 Obere Gliedmaße (siehe Bildtafeln im Anhang 1)

Verlust beider Arme oder Hände	100
Verlust des Armes im Schultergelenk	80
Verlust in der Mitte des Oberarmes	70
Verlust im Ellenbogengelenk.............................	70
Verlust in der Mitte des Unterarmes bei frei beweglichem Ellenbogengelenk	60
Verlust der ganzen Hand	60
Verlust aller Finger einer Hand..........................	50
Verlust aller zehn Finger................................	80

Funktionsstörungen im Bereich des Armes ohne die Finger

Schulter

Versteifung des Schultergelenkes in Anführstellung..............	40
Versteifung des Schultergelenkes in günstiger Stellung bei sonst frei beweglichem Schultergürtel.............................	30
Versteifung des Schultergelenkes in ungünstiger Stellung oder bei behindertem Schultergurtel.............................	40
Erhebliche Teilversteifung des Schultergelenkes	30
Teilversteifung des Schultergelenkes bei freier Drehbeweglichkeit....	20
Teilversteifung des Schultergelenkes bei behinderter Drehbeweglichkeit	30
Nicht eingerichtete Schultergelenksverrenkung..................	40
Gewohnheitsmäßige Schultergelenksverrenkung mit häufig rückfälliger Ausrenkung....................................	20
Schlottergelenk der Schulter	40
in Verbindung mit Lähmung des Deltamuskels oder Defekten an den gelenkbildenden Knochen..................	50

Oberarm	*Prozentsatz*
Falschgelenk am Oberarm (mit Hülsenapparat)	50

Ellenbogen

Versteifung des Ellenbogengelenkes in Streckstellung mit Verlust der Unterarmdrehung 0/0/0.....................................	50
Versteifung des Ellenbogengelenkes in Streckstellung ohne Verlust der Unterarmdrehung 0/0/0.....................................	40
Versteifung	
bei etwa 0/30/30 Grad mit Aufhebung der Unterarmdrehung.....	40
bei 0/120/120 Grad..	40
Restbewegungsmöglichkeit im Ellenbogengelenk	
von 0/30/90 Grad	20
von 0/30/120 Grad	10
Falschgelenkbildung am Ellenhöcker.........................	10–20
Schlottergelenk des Ellenbogens mit Schienenhülsenapparat........	50

Unterarm

Falschgelenkbildung am Unterarm mit Schienenhülsenapparat......	50
Alleinige Falschgelenkbildung an der Speiche	20–30
an der Elle..	20–30
Aufhebung der Unterarmdrehbewegungen	
Versteifung in Mittelstellung 0/0/0 Grad....................	30
in Einwärtsdrehstellung 0/70/70 Grad......................	20
in Auswärtsdrehstellung 70/70/0 Grad	40
Speichenbruch mit Achsenabknickung und Einschränkung der Handgelenksbewegungen um insgesamt 40 Grad	10
mit erheblicher Achsenabknickung und Einschränkung der Handgelenksbewegungen um insgesamt 80 Grad	30

Handgelenk

Versteifung des Handgelenks in Nullstellung 0/0/0 Grad oder 10/0/10 Grad	20–30
infolge von Veränderungen an den Handwurzelknochen (Falschgelenk am Kahnbein, Mondbeintod usw. mit sekundär-arthrotischen Veränderungen)	30
Kahnbeinfalschgelenk	20–30
Mondbeintod	20

Hand *Prozentsatz*

In schlechter Stellung oder mit Falschgelenkbildung verheilte Brüche
mehrerer Mittelhandknochen mit Beeinträchtigung der Beweglichkeit
von Fingern .... bis 30

Lähmungen und Teillähmungen

N. accesorius..	20
Totale Plexuslähmung..................................	75
Obere Plexuslähmung (Erb)	30–40
Untere Plexuslähmung (Klumpke)........................	60–70
N. axillaris	30
N. thoracicus longus	20
N. musculocutaneus	20
N. radialis ⎫	20–30
N. medianus ⎬ in Abhängigkeit von der Höhe	30–35
N. ulnaris ⎭ der Schädigung..........................	20–30
N. medianus und N. ulnaris	60
N. medianus und N. radialis............................	60
N. radialis und N. ulnaris..............................	50–60
N. radialis, N. medianus und N. ulnaris.................	70–80

Bei trophischen Störungen erhöhen sich diese Sätze. Teillähmungen (Paresen) sind
geringer zu bewerten.

Glatte Verluste an den Fingern

Die nachfolgenden Sätze können nach eingetretener Gewöhnung bei reizlosen
Stümpfen angewandt werden. Bei Störungen am Stumpf sind die Hundertsätze zu
erhöhen. Hinsichtlich weiterer Schäden siehe die Bildtafeln Fig. 1 bis 183.

Die Vorschläge setzen die volle Funktionsfähigkeit aller übrigen Fingergelenke voraus (vgl. auch Erläuterungen zu den Bildtafeln – Anhang 1).

Verlust eines Fingers *Prozentsatz*

Daumenendglied	10
Daumenendglied und halbes Grundglied.................	15
ganzer Daumen (1. Finger).............................	20
ganzer Daumen und 1. Mittelhandknochen	25
ganzer Zeigefinger (2. Finger)..........................	10
ganzer Mittelfinger (3. Finger)	10
ganzer Ringfinger (4. Finger)	10
ganzer Kleinfinger (5. Finger)	10
ganzer Mittelfinger m. 3. Mittelhandknochen............	15
ganzer Ringfinger m. 4. Mittelhandknochen.............	15

Verlust zweier Finger   *Prozentsatz*

Daumen und Zeigefinger (= vollständiger Ausfall bei
   Feingriffen) 30
Daumen und Mittelfinger 30
Daumen und Ringfinger 25
Daumen und Kleinfinger................................... 25
Zeige- und Mittelfinger................................... 30
Zeige- und Ringfinger.................................... 25
Zeige- und Kleinfinger 25
Mittel- und Ringfinger 25
Mittel- und Kleinfinger................................... 25
Ring- und Kleinfinger 20

Verluste dreier Finger

Daumen, Zeige- und Mittelfinger 45
Daumen, Zeige- und Ringfinger 45
Daumen, Zeige- und Kleinfinger............................ 40
Daumen, Mittel- und Ringfinger............................ 45
Daumen, Mittel- und Kleinfinger 40
Daumen, Ring- und Kleinfinger 40
Zeige-, Mittel- und Ringfinger 35
Zeige-, Mittel- und Kleinfinger 35
Zeige-, Ring- und Kleinfinger 35
Mittel-, Ring- und Kleinfinger (vollständiger Ausfall des
   Grobgriffes) 30

Verlust von vier Fingern

Verlust von 1, 2, 3 u. 4.................................... 50
   1, 3, 4 u. 5... 50
   1, 3, 4 u. 5... 45
Verlust von 5 Fingern 50
Verlust von 10 Fingern 80

Funktionsstörungen im Bereich der Finger

Versteifung des Daumenendgelenkes......................... 10
Versteifung des Daumengrundgelenkes
   in Nullstellung (0/0/0 Grad) 15
   in Beugestellung von 45–90 Grad......................... 10
Versteifung des End- und des Grundgelenkes des Daumens 15
Versteifung des Daumensattelgelenkes
   in Spritzgriffstellung 10
   in ungünstiger Stellung 20

Prozentsatz

Versteifung des Daumensattel-, Grund- und Endgelenkes

    in Spitzgriffstellung 20

    in ungünstiger Stellung 25

Versteifung aller Gelenke eines Fingers

    in Streckstellung 10

    in Beugestellung am 3. oder 4. oder 5. Finger je 10

    am 1. oder 2. Finger 20

Stärkere Beuge- oder Streckhemmung aller Gelenke

am 3. bis 5. Finger 20

Stärkere Beuge- oder Streckhemmung aller Gelenke

am 1. und 2. Finger. 20

(Die Durchtrennung beider Fingernerven am 1. bis 5. Finger ist dem
jeweiligen Verlust dieser Finger gleichzusetzen.)

Die Durchtrennung des ellenseitigen Daumennerven. 15

Die Durchtrennung des speichenseitigen Zeigefingernerven 10

Die Durchtrennung des speichenseitigen Mittelfingernerven 10

Die Durchtrennung des ellenseitigen Kleinfingernerven. 10

2.12 Untere Gliedmaße

Glatte Amputationen

Bei den nachfolgend angegebenen Rentensätzen ist vorausgesetzt, dass der Zustand des Stumpfes sehr gut ist und der Verletzte gut passende orthopädische Hilfsmittel tragen kann.

Oberschenkel   *Prozentsatz*

Verlust beider Oberschenkel 100

Verlust eines Beines und eines Armes 100

Verlust oder Gebrauchsunfähigkeit ab Hüftgelenk 80

Oberschenkelkurzstumpf bis unterhalb kleiner Rollhügel 70

Oberschenkelverlust im mittleren Drittel 60

Oberschenkelverlust im unteren Drittel. 60

Unterschenkel

Auslösung im Knie 50

Verlust beider Unterschenkel bei frei beweglichen Kniegelenken. 70

Unterschenkelkurzstumpf unter 6 cm 50

Unterschenkelstumpf oberhalb der Mitte bei intaktem Kniegelenk . . . 40

Langer Unterschenkelstumpf 40

Fuß   *Prozentsatz*

Verlust des Fußes im Chopartschen Gelenk

   einseitig   30

   mit Spitz-Klumpfußstellung verbunden . . . .   40 – 50

   beidseitig   60

Verlust des Fußes im Lisfrancschen Gelenk

   einseitig   25

   mit Spitz-Klumpfußstellung verbunden   40

   beiclseitig   50

Verlust des Fußes im Bereich des Mittelfußes

   einseitig   25

   mit Spitz-Klumpfußstellung verbunden   30

   beidseitig   40

Verlust von Zehen . . . .

Großzehe oder eine andere Zehe allein . . . .   unter 10

Großzehe und Köpfchen 1. Mittelfußknochen einseitig   20

Zehen 2 – 5 an einem Fuß   10

alle Zehen an einem Fuß   10

alle Zehen an beiden Füßen   20

Funktionsstörungen im Bereich des Beines

Alle Vorschläge setzen die volle Funktionsfähigkeit aller übrigen Beingelenke voraus.

Hüfte   *Prozentsatz*

Versteifung beider Hüftgelenke . . . .   60 – 80

Versteifung einer Hüfte in günstiger Stellung   30

Versteifung eines Hüftgelenkes in ungünstiger Stellung . . . .   40 – 50

Schmerzfreie Bewegungseinschränkung des Hüftgelenkes 0/10/90 . . .   10

Schmerzfreie Bewegungseinschränkung des Hüftgelenkes 0/30/90 . . .   20

Schmerzfreie Endoprothese ohne Bewegungseinschränkung   20

Endoprothese mit Bewegungseinschränkung bis 30 Grad   30

Endoprothese mit Bewegungseinschränkung bis 80 Grad . . . .   40 – 50

Die Haltbarkeit einer Endoprothese ist zeitlich begrenzt. Auch ist die mechanische Beanspruchung der natürlichen Hüftpfanne bei alleinigem Ersatz des Hüftkopfes größer als nach Einsetzen eines kompletten Kunstgelenkes. Bei vollständigem Ersatz von Hüftkopf und Hüftpfanne (Totalendoprothese) sind die Verankerungsbereiche die maßgeblichen Kontrollzonen.

   gelockerte Endoprothese mit Bewegungseinschränkung . . . .   40 – 60

   infizierte Endoprothese . . . .   60 – 50

Verlust des Hüftgelenks (Girdlestone) . . . .   40 – 50

Schnappende Hüfte mit Schwächung der Standfestigkeit des Beines . .   25

Prozentsatz

Nicht beseitigte Hüftverrenkung..........................	60
Falschgelenkbildung des Schenkelhalses	
ohne Apparat	50
mit entlastendem Schienenhülsenapparat....................	60–70

Oberschenkel

Falschgelenkbildung am Oberschenkel	
ohne Apparat	50–70
mit entlastendem Apparat...............................	70
chronische Osteomyelitis am Oberschenkel mit Fistel (Blutbild).....	30–50
beschwerdefreie Osteomyelitis	<10
Muskelbruch am Oberschenkel, nach Sitz und Größe............	0–10
Oberschenkelbruch	
verheilt mit Verkürzung bis 4 cm	10
bis 6 cm	20
über 6 cm	30

Kniegelenk

Versteifung beider Kniegelenke.........................	80
Versteifung eines Kniegelenkes	
bei 0/5/5 Grad.....................................	30
bei 0/20/20 Grad...................................	40
bei 0/30/30 Grad...................................	40
in ausgesprochener Beugestellung 0/60/60 Grad	60
Restbeweglichkeit des Kniegelenkes	
bei 0/0/90 Grad....................................	20
bei 0/0/120 Grad...................................	10
Leichtes Wackelknie	20
muskulär kompensiert..................................	10
muskulär nicht kompensiert	20
starkes Wackelknie mit Schienenhülsenapparat	30–50
Arthrose, je nach Funktionsbehinderung..................	10–30
Kniescheibenbruch	
nicht knöchern verheilt bei intaktem Streckapparat	10–20
mit Funktionsunfähigkeit des Streckapparates.................	30
knöchern verheilt ohne wesentliche Behinderung	0
Rückfällige Synovitis.................................	20
schmerzfreie Totalprothese am Kniegelenk....................	20
gelockerte Endoprothese am Knie.........................	40–60
infizierte Endoprothese am Knie.........................	60

Prozentsatz

Kniegelenkresektion mit Beinverkürzung bis 4 cm und Versteifung in günstiger Stellung	30
Mit Verunstaltung des Beines abgeheilter Gelenkbruch	30–40
mit stärkerer X-Stellung und entsprechenden Gelenkstörungen. . . .	20–40
mit stärkerer O-Stellung und entsprechenden Gelenkstörungen. . . .	20–40
mit stärkerer Rekurvation und entsprechenden Gelenkstörungen . .	20–40

Unterschenkel

Falschgelenkbildung am Unterschenkel mit Apparat.	40–50
Unterschenkelbruch	
in stärkerer X-Stellung verheilt	25
in stärkerer O-Stellung verheilt	20
mit Rückwärtsverbiegung verheilt.	25
achsengerecht verheilt mit Verkürzung	
bis zu 4 cm	10
bis zu 6 cm	20
über 6 cm.	30
Chronische Osteomyelitis des Schienbeinkopfes mit Fistel (Blutbild) .	30–50
des Unterschenkels mit Fistel (Blutbild).	20–40
nicht aktive Osteoitis	10

Fußgelenk

Knöchelbruch	
in guter Stellung unter Erhaltung der Knöchelgabel ohne Funktionseinbuße verheilt.	0–10
mit Verbreiterung der Knöchelgabel oder Sprengung der Bandverbindung, sekundärer Verkantung des Sprungbeins oder sekundärer Arthrose mit wesentlicher Funktionsstörung	20–40
Unfallbedingter Knickfuß, je nach Winkelgröße und Funktionsstörung	0–20
Völlige Versteifung des oberen und unteren Sprunggelenkes.	20
völlige Versteifung des oberen Sprunggelenkes ab 20 Grad Fußhebung (Hackenfuß)	40
Im Winkel von 0–20 Grad Fußsenkung	20
Im Winkel von mehr als 20 Grad (Spitzfuß)	30
Versteifung des unteren Sprunggelenkes	15
Versteifung des unteren Sprunggelenkes und des Vorfußes	25
Versteifung des vorderen unteren Sprunggelenkes.	10
Sprungbeinbruch mit Verformung desselben und Sekundärarthrose . .	bis 30

Fuß *Prozentsatz*

Empfindlicher Plattfuß je nach Störung.	bis 30
Unfallbedingter Klumpfuß, je nach Störung	bis 40
Unfallbedingter Hohlfuß, je nach Störung.	bis 30
Fersenbeinbruch	
mit geringer Funktionsstörung verheilt	bis 10
mit erheblicher Funktionsstörung verheilt.	20 – 30
Fersenbeinbruch beiderseits	
mit geringer Funktionsstörung verheilt	bis 20
mit erheblicher Funktionsstörung verheilt	40 – 60
Kahnbeinbruch mit Funktionsstörung und Sekundärarthrose.	bis 30
Mehrfache Mittelfußbrüche einseitig	
mit guter Funktion verheilt	0
in schlechter Stellung oder gar nicht verheilt	bis 30
Versteifung der Großzehe in Überstreckung	15
in Mittelstellung	unter 10
in Krallenstellen.	10
Versteifung aller Zehen, einseitig	
in Mittelstellung	10
in Krallenstellung	20
Narben an der Fußsohle mit Störungen der Geh- und Belastungsfähigkeit	10 – 20
Große Weichteilverluste an Fußsohle und Ferse mit empfindlichen Narben	30

Gefäßveränderungen

Aneurysma der Oberschenkelarterie	30
Unfallbedingte arterielle Durchblutungsstörung eines Beines	bis 50
mit trophischen Störungen.	bis 70
Unfallbedingte venöse Veränderungen	
chronisches Ödem eines Beines	10 – 30
beider Beine.	20 – 40
Chronisches Ödem mit trophischen Störungen und Geschwürsbildungen	
eines Beines	bis 40
beider Beine.	bis 60

Lähmungen und Teillähmungen

Trophische Störungen erhöhen die nachfolgenden Sätze, Teillähmungen (Paresen) mindern dieselben entsprechend

N. femoralis	30 – 40
N. ischiadicus	40 – 50

Prozentsatz

N. tibialis	25
N. fibularis	25
N. glutaeus	15–25
N. cutaneus femoris lat.................................	10
N. tibialis und N. fibularis	40

Oft genügen orthop. Zurichtungen am Normalschuh als Hilfsmittel.

2.13 Anhaltspunkte zur Bemessung des Pflegegeldes gemäß § 44 Abs. 1 und Abs. 2 SGB VII

Stand 22.01.99

2.13.1 Zweck und inhaltliche Voraussetzungen des Pflegegeldes

Das Pflegegeld hat den Zweck, pflegebedingte Mehraufwendungen pauschaliert abzugelten, um hilflosen Personen soweit wie möglich die notwendige Betreuung und Hilfe bei den gewöhnlichen und regelmäßig wiederkehrenden Verrichtungen im Ablauf des täglichen Lebens zu sichern sowie ein selbstbestimmtes, bedürfnisorientiertes Leben zu ermöglichen.

Nach § 44 Abs. 1 und Abs. 2 SGB VII ist das Pfegegeld unter Berücksichtigung

(I)   der Art oder Schwere des Gesundheitsschadens und

(II) des Umfangs der erforderlichen Hilfe zu bemessen.

Das Ausmaß der Hilflosigkeit nach Abs. 1 und damit die Höhe des Pflegegeldes nach Abs. 2 richtet sich nach dem Gesundheitsschaden des Versicherten (nachstehend 1.1) und dem dadurch bedingten Umfang der notwendigen Hilfe (nachstehend 1.2).

Dies ist eine Tatsachenfrage, die nicht allein nach den ärztlichen Schlussfolgerungen über Art und Schwere der Verletzung oder Erkrankung zu beantworten ist. So wird das Ausmaß der Hilflosigkeit zwar innerhalb einer bestimmten Schwankungsbreite mit den funktionellen Einschränkungen des Verletzten oder Erkrankten in der Regel korrespondieren. Entscheidend sind aber die individuelle Verhältnisse, nach denen die funktionellen Defizite des Versicherten unterschiedlich erlebt und aus eigenen Kräften unter Einsatz von Hilfsmitteln auch unterschiedlich kompensiert werden können. Deshalb sehen die Anhaltspunkte überwiegend keine festen Prozentsätze des Höchstbetrages des Pflegegeldes vor, sondern bestimmte Bandbreiten, die beiden Kriterien (1.1 und 1.2) Rechnung tragen.

Eine bestimmte Mindestdauer der Hilflosigkeit, wie sie bei der sozialen Pflegeversicherung in § 14 SGB XI gefordert wird, muss nicht erfüllt oder erwartet werden.

2.13.1.1 Art oder Schwere des Gesundheitsschadens

Die Art oder Schwere des Gesundheitsschadens bemisst sich nach den Funktionsausfällen unabhänig von der Ausstattung der Versicherten mit Hilfsmitteln (z. B. auch myoelektrischen Prothesen). Dies gilt auch für die behindertengerechte Anpassung der Wohnung bzw. für die Kfz.-Hilfe.

In der tabellarischen Übersicht (nachstehend 2.2) werden wichtige Verletzungsfolgen und deren Funktionseinschränkungen näher beschrieben.

Der Art und Schwere des Gesundheitsschadens lässt sich eine Bandbreite von Prozentsätzen für die Bemessung des Pflegegeldes zuordnen. Die erforderliche individuelle Konkretisierung geschieht dadurch, dass mit einem Erhebungsbogen – Anlage – der individuelle Umfang der Hilflosigkeit (nachstehend 1.2 und 1.3) ermittelt wird.

Der in der Regel einzuschaltende (beratende) Arzt wertet den Erhebungsbogen aus und schlägt eine einzelfallgerechte Bemessung innerhalb oder auch außerhalb der Bandbreite vor.

2.13.1.2 Umfang der Hilflosigkeit

Hilflosigkeit i. S. des § 44 SGB VII liegt vor, wenn Versicherte für die gewöhnlich und regelmäßig wiederkehrenden Verrichtungen im Ablauf des täglichen Lebens in erheblichem Umfang der Hilfe bedürfen. Der erhebliche Umfang richtet sich nach der Zahl der Verrichtungen, dem wirtschaftlichen Wert der Hilfe und dem zeitlichenAufwand. Wenn Versicherte nur für eine einzige gewöhnlich und regelmäßig wiederkehrende Verrichtung im Ablauf des täglichen Lebens der Hilfe bedürfen, kann sich dadurch ausnahmsweise dennoch Hilfsbedürftigkeit in erheblichem Umfang ergeben, falls diese einzelne Verrichtung lebensnotwendig ist.

Hilflosigkeit in der GUV umfasst auch:

A. Anleitung, Kontrolle, Bereitschaft zur Verhütung möglicher Selbst- und Fremdgefährdungen bzw. Gesundheitsstörungen des Versicherten

B. Notwendigkeit zur Pflegebereitschaft

C. Kommunikation, Ermöglichen sozialer Kontakte, Mobilität außerhalb der eigenen Wohnung

D. Hauswirtschaftliche Versorgung in dem Rahmen, in dem sie den Versicherten selbst dient, bzw. ein auf sie entfallender Anteil festzustellen ist

E. Einfache Maßnahmen der Behandlungspflege.
Einfache Maßnahmen der Behandlungspflege sind solche, die die Verrichtungen des täglichen Lebens unterstützen, vorbereiten oder auch erst ermöglichen und nicht die Fachkunde eines Gesundheitsberufes erfordern (z. B Medikamentengabe, Einreibungen, Massagen, Bewegungsübungen).

2.13.1.3 Einzelfallentscheidungen/Dokumentation und Erhebungsbogen

Die konkreten Verhältnisse sollen mittels eines einheitlichen Erhebungsbogens zur Gesamtsituation der Versicherten – Anlage – ermittelt werden.

Neben den persönlichen Daten, den Folgen des Versicherungsfalles, sind auch die Beschreibung der familiären Situation, der konkreten Hilfsmittelversorgung, einschl. Wohnverhältnisse zu ermitteln. Hilfsmittel, die geeignet sind, Funktionsverluste auszugleichen, sind zu berücksichtigen.

Dies gilt auch für die behindertengerechte Anpassung der Wohnung und die Kfz.-Hilfe.

Die Abstufung der Prozentanteile der Hilflosigkeit erfolgt nach dem Grad der verbleibenden Selbständigkeit.

Jeder Fall bedarf einer eingehenden Begründung und Dokumentation.

Die Anhaltspunkte sind nicht schematisch anzuwenden. Entscheidend ist immer die individuelle persönliche Situation, eine individuelle Differenzierung wird mit dem Erhebungsbogen dokumentiert, danach sind auch höhere oder niedrigere Prozentsätze für die Bemessung des Pflegegeldes möglich.

Dabei können die Kategorien I – IV eine grobe Orientierungshilfe für die Fälle sein, die sich nicht in den beschriebenen Verletzungs- und/oder Erkrankungsfolgen wiederfinden; z.B. Schwerbrandverletzte bei Verbrennungen der Extremitäten und dadurch bedingten Kontrakturen/Funktionsausfällen.

Abdruck mit Genehmigung des HGBV (Hauptverband der gewerblichen Berufsgenossenschaften), Sankt Augustin.

2.14 Kategorien der Gesundheitsschäden und Einzeleinstufungen für die Festsetzung des Pflegegeldes bei Arbeitsunfällen und Berufskrankheiten

2.14.1 Kategorien der Gesundheitsschäden

v. H.-Satz des
Höchstbetrages

KATEGORIE 1   100 – 80 %
Schwerste Beeinträchtigungen in den Bereichen
– Körperpflege, – Ernährung, – Kommunikation, – Mobilität, – hauswirtschaftliche Versorgung*.
Zur Kategorie 1 gehören in der Regel Versicherte mit schwersten Funktionsausfällen aufgrund von Gliedmaßenverlusten und/oder Lähmungen an Gliedmaßen und/oder Ausfall von Sinnesorganen wie etwa bei Tetraplegikern, Hirnverletzten mit

---

* vgl. die Vorbemerkungen

Anfällen oder organischen Hirnleistungsstörungen und Lähmungen aller Gliedmaßen. Dazu gehören insbesondere Berufserkrankte mit schwersten cardio-pulmonalen Ausfällen oder mit Krebserkrankungen in weitfortgeschrittenem Stadium
(s. 2.3).
In den o. a. Bereichen ist der Versicherte in allen Phasen der wiederkehrenden Verrichtungen des täglichen Lebens umfassend auf fremde Hilfe angewiesen.

KATEGORIE II 80 – 60 %
Erhebliche Beeinträchtigungen in den Bereichen
– Körperpflege, – Ernährung, – Kommunikation, – Mobilität, – hauswirtschaftliche
Versorgung*.
Zur Kategorie II gehören in der Regel Versicherte mit erheblichen Funktionsausfäl-
len und Funktionsstörungen aufgrund von Gliedmaßenverlusten und/oder Läh-
mungen an Gliedmaßen und/oder Ausfall von Sinnesorganen. Dazu gehören insbe-
sondere Berufserkrankte mit erheblichen cardio-pulmonalen Ausfällen oder mit
Krebserkrankungen in fortgeschrittenem Stadium (s. 2.3).
In den o. a. Bereichen ist der Versicherte in allen Phasen der wiederkehrenden Verrichtungen des täglichen Lebens überwiegend auf fremde Hilfe angewiesen.

KATEGORIE III 60 – 40 %
Mittlere Beeinträchtigungen in den Bereichen
– Körperpflege, – Ernährung, – Kommunikation, – Mobilität, – hauswirtschaftliche
Versorgung*.
Zur Kategorie III gehören in der Regel Versicherte mit begrenzten Funktionsstörun-
gen.
In den o. a. Bereichen ist der Versicherte in wesentlichen Phasen der Verrichtung des
täglichen Lebens häufiger auf fremde Hilfe angewiesen.

KATEGORIE IV 40 – 25 %
Leichte Beeinträchtigungen in den Bereichen
– Körperpflege, – Ernährung, – Kommunikation, – Mobilität, – hauswirtschaftliche
Versorgung*.
In den o. a. Bereichen ist der Versicherte in mehreren Phasen der Verrichtungen des
täglichen Lebens teilweise, aber regelmäßig auf fremde Hilfe angewiesen.

---

* vgl. die Vorbemerkungen

2.14.2 Einzeleinstufungen des Pflegegeldes bei Arbeitsunfällen (§ 8 SGB VII)

Stand 2/99

Verletzungsfolgen	Funktionseinschränkungen – auch im Verhältnis zu höher/niedriger bewerteten Verletzungsfolgen –	v.H.-Satz des Höchstbetrages
1. Verletzte mit vollständiger Halsmarklähmung (Tetraplegiker) – bei überwiegender oder dauernder Beatmung –	Vollständige Lähmung und Gebrauchsunfähigkeit aller Extremitäten. Vollständige Abhängigkeit von fremder Hilfe in allen Phasen der wiederkehrenden Verrichtungen des täglichen Lebens, auch Hilfe und Pflege bei künstlicher Beatmung.	100
2. Hirnverletzte mit Anfällen oder organischen Hirnleistungsstörungen (sog. Werkzeugstörungen) und Lähmungen aller Gliedmaßen	Vollständige Lähmung aller Extremitäten, damit vollständige Abhängigkeit von fremder Hilfe in allen Phasen der wiederkehrenden Verrichtungen des täglichen Lebens. Bedingt durch sein Anfallsleiden bedarf der Verletzte ständiger Aufsicht, abhängig von der jeweiligen medikamentösen Therapiemöglichkeit des Anfallsleidens. Art und Umfang der Aufsicht werden bedingt durch den Ausfall der Orientierung, durch die schwere Fehlleistung im Verhalten und durch die Ausfälle der höheren Hirnfunktionen.	100
3. Verletzte mit Verlust aller Gliedmaßen	Verlust aller Gliedmaßen ist funktionell einer vollständigen Lähmung aller Gliedmaßen gleichzusetzen. Vollständige Abhängigkeit von fremder Hilfe in allen Phasen der wiederkehrenden Verrichtungen des täglichen Lebens.	100
4. Blinde Ohnhänder	Fehlende optische und tactile Kontrolle. Durch den Verlust beider Hände und aufgrund der fehlenden optischen Wahrnehmung ist der Verletzte nur in eingeschränktem Umfang in der Lage, zu gehen; er bedarf aufgrund der fehlenden Handfunktionen umfassende Hilfe in allen Phasen der wiederkehrenden Verrichtungen des täglichen Lebens.	100
5. Verletzte mit vollständiger Halsmarklähmung (Tetraplegiker) – bei erhaltener – Eigenatmung	In Abhängigkeit von der Höhe der Schädigung an der HWS sind die Bewegungsmöglichkeiten des Verletzten vollständig bis fast vollständig aufgehoben. Die Funktionseinschränkungen hängen ab von den restmotorischen Fähigkeiten.	100–80

Verletzungsfolgen	Funktionseinschränkungen – auch im Verhältnis zu höher/niedriger bewerteten Verletzungsfolgen –	v.H.-Satz des Höchstbetrages
	• Verletzte mit Tetraplegien unterhalb C 4 sind bewegungsunfähig, • Verletzte mit Tetraplegien unterhalb C 5 sind in äußerst geringem Maße bewegungsunfähig (Schulterbewegung, aktive Ellenbogengelenksbeugung, aber ohne Handfunktionen). Die Verletzten benötigen bei geeigneten Alarmsystemen keine Pflege rund um die Uhr. • Verletzte mit Tetraplegien unterhalb C 6 können nach entsprechender Übung teilweise Handfunktionen ausführen. • Verletzte mit Tetraplegien unterhalb C 7/C 8 können Funktionen im Bereich von Schulter, Ellenbogen und Handgelenken ausführen, verschiedene Griffformen sind möglich, jedoch stark abgeschwächt und wenig ausdauernd. Sitzstabilität besteht nicht. Bei allen Lähmungshöhen besteht vollständige Rollstuhlabhängigkeit.	
6. Blinde mit Lähmung oder Verlust beider Beine im Oberschenkel	Verlust der optischen Kontrolle. Gehunfähig. Der Verletzte ist auf einen Rollstuhl angewiesen, den er nach entsprechender Übung in einem bekannten begrenzten Raum bewegen kann. Hilfebedürftig bei den Hygieneverrichtungen, bei der Zubereitung von Speisen, Nahrungsaufnahme aber selbständig möglich. Kommunikative Hilfen – wie Telefon – können selbständig genutzt werden. Der Verletzte bedarf umfassender Hilfe in allen Phasen der wiederkehrenden Verrichtungen des täglichen Lebens.	90–80
7. Blinde mit totalem Hörverlust	Der Verletzte ist in der Lage, sich selbständig in einem bekannten begrenzten Raum zu bewegen. Hilfebedürftig bei den Hygieneverrichtungen, bei der Zubereitung von Speisen und auch bei der Nahrungsaufnahme. Die Aufnahme akustischer und optischer Signale und die Reaktion darauf sind unmöglich, damit fehlende sprachliche Kommunikation. Der Verletzte ist in allen Phasen der wiederkehrenden Verrichtungen des täglichen Lebens umfassend auf fremde Hilfe angewiesen.	90–80

Verletzungsfolgen	Funktionseinschränkungen – auch im Verhältnis zu höher/niedriger bewerteten Verletzungsfolgen –	v.H.-Satz des Höchstbetrages
8. Verletzte mit Verlust beider Arme im Oberarm und eines Beines im Oberschenkel	Verlust der handtactilen Fähigkeiten und damit auch der für die Gehfähigkeit nötigen Unterstützung. Der Verletzte ist nicht in der Lage, zu gehen, eine Prothese anzulegen; durch den Verlust der Arme ist er auch im Rollstuhl nur mit Hilfe mobil. Eine Kommunikation sollte selbständig möglich sein. Der Verletzte ist in allen Phasen der wiederkehrenden Verrichtungen des täglichen Lebens umfassend auf fremde Hilfe angewiesen.	90–80
9. Hirnverletzte mit Anfällen oder organischen Hirnleistungsstörungen (sog. Werkzeugstörungen) und Teillähmungen der Gliedmaßen	Die Funktionseinschränkung und die daraus resultierende Hilfsbedürftigkeit sind abhängig vom Ausmaß der Teillähmungen der Gliedmaßen. Bedingt durch sein Anfallsleiden bedarf der Verletzte ständiger Aufsicht, abhängig von der jeweiligen medikamentösen Therapiemöglichkeit des Anfallsleidens. Art und Umfang der Aufsicht werden bedingt durch den Ausfall der Orientierung, durch die schwere Fehlleistung im Verhalten und durch die Ausfälle der höheren Hirnfunktionen.	90–70
10. Verletzte mit Lähmung oder Verlust beider Arme im Oberarm	Verlust der handtactilen Fähigkeiten. Der Verletzte ist in der Lage selbständig zu gehen. Er ist nicht in der Lage, ohne fremde Hilfe Prothesen anzulegen; soweit keine myoelektrischen Prothesen genutzt werden können, besteht vollständige Abhängigkeit von fremder Hilfe in allen Phasen der wiederkehrenden Verrichtungen des täglichen Lebens. Eine selbständige Kommunikation sollte möglich sein.	90–70
11. Verletzte mit Teilschädigung des Rückenmarks – zentrales Halsmarksyndrom	In Abhängigkeit von der Höhe der Schädigung an der HWS oder BWS sind Funktionen der Extremitäten einschließlich der Hände geringfügig oder begrenzt erhalten. Die Funktionseinschränkung hängt von den verbliebenen motorischen Fähigkeiten ab. • Zentrales Halsmarksyndrom Fehlende oder minimale Arm- u. Handfunktion sowie spastische Teillähmung der Beine	80–60

Verletzungsfolgen	Funktionseinschränkungen – auch im Verhältnis zu höher/niedriger bewerteten Verletzungsfolgen –	v. H.-Satz des Höchstbetrages
– inkomplette Tetraplegie	• inkomplette Tetraplegie Unterschiedlich ausgeprägte Restfunktionen an den Extremitäten und am Rumpf mit zum Teil störend überlagernde Spastizität	
Verletzte mit Paraplegien bis Th (D) 10	• Paraplegien bis Th (D) 6/7 Die Funktion der oberen Gliedmaßen ist vollständig erhalten, die Atmung ist bei überwiegender Zwerchfellatmung eingeschränkt, Rumpfstabilität besteht nicht	
– Paraplegiker – ohne wesentliche Einschränkung der Atmung bei unterschiedlicher Rumpfstabilität	• Paraplegien von Th (D) 8 bis 10 Die Atmung ist kaum eingeschränkt, die Rumpfstabilität jedoch bedeutend beeinträchtigt. Bei allen Lähmungsformen besteht überwiegend Rollstuhlabhängigkeit, zumindest zur Überwindung größerer Strecken außerhalb der Wohnung.	
12. Verletzte mit Verlust eines Armes im Oberarm und beider Beine im Oberschenkel	Rollstuhlfahrer wegen fehlender beidseitiger Armfunktion (Prothesen können nicht angelegt werden, Gehstützen sind nicht möglich). Im Rollstuhl nur bedingt mobil, da einseitiger Handantrieb. Überwiegend auf fremde Hilfe in allen Phasen der wiederkehrenden Verrichtungen des täglichen Lebens angewiesen. Keine Einschränkung in der Kommunikation.	80 – 60
13. Blinde mit Halbseitenlähmung	Fehlende optische Kontrolle. Damit zusätzlich Verlust der durch Lähmung behinderten Kontrolle der Position im Raum. Die Mobilität ist nur begrenzt selbständig möglich. Der Verletzte ist auf einen Rollstuhl angewiesen und kann je nach Ausprägung der Halbseitenlähmung sich in einem beschränkten Raum selbst bewegen. Der Verletzte ist in allen Phasen der wiederkehrenden Verrichtungen des täglichen Lebens überwiegend auf fremde Hilfe angewiesen. Eine selbständige Kommunikation sollte möglich sein.	80 – 60
14. Verletzte mit Verlust eines Armes im Oberarm und eines Armes im Unterarm	Vollständige Funktionseinschränkung, vollständiger Verlust der tactilen Fähigkeiten. Der Verletzte ist in der Lage selbständig zu gehen. Er ist nicht in der Lage selbständig	80 – 60

Verletzungsfolgen	Funktionseinschränkungen – auch im Verhältnis zu höher/niedriger bewerteten Verletzungsfolgen –	v.H.-Satz des Höchstbetrages
	Prothesen anzulegen. Soweit keine Prothesen genutzt werden können, ist der Verletzte in allen Phasen der wiederkehrenden Verrichtungen des täglichen Lebens überwiegend auf fremde Hilfe angewiesen.	
15. Hirnverletzte mit Anfällen oder organische Hirnleistungsstörungen (sog. Werkzeugstörungen)	Das Ausmaß der Hilfsbedürftigkeit wird geprägt durch einerseits sein Anfallsleiden – abhängig von der jeweiligen Therapiemöglichkeit –, andererseits durch die nicht eingeschränkte Mobilität mit möglicher Eigen- und Fremdgefährdung. Bedingt durch sein Anfallsleiden bedarf der Verletzte ständiger Aufsicht, abhängig von der jeweiligen medikamentösen Therapiemöglichkeit des Anfallsleidens. Art und Umfang der Aufsicht werden bedingt durch den Ausfall der Orientierung, durch die schwere Fehlleistung im Verhalten und durch die Ausfälle der höheren Hirnfunktionen.	70–50

16. Paraplegiker mit Schädigungen von Th (D) 11 bis unterhalb L 3 mit Blasen- und Mastdarmlähmung sowie inkompletter Tetraplegiker ohne einschränkende Spastizität	Unterschiedliche Rollstuhlabhängigkeit. Nach entsprechender Rehabilitation keine wesentliche Einschränkung unter Berücksichtigung des Trainingserfolgs bei der Körperpflege und Ernährung. Der Verletzte ist eingeschränkt in der Lage, sich selbst zu versorgen; er kann an einer weitestgehend normalen Kommunikation teilnehmen. Außerhalb der Wohnung bestehen neben der eingeschränkten Mobilität durch die Blasen- und Mastdarmlähmung ggf. Sicherheitsrisiken bei einzelnen Verrichtungen unter Einsatz von Hilfsmitteln. Teilweise ist regelmäßig Hilfe zur Vermeidung von medizinischen Komplikationen erforderlich.
	• Paraplegien Th (D) 11 bis L 2
	  Funktionell vollständige Beinlähmung mit Rollstuhlabhängigkeit, ausreichende Stabilität der Rumpfmuskulatur, Gesäßmuskulatur instabil.
	• Paraplegien unterhalb L 3
	  Überwiegende Rollstuhlabhängigkeit, durch die ative Streckfähigkeit der Kniegelenke sowie durch die Beugefähigkeit der Hüftgelenke können kürzere Geh-
		60–40

Verletzungsfolgen	Funktionseinschränkungen – auch im Verhältnis zu höher/niedriger bewerteten Verletzungsfolgen –	v.H.-Satz des Höchstbetrages
	strecken mit Gehhilfen überwunden werden, der freie Stand ist jedoch nicht möglich. • Inkomplette Tetraplegie Inkomplette sensible Lähmung ohne funktionseinschränkende Spastik; keine motorischen Störungen einschließlich der sakralen Segmente S 3/S 5.	
17. Blinde	Verlust der optischen Kontrolle. Der Verletzte ist bei entsprechendem Training und durch entsprechende Hilfsmittelausstattung nicht sehr aufwendig hilfebedürftig. Der Verletzte ist in der Lage, sich in einem bekannten Raum und in einer bekannten Umgebung selbständig zu bewegen. Er ist in der Lage, Nahrung zu sich zu nehmen. Einkaufen, Nahrungszubereitung, Reinigung der Wohnung und Kontrolle des körperlichen Zustandes bedürfen der Hilfe durch fremde Personen.	60–40
18. Verletzte mit Verlust beider Arme im Unterarm (Ohnhänder)	Vollständiger Verlust der taktilen Fähigkeiten, jedoch gute Möglichkeit der Umklammerung von Gegenständen. Mit entsprechenden Hilfsmitteln auch die Möglichkeit der Nahrungsaufnahme. Der Verletzte ist in der Lage, selbständig zu gehen. Er ist nicht in der Lage, ohne fremde Hilfe Prothesen anzulegen. Körperpflege und Nahrungszubereitung sind eingeschränkt. Der Verletzte ist in wesentlichen Phasen der Verrichtung des täglichen Lebens häufiger auf fremde Hilfe angewiesen.	60–40
19. Verletzte mit Verlust beider Beine im Hüftgelenk	Rollstuhlfahrer wie Ziff. 16. Der Verletzte ist jedoch deutlich besser gestellt durch kontrollierte Hygiene. Körperpflege und Ernährung sind weitestgehend ohne fremde Hilfe möglich. Eingeschränkte Mobilität. Ggf. bestehen Sicherheitsrisiken im Zusammenhang mit einzelnen Verrichtungen unter Einsatz von Hilfsmitteln.	50–30

Verletzungsfolgen	Funktionseinschränkungen – auch im Verhältnis zu höher/niedriger bewerteten Verletzungsfolgen –	v.H.-Satz des Höchstbetrages
20. Verletzte mit vollständiger Lähmung beider Beine ohne Blasen- und Mastdarmbeteiligung	Rollstuhlfahrer wie Ziff. 16. Der Verletzte ist jedoch deutlich besser gestellt durch kontrollierte Hygiene. Körperpflege und Ernährung sind weitestgehend ohne fremde Hilfe möglich. Eingeschränkte Mobilität. Ggf. bestehen Sicherheitsrisiken im Zusammenhang mit einzelnen Verrichtungen unter Einsatz von Hilfsmitteln.	50–30
21. Verletzte mit Verlust eines Armes im Oberarm und eines Beines im Oberschenkel	Rollstuhlfahrer, da wegen fehlender beidseitiger Armfunktion Prothesen nicht angelegt werden können, und die Benutzung von Gehstützen nicht möglich ist. Der Verletzte ist wesentlich besser gestellt als Ziff. 12, mit einer Prothese gehfähig, jedoch auf fremde Hilfe beim Anlegen der Prothese angewiesen.	50–30
22. Verletzte mit Verlust beider Beine im Oberschenkel	Rollstuhlfahrer wie Ziff. 16. Der Verletzte ist jedoch deutlich besser gestellt durch kontrollierte Hygiene. Körperpflege und Ernährung sind weitestgehend ohne fremde Hilfe möglich. Eingeschränkte Mobilität. Ggf. bestehen Sicherheitsrisiken im Zusammenhang mit einzelnen Verrichtungen unter Einsatz von Hilfsmitteln.	50–30
23. Paraplegiker mit Schäden unterhalb von L 4/L 5 und inkompletten Paraplegien (Teilquerschnittgelähmte) auch im Brustmarkbereich bei Blasen- und Mastdarmlähmung	Teilweise Rollstuhlabhängigkeit bis hin zur Gehfähigkeit ohne oder mit Hilfsmitteln. Bei entsprechender Rehabilitation besteht in geringem Ausmaß Hilfsbedürftigkeit in wesentlichen Phasen der Verrichtungen des täglichen Lebens. Aufgrund der teilweise erhaltenen Gehfähigkeit und der teilweise besseren Beinfunktionen mit vollkräftiger Kniegelenksstreckung ist der Verletzte besser gestellt als Verletzte nach Ziff. 16. Der Verletzte ist weitestgehend in der Lage, sich selbst zu pflegen und sich selbst zu versorgen. Eine normale Kommunikation ist gegeben. Insbesondere außerhalb der Wohnung bestehen neben der eingeschränkten Mobilität durch die Blasen- und Mastdarmlähmung ggf. Sicherheitsrisiken bei einzelnen Verrichtungen unter Einsatz von Hilfsmitteln. Ggf. wird regelmäßig Hilfe zur Vermeidung von medizinischen Komplikationen erforderlich.	40–25

Verletzungsfolgen	Funktionseinschränkungen – auch im Verhältnis zu höher/niedriger bewerteten Verletzungsfolgen –	v.H.-Satz des Höchstbetrages
24. Verletzte mit Versteifung beider Hüftgelenke	Der Verletzte ist wesentlich besser gestellt als Ziff. 22. Er ist mit oder ohne Hilfsmittel gehfähig in Abhängigkeit von dem Winkel der Versteifung. Er ist teilweise, aber regelmäßig in den Bereichen Körperpflege, hauswirtschaftliche Versorgung und Mobilität auf fremde Hilfe angewiesen.	40–25
25. Verletzte mit Verlust eines Beines im Oberschenkel und Verlust eines Armes im Unterarm/oder Verlust einer Hand	Der Verletzte ist mit dem nach Ziff. 21 zu vergleichen, aber deutlich besser gestellt. Die bessere Funktionalität der Kurzprothese (obere Extremität) stellt den entscheidenden Unterschied dar.	40–25
26. Verletzte mit Verlust eines Armes im Oberarm und eines Beines im Unterschenkel	Der Verletzte ist mit dem nach Ziff. 21 zu vergleichen, aber deutlich besser gestellt. Die bessere Funktionalität der Kurzprothese (untere Extremität) stellt den entscheidenden Unterschied dar.	40–25
27. Verletzte mit Verlust eines Beines im Oberschenkel und eines Beines im Unterschenkel	Der Verletzte ist mit dem nach Ziff. 22 zu vergleichen, aber deutlich besser gestellt. Die bessere Funktionalität der Kurzprothese (untere Extremität) stellt den entscheidenden Unterschied dar.	40–25
28. Verletzte mit Halbseitenlähmung	Je nach Ausprägung der Halbseitenlähmung ist der Versicherte in der Lage, sich selbst zu versorgen. Je nach Rehabilitation ist er nur bedingt hilfebedürftig.	25/0

Verordnung über die orthopädische Versorgung Unfallverletzter vom 18. Juli 1973 (BGBl. I S. 871);

hier: a) **§ 2 Abs. 2 der Verordnung (Ersatz der Aufwendungen für das Halten eines Führhundes und für fremde Führung an Unfallblinde)**
b) **§ 7 der Verordnung (Pauschbeträge für Kleider- und Wäscheverschleiß)**

Bezug: Rundschreiben VB 076/2002 vom 03.07.2002

Durch Art. 1 Nr. 1 und 2 der Zwölften Verordnung zur Anpassung des Bemessungsbetrags und von Geldleistungen nach dem Bundesversorgungsgesetz – KOV– (Zwölfte KOV-Anpassungsverordnung 2003 – 12. KOV-AnpV 2003 vom 24. Juni 2003 (BGBl. 1 vom 30. Juni 2003, S. 984) sind die §§ 14 und 15 des Bundesversorgungsgesetzes geändert worden.

a) Nach Art. 1 Nr. 1 Zwölfte KOV-Anpassungsverordnung 2003 erhöht sich der Betrag zum Unterhalt eines Führhundes und als Beihilfe zu den Aufwendungen für fremde Führung von bisher 140,– EUR ab 01. Juli 2003 auf 141,– EUR. Nach § 2 Abs. 2 der Verordnung über die orthopädische Versorgung Unfallverletzter vom 18. Juli 1973 gilt dieser Betrag auch für den Bereich der gesetzlichen Unfallversicherung.

b) Nach Art. 1 Nr. 2 Zwölfte KOV-Anpassungsverordnung 2003 wird § 15 BVG, der gemäß § 7 der Verordnung über die orthopädische Versorgung Unfallverletzter vom 18. Juli 1973 auch für den Bereich der gesetzlichen Unfallversicherung gilt, wie folgt geändert:

● Der monatliche Pauschalbetrag nach Satz 1 erhöht sich von bisher 18,– EUR bis 114,– EUR ab 01. Juli 2003 auf 18,– EUR bis 115,– EUR.

● Der Multiplikator nach Satz 2 erhöht sich von bisher 1,752 ab 01. Juli 2003 auf 1,770.

Durch Multiplikation der durch Rechtsverordnung für den jeweiligen Verschleißtatbestand festgesetzten Bewertungszahl (Verordnung zur Durchführung des § 15 BVG vom 31. Januar 1972 – BGBl. 1 S. 105) mit dem ab 1. Juli 2003 geltenden Multiplikator ergeben sich die aus der Anlage ersichtlichen Pauschsätze für Kleider- und Wäscheverschleiß.

Abdruck der vorstehenden Verordnung und der nachfolgenden Tabelle mit Genehmigung des HVBG (Hauptverband der gewerblichen Berufsgenossenschaften), Sankt Augustin.

Tabelle „Mehrverschleißentschädigung" – West –

Pos.	Bezeichnung	Bewertungs-zahl	Euro 01.07.02 Faktor 1,752	Euro 01.07.03 Faktor 1,770
1.0	Blinde	17	30,00	30,00
1.1	Blinde, die ein Motorfahrzeug be-sitzen, bei dessen Beschaffung die Voraussetzungen für die Gewäh-rung eines Zuschusses gegeben waren	27	47,00	48,00
2	einseitig Oberarmamputierte	17	30,00	30,00
3	einseitig Unterarm- oder Handamputierte	14	25,00	25,00
4.0	einseitig Beinamputierte, die ein Kunstbein mit Beckenkorb er-halten haben	27	47,00	48,00

Pos.	Bezeichnung	Bewertungs-zahl	Euro 01.07.02 Faktor 1,752	Euro 01.07.03 Faktor 1,770
4.1	einseitig Beinamputierte, die ein Kunstbein mit Beckenkorb und einen handbetriebenen Rollstuhl für den Straßengebrauch erhalten haben	40	70,00	71,00
4.2	einseitig Beinamputierte, die ein Kunstbein mit Beckenkorb er-halten haben und die ein Motor-fahrzeug besitzen, bei dessen Beschaffung die Voraussetzungen für die Gewährung eines Zu-schusses gegeben waren	38	67,00	67,00
5.0	sonstige einseitig Beinamputierte	19	33,00	34,00
5.1	sonstige einseitig Beinamputierte, die einen handbetriebenen Roll-stuhl für den Straßengebrauch erhalten haben	33	58,00	58,00
5.2	sonstige einseitig Beinamputierte, die ein Motorfahrzeug besitzen, bei dessen Beschaffung die Voraus-setzungen für die Gewährung eines Zuschusses gegeben waren	31	54,00	55,00
6	einseitig Fußstumpfamputierte, deren Kunstbein über das Knie hinausgeht	22	39,00	39,00
7	einseitig Fußstumpfamputierte, deren Kunstbein nicht über das Knie hinausgeht	16	28,00	28,00
8	einseitig Fußstumpfamputierte mit Apparatausrüstung	10	18,00	18,00
9.0	Verletzte, die einen Stützapparat mit Beckenkorb erhalten haben	27	47,00	47,00
9.1	Verletzte, die einen Stützapparat mit Beckenkorb und einen hand-betriebenen Rollstuhl für den Straßengebrauch erhalten haben	40	70,00	71,00
9.2	Verletzte, die einen Stützapparat mit Beckenkorb erhalten haben und die ein Motorfahrzeug besit-zen, bei dessen Beschaffung die Voraussetzungen für die Ge-währung eines Zuschusses ge-geben waren	38	67,00	67,00

Pos.	Bezeichnung	Bewertungs-zahl	Euro 01.07.02 Faktor 1,752	Euro 01.07.03 Faktor 1,770
10	Verletzte, die einen Stützapparat für den Rumpf erhalten haben, ausgenommen Beschädigte mit einfachen Leibbandagen	22	39,00	39,00
11	Verletzte, die einen über Knie oder Ellenbogen hinausgehenden Stützapparat für das Bein oder den Arm erhalten haben	22	39,00	39,00
21.1	Blinde, die einen Führhund halten und die ein Motorfahrzeug besitzen, bei dessen Beschaffung die Voraussetzungen für die Gewährung eines Zuschusses gegeben waren	32	56,00	57,00
22.0	Blinde mit Verlust zweier Gliedmaßen	65	114,00	115,00
22.1	Blinde mit Verlust zweier Gliedmaßen, die ein Motorfahrzeug besitzen, bei dessen Beschaffung die Voraussetzungen für die Gewährung eines Zuschusses gegeben waren	65	114,00	115,00
23.0	Doppel-Oberarmamputierte	43	75,00	76,00
23.1	Doppel-Oberarmamputierte, die ein Motorfahrzeug besitzen, bei dessen Beschaffung die Voraussetzungen für die Gewährung eines Zuschusses gegeben waren	53	93,00	94,00
24.0	sonstige Doppel-Armamputierte	39	68,00	69,00
24.1	sonstige Doppel-Armamputierte, die ein Motorfahrzeug besitzen, bei dessen Beschaffung die Voraussetzungen für die Gewährung eines Zuschusses gegeben waren	50	88,00	89,00
25.0	Doppel-Unterarm- oder Handamputierte	39	68,00	69,00
25.1	Doppel-Unterarm- oder Handamputierte, die ein Motorfahrzeug besitzen, bei dessen Beschaffung die Voraussetzungen für die Gewährung eines Zuschusses gegeben waren	50	88,00	89,00

Pos.	Bezeichnung	Bewertungs-zahl	Euro 01.07.02 Faktor 1,752	Euro 01.07.03 Faktor 1,770
26.0	Doppel-Arm- oder Handamputierte, die zugleich einseitig beinamputiert oder fußstumpfamputiert sind und mit einer Apparatausrüstung versorgt werden	65	114,00	115,00
26.1	Doppel-Arm- oder Handamputierte, die zugleich einseitig beinamputiert oder fußstumpfamputiert sind und mit einer Apparatausrüstung versorgt werden, die ein Motorfahrzeug besitzen, bei dessen Beschaffung die Voraussetzungen für die Gewährung eines Zuschusses gegeben waren	65	114,00	115,00
27	einseitig Oberarmamputierte, die zugleich einseitig fußstumpfamputiert sind und deren Kunstbein nicht über das Knie hinausgeht	33	58,00	58,00
28.0	Zweifach-Amputierte (Bein- und Arm- oder Bein- und Handamputierte)	36	63,00	64,00
28.1	Zweifach-Amputierte (Bein- und Arm- oder Bein- und Handamputierte), die einen handbetriebenen Rollstuhl für den Straßengebrauch erhalten haben	45	79,00	80,00
28.2	Zweifach-Amputierte (Bein- und Arm- oder Bein- und Handamputierte), die ein Motorfahrzeug besitzen, bei dessen Beschaffung die Voraussetzungen für die Gewährung eines Zuschusses gegeben waren	43	75,00	76,00
34.1	Verletzte, die einen Stützapparat oder ein Kunstbein mit Beckenkorb erhalten haben und die dauernd auf den Gebrauch von zwei Krücken oder Stockstützen angewiesen sind und einen handbetriebenen Rollstuhl für den Straßengebrauch erhalten haben	57	100,00	101,00

Pos.	Bezeichnung	Bewertungs-zahl	Euro 01.07.02 Faktor 1,752	Euro 01.07.03 Faktor 1,770
34.2	Verletzte, die einen Stützapparat oder ein Kunstbein mit Beckenkorb erhalten haben und die dauernd auf den Gebrauch von zwei Krücken oder Stockstützen angewiesen sind und die ein Motorfahrzeug besitzen, bei dessen Beschaffung die Voraussetzungen für die Gewährung eines Zuschusses gegeben waren	55	96,00	97,00
35.0	einseitig Beinamputierte, die am anderen Bein fußstumpfamputiert sind und deren Kunstbein an diesem Bein über das Knie hinausgeht	30	53,00	53,00
35.1	einseitig Beinamputierte, die am anderen Bein fußstumpfamputiert sind und deren Kunstbein an diesem Bein über das Knie hinausgeht und einen handbetriebenen Rollstuhl für den Straßengebrauch erhalten haben	49	86,00	87,00
35.2	einseitig Beinamputierte, die am anderen Bein fußstumpfamputiert sind und deren Kunstbein an diesem Bein über das Knie hinausgeht und die ein Motorfahrzeug besitzen, bei dessen Beschaffung die Voraussetzungen für die Gewährung eines Zuschusses gegeben waren	47	82,00	83,00
36.0	einseitig Beinamputierte, die am anderen Bein fußstumpfamputiert sind und deren Kunstbein an diesem Bein nicht über das Knie hinausgeht	26	46,00	46,00
36.1	einseitig Beinamputierte, die am anderen Bein fußstumpfamputiert sind und deren Kunstbein an diesem Bein nicht über das Knie hinausgeht und einen handbetriebenen Rollstuhl für den Straßengebrauch erhalten haben	45	79,00	80,00

Pos.	Bezeichnung	Bewertungs-zahl	Euro 01.07.02 Faktor 1,752	Euro 01.07.03 Faktor 1,770
36.2	einseitig Beinamputierte, die am anderen Bein fußstumpfamputiert sind und deren Kunstbein an diesem Bein nicht über das Knie hinausgeht und die ein Motorfahrzeug besitzen, bei dessen Beschaffung die Voraussetzungen für die Gewährung eines Zuschusses gegeben waren	43	75,00	76,00
37.0	einseitig Beinamputierte, die für das verbliebene Bein eine Unterschenkelschiene mit Schuhbügel erhalten haben	24	42,00	42,00
37.1	einseitig Beinamputierte, die für das verbliebene Bein eine Unterschenkelschiene mit Schuhbügel und einen handbetriebenen Rollstuhl für den Straßengebrauch erhalten haben	43	75,00	76,00
43	einseitig Beinamputierte, die ein Stützmieder mit Schienenverstärkung erhalten haben	33	58,00	58,00
44.0	einseitig Beinamputierte, die dauernd auf den Gebrauch von zwei Krücken oder Stockstützen angewiesen sind	41	72,00	73,00
44.1	einseitig Beinamputierte, die dauernd auf den Gebrauch von zwei Krücken oder Stockstützen angewiesen sind und einen handbetriebenen Rollstuhl für den Straßengebrauch erhalten haben	50	88,00	89,00
44.2	einseitig Beinamputierte, die dauernd auf den Gebrauch von zwei Krücken oder Stockstützen angewiesen sind und die ein Motorfahrzeug besitzen, bei dessen Beschaffung die Voraussetzungen für die Gewährung eines Zuschusses gegeben waren	48	84,00	85,00

Pos.	Bezeichnung	Bewertungs-zahl	Euro 01.07.02 Faktor 1,752	Euro 01.07.03 Faktor 1,770
45	einseitig Beinamputierte mit aus-gedehnten, stark absondernden Hauterkrankungen oder Fistel-eiterungen außerhalb des Stumpf-bereiches mit Kunstafterschließ-bandage, Urinfänger oder After-schließbandage	57	100,00	101,00
46	einseitig Beinamputierte mit ab-sondernden Hauterkrankungen oder Fisteleiterungen geringerer Ausdehnung außerhalb des Stumpf-bereiches	33	58,00	58,00
47.0	Doppel-Beinamputierte, die zu-gleich einseitig arm- oder hand-amputiert sind	55	96,00	97,00
47.1	Doppel-Beinamputierte, die zugleich einseitig arm- oder handamputiert sind und die ein Motorfahrzeug besitzen, bei dessen Beschaffung die Voraussetzungen für die Gewährung eines Zuschusses gegeben waren	61	107,00	108,00
48	Doppel-Fußstumpfamputierte mit Apparatausrüstung, die zugleich arm- oder handamputiert sind	55	96,00	97,00
49.0	Doppel-Beinamputierte, die dau-ernd auf den Gebrauch von zwei Krücken oder Stockstützen ange-wiesen sind	49	86,00	87,00
49.1	Doppel-Beinamputierte, die dau-ernd auf den Gebrauch von zwei Krücken oder Stockstützen ange-wiesen sind und einen handbetrie-benen Rollstuhl für den Straßen-gebrauch erhalten haben	65	114,00	115,00
49.2	Doppel-Beinamputierte, die dau-ernd auf den Gebrauch von zwei Krücken oder Stockstützen ange-wiesen sind und die ein Motorfahr-zeug besitzen, bei dessen Beschaf-fung die Voraussetzungen für die Gewährung eines Zuschusses gege-ben waren	65	114,00	115,00

Pos.	Bezeichnung	Bewertungs-zahl	Euro 01.07.02 Faktor 1,752	Euro 01.07.03 Faktor 1,770
50.0	Doppel-Fußstumpfamputierte, deren Kunstbeine über das Knie hinausgehen und die dauernd auf den Gebrauch von zwei Krücken oder Stockstützen angewiesen sind	53	93,00	94,00
53.1	einseitig Beinamputierte mit ausgedehnten, stark absondernden Hauterkrankungen oder Fisteleiterungen außerhalb des Stumpfbereiches mit Kunstafterschließbandage, Urinfanger oder Afterschließbandage, die dauernd auf den Gebrauch von zwei Krücken oder Stockstützen angewiesen sind und einen handbetriebenen Rollstuhl für den Straßengebrauch erhalten haben	65	114,00	115,00
53.2	einseitig Beinamputierte mit ausgedehnten, stark absondernden Hauterkrankungen oder Fisteleiterungen außerhalb des Stumpfbereiches mit Kunstafterschließbandage, Urinfänger oder Afterschließbandage, die dauernd auf den Gebrauch von zwei Krücken oder Stockstützen angewiesen sind und die ein Motorfahrzeug besitzen, bei dessen Beschaffung die Voraussetzungen für die Gewährung eines Zuschusses gegeben waren	65	114,00	115,00
54.0	Doppel-Beinamputierte, die einen Stützapparat für den Rumpf erhalten haben und die dauernd auf den Gebrauch von zwei Krücken oder Stockstützen angewiesen sind	65	114,00	115,00
54.1	Doppel-Beinamputierte, die einen Stützapparat für den Rumpf erhalten haben und die dauernd auf den Gebrauch von zwei Krücken oder Stockstützen angewiesen sind und einen handbetriebenen Rollstuhl für den Straßengebrauch erhalten haben	65	114,00	115,00

Pos.	Bezeichnung	Bewertungs-zahl	Euro 01.07.02 Faktor 1,752	Euro 01.07.03 Faktor 1,770
54.2	Doppel-Beinamputierte, die einen Stützapparat für den Rumpf erhalten haben und die dauernd auf den Gebrauch von zwei Krücken oder Stockstützen angewiesen sind und die ein Motorfahrzeug besitzen, bei dessen Beschaffung die Voraussetzungen für die Gewährung eines Zuschusses gegeben waren	65	114,00	115,00
55.0	Doppel-Beinamputierte, die einen über den Ellenbogen hinausgehenden Stützapparat für den Arm erhalten haben und die dauernd auf den Gebrauch von zwei Krücken oder Stockstützen angewiesen sind	57	100,00	101,00
55.1	Doppel-Beinamputierte, die einen über den Ellenbogen hinausgehenden Stützapparat für den Arm erhalten haben und die dauernd auf den Gebrauch von zwei Krücken oder Stockstützen angewiesen sind und die ein Motorfahrzeug besitzen, bei dessen Beschaffung die Voraussetzungen für die Gewährung eines Zuschusses gegeben waren	62	109,00	110,00
56.0	Vierfachamputierte	65	114,00	115,00
56.1	Vierfachamputierte, die ein Motorfahrzeug besitzen, bei dessen Beschaffung die Voraussetzungen für die Gewährung eines Zuschusses gegeben waren	65	114,00	115,00
60.2	Verletzte mit ausgedehnten, stark absondernden Hauterkrankungen oder Fisteleiterungen, mit Kunstafterschließbandage, Urinfänger oder Afterschließbandage, die dauernd auf den Gebrauch von zwei Krücken oder Stockstützen angewiesen sind und die ein Motorfahrzeug besitzen, bei dessen Beschaffung die Voraussetzungen für die Gewährung eines Zuschusses gegeben waren	65	114,00	115,00

Pos.	Bezeichnung	Bewertungs-zahl	Euro 01.07.02 Faktor 1,752	Euro 01.07.03 Faktor 1,770
61.0	Verletzte mit absondernden Hauterkrankungen oder Fisteleiterungen geringerer Ausdehnung, die dauernd auf den Gebrauch von zwei Krücken oder Stockstützen angewiesen sind	36	63,00	64,00
61.1	Verletzte mit absondernden Hauterkrankungen oder Fisteleiterungen geringerer Ausdehnung, die dauernd auf den Gebrauch von zwei Krücken oder Stockstützen angewiesen sind und einen handbetriebenen Rollstuhl für den Straßengebrauch erhalten haben	50	88,00	89,00
61.2	Verletzte mit absondernden Hauterkrankungen oder Fisteleiterungen geringerer Ausdehnung, die dauernd auf den Gebrauch von zwei Krücken oder Stockstützen angewiesen sind und die ein Motorfahrzeug besitzen, bei dessen Beschaffung die Voraussetzungen für die Gewährung eines Zuschusses gegeben waren	48	84,00	85,00
62.1	Querschnittgelähmte, die die volle Kontrolle über Stuhl und Urin haben und nicht regelmäßig Schienenhülsenapparate zur Stabilisierung der Beine tragen müssen, aber erhebliche Beinlähmungserscheinungen dauernd beibehalten	17	30,00	30,00
62.2	Querschnittgelähmte, die dauernd Schienenhülsenapparate benötigen, einschließlich orthopädischen Schuhwerks, die aber volle Kontrolle über Stuhl und Urin haben	33	58,00	58,00
62.3	Querschnittgelähmte, die wegen Fehlens der Kontrolle über Stuhl und Urin unvermeidlich die Kleidung, Leib- und Bettwäsche beschmutzen und bei denen das Tragen der Schienenhülsenapparate nicht in Frage kommt	49	86,00	87,00

Pos.	Bezeichnung	Bewertungs-zahl	Euro 01.07.02 Faktor 1,752	Euro 01.07.03 Faktor 1,770
62.4	Querschnittgelähmte, die wegen Fehlens der Kontrolle über Stuhl und Urin unvermeidlich die Kleidung, Leib- und Bettwäsche beschmutzen und beim Tragen der Schienenhülsenapparate usw. die Kleidung beschädigen	65	114,00	115,00

3 Die Begutachtung von Fragen des ursächlichen Zusammenhanges zwischen Körperschäden und Arbeitsunfall

3.1 Die Form der Gutachten

Im Laufe der Zeit haben sich gewisse formale Mindestforderungen für ein derartiges Gutachten herauskristallisiert. Die schematische Berücksichtigung des nachfolgend aufgezeichneten formalen Vorgehens erleichtert somit die Auswertung eines solchen Gutachtens durch die anfordernden Stellen und kommt indirekt bei der Bewertung des Gutachtens zum Tragen.

Folgender Aufbau ist in einem solchen Gutachten zu empfehlen:

1   Vorgeschichte / Anknüpfungstatsachen
1.1   Vorgeschichte nach den Aktenunterlagen (stets mit Angabe der Seite)
1.1.1   vom Unfall unabhängige Erkrankungen
1.1.2   Hergang des Geschehnisses und bisherige Behandlung
1.2   Vorgeschichte nach den Angaben des Versicherten
1.2.1   vom Unfall unabhängige Krankheitsgeschichte
1.2.1.1 Familienvorgeschichte
1.2.1.2 eigene Vorgeschichte
1.2.2   Hergang des Unfalles, bisherige Behandlung und Verlauf bis zum Untersuchungstag
2   Augenblickliche Beschwerden des Patienten
3   Untersuchungsbefund
3.1   Allgemeinbefund
3.2   Kopf
3.3   Hals
3.4   Brustkorb
3.5   Leib
3.6   Wirbelsäule
3.7   Nervensystem
3.8   Gliedmaßen
3.8.1   obere Gliedmaßen
3.8.2   untere Gliedmaßen
3.9   örtlicher Befund der Verletzungsfolgen
3.9.1   Betrachtung
3.9.2   Betastung
3.9.3   Beweglichkeit (siehe Messbogen)
3.9.4   vergleichende Umfangsmaße (siehe Messbogen)
3.9.5   zusätzliche diagnostische Verfahren und deren Deutung
4   Beurteilung
4.1   genaue Bezeichnung der Erkrankung
4.2   wissenschaftlich begründete Erörterung der Zusammenhangsfrage mit Erarbeitung einer eindeutigen, klaren Aussage
4.3   ganz kurze Aufzählung der Unfallfolgen mit Vorschlag für die Einschätzung der etwaigen Erwerbsminderung
4.4   exakte Aufzählung unfallunabhängiger krankhafter Zustände
4.5   etwaige Behandlungsvorschläge
4.6   Angaben zur beruflichen und sozialen Teilhabe

Die gebotene Berücksichtigung der Umstände des Einzelfalles wird bei Gelegenheit eine Abweichung von diesem als Vorschlag gedachten Bearbeitungsschema erzwingen. Der Aufbau dieses Schemas hat sich aber in der Praxis seit langem bewährt.

3.2 Der Inhalt

Das ärztliche Gutachten zur Frage eines ursächlichen Zusammenhanges zwischen einer krankhaften Veränderung und einem angegebenen Ereignis erfordert ganz besonders gediegene Kenntnisse der allgemeinen und speziellen Krankheitslehre, des Arbeits- und Berufslebens, der einschlägigen gesetzlichen Bestimmungen und endlich der in der fortlaufenden Rechtsprechung erarbeiteten versicherungsrechtlichen Erkenntnisse. Eine möglichst exakte Krankheitsbezeichnung ist die unumgängliche Grundlage der Beurteilung von Zusammenhangsfragen im Einzelfall. Die Diskussion möglicher Differentialdiagnosen hat mit wissenschaftlicher Begründung die wahrscheinlich zutreffendste zu erarbeiten und diese dann klar herauszustellen.

Diejenigen krankhaften Zustände, die am häufigsten zur Erörterung von Zusammenhangsfragen Veranlassung geben, sind später stichwortartig aufgeführt und kurz besprochen. Weitere Studien in den einschlägigen Hand- und Lehrbüchern sind unumgänglich. Diese Schrift kann nur auf bestehende Probleme kurz hinweisen, dieselben aber nicht erörtern.

3.2.1 Rechtliche Voraussetzungen

Unbedingte Klarheit ist bei der Verwendung *versicherungsrechtlich* festumrissener Begriffe geboten. Die Außerachtlassung dieser selbstverständlichen Forderung setzt automatisch den Beweiswert eines Gutachtens herab.

Nicht die Arbeitstätigkeit als solche ist versichert, sondern es besteht eine gesetzliche Versicherung gegen einen *Unfall* während der Arbeitszeit. Die normale Arbeitstätigkeit stellt kein Tatbestandsmerkmal eines Unfalles dar. Im Sinne der Rechtsprechung ist ein Arbeitsunfall ein von außen bewirktes, den Körper schädigendes, plötzliches Ereignis, das mit der versicherten Tätigkeit in einem ursächlichen Zusammenhang steht (s. Teil 1, 2.4.1).

Ein Arbeitsunfall ist z. B. dann nicht anzunehmen, wenn eine einmalige äußere Einwirkung gefehlt hat. Der genaue Zeitpunkt des Unfalles braucht nicht festzuliegen, es muss aber die Schädigung innerhalb eines kurzen Zeitraumes (Arbeitsschicht) erfolgt sein. Ebenfalls liegt dann kein Arbeitsunfall vor, wenn zwar eine einmalige äußere Gewalteinwirkung stattgefunden hatte, aber keine Gesundheitsschädigung eingetreten ist.

Ist die äußere Einwirkung nicht einmaliger, sondern längerdauernder Natur, dann fehlt der Charakter eines Arbeitsunfalles ebenso, wie wenn jemand zufällig während der Arbeit erkrankte oder in der Arbeitszeit erstmals die Krankheit bemerkte. Endlich ist ein Unfall dann kein Arbeitsunfall, wenn die äußere Einwirkung keine wesentliche Teilursache für das festgestellte Leiden abgegeben hat.

Als plötzliches Ereignis gilt ein Geschehnis, dass sich in einem verhältnismäßig kurzen Zeitraum ereignet hat.

Ein solcher Arbeitsunfall braucht nicht die alleinige Ursache des festgestellten Körperschadens zu sein. Er muss aber wenigstens die *wesentliche* oder überwiegende Teilursache bilden (s. dazu Teil 1, Abschn. 2.4.2).

Der Begriff der „wesentlichen Ursache" ist ein Wertbegriff. Die Frage, ob eine Ursache oder Mitursache für den Erfolg wesentlich ist, beurteilt sich nach dem Wert, den ihr die Auffassung des täglichen Lebens gibt.

Eine unwesentliche Ursache – sog. Gelegenheitsursache oder Gelegenheitsbedingung oder Auslösung – besitzt nicht die erforderliche besondere Beziehung zum festgestellten Körperschaden, reicht daher als Beweismittel nicht aus.

Der angeschuldigte Vorgang darf auch nicht konkurrierend mit mehreren gleichwertigen Ursachen, nur eine unter vielen Ursachen zu sein, sondern er muss unabdingbar die Eignung der *Wesentlichkeit* besitzen.

Die Feststellung eines ursächlichen Zusammenhanges wird nicht immer mit einer jeden Zweifel ausschließenden Sicherheit möglich sein. Die Sozialgerichtsbarkeit fordert deshalb für die Annahme des ursächlichen Zusammenhanges auch keine solche, bei der menschlichen Unzulänglichkeit selten zu erbringende Sicherheit. Sie fordert vielmehr das Vorliegen einer *Wahrscheinlichkeit*, d. h. bei vernünftiger Abwägung aller für und gegen den Zusammenhang sprechenden Umstände müssen die für den Zusammenhang sprechenden Erwägungen so stark überwiegen, dass die dagegensprechenden für die Bildung und Rechtfertigung der Überzeugung außer Betracht bleiben können.

Von der Wahrscheinlichkeit zu unterscheiden ist die bloße *Möglichkeit*. Diese reicht zur Annahme eines ursächlichen Zusammenhanges nicht aus.

Bei der Frage, ob ein Leiden durch einen Arbeitsunfall etwa wesentlich verschlimmert worden ist, müssen die obengenannten Grundsätze ebenfalls angewandt werden. Die Erörterung z. B. einer wesentlichen oder richtunggebenden Verschlimmerung begrenzt die Frage nach dem Ursachenzusammenhang erkennbar auf einen Teil der vorliegenden krankhaften Erscheinungen. Es gelten hier somit die gleichen Kriterien der Beweisführung, wie bei der Beantwortung einer Zusammenhangsfrage überhaupt (s. dazu Teil 1, Abschn. 2.4.3).

3.2.2 Medizinische Voraussetzungen

In der *gesetzlichen* Unfallversicherung gilt nur diejenige Bedingung als Ursache, deren wesentliche Mitwirkung zu dem genannten Zeitpunkt in der geschilderten Art allein den Unfall eintreten ließ. Ein so charakterisierter Arbeitsunfall kann dann seine wesentliche Mitwirkung

1. bei der Entstehung eines Leidens oder
2. bei der Verschlimmerung eines bestehenden Leidens entfaltet haben.

Der Gutachter hat sich stets folgende Fragen routinemäßig zu beantworten:

1. Welcher Art und wie schwer war die äußere Gewalteinwirkung?
2. Deckt sich die Erheblichkeit der äußeren Einwirkung mit dem örtlichen und dem ärztlichen Befund?
3. Entspricht die Körperschädigung der äußeren Einwirkung?

Es ist unerheblich, ob die auf einem Unfall beruhende Körperschädigung sofort nach dem Unfall eingetreten ist oder sich erst allmählich entwickelt hat. Das Unfallgeschehnis braucht nicht die alleinige, es muss aber stets die wesentlich mitwirkende Ursache für das festgestellte Leiden gewesen sein, um einen kausalen Zusammenhang als gegeben annehmen zu können.

Da nicht wenige kranke oder vorgeschädigte Mitmenschen zur Arbeit erscheinen, genügt ein örtlicher und zeitlicher und persönlicher Zusammenhang zwischen festgestelltem Leiden und beruflicher Beschäftigung nicht; nur ein ursächlicher Zusammenhang im Sinne der obigen Ausführung bildet die Grundlage einer Anerkennungsmöglichkeit.

Es muss im Einzelfall also Art und Ausmaß der aus körpereigenen Bedingungen vielleicht schon hervorgegangenen Veränderungen, die etwaige schadensnahe Verfassung, festgestellt werden.

Der ursächliche Zusammenhang zwischen dem Ereignis und den körperlichen Veränderungen muss wenigstens einen Wahrscheinlichkeitswert besitzen. Daher müssen die Umstände, die in ärztlicher Sicht für einen ursächlichen Zusammenhang sprechen, erörtert werden und am Ende gegenüber denjenigen, die dagegen sprechen, überwiegen. Wenn ein solcher Wahrscheinlichkeitswert nicht erreicht wird, dann kann nur die Rede von einer Möglichkeit des ursächlichen Zusammenhanges sein.

Der Sinngehalt z. B. der Begriffe „Wahrscheinlichkeit", „Möglichkeit", „Auslösung", „Gelegenheitsursache", „Verschlimmerung" ist in einem Gutachten zur Zusammenhangsfrage genau zu beachten. Der *ärztliche Sachverständige muss sich stets an die Begriffe und Fragestellungen der Rechtsprechung halten*, um seinem Gutachten die notwendige Überzeugungskraft bei den verschiedenen Instanzen zu sichern.

Erfahrungsgemäß tauchen in ärztlichen Zusammenhangsgutachten häufiger folgende *Fehlerquellen* auf:

1. Überschätzung der Bedeutung der rein zeitlichen Folge und ihre fehlerhafte Deutung im Sinne eines ursächlichen Zusammenhanges.
2. Aufstellung von Behauptungen statt einer schlüssigen Begründung und Beweisführung. Eine zu allgemeine Beweisführung wird stets von den Gerichten abgelehnt.
3. Petitio principii: „Weil eine Schultergelenksverrenkung festgestellt wurde, muss ein Arbeitsunfall vorgelegen haben".
4. Äußerungen unklaren Denkens: „Weil keine Vorerkrankung nachweisbar ist, deshalb ist das Meniskusleiden eine Unfallfolge".
5. Unklare, nicht eindeutig getrennte Begriffsbildungen: Krankheit und Verletzung; Leiden und Leidenszeichen; Unfall und entschädigungspflichtiger Arbeitsunfall; Wunde und Geschwür; Arbeitsunfall und Trauma; Anlass und Ursache; Ursache und Bedingung; Befund und Diagnose – um nur einige zu nennen.

Abschließend sei noch darauf hingewiesen, dass der in Gutachten oft angeführte Eindruck der persönlichen *Glaubwürdigkeit* eines Patienten nicht ausreicht, um die von ihm bekundeten Sachverhalte etwa als erwiesen anzusehen.

Im Nachfolgenden sind, um sich bei der Begutachtung des stets im Mittelpunkt stehenden Einzelfalles leichter über die generellen Anschauungen orientieren zu können, häufiger vorkommende Leiden kurz aufgezählt.

3.3 Spezielles über die Begutachtung von Zusammenhangsfragen

3.3.1 Thermische Schädigungen

3.3.1.1 Erfrierungen
Die Folgen dieser Schädigungen sind entschädigungspflichtig, wenn der Hergang selbst als Unfall anerkannt ist.

In unserem Kulturkreis können entschädigungspflichtige Unfälle mit konsekutiven Erfrierungen z. B. bei Lawinenunglücken oder Skiunfällen aus versicherter Tätigkeit auftreten. Zu beachten ist, dass eine versicherte Tätigkeit auch bei den Helfenden der verunfallten Personen vorliegen kann.

Erfrierungen werden gehäuft an den Extremitäten, Händen und Füßen distal betont festgestellt, Gangränen sind möglich. Anamnestische Angaben über Diabetes, Arteriosklerose und Endangitis obliterans und andere Gefäßerkrankungen sind kritisch zu erfragen, da vorbestehende Gefäßleiden eine erlittene Erfrierung verstärken können und die Frage der unfallbedingten Verschlimmerung eines vorbestehenden Leidens zu beantworten ist.

Bei den Folgen von angeblichen Erfrierungen mit nachfolgender, teilweiser Extremitätengangrän ist sorgfältig zu prüfen, ob nicht andere Ursachen der Gangrän (Diabetes, Arteriosklerose, Endangiitis obliterans u. ä.) vorhanden sind. Die Frage einer unfallbedingten Verschlimmerung etwa vorbestehender entzündlicher arterieller Verschlusskrankheiten und Angioneuropathien bedarf ebenfalls sehr kritischer Prüfung, da vorbestehende Gefäßleiden eine erlittene Erfrierung verstärken können.

3.3.1.2 Verbrennungen

Bei der Begutachtung von Verbrennungen ist zu beachten, dass alle Funktionsausfälle der Verunfallten beachtet werden.

Zu bedenken ist, dass bei ausgedehnten Verbrennungen nicht nur die kosmetische Entstellung und die ausgedehnten Narbenbildungen in die Begutachtung einfließen, sondern auch die dadurch bedingten Einsteifungen der Extremitätengelenkbeweglichkeit, diese Extremitätengelenkbeweglichkeitseinschränkungen können durch die Narbenbildungen bedingt sein, zum anderen ist jedoch ein Kausalzusammenhang möglich durch periartikuläre Verkalkungen.

Ein Anhalt für die Beurteilung von Brandverletzungen ergibt nachstehende Tabelle:

Bestimmung der MdE für Brandverletzte. (mod. n. G. H. v. Donnersmarck, F. Hörbrand: Jahrbuch der Versicherungsmedizin 1995)

[A] MdE aus Funktionseinschränkung (Neutral-0)				
[B] Bewertung des Lokalbefundes				
Narbenareale				
▶ ohne Pigment- und wesentliche Texturveränderung		% KOF ×1 ×Q	=	
▶ ohne Pigment-, mit Texturveränderung (z.B. Meshgraft)		% KOF ×1,5 ×Q	=	
▶ ohne Pigmentveränderung, mit Narbensträngen		% KOF ×2 ×Q	=	
▶ mit Pigmentveränderung, Instabilität oder Hypertrophie		% KOF ×3 ×Q	=	
		Summe	= [B]	
Der Faktor Q gewichtet die Qualität der Narbenareale. Bei Narbenarealen im *Gesicht* und an *Händen* wird die Summe mit dem *Faktor 5–10*, bei Narbenarealen an *Brust* und *Armen mit dem Faktor 2* multipliziert.				
		Punkte aus [B]:		
[C] Fragen nach somatischen und vegetativen Beschwerden				
▶ Trockenheit der Haut ▶ Wärmeempfindlichkeit				
▶ Kälteempfindlichkeit ▶ Juckreiz				
▶ Verletzlichkeit der Haut ▶ Spannungsgefühl				
▶ Taubheitsgefühl ▶ Schweißneigung				
▶ Gelenk- und Gliederschmerzen				
Zahl der Nennungen: 1–2 = 5 Punkte 3–5 = 10 Punkte >5 = 20 Punkte				
		Punkte aus [C]:		

Summe der Punkte aus [B] und [C]:

Punkte	< 20	20–40	>40–70	>70–100	>100
MdE [B] + [C]	= 0 %	10 %	20 %	30 %	40 %

MdE aus [A] + MdE [B] + [C] = Gesamt-MdE:

MdE: Minderung der Erwerbstätigkeit.

3.3.1.3 Sonnenstich

Dieser beruht auf einer Strahleneinwirkung der Sonne bei unbekleidetem Kopf; die direkte Überwärmung kann zu einer organischen Schädigung des Gehirns führen, wie z.B. Ödem oder Blutung.

3.3.1.4 Hitzschlag

Der Hitzschlag beruht auf einer abnormen Wärmestauung im Körper besonders bei anstrengender Arbeit ungenügender Wärmeabgabe. Länger dauernde Schädigungen wären unfallbedingt und entschädigungspflichtig, wenn sie durch die Einwirkungen innerhalb einer Arbeitsschicht unter den genannten Bedingungen entstanden sind. Auch der Hitzschlag kann ein Hirnödem und Hirnblutung zur Folge haben, sowie Kreislaufzusammenbrüche und Krämpfe.

Prädisponierende Berufe sind z.B. Bergarbeiter und Straßenbauarbeiter, die unter ungünstigen Arbeitsbedingungen in feucht heißer Umgebung körperlich anstrengende Arbeit verrichten.

3.3.2 Verletzungen durch Einwirkungen des elektrischen Stroms

Der elektrische Strom kann sowohl direkte Schäden (Narben, Gliedverluste, Kontrakturen usw.) als auch Allgemeinschädigungen des Körpers durch Stromdurchfluss (Erkrankungen des Herzens, des Nervensystems und der Sinnesorgane) verursachen. Narben und Kontrakturen entstehen durch die Verkochung der Muskulatur und der Hautschichten, ausgedehnte Schäden können Allgemeinreaktionen des Körpers zur Folge haben, wie z.B. das akute Nierenversagen durch Anfluten von Myoglobin.

Entschädigungspflichtig wären auch Komplikationen, die durch die notwendige Intensivtherapie hervorgerufen werden, wie Stressulcera und Druckschäden.

Die indirekten Folgen der Sturzverletzung durch elektrischen Strom, z.B. Schädelhirntrauma, ein- und doppelseitige Schulterluxationen, sind ebenfalls entschädigungspflichtig.

Der Stromverletzte kann, da er den Stromunfall zumeist bewusst erlebt hat, mit der Unfähigkeit sich aus den Stromkontakten zu befreien, mit psychischen Belastungsstörungen reagieren. Da er ein traumatisierendes Ereignis erlebt hat, mit dem Todesangst einhergehen kann, kann eine posttraumatische Belastungsreaktion hervorgerufen werden. Dieses sollte mittels Zusatzgutachten abgeklärt werden und wäre entschädigungspflichtig.

3.3.3 Akute Schädigungen durch Röntgenstrahlen, radioaktive Stoffe und andere ionisierende Strahlen

Der akute Strahlenschaden mit entsprechend hoher Dosis gilt als Berufskrankheit. Die erlittenen Schäden nach Ganzkörper- oder Teilkörperbestrahlung sind daher als Berufskrankheitsfolgen zu bewerten. Wenn ein Patient wegen Unfallschäden diagnostisch oder therapeutisch mit Röntgenstrahlen oder radioaktiven Stoffen behandelt wurde und dabei Röntgenverbrennungen oder sonstige typische Schädigungen erlitt, handelt es sich um Unfallfolgen. Erkrankungen dagegen, welche auf wiederholter Einwirkung kleinerer oder größerer Strahlenmengen beruhen, fallen unter Nr. 2402 der Berufskrankheitenverordnung (S. 21 f. u. S. 299 ff.).

3.3.4 Intoxikationen

3.3.4.1 Vergiftungen
Bei der Betriebsarbeit kann es zu *chronischen* Vergiftungen kommen. Diese haben mit einem Unfall nichts zu tun. Es handelt sich dann u.U. um Berufskrankheiten, wenn sie entschädigungspflichtig sind.

Außerdem können *einmalige* Vergiftungen der verschiedensten Art vorkommen. Ihre Folgen sind entschädigungspflichtig, wenn der Hergang bei der Vergiftung selbst als Arbeitsunfall anerkannt wird.

3.3.4.2 Gasvergiftung
Die durch die verschiedenen Gase gesetzten Vergiftungen und ihre etwaigen Folgezustände sind dann als unfallbedingt zu betrachten, wenn es sich um eine *akute* Vergiftung während einer Arbeitsschicht handelt, sofern solche Schädigungen nicht in der Berufskrankheitsliste erfasst sind.

3.3.4.3 Insektenstiche
Meist wird es sich dabei um Ereignisse des täglichen Lebens handeln und nicht um Arbeitsunfälle. Für eine Anerkennung müsste der Nachweis geführt werden, dass der Insektenstich tatsächlich während der versicherten Tätigkeit erfolgt oder dass eine „erhöhte Betriebsgefahr" bestand und dass Dauerschäden zurückgeblieben sind. Die einschlägige Rechtsprechung ist zu beachten (z.B. LSG Bd.-Wttbg., 21.5.87, HV-Info 16/1987 S. 1250; BSG 22.8.90, HV-Info 25/1990 S. 2127).

3.3.5 Infektionskrankheiten

zu beachten Teil 1 2.4.5, Nr. 3101 (s.S. 21 f. u. S. 301 ff.).

3.3.5.1 Diphtherie
Eine solche Erkrankung kann unfallbedingt sein, wenn der Nachweis zu führen ist, dass sie bei dienstlicher Tätigkeit (Krankenpflegepersonal, Ärzte, Laborantinnen usw.) erworben wurde. Auch kann ein Patient, der wegen einer Unfallverletzung in einem Krankenhaus liegt, sich dort mit Diphtherie infizieren, da auch Ausscheider als Infektionsquelle fungieren können.

Da der Impfschutz weltweit nicht absolut gegeben ist und Endemiegebiete bestehen, kann bei beruflicher Exposition ein Arbeitsunfall vorliegen.

3.3.5.2 Typhus abdominalis, Paratyphus

Infektionen sind möglich und als Arbeitsunfall anzuerkennen, wenn den Versicherten verseuchtes Wasser oder verseuchte Nahrungsmittel an der Arbeitsstelle zur Verfügung stehen. Ungünstige hygienische Verhältnisse am Arbeitsplatz fördern die Kontaktübertragung von Mensch zu Mensch, eine erhöhte Gefährdung besteht ebenfalls bei beruflich Reisenden oder bei Wehrdienstleistenden.

3.3.5.3 Tuberkulose

Eine wesentlich ursächliche Mitwirkung eines Unfalles an dem Ausbrechen oder der Verschlimmerung einer Tuberkulose ist sowohl bei der Knochen- und Wirbelsäulen- wie bei der Lungen- und Organtuberkulose sehr selten, sollte aber erwogen werden, wenn die Einwirkung des Traumas mit dem späteren Manifestationsort der Tuberkulose identisch ist, wenn die Lungenverletzung erheblich war, wenn ein enger zeitlicher Zusammenhang besteht (eine Woche bis vier Monate).

3.3.5.4 Milzbrand

Manche Versicherte (z.B. Arbeiter in bäuerlichen Betrieben, Tierproduktverarbeiter) haben Gelegenheit, sich mit Milzbrand zu infizieren. Wenn also an der Infektion gelegentlich einer versicherungspflichtigen Tätigkeit kein Zweifel besteht, dann sind diese Anthrax-Erkrankungen und ihre Folgen unfallbedingt.

3.3.5.5 Rotz

Es handelt sich um eine in Deutschland sehr seltene Krankheit. Versicherte, die mit Pferden, Eseln usw. umgehen, können sich anstecken. Immer ist die Frage zu prüfen, ob diese Infektion gelegentlich einer versicherten Tätigkeit erfolgte.

3.3.5.6 AIDS, HIV-Infektion

Abkürzung für Acquired Immune Deficiency Syndrome, zu deutsch: erworbenes Immunabwehr-Schwäche-Syndrom.

Es handelt sich dabei um eine Viruserkrankung durch das Retrovirus HIV (Human Immunodeficency Virus), bei der die Viren Zellen des Immunsystems zerstören. Das Virus wird hauptsächlich durch homo- und heterosexuellen Geschlechtsverkehr oder durch direkte Injektion von Blut- oder Blutprodukten übertragen.

Das Infiziert-Sein an sich stellt im medizinischen Sinne noch nicht die Erkrankung selbst dar, sodass Virusträger, also HIV-Infizierte und manifeste AIDS-Erkrankte, different betrachtet werden müssen.

Die Erkrankung ist in der gesetzlichen Unfallversicherung sowohl als Folge eines Arbeitsunfalls wie auch als Berufskrankheit relevant. Bei der ersten Gruppe besteht das Infektionsrisiko z.B. im Zusammenhang mit einer Blutübertragung nach einer Unfallverletzung. Bei Aids als Berufskrankheit ist zu prüfen, ob die HIV-Infektion bei einer dienstlichen Verrichtung (z.B. Ärzte, Krankenpflege- und Laborpersonal) erworben wurde. Es handelt sich dann um eine BK entsprechend 3101; hier kann die Bestimmung des Beginns der Erkrankung schwierig sein.

Anamnestisch zu erfragen sind Auslandsaufenthalte mit beruflicher Exposition im Gesundheitswesen in Endemiegebieten.

In Endemiegebieten sind auch für nicht im Gesundheitswesen tätige Personen Entschädigungsfälle denkbar, da in Endemiegebieten eine Gefährdung des gesamten täglichen Lebens in Arbeit und Freizeit vorliegen kann.

Zurzeit sind weder die HIV-Infektionen noch die dadurch bewirkte Krankheit AIDS heilbar. Arbeitsunfähigkeit liegt im symptomlosen HIV-positiven Anfangsstadium der Krankheit in der Regel nicht vor. Gleichwohl ist der Rechtsbegriff der Krankheit erfüllt, denn die derzeitige Unmöglichkeit einer Ursachenbehandlung schließt Behandlungsbedürftigkeit als symptomatische Therapie an sich nicht aus. Der Begriff der Krankheit im Rechtssinne ist somit erfüllt.

3.3.5.7 Hepatitis

Ein entschädigungspflichtiger Zusammenhang für die Erkrankung Hepatitis A kann gegeben sein, wenn bei der beruflichen Tätigkeit eine erhöhte Infektionsgefährdung vorgelegen hat. Die Hepatitis A-Infektion ist eine Schmierinfektion hervorgerufen durch ungenügende hygienische Bedingungen. Ein Auslandseinsatz mit nachfolgender Entschädigungspflicht ist denkbar.

Die Infektionskrankheiten Hepatitis B, Hepatitis C und Hepatitis D sind häufiger bei medizinischem Krankenhauspersonal als Arbeitsunfälle und/oder nach Berufserkrankung festzustellen und anzuerkennen. Auch bei medizinischem Hilfspersonal ist die Anamnese diesbezüglich zu erheben.

Die Möglichkeit der Infektion für Patienten im Krankenhaus besteht weiterhin bei Blutkonservengabe, trotz Testung liegt ein Restrisiko vor, sodass bei Unfallverletzten und Blutkonservengabe eine etwaige Hepatitiserkrankung als mittelbare Unfallfolge anzuerkennen wäre. Infektionen über kontaminierte Operationssäle oder Operationsinstrumentarium sind unter hygienischen Bedingungen eher unwahrscheinlich.

Personengruppen mit erhöhtem Hepatitisrisiko:

▶ Medizinisches Personal
▶ Empfänger von Bluttransfusionen
▶ Personal in Entsorgungs-Einheiten
▶ Kanalarbeiter
▶ Personal in Drogenberatungs-Therapiezentren
▶ Hämodialyse-Patienten
▶ Patienten mit gestörter Immunabwehr
▶ Homosexuelle
▶ Prostituierte
▶ Drogenabhängige

(Modifiziert nach E. Fritze, B. May, F. Mehrhoff, (Hrsg.) Die ärztliche Begutachtung, 6. Aufl., Steinkopff Verlag, Darmstadt, 2001.)

3.3.6 Parasitäre Erkrankungen

3.3.6.1 Aktinomykose

Die Unfallentstehung dieser Erkrankung ist bei landwirtschaftlichen Arbeiten und in ähnlichen Berufen denkbar. Infektion über eine Wunde ist sehr selten, häufiger sind die Luftwege und der Magen-Darm-Kanal die Eintrittspforten. Im Einzelfalle muss das Krankheitsgeschehen (Drusennachweis) möglichst genau überprüft und danach die Zusammenhangsfrage beurteilt werden (s. S. 21 ff., BK Nr. 3101).

3.3.6.2 Lues

Der Gutachter sollte in allen unklaren Fällen stets auch an Lues denken und die entsprechenden serologischen Untersuchungen veranlassen. Bei dieser Krankheit muss, wie bei allen Zusammenhangsfragen überhaupt, der Unfall die wesentliche Teilursache der Gesundheitsschädigung sein, nicht nur der Anlass, bei welchem sich die krankhaften Erscheinungen zeigten. Die direkte Infektion mit Spirochäten kommt bei Ärzten und ärztlichem Hilfspersonal vor.

Die Beurteilung metaluetischer Veränderungen an einer durch eine erhebliche Unfalleinwirkung getroffene Körpergegend bedarf eingehender Prüfungen nach allen Richtungen. Wenn sich etwa gleichzeitig an anderen, nicht vom Unfall betroffenen Körperstellen metaluetische Herde entwickelt haben, dann ist die Zusammenhangsfrage sicher zu verneinen.

3.3.7 Wundinfektionskrankheiten

3.3.7.1 Blutergussinfektion

Bekannt ist, dass Blutergüsse in den Weichteilen sich infizieren können, auch wenn sie nicht durch eine Hautverletzung mit der Körperoberfläche direkt in Verbindung stehen. Die unfallweise Entstehung einer derartigen Eiterung ist anzuerkennen, wenn der Bluterguss selbst durch den Arbeitsunfall verursacht worden ist und wenn die Vereiterung spätestens innerhalb von 8 bis 14 Tagen nach dem Unfall auftrat.

Furunkel (S. 226)   *Phlegmone* (S. 226)

Panaritium (S. 226)   *Osteomyelitis* (S. 233)

3.3.7.2 Erysipel

Die Wundrose kann von verschiedenen Primärerkrankungen ausgehen, z.B. Hautschrunden an der Nase bei Schnupfen, Furunkel, Wunden. Stets ist also die Ausgangsstelle des Erysipel zu ermitteln. Von der wahrscheinlichen Eintrittspforte ist zu erörtern, ob sie mit dem Unfall zusammenhängt oder nicht. Es muss ein zeitlicher und örtlicher Zusammenhang vorliegen. Bei Wunden wäre zu prüfen, ob sie während der Betriebsarbeit entstanden sind oder nicht. Ein rezidivierendes Erysipel ist nur dann Unfallfolge, wenn die erste Wundrose Folge eines Arbeitsunfalles war.

3.3.7.3 Lymphangitis

Diese ist Ausdruck des Fortschreitens einer Wundinfektion auf dem Lymphwege. Sie ist dann stets als Unfallfolge anzuerkennen, wenn die primäre Wunde eine solche war oder wenn sich die Lymphangitis im engen, zeitlichen Zusammenhang mit einer unfallbedingten stumpfen Verletzung eines bestehenden Entzündungsherdes entwickelt hat. Die postoperative Wundinfektion und nachfolgende Lymphangitis ist selbstverständlich eine mittelbare Unfallfolge.

3.3.7.4 Allgemeininfektion

Da die Erreger der Allgemeininfektion (Staphylokokken und Streptokokken) sich auf der Haut eines jeden Menschen finden und durch jede Art von Hautverletzungen in den Körper eindringen können, ist bei einer Allgemeininfektion zunächst stets zu prüfen, wo dieselbe ihren Ausgang genommen hat. Wenn diese Frage geklärt ist, dann kann erörtert werden, ob das primäre Ausgangsleiden und somit auch die Allgemeininfektion eine Unfallfolge darstellen. Ist der Ausgangspunkt etwa eine im Betrieb erlittene Wunde, so ist der Zusammenhang klar. Wenn der Ausgangspunkt eine hämatogene Osteomyelitis ist, dann wäre erst zu prüfen, ob diese an sich unfallbedingt ist. Unfallbedingt zu beachten ist, dass nosokomiale Infektionen, die anlässlich der unfallbedingten Krankenhausaufenthalte auftreten werden, ebenfalls mittelbare Unfallfolgen darstellen, ebenso wie die MRSA-Kontamination und Infektion von chronischen Weichteilulcera, die bei Unfall-Patienten auftreten können (Querschnittlähmung und Decubitus).

3.3.7.5 Tetanus

Stets muss die Eintrittspforte der Erreger nachgewiesen sein. Lässt sich eine solche Eintrittspforte nicht nachweisen, dann ist ärztlicherseits keine genügend wahrscheinliche Erörterung der Zusammenhangsfrage möglich. War die etwa zur Infektion führende Wunde bei der versicherten Tätigkeit entstanden, dann muss auch der Wundstarrkrampf als Unfallfolge angesehen werden. Noch nach Jahren können Erreger (z.B. nach Fremdkörperentfernung) virulent werden.

3.3.7.6 Wunddiphtherie

Wurde eine durch einen Unfall verursachte Wunde später mit Diphtheriebazillen sekundär besiedelt, dann ist die Wunddiphtherie auch mit ihren eventuellen anderen Folgen (Herzmuskelschädigung, Lähmung der Gaumenmuskeln usw.) als Unfallfolge anzuerkennen. Dabei ist dann gleichgültig, ob der Nachweis des Infektionsweges gelingt oder nicht.

3.3.8 Geschwülste

Die genaue Analyse des Einzelfalles ist von ausschlaggebender Bedeutung. Der Gutachter muss eingehend prüfen, ob irgendwelche das Geschwulstwachstum anregenden Umstände wahrscheinlich gegeben waren und ob es sich dabei um Unfallfolgen handelte. Als Arbeitsthesen haben sich die zuerst von Lubarsch aufgestellten Richtlinien trotz aller neueren Ergebnisse auf diesem Gebiet bewährt:

Ein ursächlicher Zusammenhang zwischen *Gewächsentstehung* und einmaliger Gewalteinwirkung wird nur dann als wahrscheinlich angesehen werden dürfen, wenn folgende Bedingungen erfüllt sind:

1. Wenn die Gewalt diejenige Körperstelle unmittelbar oder mittelbar betroffen hat, an der später die Gewächsbildung erfolgt ist.
2. Wenn die Gewalt derartig beschaffen war, dass sie längerdauernde und eingreifende Gewebs- und Stoffwechselstörungen in dem betreffenden Gebiet hervorgebracht hat oder wenigstens hervorzubringen geeignet war.
3. Wenn der zwischen der Gewalteinwirkung und den ersten sicher auf eine Gewächsbildung zu beziehenden Erscheinungen verstrichene Zeitraum mit Größe, geweblichem Bau und Wachstumsgeschwindigkeit der besonderen Gewächsart in Einklang gebracht werden kann.
4. Wenn zwischen den auf die Gewalteinwirkung zu beziehenden unmittelbaren Krankheitserscheinungen und den auf die Gewächsbildung zu beziehenden Veränderungen Übergänge – sogenannte Brückenerscheinungen – bestehen.

Der wachstumsbeschleunigende oder *verschlimmernde* Einfluss eines Traumas auf ein bereits bestehendes Gewächs kann dann anerkannt werden, wenn:

1. die Gewalteinwirkung so beschaffen und lokalisiert war, dass sie eingreifende Verhaltensverschlimmerungen im Gewächs hervorrufen konnte oder gar nachweislich hervorgerufen hat;
2. das Wachstum der Neubildung ein im Vergleich zum durchschnittlichen, „ordnungsgemäßen" und besonders dem vorher beobachteten ein ungewöhnlich beschleunigtes war;
3. die gewebliche Untersuchung des Gewächses deutliche Spuren einer Gewalteinwirkung (frischere oder ältere Blutungen, ungewöhnliche Nekrosen usw.) und Anzeichen einer für die besondere Art der Neubildung ungewöhnlichen Wachstumsgeschwindigkeit aufdeckt;
4. es für die besondere Art der Gewächsbildung zu ungewöhnlich reichlicher und ungewöhnlich lokalisierter Tochtergewächsbildung gekommen ist und der Tod, sei es als unmittelbare Unfallfolge, sei es sonstwie, wesentlich früher (nach der Rechtsprechung mindestens ein Jahr früher) eingetreten ist, als für die besondere Art und Lokalisation des Gewächses erfahrungsgemäß zu erwarten gewesen wäre.

Auf die Bedeutung einer Obduktion sei hier besonders hingewiesen, ebenso wie auf den zu erkennenden Zusammenhang zwischen rezidivierenden Narbenaufbrüchen und Karzinomentstehen, beispielsweise bei einer chronischen Fisteleiterung der Osteomyelitis oder eines chronischen Druckgeschwüres bei Querschnittlähmung.

3.3.9 Stoffwechselkrankheiten und Krankheiten der endokrinen Drüsen

3.3.9.1 Diabetes mellitus

Ohne Erbanlage kein Diabetes!

Für die Beziehungen zwischen Unfall und Diabetes ergeben sich nachstehende Möglichkeiten (Jahnke, Oberdisse):

1. das zufällige Zusammentreffen von Unfall und Diabetes,
2. der Unfall als Entstehungsursache eines Diabetes (echter unfallbedingter Diabetes)
3. der Unfall als Manifestationsursache eines Diabetes (unfallbedingte vorzeitige Manifestation der diabetischen Erbanlage),
4. der Unfall als Verschlimmerungsursache eines schon vorhandenen manifesten Diabetes.

Die einzige Bedingung, unter der die unfallbedingte Entstehung eines Diabetes anerkannt werden kann (es muss sich um einen echten, permanenten Diabetes handeln – keine anamnestischen diabetischen Symptome) ist die unmittelbare und genügend ausgedehnte Schädigung des Pankreas durch Verletzungen oder andere Noxen. Die unmittelbare und genügend ausgedehnte Schädigung des Pankreas muss detailliert und überzeugend dargelegt werden, da es sich beim unfallbedingten Diabetes um eine medizinische Rarität handelt. Zwischen Trauma und Manifestation des Diabetes dürfen nicht mehr als drei Monate liegen.

Die Frage einer wesentlichen unfallbedingten Verschlimmerung eines latenten oder manifesten Diabetes ist nur beim Vorliegen eines außergewöhnlichen, schweren Unfalles zu diskutieren.

Die Schwere der Stoffwechselstörung, die Einstellbarkeit durch Medikamente und das Ausmaß der Komplikationen bestimmen den Grad der unfallbedingten MdE (s. Kap. 2.7).

Zu 3. Dies setzt voraus, dass eine diabetische Erbanlage vorliegt, dass das Trauma die Insulinproduktion beeinträchtigen konnte, dass das Intervall nicht mehr als drei Monate beträgt und dass nach dem Trauma eine diabetische Stoffwechsellage bestehen bleibt.

Zu 4. Das enge Zeitintervall von nicht mehr als drei Monate muss erfüllt sein, das Trauma muss die Stoffwechsellage so anhaltend verschlechtert haben, das Krankheitskomplikationen zu beobachten sind und/oder die Insulinproduktion weiter verschlechtert wird.

3.3.9.2 Fettleibigkeit

Sie ist entweder Folge einer Überernährung (Mastfettsucht) oder einer endokrinen Stoffwechselanomalie. Gelegentlich kommt es vor, dass nach einer Verletzung, welche zu teilweiser Bewegungsarmut führt (z. B. Amputationen) eine übermäßige

Fettleibigkeit beobachtet wird. Die versicherungsrechtliche Beurteilung geht dahin, dass eine solche Fettleibigkeit nicht als Unfallfolge gewertet wird, weil die wesentliche Ursache neben der Konstitution in einer unzweckmäßigen Ernährung zu suchen ist. In Einzelfällen können Verletzungen des endokrinen Stoffwechselkreises Hypotalomus Hypophyse beim Stoffwechseldysregulation Unfallfolgen darstellen.

3.3.9.3 Nebennieren

Eine sekundäre Nebenniereninsuffizienz ist Unfallfolge, wenn sie durch eine direkte Schädigung der Hypophyse (schweres Schädelhirntrauma) entstanden ist, und ein enger zeitlicher Zusammenhag vorliegt (mehrere Monate). Es ist auf eine ausreichende Dokumentation zu achten, Unfälle betreffen vornehmlich Mitarbeiter in Kernkraftanlagen und Zuliefererbetrieben. Die Abgrenzung gegen die Berufskrankheiten regelt die Berufskrankheitenverordnung.

Bekannt sind spontane Massenblutungen in die Nebennieren bei den verschiedensten chronischen Erkrankungen. Ihre Entstehung ist nicht unfallbedingt. Tritt die Blutung während einer versicherten Tätigkeit auf, so ist eine unfallbedingte Entstehung derselben nur bei schwerer, örtlicher Gewalteinwirkung (Brüche der unteren Rippen, Mitverletzungen von Nachbarorganen und Weichteilen usw.) anzuerkennen. Verletzungen der Nebenniere durch indirekte Gewalteinwirkungen sind bisher nicht beobachtet worden. Eine Nebennierenrindeninsuffizienz nach direkten Gewalteinwirkungen auf die Nieren ist sehr selten.

Das Cushing-Syndrom steht mit einer äußeren Gewalteinwirkung nicht im Zusammenhang auch nicht im Sinne einer Verschlimmerung.

3.3.9.4 Altersveränderungen

Diese werden häufig dem Versicherten nach einer Untersuchung wegen Unfallfolgen oder wegen eines unfallähnlichen Ereignisses bekannt. Da sie das zwangsläufige Ergebnis biologischer Veränderungen darstellen, sind sie nicht als Unfallfolgen zu bewerten.

3.3.10 Erkrankungen des Blutes

3.3.10.1 Leukämie

Strahlenschäden können zur Leukämie führen. Für die Anerkennung einer unfallbedingten Leukämie ist der Nachweis einer ganz akuten Leukämieform im unmittelbaren Anschluss an einen Unfall notwendig.

Die unfallbedingte Verschlimmerung einer Leukose ist unwahrscheinlich.

3.3.10.2 Perniziöse Anämie

Für die Begutachtung ist von Bedeutung, dass sowohl starke Blutverluste wie auch Verletzungen und Entzündungen des Knochenmarkes bei der Entstehung dieser Erkrankung keine Rolle spielen. Denkbar ist das Auftreten der Krankheit im Anschluss an unfallbedingte Erkrankungen des Magen-Darm-Kanals, an Vergiftungen und Strahlenschäden.

3.3.10.3 Milzzerreißungen

Sie werden nach stumpfen Bauchverletzungen relativ häufig beobachtet. Es gibt auch Blutzysten der Milz, die nach einer Verletzung auftreten, welche zunächst nur eine Gewebetrennung und Blutung in dem Organ selbst gesetzt hatte. Diese Zysten können sekundär rupturieren (zweizeitige Milzruptur). Diese Milzrisse sind ebenfalls unfallbedingt. Ferner gibt es aber auch Spontanrupturen krankhaft veränderter Milzen (z. B. bei Leukämie, Malaria usw.) als unfallfremde Erkrankungsfolgen.

Deshalb ist die feingewebliche Untersuchung einer entfernten Milz oft wichtig. Die Entstehung einer Wandermilz durch eine gewaltsame Zerreißung etwa der Aufhängebänder der Milz ist nicht vorstellbar. Die Wandermilz ist Teilerscheinung einer allgemeinen Enteroptose.

Wegen der Gefahr eines Sepsissyndroms nach Milzextirpation ist der primäre Milzerhalt anzustreben. Die Sepsis wäre als individuelle Unfallfolge bei Milzverlust entschädigungspflichtig.

Weiterhin wäre entschädigungspflichtig die nach Milzextirpation auftretenden Störungen der Blutzusammensetzung, z. B. Polyglobulie, Hyperkoagulabilität und sekundär auftretende Thrombosen sowie lokale Folgen der Laparatomie (Verwachsungsbauch).

3.3.11 Erkrankungen des Gefäßsystems

3.3.11.1 Herzmuskel und Herzklappen

Geeignete Traumen sind stumpfe Thoraxtraumen mit Dezelerationsbeschleunigung und Erhöhung des intrathorakalen Druckes (Absturzverletzungen, Autounfälle mit hohen Geschwindigkeiten (Polytrauma)). Alle Folgen wie Einblutung, infarktähnliche Geschehnisse sowie Coronarthrombosen sind möglich. Fraglich bleibt der zeitliche Zusammenhang; nach Rosenkranz (1979) sollten folgende Kriterien erfüllt sein:

– Adäquates Trauma.
– Enger zeitlicher Zusammenhang, nicht länger als 24 Stunden.
– Bei später auffälligen Herzerkrankungen sollten Brückensymptome vorhanden sein.
– Ein hoher Wahrscheinlichkeitsgrad von Herzerkrankungen und Trauma sollte vorhanden sein.

3.3.11.2 Aortenaneurysma

Ein Aortenaneurysma ist in aller Regel Folge der dilatierenden Form der Arteriosclerosis obliterans. Die früher häufige Mesaortitis luica ist heute eine ausgesprochene Rarität. Sie betrifft fast ausschließlich die Aorta ascendens. Im deszendierenden Anteil der Aorta sind sie so selten, dass sie differentialdiagnostisch praktisch nicht mehr in Erwägung gezogen werden müssen. Im Gegensatz zur Bauchaorta gilt für die thorakale Aorta die Regel, dass weder aus der Form noch aus dem Sitz des Aneurysmas ein sicherer Rückschluss auf die Ätiologie möglich ist. Im thorakalen

Bereich kann durch Dezelerationstraumen ein Einriss der Aortenwand mit nachfolgender Ausbildung eines posttraumatischen Aneurysmas ausgelöst werden. Das traumatische Aneurysma ist pathologisch anatomisch gesehen ein falsches Aneurysma. Ähnliche Veränderungen sind auch im Bereich der Bauchschlagader möglich, jedoch sicher selten. Es muss ein erhebliches Unfallereignis den Brustkorb oder auch den Bauch getroffen haben, wenn die unfallweise Entstehung eines Aortenaneurysmas anerkannt wird. Vorstellbar sind Thoraxtraumen mit Rippenserienfrakturen durch Dezeleration und/oder durch Quetschung des Brustkorbes (Autounfall). Es können sofort nach dem Unfall Kreislaufstörungen und Veränderungen der Herztätigkeit, Brustbeklemmung vorhanden gewesen sein und als Brückenzeichen bestanden haben. Wegen der Aortendissektion und des erhaltenen Kreislaufs sind jedoch auch längere stumme Intervalle möglich.

Ein vorhandenes Aneurysma kann verschlimmert worden sein, wenn es von einem schweren Unfallereignis direkt getroffen wurde und wenn sich sofort an den Unfall anschließend schwere klinische Erscheinungen eingestellt haben, sodass eine schlagartige, erkennbare Änderung des Krankheitsbildes mit dem Augenblick des Unfallgeschehens einsetzte. Eine Ruptur eines Aortenaneurysmas tritt in aller Regel spontan ein, kann aber auch durch äußere Einflüsse begünstigt werden. Die Obduktion ist in jedem Zweifelsfall unbedingt erforderlich. Zu beachten sind traumatische Schäden der Abgänge der Bauchaorta, wie z. B. Intimaeinriss der Nierenarterien nach Dezelerationstrauma (z. B. Herausschleudern aus dem Auto).

Geeignete Traumen wäre stumpfe Thoraxtraumen mit Dezelerationsbeschleunigung und Erhöhung des intrathokalen Druckes (Absturzverletzungen, Autounfälle mit hohen Geschwindigkeiten (Polytrauma)).

Alle Folgen wie Einblutung, infarktähnliche Geschehnisse sowie Coronoarthrombosen sind möglich.

Fraglich bleibt der zeitliche Zusammenhang, nach Rosenkranz (1979) sollten folgende Kriterien erfolgt sein:

– Adäquates Trauma.
– Enger zeitlicher Zusammenhang, nicht länger als 24 Stunden.
– Bei später auffälligen Herzerkrankungen sollten Brückensymptome vorhanden gewesen sein.
– Ein hoher Wahrscheinlichkeitsgrad der Herzerkrankung und Trauma sollte vorliegen.

Laut BSG-Urteil vom 08.05.01 ist jedoch an die äußeren Einflüsse eine verlässliche Schwere zu stellen; in diesem Urteil wurde entschieden:

Orientierungssatz: Der Tod eines Versicherten infolge einer Ruptur der Bauchaorta ist nicht Folge eines Arbeitsunfalles (hier Treppensturz), wenn der Versicherte bereits an einem Aneurysma der Bauchaorta mit einem maximalen Durchmesser von 7,5 cm litt.

3.3.11.3 Aneurysmen peripherer Gefäße

Als Folge von Stich- oder Schussverletzungen kann es zu falschen Aneurysmen mit sackartigen Ausbildungen des arteriellen Gefäßsystems kommen. Hiervon zu trennen ist die aneurysmatische Aufweitung des zuführenden arteriellen Gefäßsystems bei posttraumatischen arterio-venösen Fisteln. Diese aneurysmatischen Aufweitungen des zuführenden arteriellen Schenkels ist im Gegensatz zu der infolge des hohen Shuntvolumens bestehenden Herzinsuffizienz trotz operativer Beseitigung der AV-Fistel nicht reversibel. Wie arteriosklerotische Aneurysmen sind auch die posttraumatischen rupturgefährdet. Die Erkennung des Unfallzusammenhangs ist in diesen Fällen einfach, da stets nur der zur Fistel führende Gefäßabschnitt pathologisch verändert ist, während bei konnatalen oder anders entstandenen Aneurysmen eine derartige Begrenzung meist nicht erkennbar ist. Traumatische Gefäßverschlüsse sind auch an der unteren Extremität durch Intimadissektionen möglich. Prädelektionsstellen sind die anatomischen Engpässe. Man denke besonders an zunächst angiographische stumme Intimaverletzungen der Arteria poplitea bei Kniegelenksbinnenschäden und Luxationen.

3.3.11.4 Krampfadern

Die Entstehungsursache von Krampfadern ist verschiedenartig. Man unterscheidet eine primäre Varicosis auf dem Boden einer chronischen Leistungsschwäche der Venen bzw. des Bindegewebes von einer sekundären Varicosis, die bei Verlegung des tiefen Venensystems auftritt. Die überwiegende Mehrzahl aller festgestellten Krampfaderleiden ist nicht unfallbedingt. Allerdings muss bei einem Unfall mit einer nachfolgenden Ruhigstellung einer Extremität immer an eine unbemerkt abgelaufene tiefe Venenthrombose gedacht werden. Die Häufigkeit von Venenthrombosen nach Ruhigstellung einer Extremität ist sehr hoch. In praktisch jedem zweiten Fall einer Unterschenkelfraktur muss auch mit dem Auftreten einer nachfolgenden Thrombose gerechnet werden, die klinisch meist stumm verläuft. Ein anlagebedingtes Krampfaderleiden kann im Falle einer posttraumatischen venösen Abflussstörung verschlimmert werden. Klarheit über den Zusammenhang einer postthrombotischen Schädigung oder eines anlagebedingten Krampfaderleidens geben funktionelle Untersuchungsmethoden sowie das Phlebogramm.

3.3.11.5 Unterschenkelgeschwüre

Eine chronisch-venöse Insuffizienz, wie sie auch bei einer postthrombotischen Schädigung nach einem Unfallereignis auftritt, kann zum Unterschenkelgeschwür führen und ist dann als Unfallfolge anzuerkennen. Der Mechanismus der Ulcusentstehung ist durch die Schädigung der Venenklappen bedingt, sowie durch die Änderung der Blutstromrichtung im Bereich der Venae perforantes. Durch den Zusammenstoß der Blutkörperchen bei Betätigung der Wadenmuskelpumpe (sog. Crush-Effekt) kommt es zum Zerfall der Blutkörperchen, zum Austritt von Haemosiderin, sowie zu einer Stauung des venösen Blutes mit Schwellneigung und sekundärer Gewebsschädigung bis hin zum Ulcus cruris. Vorausgehen kann eine lange Phase mit langsamer Atrophie der Haut und braunen Pigmentierungen. Hier genügen dann gelegentlich Bagatelltraumen, die zum Auftreten eines schlecht heilenden Unterschenkelgeschwürs führen. In diesem Fall ist es wichtig, ob das Ulcus Folge einer chronisch-venösen Insuffizienz auf dem Boden einer primären Varicosis ist oder Folge einer sekundären Varicosis als Unfallfolge.

Ärztlicherseits bleibt festzustellen, dass die wesentliche Teilursache für die Entstehung des Ulcus das Bestehen der chronisch-venösen Insuffizienz mit ihren biologischen Folgeerscheinungen ist, nämlich der Zerfallbereitschaft des Gewebes, sofern es sich um eine primäre Varicosis handelt. Die Verletzung selbst stellt nur einen erheblich kleineren Ursachenteil dar.

Im Falle einer chronisch-venösen Insuffizienz auf dem Boden einer Varicosis wird man diesen Ursachenanteil in dem zu beurteilenden Einzelfall als nur unwesentlich mitwirkende Teilursache ansehen. In diesem Fall wird der unfallbedingte Anteil auf eine Dauer von etwa 3–6 Wochen beschränkt bleiben; dies ist der Zeitraum, in dem beim Gesunden das Geschwür abgeheilt wäre.

Anders sieht dies beim unfallbedingten postthrombotischen Syndrom aus. Hier sind auch die Folgen des neuerlichen Unfallereignisses als typische Verschlimmerung des bestehenden postthrombotischen Syndroms anzusehen.

Stets gilt, dass, wenn eine zum Geschwür gewordene Wunde abgeheilt ist, auch zweifelsfrei die Folgen des Unfalles beseitigt sind. Treten später wiederum Unterschenkelgeschwüre auf, dann fallen diese bei der primären Varicosis nicht dem Unfallgeschehen, sondern den vorbestehenden Gefäß- und Weichteilveränderungen zur Last. Infolge einer postthrombotischen Schädigung sind sie allerdings als typische Unfallfolge aufzufassen.

3.3.11.6 Thrombose

Die Thrombose einer Blutader hat oft eine anlagebedingte Insuffizienz derselben als Ursache. Sie muss dann als Unfallfolge anerkannt werden, wenn das Unfallgeschehen geeignet war, eine teilweise, frische Zerreißung der Veneninnenhaut zu verursachen oder einen Bluterguss in der Wand des Gefäßes oder seiner näheren Umgebung zu setzen.

Ausgedehnte Hämatome können Venenkompressionen hervorrufen, direkte Beckentraumata Thrombosen der Vena iliaca. Compartmentsyndrome mit oder ohne Fraktur sind ursächlich für Thromboseentstehung. Beobachtet werden auch Thromben in den Herzhöhlen, nach stumpfen Thoraxtraumen sind sie als Unfallfolge anzuerkennen.

Die Ruhigstellung des Körpers (Bettruhe) oder eines größeren Gliedmaßenabschnittes (Gipsverband) wegen Unfallfolgen überhaupt muss man als ursächlich für eine Thrombose an den Gliedmaßen oder im Bereich des Beckens ansehen. Schließlich ist eine Thrombose auch dann eine Unfallfolge, wenn durch ein Unfallgeschehen größere Mengen von Körpergewebe zum Absterben gebracht wurden, sodass also der Blutkreislauf mit körpereigenen Zerfallprodukten überschwemmt wurde.

Die Inzidenz der unbemerkten Thrombosen ist hoch, man sollte daran denken, dass auch die Intensivstationsbehandlung mit ZVK-Anlagen auch im Bereich der oberen Extremitäten Thrombosen auslösen kann, die als mittelbare Unfallfolgen anzuerkennen sind.

3.3.11.7 Embolie

Der Kernpunkt der Beurteilung ist die Frage, ob die Thrombose, aus welcher sich der Embolus ablöste, als Unfallfolge anzusprechen ist oder nicht. Denkbar ist ferner, dass ein Blutgefäß, in dem eine unabhängig vom Unfall bestehende Thrombose vorhanden war, von einem direkten Unfallereignis betroffen wurde. Dann kann u. U. der Thrombus abreißen und so zum Embolus werden. Die Embolie muss dann aber unmittelbar nach dem Unfall eintreten, wenn sie als Unfallfolge anerkannt werden soll.

Die Häufigkeit der Lungenembolien beträgt um die 80 %, sie verlaufen jedoch häufig stumm, sodass sie nur mit nuklearmedizinischen Untersuchungen nachzuweisen sind.

3.3.11.8 Arteriosklerose

Eine Arteriosklerose kann weder durch einen Unfall ausgelöst noch in ihrem Krankheitswert durch einen Unfall verschlimmert werden.

3.3.11.9 Apoplexie

Man unterscheidet die Apoplexie auf dem Boden eines ischaemischen Hirnschadens von der einer Massenblutung. Voraussetzung für eine Massenblutung des Gehirns ist die langjährig entstandene arteriosklerotische Veränderung der Gefäßwand. Eine schwere Unfallschädigung des betroffenen Hirnbezirkes wird von einigen Neurologen als wesentliche Teilursache einer sog. posttraumatischen Spätapoplexie einige Tage bis 2 Monate nachher diskutiert. Ansonsten wird eine Massendurchblutung als Unfallfolge abzulehnen sein. Auch die Arterie vertebralis kann durch Intimaläsionen geschädigt werden, Kombinationsverletzungen mit Frakturen der Halswirbelsäule sind zu beachten. Aufsteigende Thrombosen mit Durchblutungsstörung der hinteren Hirnanteile sind die Folge.

Gelegentlich kann aber ein ischaemischer Hirnschaden durch Dezelerationstraumen ausgelöst werden. Es kommt bei Schleudertraumen häufiger als man meint zu einer Intimaläsion im Bereich der A. carotis interna mit nachfolgender Thrombose. Oft ist der Zusammenhang zwischen Unfallereignis und ischämischem Insult schwer zu eruieren, da die Intimadissektion unbemerkt verlaufen kann und Wochen oder gar Monate später die Thrombose eintritt. Beim jungen Menschen sollte mit ansonsten arteriosklerosefreiem Gefäßsystem und nachgewiesenem schweren Trauma der unfallbedingte Zusammenhang stets diskutiert werden; der frühe Einsatz Dopplersonographischer Untersuchungsmethoden bringt Klärung. In den letzten Jahren mehren sich Berichte über Dissektionsverletzungen der Halsgefäße auch bei weniger schweren Dezelerationstraumen, wie z. B. Fahrradfahren in HWS-Lordosehaltung, Beugerotationshaltung der HWS beim Judosport.

3.3.11.10 Endangiitis obliterans

Diese Erkrankung (Winiwarter-Bürger) stellt wie die anderen, entzündlichen arteriellen Verschlusskrankheiten eine progrediente Systemerkrankung dar. Die Möglichkeit einer unfallbedingten Verursachung oder Verschlimmerung besteht nicht.

3.3.11.11 Gangrän einer Gliedmaße

Es ist die Ursache der Gangrän klarzustellen. Die häufigsten Ursachen sind bekanntlich der Diabetes, die arterielle Embolie, entzündliche oder stenosierende arterielle Verschlusskrankheit. Nur bei einer unfallbedingten vollständigen oder teilweisen Gefäßzerreißung ist die Zusammenhangsfrage klar. Teilgangrän einer Extremität kann auftreten bei einem funktionellen Gefäßverschluss durch ein Kompartementsyndrom. Ausgedehnte Muskelnekrosen können Folge der Durchblutungsstörung und des Druckschadens durch den erhöhten Logendruck sein. Der Funktionsverlust wird kenntlich durch das alte Bild der Volkmannschen Kontraktur an der oberen Extremität und durch das „Kurzfußsyndrom" (ischiämische Verkürzung der kleinen Fußmuskeln mit Krallenzehenbildung) an der unteren Extremität. Folgt auf eine belanglose Hautverletzung eine diabetische oder senile Gangrän, dann ist nicht die kleine Verletzung, sondern das gesetzmäßig fortschreitende Grundleiden die Ursache dieses auf einer Systemerkrankung beruhenden Gewebstodes. Allerdings muss bei einer bisher symptomlosen arteriellen Verschlusskrankheit und einem Trauma, das eine Gewebsschädigung zur Folge hatte, das Unfallereignis für den entstandenen Schaden so lange verantwortlich gemacht werden, bis es zum Ausheilen der Wunde gekommen ist. Nach Abheilen der Wunde ist bei weiterem Fortschreiten der Grundkrankheit ausschließlich diese hierfür verantwortlich. Bei bekanntem Diabetes mellitus mit Angiopathie oder bekannter Arteriosklerose ist allerdings die wesentliche Teilursache die Systemerkrankung der Gefäße mit ihren zwangsläufigen Folgen, also der Vorschaden. In diesem Fall wird ein Zusammenhang in aller Regel abgelehnt werden müssen.

3.3.12 Erkrankungen der Atmungsorgane

3.3.12.1 Lungenverletzungen

Diese heilen im allgemeinen ohne bleibende Erwerbsminderung aus. Als Folgeerscheinungen können auftreten: Pleuraergüsse mit Pleuraschwarten, Emphysem, Pneumothorax, Lungenabszess. Stumpfe Thoraxtraumata können wegen der Notwendigkeit der Thoraxdrainage kosmetisch störende Narben hinterlassen.

3.3.12.2 Lungenentzündung

Eine Lungenentzündung kann bei der versicherten Tätigkeit durch plötzliche Erkältungen, Durchnässungen oder durch Gaseinatmungen hervorgerufen werden. Außerdem kennen wir die unfallbedingte Kontusionspneumonie. Folgende Bedingungen müssen zur Anerkennung erfüllt sein:

1. Vor dem Unfall oder vor der betreffenden Arbeitsschicht muss der Patient gesund und arbeitsfähig gewesen sein.

2. Es muss eine wesentliche äußere Schädigung oder Verletzung die Lunge betroffen haben. Meist wird es sich um Quetschungsvorgänge des Brustkorbes, eventuell mit Rippenbrüchen oder um zweifelsfreie plötzliche Erkältungen und Durchnässungen während einer Arbeitsschicht gehandelt haben, welche zu objektiven und subjektiven Erscheinungen, zu entsprechenden Verhaltensweisen und zu typischen ärztlichen Befunden führten.
3. Die Lungenentzündung muss in einem ausreichenden zeitlichen Anschluss an das angeschuldigte Geschehnis, d.h. also innerhalb von ein bis höchstens sechs Tagen aufgetreten sein. Traumatische Lungenkontusionen mit Einbluten in das Lungengewebe sind heute zweifelsfrei durch CT-Untersuchung zu objektivieren. Kontusionspneumonien sind im Zusammenhang wahrscheinlich.

3.3.12.3 Lungenemphysem
Es ist als Alterserscheinung allgemein bekannt. Als Unfallfolge kann es nach Einatmung ätzender Dämpfe, nach einer unfallbedingten Bronchitis oder als kompensatorische Erweiterung bei unfallbedingter Zerstörung anderer Lungenteile beobachtet werden. Bei der Begutachtung ist nach alten Lungenerkrankungen zu forschen. Zwischen dem Unfall und dem Nachweis dieser Erkrankung müssen Brückenzeichen vorhanden sein.

3.3.12.4 Lungentuberkulose
An den Nachweis des ursächlichen Zusammenhanges zwischen einer Lungentuberkulose und einem Unfallereignis sind besonders strenge Anforderungen zu stellen, weil es sich hierbei um ein Leiden handelt, welches sich in aller Regel ohne äußere Einwirkungen entwickelt. Bei einer angenommenen unfallbedingten Verschlimmerung einer schon vorhandenen, aktiven oder inaktiven Lungentuberkulose muss objektiv nachgewiesen werden, dass der Unfall von wesentlichem Einfluss auf die Entwicklung und den Verlauf des Leidens gewesen ist und dass sich ohne Unfall der Verlauf der Krankheit wesentlich anders gestaltet haben würde, als er tatsächlich festzustellen war. Dieser Nachweis muss in jedem Einzelfalle durch bestimmte, konkrete Tatsachen erbracht oder wahrscheinlich gemacht werden.

3.3.12.5 Lungenblutung
Die Lungenblutung kann Folge einer Lungentuberkulose oder eines Lungenkrebses sein. Eine Lungenblutung setzt dann keine besondere körperliche Anstrengung oder eine äußere Gewalteinwirkung voraus. Sie ist die zwangsläufig sich ergebende Folge der krankhaften Zerstörung von Lungen- und Gefäßgewebe. Soll eine Lungenblutung bei vorhandener Tuberkulose oder bei vorhandenem Lungenkrebs als Unfallfolge angesehen werden, so muss ein erheblicher und geeigneter Unfall nachgewiesen werden, der durch die Brustwand hindurch das Lungengewebe so schädigen konnte, dass es zu einer Gefäßzerreißung oder zu einer deutlichen Blutdrucksteigerung kam, welche dann ihrerseits das Gefäß in der Lunge zum Zerreißen bringen konnte. Ist eine solche Lungenblutung zum Stehen gekommen, dann ist auch der als

Unfallfolge anzusehende Teil des Krankheitsbildes wieder beseitigt und der alte Vorzustand wieder hergestellt.

Davon zu trennen ist die traumatische Lungenblutung mit Einbluten in den Bronchialbaum und in das Lungenparenchym. Sie entsteht durch stumpfe Gewalteinwirkung auf den Thorax, durch Dezeleration bei Abstürzen und Autounfällen. Sie ist die Folge einer Lungenkontusion.

3.3.12.6 Lungenembolie
Siehe die Stichworte Thrombose (S. 213) und Embolie (S. 214).

3.3.12.7 Pleuritis
Die Rippenfellentzündung kann als Begleitzeichen verschiedener Erkrankungen, auch der Tuberkulose auftreten, sie kann aber auch unfallbedingt sein. Die Anerkennung des ursächlichen Zusammenhanges ist an folgende Bedingungen geknüpft:

1. Andere Entstehungsursachen für die Pleuritis müssen ausgeschlossen werden.
2. Die erkrankte Brustkorbseite muss durch ein erhebliches Unfallgeschehnis betroffen worden sein, z.B. stumpfes Thoraxtrauma, Rippenbrüche.
3. Zwischen Gewalteinwirkung und Nachweis der Rippenfellentzündung müssen Brückenzeichen (Atembeschwerden, Schmerzen, Husten) vorhanden sein.

3.3.13 Erkrankungen der Bauchdecken

3.3.13.1 Eingeweidebrüche
Die unfallbedingte Entstehung ist äußerst selten. Die nachfolgenden allgemein anerkannten Leitsätze des früheren Reichsversicherungsamtes enthalten alle wesentlichen Punkte:

1. Es muss ein Unfallereignis im Sinne des Gesetzes vorliegen oder ungewohnte, jedenfalls für den Ausführenden zu schwere Arbeit.
2. Das Unfallereignis muss derartig gewesen sein, dass entweder die Gegend des Bruches durch eine schwere Gewalteinwirkung betroffen wurde, sodass eine Zerreißung der Bauchwand die Folge war, oder dass eine gewaltige Erhöhung der Bauchpresse ausgelöst wurde.
   Diese letztere, sehr seltene Möglichkeit, bei der als Folge nicht eine Zerreißung der Bauchwand, sondern die erste Füllung eines lange angelegten, bis dahin aber leeren Bruchsackes eintreten kann, besteht für Leisten- und Nabelbrüche, nicht für solche der weißen Linie. Dagegen scheinen in allerdings sehr seltenen Fällen durch übergroße Kraftanstrengungen an außergewöhnlichen Stellen der Bauchwand Brüche austreten zu können.
3. Die Arbeit muss bei unter starker Gewalteinwirkung entstandenen Brüchen – einerlei, ob Leisten- oder Bauchbrüchen – infolge heftigster Schmerzen oder Übelkeit sofort niedergelegt werden, jede andere körperliche Beschäftigung unmöglich sein und der Arzt sofort oder wenigstens bis zum 3. Tage gerufen sein.

4. Wenn bei direkter Gewalteinwirkung mit Zerreißung ein Bluterguss und unzweifelhaft hochgradige Schmerzhaftigkeit an der Stelle des Bauchbruches sich nachweisen lassen, so ist damit die Unfallentstehung bewiesen. Bei Leistenbrüchen kann der Bluterguss fehlen, da das Blut in die Bauchhöhle abfließen kann. Bei Gewaltbrüchen der weißen Linie scheint er so gut wie stets vorhanden zu sein.

5. Wenn bei schweren Bauchverletzungen, die auch zu Verletzungen anderer Gewebe und Organe z. B. Beckenbrüchen, Blasenverletzungen oder dgl. führen, in späterer Zeit Bauchbrüche auftreten, so können diese besonderen Begleitumstände auch später zur Anerkennung dieser Brüche führen, sofern keine dieser Auffassung entgegenstehende Bedenken geltend gemacht werden können.

6. Plötzliche Vergrößerungen und damit Verschlimmerungen von schon bestehenden fertigen Leisten- und Nabelbrüchen durch gewaltige Anspannung der Bauchpresse sind möglich, erfordern aber schärfste Einhaltung der Forderungen, die für den Unfallbruch anerkannt sind, da sich Vergrößerungen schon bestehender Brüche bekanntlich bei jeder starken Anspannung der Bauchpresse, zu starkem Pressen beim Stuhlgang, heftigen Hustenstößen, einstellen können.

Zu Punkt 5 muss hinzugefügt werden, dass bei schweren Bauchverletzungen, die eine Laparotomie erforderlich machen, häufiger Narbenbrüche auftreten. Diese sind dann zweifelsfrei als indirekte Unfallfolge anzuerkennen. Traumatische Zwerchfellbrüche sind ebenfalls anzuerkennen. Auch noch nach 29 Jahren ist ein Enterothorax bei Zwerchfellschaden als posttraumatische Folge beschrieben.

Einklemmungen eines schon bestehenden Bruches können bei jeder Gelegenheit, vor allem aber auch bei körperlichen Bewegungen auftreten. Ist die Einklemmung im unmittelbaren zeitlichen Anschluss an eine den Bauch treffende starke äußere Einwirkung entstanden, so muss eine unfallbedingte Verschlimmerung des vorbestehenden Leidens anerkannt werden. Ist aber die Einklemmung durch Taxis oder Operation beseitigt, dann ist der frühere Vorzustand wieder hergestellt und die Unfallfolgen sind restlos beseitigt. Nach gelungener Operation ist der Patient sogar besser gestellt als vor dem Unfallgeschehnis.

3.3.13.2 Bauchfellentzündung

Eine aseptische, exsudative, traumatische Bauchfellentzündung gibt es nicht. Handelt es sich um eine eitrige Entzündung, so ist die Ursache und deren etwaige unfallbedingte Entstehung zu diskutieren. Wenn eine Darmwandverletzung unfallbedingter Art vorgelegen hat, ist die Zusammenhangsfrage selbstverständlich klar. Bauchfellentzündungen durch besondere Erreger (Pneumokokken, Gonokokken, Tuberkelbazillen) sind stets Streuherde eines irgendwo im Körper liegenden Primärherdes.

3.3.14 Erkrankungen des Magen- und Darmkanals

3.3.14.1 Ösophagusdivertikel

Die Pulsionsdivertikel sind keine Unfallfolge. Die Traktionsdivertikel können, wenn der Narbenzug unfallbedingt entstanden ist, eine indirekte Unfallfolge darstellen.

3.3.14.2 Magen- und Zwölffingerdarmgeschwür

Ein unfallabhängiges Magengeschwür liegt vor nach schwerem Trauma mit evtl. notwendiger Intensivtherapie, Sepsis und Verbrennung, schwerem Schädelhirntrauma, Notwendigkeit der Medikamentengabe wie Cortison und nichtsteroidalen Antiphlogistika. Nur die nach unfallbedingten Verbrennungen und unfallbedingten septischen Erkrankungen auftretenden akuten Geschwüre machen eine Ausnahme. Diese Geschwüre heilen aber vollständig ab und werden nicht chronisch. Dann ist der Vorzustand wieder hergestellt. Später etwa auftretende Magen- oder Zwölffingerdarmgeschwüre können nicht mehr als Unfallfolgen angesehen werden.

Gelegentlich wird der Durchbruch eines Magengeschwürs als Unfallfolge angeschuldigt. In solchen Fällen ist genau zu prüfen, ob die Magenwand schon so weit zerstört war, dass der Durchbruch jederzeit erfolgen konnte, oder ob der Unfall nach Art und Hergang geeignet gewesen war, den Durchbruch eines noch nicht entsprechend weit fortgeschrittenen Geschwüres herbeizuführen. Das Vorhandensein einer runden Perforationsöffnung spricht für einen nicht-unfallbedingten spontanen Durchbruch, eine etwa zerfetzte Perforationsöffnung für eine wesentliche Gewalteinwirkungsfolge. Dann würde das Unfallereignis eine wesentliche Teilursache für die gefundenen Veränderungen darstellen und damit unfallrechtlich zur Entschädigungspflicht führen.

Einschränkend ist zu sagen, dass unter den o.g. Stressfaktoren (Intensivtherapie etc.) auch eine „Spontanperforation" eines Magengeschwürs auftreten kann und als unfallbedingte Verschlimmerung angesehen werden muss.

Nach der operativen Behandlung der Perforation ist bei Anerkennung derselben als Unfallfolge die unfallbedingte vorübergehende Verschlimmerung des unfallfremden Geschwürleidens am Magen beseitigt.

3.3.14.3 Magenblutung

Meistens tritt die Blutung aus einem Magengeschwür spontan auf. Wenn jedoch eine solche Blutung sich unmittelbar an eine, die Magengegend treffende, erhebliche Gewalteinwirkung eingestellt hat, dann wird man sie als Unfallfolge anerkennen müssen, besonders dann, wenn nach kurzer Zeit Bluterbrechen erfolgte oder am nächsten Tage Teerstuhl beobachtet wurde. Ist die Blutung behoben, sind auch die Unfallfolgen beseitigt und der Zustand vor dem Unfall ist wieder hergestellt. „Stressfaktor" bedingte Magenblutungen sind ebenfalls Unfallfolge.

Erfordern Magenulkus oder Magenblutung eine Magenresektion, so ist dieser Folgezustand entschädigungspflichtig, ebenso ist an das mögliche Narbenulcus und Narbenkarzinom nach partieller Magenresektion (lange Latenzzeit) zu denken.

3.3.14.4 Magensenkung

Für dieses konstitutionell bedingte Leiden können keine äußeren Gewalteinwirkungen ursächlich verantwortlich gemacht werden.

3.3.14.5 Magenkrebs
Siehe „Geschwülste" S. 206.

3.3.14.6 Darmzerreißungen
Stumpfe Bauchverletzungen können Darmzerreißungen hervorrufen. Dabei wird durch die Gewalteinwirkung von vorn der Darm über dem Widerlager der Wirbelsäule zerquetscht. Ebenfalls kommen Einrisse der Darmwand und ein Abriss des Darmes von der Darmwurzel vor. Bei stumpfen Bauchverletzungen brauchen äußere Verletzungszeichen an den Bauchdecken nicht vorhanden zu sein. Oft entwickelt sich unmittelbar an das Unfallereignis das klinische Bild der Peritonitis. Der Operations- bzw. Obduktionsbefund bietet typische Hinweise. Folgezustände können intraabdominelle Verwachsungen oder Narbenstrukturen sein.

3.3.14.7 Darmgeschwüre
Diese haben fast immer eine spezifische Ursache (Typhus, Ruhr, Tuberkulose usw.). Die gewaltmäßig entstandenen Verletzungen der Darmschleimhaut (unvollständige Darmruptur) heilen fast ausnahmslos ohne Geschwürsbildung.

Die Darmgeschwüre neigen von sich aus zur Perforation. Tritt nach erheblicher äußerer Gewalteinwirkung eine Perforation an einer Geschwürstelle auf und findet sich bei der Operation oder der Obduktion eine Perforationsstelle mit zerfetzten Rändern und eine Darmwand, welche nicht als perforationsreif anzusprechen ist, dann ist der Zusammenhang anzuerkennen, besonders dann, wenn sofort nach dem Unfall deutliche peritoneale Reizerscheinungen nachzuweisen waren.

3.3.14.8 Darmverschluss
Bei der Erörterung der Zusammenhangsfrage mit einem Unfall muss nicht das Krankheitssymptom „Darmverschluss", sondern seine eigentliche Ursache zur Grundlage der Diskussion gemacht werden. Nach stumpfen Bauchverletzungen wird gelegentlich ein vorübergehender spastischer oder paralytischer Heus beobachtet.

3.3.14.9 Appendizitis
Die gewaltmäßige Zerreißung der gesunden Appendix ist von der Entstehung oder Verschlimmerung einer Appendizitis durch äußere Einwirkung zu unterscheiden. Die unfallbedingte Verursachung und Verschlimmerung einer echten Appendizitis ist sehr umstritten. Die Zusammenhangsfrage wäre dann anzuerkennen, wenn eine sicher nachgewiesene äußere Einwirkung die Appendixgegend direkt traf und wenn ein Intervall von höchstens 24 Stunden zwischen Unfallgeschehnis und Erkrankung liegt. Es müssten dann aber sofort nach dem Unfall peritoneale Reizerscheinungen bestanden haben. Liegt zwischen dem Geschehnis und der Erkrankung ein längerer Zeitraum, hat der Versicherte währenddessen weitergearbeitet, dann ist die Zusammemhangsfrage zu verneinen.

3.3.14.10 Mastdarmvorfall

Durch mechanische Zerreißung des Beckenbodens kann ein Mastdarmvorfall verursacht werden. Dieser ist dann als Unfallfolge zu bewerten.

3.3.14.11 Mastdarmfisteln

Dieselben sind überwiegend eine Folge chronischer Entzündungen. Nur die im Anschluss an unfallbedingt entstandene Verletzungen des Enddarmes und des Afters auftretende Fisteln können als Unfallfolgen angesehen werden.

3.3.15 Erkrankungen der Leber, Gallenwege und Bauchspeicheldrüse

3.3.15.1 Virushepatitis

Die Ursache bildet eine Virusinfektion. Sie kann bei einer im Einzelfall nachgewiesenen Infektionsquelle entweder als Arbeitsunfall oder als Berufskrankheit anzuerkennen sein. Eine Hepatitis nach Bluttransfusion kann eine mittelbare Unfallfolge darstellen.

3.3.15.2 Chronische Hepatitis, Zirrhose

Nach einer Inokulationshepatitis (Einspritzen, Bluttransfusion) kann sich ein chronisches Leberleiden mit Zirrhose entwickeln. Je nach Sachverhalt ist eine unmittelbare oder mittelbare Unfallfolge zu erwägen. Auch chronische Intoxikationen nach Art einer Berufskrankheit können ursächlich wirksam gewesen sein.

3.3.15.3 Gallenblasenentzündung

Die Gallenblasenentzündung und die Steinkrankheit der Gallenblase sind häufige Erkrankungen. Man nimmt allgemein an, dass Stauungen beim Gallenabfluss, vielleicht mit sekundärer Infektion, eine Rolle spielen. Wenn also ein Unfall mit seinen Folgen dazu geführt hat, dass der Gallenabfluss gehemmt wurde, dann wird die im Anschluss daran sich entwickelnde Gallenblasenentzündung und die Steinkrankheit der Gallenblase als Unfallfolge anerkannt werden müssen. Voraussetzung wäre eine posttraumatische nachgewiesene Striktur oder Stenose der abführenden Gallenwege. Das Zusammentreffen von Gallenblasenerkrankung und einem Bauchtrauma in der Vorgeschichte genügt allein nicht, zwischen beiden einen ursächlichen Zusammenhang als gegeben anzunehmen.

Stumpfe Gewalteinwirkungen auf die Bauchdecken können dazu führen, dass ein schon vorhandener Gallenstein sich einklemmt und so einen Gallensteinanfall hervorruft. Ist derselbe abgeklungen und die Einklemmung beseitigt, dann ist auch die unfallbedingte Verschlimmerung des vorhandenen Leidens behoben.

Stumpfe Gewalteinwirkungen auf den rechten Oberbauch können die Gallenblase direkt schädigen, bei primärer oder sekundärer Perforation eine gallige Peritonitis mit Schock, Sepsis und Organversagen verursachen. Direkte Traumen können die Ursache einer Hämobilie oder von Spätabszessen sein. Die Gallenblasenentzündung nach Intensivtherapie „Intensivgalle" bei schwerverletzten Patienten ist eine indirekte Unfallfolge.

3.3.15.4 Pankreasnekrose

Die sehr plötzlich einsetzende Selbstverdauung des Organes wird meist durch Rückstauung von Galle und des Eigensekretes der Drüse hervorgerufen. Daher ist zweifellos die überwiegende Mehrzahl solcher Erkrankungsfälle nicht unfallbedingt. Teilweise Verletzungen der Drüse können zu Pseudozysten führen. Stumpfe Bauchtraumata können jedoch zu akuter Pankreasnekrose führen mit Einblutung in das verletzte Organ. Verdächtig sind Abdominaltraumen mit Verletzungen der unteren Brust und der oberen Lendenwirbelsäule. Das Krankheitsbild der Pankreasnekrose wird sich direkt an das Unfallereignis anschließen.

3.3.15.5 Pankreaszysten

Peripankreatische Pseudozysten können Folgen eines leichten Pakreasrisses sein. Die Entscheidung wird erst nach operativer Entfernung und feingeweblicher Untersuchung endgültig zu fällen sein. Voraussetzung für die Anerkennung einer Pankreaszyste als Unfallfolge ist, dass der Oberbauch von einer erheblichen und geeigneten Gewalteinwirkung betroffen war. Sofort nach dem Unfall müssen die klinischen Zeichen einer Pankreasruptur vorhanden gewesen sein.

3.3.16 Erkrankungen des Harnsystems

3.3.16.1 Nierenstein und Ureterstein

Die Ursachen der Nierensteinbildung sind multifaktoriell. Begünstigt wird die Steinbildung durch eine Hyperkalzurie in der Kombination mit alkalischem Urin-pH. Hyperkalzurien treten auf nach längeren Immobilisationsphasen. Alkalische Urine sind häufig mit Blaseninfekten vergesellschaftet.

Verletzungen des Nierenparenchyms können durch ein Blutkoagulum ein Bildungszentrum für den Stein abgeben. Es muss sich aber dann um eine erhebliche Verletzung der Niere gehandelt haben. Die Mehrzahl der Nierenverletzungen heilt ohne Steinbildung ab. Perirenale und periuretrale Hämatome können durch Narbenzug Abflussstörungen des Harns hervorrufen und so eine Zustandsänderung des Harns bedingen. Verletzungen von Blase und Harnröhre können dieselbe Wirkung erzielen. Die auftretenden Steinbildungen bei schädelhirntraumatisierten Patienten und querschnittgelähmten Patienten sind Unfallfolgen als Kombination aus Immobilisation und Blasenentleerungsstörungen mit gehäuften Blaseninfekten. Bei unfallbedingten Infektionen der Harnwege kann ebenfalls ein Zusammenhang gegeben sein.

Nach einer erheblichen Körpererschütterung kann ein bereits vorhandener Nierenstein durch Verletzung des Nierenparenchyms eine Nierenblutung hervorrufen, oder er kann durch Verschluss des Harnabflusses einen akuten Nierensteinanfall bewirken. Wenn die Blutung aufgehört hat und wenn der Harnabfluss sich wieder eingestellt hat, dann ist auch die durch den Unfall gesetzte Verschlimmerung beseitigt und der Körperzustand vor dem Unfall wiederhergestellt.

3.3.16.2 Hydro- und Pyonephrose

Wenn eine Verletzung mit anschließender narbiger Verengung des Harnleiters, eine unfallbedingte Verlagerung der Niere mit Abknickung des Harnleiters und wenn Steinbildungen mit Einklemmung in den Harnleiter als Unfallfolgen vorliegen, dann sind in einem solchen Falle länger dauernde Behinderung des Harnabflusses durch diese krankhaften Veränderungen als Unfallfolge anzusehen. Gefordert werden für die Annahme einer unfallbedingten Entstehung einer Hydronephrose die Erfüllung folgender Bedingungen:

1. Fehlen von Nierensymptomen vor dem Unfall.
2. Fehlen anderweitiger ätiologischer Momente für die Hydronephrose wie z.B. angeborene Anomalien der Harnwege, aberrierende Gefäße, Tumoren der Blase und Prostata, Ureterstrikturen nichttraumatischen Ursprungs, chronische Perityphlitis, Adnexerkrankungen.
3. Nachweis der Erheblichkeit des Traumas in Gestalt einer direkten Verletzung der Niere bzw. Feststellung von Folgeerscheinungen des Unfalls, welche die Entstehung einer Abflussbehinderung wahrscheinlich machen.
4. Nachweis von Brückensymptomen.
5. Hydronephrosen können als Refluxfolge bei erhöhtem Blasendruck auftreten, bei jeder neurogenen Blasenentleerungsstörung.

Bestehende Hydro- und Pyonephrosen können durch direkte Gewalteinwirkungen reißen.

3.3.16.3 Neurogene Blasenentleerungsstörung

Diese schwerwiegende Erkrankung ist Folge jeder traumatischen Querschnittlähmung, sei sie komplett oder inkomplett. Sie kann Folge sein von Wirbelsäulenverletzungen oder Bandscheibenvorfällen, sie kann auftreten bei lediglicher Schädigung der S3 bis S5 Wurzel, sodass der Patient eine nahezu ungestörte Beinmotorik aufweist und trotzdem eine neurogene Blasenentleerungsstörung teilweise kombiniert mit einer neurogenen Blasen- und Mastdarmentleerungsstörung und einer erektilen Dysfunktion haben kann. Bei diesen Patienten werden auch ausgedehnte Beckenverletzung mit Plexus lumbosacralis-Schäden beobachtet. Bei der Untersuchung ist gezielt nach der Blasenentleerung zu fragen, die Gesamtrentenfestsetzung sollte nach einer neuro-urologischen Zusatzbegutachtung erfolgen. Als sekundäre Folge der neurogenen Blasenentleerungsstörung ist als mittelbare Unfallfolge das erhöhte Risiko von Blaseninfekten, Nierenbeckenentzündungen, Refluxkrankheit und sekundärer Niereninsuffizienz zu entschädigen.

3.3.16.4 Erektile Dysfunktion

Die erektile Dysfunktion tritt bei Wirbelsäulenverletzungen, traumatischen Querschnittlähmungen, Bandscheibenvorfällen und schweren Beckenverletzungen bei direktem Gefäßschaden auf. Auch bei Beckenverletzungen ist in der Untersuchung stets nach der genitalen Funktion zu fragen.

Die erektile Dysfunktion ist entschädigungspflichtig. Bei dieser Störung ist ähnlich wie bei der neurogenen Blasen- und bei der neurogenen Mastdarmschädigung gezielt nachzufragen, da die Patienten aus Schamgefühl teilweise keine Angaben ohne Nachfragen machen.

Diskutiert wurde, warum die erektile Dysfunktion im Rahmen der gesetzlichen Unfallversicherung entschädigungspflichtig ist, da der Wettbewerb auf dem allgemeinen Arbeitsmarkt nicht eingeschränkt ist. Es wird jedoch in der Rechtssprechung davon ausgegangen, dass bei der Wettbewerbsfähigkeit des Einzelnen bei Wegfall einer Quelle der individuellen Zufriedenheit eine Leistungsminderung eintritt, diese Leistungsminderung wird mit erfahrungsgemäß mit 20 % bewertet. Auch diese Unfallschädigung erfordert eine subtile Diagnostik und neuro-urologische Zusatzuntersuchungen, da unfallfremde Erkrankungen, wie Multiple Sklerose, diabetische Polyneuropathie, allgemeine Gefäßsklerose und ähnliche Erkrankungen ebenfalls eine erektile Dysfunktion hervorrufen können und gegen Unfallfolgen abzugrenzen sind.

3.3.16.5 Nierentuberkulose

Diese Organtuberkulose entsteht meist auf dem Blutwege durch Absiedlung von einer Lungentuberkulose oder einem Lymphknotenherd. Ihre unfallbedingte Verursachung scheidet aus. Die langen Latenzzeiten (bis zu 10 Jahren) erschweren generell die ätiologische Beurteilung.

Folgende Bedingungen müssen bei der Diskussion des ursächlichen Zusammenhanges einer Verschlimmerung erfüllt sein:

1. Der Unfall muss erheblich gewesen sein. Bei Nierenverletzungen können sich Verletzungszeichen jedoch erst nach 24 bis 36 Stunden einstellen.
2. Das Geschehnis muss geeignet gewesen sein, die Niere zu verletzen. Der Verletzungshergang und die ersten Verletzungszeichen müssen besonders eingehend geprüft werden.
3. An den Unfall müssen sich die Krankheitserscheinungen zeitlich angeschlossen haben.

Ein bis zum Unfall latent bestehender Herd kann klinische Erscheinungen machen, oder die bestehende Nierentuberkulose kann sich örtlich verschlimmern oder es kann eine unfallbedingte Metastasierung in andere Organe erfolgen. Im Anerkennungsfalle muss das Unfallereignis den bisher chronisch fortschreitenden Verlauf des Leidens in erkennbarer Weise sowohl hinsichtlich der Beschwerden als auch der objektiven Krankheitszeichen ungünstig beeinflusst haben.

3.3.16.6 Nierenbeckenentzündung

Die Infektion des Nierenbeckens kann durch Verletzung von außen her oder Einbruch von Abszessen in der Umgebung der Niere, durch Aszendieren der Keime auf dem normalen Harnwege sowie durch Infektion auf dem Blut- und Lymphwege erfolgen. Wenn die Primärursache unfallbedingt war, dann ist es auch die Pyelitis selbst.

3.3.16.7 Harnblasenstein

Bei der Bildung eines Blasensteines spielt das Ausfällungszentrum eine besonders große Rolle. Wenn es sich bei diesem um eine Unfallfolge handelt, so ist natürlich auch der Blasenstein eine solche. Ferner führen Verletzungen, die mit Blasenlähmungen (Querschnittlähmung) einhergehen, häufig zur Blasensteinbildung. Die Entwicklungszeiten können bis zu mehreren Jahren schwanken. Auch die Infektion der Blase durch häufiges Bougieren, Katheterismus oder einen Dauerkatheter können die Ursache für eine Blasensteinbildung abgeben.

Polytraumatisierte Patienten sollten gezielt in der Begutachtung auf Blasensteinbildung untersucht werden, sollte anlässlich der Begutachtung noch ein Dauerkatheter oder eine suprapubische Dauerableitung vorliegen, ist der Unfallverletzte obligat einem Neuro-Urologen zur Zusatzbegutachtung und zur neurourologischen Funktionsdiagnostik zuzuführen.

3.3.16.8 Harnröhrenstrikturen

Diese sind meist Folgen von Entzündungen. Sie können aber auch durch vollständige oder teilweise Zerreißung der Harnröhre bei Beckenverletzungen oder stumpfen Verletzungen der Dammgegend oder durch den Druck eines Dauerkatheters erzeugt werden (Cave: Dauerkatheter des Mannes, Risiko gegenüber der Frau deutlich erhöht).

3.3.17 Genitale Erkrankung

Beim Manne sind Varikozele, Wasserbruch und unspezifische Nebenhodenentzündungen in seltensten Fällen eine direkte oder indirekte Folge äußerer Gewalteinwirkungen.

Unfallbedingte Nebenhodenentzündungen treten auf und sind typisch bei querschnittgelähmten Patienten, die zur Blasenentleerung auf den gehäuften sterilen Einmalkatheterismus angewiesen sind. Störungen der Spermatogenese und die retrograde Ejakulation sind Folge von Querschnittlähmung und unfallabhängig.

Ejakulationsstörungen können jedoch im Zusammenhang mit erektiler Dysfunktion auch bei den vorgenannten anderen traumatischen Erkrankungen, wie Wirbelsäulenverletzungen und Beckenverletzungen auftreten. Die MDE wird mit 20 % und mehr bewertet.

Bei der Frau bilden Gebärmutterverlagerungen, Gebärmuttersenkungen mit Vorfall, Abort und Bauchhöhlenschwangerschaft nur in extrem seltenen Fällen den Anlass zur Erörterung von Zusammenhangsfragen. In den weitaus meisten Fällen handelt es sich nicht um unfallbedingte Veränderungen. Spezialärztliche Stellungnahmen sind stets erforderlich.

3.3.18 Erkrankungen der Haut und des Unterhautzellgewebes

3.3.18.1 Furunkel

Der Furunkel ist eine Erkrankung der Haarbalgdrüsen. Die Mehrzahl der Furunkel entsteht durch das Eindringen von Eitererregern von außen her. Sie sind, besonders als Solitärfurunkel, nicht als Unfallfolge zu bewerten. Nur bei einer durch Unfallfolgen bedingten Allgemeininfektion (z.B. Verbrennungskrankheiten) kann eine Furunkulose mit Ausscheidung von Eitererregern nach außen als mittelbare Unfallfolge angesehen werden.

3.3.18.2 Panaritium

Diese entstehen durch das Eindringen von Eitererregern in das Zellgewebe der Finger. Die Kleinheit der Eintrittspforten macht häufig den Nachweis einer unfallbedingten primären Verletzung unmöglich. Derartig kleine Hautschädigungen können auch außerhalb der versicherten Tätigkeit entstehen. Zur Anerkennung eines ursächlichen Zusammenhanges ist notwendig, dass entweder die Verletzung als Eintrittspforte der Eitererreger durch Einwirkungen im Rahmen einer Arbeitsschicht entstanden ist oder dass die Krankheitserreger bei der Betriebsarbeit in die bestehende Hautwunde eingedrungen sind. An den Nachweis der unfallbedingten Entstehung dieses Leidens sind strenge Anforderungen zu stellen.

3.3.18.3 Zellgewebsentzündung (Phlegmon)

Es gelten die gleichen Bewertungsgrundsätze, wie sie oben für das Panaritium bereits angeführt wurden. Denn derartige Infektionen können auch bei anderen Gelegenheiten außerhalb des Betriebes jederzeit erfolgen. Hinsichtlich des zeitlichen Abstandes zwischen angegebener Verletzung und dem Auftreten sicherer Entzündungserscheinungen darf ein Zeitraum von zwei Tagen nicht unterschritten werden. Erfahrungsgemäß entwickelt sich eine Zellgewebsentzündung nach drei bis vier Tagen. Wenn längere Zeiträume festgestellt sind, so müssen Brückenzeichen vorhanden gewesen sein oder die Wunde muss Fremdkörper (Holzsplitter usw.) enthalten haben.

3.3.19 Erkrankungen der Muskeln, Sehnen und Schleimbeutel

3.3.19.1 Muskelrisse

Bei verschiedenen Allgemeinerkrankungen treten spontane Muskelrisse auf, deren Ursache das jeweilige Grundleiden bildet. Daneben kommen bei erheblichen plötzlichen Muskelanspannungen oder beim Auftreten einer äußeren Gewalt auf einen angespannten Muskel Rupturen einzelner Muskelfasern in verschiedenem Umfang vor. Diese sind dann als Unfallfolge zu bewerten, der Unfallablauf ist genau zu erfragen.

3.3.19.2 Muskelhernien

Diese entstehen durch Einriss der Muskelbinde und Vorquellen der Muskulatur bei der Kontraktion. Die Muskelhernie (Muskelbruch) ist in der Mehrzahl der Fälle unfallbedingt.

3.3.19.3 Myositis ossificans

Die umschriebene Myositis ossificans mit ihren bekannten, bevorzugten Entwicklungsstellen ist die Folge eines Blutergusses in die Muskulatur. Wenn also der Bluterguss die Folge eines versicherten Arbeitsunfalles war, dann ist die Zusammenhangsfrage zu bejahen. Von der örtlich umschriebenen Form unterscheidet sich die allgemeine, progressive Form der Myositis, die eine ihrem Wesen nach unklare Allgemeinerkrankung darstellt. Diese hat mit einem Unfallgeschehnis nichts zu tun.

Als Sonderform der Muskelverknöcherung treten bei Rückenmarkschaden oder längerer Intensivtherapie und Immobilisation Verknöcherungen im Bereich der großen Gelenke auf: Hüft-, Schulter-, Knie- und Ellenbogengelenk. Die periartikulären Verkalkungen können den Patienten völlig einmauern und immobil machen. Sie sind eindeutig als Unfallfolge zu werten.

3.3.19.4 Lumbago (Hexenschuss)

Das Erscheinungsbild des Lumbago ist in der Regel auf Muskelrheumatismus, toxische Neuritis, Spondylose oder Arthrose der Lendenwirbelsäule oder den Zwischenwirbelbandscheibenvorfall zurückzuführen und hat mit einem Unfall an sich nichts zu tun. Schwierig kann die diagnostische Trennung des echten Hexenschusses von einer Muskel- oder Bänderzerrung. Die als wirkliche Unfallfolge anzusehende Zerrung der langen Rücken-muskeln heilt gewöhnlich innerhalb von zwei bis drei Wochen ab, während die Lumbago ein oft länger dauerndes und häufig rückfälliges Leiden, entsprechend ihrer Grundkrankheit, ist.

Voraussetzung für die Anerkennung von akuten Wirbelsäulensyndromen als Unfallfolge sind ein enger zeitlicher Zusammenhang (Schmerzangabe sofort!), vorherige Symptomlosigkeit (Vorerkrankungsverzeichnis der Krankenkasse) und ein geeigneter Unfallmechanismus (auf den Körper einwirkende Gewalt, große unerwartete Kraftanstrengung). Die „unerwartete Kraftanstrengung" bedarf der Erläuterung. Es reicht nicht aus, das bloße Tragen und Heben von Lasten anzugeben; würden Beschwerden auftreten, wäre es ein zufälliges Zusammentreffen. Voraussetzung für die Anerkennung wäre die Notwendigkeit, beim Tragen plötzlich auszuweichen, zu stolpern, die Last zu erhöhen.

3.3.19.5 Bandscheibenvorfall im Bereich der Wirbelsäule

Das Leiden beruht auf einer Vorwölbung des Gallertkernes aus dem schon zermürbten Block der Zwischenwirbelbandscheibe. Die vorgepressten Gewebsteile können auf eine austretende Nervenwurzel oder das Rückenmark drücken und dadurch entsprechende neurologische, meist ischiasartige Erscheinungen hervorrufen. Meist ist das Röntgenbild in diesem Stadium negativ. Die ersten Erscheinungen treten oft nach Husten, Niesen, Pressen, Heben einer üblichen Last, brüsken Rumpfbewegungen auf, also nach körperlichen Beanspruchungen, welche als üblich und gehörig gelten. Als Entstehungsursache für derartige Degenerationserscheinungen der Zwischenwirbelbandscheiben kann ein Unfallereignis nicht in Betracht gezogen werden. Die gelegentlich zu prüfende Verschlimmerung eines solchen Bandscheibenleidens durch Unfallereignisse verlangt angesichts des bekannten, chronischen Verlaufes derartiger Aufbrauchsveränderungen eine besonders sorgfältige Auswertung aller medizinischen Sachverhalte.

Nach A. Lob sind strenge Kriterien an die Diagnose posttraumatischer Bandscheibenvorfälle zu stellen:

1. Das angeschuldigte Ereignis muss nach Art, Richtung und Schwere geeignet sein, einen Bandscheibenvorfall in entsprechender Segmenthöhe zu verursachen.
2. Die radikalulären Symptome müssen im unmittelbaren zeitlichen Zusammenhang mit dem Ereignis auftreten.
3. Die Beschwerden müssen zur unmittelbaren Arbeitsaufgabe nach dem Unfall zwingen.
4. Radikuläre Symptome dürfen nicht vor dem angeschuldigten Ereignis zur Arbeitsunfähigkeit geführt haben.

Der Bandscheibenvorfall muss definitiv nachgewiesen sein: CT **und** MRT (das MRT allein führt häufig zu einer Überbewertung der Protrusionen) oder Myelogramm oder Operation.

Im Bereich der LWS wurden in der Vergangenheit mehrfach Untersuchungen zur Provokation von Bandscheibenvorfällen in vitro angefertigt, Perrey 1957, Hutton et al. 1979, Brinkmann et al. 1989. Es stellte sich jedoch übereinstimmend heraus, dass bei Überlastung zunächst der angrenzende Wirbelkörper frakturierte und bei Überlastungsversuchen kein Bandscheibenvorfall provoziert werden konnte. Lediglich bei einem einzigen Untersuchungssexperiment, bei Hyperflexion über die physiologische Grenze und gleichzeitiger axialer Belastung hinaus konnte ein Einreißen des Faserrings im dorsalen Bereich erreicht werden (Adams und Hutten 1982).

Ahmet et al. 1990 und Duncan et al. 1991 untersuchten den Einfluss der axialen Rotation. Sie fanden, dass bei intakten Facettengelenken der Bewegungsumfang der axialen Rotation benachbarter Wirbel von etwa 2 Grad zur Auslösung eines Bandscheibenvorfalles nicht ausreichte. Es muss also für die lumbale Wirbelsäule postuliert werden, dass abgesehen vom Hyperflexionstrauma mit axialer Stauchung eine Schädigung der Bandscheibe bei bestehender Vorschädigung derselben durch Unfälle gleich welcher Art unwahrscheinlich ist.

Dieses bedeutet, dass bei der Begutachtung von fraglichen traumatischen Bandscheibenvorfällen der Lendenwirbelsäule immer der Unfallbericht eingeholt werden muss, eine exakte Unfallanamnese erfolgen muss, nach Gurtmarken und Begleitverletzungen gefahndet werden muss, um einen echten traumatischen Bandscheibenvorfall zu beweisen oder lediglich die Verschlimmerung eines vorbestehenden Leidens und/oder eine Gelegenheitsursache der beschriebenen Bandscheibenproblematik auszuschließen. Auf die zahlreichen Untersuchungen vorliegender asymptomatischer Bandscheibenprotrusion und Bandscheibenprolaps sei eindringlich hingewiesen.

Zu fordern ist ferner, dass bei strittigen Fragen wie traumatischen Bandscheibenvorfällen möglichst zeitnah eine MRT-Untersuchung angefertigt wird, um Residuen von Begleitverletzungen des Halteapparates der Wirbelsäule zu erfassen oder Signalalterationen der Wirbelkörper im Sinne von Knochenödem als Zeichen einer stattgehabten Verletzung zu erfassen.

Kritisch zu sehen sind beschriebene Unfallmechanismen wie (Verhebetrauma): der Versicherte hebt einen Mehlsack und verspürt danach Schmerzen im Rücken; in der Kernspintomographie lässt sich ein Bandscheibenvorfall nachweisen. Nach den Kriterien von Lob ist Punkt 1 nicht erfüllt.

Der Patient wird durch das Anheben des Mehlsackes nicht in eine Position gebracht, die ein Trauma auf seine Wirbelsäule ausübt, er führt eine willkürliche Kraftanstrengung aus die nicht geeignet ist Bandscheibenvorfälle hervorzurufen.

Die Möglichkeit der axialen Stauchung der Lendenwirbelsäule ohne gleitzeitige Hyperflexion ist ein häufig angegebener Unfallmechanismus, er ist nicht geeignet um einen Bandscheibenvorfall hervorzurufen (Fall vom Stuhl). Die angegebenen Unfallmechanismen wie Sturz auf den Rücken aus niedriger Höhe ohne im CT oder MRT nachzuweisende Begleitverletzung der paravertebralen Weichteile ist ebenfalls nicht geeignet um einen Bandscheibenvorfall hervorzurufen.

Während hindessen kritisch nach Art und Schwere der Klappmessermechanismus des Unfallverletzten zu bewerten ist; den Patienten trifft eine nach außen gerichtete Gewalt und lässt ihn im Bereich der Lendenwirbelsäule/Brustwirbelsäule nach vorne zusammenklappen, diese Art des Unfallmechanismus ist geeignet sowohl Bandscheibenvorfälle als auch Wirbelsäulenfrakturen als auch traumatische Querschnittlähmungen zu verursachen.

Im Bereich der Halswirbelsäule ist ebenfalls zu fordern, dass die Zeichen eines Bandscheibenvorfalls mit radikulärer Beteiligung unmittelbar nach dem Unfallereignis auftreten, nicht aber erst mit einer zeitlichen Verzögerung von Tagen oder Wochen. Radikuläre Erscheinungen dürfen auch nicht vor dem Unfall vorgelegen haben, da dann auch schon vor dem Unfallereignis Zeichen eines Bandscheibenvorfalles vorlagen, die durch den Unfall allenfalls vorübergehend verschlimmert werden konnten, wenn ein entsprechendes Trauma vorausging.

Bei einem frischen Bandscheibenvorfall sind auch die damit verbundenen Beschwerden so erheblich, dass die Arbeit unmittelbar eingestellt wird. Bei einem schleichenden Verlauf kann von einem unfallbedingten Bandscheibenvorfall nicht ausgegangen werden, es ist dann von einem regelhaften biologischen Prozess auszugehen, in dessen Ablauf lediglich ein Unfallereignis zwischengeschaltet ist, das aber nicht Ursache des Beschwerdebildes ist. Selbstverständlich muss ein Bandscheibenvorfall im Zusammenhang mit einem Trauma auch nachgewiesen werden durch gezielte bildgebende Verfahren, sofort d.h. sobald in einem Unfallzusammenhang radikuläre Erscheinungen auftreten. Es werden hier die häufigsten Fehler gemacht, die eine spätere Begutachtung auch erheblich erschweren, da sehr häufig der Nachweis eines

Bandscheibenvorfalles *erst Wochen nach dem Unfall* geführt wird. Hieraus ergeben sich erhebliche gutachterliche Schwierigkeiten, vor allem auch dann, wenn die Symptome einer radikulären Beteiligung durch die vorbehandelnden Ärzte nicht sorgfältig genug festgehalten sind. Gerade wegen der oft mangelhaften Befunddokumentation muss der Gutachter neben dem Unfallhergang zur ausreichenden Analyse der Kraftrichtungen und Kraftgrößen, auch die Symptomatologie unmittelbar nach dem Unfall sowie den Verlauf besonders sorgfältig erfragen um eine zutreffende Beurteilung abgeben zu können. Das lückenlose Vorerkrankungsverzeichnis des Krankenversicherungsträgers ist obligat, da sehr häufig aus den verständlichen Kausalitätsbedürfnissen des Patienten heraus vorherige Bandscheibenepisoden verdrängt werden und der Unfall hierdurch eine Bedeutung erhält die ihm nicht zukommt.

Beim so genannten HWS-Schleudertrauma sollte die Frontal- und Seitenkollision und die Heckkollision aus dem Unfallbericht erfragt werden. Nach den Untersuchungen von Krämer 1978, Wittenberg et al. 1998 und weiteren Angaben in der Literatur kann die Hypothese, dass eine degenerierte HWS-verletzungsanfälliger ist als nicht gesichert gelten.

Zu fordern ist eine eindeutige röntgenologische Darstellung einschließlich ggf. CT und MRT um Begleitverletzungen wie Hämatome, discoligamentäre Instabilitäten und Verletzungen der Ligamenta alaria sicher auszuschließen oder zu beweisen. Für wichtig halten wir die Untersuchungen von Pfirrmann et al. 2001, dass eine Asymmetrie der Ligamenta alaria in 88 % und der Kopfgelenke in 56 % schon bei asymptomatischen Individien in der MRT-Untersuchung nachzuweisen ist. Auch im Halswirbelsäulenbereich wird ein im Zuge der Untersuchung festgestellter Bandscheibenvorfall gern als unfallbedingt angesehen, sodass wiederum Angesicht der Kausalitätskette auf die strengen Kriterien von Lob zu verweisen sind. Es gibt bis zum heutigen Zeitpunkt keine verwertbaren Untersuchungen darüber, ob bei einer Halswirbelsäule Bandscheibenvorfälle durch Traumen ausgelöst werden können. Boden et al. 1990 fanden bei 10 bzw. 5 % von asymptomatischen Personen unter bzw. über 40 Jahren einen HWS-Bandscheibenvorfall in der Kernspintomographie.

Die Autoren möchten darauf hinweisen, dass selbstverständlich auch bei Autounfällen substantielle Veränderungen und Schädigungen der Halswirbelsäule auftreten können. Aus eigenem Krankengut ist bekannt, dass bei Autounfällen schwere Schäden der Halswirbelsäule auftreten können, einschließlich traumatischer Bandzerreißungen und Frakturen der Halswirbelsäule mit konsekutiver Teillähmung oder Lähmung, es pkönnen durch Autounfälle kontusionelle Schädigungen aufgrund eines engen Spinalkanales auftreten bei Hyperextensionsverletzungen.

Bei dem Halswirbelsäulenbeschleunigungstrauma sind ebenfalls stärkergradige Beschwerden des Patienten möglich, jedoch sind die Autoren der Ansicht, dass bei HWS Schleudertrauma Grad I und II nach Erdmann spätestens ein Jahr nach Unfall keine MDE in rentenberechtigendem Ausmaß besteht, üblicherweise münden drei Monate nach Trauma die Beschwerden in ihren schicksalsgemäßen Verlauf ein.

Sollten die Beschwerden persistieren, ist frühzeitig durch eine neuro-psychologische Untersuchung mit psychodiagnostischen Testverfahren und/oder einem klinischen Psychologen und/oder einer psychiatrischen Einschaltung eine Abklärung zu veranlassen und ggf. ein Zusatzgutachten zu veranlassen. Laut Meyer besteht eine gewisse Korrelation zwischen Befindlichkeitsstörungen nach HWS-Schleudertrauma und versicherungsrechtlichen Forderungen nach Schleudertrauma. Sicherlich sind zunächst subjektive Beschwerden und Befindlichkeitsstörungen nach HWS-Distorsion ohne fassbares morphologisches Korrelat oder radiologisches Korrelat nicht psychosomatisch bedingt. Es sollte nur an dieser Stelle noch einmal betont werden, dass rechtsseitig ein Neuropsychologe oder Psychiater eingeschaltet werden sollte, um bei einem Fortbestehen der Beschwerden eine neurotische Fehlentwicklung zu vermeiden.

3.3.19.6 Bizepssehnenriss

Bei besonders starken äußeren Gewalteinwirkungen kommen Zerreißungen besonders der kurzen Bizepssehne vor. Die lange Sehne des Bizeps ist dafür bekannt, dass sie auch nach geringfügigen Beanspruchungen reißt. Meist handelt es sich bei einem derartigen Riss um die zwangsläufige Folge eines langsamen Durchscheuerungsvorganges dieser Sehne über Randwülsten des arthrotisch veränderten Schultergelenkes. Der für den endgültigen Abriss angeschuldigte Vorgang stellt nur den Schlusspunkt einer fast gesetzmäßigen Entwicklung dar.

Die distalen Risse am Radius entstehen bei plötzlichem maximalen Anspannen, z. B. beim unerwarteten Abfangen einer Last. Der Unfallmechanismus ist genauestens zu eruieren, plötzliche Kraftanstrengungen führen im Allgemeinen nicht zu Sehnenrissen, jedoch können passive Muskelsehnenanspannungen bei teilfixierten Gelenken Sehnenrisse hervorrufen.

3.3.19.7 Riss der Achillessehne

Die unangemessene Beanspruchung einer schon degenerativ veränderten Achillessehne (häufig bei sportlicher Betätigung älterer Versicherter) bringt diese Sehne vor allem bei plötzlicher starker Beanspruchung (Sprung, Laufsport) oder bei plötzlicher Unterkühlung gelegentlich zum Riss. Auch hier muss der Unfallhergang erfragt werden, Achillessehnenrisse kommen traumatisch bedingt z. B. bei Abspringen aus größerer Höhe vor.

Wie bei allen Sehnenrupturen steigt die Rate der spontanen Achillessehnenrupturen jenseits des 50. Lebensjahres steil an.

3.3.19.8 Tendovaginitis crepitans

Die Paretendinitis wird hervorgerufen durch starke und ungewohnte Bewegungen des zugehörigen Muskels bei fehlender Anpassung, es kommt zu einem Ödem des Pereniniums. Es kommen allerdings noch neurale infektiös toxische Momente von

Seiten des Krankheitsbildes in Betracht. Es kommen allerdings auch neurale und infektiös-toxische Momente für ein solches Krankheitsbild in Betracht. Handelt es sich um die Entstehung eines typischen Befundes im Rahmen einer Arbeitsschicht durch entsprechende Arbeitsbeanspruchung, so kann kein Unfall als gegeben angesehen werden; zu prüfen ist das Vorliegen einer BK 2101. Die Prüfung der BK 2101 muss auch bei dem Vorliegen einer Tenovaginitis stenosans durchgeführt werden, dort führen die mechanischen Beanspruchungen zu einer Einengung des Sehnenfaches, wie der Name schon sagt.

3.3.19.9 Dupuytrensche Kontraktur

Die Schrumpfung der Hohlhandfaszie beruht auf erblichen Einflüssen und chronischen Einwirkungen. Nur wenn ein akutes Unfallgeschehnis die Hohlhand an örtlich umschriebener Stelle traf und wenn diese Einwirkung geeignet war, eine Bindegewebswucherung mit anschließender Bindegewebsschrumpfung hervorzurufen, könnte eine sich im engeren zeitlichen Anschluss daran entwickelnde und nur auf die verletzte Hand beschränkte Kontraktur als Unfallfolge diskutiert werden.

3.3.19.10 Schleimbeutelentzündungen

Die eitrige Entzündung eines Schleimbeutels hat zur Voraussetzung, dass in ihn von außen her Eitererreger eindringen. War also die Hautverletzung durch einen Unfall entstanden, so ist auch die eigentliche Schleimbeutelentzündung Folge dieses Unfalles.

Die mit Wandverdickung und Erguss einhergehenden, nicht eitrigen, blanden, chronischen Bursitiden sind meist Folge chronischer örtlicher Traumen und nicht die Folge einer einmaligen äußeren Einwirkung. Eine solche kann zwar in der Lage sein, einen akuten Erguss in einem Schleimbeutel hervorzurufen. Auch können Blutergüsse in den Schleimbeutel hinein nach örtlich umschriebener Gewalteinwirkungen vorübergehende Reizerscheinungen verursachen. Derartige Erscheinungen klingen aber in wenigen Wochen wieder ab. Übt der Versicherte jedoch Tätigkeiten aus, die mit einer erhöhten mechanischen Beanspruchung von Knie- und Ellenbogengelenken einhergehen, wie Fliesenlegen, Untertagearbeiten, Lastentragen etc. ist zu prüfen, ob die Voraussetzung für die BK 2105 erfüllt sind.

3.3.19.11 Periarthritis humero-scapularis

Besonders Patienten jenseits der vierziger Jahre reagieren auf Prellungen und Verstauchungen der Schulter öfter mit Ausbildung einer Bewegungsbehinderung (Anführsteife). Geeignete Prellungsvorgänge mit Blutergüssen in die Gleitgewebe des Schultergelenkes zeitigen manchmal auch bei jüngeren Leuten Einsteifungen. Die Zusammenhangsfrage ist anzuerkennen, wenn entweder ein erheblicher Unfall die Schulter betroffen hat oder ein geringerer Unfall die Ruhigstellung des Schultergelenkes als Schmerzreaktion oder Behandlungsmaßnahme auslöste. Die Erscheinungen der Bewegungsbehinderung müssen aber in allen Fällen sich an die Verletzung angeschlossen haben. Oft ist das Ausmaß der Bewegungsbehinderung unmittelbar nach dem Unfall geringer als später.

3.3.19.12 Rotatorenmanschettenruptur

Diese gutachterlich kontrovers diskutierte Verletzung hat vielfache Untersuchungen zur Folge gehabt. Ähnlich den Sehnenrissen an anderen Körperstellen wird die Meinung vertreten, dass eine gesunde Sehne nicht reißen kann, bevor nicht der Muskel oder die knöcherne Ansatzstelle reißt.

Erschwert wird die Diagnose der Rotatorenmanschettenruptur traumatischer Genese durch die Tatsache, dass im Alter von 50 Jahren wie bei der Achillessehne spontane Rupturen auftreten können. Die Klassifikation erfolgt nach Feldmann 1963 entspechend Distanzgröße 1 bis 3 oder 3 bis 5 cm.
Es sollten Beschwerden und angeschuldigtes Unfallereignis in einem engen zeitlichen Zusammenhang stehen. Der Unfallmechanismus sollte geeignet sein, eine Rotatorenmanschettenruptur hervorzurufen, eine aktuelle Übersichtsarbeit wurde von Loew M., Habermeyer P., Gohlke F., Wiedemann E., 1999 veröffentlicht, Empfehlung zur Begutachtung der Rotatorenmanschettenruptur von der Deutschen Gesellschaft für Unfallchirurgie (Kontaktadresse: Prof. Dr. Kuno Weise, Ärztlicher Direktor der Berufsgenossenschaftlichen Unfallklinik Tübingen, Schnarrenbergstraße 95, 72076 Tübingen).

Es wurden folgende potentielle geeignete Unfallmechanismen genannt:
– Passiv forcierte Außen- und Innenrotation bei Anliegen oder abgespreizten Armen.
– Passive Traktion nach caudal, ventral oder medial.
– Axiale Stauchung nach cranio-ventral oder vento-medial.

Als ungeeignet wurden angesehen:
– Stauchung nach cranio-dorsal.
– Direktes Anpralltrauma.
– Aktive Kraftanstrengung.

3.3.20 Erkrankungen der Knochen und Gelenke

3.3.20.1 Akute Ostitis nach Weichteiltrauma
Die zuerst von Liniger aufgestellten Richtsätze sind für die Beurteilung der Zusammenhangsfrage maßgeblich. Sie lauten:

1. Ein Unfall muss einwandfrei erwiesen sein.
2. Es muss sich um einen erheblichen Unfall gehandelt haben, der nachweisbar die später erkrankte Stelle getroffen und zur Weichteilquetschung geführt hat.
3. Die Erkrankung muss sich alsbald, jedenfalls innerhalb weniger Tage, an den Unfall angeschlossen haben. Je später eine Osteomyelitis auftritt, um so unwahrscheinlicher ist der Zusammenhang mit dem Trauma.

Der Begriff ‚erheblich' besagt in medizinischer Sicht, dass die Verletzung geeignet gewesen sein muss, Blutungen im Knochen hervorzurufen. Da mit einer derart erheblichen Verletzung fast stets eine wesentliche Einschränkung der Gebrauchsfähigkeit des betroffenen Gliedes verbunden ist, müsste der Patient die Arbeit unterbrochen, einen Arzt aufgesucht und auch den Unfall sofort gemeldet haben. Eine geringfügige Gewalteinwirkung kann eine Knochenmarkseiterung nicht verursachen. Die akute Osteomyelistis der Jugendlichen und die primärchronische Osteomyelitis am Ende des Wachstums sind zu unterscheiden von der Ostitis und der sekundären Osteomyelistis, die sich nach Infektion eines offenen Knochenbruches oder nach operativen Maßnahmen einstellen. Die letzteren sind stets Unfallfolgen. Unfallfolge ist auch die Ostitis, die nach konservativer Behandlung von Frakturen auftritt, die hämatogen infiziert werden können.

3.3.20.2 Ostitis fibrosa

Die generalisierte Form der Erkrankung kann naturgemäß nicht die Folge einer lokalen Gewalteinwirkung sein, sondern es handelt sich dabei um eine Allgemeinerkrankung.

In seltenen Fällen ist beobachtet worden, dass sich eine lokalisierte Ostitis fibrosa an ein Trauma angeschlossen hat. Wenn man dies anerkennen will, so muss der Unfall die später erkrankte Stelle direkt betroffen haben, und er muss so erheblich gewesen sein, dass er im Innern des Knochens zu einer Blutung führen konnte. Da die Krankheit selbst längere Zeit zu ihrer Entwicklung braucht, dürfen die sicheren röntgenologischen Kennzeichen nicht früher als ein bis zwei Monate nach dem Unfall nachweisbar gewesen sein.

3.3.20.3 Tuberkulose der Knochen und Gelenke

Eine unfallbedingte Tuberkulose kommt kaum zur Beobachtung. Im Falle einer Anerkennung als Unfallfolge müssen folgende, zuerst von Liniger erhobene Forderungen erfüllt sein:

1. Der Unfall muss einwandfrei erwiesen sein.
2. Er muss erheblich gewesen sein. (Zumeist werden deutliche Verletzungsspuren und erhebliche funktionelle Störungen nachzuweisen sein). Alsbaldige Arbeitseinstellung würde für die Erheblichkeit der Verletzung sprechen. Im umgekehrten Falle wäre die entgegengesetzte Annahme berechtigt.
3. Der Unfall muss die später erkrankte Stelle getroffen haben.
4. Schließlich muss die Tuberkulose einen für die behauptete unfallweise Entstehung charakteristischen Verlauf genommen haben. Im Allgemeinen kann man sagen, dass das tuberkulöse Leiden nicht vor vier Wochen und nicht nach sechs Monaten offenkundig werden darf. Je mehr diese Zeiten nicht eingehalten werden, um so unwahrscheinlicher ist der Fall.

Durch einen Unfall kann eine schon bestehende Tuberkulose verschlimmert werden. Dann muss es sich aber um eine erhebliche äußere Einwirkung gehandelt haben. Es muss eine deutliche Wesensänderung zum Schlechteren im klinischen Bild der Erkrankung nachzuweisen sein.

3.3.20.4 Spontanfrakturen

Wenn sich im Knochen irgendein krankhafter Prozess abspielt, der die Festigkeit so herabsetzt, dass der Knochen bei einer belanglosen Gelegenheit, die auch innerhalb der Betriebsarbeit liegen kann, bricht, so ist die wesentlich mitwirkende Teilursache das Grundleiden (z.B. Geschwulst, Ostitis fibrosa, Osteomyelitis usw.) und nicht das angeschuldigte Geschehnis. Liegt eine unfallbedingte Ostitis vor, so ist die neuerliche Fraktur eine indirekte Unfallfolge.

3.3.20.5 Dornfortsatzbruch (Schipperkrankheit)

Der Abriss eines oder mehrerer Dornfortsätze an der unteren Hals- und der oberen Brustwirbelsäule ohne direkte äußere Gewalteinwirkung stellt eine typische Umbau- und Ermüdungserscheinung der betroffenen Knochen dar. Diese sogen. Schipperkrankheit ist, da Einwirkungen über die Dauer einer einzelnen Arbeitsschicht hinaus ursächlich in Betracht kommen, nicht unfallbedingt, auch wenn ihr tatsächliches Eintreten subjektiv als Unfallverletzung empfunden wird. In seltenen Fällen kommen auch Dornfortsatzbrüche durch Muskelzug bei einmaliger, abnorm großer Kraftanstrengung zur Beobachtung. Dabei handelt es sich dann um unfallbedingte Brüche (s. aber BK Nr. 2107, S. 21 ff. und 284).

3.3.20.6 Navikularpseudarthrose der Hand

In der überwiegenden Mehrzahl handelt es sich hierbei um die Folgen eines häufig nicht erkannten Kahnbeinbruches, also um Unfallfolgen. Daneben kennen wir Spontanbrüche im Kahnbein nach Knochenzystenbildung und auch nach mechanischer Dauerbeanspruchung vor allem beim wachsenden Skelett. Sehr häufig werden angeborene Spaltbildungen mit frischen Kahnbeinbrüchen oder mit Kahnbeinfalschgelenkbildungen nach knöcherner Verletzung verwechselt. Die Beurteilung der Zusammenhangsfrage kann im Einzelfall sehr schwierig werden.

3.3.20.7 Lunatumnekrose (Mondbeintod)

Es ist stets die Entstehungsursache der Mondbeinveränderungen aufzuklären, bevor zur Zusammenhangsfrage Stellung genommen werden kann. Der Mondbeintod kann die Folge einer knöchernen Verletzung, einer embolischen Erkrankung des Knochens eines schweren Handgelenktraumas oder einer entschädigungspflichtigen Berufskrankheit sein (BK 2103).

3.3.20.8 Spondylarthrose

Sie ist eine Reaktion des Körpers auf verschiedenartige Bandscheibenschädigungen. In der Mehrzahl der Fälle handelt es sich dabei um eine Aufbrauchs- und Abnutzungserkrankung, die mit einem Unfall nichts zu tun hat. Verschlimmerungen einer bestehenden Spondylarthrose durch einen Unfall sind denkbar.

War ein Unfall geeignet, eine örtlich begrenzte Bandscheibenverletzung zu setzen und entwickeln sich an dieser Stelle dann im Laufe von Monaten röntgenologisch nachweisbare Randzacken, so muss man sie als unfallbedingt ansehen. Jedoch sollte man diesen Zustand nicht als Spondylarthrose, sondern als abgeheilte Bandscheibenverletzung bezeichnen.

3.3.20.9 Bechterew'sche Erkrankung

Sie stellt eine Systemerkrankung der Bänder der Wirbelsäule dar. Eine unfallbedingte Entstehungsmöglichkeit dieser Erkrankung wird seit langen Jahren nicht mehr diskutiert.

3.3.20.10 Spondylolisthesis (Wirbelgleiten)

Diese Veränderung beruht auf einem, nicht selten angeborenen, Defekt im Zwischengelenkstück des Wirbelbogens. Die Spaltbildung kommt am häufigsten im Bereich der beiden letzten Lendenwirbel zur Beobachtung. Die in dieser Körpergegend sehr seltenen, unfallbedingten, mit Falschgelenk ausheilenden Wirbelbogenbrüche können ein ähnliches Zustandsbild erzeugen.

Es gibt ferner eine unfallbedingte Verschlimmerung eines solchen, aus inneren Ursachen schon vorhandenen Gleitzustandes. Für die Anerkennung wäre zu fordern, dass das Unfallgeschehnis nach Art und Hergang geeignet gewesen war, den Gleitbezirk isoliert erheblich zu schädigen, die Defektbildung im Zwischengelenkstück deutlich zu erweitern oder zu sprengen und die benachbarte untere Bandscheibe und die Bänder einzureißen. Ein solches Unfallgeschehnis müsste unmittelbar anschließende erhebliche Funktionsstörungen und Beschwerden erkennen lassen. Vorgänge wie Verheben, Verdrehen usw. können einen Gleitbezirk nicht wesentlich schädigen oder den Gleitzustand wesentlich beeinflussen.

Eine unfallbedingte Verschlimmerung einer Spondylolisthesis wird meist nur für einen beschränkten Zeitraum möglich sein. Wenn nämlich die frischen Verletzungen geheilt und die Bänderrisse wieder gefestigt sind, dann ist die vorübergehende Verschlimmerung beseitigt.

3.3.20.11 Arthrosis deformans

Grundsätzlich muss man daran festhalten, dass die Arthrosis deformans eine Abnutzungserkrankung ist, welche sich normalerweise mit zunehmendem Alter, allerdings bei den verschiedenen Menschen in wechselndem Grade und je nach Gelenk wechselnd entwickelt. Auch abgeklungene Gelenkinfekte führen häufig zur Knorpeldegeneration und damit zur Arthrose. Die folgenden Leitsätze (Zollinger) sind bei der Begutachtung zu berücksichtigen.

1. Die Arthritis deformans stellt ein äußerst verbreitetes Leiden dar, sie kommt auch bei jüngeren Individuen ohne jedes Trauma vor.
2. Eine rein traumatische Arthritis deformans ist relativ selten. Meist bedingt der Unfall nur eine Verschlimmerung eines bereits bestehenden pathologischen Zustandes oder löst eine vorübergehende Schmerzattacke aus.
3. Eine traumatische Arthritis deformans ist zu Anfang gewöhnlich monoartikulär, sie kann schließlich auf benachbarte, mit dem betreffenden Gelenk zu einer statischen Einheit verbundene Gelenke übergreifen. Das Übergreifen auf entferntere Gelenke unter Überspringen von benachbarten oder solchen der symmetrischen Extremität ist äußerst selten.

4. Die Tatsache, dass ein Patient vor dem Unfall vollkommen arbeitsfähig war, darf nicht als Beweis dafür, dass seine Gelenke vollständig intakt waren, gelten.

5. Nur ein nennenswertes Trauma, das eine erhebliche Knorpelschädigung mit nachfolgenden wesentlichen Ernährungsstörungen zur Folge hatte oder dessen Folgen z.B. Meniskusdurchtrennungen, Ablösung eines Knorpelstücks, vorstehende Frakturfragmente, einen andauernden Reiz ausüben, kann ursächlich für eine Arthritis deformans in Frage kommen. Nach Gelenkkontusionen, Erschütterungen und Überheben ohne Verletzung der Knochen oder Zwischenknorpel haben wir an einem vollkommen gesunden Gelenk nie eine Arthritis deformans auftreten sehen.

6. Chronisch einwirkende Traumen, von denen jedes einzelne nicht den Charakter eines Unfalles im Sinne der Versicherungsgesetze zu haben braucht, können gewöhnlich, allerdings erst in Verbindung mit konstitutionellen Faktoren, zu einer Arthiritis deformans Anlass geben.

7. Die Zeit des Auftretens der röntgenologischen und klinischen Veränderungen hängt von der Art und der Intensität der Schädigung sowie vom Alter des Patienten ab. Jedenfalls sollte man mit der Annahme des Kausalzusammenhanges einer erst Jahre nach einem Unfall in Erscheinung getretenen Arthritis deformans vorsichtig sein und eine solche erst dann annehmen, wenn das Trauma erwiesen und geeignet war, die Erkrankung auch nach längerer Beobachtung auf ein einziges Gelenk beschränkt bleibt und andere, seit dem Unfall eingetretene Schädigungen, mit Sicherheit auszuschließen sind.

8. Bei jeder Begutachtung einer angeblich traumatisch entstandenen Arthritis deformans sollten auch möglichst viele andere Gelenke klinisch und röntgenologisch untersucht werden.

9. Das Trauma kann bei einer Verschlimmerung einer bereits bestehenden Arthritis deformans nicht für alle späteren, vielleicht zunehmenden Beschwerden verantwortlich gemacht werden.

Die sehr häufige Annahme der Verschlimmerung einer schon bestehenden Arthrose durch einen Unfall ist nur dann anzuerkennen, wenn das Gelenk kurze Zeit nach dem Unfall mit einem akuten Reizzustand (Erguss, Kapselschwellung, Bewegungsschmerz, Funktionsbehinderung, Erhöhung der Hauttemperatur usw.), reagiert. Je später ein solcher Zustand beobachtet wird, umso unwahrscheinlicher ist sein Zusammenhang mit dem angeschuldigten Vorgang. Beträgt der Zeitraum mehr als drei Wochen, so ist der Zusammenhang abzulehnen. Wenn der akute Reizzustand behoben ist, ist die unfallbedingte Verschlimmerung beseitigt und der alte Vorzustand an diesem Gelenk wieder hergestellt.

3.3.20.12 Traumatische Schultergelenksluxationen

Diese sind nur dann als Unfallfolge zu bewerten, wenn die erste Verrenkung die Folge eines Arbeitsunfalles gewesen ist. Der Eintritt einer gewohnheitsmäßigen Verrenkung anlässlich einer natürlichen Gelenkbeanspruchung während der Betriebsarbeit ist nicht als unfallbedingte Verschlimmerung zu bewerten, weil die überwiegende Ursache für ein solches Geschehnis die vorbestehende krankhafte Verrenkungsneigung des Gelenkes ist.

Sie sind relativ einfach zu erfragen, da die erste traumatische Schulterluxation in nahezu allen Fällen mithilfe eines Arztes und/oder einer Kurznarkose eingerenkt werden muss. Die traumatische Schulterluxation ist in den allermeisten Fällen eine vordere Instabilität verbunden mit charakteristischen Begleitverletzungen des Schultergelenkes, wie die Hill-Sachs-Läsion, Bankart-Läsion und SLAP-Läsion.

Wichtig erscheint uns die Angabe von Danbeck und Pötzel in Zusammenhang mit einer Studie über Schultergelenksluxation, wo in 7 bis 40 % eine Rotatorenmanschettenverletzung gefunden werden kann bei ansteigender Tendenz über 40 Jahre.

3.3.20.13 Meniskusriss

Bereits Bürkle-de-la-Camp 1937 und Magnus 1938 setzten sich kritisch mit dem traumatisch bedingten Meniskusriss auseinander, Bürkle-de-la-Camp forderte ein erhebliches Unfallereignis möglichst kein, doch wenigstens ein kurzes freies Intervall, ein Hämathros ist hinweisend, jedoch nicht beweisend für das Trauma, mikroskopisch nachweisbare Degenerationen sprechen gegen einen Unfallzusammenhang.

Ludolph und Heitemeier ergänzten den Unfallmechanismus, indem sie einen geeigneten Mechanismus forderten im Rahmen einer gewaltsamen Verdrehung des Kniegelenkes bei fixiertem Ober- oder Unterschenkel.

Wichtig erscheint der Hinweis von Könn (1976 und 1985), dass in den ersten zwei Wochen nach einem Unfall eine histologische Unterscheidung eines degenerativen Meniskusrisses und eines frischen Meniskusrisses möglich ist, sodass diese zur Kausalitätsprüfung im Rahmen der histologischen Untersuchung verwendet werden kann. Weitere Kausalitätsprüfungen bezüglich des traumatischen Meniskusrisses müssen sein, die MRT-Untersuchung des Kniegelenkes ggf. auch der Gegenseite, die ausführliche Anamnese und wiederum das Vorerkrankungsverzeichnis der Krankenkasse, die Sporttätigkeit zusammen mit dem klinischen Befund und wie immer bei der gutachterlichen Untersuchung möglichst unfallnah. Es bleibt festzuhalten, dass der isolierte traumatische Meniskusriss eher eine seltene Erkrankung darstellt.

Die unhappy triad führt bei schweren Kniegelenksdistorsionen zur Schädigung des Innenbandes, des Innenmeniskus und des vorderen Kreuzbandes, es können jedoch vordere Kreuzbandrupturen auch isoliert auftreten, sie können mit oder ohne Hämatros auftreten, Hämatros kann sekundär bei alter vorderer Kreuzbandruptur durch frische Synoviaeinrißung auftreten, sodass die Kausalitätsprüfung der Kreuzbandruptur auf diesen „versicherten Unfall" zurückzuführen ebenfalls kritisch zu stellen ist. Hilfreich in der Kausalitätsprüfung können wiederum der genaue Unfallmechanismus, der frische nach Unfall erhobene klinische Befund sowie eine MRT-Untersuchung sein; die Stümpfe des vorderer Kreuzbandes bei alter Ruptur sind fest und glatt und zurückgebildet, die Stümpfe nach frischer vorderer

Kreuzbandruptur aufgefasert histologisch. Bei Arthroskopie ist es möglich, in den ersten Monaten zwischen einer frischen und einer alten Ruptur zu unterscheiden.

Frische, gewaltmäßige Zerreißungen gesunder Menisken durch direkte oder indirekte äußere Gewalteinwirkungen (z. B. Schienbeinkopfbrüche) werden beobachtet. Es handelt sich dabei stets um sehr erhebliche Einwirkungen. Nur solche sind in der Lage, einen gesunden Meniskus zu zerreißen oder von seiner Ansatzstelle abzureißen. Übliche Gelenkbeanspruchungen wie z. B. das Aufrichten aus kniender Stellung sind hierzu nicht in der Lage.

Andererseits gibt es Degenerationsprozesse im Meniskus, auch bei Jugendlichen, wahrscheinlich durch chronische Überanspruchung des Gewebes, welche ihren schicksalsmäßigen Verlauf nehmen und im Rahmen desselben zu Lösungen im Gewebszusammenhang und zu Einklemmungen zwischen die Gelenkflächen bei schon vorhandener Zusammenhangslösung führen können. Da die sich über längere Zeiträume hinziehenden Gewebsveränderungen die maßgebliche Ursache für die Lösungen im Gewebsverband bilden, wird man nur sehr selten eine unfallbedingte Verschlimmerung vorbestehender Meniskusveränderungen nachweisen können. Die Gelenkbeanspruchungen, welche zu Einklemmungsvorgängen und Gelenksperren geführt haben, stellen Gelegenheitsursachen zur Aufdeckung des Grundleidens dar (s. S. 278, BK Nr. 2102).

3.3.20.14 Gelenkrheumatismus

Der echte Gelenkrheumatismus beruht wahrscheinlich auf einer Infektion bei gleichzeitiger erblicher Reaktionsempfindlichkeit. Im Einzelfall muss daher besonders sorgfältig geprüft werden, ob eine Gelenkverletzung das Aufflackern eines bis dahin nicht festgestellten Gelenkrheumatismus hervorgerufen haben kann.

3.3.20.15 Ganglion

Hierbei handelt es sich um Degenerationszysten der Gelenkkapsel oder manchmal auch der Sehnenscheiden. Eine unfallbedingte Entstehung eines Ganglions ist nur in den ganz seltenen Fällen zu diskutieren, in denen eine schwere Verstauchung mit Gewebszerreißungen einen ganglionähnlichen Zustand, nämlich die Vorstülpung der Gelenkkapseln an umschriebener Stelle mit bestehendem Gelenkerguss, etwa am Handgelenk oder am Kniegelenk, hervorgerufen hat.

3.3.20.16 Osteochondritis dissecans

In früheren Zeiten wurde die Osteochondrosis dissecans diskutiert als Folge eines embolischen Gefäßverschlusses mit anschließender Gewebsnekrose, auch genetische Prädispositionen wurden als Ursache diskutiert, sodass der Unfallzusammenhang häufiger nicht gesehen wurde. In der letzten Zeit wird eher die Theorie der rezidivierenden Mikrotraumen diskutiert, dass Folgen von Beinachsen Veränderungen durch z. B. Beinbrüche oder Bandinstabilitäten des Knie- und Sprunggelenkes in die Kausalitätsprüfung einbezogen werden müssen.

Als Beispiel sei die Osteochondrosis dissecans der lateralen Talusrolle bei Sprunggelenksluxationen oder Distorsionen von Knochennekrosen genannt.

Da die Osteochondritis dissecans durch einen embolischen Gefäßverschluss mit anschließender Gewebsnekrose entstehen kann, ist der Zusammenhang mit einem Unfall nicht häufig gegeben. Er ist zu bejahen, wenn ein Unfall vorliegt, der genau die später erkrankte Stelle betroffen hat, und wenn er geeignet gewesen ist, auf eine umschriebene Stelle des Gelenkknorpels einen so starken Druck auszuüben, dass es im subchondralen Knochen zu Gefäßzerreißungen und Drucknekrosen kommen konnte. Beobachtet man dann später an dieser Stelle eine Osteochondritis dissecans und entspricht ihr Entwicklungsstadium der seit der Gewalteinwirkung verstrichenen Zeit, dann ist die Erkrankung als Unfallfolge anzuerkennen.

3.3.20.17 Gelenkchondromatose
Dabei handelt es sich um echte, gutartige Geschwulstbildungen. Wenn die Diagnose einwandfrei geklärt ist, vor allen Dingen auch die Differentialdiganose gegen eine Osteochondritis dissecans gesichert ist, dann ist der Zusammenhang mit einem Unfallereignis abzulehnen.

3.3.20.18 Gicht
Die primäre Gicht beruht auf einer genetisch bedingten Störung des Purinstoffwechsels. Sie wird als angeborenes Leiden durch äußere Einflüsse weder verursacht noch verschlimmert.

3.3.20.19 Knochennekrosen
Die traumatische Hüftkopfnekrose kann aufgrund der vaskulären Versorgung verursacht werden durch Hüftkopfluxationen, Acetabulumfrakturen sowie Frakturen des Schenkelhalses und selten des proximalen Femurs. Zu verweisen ist auf die lange Latenz bis zu 5 Jahren, nach Trauma ist die Manifestation möglich.

Idiopathische Hüftkopfnekrosen werden beschrieben bei bestimmten Stoffwechselkrankheiten, bei Alkoholabusus und bestimmten Bluterkrankungen. Hochdosierte Steroid-Therapien können Hüftkopfnekrosen verursachen, sollte die Steroidtherapie im Rahmen einer Polytraumabehandlung notwendig geworden sein, wäre dieses wiederum als mittelbare Unfallfolge zu werten. Die Hüftkopfnekrose auftretend bei Caisson-Krankheiten muss im Rahmen der zunehmenden Reisetätigkeit und Tauchtätigkeit als mögliche Unfallfolge hinterfragt werden.

Die aseptischen Knochennekrosen beruhen auf Erkrankungen (Gefäßstörungen). Außer der schon erwähnten Lunatummalacie kommen hier infrage die Perthes'sche Erkrankung (Nekrose des Schenkelkopfes bei Jugendlichen), die Schlatter'sche Erkrankung (Nekrose des vorderen, zungenförmigen Fortsatzes der oberen Schienbeinepiphyse) und die Köhler'sche Erkrankung (I: Nekrose des Kahnbeines der Fußwurzel; II: Nekrose des Köpfchens des 2. Mittelfußknochens). Es handelt sich insgesamt nicht um unfallbedingte Erkrankungen. Die Diskussion einer etwaigen unfallbedingten Verschlimmerung fordert in jedem Einzelfalle eine sorgfältige Auswertung der Krankheitsvorgeschichte.

3.3.21 Erkrankungen des Nervensystems

3.3.21.1 Epilepsie

Die genuine Epilepsie ist niemals Folge eines Unfalles. Gelegentlich ist aber ein Arbeitsunfall die Folge eines Krampfleidens. Ein derartiger Unfall kann auch zu einer Hirn- und Schädelverletzung führen.

Die Anerkennung einer unfallbedingten Epilepsie (Rindenepilepsie) erfordert die einwandfreie Feststellung hirnorganischer Anfälle und den sicheren Nachweis einer unfallbedingten Hirnschädigung. Etwa 30 % der unfallbedingten Krampfleiden treten erst zwei Jahre und später nach dem Unfall auf. Hirngeschwülste, cerebrale Gefäßprozesse und chronische Vergiftungen (Schlafmittel, Alkohol) können die Beurteilung im Einzelfall außerordentlich erschweren.

3.3.21.2 Psychoreaktive Syndrome

Die Beurteilung der Sachverhalte ist sehr schwierig und nur erfahrenen Nervenärzten möglich. Die nach Unfällen sich einstellenden oder auf sie bezogenen Versagenszustände werden von der Rechtsprechung als indirekte Unfallfolge gewertet, sofern sie eine posttraumatische Belastungsreaktion darstellen. Abzugrenzen ist die Simulation und oder Aggravation als Rentenbegehren.

Die posttraumatische Belastungsstörung ist an das Vorliegen von bestimmten Kriterien gebunden. Sie kann Auftreten durch ein außergewöhnlich schweres Unfallereignis oder eine lebensbedrohliche psychische Bedrohung.

Verwandte Störungsbilder sind die Anpassungsstörung oder die akute Belastungsreaktion oder die andauernde Störung nach Extrembelastung.

Zu fordern ist, dass die Exploration durch geschulte Psychiater, Psychologen und Psychotherapeuten stattfindet, um eine weitere Traumatisierung zu vermeiden. Es sollte eine enge Zusammenarbeit zwischen Psychologen, Neurologen und Psychiatern erfolgen, ggf. ist die Diagnose und Exploration während eines Aufenthalts in einer psychosomatischen Klinik durchzuführen.

Die Beurteilung eines Selbstmordes als Arbeitsunfall ist in der Unfallversicherung ungemein schwierig, zumal durch die Rechtsprechung hohe Hürden gesetzt worden sind. Es wird auf die Definition des Arbeitsunfalles in § 8 Abs. 1 S. 1 SGB VII hingewiesen. Ein Arbeitsunfall ist demnach ein zeitlich begrenztes, von außen auf den Körper einwirksames Ereignis, welches zum Gesundheitsschaden oder zum Tode führt, wenn dieses Ereignis sich infolge einer versicherten Tätigkeit gemäß ereignet hat.

Ein Arbeitnehmer muss infolge einer versicherten Tätigkeit (haftungsbegründende Kausalität) einen Unfall mit einem daraus entstandenen Gesundheitsschaden (haftungsausfüllende Kausalität) erlitten haben. Das Bundessozialgericht (BSG) führt aus, dass der Suizid die Ursache unmittelbar in der versicherten Tätigkeit haben muss, dann kann ein Arbeitsunfall vorliegen. Bei einer Selbsttötung muss sich die Prüfung, welche Bedingungen als wesentlich anzusehen sind, auch auf die Geschehensabläufe erstrecken, die sich im Bereich des psychisch-geistigen zugetragen haben. Auch sie können Ursache im Rechtssinne sein.

Ebenso kann der Suizid oder der Suizidversuch als mittelbare Unfallfolge unter Umständen anerkannt werden, wenn in der versicherten Tätigkeit körperliche oder psychische Belastungen vorgelegen haben und anerkannt worden sind.

Die nach einem Unfall beginnende oder auf Unfallfolgen bezogene Medikamentensucht wird wohl immer als persönlichkeitsgebundene, unfallabhängige Reaktions- und Erlebnisweise beurteilt, vor allen Dingen dann, wenn nach einer Entziehungskur Rückfälle auftreten.

3.3.21.3 Hirnabszess

Ein Hirnabszess ist dann Folge eines Unfalls, wenn er von einer Wunde des Gehirns seinen Ausgang genommen hat oder wenn eine Fraktur im Bereich der Nebenhöhlen oder des sonstigen knöchernen Schädels dort vorhandene Eitererreger auf dem Lymphwege in das Gehirn verschleppte. Erfolgt der klinische Nachweis kürzere Zeit nach der Verletzung, so ist die Beurteilung relativ leicht. Hirnabszesse können aber auch längere Zeit symptomlos verlaufen. In derartigen Fällen ist die Beurteilung besonders schwierig und nur in Zusammenarbeit mit einem speziell erfahrenen Neurologen zu klären.

3.3.21.4 Ischias

Bei Untersuchungen von Faktoren zur Prävalenz von frischen Lumbalgien, Ischias und spezifischen Rückenschmerzen bei ca. 5000 Personen wurde gefunden, dass die Prävalenz von Beschwerden nach Trauma um das 2,5fache erhöht ist, das psychischer und mentaler Stress direkt proportional zur Prävalenz von Ischias- und Rückenbeschwerden ist, dass Raucher ein erhöhtes Risiko aufweisen, ebenso die Körpergröße ein erhöhtes Risiko darstellt und dass der Diabetes eine signifkant niedrige Prävalenz von Rückenbeschwerden hat.

Brüche und Verrenkungen im Bereich der unteren Wirbelsäule und des Beckenringes können ebenso wie direkte Schädigungen der Nerven zur Ischiaserkrankung führen. Die Erscheinungen müssen dann aber unmittelbar nach der Verletzung eintreten und es muss nach Art der Verletzung sichergestellt sein, dass der Ischiasnerv direkt in Mitleidenschaft gezogen worden ist. Die erst nach längerer Zwischenzeit einsetzenden Beschwerden können nicht als unfallbedingt angesehen werden. Auch kann eine schon vorbestehende Ischiaserkrankung durch einen Unfall (etwa Quetschung) verschlimmert worden sein.

3.3.21.5 Traumatische Querschnittlähmung und Hämatomyelie

Die traumatische Querschnittlähmung infolge von Wirbelsäulenbrüchen und diskoligamentären Instabilitäten und schweren Verletzungen sind leicht in die Kausalkette einzubringen. Es ist jedoch daran zu denken, dass ohne Knochenverletzung und ohne diskoligamentäre Verletzungen im Sinne einer schweren Kontusio spinalis bei einem anlagebedingten engen Spinalkanal Überstreckmechanismen und Lähmungsbilder bishin zur kompletten Querschnittlähmung verursachen können. Wichtig ist, dass bei diesen kontusionellen Schädigungen kein oder nur ein sehr kurzes freies Intervall vorliegt. Eine Myelopathie, die erst Wochen oder Monate nach einem Unfallereignis klinisch deutlich wird, kann dem Unfallereignis nicht mehr zugeordnet werden, sondern steht im Zusammenhang mit einer unfallunabhängigen vorbestehenden Spinalkanalstenose. Eine Spätmyelopathie mit Entwicklung einer inkompletten Querschnittlähmung muss einem früheren Unfallereignis zugeordnet werden, wenn der frühere und eindeutige Unfall zur erheblichen Achsabknickung und posttraumatischer Spinalkanalstenose geführt hat. Zwischen dem Unfallereignis und einem späten Auftreten von Lähmungserscheinungen können erhebliche Zeiten vorliegen. Ein Unfallzusammenhang muss in Einzelfällen mit einer Latenz von 30 Jahren bei wesentlicher Achsabknickung und Spinalkanalstenose bejaht werden. Die posttraumatische Syringomyelie, die zu den späten Folgen einer erheblichen Wirbelsäulenverletzung gehört, kann zu Lähmungserscheinungen mit deutlicher zeitlicher Verzögerung führen oder eine bestehende Lähmung im Ausmaß verschlimmern.

Eine besondere gutachterliche Problematik stellen psychogene Lähmungen nach Unfallereignissen dar, da funktionell und subjektiv Rollstuhlabhängigkeit und Lähmungserscheinungen vorliegen, eingehende neurologische und neurophysiologische Untersuchungen jedoch keine entsprechenden Ausfälle nachweisen können. Fast immer besteht bei diesen Patienten keine bewusstseinsnahe Störung, sondern eine schwere psychische Beeinträchtigung, die mit entsprechender fachpsychiatrischer Hilfe behandelt werden muss. Der Verdacht auf eine psychogene Lähmung sollte aufkommen, wenn trotz Rollstuhlbenutzung und angegebener fehlender Gehfähigkeit die Muskelkonturen und der Muskelspannungszustand gut erhalten sind, normale Reflexe ausgelöst werden können ohne Nachzuckungen, wenn die Hautdurchblutung intakt bleibt und keine trophischen Störungen vorliegen. Zur Pflegebedürftigkeit und Einstufung der MdE siehe die Tabelle in diesem Buch.

Lähmungstypische Komplikationen sind die Dekubitalulcera, die periartikulären Verkalkungen, die neurogene Blasen- und Mastdarmstörung, die Beckenbodeninsuffizienz mit analem Rektrumprolaps, die Verschlimmerung oder als Begünstigung der Entstehung von direkten Leistenbrüchen als mittelbare Folge der lähmungsbedingten Insuffizienz der unteren Bauchmuskulatur und des erhöhten Abdominaldruckes. Bei einer Querschnittlähmung ist immer ein neurourologisches Zusatzgutachten mittels urodynamischer Messuntersuchung erforderlich. Hinzuweisen ist außerdem darauf, dass die Patienten, die ein vollständiges Conussyndrom unterhalb S 1/S 2 haben, in der gutachterlichen Untersuchung häufig nicht adäquat beurteilt werden. Es wird durch dieses Syndrom die Gehfähigkeit nicht tiefgreifend beeinflusst (Hinken bei gestörter Glutaeusinnervation). Es liegt möglicherweise aber ein vollständiger Ausfall der Willkürentleerung von Blase und Mastdarm vor sowie eine Störung der Sexualität, sodass eine MdE von 60 bis 80 % zugrunde liegen wird. Hinweise können geben: Fehlende Funktion der Glutealmuskulatur als

Beckenstabilisator ist zu beobachten, sodass ein freier stabiler Stand nicht erreicht werden kann und auch das Treppensteigen sowie der Einbeinstand erheblich eingeschränkt ist, sodass bei der MdE-Einschätzung auch zu berücksichtigen ist, ob Gehhilfen benutzt werden müssen oder nicht. Bei der gutachterlichen Untersuchung ist gezielt nach diesen Störungen zu suchen.

3.3.21.6 Neurofibromatose
Es handelt sich um eine Erkrankung des Nervensystems, welche nicht unfallbedingt ist.

3.3.21.7 Progressive spinale Muskelatrophie
Ihre Ursache ist eine fortschreitende Entartung der grauen Vorderhörner des Rückenmarks. Die Entstehung durch einen Unfall ist unwahrscheinlich.

3.3.22 Erkrankungen der Augen

3.3.22.1 Grüner Star (Glaukom)
Sowohl ein Engwinkel- wie auch ein Weitwinkelglaukom sind nicht unfallbedingt. Für beide Erkrankungen werden jahrzehntelange Prodromal-Stadien diskutiert. Die Annahme einer wesentlichen Verschlimmerung eines bestehenden Glaukomleidens durch einen geeigneten Unfall erfordert entsprechende Verlaufsbefunde.

3.3.22.2 Grauer Star
Ein sog. Wundstar kann nach einer Linsenverletzung entstehen. Die ersten Hinweiszeichen müssen unmittelbar nach der Verletzung vorhanden gewesen sein (s. S. 298, BK Nr. 2401).

3.3.22.3 Netzhautablösung
Bei einer Netzhautablösung ist stets eine vorhandene Disposition gegeben. Durch einen das Auge treffenden Unfall kann eine Netzhautablösung bewirkt werden. Nach direkten Gewalteinwirkungen ist der Zusammenhang meist unumstritten. Bei indirekten Einwirkungen (Schädelprellung, Erschütterung des ganzen Körpers) ist eine sorgfältige Prüfung notwendig. Umstritten ist die Netzhautablösung nach einer als schwer angegebenen körperlichen Anstrengung. Bei direkten Augapfelprellungen tritt meist unmittelbar hinterher die Ablösung auf, bei indirekten Einwirkungen können viel längere Zeiträume verstreichen.

3.3.23 Berufsbedingte Erkrankungen der Wirbelsäule

3.3.23.1 Überblick
Durch die Aufnahme von berufsbedingten Wirbelsäulenerkrankungen BK 2108, 2109 und 2110 in die Berufskrankheitenliste werden erhebliche Anforderungen an die medizinische Beurteilung gestellt, da bei in der Bevölkerung schon allgemein weit verbreiteten Erkrankungen der Wirbelsäule durch biologische Alterungsprozesse eine Entscheidung darüber getroffen werden muss, ob die vom Probanden geklagten Beschwerden mit der besonders belastenden Berufstätigkeit entstanden

sind oder nicht. Unter Zugrundelegung der Kenntnisse aus den biomechanischen Untersuchungen und unter Berücksichtigung epidemiologischer Studien kommen bei besonders belasteten Berufsgruppen auch häufiger relevante Beschwerden im Wirbelsäulenbereich, z.B. bei Berufsgruppen, die in extremen Körperhaltungen arbeiten müssen oder hohen Gewichtsbelastungen beim Heben und Tragen unterliegen sowie im Halswirbelsäulenbereich bei Lastträgern, insbesondere Fleischträgern.

Auch bei bereits vom Versicherungsträger erfolgten Nachweis einer besonderen beruflichen Belastung über mindestens zehn Jahre muss vom Arzt nochmals überprüft werden im Verhältnis zu den gefundenen Störungen, welche Störungen auch tatsächlich durch die berufliche Tätigkeit hervorgerufen sein können, entsprechend den zu erwartenden Belastungsspitzen in bestimmten Wirbelsäulenbereichen bei bestimmten Arbeiten.

Unbedingt erforderlich ist eine sorgfältig dokumentierte und umfangreiche klinische Untersuchung, ergänzt durch Röntgenaufnahmen aller Wirbelsäulenabschnitte zum Beweis oder Ausschluss generalisierter und systemischer Wirbelsäulenerkrankungen. Zusätzlich computertomographische oder Magnetresonanzuntersuchungen sind erforderlich.

In der Beurteilung hat die Differentialdiagnose einen wichtigen Stellenwert, indem sicher nicht berufsbedingt entstandene Erkrankungen der Wirbelsäule erkannt werden müssen, jedoch auch Schmerzursachen, die außerhalb der Wirbelsäule liegen.

Eine Anerkennung einer berufsbedingten Wirbelsäulenerkrankung bei entsprechender Berufsanamnese und Ausschluss anderer Ursachen für die geklagten Beschwerden kann eher dann erfolgen, wenn benachbarte Segmente von den Veränderungen betroffen sind, während monosegmentale Veränderungen eher durch andere Ursachen hervorgerufen werden. Ist wegen der berufsbedingten Wirbelsäulenerkrankung der Beruf aufgegeben worden, muss eine berufserkrankungsbedingte Erwerbsminderung festgesetzt werden, deren Höhe sich auch an den MdE-Sätzen für Frakturfolgen orientieren kann. Zu klären ist jedoch auch die Frage, ob Behandlungsmaßnahmen zur Erhaltung des Arbeitsplatzes oder berufliche Eingliederungsmaßnahmen wegen der Berufserkrankung notwendig sind. Bei erst langsam beginnender Erfahrung in der Beurteilung der Krankheitsbilder verbleibt noch eine ganze Reihe offener Fragen, vor allem im Zusammenhang mit der Anerkennung einer berufsbedingten Verschlimmerung eines Anlageleidens.

Die Beurteilung, ob ein Bandscheibenvorfall bei einer degenerativen Bandscheibenveränderung allein durch ein Unfallereignis oder nur auf dem Boden der Grunderkrankung entstanden ist, stellt den medizinischen Gutachter vor erhebliche Probleme, die er jedoch unter Zugrundelegung sorgfältig erarbeiteter Kriterien lösen kann. Die Berufskrankheitenliste der BK 2108, 2109 und 2110 konfrontieren die ärztlichen Gutachter mit einer Reihe ungelöster Fragestellungen, da sie zu beurteilen haben, ob die vom Antragsteller geklagten Beschwerden und Wirbelsäulenveränderungen durch seine Berufstätigkeit entstanden sind oder auf dem Boden des bei jedem Menschen zu findenden biologischen Abbauprozesses. Die Probleme entstehen, da weder die klinischen Beschwerden, noch der körperliche Befund oder die Röntgenuntersuchung für sich allein erkennen lassen, ob ein Wirbelsäulenschaden berufsbedingt oder allgemein degenerativ entstanden ist.

Schmerzen an der Wirbelsäule können einerseits durch Veränderungen der Wirbelsäule selbst in Form statischer Fehler, Instabilität oder auch nur muskulärer Disbalance hervorgerufen werden, andererseits jedoch auch durch entzündliche Nervenwurzelreizungen, Projektionsschmerzen anderer innerer Erkrankungen, Fehlfunktionen angrenzender großer Extremitätengelenke oder auch auf psychosomatischer Grundlage. Abgrenzungen müssen deshalb getroffen werden.

3.3.23.2 Grundlagen der Biomechanik

Die Biomechanik versetzt uns in die Lage, Belastungsspitzen in verschiedenen Wirbelsäulenabschnitten zu erkennen und zu berechnen aufgrund der Hebelgesetze, wobei ein relativ kurzer hinterer Hebel durch die Kraft der Rückenstrecker gegenüber dem langen vorderen Hebel mit der großen Last des Körpergewichts und allfällig zusätzlicher Kraftvergrößerung durch Heben kompensiert werden muss. Die Druckaufnahme durch die Bandscheibe ist deshalb entsprechend hoch und unter den verschiedenen Körperstellungen und – belastungen außerordentlich unterschiedlich, wie es NACHEMSON bereits vor Jahren nachgewiesen hat. Schubbelastungen, die beim Beugen entstehen, wobei die Körpervorbeugung über 90 Grad auch zu einer Verlagerung des Beckens hinter die Tragachse führt, verursachen einen hohen Andruck in den Facettengelenken, die die Kraft zusätzlich zum Erector trunci auffangen müssen. Gerade für die Funktion der lumbo-sacralen Region ist deshalb die muskuläre Ballance von entscheidender Bedeutung, wobei eine untrennbare Verkettung der muskulären Regelkreise von Rumpf und Becken vorliegt.

Da unter Zugrundelegung der biomechanischen Erkenntnisse und dem Wissen um gehäuftes Auftreten von klinisch relevanten Wirbelsäulenschmerzsyndromen bei bestimmten Berufsgruppen vom Gesetzgeber eine berufsbedingte Erkrankung unterstellt wird und berufsbedingte Erkrankungen der Wirbelsäule in der früheren DDR bereits anerkannt wurden, sind die Berufskrankheiten 2108–2110 in die Berufskrankheitenliste 1993 aufgenommen worden. Als gefährdet für Veränderungen an der Lendenwirbelsäule gelten Berufe, die erhöhten Hebe- und Tragebelastungen ausgesetzt sind sowie Berufe, die in körperlicher Dauerzwangshaltung ausgeübt werden müssen, insbesondere Bergleute, Maurer, Lastträger und Krankenpflegeberufe, während berufsbedingte Schäden der Halswirbelsäule lediglich bei Arbeitern unterstellt werden, die schwere Lasten im Schulter-Nackenbereich tragen müssen, klassischerweise die Fleischträger in Kühlhäusern. Berufsbedingte Schäden der Lendenwirbelsäule durch Ganzkörpervibrationen werden vor allen Dingen bei der Benutzung rüttelnder schwerer Baumaschinen oder von Schleppern unterstellt, wobei Formeln entwickelt und wissenschaftlich untermauert wurden, die einen Schaden berechnen lassen. Der Arbeits- und Belastungsanamnese kommt bei der Beurteilung berufsbedingter Erkrankungen der Wirbelsäule eine zentrale Bedeutung zu, da reine medizinisch-klinische Befunde, die einen berufsbedingten Schaden zweifelsfrei erkennen lassen, nicht vorliegen. Einzelheiten sind den Empfehlungen des Hauptverbandes der gewerblichen Berufsgenossenschaften zu entnehmen (www.hvbg.de).

3.3.23.3 Untersuchung

Besteht bei Verdacht auf eine berufsbedingte Wirbelsäulenerkrankung die Notwendigkeit einer medizinischen Begutachtung, muss der Gutachter einen Befund erheben, der umfangreich ist und einem bestimmten Ablauf zu folgen hat. Nach der ausführlichen Anamnese ist der körperliche Befund durch Inspektion, Palpation und Wirbelsäulenfunktionsprüfung, ergänzt durch einen neurologischen Befund sowie Röntgenbefunde zu erheben.

Von zentraler Bedeutung ist die Anamnese, die sowohl allgemein erhoben werden muss als auch speziell zur Arbeit und Belastung wie zur Schmerzanamnese mit exakter Erfassung von Schmerzcharakter, Ausstrahlung, Schmerzzeitpunkt und Schmerzhauptpunkten.

Liegen auch in der Akte bereits Angaben zur Berufsvorgeschichte vor und hat auch der technische Aufsichtsdienst Lastgewichte und Arbeitshaltungen sowie Expositionsdauer bestätigt, sollte trotzdem der ärztliche Gutachter in Einzelfällen noch einmal exakt nachfragen, wobei nach der bisherigen eigenen Erfahrung nicht so selten differierende Angaben gemacht werden. Als gefährdend für die Lendenwirbelsäule wurden Lastgewichte, gestaffelt nach Alter und Geschlecht ermittelt, die relativ niedrig sind, wenn man bedenkt, das eine gefährdende Belastung bei Frauen unter 18 und über 40 Jahren von nur 10 kg angenommen werden, was dem Gewicht eines Eimers Wasser entspricht. Von Bedeutung ist jedoch auch, wie gehoben oder getragen wird, da die Belastung der lumbalen Bandscheiben beim Tragen vor dem Körper oder auf dem Rücken geringer ist als seitwärts oder mit gedrehtem Rumpf. Weiter ist die Bedeutung der Expositionsdauer wichtig, die mindestens 10 Jahre betragen soll, wobei von einer Belastung pro Schicht von etwa 50 % ausgegangen wird.

Eine erhebliche Bedeutung hat auch die Arbeit in körperlicher Zwangshaltung, besonders dann, wenn in gebeugter Rumpfbelastung auch noch Last- oder Druckarbeit verrichtet werden muss. Belastungssituationen liegen immer dann vor, wenn Arbeitsräume unter 1 m Höhe vorliegen und der Rumpf-Oberschenkelwinkel bei der Arbeit unter 90 Grad beträgt.

Nach der ausführlichen Anamnese, wobei auch andere Wirbelsäulenbelastungen als bei der Arbeit erfragt werden müssen, beispielsweise beim Sport, folgt die Inspektion, wobei auf den körperlichen Konstitutionstyp zu achten ist, die Haltung, klinisch erkennbare Fehlformen der Wirbelsäule, Beckenschiefstand und Kontrakturen der Beingelenke. Auch röntgenologisch bedeutsame Verbiegungen der Wirbelsäule sind klinisch häufig schwer zu erkennen, wenn ein vermehrter Unterhautfettreichtum vorliegt. Ein Beckenschiefstand kann durch entlastende Beugehaltung eines Beines vorgetäuscht werden, weshalb auf den Geradstand beider Beine geachtet werden muss.

Die Palpation soll Aufschluss geben über Lücken oder Stufen im Verlauf der Dornfortsatzreihe, die genaue Lokalisation von Druck- und Klopfschmerz über den Dornfortsätzen, die genaue Lokalisation von Muskelverspannungen und die genaue Lokalisation von Druckschmerzen über den Wirbelbogengelenken. Abzuprüfen ist auch der Federungsschmerz und segmentale Verschiebeschmerz sowie Schmerzangaben bei Distraktionen oder Kompression. Die Funktionsprüfung der Wirbelsäule muss umfassend durchgeführt und auch dokumentiert werden, wozu sich die Benutzung eines Messbogens bewährt, auf dem die erzielten Bewegungswinkelausschläge eingetragen werden, jedoch auch Angaben über die Dehnungsstrecke der Rumpfwirbelsäule, die zweckmäßigerweise nicht nur aus dem Stand, sondern auch aus dem Langsitz heraus überprüft werden, wohl wissend, dass diesen Messungen nur bei Unterschieden in der Verlaufsbeobachtung des Einzelfalls eine größere Bedeutung zukommt.

Auch der chirurgische oder orthopädische Gutachter sollte in der Lage sein, einen kursorischen neurologischen Befund zu erheben und zu dokumentieren. Bei der Prüfung des Laségue'schen Zeichens muss auf dem Boden der Schmerzausstrahlung zwischen dem klassischen Laségue'schen Zeichen als Ischiasdicusdehnungsschmerz und „Pseudo-Laségue" als Dehnungsschmerz der Hamstrings unterschieden werden. Schmerzangaben im Kreuz bei der Laségue-Prüfung sprechen ebenso wie ein positives Viererzeichen für eine Affektion der Wirbelbogengelenke.

Der Röntgenbefund hat einer bestimmten Reihung zu folgen, wobei aufwendigere Diagnosetechniken stets erst einfacheren Aufnahmen folgen dürfen. Zweckmäßig und notwendig ist es, wenn dem Gutachter die gesamte Röntgenbildserie des Wirbelsäulenbereichs auch aus früheren Jahren zur Verfügung gestellt wird, um anhand der Aufnahmeserien Entwicklungstendenzen von Veränderungen beurteilen zu können. Für die medizinische Beurteilung und Abgrenzung berufsbedingter Wirbelsäulenerkrankungen müssen Standardaufnahmen in 2 Richtungen im Stehen von allen Wirbelsäulenabschnitten angefertigt werden, da andererseits eine generalisierte degenerative Erkrankung der Wirbelsäule nicht abgegrenzt werden kann. Bei schmerzhaften Funktionsbehinderungen sind auch Funktionsaufnahmen notwendig, Schrägaufnahmen nur bei besonderen Fragestellungen. Computertomographien und Magnetresonanzuntersuchungen sind zusätzlich erforderlich, wenn Verdacht auf Bandscheibenprotrusion oder -sequestrationen vorliegen oder entzündliche oder tumoröse Veränderungen der Wirbelsäule abgegrenzt werden müssen. Trotz der neueren und sehr aussagekräftigen modernen bildgebenden Verfahren sind in Einzelfällen immer noch Myelographien zur näheren Abklärung, vor allem auch unter Funktionsbedingungen, sinnvoll.

3.3.23.4 Differentialdiagnose
Liegen klinische und röntgenologische Befunde vor, muss eine Differentialdiagnose durchgeführt werden, um einerseits die geklagten Beschwerden einer definierten

Diagnose zuzuordnen, andererseits die berufsbedingte Entstehung der Beschwerden von Ursachen anderer Art abzugrenzen. Vertebrale Erkrankungen mit Beschwerden, die der beruflichen Belastung nicht allein zugeordnet werden können, sind:

 1. Angeborene Fehlbildung
 2. Spondylolisthese
 3. Tumoren (maligne und benigne)
 4. Osteoporose
 5. Frakturfolgen
 6. Kokzygodynie
 7. Idiopathische Spinalstenose
 8. Morbus Bechterew
 9. Morbus Paget
10. Fluorose

Besonders der Osteoporose kommt eine nicht unbeträchtliche Bedeutung zu, da neben der Rarefizierung des Knochengerüstes die Erkrankung besonders durch die hohen und verquollenen Bandscheibenräume gekennzeichnet ist, die zu einer muscular schwer zu kompensierenden relativen segmentalen Instabilität führen und dadurch Schmerzen verursachen, über die besonders häufig auch nachts geklagt werden. Neben der besonders im weiblichen Geschlecht zu findenden Evolutionsosteoporose sowie der cortison-bedingten Osteoporose spielt auch die Osteopenie durch Malabsorption, insbesondere bei Alkoholabusus, eine große Rolle.

Bei der Spondylolisthese mit Spondylolyse handelt es sich um eine anlagebedingte Fehlform, die sich allerdings unter Belastungsbedingungen der Arbeit verschlimmern kann, wobei vor allem Rückstreckbewegungen unter Last zu einer Beschwerdeverstärkung sowie einer Vergrößerung des Gleitgrades führen können. Auch angeborene grobe Fehlbildungen der Wirbelsäule können sich unter Belastungsbedingungen verschlimmern. Anlagebedingte Wirbelfehlformen sollten nicht erhöhten Arbeitsbelastungen, wie sie vorher beschrieben sind, ausgesetzt werden; leider werden diese Fehlbildungen häufig jedoch bei Einstellungsuntersuchungen nicht erkannt.

Neben der Differentialdiagnose der vertebralen Erkrankungen muss auch eine Differentialdiagnose der extravertebralen Erkrankungen durchgeführt werden, da Wirbelsäulenbeschwerden auch außerhalb direkter Veränderungen der Wirbelsäule selbst entstehen können. Entsprechende Beschwerden finden wir bei

 1. Neuropathien (z.B. diabetisch)
 2. Hüftbedingten Schmerzen
 3. Erkrankungen der Ileo-Sacralgelenke
 4. Arteriellen oder venösen Blutumlaufstörungen
 5. Retroperitonealen Tumoren (benigne und maligne)
 6. Störungen der Beinstatik
 7. Gynäkologischen Erkrankungen

8. Urologischen Erkrankungen
9. Erkrankungen des Verdauungssystems
10. Psycho-somatischen Erkrankungen.

Besonders dem psycho-somatischen Formenkreis kommt hierbei eine besondere, allerdings schwer abzugrenzende Bedeutung zu, da Unzufriedenheit mit der beruflichen Situation und ein schlechtes Arbeitsklima ebenso zu Schmerzmanifestationen an der Wirbelsäule führen können wie familiäre Belastungen oder finanzielle Sorgen, wobei dann allerdings auch an der Wirbelsäule selbst kein fassbarer krankhafter Befund erhoben werden kann.

3.3.23.5 Beurteilung

Auch nach der Differentialdiagnose bleibt es schwierig, den Zusammenhang der geklagten Beschwerden mit der beruflichen Belastung zweifelsfrei zu klären. Eine berufsbedingte Erkrankung wird wahrscheinlich, wenn mehrere nebeneinander liegende Segmente von Veränderungen betroffen sind, während ein Zusammenhang wenig wahrscheinlich erscheint, wenn Veränderungen nur monosegmental gefunden werden oder aber die Veränderungen die gesamte Wirbelsäule betreffen. Die Übereinstimmung von Arbeitsanamnese, Beschwerdesitz und Funktionsstörungen und die Übereinstimmung von klinischem und röntgenologischem Befund sind erforderlich, um eine Wirbelsäulenerkrankung als berufsbedingt zu beurteilen. Hierbei bleiben trotz allem jedoch offene Fragen, da einerseits keine klinischen oder röntgenologischen Befund erhoben werden können, die eine berufsbedingte Entstehung zweifelsfrei belegen, zum anderen ist bisher nicht hinreichend geklärt, inwieweit ein vorbestehendes Leiden durch die Berufsbelastung richtunggebend verschlimmert wird, da hierfür weder ausreichend fundierte Untersuchungen noch entsprechende Grundsatzurteile vorliegen.

Hat eine berufsbedingte Wirbelsäulenerkrankung zur Aufgabe der schadensbringenden Tätigkeit geführt, muss auch eine MdE festgelegt werden. Die Höhe der MdE richtet sich dabei nach den Sätzen, wie sie auch in der Beurteilung von Frakturfolgen gelten, im Mittel also um 20 %. (s. auch die o.g. Empfehlungen des Hvbg unter www.hvbg.de)

Es verbleiben eine Reihe offener Fragen, die sich erst dann allmählich klären werden, wenn mehr Erfahrungen bei der Untersuchung berufsbedingter Wirbelsäulenerkrankungen vorliegen und wenn noch mehr höchstrichterliche Entscheidungen zur Verfügung stehen. Grundlage tragfähiger Entscheidungen wird nur die Übereinstimmung von tatsächlicher beruflicher Belastung und definierten Folgezuständen bleiben, eine sehr schwierige Aufgabe, da Wirbelsäulenerkrankungen auch außerhalb der belasteten Berufsgruppen eine der häufigsten Ursachen für eine Frühberentung darstellen.

4 Psychische Störungen nach Unfällen*

Unfälle verletzen nicht nur den Körper, sondern wirken sich auch auf die Psyche aus. Die sowohl quantitativ als auch qualitativ zunehmende Bedeutung dieser Gesundheitsschäden hat die Deutsche Gesetzliche Unfallversicherung im August 2008 veranlasst, „Empfehlungen zur Prävention und Rehabilitation von psychischen Störungen nach Arbeitsunfällen" zu veröffentlichen. Unter anderem wird im Kapitel „Begutachtung" auf Besonderheiten bei psychischen Störungen, wesentliche Zuständigkeiten und Aufgaben des Gutachters sowie maßgebliche Beurteilungskriterien und MdE-Aspekte eingegangen. Im Internet stehen die Empfehlungen vollständig und kostenfrei zur Verfügung (Broschürenversand: info@dguv.de).

4.1 Besonderheiten der Begutachtung psychoreaktiver Verhaltensweisen

Die gutachtliche Würdigung geistig-seelischer Erlebens- und Wirkungsvorgänge als Grundlage von Leistungsentscheidungen richtet sich nach den allgemeinen rechtlichen Beurteilungskriterien und verfahrensmäßig-methodischen Begutachtungsregeln. Diese Maßstäbe sind auch vom Gutachter zu beachten, wie u.a. bei medizinisch-wissenschaftlichen Erkenntnisproblemen (z.B. Objektivierbarkeit eines subjektiven Beschwerdebildes) oder abweichenden ärztlichen Begriffsverständnissen (z.B. Kausalität). Bei den Krankheitsbildern im Zusammenhang mit einem traumatischen Ereignis oder einer physischen Erkrankung, wozu auch die psychische Entstehung eigenständiger Organbeschwerden gehört, stehen in der Entschädigungs- und Begutachtungspraxis die psychischen Reaktionen auf ein äußeres Unfall- bzw. Verletzungsgeschehen im Vordergrund. Aus dem medizinischen Sachbezug und den typischen Fallkonstellationen ergeben sich hierfür spezifische Fragestellungen und besondere Bewertungsstrukturen, die beim Gutachtenauftrag und der Erstattung des Gutachtens grundsätzlich berücksichtigt werden müssen.

Psychisch-reaktive Verhaltensweisen auf ein äußeres Geschehen sind in folgender Hinsicht rechtlich bedeutsam und bei der gutachtlichen Beurteilung zu unterscheiden:

● Der auslösende Vorgang kann eine Körper- bzw. Organverletzung (z.B. Fingerverletzung an einer Kreissäge) oder ein rein psychisch wirkendes Ereignis (sog. psychisches Trauma, z.B. Schock durch das Überfahren eines Menschen als Zugführer) sein.

● Die „Befindensstörung" kann unmittelbar mit dem Primärgeschehen (Verletzung) und ihrer emotionalen Verarbeitung verknüpft sein oder erst aus späteren Wirkungen bzw. neuen Traumatisierungen folgen (als sog. mittelbare Unfallfolge oder Folgeunfall).

---

* Unter Mitarbeit von Gabriele Schuck, DGUV, Landesverband Nordost, Berlin.

Die psychische Reaktion auf einen äußeren Vorgang ist rechtlich der sog. haftungs-
ausfüllenden Kausalität zuzuordnen, so dass die eingetretenen psychischen Störungen als Unfall- bzw. Schädigungsfolgen (im Unfallversicherungsrecht bzw. sozialen
Entschädigungsrecht) anzusehen sind. Den „Unfall" stellt dabei die körperliche
oder psychisch wirkende Schädigung (mit dem sog. Primärschaden, der auch in einem psychischen Trauma bestehen kann) dar. Außerdem wird als „Gesundheitsschaden" nach ständiger Rechtsprechung auch eine Beeinträchtigung im rein psychischen Bereich verstanden. Voraussetzung für eine psychische Störung als „Gesundheitsschaden" und den dafür erforderlichen Krankheitswert ist, dass neben der
Behandlungsbedürftigkeit und sozialen Auffälligkeiten („regelwidriger Zustand")
ein nicht unerheblicher Energieaufwand zur Überwindung der Störung erforderlich
und nicht durch einen nur kurzfristigen Erlebnisvorgang gekennzeichnet ist. Insbesondere seelische Belastungen, die zum täglichen Leben gehören, erfüllen nicht
diese Kriterien.

In der Entscheidungspraxis gilt die Grundregel, dass vor allem vor einer Rentenbe-
gutachtung zunächst geeignete Therapieansätze zu prüfen und ggfs. Behandlungsmaßnahmen zur Beseitigung psychischer Beschwerden durchzuführen sind. Bei der
Begutachtung von psychischen Störungen nach Unfällen haben Auftraggeber und
Gutachter besondere Grundsätze und Einzelkriterien für die (formale) Methodik
der gesamten Begutachtung, die Prüfung der Unfallkausalität sowie für die Einschätzung der MdE zu beachten.

4.2 Begutachtungsmethodik bei psychischen Störungsbildern

Mit der Begutachtung sind Sachverständige zu beauftragen, die die erforderliche
Sachkunde besitzen und denen weitgehende Untersuchungsmöglichkeiten zur Verfügung stehen. Sie müssen neben den sozialrechtlichen Beweismaßstäben und formalen Begutachtungsanforderungen insbesondere auch die in der gesetzlichen Unfallversicherung geltenden Kriterien einzelner psychischer Störungen kennen. Die
Kompetenz, eine umfassende Beurteilung in dieser schwierigen Materie vorzunehmen, ist vor allem von Gutachtern mit besonderer Erfahrung zu erwarten.

Der Gutachtenauftrag ist spezifisch auf die Begutachtung psychischer Störungen als
Reaktion auf einen äußeren Geschehensablauf auszurichten. Es ist Aufgabe des
Sachverständigen, die Vollständigkeit des Auftrags und Sachgerechtigkeit der Be-
weisfragen aus medizinisch-fachlicher Sicht zu prüfen und erforderlichenfalls dem
Auftraggeber Gelegenheit zur Nachbesserung zu geben. Regelmäßig sind folgende
spezielle Kriterien zu beachten:

● Das als Ursache der psychischen Störungen zu beurteilende („angeschuldigte")
  Ereignis sollte im Gutachtenauftrag ausdrücklich angegeben sein oder zumindest
  sich aus den übermittelten Begutachtungsunterlagen insgesamt klar ergeben,

● Der Auftraggeber hat das äußere Gesamtgeschehen des Ereignisses zu ermitteln und dem Sachverständigen mit entsprechenden Unterlagen (z. B. den Verwaltungsakten) bekannt zu geben. Ergänzend zu dieser Feststellung des sog. Ausgangssachverhalts obliegt dem Gutachter, weitere Einzelheiten, vor allem gezielt unter psychiatrisch-gutachtlichen Aspekten, in der Untersuchung und ggf. auch bei anderen Personen in der Exploration zu erfragen. Maßgebliche Widersprüche zu den Ergebnissen des Auftraggebers sind in gutachtlicher Hinsicht zu bewerten, wobei alternative Beurteilungen und Antworten auf die Gutachtenfragen in Betracht kommen können.

● Zu den allgemein erforderlichen Unterlagen über maßgebliche Vor- und aktuelle Erkrankungen gehören auch eigene Feststellungen des Auftraggebers (z. B. im Beschäftigungsbetrieb), aus denen sich Hinweise zum Persönlichkeitsbild sowie den allgemeinen Lebensumständen des Betroffenen ergeben.

Organische Beschwerden, die in einem Zusammenhang mit einer psychischen Störung stehen können, sollten regelmäßig noch vor der psychiatrischen Begutachtung durch Befunderhebung auf den betreffenden Fachgebieten abgeklärt werden. Dies gilt sowohl hinsichtlich des als Ursache in Betracht kommenden Verletzungsgeschehens als auch der als dessen Folgen zu beurteilende psychische Störungsbilder. Erforderliche psychologische Untersuchungen kann der beauftragte (psychiatrische) Gutachter unmittelbar im Rahmen einer gesamten Befunderhebung veranlassen, wenn er sie nicht selbst vornehmen kann. Es sind die einzelnen, für das Beschwerdebild in Betracht kommenden psychischen Störungen abzuhandeln, differenzierend, z. B. auch in ihrem Ausmaß, zu beschrieben und differentialdiagnostisch konkret festzustellen. Das maßgebliche Ereignis ist auch in Bezug auf das äußere Gesamtgeschehen zu verdeutlichen und in seiner grundsätzlichen Auswirkung auf die einzelnen Störungen zu bewerten. Ebenso sind die anderen als Ursachen in Erwägung zu ziehenden Umstände Faktoren (Primärpersönlichkeit, Vorerkrankungen usw.) zu konkretisieren und zu analysieren.

Bei den gutachtlichen Feststellungen und Beurteilungen ist von dem allgemein anerkannten wissenschaftlichen Kenntnisstand und dem gesicherten psychiatrisch-psychologischen Erfahrungswissen auszugehen. Es sind deshalb auch standardisierte psychometrische Testverfahren über das psychische Leistungsbild des Betroffenen einzusetzen.

Das psychiatrische Gutachten ist nach den allgemeinen Regeln abzufassen mit folgenden wesentlichen Besonderheiten:

● Bei der Wiedergabe der psychologischen Untersuchungen sind die eingesetzten Testverfahren und erzielten Testwerte zu beschreiben. Dabei kommt es auch darauf an, dass nicht nur die einzelnen Ergebnisse der Leistungstests angeführt und beurteilt werden, sondern auch die beobachteten allgemeinen Verhaltensauffälligkeiten und emotionalen Reaktionen während der Untersuchung.

● Die eigenen Befundfeststellungen des Gutachters sind von entsprechenden Informationen des Betroffenen und anderer Personen im Rahmen der Untersuchung bzw. Exploration sowie den sonstigen Erkenntnissen (z.B. aus in den Verwaltungsakten befindlichen Arztberichten) abzugrenzen und jeweils hinsichtlich ihrer Bedeutung für die Gutachtenfragen zu bewerten. Ebenso bedarf es einer deutlichen Unterscheidung zwischen reinen Verdachts- und demgegenüber gesicherten Diagnosen sowie zwischen einer nur möglichen und andererseits hinreichend wahrscheinlichen Verursachung von psychischen Störungen.

● Zur besseren Nachvollziehbarkeit empfiehlt es sich, diagnostische Bezeichnungen und sonstige medizinisch-fachliche Ausdrücke gemäß der allgemeinen wissenschaftlichen Festlegungen zu verwenden. Vor allem sollten die festgestellten Störungsbilder nach den verbreiteten Diagnosesystemen, insbesondere ICD 10 und DSM IV sowie unter Verwendung der entsprechenden Schlüssel und Bezeichnungen gekennzeichnet werden.

4.3 Prüfkriterien der Unfallkausalität von psychischen Störungen

Die unmittelbare gutachtliche Beurteilung des Ursachenzusammenhangs hat sich auf jede einzelne psychische Störung zu beziehen, die einen selbständigen bzw. diagnostisch gekennzeichneten Gesundheitsschaden darstellt und als Reaktion auf ein bestimmtes äußeres Geschehen in Betracht kommen kann. Dabei sind jeweils die systematischen Prüfstufen des Kausalbegriffs der rechtlich wesentlichen Bedingung, wie er für das Recht der gesetzlichen Unfallversicherung und der sozialen Entschädigung gilt, einzuhalten. Es kommen hierfür folgende wesentliche Arbeitsschritte und Kriterien in Betracht:

● Es sind die als Unfall- oder Schädigungsfolgen fraglichen psychischen Störungen sowie die dafür möglichen Ursachen bzw. Bedingungen festzustellen. Neben dem „angeschuldigten" äußeren Ereignis sind regelmäßig die allgemeine Persönlichkeitsstruktur, das allgemeine Befinden und die aktuellen Lebensverhältnisse sowie evtl. Vorerkrankungen oder psychische Anlagen zu beschreiben. Entsprechend den allgemeinen Grundsätzen können die Störungen und Kausalfaktoren nur in so weit in die weitere Beurteilung einbezogen werden, als sie gesichert bzw. objektiviert sind (mit sog. Vollbeweis).

● Im Rahmen der Prüfung der Kausalität im naturwissenschaftlich-philosophischen Sinn (erste Prüfstufe) ist grundsätzlich zu diskutieren, ob das äußere Geschehen und andere in Betracht zu ziehende Umstände – nach aktuellen medizinisch-wissenschaftlichen Erkenntnissen und allgemeinem ärztlichen Erfahrungswissen – generell geeignet sind, die einzelne psychische Störung zu verursachen. Problematisch dürfte der aktuelle wissenschaftliche Erkenntnisstand sein, da er einer steten Entwicklung unterliegt. Zur Klärung sind einschlägige Fachbücher und Standardwerke, aktuelle Veröffentlichungen sowie die Leitlinien der Arbeitsgemeinschaft der wissenschaftlich-medizinischen Fachgesellschaften heranzuziehen. Dieser wissenschaftliche Erkenntnisstand ist die Basis für die Einschätzung des Sachverständigen, von der er nur wissenschaftlich begründet abweichen darf. Eine pauschale Bezeichnung als „posttraumatisch" ersetzt insbesondere nicht die begründete Feststellung dieser „natürlichen Kausalität" für das zu beurteilende Ereignis.

● Die wertende Abwägung mehrerer „natürlicher" Bedingungen hinsichtlich ihres kausalen Gewichts für die psychische Störung (zweite Prüfstufe) ist nach den konkret-individuellen Verhältnissen vorzunehmen. Dabei ist der Betroffene grundsätzlich mit seiner Persönlichkeitsausprägung und gesundheitlich-seelischen Verfassung geschützt. Deshalb kann die wesentliche Erfolgsbeziehung des „angeschuldigten" Ereignisses nicht pauschal mit der Begründung verneint werden, dass eine bestimmte persönlich-seelische Veranlagung oder einschlägige Vorerkrankung bestanden hat. Ebenso wenig ist unmittelbar entscheidend, dass der äußere Vorgang im Allgemeinen keine psychischen Auswirkungen zur Folge hat.

● Die begründete Kausalitätsbeurteilung nach der naturwissenschaftlich-philosophischen Bedingungstheorie und auch nach der Theorie der wesentlichen Bedingungen erfordert neben der Definition der konkreten Gesundheitsstörung die eindeutige Feststellung der schädigenden Ereignisse, z. B. Sturz vom Gerüst oder Sprunggelenksbruch oder Behandlungskomplikationen.

Die Unfallkausalität ist prinzipiell nach folgenden rechtlichen Aspekten ausgeschlossen:

● Die psychische Reaktion stellt ein bewusstes oder bewusstseinsnahes Verhalten dar, insbesondere wenn sie im Wesentlichen auf Begehrens- oder anderen zweckbedingten Vorstellungen beruht. Dasselbe gilt im Allgemeinen, wenn ein solches Handeln seinerseits eine psychische Grundlage hat, ausgenommen sind die Fälle mit psychoreaktiven Antriebsmomenten und einer Verselbständigung der finalen Handlungskräfte.

● Die psychische Störung kann (mutmaßlich) aus eigener Kraft durch eine „zumutbare Willensanstrengung" überwunden werden, so die höchstrichterliche Rechtsprechung und eine Meinung in der Literatur (aber vor allem gegen kritische Stimmen aus gutachterlich-psychiatrischer Sicht). Dabei wird die Zumutbarkeit bejaht, wenn sie ohne gesundheitliches Risiko einer Verschlimmerung individuell möglich ist.

Für die Bewertung der Persönlichkeits- und Individualfaktoren sowie des äußeren Ereignisses als rechtlich wesentliche Bedingung für die psychische Störung gelten folgende Grundsätze:

● Das „normalerweise" zu erwartende Verhalten (die Reaktion eines „Durchschnittsmenschen") oder die „adäquate Verarbeitung" eines äußeren Geschehens stellen kein unmittelbares Beurteilungskriterium dar. Die Kausalität kann deshalb nicht generell wegen der allgemeinen Wesensart oder mit dem Hinweis auf eine „Fehlverarbeitung" oder „abnorme Reaktionsweise" ausgeschlossen werden. Eine bestimmte Individualität oder psychische Anlage spielt aber eine Rolle bei der kausalen Wertung der verschiedenen Umstände, insbesondere ihres Gewichts gegenüber dem die psychische Störung auslösenden Ereignis.

● Für die Bestimmung des Kausalgewichts des äußeren Ereignisses sind vor allem folgende Umstände von Bedeutung: Art und Weise des äußeren Ereignisses und Verletzungshergangs, unmittelbares Verhalten des Betroffenen nach dem Geschehen und die späteren Reaktionen, frühere Verhaltensweisen in entsprechenden Situationen, psychische Vorerkrankungen, allgemeine geistig-seelische Veranlagung, vor allem mit einer bestimmten Reaktionsbereitschaft, und das aktuelle Befinden sowie die allgemeinen Lebensverhältnisse im Zeitpunkt des Geschehens. Als generelle Richtschnur für die Abwägung gegenüber der Primärpersönlichkeit gilt: Je ausgeprägter das beachtliche allgemeine Persönlichkeitsbild ist und je geringfügiger der betreffende äußere Vorgang sich darstellen, um so eher kommt dem letzteren Umstand keine wesentliche Bedeutung zu.

Wenn das zu beurteilende Störungsbild bereits vor dem betreffenden Ereignis manifest war, ist dessen Kausalwirkung unter dem Gesichtspunkt der „Verschlimmerung eines vorbestehenden Leidens" zu prüfen (z. B. Steigerung einer schwach ausgeprägten Phobie zu einer leicht ansprechbaren Panikbereitschaft). Bei einer länger andauernden psychischen Störung kann die bisherige Bedingung ihre kausale Bedeutung verlieren und durch eine andere Ursache ersetzt werden (z. B. durch ein vorbestehendes Krankheitsbild, sog. Verschiebung der Wesensgrundlage). Besonders für psychische Störungen ist als Gutachtenergebnis möglich und auch entsprechend klar festzustellen, dass sich die Kausalitätsfrage, z. B. wegen der unsicheren Wertigkeit einzelner tatsächlicher Umstände oder einem unzureichendem Wissensstand, nicht ausreichend verlässlich beantworten lässt.

4.4 MdE-Maßstäbe für psychische Funktionsbeeinträchtigungen

Die Bemessung der MdE einer psychischen Störung – mit ihren einzelnen Beschwerden und verschiedenen Auswirkungen – sollte auf folgender (dokumentierter) Grundlage vorgenommen werden:

● Es liegen gesicherte (aktuelle) Befunde vor und die damit verbundenen Beeinträchtigungen sind (voll) bewiesen. Ihre funktionellen Folgen lassen sich hinsichtlich Art und Ausmaß konkret bestimmen.

● Das Störungsbild ist diagnostisch differenziert beschrieben und auch nach einem allgemein anerkannten, wissenschaftlichen Diagnosesystem gekennzeichnet.

● Die psychische Störung besitzt Krankheitswert und stellt damit einen Gesundheitsschaden dar. Außerdem liegen funktionelle (Leistungs-)Einschränkungen vor, die sich auf das Erwerbsleben auswirken können.

● Die funktionellen Einschränkungen für das Erwerbsleben sind im Einzelnen festgestellt und hinsichtlich ihrer Bedeutung für die individuelle (berufliche) Leistungsfähigkeit insgesamt gewürdigt.

Allgemeiner Maßstab der MdE-Bewertung sind die Person des Betroffenen und seine spezifischen individuellen Verhältnisse (Konstitution, Lebensumfeld usw.).

Die Belastungsstörungen sind in drei Ebenen aufgeteilt: psychisch-emotionale Beeinträchtigung, z. B. Ängste und Depressionen, sozial-kommunikative Beeinträchtigung, z. B. Verfremdung, Verstimmungszustände und Misstrauen und körperlich-funktionelle Beeinträchtigung, die sich in Störungsbildern der körperlichen Funktion, die keine organischen Ursachen haben, zeigen, z. B. Lähmungen und chronischer Schmerz. Für jede dieser Ebenen ist eine gesonderte Schweregradeinteilung vorzunehmen.

Die MdE ist in einer Gesamtwürdigung der einzelnen Beeinträchtigungen einzuschätzen, deren Zusammenwirken berücksichtigt und die ganzheitliche Auswirkung auf die Erwerbsfähigkeit bewertet werden muss. Diese Grundsätze gelten entsprechend für die Bildung einer Gesamt-MdE, die nicht in einer Addition der isolierten MdE-Sätze für verschiedenartige Störungen (z.B. Vermeidungsverhalten und körperliche Beeinträchtigung) bestehen darf. Bei der Bewertung der MdE für eine zurückliegende Zeit oder nach einem längeren Zeitraum ist zu beurteilen, ob sich die Ursachen der psychischen Störung im zeitlichen Verlauf geändert haben und ganz oder teilweise durch unfallunabhängige Ursachen ersetzt wurden (sog. Verschiebung der Wesensgrundlage). Hieraus kann sich eine stärkere Staffelung der MdE für die Vergangenheit oder eine erhebliche Verringerung der MdE für die Zukunft ergeben. Liegt ein unfallunabhängiger psychischer Vorschaden vor, kann sich dieser im Einzelfall in besonderer Weise auf die zu beurteilenden Störungen auswirken und zu einer höheren MdE führen. Behandlungserfolge und (nachgewiesenen) funktionellen Verbesserungen, z.B. durch eine Verhaltenstherapie mit Expositionsübungen oder eine zumutbare Medikamenteneinnahme, bestimmen ebenfalls grundsätzlich die MdE.

Generell sind noch folgende Maßstäbe und Einzelaspekte bei der individuellen MdE-Einschätzung zu beachten:

● Die Höhe der MdE bestimmt sich nach dem Ausmaß der Arbeitsmöglichkeiten, die dem Betroffenen trotz zumutbarem Energieaufwand verschlossen sind (als alleiniges Kriterium fraglich: Energieaufwand zur Überwindung der psychischen Störung, um weiterhin erwerbstätig sein zu können).

● Ein nur kurzfristiger Erlebnisvorgang oder die „normale" Verarbeitung der psychischen Belastung wirkt sich nicht auf die MdE aus.

● Von Bedeutung ist, ob und in welcher Weise die unmittelbare Funktionsbeeinträchtigung individuell kompensiert werden kann und die mögliche Kompensation bzw. das Ausweichverhalten im beruflichen Umfeld akzeptiert wird.

● Die für körperlich-organische Unfallfolgen geltenden Erfahrungswerte umfassen
die regelmäßigen geistig-seelischen Begleiterscheinungen und psychischen
Schmerzempfindungen. Nur die das „übliche" Maß übersteigenden Störungen
und Funktionsbeeinträchtigungen sind eigenständig zu bewerten.

● Anhaltspunkte für die MdE-Bemessung von psychischen Störungen mit wesentlichen körperlichen Auswirkungen bieten die Erfahrungswerte für organische
Gesundheitsschäden.

4.5 MdE-Tabelle für psychische Gesundheitsschäden

Bis zur Entwicklung von differenzierten MdE-Werten, beispielsweise aus begutach-
tungspraktischen Gründen ausgerichtet nach einzelnen klassifizierten Diagnosen,
werden folgende Anhaltswerte für funktionell beschriebene, gesamtheitliche Störungsbilder vorgeschlagen. Sie orientieren sich an MdE-Sätzen, von denen auch
erfahrene Gutachter ausgehen.

Prozentsatz

*Belastungsstörungen mit emotionaler Einschränkung der Erlebnis-
und Gestaltungsfähigkeit*

– in geringerem Ausmaß, allgemeiner Leidensdruck, auch mit leichte-
ren vegetativen Beschwerden, ohne wesentliche soziale Anpassungs-
schwierigkeiten. . . . .   bis 10
– in stärkerem Ausmaß, insbesondere mit sozial-kommunikativer Be-
einträchtigung . . . .   10 – 20
– in erheblichem Ausmaß, insbesondere mit starker sozial-kommuni-
kativer Beeinträchtigung, auch angstbestimmten Verhaltensweisen .   20 – 30
– in schwerem Ausmaß, insbesondere mit starker sozial-kommunikativer Beeinträchtigung, Angstzuständen und ausgeprägtem Vermei-
ungsverhalten, Antriebsminderung, vegetativer Übererregtheit (u.U.
auch mit körperlicher Symptomatik) . . . .   30 – 50

Phobien als wesentliches Störungsbild

– allgemeine Phobie mit Ausrichtung auf unspezifische (auch wechselnde) Situationen oder Objekte, insbesondere mit emotionaler Einschränkung und sozial-kommunikativer Beeinträchtigung (vor allem
Vermeidungsverhalten), auch vegetativen Beschwerden und Depres-
sionen. . . . .   bis 30

– spezifische (isolierte) Phobie mit unmittelbarer Ausrichtung auf wesentliche, konkrete Arbeitssituationen oder berufliche Tätigkeitsfelder (je nach ihrer Bedeutung im Erwerbsleben) . . . . bis 30

Ängste als wesentliches Störungsbild

– generalisierte und anhaltende Angst, insbesondere mit emotionaler Einschränkung und psychomotorischer Beeinträchtigung, vegetativen Beschwerden, auch körperlichen Auswirkungen . . . . bis 30
– wiederkehrende Angstattacken (Panikanfälle), insbesondere mit starker emotionaler Einschränkung und sozial-kommunikativer Beeinträchtigung, auch Störung der kognitiven und intellekuellen Leistungsfähigkeit . . . . bis 30

Depressionen als wesentliches Störungsbild   *Prozentsatz*

– wiederkehrende (episodische) Verstimmungszustände, insbesondere mit Antriebsminderung und allgemein verminderter Konzentrations- und Belastungsfähigkeit, insgesamt in einem mittleren Ausmaß. . . . bis 20
– wiederkehrende oder anhaltende Verstimmungszustände, insbesondere mit ausgeprägter Antriebsminderung und stark allgemein verminderter Konzentrations- und Belastungsfähigkeit, auch mit Angstanfällen, insgesamt in einem schweren Ausmaß 20–40

Somatoforme Störungsbilder

– körperlich wirkende und auch vegetativ ablaufende emotionale Belastungen, insbesondere mit einem andauernden (und wechselndem) Beschwerdebild, insgesamt bis zu einem mittleren Ausmaß . . . . bis 20
– ausgeprägte vegetativ-körperlich wirkende emotionale Belastungen bei langem Beschwerdeverlauf, insbesondere mit erheblichen körperlichen-funktionellen Beeinträchtigungen und chronischen Schmerzen, auch Störung des Sozialverhaltens, insgesamt in einem schweren Ausmaß 20–40

Persönlichkeitsänderungen

– nach Extrembelastung, insbesondere mit erheblichen sozialen Anpassungsschwierigkeiten, Antriebsminderung, Verstimmungszuständen, auch körperlich wirkenden Beschwerden 30–50
– mit wesentlicher Beeinträchtigung des Sozialverhaltens (bis zur Entfremdung), ausgeprägten Verstimmungszuständen und stärkeren körperlich wirkenden Beschwerden, insgesamt zentrale Einschränkung der Leistungsfähigkeit (bis zum völligen Abbruch des bisherigen Berufslebens) . . . . über 50

Die individuelle MdE bestimmt sich nach dem konkreten Vorliegen der jeweils typischen Beeinträchtigungen, ihres funktionellen Ausmaßes und ihrer Gesamtwirkung auf das erwerbsrelevante Leistungsvermögen. Abweichungen von den Anhaltswerten sollten besonders begründet werden.

Anhang 1

Bildtafeln

Die Bildtafeln (I–XVII) sind eine Ergänzung der tabellarisch zusammengestellten Anhaltspunkte unter 2.11

Die MdE-Grade beziehen sich auch hier auf die **Festsetzung der Dauerrente**. Ferner wird davon ausgegangen, dass die jeweils anderen Gliedmaße völlig gesund und gebrauchsfähig sind.

Grundsätzlich wird nicht mehr zwischen Gebrauchs- und Beihand bzw. Hilfshand unterschieden. Wegen der zentralen Bedeutung des Daumens für die Handfunktion ist bei Daumenverlust seit etwa 1980 eine Unterscheidung aufgegeben worden.

Folgerichtig muss auch nicht mehr der Teilverlust bzw. die teilweise Gebrauchsunfähigkeit eines Daumens ohne Differenzierung nach Gebrauchs- und Hilfshand bewertet werden, denn Ausgangsgrundlage für die Teilfunktionsbemessung können nur die Vollfunktion bzw. der Totalverlust sein. Die MdE-Schätzung einer Fingerverletzung unter Einbeziehung des Daumens kann dementsprechend den MdE-Grad einer isolierten Daumenverletzung nicht unterschreiten. Die Beeinträchtigung des Spitzgriffes ist höher zu bewerten als die des Grobgriffes; dem hat auch die Bewertung der Beteiligung einer Daumenverletzung Rechnung zu tragen.

Die Bewertung der MdE mit 0 % ist insbesondere nach einer Amputation nicht schlüssig zu begründen; der Verlust eines Körperteils ist augenfällig. Gleichwohl ist eine Schätzung mit „unter 5 %" oder „über 5 %" der notwendigen Rechtssicherheit nicht dienlich. Wenn aus redaktionellen Gründen die MdE mit 0 % genannt wird, ist hiermit gemeint, dass sie wirtschaftlich nicht messbar ist.

Tafel I

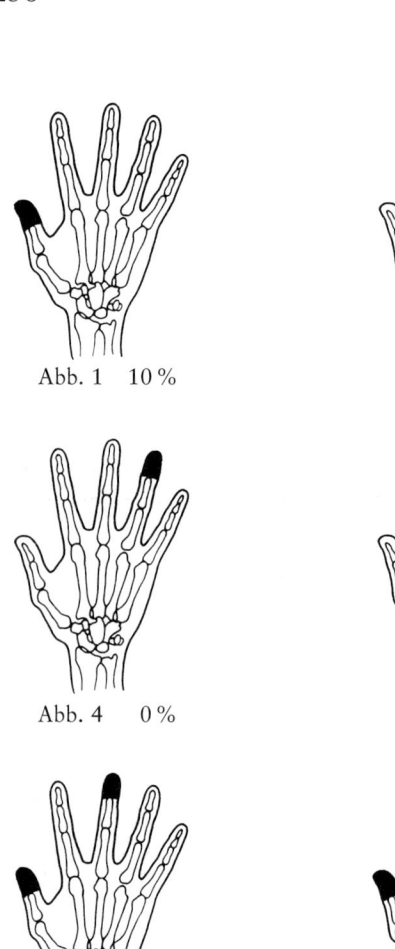

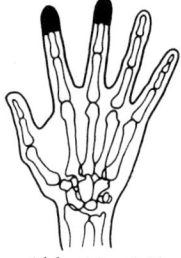
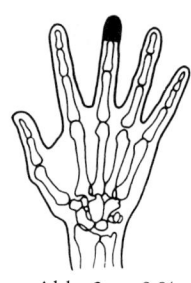
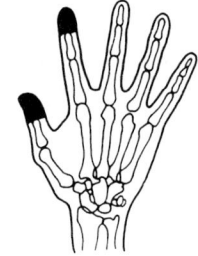
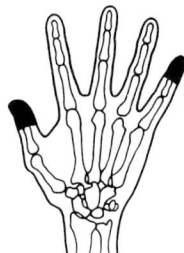
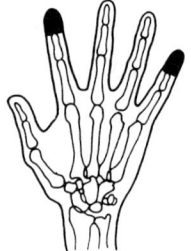

Abb. 1   10 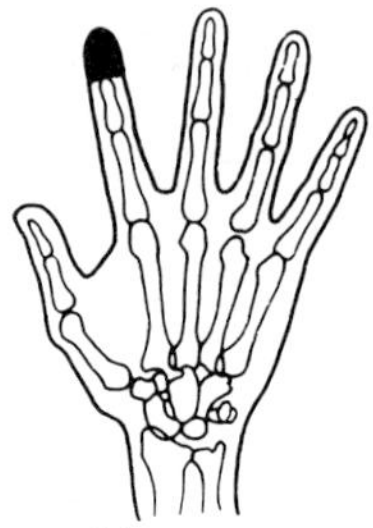 %   Abb. 2   0 %   Abb. 3   0 %

Abb. 4   0 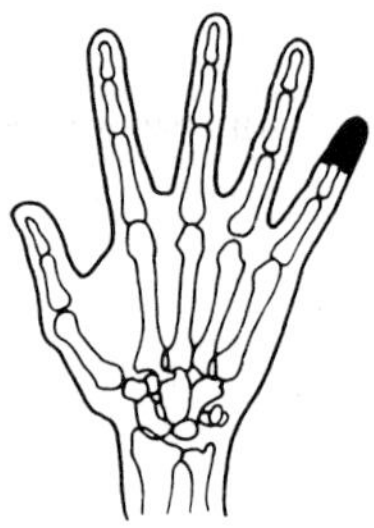 %   Abb. 5   0 %   Abb. 6   10 %

Abb. 7   10 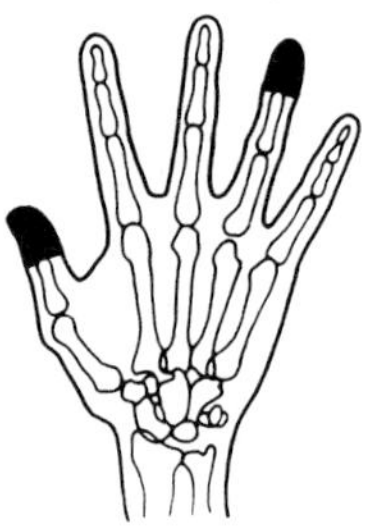 %   Abb. 8   10 %   Abb. 9   10 %

Abb. 10   0 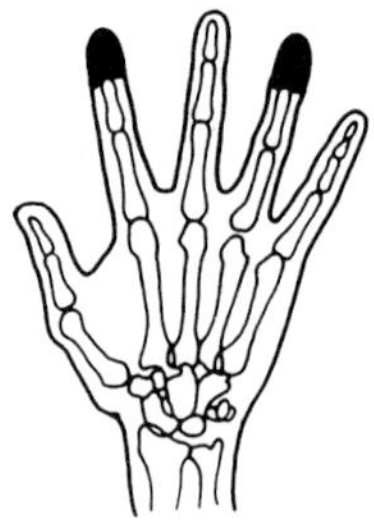 %   Abb. 11   0 %   Abb. 12   0 %

Tafel II

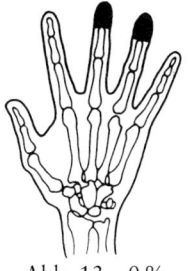

Abb. 13   0 %

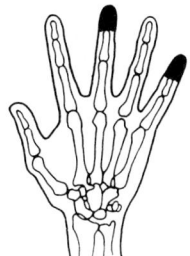

Abb. 14   0 %

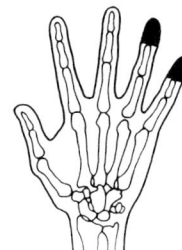

Abb. 15   0 %

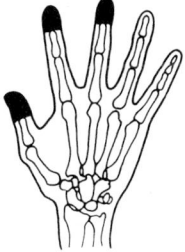

Abb. 16 10 %

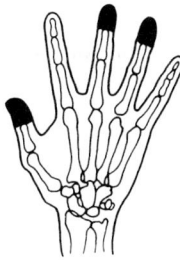

Abb. 17 10 %

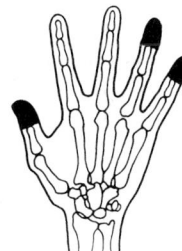

Abb. 18 10 %

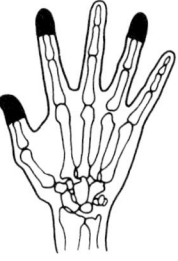

Abb. 19 10 %

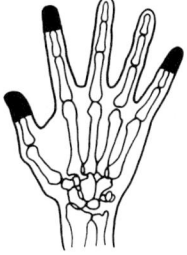

Abb. 20 10 %

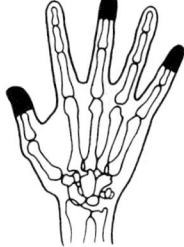

Abb. 21 10 %

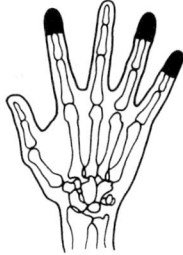

Abb. 22 10 %

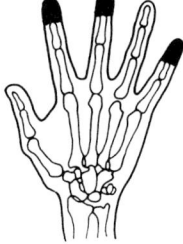

Abb. 23 10 %

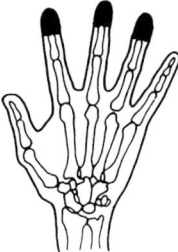

Abb. 24 10 %

Tafel III

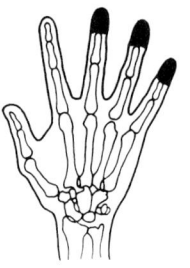

Abb. 25 10 %

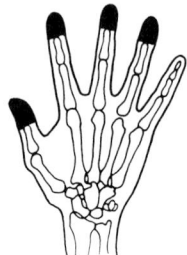

Abb. 26 20 %

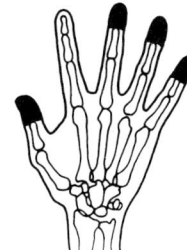

Abb. 27 20 %

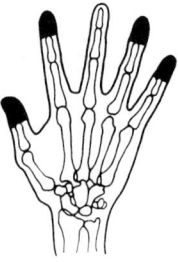

Abb. 28 20 %

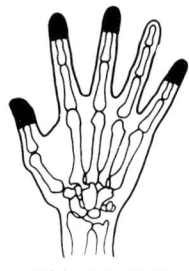

Abb. 29 20 %

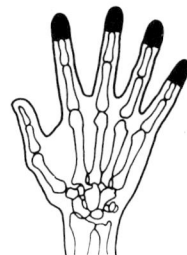

Abb. 30 20 %

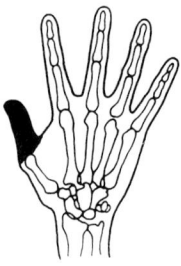

Abb. 31 20 %

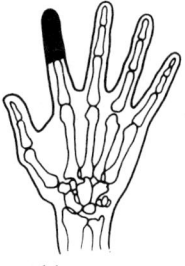

Abb. 32   0 %

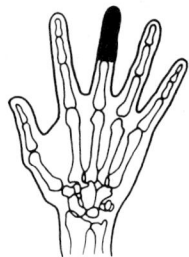

Abb. 33   0 %

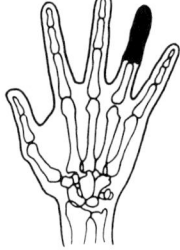

Abb. 34   0 %

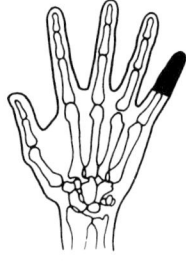

Abb. 35   0 %

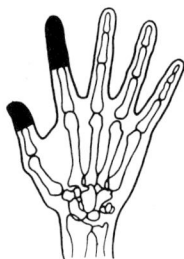

Abb. 36 20 %

Tafel IV

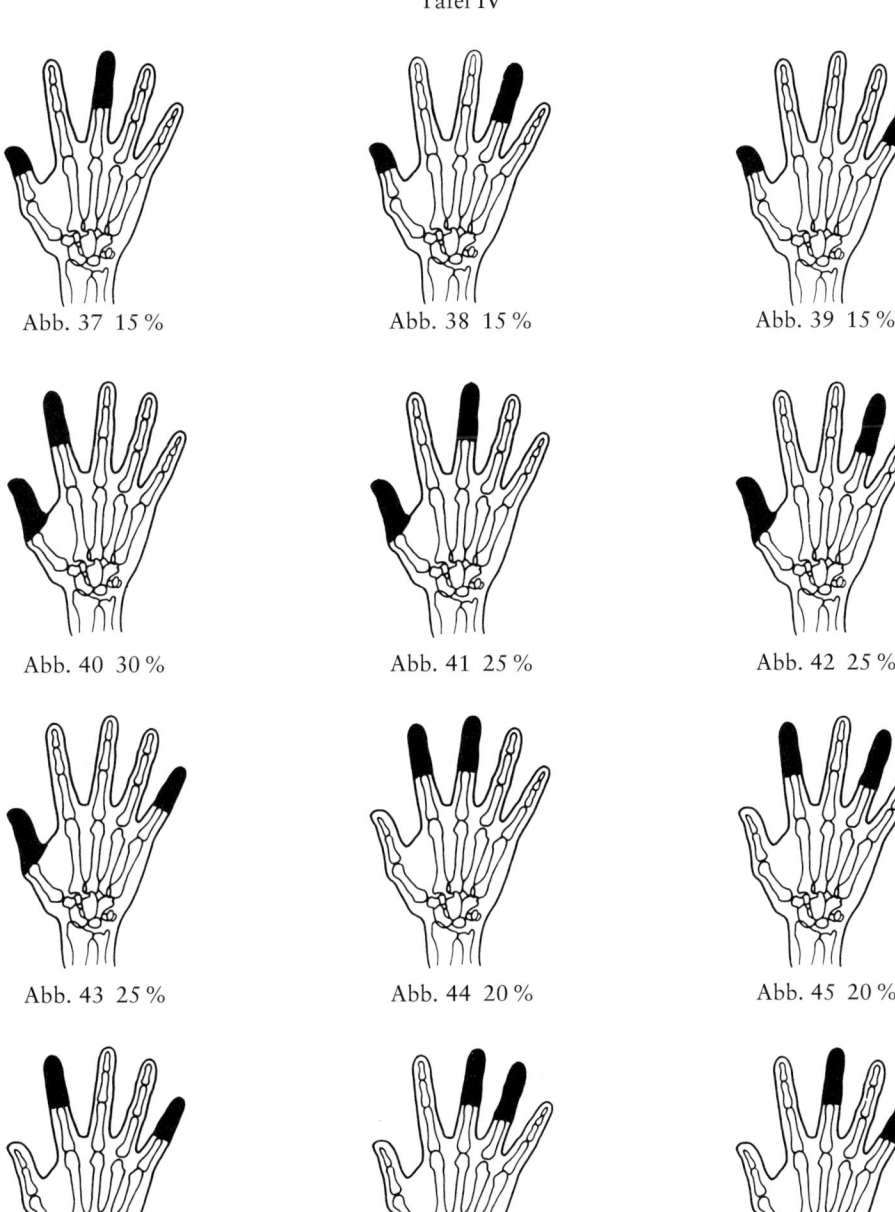

Abb. 37 15 %　　　　Abb. 38 15 %　　　　Abb. 39 15 %

Abb. 40 30 %　　　　Abb. 41 25 %　　　　Abb. 42 25 %

Abb. 43 25 %　　　　Abb. 44 20 %　　　　Abb. 45 20 %

Abb. 46 20 %　　　　Abb. 47 15 %　　　　Abb. 48 15 %

Tafel V

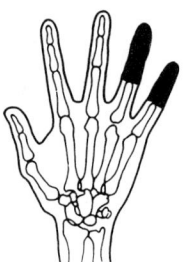

Abb. 49 15 %

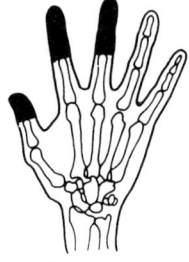

Abb. 50 30 %

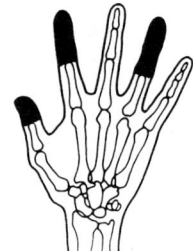

Abb. 51 25 %

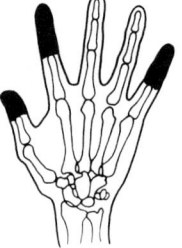

Abb. 52 25 %

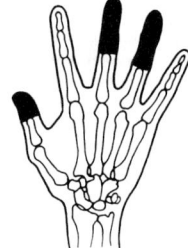

Abb. 53 25 %

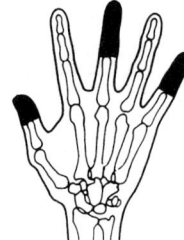

Abb. 54 25 %

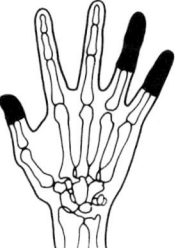

Abb. 55 25 %

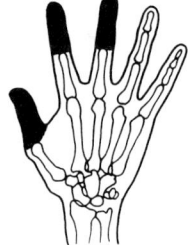

Abb. 56 35 %

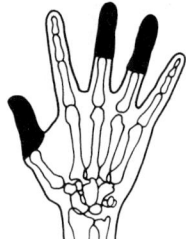

Abb. 57 35 %

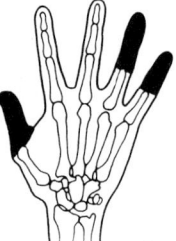

Abb. 58 35 %

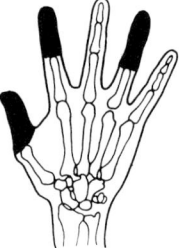

Abb. 59 35 %

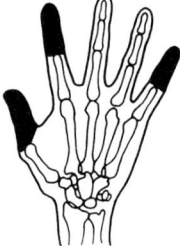

Abb. 60 35 %

Tafel VI

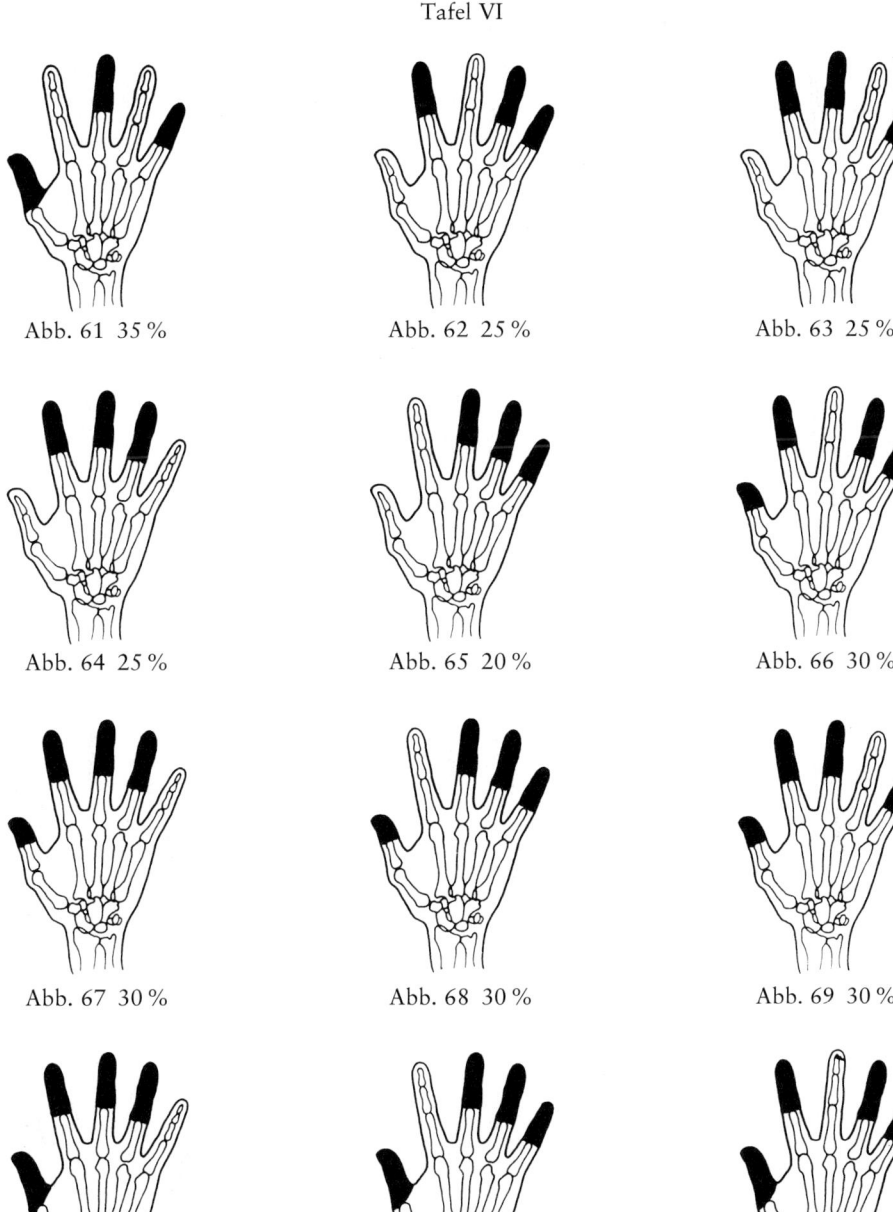

Abb. 61 35 %

Abb. 62 25 %

Abb. 63 25 %

Abb. 64 25 %

Abb. 65 20 %

Abb. 66 30 %

Abb. 67 30 %

Abb. 68 30 %

Abb. 69 30 %

Abb. 70 35 %

Abb. 71 35 %

Abb. 72 35 %

Tafel VII

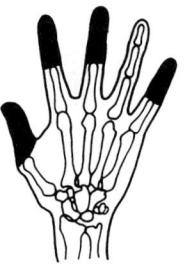

Abb. 73 35 %

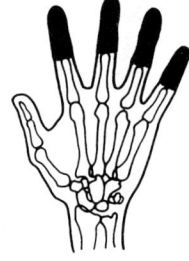

Abb. 74 35 %

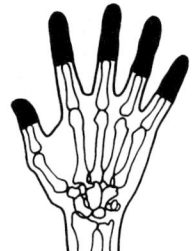

Abb. 75 45 %

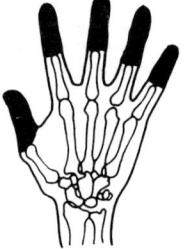

Abb. 76 50 %

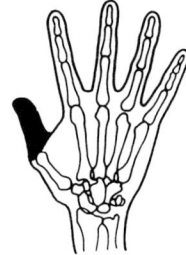

Abb. 77 20 %

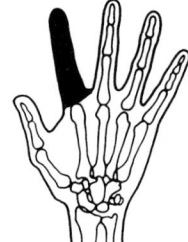

Abb. 78 10 %

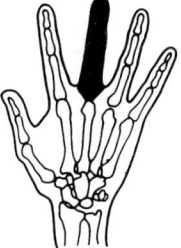

Abb. 79 10 %

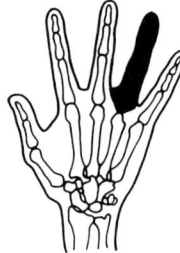

Abb. 80 10 %

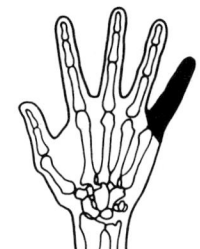

Abb. 81 10 %

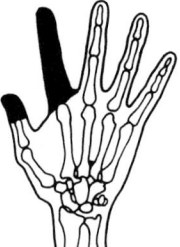

Abb. 82 20 %

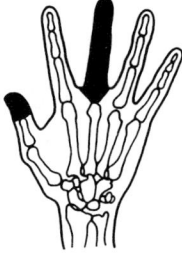

Abb. 83 20 %

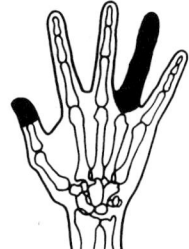

Abb. 84 20 %

Tafel VIII

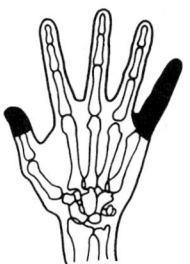

Abb. 85 15 %

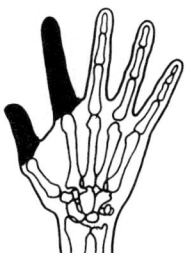

Abb. 86 30 %

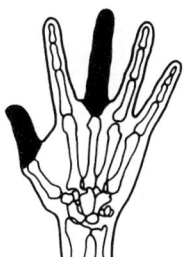

Abb. 87 30 %

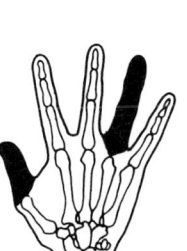

Abb. 88 25 %

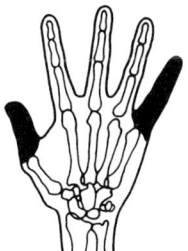

Abb. 89 25 %

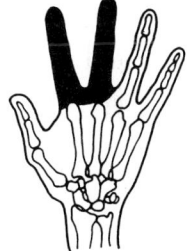

Abb. 90 25 %

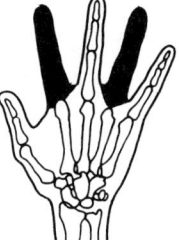

Abb. 91 25 %

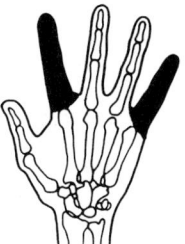

Abb. 92 25 %

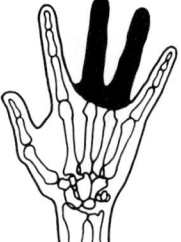

Abb. 93 25 %

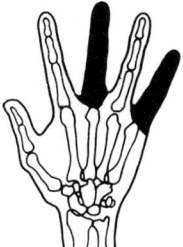

Abb. 94 25 %

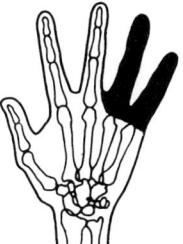

Abb. 95 20 %

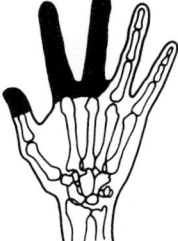

Abb. 96 35 %

Tafel IX

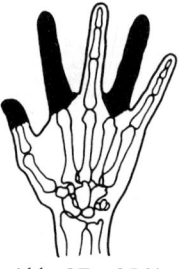

Abb. 97   35 %

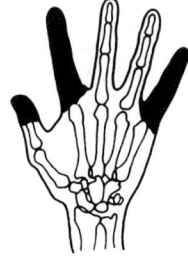

Abb. 98   35 %

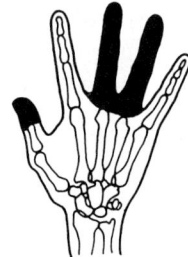

Abb. 99   30 %

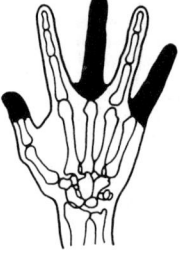

Abb. 100   30 %

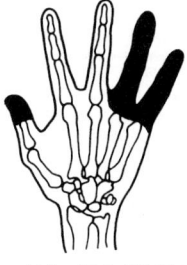

Abb. 101   30 %

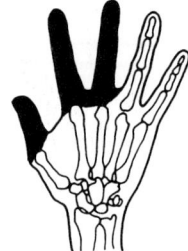

Abb. 102   45 %

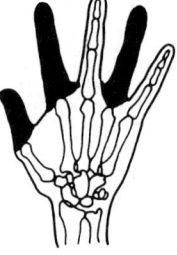

Abb. 103   45 %

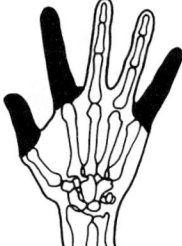

Abb. 104   40 %

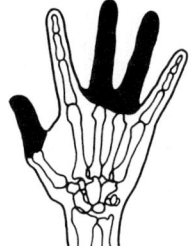

Abb. 105   45 %

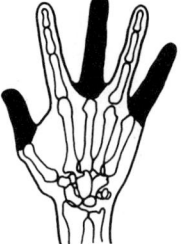

Abb. 106   40 %

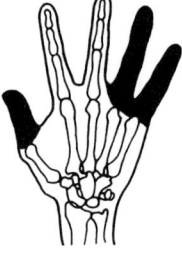

Abb. 107   40 %

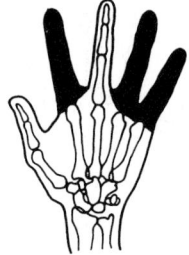

Abb. 108   35 %

Tafel X

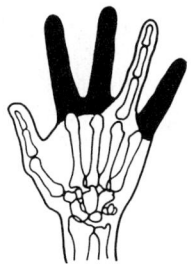

Abb. 109 35 %

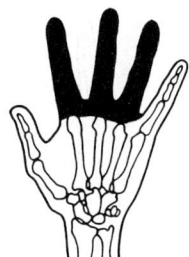

Abb. 110 35 %

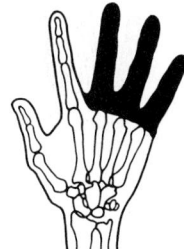

Abb. 111 30 %

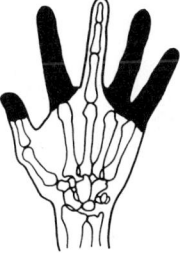

Abb. 112 45 %

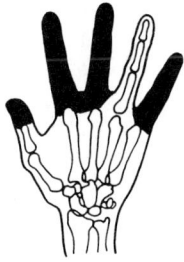

Abb. 113 45 %

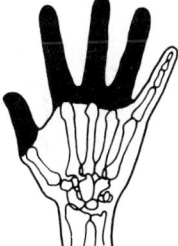

Abb. 114 50 %

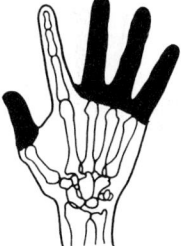

Abb. 115 50 %

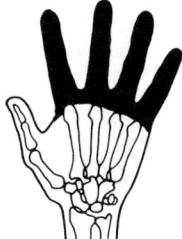

Abb. 116 45 %

Abb. 117 50 %

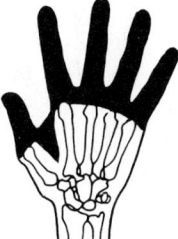

Abb. 118 50 %

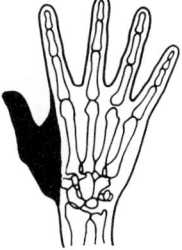

Abb. 119 25 %

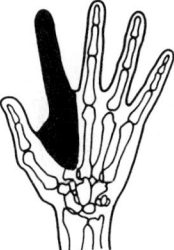

Abb. 120 20 %

Tafel XI

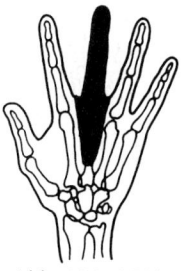

Abb. 121 15 %

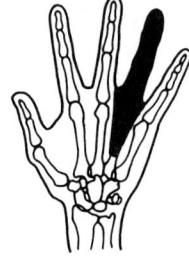

Abb. 122 15 %

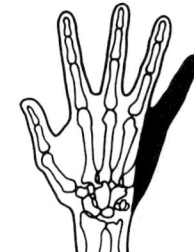

Abb. 123 15 %

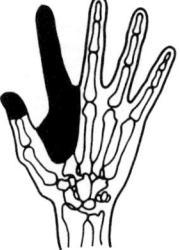

Abb. 124 30 %

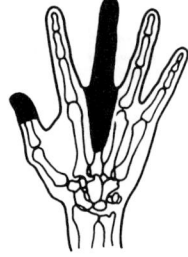

Abb. 125 25 %

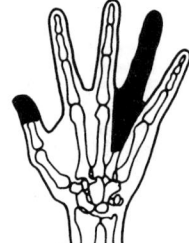

Abb. 126 25 %

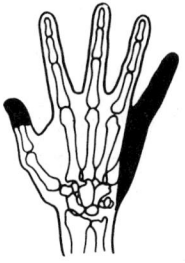

Abb. 127 25 %

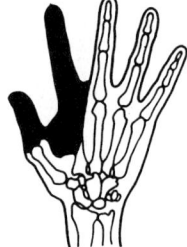

Abb. 128 35 %

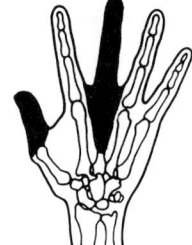

Abb. 129 35 %

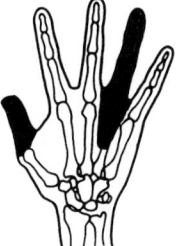

Abb. 130 35 %

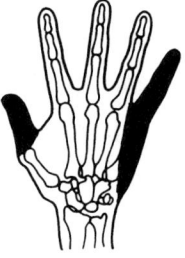

Abb. 131 35 %

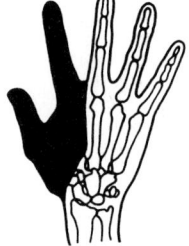

Abb. 132 40 %

Tafel XII

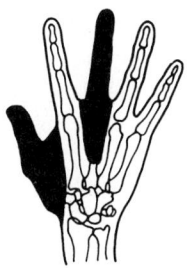

Abb. 133 35 %

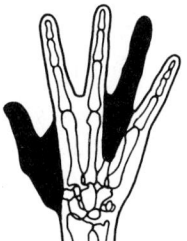

Abb. 134 35 %

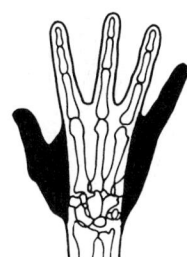

Abb. 135 35 %

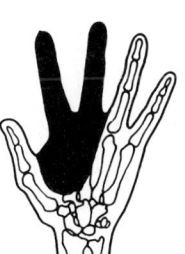

Abb. 136 35 %

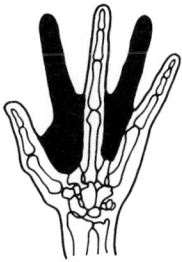

Abb. 137 35 %

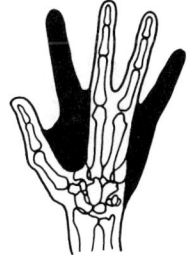

Abb. 138 35 %

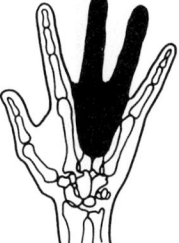

Abb. 139 35 %

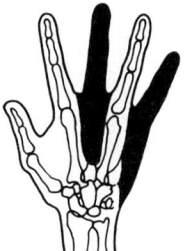

Abb. 140 30 %

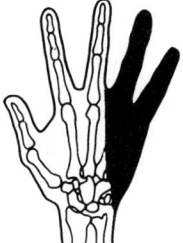

Abb. 141 35 %

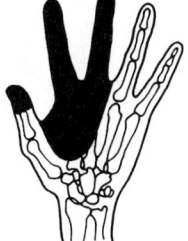

Abb. 142 40 %

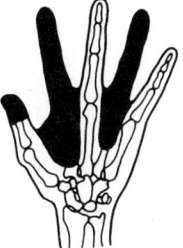

Abb. 143 40 %

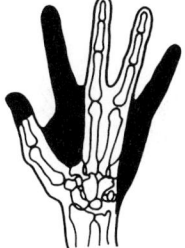

Abb. 144 40 %

Tafel XIII

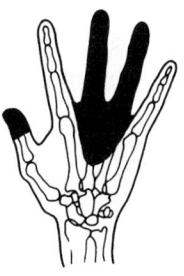

Abb. 145 40 %

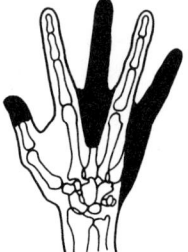

Abb. 146 40 %

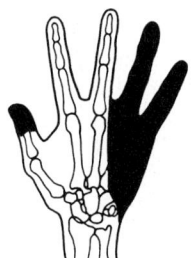

Abb. 147 40 %

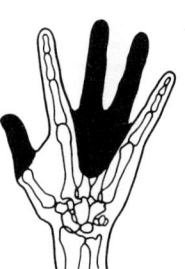

Abb. 148 40 %

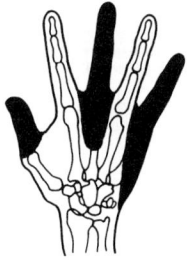

Abb. 149 40 %

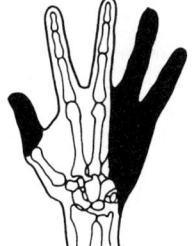

Abb. 150 40 %

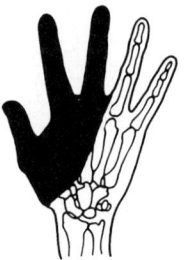

Abb. 151 45 %

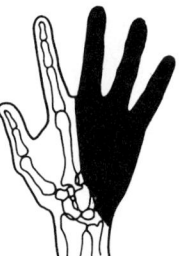

Abb. 152 40 %

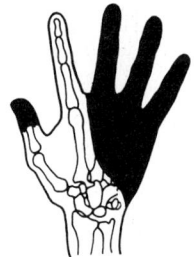

Abb. 153 45 %

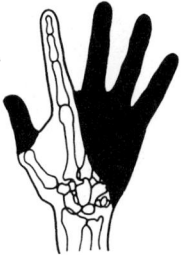

Abb. 154 55 %

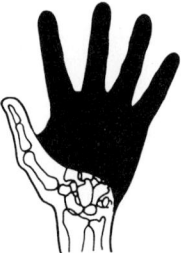

Abb. 155 55 %

Tafel XIV

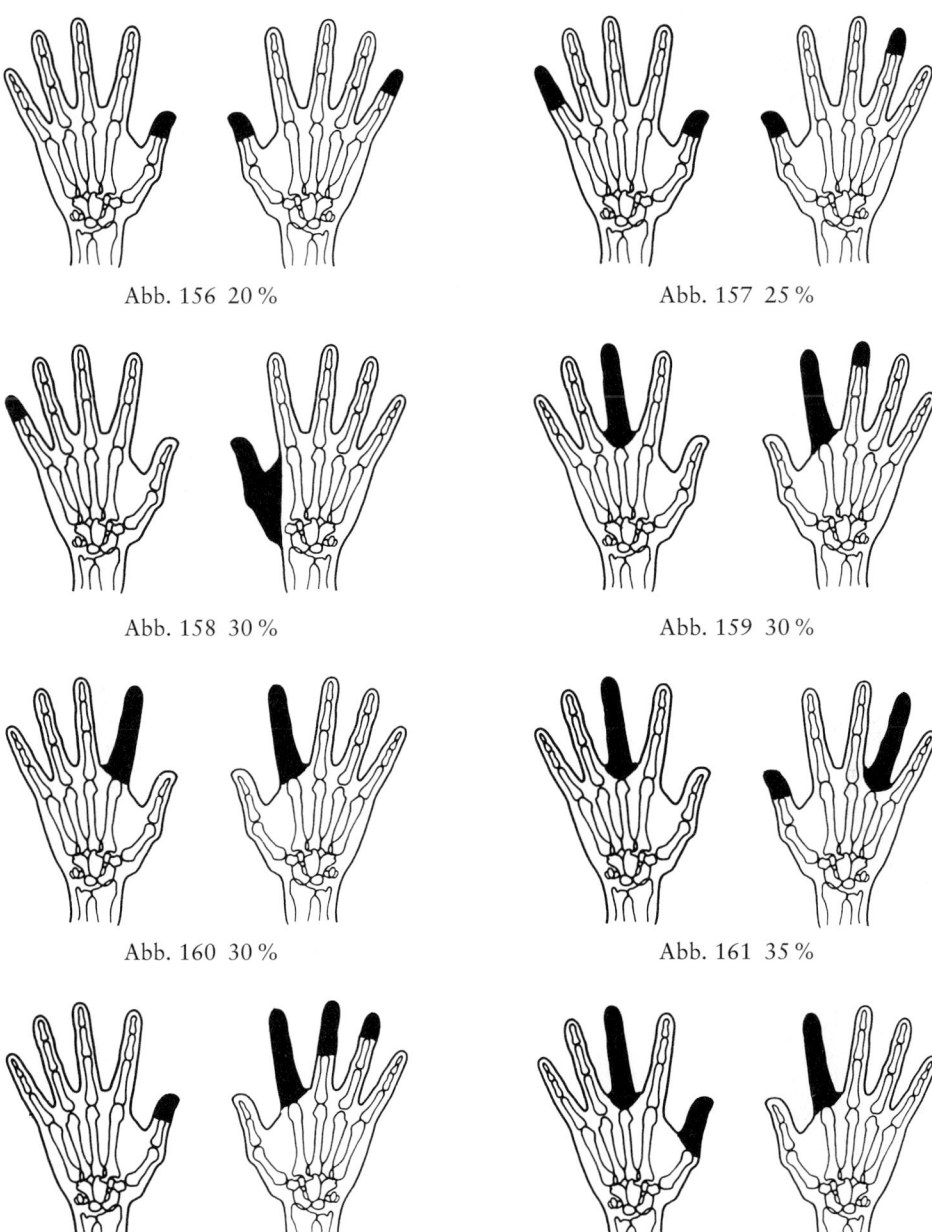

Abb. 156 20 %

Abb. 157 25 %

Abb. 158 30 %

Abb. 159 30 %

Abb. 160 30 %

Abb. 161 35 %

Abb. 162 35 %

Abb. 163 40 %

Tafel XV

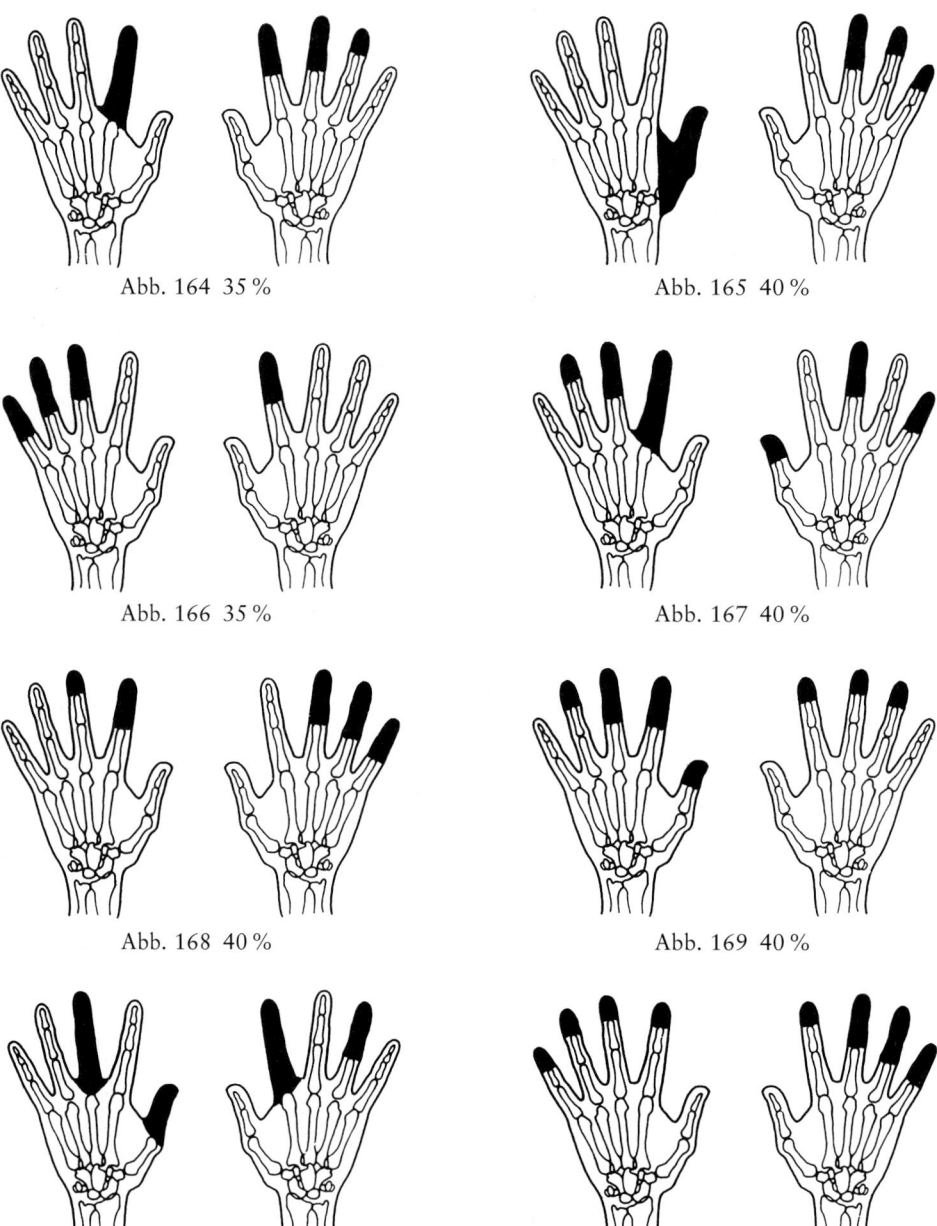

Abb. 164 35 %

Abb. 165 40 %

Abb. 166 35 %

Abb. 167 40 %

Abb. 168 40 %

Abb. 169 40 %

Abb. 170 50 %

Abb. 171 55 %

Tafel XVI

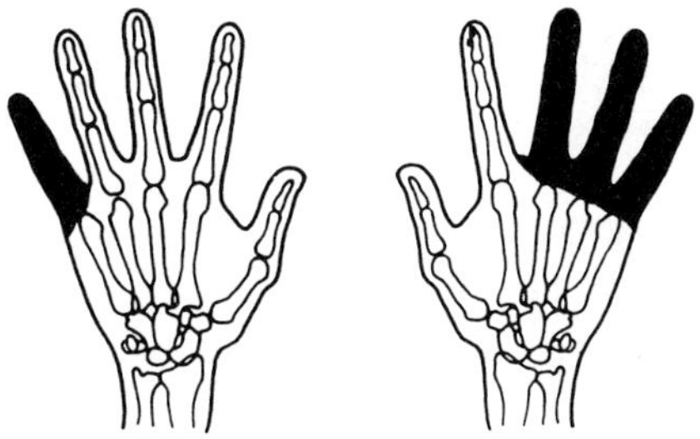

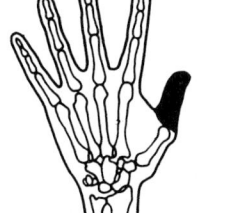

Abb. 172 50 %

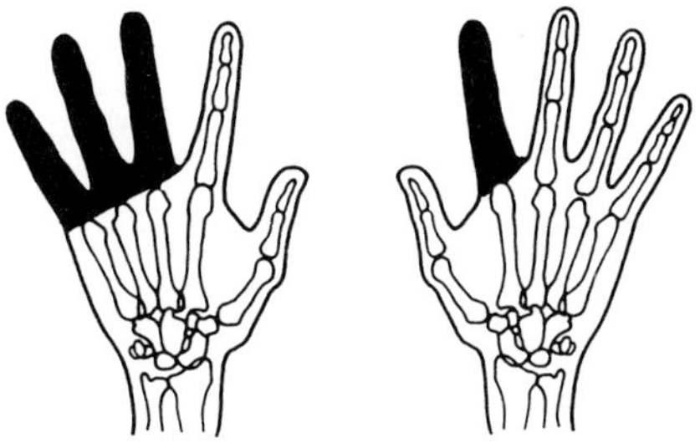

Abb. 173 50 %

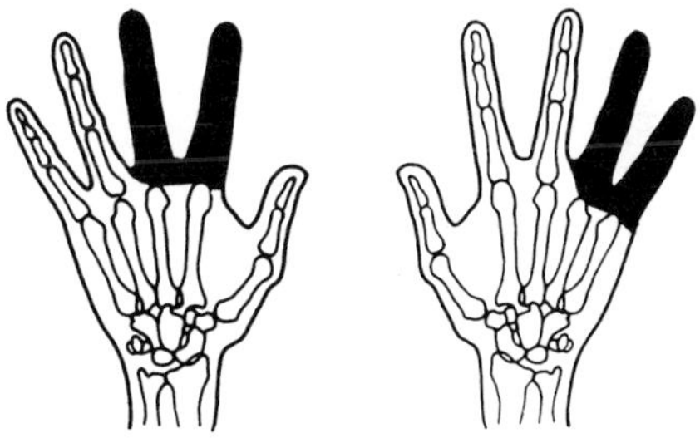

Abb. 174 50 %

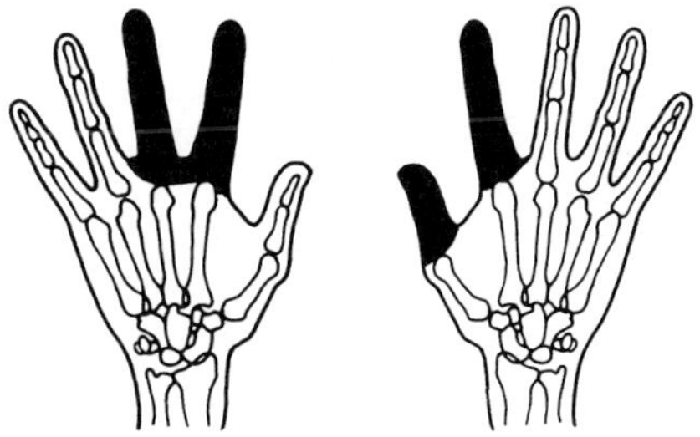

Abb. 175 60 %

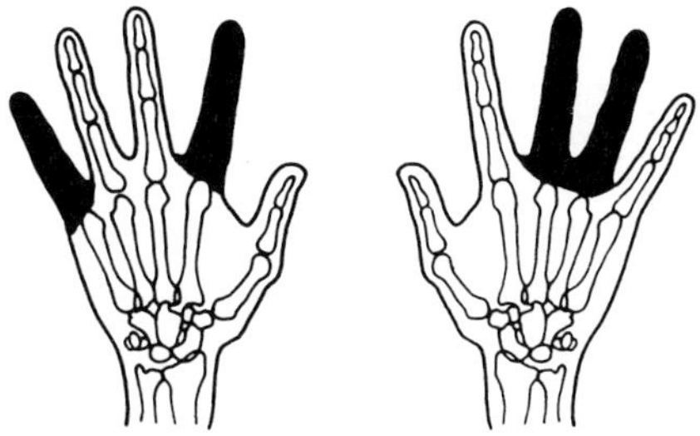

Abb. 176 60 %

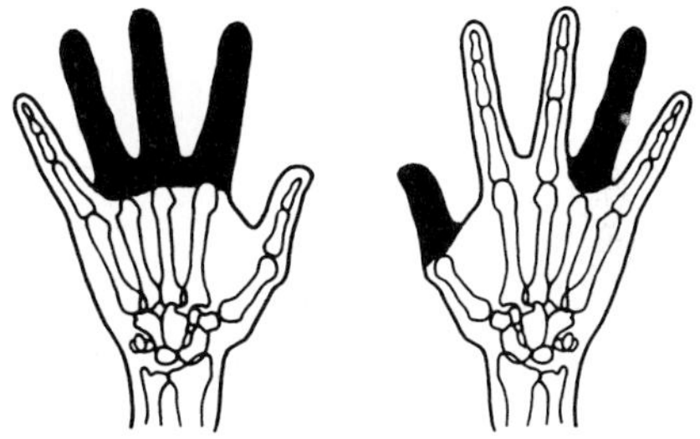

Abb. 177 70 %

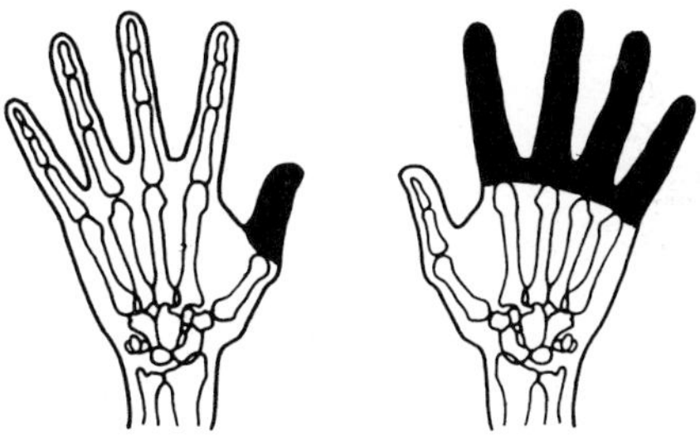

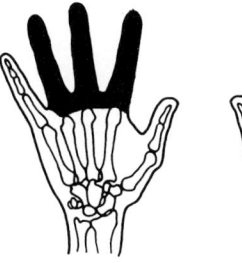

Abb. 178 75 %

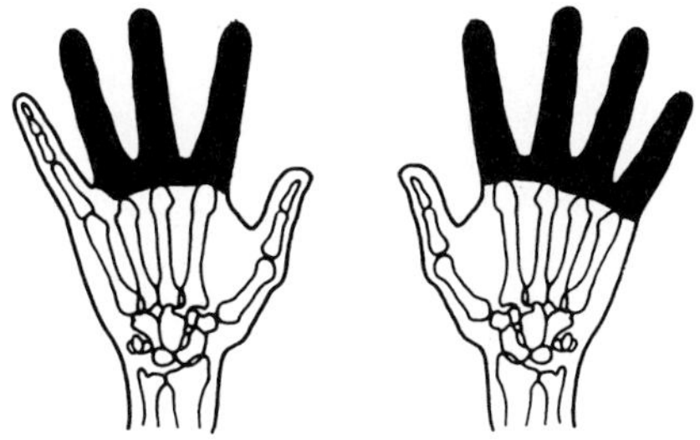

Abb. 179 80 %

Tafel XVII

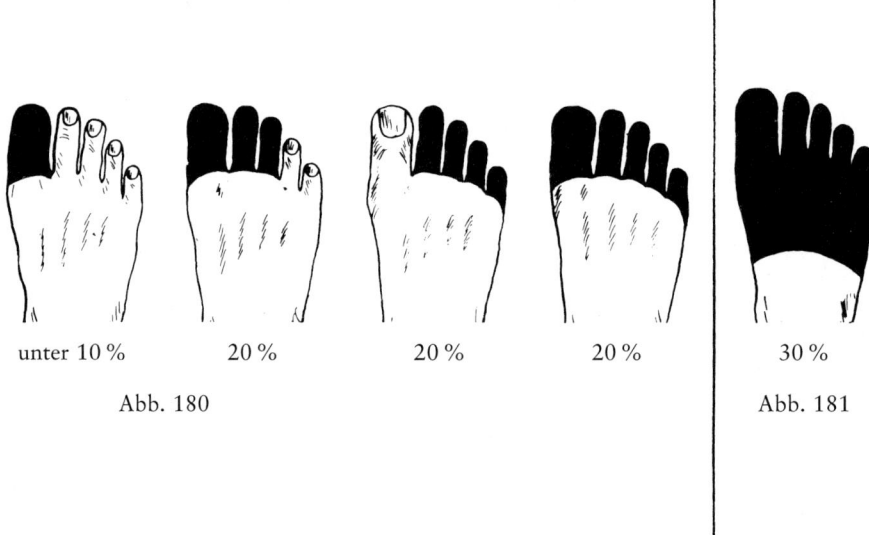

unter 10 %   20 %   20 %   20 %   30 %

Abb. 180   Abb. 181

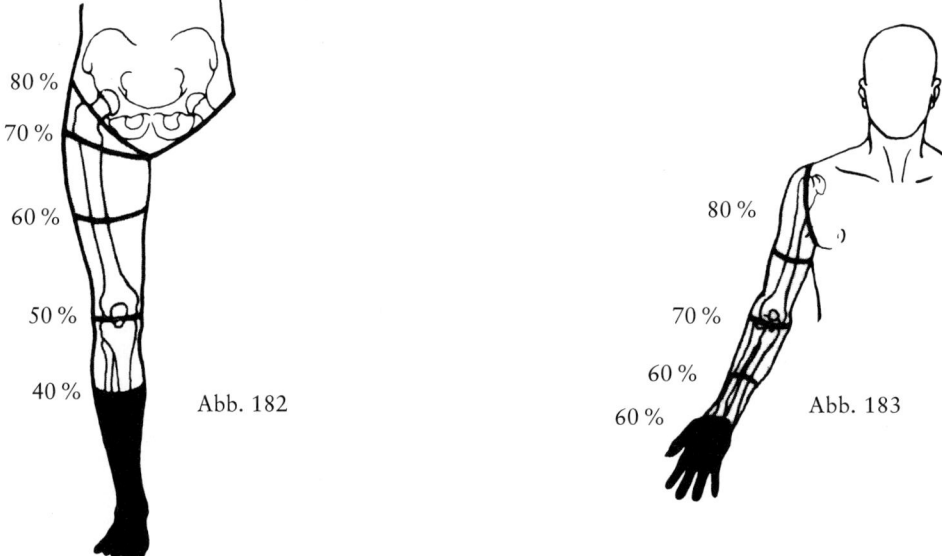

Abb. 182   Abb. 183

Anhang 2

1 Die gesetzlichen Unfallversicherungsträger (Stand: Mai 2009)

Deutsche Gesetzliche Unfallversicherung
(DGUV)
Mittelstr. 51
10117 Berlin-Mitte
Tel. 030 288763800
Fax 030 288763808
www.dguv.de

Landesverbände der DGUV

Landesverband West
40210 Düsseldorf, Kreuzstraße 45
40025 Düsseldorf, Postfach 10 34 45
Tel. 0211 8224-637
Fax 0211 8224-644
E-Mail: lv-west@dguv.de

Landesverband Nordwest
30519 Hannover, Hildesheimer Straße 309
30037 Hannover, Postfach 37 40
Tel. 0511 987-2277
Fax 0511 987-2266
E-Mail: lv-nordwest@dguv.de
www.lvbg.de

Landesverband Nordost
12161 Berlin, Fregestraße 44
Tel. 030 85105-5220
Fax 030 85105-5225
E-Mail: lv-nordost@dguv.de

Landesverband Mitte
55130 Mainz, Wilhelm-Theodor-Römheld-
Straße 15
55019 Mainz, Postfach 29 48
Tel. 06131 60053-14
Fax 06131 60053-20
E-Mail: lv-mitte@dguv.de

Landesverband Südwest
69115 Heidelberg, Kurfürsten-Anlage 62
69004 Heidelberg, Postfach 10 14 80
Tel. 06221 523-0
Fax 06221 523-399
E-Mail: lv-suedwest@dguv.de

Landesverband Südost
81241 München, Am Knie 8
81202 München, Postfach 60 02 65

Tel. 089 82003-500/-501,-502
Fax 089 82003-599
E-Mail: lv-suedost@dguv.de

Alle Adressen der Hauptverwaltungen und
Bezirksverwaltungen der gewerblichen Berufsgenossenschaften und die der Unfallkassen sind stets aktuell und genau über die
Website der DGUV (www.dguv.de) zu ermitteln. Da gerade in den Jahren ab 2008
durch die im SGB VII (Unfallversicherungs-
modernisierungsgesetz) vorgegebenen Fusio-
nen viele Änderungen zu erwarten sind, wird
in diesem Buch vom Abdruck der Adressen
abgesehen.

Landwirtschaftliche Berufsgenossenschaften

Bundesverband der landwirtschaftlichen
Berufsgenossenschaften e.V. (BlB)
Weißensteinstraße 70 – 72
34131 Kassel
Tel. 0561 9359-0
Fax 0561 9359-414

LBG Schleswig-Holstein und Hamburg
Schulstraße 29
24143 Kiel
Tel. 0431 7024-0
Fax 0431 7024-6120

LBG Niedersachsen-Bremen
Im Haspelfelde 24, 30713 Hannover
Tel. 0511 8073-0
Fax 0511 8073-498
Im Dreieck 12, 26127 Oldenburg
Tel. 0441 3408-0
Fax 0441 3408-444
Bruchtorwall 13, 38100 Braunschweig
Tel. 0531 48002-0
Fax 0531 48002-29

LBG Nordrein-Westfalen
Hoher Heckenweg 76 – 80, 48147 Münster
Tel. 0251 2320-0
Fax 0251 2320-555

Merowingerstraße 103, 40225 Düsseldorf
Tel. 0211 93387-1
Fax 0211 93387-454
Felix-Fechenbach-Straße, 32756 Detmold
Tel. 05231 6004-0
Fax 05231 6004-30

LBG Hessen
Bartningstraße 57, 64289 Darmstadt
Tel. 06151 702-0
Fax 06151 702-1250
Luisenstraße 12, 34119 Kassel
Tel. 05 61 10 06-0
Fax 05 61 10 06-24 43

Landwirtschaftliche BG Rheinland-Pfalz
Theodor-Heuss-Straße 1, 67346 Speyer
Tel. 06232 911-0
Fax 06232 911-187

Landwirtschaftliche BG für das Saarland
Heinestraße 2 – 4
66121 Saarbrücken
Tel. 0681 66500-0
Fax 0681 66500-58

LBD Franken und Oberbayern
Dammwäldchen 4, 95444 Bayreuth
Tel. 0921 603-0
Fax 0921 603-386
Friedrich-Ebert-Ring 33, 97072 Würzburg
Tel. 0931 8004-0
Fax 0931 8004-284
Neumarkter Straße 35, 81673 München
Tel. 089 45480-0
Fax 089 45480-398

Landwirtschaftliche BG Niederbayern-
Oberpfalz
Luitpoldstraße 29, 84034 Landshut
Tel. 0871 696-0
Fax 0871 65176

Landwirtschaftliche BG Schwaben
Tunnelstraße 29, 86156 Augsburg
Tel. 0821 4081-0
Fax 0821 4081-247

LBG Baden-Württemberg
Vogelrainstraße 25
70199 Stuttgart
Tel. 0711 966-0
Fax 0711 966-2140
Steinhäuserstraße 14,
76135 Karlsruhe
Tel. 0721 8194-0
Fax 0721 8194-444

Gartenbau-Berufsgenossenschaft
Frankfurter Str. 126, 34121 Kassel
Tel. 0561 928-0
Fax 0561 928-2206

Sächsische Landwirtschaftliche
BG Bahnhofstraße 16 – 18
04575 Neukieritzsch
Tel. 034342 62-0
Fax 034342 62-211

LBG Berlin
Hoppegartener Str. 100, 15366 Hönow
Tel. 03342 36-0
Fax 03342 36-1230

2 Vertrag Ärzte/Unfallversicherungsträger (Ärztevertrag)

Ab dem 1. April 2008 gilt gemäß § 34 Abs. 3 SGB VII der Ärztevertrag über die Durchführung der Heilbehandlung, die Vergütung der Ärzte sowie die Art und Weise der Abrechnung der ärztlichen Leistungen. Er ist abgeschlossen zwischen der Deutschen Gesetzlichen Unfallversicherung e. V. (DGUV) Berlin, dem Bundesverband der landwirtschaftlichen Berufsgenossenschaften e. V., Kassel, einerseits und der Kassenärztlichen Bundesvereinigung K.d.ö.R., Berlin, andererseits.

I. Allgemeiner Teil

§ 1 Gegenstand des Vertrages

Gegenstand des Vertrages ist die Durchführung der von den Unfallversicherungsträgern zu leistenden Heilbehandlung (§ 6). Der Vertrag umfasst auch die Vergütung der Ärzte, die Abrechnung der ärztlichen Leistungen gegenüber den Unfallversicherungsträgern, die Pflicht der Ärzte zur Dokumentation, zur Mitteilung von Patientendaten und zu sonstigen Auskünften gegenüber den Unfallversicherungsträgern sowie das für die Vertragsparteien maßgebliche Schiedsverfahren für den Fall der Nichteinigung.

§ 2 Gewährleistung

Die Kassenärztliche Bundesvereinigung und die Kassenärztlichen Vereinigungen übernehmen gegenüber den Unfallversicherungsträgern und deren Verbänden die Gewähr dafür, dass die Durchführung der Heilbehandlung den gesetzlichen und vertraglichen Erfordernissen entspricht.

§ 3 Erfüllung des Vertrages

(1) Die Vertragspartner und ihre Mitglieder sind verpflichtet, diesen Vertrag gewissenhaft zu erfüllen.

(2) Streitigkeiten über Auslegung und Durchführung des Vertrages sind in den dafür vorgesehenen Verfahren (§§ 52 und 66) auszutragen. Sie berechtigen nicht dazu, die Erfüllung der übrigen vertraglichen Pflichten zu verzögern oder zu verweigern.

§ 4 Beteiligung am Vertrag

(1) An den Vertrag sind alle Ärzte gebunden, die an der vertragsärztlichen Versorgung teilnehmen oder von den Unfallversicherungsträgern beteiligt werden.

(2) Ärzte, die nicht nach Abs. 1 beteiligt sind, können auf Antrag am Vertrag beteiligt werden.

(3) Der Antrag ist an den zuständigen Landesverband der DGUV zu richten. Dieser entscheidet im Einvernehmen mit der zuständigen Kassenärztlichen Vereinigung.

(4) Bei wiederholten oder schwerwiegenden Verstößen gegen vertragliche Pflichten kann der Arzt im Einvernehmen mit der zuständigen Kassenärztlichen Vereinigung durch den Landesverband der DGUV von der Beteiligung an diesem Vertrag ausgeschlossen werden.

§ 5 Datenerhebung und -verarbeitung durch Ärzte; Auskunftspflicht

(1) Ärzte, die an einer Heilbehandlung nach § 34 SGB VII beteiligt sind, erheben, speichern und übermitteln an die Unfallversicherungsträger Daten über die Behandlung und den Zustand des Versicherten sowie andere personenbezogene Daten, soweit dies für Zwecke der

Heilbehandlung und die Erbringung sonstiger Leistungen erforderlich ist. Ferner erheben, speichern und übermitteln sie die Daten, die für ihre Entscheidung, eine Heilbehandlung nach § 34 SGB VII durchzuführen, maßgeblich waren.

(2) Der Versicherte ist von den Ärzten über den Zweck der Datenerhebung und darüber zu unterrichten, dass diese Daten an den Unfallversicherungsträger übermittelt werden müssen. Er ist auch darüber zu informieren, dass er vom Unfallversicherungsträger verlangen kann, über die von den Ärzten übermittelten Daten unterrichtet zu werden (§ 201 SGB VII; siehe Anhang 3).

(3) Ärzte, die nicht an einer Heilbehandlung nach § 34 SGB VII beteiligt sind, sind verpflichtet, dem Unfallversicherungsträger auf Verlangen Auskunft über die Behandlung, den Zustand sowie über Erkrankungen und frühere Erkrankungen des Versicherten zu erteilen, soweit dies für die Heilbehandlung und die Erbringung sonstiger Leistungen erforderlich ist (§ 203 SGB VII; siehe Anhang 3)

II. Allgemeine Regelungen für die Heilbehandlung bei Arbeitsunfällen

§ 6 Heilbehandlung

(1) Die Unfallversicherungsträger sind nach den gesetzlichen Vorschriften verpflichtet, alle Maßnahmen zu treffen, durch die eine möglichst frühzeitig nach dem Versicherungsfall einsetzende und sachgemäße Heilbehandlung und, soweit erforderlich, besondere unfallmedizinische Behandlung (im Folgenden „besondere Heilbehandlung" genannt) gewährleistet wird.

(2) Bei Arbeitsunfällen wird die Heilbehandlung als allgemeine Heilbehandlung (§ 10) oder als besondere Heilbehandlung (§ 11) durchgeführt.

§ 7 nicht besetzt

§ 8 Ärztliche Behandlung

(1) Die ärztliche Behandlung umfasst die Tätigkeit der Ärzte, die nach den Regeln der ärztlichen Kunst erforderlich und zweckmäßig ist und das Gebot der Wirtschaftlichkeit erfüllt.

(2) Die ärztliche Behandlung wird von Ärzten erbracht. Sind Hilfeleistungen anderer Personen erforderlich, dürfen diese nur erbracht werden, wenn sie vom Arzt angeordnet und von ihm verantwortet werden.

§ 9 Erstversorgung

Die Erstversorgung umfasst die ärztlichen Leistungen, die den Rahmen des sofort Notwendigen nicht überschreiten.

§ 10 Allgemeine Heilbehandlung

(1) Heilbehandlung (§ 6) wird grundsätzlich als allgemeine Heilbehandlung erbracht.

(2) Allgemeine Heilbehandlung ist die ärztliche Versorgung einer Unfallverletzung, die nach Art oder Schwere weder eines besonderen personellen, apparativ-technischen Aufwandes noch einer spezifischen unfallmedizinischen Qualifikation des Arztes bedarf.

§11 Besondere Heilbehandlung

(1) Zur Einleitung besonderer Heilbehandlung berechtigt sind nur
– der Unfallversicherungsträger,
– der Durchgangsarzt,
– der H-Arzt in den Fällen des § 35 oder
– der Handchirurg nach § 37 Abs. 3 bei Vorliegen einer Verletzung nach Ziffer 8 des Verletzungsartenverzeichnisses.

(2) Im Durchgangsarztverfahren sollen etwa 80 v. H. aller Fälle von Verletzungen der allgemeinen Heilbehandlung zugeordnet werden.

(3) Besondere Heilbehandlung ist die fachärztliche Behandlung einer Unfallverletzung, die wegen Art oder Schwere besondere unfallmedizinische Qualifikation verlangt. Dazu gehören auch die Erfassung der Zusammenhänge zwischen Arbeitstätigkeit und Unfallereignis, die tätigkeitsbezogene Funktionsdiagnostik, ggf. unter Berücksichtigung von Vorschäden, sowie die prognostische Einschätzung der Unfallverletzung unter dem Gesichtspunkt typischer Komplikationen sowie frühzeitig einzuleitender medizinischer und schulischer/beruflicher Rehabilitationsmaßnahmen mit umfassender Dokumentation aller Daten, die zur Rekonstruktion von Ursache, Ausmaß und Verlauf der Heilbehandlung relevant sind.

§12 Hinzuziehung anderer Ärzte

§13 Vom Unfallversicherungsträger veranlasste ärztliche Untersuchungen

Die Unfallversicherungsträger können ärztliche Untersuchungen, auch nach Abschluss der Behandlung (z. B. Nachuntersuchungen), durch von ihnen ausgewählte Ärzte veranlassen. Auf Verlangen des Unfallversicherungsträgers leitet der behandelnde Arzt den Unfallverletzten unverzüglich dem vom Unfallversicherungsträger bezeichneten Arzt zur Untersuchung zu.

§14 Ärztliche Unfallmeldung

(1) Der behandelnde Arzt erstattet am Tage der ersten Inanspruchnahme durch den Unfallverletzten, spätestens am nächsten Werktag darauf, dem Unfallversicherungsträger die Ärztliche Unfallmeldung nach Vordruck F 1050.

(2) Die Ärztliche Unfallmeldung nach Abs. 1 entfällt
– in Fällen der Vorstellungspflicht des Unfallverletzten beim Durchgangsarzt nach § 26,
– im Verletzungsartenverfahren nach § 37,
– wenn ein H-Arzt-Bericht nach § 36 zu erstatten ist,
– wenn wegen einer isolierten Augen-/HNO-Verletzung ein Augen-/HNO-Arztbericht nach
   § 40 zu erstatten ist.

§15 Bericht bei Erstversorgung

Der Arzt, der bei einem Unfallverletzten die Erstversorgung leistet, erstattet auf Verlangen des Unfallversicherungsträgers diesem einen Bericht über den Zustand des Unfallverletzten und die Art der geleisteten Versorgung.

§16 Mitteilungen über Besonderheiten des Behandlungsverlaufs

Der behandelnde Arzt benachrichtigt den Unfallversicherungsträger am Tag der Feststellung, spätestens am nächsten Werktag von folgenden Sachverhalten:

– Unerwartete Heilkomplikationen,

– fehlender Heilungsfortschritt,
– Verlegung,
– wesentliche Änderung der Diagnose,
– Notwendigkeit orthopädischer Schuhversorgung,
– Notwendigkeit prothetischer Versorgung,
– Notwendigkeit häuslicher Krankenpflege (siehe § 19),
– Abbruch der Heilbehandlung seitens des Unfallverletzten,
– ungenügende Unterstützung bzw. fehlende Mitwirkung des Unfallverletzten bei der Durchführung der Heilbehandlung.

§ 17 Hinweis zur beruflichen Wiedereingliederung

Der behandelnde Arzt gibt dem Unfallversicherungsträger frühzeitig einen Hinweis, wenn eine Belastungserprobung oder Arbeitstherapie angezeigt ist oder die Einleitung von Maßnahmen der Arbeits- und Berufsförderung/schulischen Förderung notwendig erscheint bzw. Probleme bei der beruflichen Wiedereingliederung zu erwarten sind.

§ 18 Unterstützungspflicht des Arztes bei besonderen medizinischen Maßnahmen

(1) Der behandelnde Arzt unterstützt den Unfallversicherungsträger im Einzelfall auf Verlangen, wenn dieser besondere medizinische Maßnahmen einleiten oder veranlassen will.

(2) Von Anordnungen, die einen Eingriff in seine Behandlung (z.B. Verlegung oder Vorstellung bei anderen Ärzten) bedeuten, ist der Arzt so rechtzeitig zu benachrichtigen, dass er davon nicht später Kenntnis erhält als der Unfallverletzte.

(3) Vom Unfallversicherungsträger im Zusammenhang mit Abs. 1 angeforderte Auskünfte, Berichte und Aufzeichnungen sind diesem innerhalb von drei Tagen zuzuleiten.

§ 19 Verordnung häuslicher Krankenpflege

Der behandelnde Arzt kann häusliche Krankenpflege (§ 32 SGB VII) verordnen. Er hat hierbei die „Gemeinsamen Richtlinien der Spitzenverbände der Unfallversicherung über häusliche Krankenpflege" in der jeweils gültigen Fassung zu beachten.

§ 20 Verordnung von Heilmitteln

(1) Heilmittel (§ 30 SGB VII) kann nur der Durchgangsarzt, der H-Arzt, der Handchirurg nach § 37 Abs. 3 sowie der nach § 12 hinzugezogene Arzt verordnen, andere Ärzte nur mit vorheriger Genehmigung des Unfallversicherungsträgers. Liegt die Zustimmung vor, entfällt die Vorstellungspflicht beim Durchgangsarzt nach § 26 Abs. 1 Satz 3.

(2) Für die Verordnung von Krankengymnastik/physikalischer Therapie und die Verordnung von Erweiterter Ambulanter Physiotherapie (EAP) sind die von den Unfallversicherungsträgern vorgesehenen Formtexte zu verwenden (Formtext F 2400 – Verordnung von Leistungen zur Krankengymnastik/physikalische Therapie – bzw. Formtext F 2410 – EAP-Verordnung).

§ 21 Verordnung von Arznei- und Verbandmitteln

(1) Der behandelnde Arzt kann Arznei- und Verbandmittel (§ 29 SGB VII) verordnen. Arzneimittel können, soweit für den Wirkstoff ein Festbetrag gilt, grundsätzlich nur im Rahmen der Festbetragsregelung verordnet werden, es sei denn, das Ziel der Heilbehandlung kann damit nicht erreicht werden. Dann ist dies auf der Verordnung zu dokumentieren. Wird aus anderen Gründen ein Arzneimittel über dem Festbetrag verordnet, hat der Arzt den Unfallverletzten darauf hinzuweisen, dass er die Mehrkosten selbst zu tragen hat.

(2) Bei der Verordnung von Arznei- und Verbandmitteln zulasten eines Unfallversicherungsträgers ist auf dem Arzneiverordnungsblatt (Muster 16 der Vordruckvereinbarung in der
vertragsärztlichen Versorgung) neben der Bezeichnung des Unfallversicherungsträgers auch
der Unfalltag und der Unfallbetrieb (ggf. Kindertageseinrichtung, Schule, Hochschule) anzugeben. Weiterhin sind das Ankreuzfeld „Arbeitsunfall" zu kennzeichnen und der Freiver-
merk einzutragen.

§ 22 Verordnung von Hilfsmitteln

(1) Hilfsmittel (§ 31 SGB VII) mit Ausnahme von Seh- und Hörhilfen können nur der Durchgangsarzt, der H-Arzt, der Handchirurg nach § 37 Abs. 3 sowie der nach § 12 hinzugezogene
Arzt verordnen. Für die Verordnung gilt § 21 Abs. 2 entsprechend.

(2) Für die Verordnung von Seh- und Hörhilfen verwendet der Augen-/HNO-Arzt die in der
vertragsärztlichen Versorgung eingeführten Vordrucke. Dabei ist neben der Bezeichnung des
Unfallversicherungsträgers auch der Unfalltag und der Unfallbetrieb (ggf. Kindertageseinrichtung, Schule, Hochschule) anzugeben.

III. Besondere Regelungen für die Heilbehandlung bei Arbeitsunfällen

§ 23 Verfahrensarten

Verfahrensarten i.S.d. § 34 Abs. 1 Satz 3 SGB VII sind

– das Durchgangsarztverfahren,
– das H-Arzt-Verfahren und
– das Verletzungsartenverfahren.

§ 24 Durchgangsarztverfahren

(1) Durchgangsärzte sind Ärzte, die als solche an den Landesverbänden der DGUV beteiligt
sind.

(2) Die von den Durchgangsärzten zu erfüllenden Voraussetzungen im Hinblick auf die fachliche Befähigung, die sächliche und personelle Ausstattung sowie die zu übernehmenden
Pflichten werden in den „Anforderungen der gesetzlichen Unfallversicherungsträger zur Beteiligung am Durchgangsarztverfahren" festgelegt.

(3) Der Durchgangsarzt ist verpflichtet, die Tätigkeit persönlich auszuüben. Dies gilt auch
für die Auswertung der Befunde beim Einsatz der Röntgen-Diagnostik und anderer bildgebender Verfahren im unmittelbaren Zusammenhang mit der Beurteilung von Art oder
Schwere der Verletzung.

(4) Soweit erforderlich, können von den Landesverbänden der DGUV ständige Durchgangs-
arzt-Vertreter anerkannt werden. Diese müssen ebenfalls über die fachliche Befähigung nach
den „Anforderungen der gesetzlichen Unfallversicherungsträger zur Beteiligung am Durchgangsarztverfahren" verfügen.

§ 25 nicht besetzt

§ 26 Vorstellungspflicht beim Durchgangsarzt

(1) Der Arzt hält den Unfallverletzten an, sich unverzüglich einem Durchgangsarzt vorzustellen, wenn die Unfallverletzung über den Unfalltag hinaus zur Arbeitsunfähigkeit führt oder
die Behandlungsbedürftigkeit voraussichtlich mehr als eine Woche beträgt. Bei Versicherten
nach § 2 Abs. 1 Nr. 8 SGB VII (Schüler-Unfallversicherung) hat eine Vorstellung beim Durch-

gangsarzt zu erfolgen, wenn die Behandlungsbedürftigkeit voraussichtlich mehr als eine Woche beträgt. Eine Vorstellung beim Durchgangsarzt hat auch dann zu erfolgen, wenn nach Auffassung des behandelnden Arztes die Verordnung von Heil- und Hilfsmitteln oder außerhalb der Berechtigung nach § 12 die Hinzuziehung eines anderen Facharztes erforderlich ist. Bei Wiedererkrankung ist in jedem Fall eine Vorstellung erforderlich. Der Unfallverletzte hat grundsätzlich die freie Wahl unter den Durchgangsärzten.

(2) Absatz 1 findet keine Anwendung bei
– isolierten Augen- und/oder HNO-Verletzungen. In diesen Fällen ist der Verletzte unmittelbar an einen entsprechenden Facharzt zu überweisen.
– Verletzungen der Hand einschließlich der Handwurzel und der die Hand versorgenden Sehnen und Nerven im Bereich des Armes, wenn es sich bei dem behandelnden Arzt um einen Handchirurgen i. S. des § 37 Abs. 3 handelt. In diesen Fällen erstattet der Handchirurg, der nicht Durchgangsarzt ist, unverzüglich einen Bericht nach Formtext F 1010 – Handchirurgischer Erstbericht –. Ist der Unfallverletzte Mitglied einer gesetzlichen Krankenkasse, erhält diese unverzüglich die für sie bestimmte, den Belangen des Datenschutzes angepasste Durchschrift.

(3) Für die Überweisung hat der Arzt den Formtext F 2900 – ÜV – zu verwenden. Im Falle der erstmaligen Vorstellung beim Durchgangsarzt dokumentiert der überweisende Arzt den Grund der Vorstellung durch Ankreuzen auf dem Formtext F 1050 (Ärztliche Unfallmeldung) und rechnet die Kosten der Erstversorgung auf dem Formtext ab. Damit entfällt eine Berichterstattung.

§ 27 Aufgaben des Durchgangsarztes

(1) Der Durchgangsarzt beurteilt und entscheidet unter Berücksichtigung von Art oder Schwere der Verletzung, ob eine allgemeine Heilbehandlung oder eine besondere Heilbehandlung erforderlich ist. Leitet er eine besondere Heilbehandlung ein, so führt er die Behandlung durch. Leitet er eine allgemeine Heilbehandlung ein, so überweist er den Unfallverletzten an den Arzt, den dieser als seinen behandelnden Arzt benennt. In diesen Fällen hat sich der Durchgangsarzt über den Stand der allgemeinen Heilbehandlung zu vergewissern (§ 29 Abs. 1).

(2) Der Durchgangsarzt erstattet unverzüglich den Durchgangsarztbericht nach Formtext F 1000. Durchschrift dieses Berichts hat der Durchgangsarzt unverzüglich dem behandelnden Arzt zu übersenden. Ist der Unfallverletzte Mitglied einer gesetzlichen Krankenkasse, erhält diese gleichfalls unverzüglich die für sie bestimmte, den Belangen des Datenschutzes angepasste Durchschrift. Bei einer isolierten Augen-/HNO-Verletzung ist ein Durchgangsarztbericht nicht zu erstatten, wenn der Unfallverletzte an einen entsprechenden Facharzt weitergeleitet wird.

(3) Die Absätze 1 und 2 gelten auch bei Wiedererkrankung.

(4) Bei Unfällen mit Kopfverletzungen mit Gehirnbeteiligung oder Verdacht auf Gehirnbeteiligung erstattet der Durchgangsarzt unverzüglich zusätzlich einen Ergänzungsbericht nach Formtext F 1002 – Ergänzungsbericht Kopfverletzung. Hiervon bleibt die alsbaldige Hinzuziehung eines Neurologen unberührt.

(5) Bei Unfällen mit Knieverletzungen oder Verdacht auf Kniebinnenschaden erstattet der Durchgangsarzt zusätzlich einen Ergänzungsbericht nach Formtext F 1004 – Ergänzungsbericht Knie – in den dort vorgesehenen Fällen.

(6) Bei Unfällen durch elektrischen Strom erstattet der Durchgangsarzt zusätzlich einen Ergänzungsbericht nach Formtext F 1006 – Ergänzungsbericht Stromunfall –.

(7) Bei schweren Verbrennungen (2. und 3. Grades) erstattet der Durchgangsarzt zusätzlich einen Ergänzungsbericht nach Formtext F 1008 – Ergänzungsbericht schwere Verbrennungen.

(8) Vom Ende einer besonderen Heilbehandlung gibt der Durchgangsarzt dem Unfallversicherungsträger mit Formtext F 2222 – Mitteilung D/H-Arzt: Veränderungen besondere Heilbehandlung – Nachricht.

§ 28 Inanspruchnahme eines nicht zur besonderen Heilbehandlung zugelassenen Arztes

Wird während der Durchführung einer besonderen Heilbehandlung ein anderer, hierzu nicht zugelassener Arzt in Anspruch genommen, so kann er in Fällen, in denen eine sofortige ärztliche Maßnahme dringend erforderlich ist, Leistungen erbringen, die den Rahmen des sofort Notwendigen nicht überschreiten dürfen. Diese Leistungen werden nach den Sätzen der allgemeinen Heilbehandlung vergütet. Im Übrigen hat der Arzt den Unfallverletzten an den die besondere Heilbehandlung durchführenden Arzt zu verweisen.

§ 29 Nachschau

(1) Bei den nicht in eigener Behandlung verbleibenden Unfallverletzten hat der Durchgangsarzt Nachschautermine im Durchgangsbericht bzw. Nachschaubericht zu dokumentieren und dem Unfallverletzten mitzuteilen.

(2) Der Durchgangsarzt erstattet unverzüglich einen Nachschaubericht nach Formtext F 2106, wenn zwischenzeitlich eine Behandlung durch einen anderen Arzt stattgefunden hat. Durchschrift dieses Berichtes übersendet der Durchgangsarzt unverzüglich dem behandelnden Arzt. Ist der Unfallverletzte Mitglied einer gesetzlichen Krankenkasse, erhält diese gleichfalls unverzüglich die für sie bestimmte, den Belangen des Datenschutzes angepasste Durchschrift.

(3) Der behandelnde Arzt kann von sich aus jederzeit eine Nachschau veranlassen.

(4) Eine Nachschau entfällt, wenn die Behandlung durch einen H-Arzt erfolgt.

§ 30 H-Arztverfahren

(1) H-Ärzte sind Ärzte, die als solche von den Landesverbänden der DGUV beteiligt sind.

(2) Die von den H-Ärzten zu erfüllenden Voraussetzungen im Hinblick auf fachliche Befähigung, die sächliche und persönliche Ausstattung sowie die zu übernehmenden Pflichten werden in den „Anforderungen der gesetzlichen Unfallversicherungsträger zur Beteiligung am H-Arztverfahren" festgelegt.

(3) Der H-Arzt ist verpflichtet, die Tätigkeit persönlich auszuüben. Dies gilt auch für die Auswertung der Befunde beim Einsatz der Röntgen-Diagnostik und anderer bildgebender Verfahren im unmittelbaren Zusammenhang mit der Beurteilung von Art oder Schwere der Verletzung.

§ 31 nicht besetzt

§ 32 nicht besetzt

§ 33 Befreiung von der Vorstellung beim Durchgangsarzt

Der H-Arzt ist von der Vorstellung des Unfallverletzten beim Durchgangsarzt befreit.

§ 34 nicht besetzt

§ 35 Besondere Heilbehandlung durch den H-Arzt

Der H-Arzt ist berechtigt, in den Fällen, in den im Anhang 2 aufgeführten Fällen eine besondere Heilbehandlung durchzuführen, soweit es sich nicht um eine im Verletzungsartenverzeichnis (siehe Anhang 1) aufgeführte Verletzung handelt.

§ 36 H-ärztliche Berichterstattung

(1) Der H-Arzt erstattet unverzüglich einen H-Arzt-Bericht nach Formtext F 1020. Das gilt auch bei Wiedererkrankung. Ist der Unfallverletzte Mitglied einer gesetzlichen Krankenkasse, hat der H-Arzt dieser die den datenschutzrechtlichen Belangen angepasste Durchschrift des Berichtes unverzüglich zu übersenden.

(2) Bei Unfällen mit Kopfverletzungen und Gehirnbeteiligung oder Verdacht auf Gehirnbeteiligung erstattet der H-Arzt unverzüglich zusätzlich einen Ergänzungsbericht nach Formtext F 1002 – Ergänzungsbericht Kopfverletzung. Hiervon bleibt die alsbaldige Hinzuziehung eines Neurologen unberührt.

(3) Bei Unfall mit Knieverletzungen oder Kniebinnenschaden erstattet der H-Arzt zusätzlich einen Ergänzungsbericht nach Formtext F 1004 – Ergänzungsbericht Knie – in den dort vorgesehenen Fällen.

(4) Bei Unfällen durch elektrischen Strom erstattet der H-Arzt zusätzlich einen Ergänzungsbericht nach Formtext F 1006 – Ergänzungsbericht Stromunfall.

(5) Bei schweren Verbrennungen (2. und 3. Grades) erstattet der Arzt zusätzlich einen Ergänzungsbericht nach Formtext F 1008 – Ergänzungsbericht schwere Verbrennung.

(6) Besteht wegen der Unfallverletzung über den 14. Tag nach Behandlungsbeginn hinaus Arbeitsunfähigkeit, erstattet der H-Arzt unverzüglich – und in entsprechenden Zeitfolgen – einen Bericht nach Formtext F 2108 – Verlaufsbericht H-Arzt. Bei Kindern in Kindertageseinrichtungen, Schülern und Studierenden gilt dies entsprechend bei noch bestehender Behandlungsbedürftigkeit.

(7) Vom Ende einer besonderen Heilbehandlung gibt der H-Arzt dem Unfallversicherungsträger mit Formtext F 2222 – Mitteilung D/H-Arzt: Veränderungen besondere Heilbehandlung – Nachricht.

§ 37 Verletzungsartenverfahren

(1) In Fällen, in denen eine Verletzung nach dem Verletzungsartenverzeichnis (siehe Anhang 1) vorliegt, hat der behandelnde Arzt dafür zu sorgen, dass der Unfallverletzte unverzüglich in ein von den Landesverbänden der DGUV am Verletzungsartenverfahren beteiligtes Krankenhaus überwiesen wird.

(2) Der an diesem Krankenhaus tätige Durchgangsarzt entscheidet nach Art oder Schwere der Verletzung, ob eine stationäre oder ambulante Behandlung erforderlich ist. Er kann die Behandlung ambulant durchführen, den zuweisenden oder einen anderen qualifizierten Arzt mit der ambulanten Behandlung beauftragen.

(3) Eine Überweisung nach Abs. 1 ist in den Fällen der Ziffer 8 des Verletzungsartenverzeichnisses dann nicht erforderlich, wenn es sich bei dem behandelnden Arzt um einen Handchirurgen handelt, der an der Behandlung Unfallverletzter von einem Landesverband der DGUV beteiligt ist.

(4) Der Arzt nach Abs. 2 Satz 2 oder der behandelnde Handchirurg nach Abs. 3 berichtet dem Unfallversicherungsträger unverzüglich über Übernahme, Verlauf und Abschluss der Behandlung. Die Berichte sind zu vergüten.

Die Vergütung der ärztlichen Leistungen erfolgt bei ambulanter Behandlung unmittelbar durch den Unfallversicherungsträger nach den Gebührensätzen der besonderen Heilbehandlung.

§ 38 Feststellung der Transportunfähigkeit

Hält der behandelnde Arzt den Unfallverletzten für transportunfähig, so hat er darüber auf Verlangen des Unfallversicherungsträgers eine Bescheinigung, in der die Transportunfähigkeit zu begründen ist, auszustellen.

IV. Regelungen bei Augen- und Hals-Nasen-Ohren-Verletzungen

§ 39 Überweisungspflicht an den Augen-/HNO-Arzt

(1) Bei Vorliegen einer Verletzung im Bereich von Augen oder Hals, Nasen, Ohren, ist der Arzt verpflichtet, den Unfallverletzten unverzüglich einem entsprechenden Facharzt zur Untersuchung vorzustellen.

(2) Diese Vorstellung ist nicht erforderlich, wenn sich durch die vom zuerst in Anspruch genommenen Arzt geleistete Erstbehandlung eine weitere fachärztliche Behandlung erübrigt.

(3) Für die Überweisung hat der Arzt den Formtext F 2900 – ÜV – zu verwenden.

§ 40 Berichterstattung des Augen-/HNO-Arztes

(1) Der Augen- oder HNO-Arzt untersucht und behandelt den Unfallverletzten auf seinem Fachgebiet und erstattet dem Unfallversicherungsträger unverzüglich ohne besondere Anforderung den Augenarztbericht nach Formtext F 1030 bzw. den Hals-Nasen-Ohren-Arzt-Bericht nach Formtext F 1040 und übersendet der Krankenkasse die den datenschutzrechtlichen Belangen angepasste Durchschrift des Berichtes, sofern der Unfallverletzte Mitglied einer gesetzlichen Krankenkasse ist.

(2) Abs. 1 gilt auch bei Wiedererkrankungen.

V. Verfahren zur Früherfassung berufsbedingter Hauterkrankungen (Hautarztverfahren)

§ 41 Vorstellungspflicht beim Hautarzt

(1) Jeder Arzt ist verpflichtet, einen Versicherten mit krankhaften Hautveränderungen, bei dem die Möglichkeit besteht, dass daraus eine Hauterkrankung durch eine berufliche Tätigkeit im Sinne der Berufskrankheitenverordnung entsteht, wiederauflebt oder sich verschlimmert, unverzüglich einem Hautarzt mit Formtext F 2900 – UV – vorzustellen.

(2) Der Hautarzt untersucht den Versicherten. Er erstattet unverzüglich den Hautarztbericht – Einleitung Hautarztverfahren/Stellungnahme Prävention – nach Formtext F 6050 dem Unfallversicherungsträger und übersendet Durchschriften dem behandelnden Arzt und der Krankenkasse.

(3) Der Unfallversicherungsträger teilt dem Hausarzt unverzüglich mit, ob und ab welchem Zeitpunkt eine Heilbehandlung zu Lasten des Unfallversicherungsträgers durchzuführen ist.

§ 42 Wiedervorstellungspflicht

Soweit es aus Gründen der Diagnostik erforderlich ist, kann der Hautarzt den Krankheitsverlauf durch Wiedervorstellung des Versicherten überwachen. Er hat unverzüglich den Hautarztbericht – Behandlungsverlauf – nach Formtext F 6052 dem Unfallversicherungsträger zu erstatten und Durchschriften dem behandelnden Arzt und der Krankenkasse zu übersenden.

§ 43 Hauttestungen

(1) Der Hautarzt ist berechtigt, Tests durchzuführen, die zur Klärung des Ursachenzusammenhangs zwischen der Hauterkrankung und der beruflichen Tätigkeit erforderlich sind.

(2) Testungen sind auf das für die Erstattung des Hautarztberichts erforderliche Maß zu beschränken. Darüber hinausgehende Testungen bedürfen der Zustimmung des Unfallversicherungsträgers.

VI. Berufskrankheiten

§ 44 Ärztliche Anzeige einer Berufskrankheit

(1) Hat ein Arzt den begründeten Verdacht, dass bei einem Versicherten eine Berufskrankheit besteht, so erstattet er dem Unfallversicherungsträger unverzüglich die nach § 202 SGB VII vorgesehene Anzeige.

(2) Der Arzt hat den Versicherten über den Inhalt der Anzeige zu unterrichten und ihm den Unfallversicherungsträger und die Stelle zu nennen, denen er die Anzeige übersendet (vgl. § 202 Satz 2 SGB VII).

§ 45 Mitteilung über die Einleitung einer Behandlung bei Berufskrankheiten

Der Unfallversicherungsträger teilt dem anzeigenden Arzt unverzüglich mit, ob und ab welchem Zeitpunkt Heilbehandlung zulasten des Unfallversicherungsträgers durchzuführen ist.

VII. Auskünfte, Berichte, Aufzeichnungen, Gutachten

§ 46 Auskunftspflicht des Arztes

(1) Der Arzt, der die Erstversorgung geleistet oder den Versicherten behandelt hat (§ 34 SGB VII), erstattet dem Unfallversicherungsträger die Auskünfte, Berichte und Gutachten, die dieser im Vollzuge seiner gesetzlichen Aufgaben von ihm einholt (§ 201 SGB VII). Die Auskunftspflicht nach § 201 SGB VII beschränkt sich auf die Daten über die Behandlung und den Zustand des Versicherten sowie andere personenbezogene Daten, soweit sie für Zwecke der Heilbehandlung und die Erbringung sonstiger Leistungen erforderlich sind.

(2) Die Auskunftspflicht der Ärzte, die nicht an der Heilbehandlung nach § 34 SGB VII beteiligt sind, bestimmt sich nach § 203 SGB VII.

§ 47 Arbeitsunfähigkeits-Bescheinigung

(1) Der zulasten eines Unfallversicherungsträgers behandelnde Arzt ist verpflichtet, die Bescheinigungen, die der Unfallverletzte zum Nachweis der Arbeitsunfähigkeit benötigt, auszustellen.

(2) Er ist weiterhin verpflichtet, dem Träger der gesetzlichen Krankenversicherung unverzüglich die Bescheinigungen über die Arbeitsunfähigkeit mit Angaben über den Befund und die voraussichtliche Dauer der Arbeitsunfähigkeit zu übersenden.

§ 48 Anforderung von Gutachten

(1) Der Unfallversicherungsträger entscheidet darüber, ob das vereinbarte Formulargutachten oder ob ein freies Gutachten zu erstellen ist.

(2) Der Versicherte ist vom Arzt zu unterrichten über:

1. den Erhebungszweck der Daten und die Auskunftspflicht gegenüber dem Unfallversicherungsträger und

2. das Recht, vom Unfallversicherungsträger verlangen zu können, über die von den Ärzten übermittelten Daten unterrichtet zu werden (vgl. § 201 SGB VII).

§ 49 Fristen für Erstattung von Berichten und Gutachten

(1) Der Arzt ist im Interesse des Unfallverletzten zu pünktlicher Berichterstattung verpflichtet. Die Frist beträgt vom Tage des Eingangs der Anforderung ab gerechnet für Auskünfte und Berichte längstens acht Werktage. § 18 Abs. 3 bleibt unberührt.

(2) Für Gutachten gilt eine Frist von längstens drei Wochen. Für den Fall, dass es dem mit der Begutachtung beauftragten Arzt nicht möglich ist, das Gutachten innerhalb der genannten Frist bzw. des im Gutachtenauftrag genannten Termins zu erstatten, ist der Unfallversicherungsträger unverzüglich zu benachrichtigen.

§ 50 Ärztliche Aufzeichnungspflichten

Der Arzt ist verpflichtet, Aufzeichnungen über die Entstehung der Unfallverletzung, den Befund und den Verlauf der Heilbehandlung zu machen.

VIII. Allgemeine Regelungen für die Vergütung

§ 51 Leistungsverzeichnis und Vergütungsregelung

(1) Die Vergütung für ärztliche Leistungen richtet sich nach dem vereinbarten Leistungs- und Gebührenverzeichnis (Anlage zum Vertrag).

(2) Ärztliche Leistungen des Durchgangsarztes nach den §§ 27 und 29 werden nach den Gebührensätzen der besonderen Heilbehandlung vergütet.

(3) Für Behandlungsleistungen, die ein Arzt unter Missachtung der in den §§ 26, 37, 39 und 41 geregelten Vorstellungs- und Überweisungspflichten selbst durchführt, besteht kein Vergütungsanspruch.

§ 52 Ständige Gebührenkommission

(1) Für die Festlegung, Einordnung und Bewertung von Leistungen, die im Leistungs- und Gebührenverzeichnis nicht enthalten sind, sowie für die Auslegung und die Weiterentwicklung des Leistungs- und Gebührenverzeichnisses ist eine ständige Kommission zuständig.

(2) Die Beschlüsse der ständigen Kommission sind von den Vertragspartnern bekanntzugeben.

(3) Die bekanntgegebenen Beschlüsse der ständigen Kommission sind bis zur Beschlussfassung über die förmliche Änderung des Vertrages für die Vertragspartner bindend.

§ 53 Zahnärztliche Leistungen von Mund-, Kiefer- und Gesichtschirurgen

Erbringen Mund-, Kiefer- und Gesichtschirurgen zahnärztliche Leistungen, die in dem Leistungs- und Gebührenverzeichnis dieses Vertrages nicht aufgeführt sind, so werden diese Leistungen nach den Regelungen des Vertrages zwischen den Spitzenverbänden der Unfallversicherungsträger und der Kassenzahnärztlichen Bundesvereinigung in der jeweils geltenden Fassung vergütet.

§ 54 Regelungen bei stationärer Behandlung

Für die Unfallversicherungsträger gelten bei stationärer Behandlung (§ 33 Abs. 1 SGB VII) die Regelungen der Bundespflegesatzverordnung und des Krankenhausentgeltgesetzes in der jeweils geltenden Fassung. Das gilt auch für die Vergütungsregelungen zur vor- und nachstationären Behandlung.

§ 55 Vergütung ärztlicher Leistungen am Aufnahmetag

(1) Die stationäre Behandlung beginnt mit der Aufnahme in das Krankenhaus. Die am Aufnahmetag im Krankenhaus erbrachten ärztlichen Leistungen gelten als stationäre Leistungen.

(2) Für im Rahmen stationärer Behandlung außerhalb des Krankenhauses erbrachte Leistungen besteht gegenüber dem Unfallversicherungsträger kein Vergütungsanspruch, soweit diese Leistungen als Bestandteil der allgemeinen Krankenhausleistungen nach dem aktuellen DRG-Entgelttarif für Krankenhäuser im Anwendungsbereich des Krankenhausentgeltgesetzes abgegolten sind.

§ 56 Belegärztliche Behandlung

(1) Soweit bei belegärztlicher Behandlung nach dem aktuellen DRG-Entgelttarif die ärztliche Behandlung nicht abgegolten ist, kann der Belegarzt seine ärztlichen Leistungen nach diesem Vertrag unter entsprechender Anwendung der Minderungspflicht des § 6a der Gebührenordnung für Ärzte (GOÄ) abrechnen.

(2) Die belegärztliche Behandlung beginnt mit der Aufnahme in die Belegabteilung. Die am Aufnahmetag erbrachten ärztlichen Leistungen gelten als belegärztliche Leistungen, es sei denn, dass diese außerhalb des Krankenhauses erbracht werden.

(3) Ein Belegarzt darf für eine Auftragsleistung, eine Konsiliaruntersuchung oder eine Mitbehandlung einen Arzt hinzuziehen, wenn das betreffende Fach am Krankenhaus nicht vertreten ist.

(4) Zugezogene Ärzte rechnen ihre ärztlichen Leistungen gegenüber dem Unfallversicherungsträger nach diesem Vertrag direkt ab. Bei Leistungserbringung im Krankenhaus gilt die Minderungspflicht entsprechend § 6a GOÄ.

IX. Regelungen für Auskünfte, Bescheinigungen, Berichte und Gutachten

§ 57 Berichts- und Gutachtenpauschalen

(1) Die Gebühren für Auskünfte, Bescheinigungen, Formtexte, Berichte und Gutachten sind nach den Nrn. 110 ff des Leistungs- und Gebührenverzeichnisses zu zahlen.

(2) Unvollständige Auskünfte, Bescheinigungen, Berichte und Gutachten werden nicht vergütet.

(3) Für Ärztliche Erstberichte (Formtexte F 1000, F 1010, F 1020, F 1030, F 1040, F 1050, F 6050), die nicht unverzüglich erstattet werden, besteht grundsätzlich kein Anspruch auf die Berichtsgebühr. Eine unverzügliche Berichterstattung liegt jedenfalls dann nicht mehr vor, wenn der Bericht später als acht Werktage beim Unfallversicherungsträger eingeht. Die Frist beginnt mit der Erstbehandlung zu Lasten des Unfallversicherungsträgers.

(4) Bei elektronischer Übermittlung gilt die Sendebestätigung als Versandnachweis.

§ 58 Vereinbarte Formtexte

(1) Andere als zwischen den Vertragspartnern vereinbarte Formtexte dürfen nicht verwendet werden.

(2) Beim Einsatz DV-gestützter Textverarbeitung muss sichergestellt sein, dass die Ausdrucke mit den vereinbarten Formtexten identisch sind.

(3) Soweit auf Durchschriften von vereinbarten Formtexten, die für Dritte bestimmt sind, aus Gründen des Datenschutzes Datenfelder durch Schwärzungen unkenntlich gemacht sind, ist beim Einsatz DV-gestützter Textverarbeitung sicherzustellen, dass auf den für die dritten Stellen bestimmten Ausdrucken die entsprechenden Daten unterdrückt werden.

§ 59 Überschreitung der Gebührenhöchstsätze bei Gutachten

Die Höchstsätze für frei erstattete Gutachten (Nrn. 160, 161, 165 des Leistungs- und Gebührenverzeichnisses) dürfen bei Vorliegen besonderer Gründe und mit vorheriger Zustimmung des Unfallversicherungsträgers überschritten werden. Lehnt dieser einen dahingehenden vom Arzt gestellten Antrag ab, so ist das Gutachten zu den Sätzen nach Nr. 160 bzw. 161 bzw. 165 des Leistungs- und Gebührenverzeichnisses zu honorieren. Falls der Arzt damit nicht einverstanden ist, gibt er den Gutachtenauftrag unverzüglich an den Unfallversicherungsträger zurück.

§ 60 Gebühren für die zum Zwecke der Begutachtung vorgenommenen ärztlichen Leistungen

Ärztliche Leistungen, die im Zusammenhang mit Begutachtungen erbracht werden, werden nach den Gebührensätzen für die besondere Heilbehandlung vergütet.

X. Regelungen bei Hinzuziehung zur Klärung der Diagnose und/oder Mitbehandlung einschließlich Berichterstattung

§ 61 Berichterstattung

(1) Ein Arzt, der nach § 12 hinzugezogen wird, erstattet unverzüglich einen Befundbericht. Dieser ist dem hinzugezogenen Arzt zuzusenden. Der Unfallversicherungsträger erhält eine Kopie. Entsprechendes gilt auch für den vom Belegarzt nach § 56 Abs. 3 hinzugezogenen Arzt.

(2) Der Bericht ist Bestandteil der Leistung. Für eine im begründeten Einzelfall erforderliche weitergehende Berichterstattung gelten die Nummern 110 ff. UV-GOÄ.

§ 62 Vergütung ärztlicher Leistungen bei Hinzuziehung zur Klärung der Diagnose und/oder Mitbehandlung

Bei Hinzuziehung nach § 12 im Rahmen ambulanter Behandlung richtet sich die Höhe der Vergütung (Gebührensatz der allgemeinen oder besonderen Heilbehandlung) nach Maßgabe der Einstufung des Behandlungsfalles durch den Durchgangsarzt, den H-Arzt und den Handchirurgen nach § 37 Abs. 3. Entsprechendes gilt bei Hinzuziehung im Rahmen belegärztlicher

Behandlung. In allen anderen Fällen erfolgt die Vergütung nach den Gebührensätzen der allgemeinen Heilbehandlung. Bei Leistungserbringung im Krankenhaus gilt die Minderungspflicht entsprechend § 6a GOÄ.

§ 63 nicht besetzt

XI. Rechnungslegung und Bezahlung

§ 64 Rechnungslegung

(1) Die Rechnung des Arztes an den Unfallversicherungsträger muss enthalten:

1. die Personaldaten des Unfallverletzten,

2. den Unfalltag,

3. den Unfallbetrieb (Name und Anschrift des Arbeitgebers, der Kindertageseinrichtung, der Schule oder Hochschule; handelt es sich um den Arbeitsunfall einer Pflegeperson, so ist als Unfallbetrieb der/die Pflegebedürftige anzugeben),

4. das Datum der Erbringung der Leistung,

5. die entsprechende Nummer im Leistungs- und Gebührenverzeichnis,

6. den jeweiligen Betrag, der im Leistungs- und Gebührenverzeichnis aufgeführt ist.

Die Rechnungslegung soll grundsätzlich nach Abschluss der Behandlung erfolgen. Bei längerer Behandlungsdauer sollte der Abrechnungszeitraum vier Wochen nicht unterschreiten.

(2) Die Forderung der Vorauszahlung der Gebühr und die Erhebung durch Nachnahme sind unzulässig.

(3) Änderungen von Rechnungen sind vom Unfallversicherungsträger dem Arzt gegenüber zu begründen.

§ 65 Zahlungsfrist

Arztrechnungen sind unverzüglich, spätestens innerhalb einer Frist von vier Wochen zu begleichen. Ist dies aus besonderen Gründen nicht möglich, ist der Arzt vom Unfallversicherungsträger unter Angabe der Gründe zu benachrichtigen.

XII. Schlichtungsstelle, Schiedsamt, Inkrafttreten/Kündigung des Vertrages und Übergangsregelungen

§ 66 Schlichtungsstelle

(1) Zur einvernehmlichen Klärung von Fragen, die sich aus der Auslegung des Vertrages ergeben, werden – soweit nicht die Ständige Gebührenkommission nach § 52 zuständig ist – Schlichtungsstellen bei den Landesverbänden der DGUV für deren Gebiet gebildet.

(2) Eine Schlichtungsstelle besteht aus je vier Vertretern der zuständigen Kassenärztlichen Vereinigung und des zuständigen Landesverbandes der DGUV. Jede Partei bestimmt ihre Vertreter. Die Schlichtungsstelle gibt sich eine Verfahrensordnung.

(3) Die Schlichtungsstelle wird auf Antrag einer Kassenärztlichen Vereinigung oder eines Landesverbandes der DGUV tätig.

(4) Die Entscheidungen der Schlichtungsstelle sind für die Betroffenen verbindlich, wenn sie ihr nicht widersprechen. Kann eine Einigung nicht einvernehmlich herbeigeführt werden, ist die Schlichtungsstelle verpflichtet, die Partner dieses Vertrages zu informieren, damit eine Regelung getroffen werden kann.

(5) Entscheidungen der Schlichtungsstellen sind den Partnern dieses Vertrages bekanntzugeben.

§ 67 Schiedsamt

(1) Gemäß § 34 Absatz 6 SGB VII bilden die Vertragspartner ein Schiedsamt.

(2) Das Schiedsamt besteht aus 3 Vertretern der Kassenärztlichen Bundesvereinigung und 3 Vertretern der Verbände der Unfallversicherungsträger sowie einem unparteiischen Vorsitzenden und 2 weiteren unparteiischen Mitgliedern. § 89 Absatz 3 SGB V sowie die auf Grund des § 89 Absatz 6 SGB V erlassenen Rechtsverordnungen gelten entsprechend.

(3) Das Schiedsamt entscheidet auf Antrag der Kassenärztlichen Bundesvereinigung oder der Verbände der Unfallversicherungsträger in Fällen des nicht Zustandekommens oder teilweise nicht Zustandekommens eines Vertrages nach § 34 Absatz 3 SGB VII. Das Schiedsamt legt in diesen Fällen mit der Mehrheit seiner Mitglieder innerhalb von 3 Monaten den Vertragsinhalt fest.

(4) Die Geschäftsführung für das Schiedsamt obliegt der DGUV.

§ 68 Kündigungsfrist

(1) Der Vertrag kann mit sechsmonatiger Frist zum Schluss eines jeden Kalenderjahres, das Leistungs- und Gebührenverzeichnis (§ 51) mit einer Frist von 6 Wochen zum Schluss eines jeden Kalenderhalbjahres gekündigt werden.

(2) Wird der Vertrag gekündigt, ist dies dem zuständigen Schiedsamt (§ 67) schriftlich mitzuteilen.

(3) Kommt bis zum Ablauf eines Vertrages ein neuer Vertrag ganz oder teilweise nicht zustande, setzt ein Schiedsamt mit der Mehrheit seiner Mitglieder innerhalb von 3 Monaten nach Vertragsablauf den neuen Inhalt fest. In diesem Fall gelten die Bestimmungen des bisherigen Vertrages bis zur Entscheidung des Schiedsamts vorläufig weiter.

§ 69 Inkrafttreten, Übergangsregelungen

(1) Dieser Vertrag tritt am 01. April 2008 in Kraft. Die zwischen dem 1. Mai 2001 und dem 31. März 2008 gefassten Beschlüsse der Gebührenkommission nach § 52 werden ab 1. April 2008 verbindlicher Bestandteil des Leistungs- und Gebührenverzeichnisses nach § 51 (Anlage zum Vertrag). Gleichzeitig tritt der Vertrag Ärzte/Unfallversicherungsträger vom 01. Mai 2001 außer Kraft.

(2) Die bis einschließlich 31.03.2008 erbrachten Leistungen sind nach den Vorschriften des Vertrags in der Fassung vom 01. Mai 2001 abzurechnen.

(3) Ärzte, die nach dem 01. Mai 2001 beteiligt waren, sind auch nach diesem Vertrag beteiligt.

Berlin / Kassel, den 16. Januar 2008

Deutsche Gesetzliche Unfallversicherung e.V.

Bundesverband der landwirtschaftlichen Berufsgenossenschaften e.V.

Kassenärztliche Bundesvereinigung K.d.ö.R.

Anhang 1

zum Vertrag Ärzte/Unfallversicherungsträger in der ab 01. April 2008 gültigen Fassung

Verletzungsartenverzeichnis

1. Ausgedehnte oder tiefgehende Verletzungen der Haut und des Weichteilmantels, Amputationsverletzungen, Muskelkompressionssyndrome, thermische und chemische Schädigungen

2. Verletzungen der großen Gefäße

3. Verletzungen der großen Nervenbahnen einschl. Wirbelsäulenverletzungen mit neurologischer Symptomatik

4. Offene oder gedeckte Schädel-Hirnverletzungen (ab SHT Grad II)

5. Brustkorbverletzungen mit Organbeteiligung

6. Bauchverletzungen mit operationsbedürftiger Organbeteiligung einschl. Nieren und Harnwege

7. Operativ rekonstruktionsbedürftige Verletzungen großer Gelenke (mit Ausnahme isolierter Bandverletzung des oberen Sprunggelenks sowie isoliertem Riss des vorderen Kreuzbandes und unkomplizierter vorderer Schulterinstabilität)

8. Schwere Verletzungen der Hand

9. Komplexe Knochenbrüche, insbesondere mehrfache, offene und verschobene Frakturen

10. Alle Verletzungen und Verletzungsfolgen mit Komplikationen, fehlendem Heilungsfortschritt und/oder Korrekturbedürftigkeit.

Ergänzende „Erläuterungen zum Verletzungsartenverzeichnis" geben zusätzliche Hinweise für die Zuordnung bestimmter Verletzungen.

Anhang 2

zum Vertrag Ärzte/Unfallversicherungsträger in der ab 01. April 2008 gültigen Fassung

Bei Vorliegen einer der nachfolgend aufgeführten Verletzungen kann der H-Arzt besondere Heilbehandlung durchführen, soweit es sich nicht um eine Verletzung nach dem Verletzungsartenverzeichnis (siehe Anhang 1) handelt:

1. Offene, scharfrandige bis in die Muskulatur hineinreichende Weichteilverletzungen ohne Neven- und Sehnenbeteiligung

2. Lokalisierte, oberflächennahe, einschmelzende Entzündungen nach Unfallverletzungen, ohne Gelenkbeteiligung

3. Ausgedehnte Verbrennungen zweiten Grades oder kleinflächige Verbrennungen dritten Grades

4. Muskelrisse, die keine operative Behandlung erfordern

5. Schwere Prellungen, Quetschungen, Stauchungen und Zerrungen von Gelenken mit intraartikulärer oder stark periartikulärer Blutung mit Ausnahme von Schulter- und Kniegelenk

6. Knochenbrüche mit Ausnahme von Gelenkfrakturen und gelenknahen Frakturen bei Kindern

7. Verrenkungen mit Ausnahme von Verrenkungen des Schulter- und Kniegelenkes.

Anhang 3

zum Vertrag Ärzte/Unfallversicherungsträger in der ab 01. April 2008 gültigen Fassung

Auszug aus dem SGB VII - Datenschutz

§ 201 Datenerhebung und Datenverarbeitung durch Ärzte

(1) Ärzte und Zahnärzte, die an einer Heilbehandlung nach § 34 beteiligt sind, erheben, speichern und übermitteln an die Unfallversicherungsträger Daten über die Behandlung und den Zustand des Versicherten sowie andere personenbezogene Daten, soweit dies für Zwecke der Heilbehandlung und die Erbringung sonstiger Leistungen erforderlich ist. Ferner erheben, speichern und übermitteln sie die Daten, die für ihre Entscheidung, eine Heilbehandlung nach § 34 durchzuführen, maßgeblich waren. Der Versicherte kann vom Unfallversicherungsträger verlangen, über die von den Ärzten übermittelten Daten unterrichtet zu werden. § 25 Abs. 2 SGB X gilt entsprechend. Der Versicherte ist von den Ärzten über den Erhebungszweck, ihre Auskunftspflicht nach den Sätzen 1 und 2 sowie über sein Recht nach Satz 3 zu unterrichten.

(2) Soweit die für den medizinischen Arbeitsschutz zuständigen Stellen und die Krankenkassen Daten nach Absatz 1 zur Erfüllung ihrer Aufgaben benötigen, dürfen die Daten auch an sie übermittelt werden.

§ 203 Auskunftspflicht von Ärzten

(1) Ärzte und Zahnärzte, die nicht an einer Heilbehandlung nach § 34 beteiligt sind, sind verpflichtet, dem Unfallversicherungsträger auf Verlangen Auskunft über die Behandlung, den Zustand sowie über Erkrankungen und frühere Erkrankungen des Versicherten zu erteilen, soweit dies für die Heilbehandlung und die Erbringung sonstiger Leistungen erforderlich ist. Der Unfallversicherungsträger soll Auskunftsverlangen zur Feststellung des Versicherungsfalls auf solche Erkrankungen oder auf solche Bereiche von Erkrankungen beschränken, die mit dem Versicherungsfall in einem ursächlichen Zusammenhang stehen können. § 98 Abs. 2 Satz 2 SGB X gilt entsprechend.

(2) Die Unfallversicherungsträger haben den Versicherten auf ein Auskunftsverlangen nach Absatz 1 sowie auf das Recht, auf Verlangen über die von den Ärzten übermittelten Daten unterrichtet zu werden, rechtzeitig hinzuweisen. § 25 Abs. 2 SGB X gilt entsprechend.

3 Gemeinsame Richtlinien der Verbände der Unfallversicherungsträger über Hilfsmittel (UV-Hilfsmittelrichtlinien)

1 Rechtsgrundlagen

1.1 Nach Eintritt eines Versicherungsfalles (§ 7 Abs. 1 SGB VII) sind vom Unfallversicherungsträger im Rahmen der Heilbehandlung einschließlich Leistungen zur medizinischen Rehabilitation, der Leistungen zur Teilhabe am Arbeitsleben sowie der Leistungen zur Teilhabe am Leben in der Gemeinschaft die erforderlichen Hilfsmittel nach Maßgabe der §§ 10, 17, 22, 29 SGB I; §§ 26, 27, 31, 33 Abs. 1, 35 und 39 SGB VII zu bewilligen. Hilfsmittel kommen auch nach § 3 Abs. 1 BeKV i.V.m. §§ 26 Abs. 2 Nr. 6, 31 SGB IX in Betracht, wenn für einen Versicherten die Gefahr besteht, dass eine Berufskrankheit entsteht, wiederauflebt oder sich verschlimmert.

Voraussetzungen, Art und Umfang der Ausstattung mit Hilfsmitteln sind gemäß § 31 Abs. 2 SGB VII durch die Verordnung über die orthopädische Versorgung Unfallverletzter vom 18. Juli 1973 (VO73) näher geregelt.

Für die Versorgung mit Kraftfahrzeugen gelten § 6 Abs. 2 und 3 VO 73, die Verordnung über Kraftfahrzeughilfe zur beruflichen Rehabilitation vom 1. Oktober 1987 (KfzHV) sowie die Richtlinien über Kraftfahrzeughilfe in der gesetzlichen Unfallversicherung vom 1. Januar 1997.

Als Gesundheitsschaden gilt auch die Beschädigung oder der Verlust eines Hilfsmittels (§ 8 Abs. 3 SGB VII).

1.2 Bei Ausstattung mit Hilfsmitteln im Geltungsbereich des Europäischen Wirtschaftsraumes (EWR) bzw. in Staaten, mit denen ein Sozialversicherungsabkommen besteht, gelten etwaige Sonderregelungen der EWG-Verordnungen oder des jeweiligen Abkommens zur Sachleistungsaushilfe. Im übrigen Ausland gilt § 97 SGB VII.

2 Ziel und Art der Versorgung mit Hilfsmitteln

Die Versicherten sind mit den Hilfsmitteln zu versorgen, die wegen des Gesundheitsschadens erforderlich sind. Diese sollen eine drohende Behinderung abwenden, ausgefallene Körperfunktionen ersetzen, beeinträchtigte ausgleichen und die Auswirkungen im medizinischen, beruflichen, schulischen und sozialen Bereich erleichtern. Hilfsmittel sind insbesondere Kunstglieder, Kunstaugen, Zahnersatz und andere künstliche Körperteile, Stützapparate, orthopädisches Schuhwerk, Stockstützen und andere Gehhilfen, Rollstühle, Kraftfahrzeuge, Hilfsmittel und Geräte zur Unterstützung oder zum Ersatz von Körperfunktionen, Perücken, Gebrauchsgegenstände des täglichen Lebens und technische Arbeitshilfen, die der Überwindung der Verletzungsfolgen dienen, Zubehör, das dem Zweck des Hilfsmittels dient und ohne das das Hilfsmittel nicht sachgerecht benutzt werden kann, Blindenführhunde.

2.1 Medizinische Rehabilitation

Hilfsmittel sollen insbesondere

– eine drohende Berufskrankheit verhüten
– den Erfolg der Heilbehandlung sichern oder die Folgen von Gesundheitsschäden mildern oder ausgleichen und Verschlimmerungen vorbeugen,
– eine körperliche Behinderung ausgleichen
– die Auswirkungen der Verletzungsfolgen erleichtern und
– die Versicherten, soweit wie möglich, unabhängig von Pflege machen.

2.2 Teilhabe am Arbeitsleben

Hilfsmittel dienen insbesondere

- der Erhaltung oder Erlangung eines Arbeitsplatzes,
- der Förderung der Arbeitsaufnahme,
- der individuellen Anpassung des Arbeitsplatzes und der Arbeitsbedingungen sowie der Einrichtungen und Geräte an das eingeschränkte Leistungsvermögen des Versicherten,
- dem Erreichen des Arbeits- und Ausbildungsortes,
- der erhöhten Sicherheit auf dem Wege zum und vom Arbeits-/Ausbildungsort und am Arbeitsplatz selbst und
- der Leistungen zur Teilhabe am Arbeitsleben.

Für Kinder und Jugendliche kommen entsprechende Hilfsmittel in Betracht, um sie auf den Schulbesuch vorzubereiten oder ihnen eine angemessene Schulbildung zu ermöglichen.

2.3 Teilhabe am Leben in der Gemeinschaft

Hilfsmittel dienen insbesondere dazu,

- die Wohnung des Versicherten behinderungsgerecht auszustatten,
- den Versicherten die Versorgung des Haushaltes und sonstige Verrichtungen des täglichen Lebens sowie die Verständigung mit der Umwelt zu erleichtern und
- ihre Teilnahme am gesellschaftlichen und kulturellen Leben, insbesondere die dazu erforderliche Mobilität, sicherzustellen.

3 Allgemeine Leistungsgrundsätze

3.1 Versicherte haben einen Rechtsanspruch auf die erforderliche Versorgung mit Hilfsmitteln als Leistung zur Rehabilitation und zur Teilhabe.

3.2 Dem Unfallversicherungsträger ist hinsichtlich der Art und des Umfanges der Versorgung mit Hilfsmitteln und Hilfen ein Auswahlermessen eingeräumt, soweit nicht die VO 73 eine abschließende Regelung trifft.

Der Unfallversicherungsträger hat sein Ermessen entsprechend dem Zweck der Ermächtigung auszuüben und die gesetzlichen Grenzen des Ermessens einzuhalten (§ 39 SGB I).

Die Ausübung des Ermessens hat sich an dem „mit allen geeigneten Mitteln" anzustrebenden Rehabilitationsziel auszurichten. Dabei sind Art und Schwere des Gesundheitsschadens, die persönlichen, familiären, beruflichen und schulischen Verhältnisse der Versicherten, ihr Bedarf, ihre Leistungsfähigkeit, die örtlichen Verhältnisse sowie ihre angemessenen Wünsche zu berücksichtigen (§ 33 SGB I).

Die Grundsätze der Wirtschaftlichkeit und Sparsamkeit sind zu beachten §§ 69 SGB IV.

3.3 Die Versicherten sind verpflichtet, sich mit dem Gebrauch der Hilfsmittel vertraut zu machen und sich der dazu etwa erforderlichen Ausbildung auf Kosten des Unfallversicherungsträgers zu unterziehen. Daneben haben sie auch im Rahmen der § 60 ff. SGB I bei der Leistungsfeststellung und -erbringung mitzuwirken.

In die Ausbildung sind bei Bedarf betreuende Personen einzubeziehen, mit deren Hilfe die Versicherten in die Lage versetzt werden, das Hilfsmittel sachgerecht zu benutzen.

3.4 Soweit nach § 36 Abs. 2 SGB V für Hilfsmittel Festbeträge festgesetzt sind, gelten die nach § 36 Abs. 1 SGB V festgelegten Leistungsbeschreibungen, sofern mit diesen Hilfsmittein das Ziel der Heilbehandlung erreicht werden kann (§§ 31 Abs. 1 u. 29 Abs. 1, Satz 2 SGBVII).

4 Leistungsinhalt

4.1 Die Versorgung mit Hilfsmitteln umfasst die Erstausstattung, Instandsetzung, Änderung und Ersatzschaffung sowie die Ausbildung in ihrem Gebrauch.

4.2 Kosten wegen versicherungsfallbedingt erforderlichen Änderungen an Schuhen, Bekleidung und Gebrauchsgegenständen des täglichen Lebens sowie an Hilfsmitteln sind in angemessenem Umfang zu übernehmen.

4.3 Bei Beschädigung oder Verlust eines Hilfsmittels (§ 8 Abs. 3 SGB VII) ist dieses wiederherzustellen oder zu erneuern (§ 27 Abs. 2 SGB VII).

5 Allgemeine Bestimmungen über Hilfsmittel

5.1 Hilfsmittel sollen dem allgemein anerkannten Stand der technischen Entwicklung entsprechen. Sie sind in der erforderlichen Zahl zur Verfügung zu stellen.

5.2 Vor jeder erstmaligen Bewilligung, größeren Instandsetzung oder Ersatzbeschaffung eines Hilfsmittels soll ein sachverständiger Arzt zugezogen werden, wenn es wegen der Art der Versorgung erforderlich ist. Der Arzt soll das Hilfsmittel nach Fertigstellung, in Anwesenheit der Versicherten, auch auf die Passfähigkeit und die ordnungsgemäße Herstellung (Ausführung der Arbeit, Material, Angemessenheit des Preises usw.) prüfen.

Soweit erforderlich, sollen bei Bewilligung von Hilfsmitteln Arbeitsmediziner und ggf. technische Berater beteiligt werden.

5.3 Die Hilfsmittel werden, soweit nichts anderes bestimmt ist, kostenfrei geliefert. Wünschen Versicherte eine besonders kostspielige Ausführung oder Ausstattung, die nach dem Ziel der Rehabilitation nicht gerechtfertigt ist, haben sie die zusätzlichen Kosten selbst zu tragen.

5.4 Soweit für Hilfsmittel Festbeträge nach § 31 Abs. 1 SGBVII i.V.m. § 36 Abs. 2 SGB V festgelegt sind, gelten diese, ansonsten sind die vereinbarten Preise (z.B. Bundesprothesenliste, Schuhlisten der Länder u.a.) zugrunde zu legen.

5.5 Haben Versicherte nach den Bestimmungen der Ziff. 6 dieser Richtlinien einen Eigenanteil an einem Hilfsmittel selbst zu tragen, entspricht dessen Höhe dem Betrag der in der jeweils geltenden Verordnung über die Versorgung mit Hilfsmitteln und über Ersatzleistungen nach dem Bundesversorgungsgesetz (Orthopädie – Verordnung) festgesetzt ist.

Auf Antrag kann den Versicherten, mit Rücksicht auf ihre wirtschaftlichen Verhältnisse, die Erstattung des Eigenanteils ganz oder zum Teil erlassen werden.

5.6 Haben Versicherte sich Hilfsmittel ohne vorheriges Einverständnis des Unfallversicherungsträgers beschafft oder instandsetzen lassen, kann die Übernahme der entstandenen Kosten abgelehnt werden, sofern die Beschaffung oder Instandsetzung nicht dem Ziel der Rehabilitation entspricht oder die Kosten unangemessen sind.

5.7 Hilfsmittel sind zu ersetzen, wenn sie unbrauchbar geworden sind und eine Änderung oder Instandsetzung wirtschaftlich nicht vertretbar ist.

Die Gebrauchszeit hängt vom funktionsgerechten Verschleiß ab, der von Art und Beschaffenheit des Hilfsmittels, Körperkonstitution sowie Lebensweise und beruflicher Tätigkeit des Versicherten bestimmt wird. Dabei ist die pflegliche Behandlung zu beachten.

Die Instandsetzung oder der Ersatz von Hilfsmitteln kann ganz oder teilweise verweigert werden, wenn Versicherte deren Unbrauchbarkeit durch Missbrauch vorsätzlich oder grob fahrlässig herbeigeführt haben.

5.8 Der Unfallversicherungträger kann sich an wertvollen Hilfsmitteln das Eigentum vorbehalten oder übertragen lassen. Er soll von dieser Möglichkeit bei der Bewilligung und Auftragserteilung gegenüber den Versicherten und Lieferanten durch eine entsprechende Regelung Gebrauch machen, wenn es sich um wieder verwendbare Gegenstände handelt.

5.9 Verursachen die Gesundheitsschäden außergewöhnlichen Verschleiß an Kleidung und Wäsche, sind die dadurch entstehenden Kosten durch einen monatlichen Pauschbetrag zu ersetzen. Für Voraussetzungen und Höhe der Entschädigung für Kleider- und Wäscheverschleiß gilt § 15 Bundesversorgungsgesetz entsprechend.

Die einzelnen Verschleißtatbestände ergeben sich aus der Anlage.

Ist für das Zusammentreffen von Verschleißtatbeständen, die in der Anlage geregelt sind, keine Pauschbetrag vorgesehen, ist unter Berücksichtigung der Pauschbeträge für die einzelnen Tatbestände ein Gesamtpauschbetrag festzusetzen, der den Höchstbetrag nicht überschreiten darf.

Liegen Verschleißtatbestände vor, die in der Anlage einzeln oder in Kombination nicht aufgeführt sind, kann auch ein Pauschbetrag zwischen den Mindest- und Höchstsätzen festgesetzt werden. Sollte dies den Besonderheiten eines Falles noch nicht Rechnung tragen, ist auch ein Pauschbetrag möglich, der den Höchstbetrag übersteigt, begrenzt auf den tatsächlichen Mehraufwand.

6 Nähere Bestimmungen über Hilfsmittel

6.1 Beinprothesen

6.1.1 Bei der Verordnung und Herstellung von Beinprothesen ist in der Regel die Bundesprothesenliste zugrunde zu legen. Soweit Festbeträge nach § 36 SGB V festgesetzt sind, gilt Ziff. 5.4.

6.1.2 Sie sind bei der Erstausstattung in der Regel in doppelter Zahl zu liefern, damit ein Wechsel möglich ist. Die Wechselprothese soll jedoch erst nach Anpassung an die erste Prothese geliefert werden.

6.1.3 Einseitig Beinamputierte erhalten, soweit erforderlich, bei der Erstausstattung zu jeder Prothese außer einem Prothesenschuh (ggf. Konfektionsschuh) einen Schuh für den erhaltenen Fuß kostenfrei mitgeliefert. Bei Versorgung mit einem Prothesenschuh kann auf Antrag für den erhaltenen Fuß ein weiterer Schuh (3er-Ausstattung) bewilligt werden. Bedarf dieser Fuß unabhängig vom Unfall orthopädischer Versorgung (Einlagen, orthopädischer Schuh), werden die dadurch entstehenden Mehrkosten übernommen, falls nicht ein Dritter leistungspflichtig ist.

6.1.4 Prothesenschuhe werden kostenfrei ersetzt. Einseitig Beinamputierten sind dabei Schuhe für den erhaltenen Fuß gegen Erstattung eines Eigenanteils (Ziff. 5.5) mitzuliefern.

6.1.5 Die Kosten der infolge gewöhnlicher Abnutzung erforderlichen Besohlung der Prothesenschuhe sind von dem Versicherten zu tragen.

6.1.6 Einseitig Beinamputierte, die eine Prothese nicht tragen können, erhalten als Erstausstattung für den erhaltenen Fuß Konfektionsschuhe und ein Wechselpaar. Diese Schuhe werden gegen Erstattung eines Eigenanteils (Ziff. 5.5) ersetzt.
Abs. 1 gilt auch, wenn der erhaltene Fuß orthopädischer Versorgung bedarf und nicht ein Dritter leistungspflichtig ist.

Bei den Kosten für die Konfektionsschuhe soll regelmäßig von einer mittleren Preislage ausgegangen werden.

6.1.7 Eine wasserfeste Gehhilfe (Badeprothese) kann zusätzlich bewilligt werden.

6.2   Armprothesen

6.2.1 Bei der Verordnung und Herstellung von Armprothesen ist in der Regel die Bundesprothesenliste zugrunde zu legen. Soweit Festbeträge nach § 36 SGB V festgesetzt sind, gilt Ziff. 5.4.

6.2.2 Bei der Bewilligung von Prothesen (Funktionsprothesen und Kosmetikprothesen), Hand- und Fingerersatzstücken, sind medizinische, berufliche, schulische und soziale Gesichtspunkte zu berücksichtigen. Voraussetzung für die Bewilligung willkürlich beweglicher Prothesen oder ähnlicher Sonderkonstruktionen ist außerdem die physische Eignung der Versicherten.

6.2.3 Armprothesen werden regelmäßig in einfacher Anzahl bewilligt. Aus Gründen der Teilhabe am Arbeitsleben oder zur Verbesserung der durch den Versicherungsfall geschaffenen Lage kann eine zweite Prothese geliefert werden. Dies soll jedoch erst nach Anpassung an die erste Prothese geschehen.

6.2.4 Künstlicher Ersatz von Fingern oder eines Teiles der Mittelhand ist zu bewilligen, wenn er die Greiffähigkeit verbessert oder aus ästhetischen Gesichtspunkten erforderlich ist.

6.3   Stützapparate

6.3.1 Stützapparte, Schienen und ähnliche Hilfsmittel werden in einfacher, in begründeten Fällen in doppelter Zahl geliefert.

6.4   Orthopädische Schuhe

6.4.1 Bei der Verordnung und Herstellung ist in der Regel die Bundesschuhliste zugrunde zu legen. Soweit Festbeträge nach § 36 SGB V festgesetzt sind, gilt Ziff. 5.4.

6.4.2 Orthopädische Schuhe sind für den einzelnen Fuß nach Maß und Modell angefertigte Schuhe, die zur Bettung, Entlastung und Stützung des geschädigten Fußes, zum Defektausgleich oder zur Korrektur besonders hergerichtet oder mit Feststellungs- und Abrollhilfen versehen und dadurch geeignet sind, das Gehvermögen zu bessern oder Beschwerden zu beheben.

6.4.3 Orthopädische Straßenschuhe sind bei der Erstausstattung in der Regel in doppelter Zahl zu liefern. Die Wechselschuhe sollen jedoch erst nach Anpassung an das erste Paar Schuhe geliefert werden.

6.4.4 Versicherte, die nur einseitig mit orthopädischen Straßenschuhen zu versorgen sind, erhalten, soweit erforderlich, bei der Erstausstattung zu jedem orthopädischen Schuh einen Schuh für den nicht verletzten Fuß kostenfrei mitgeliefert. Auf Antrag kann auch für den nicht verletzten Fuß ein weiterer Schuh (3er-Ausstattung) geliefert werden. Bedarf dieser Fuß unabhängig vom Versicherungsfall orthopädischer Versorgung (Einlagen, orthopädischer Schuh), werden die dadurch entstehenden Mehrkosten übernommen, falls nicht ein Dritter leistungspflichtig ist.

6.4.5 Orthopädische Schuhe sind bei Bedarf kostenfrei zu setzen. Einseitig Fußverletzten sind dabei Schuhe für den nicht verletzten Fuß gegen Erstattung eines Eigenanteils (Ziff. 5.5) mitzuliefern. Bedarf dieser Fuß unabhängig vom Versicherungsfall orthopädischer Versorgung und ist ein Dritter leistungspflichtig, gilt Satz 2 nur dann, wenn sich der Dritte an den Kosten beteiligt. Die Kosten der infolge gewöhnlicher Abnutzung erforderlichen Besohlung der orthopädischen Schuhe sind von den Versicherten zu tragen.

6.4.6 Die mit orthopädischen Straßenschuhen zu versorgenden Versicherten können zusätzlich orthopädische Hausschuhe, orthopädische Badeschuhe sowie orthopädische Sportschuhe zur Ausübung geeigneter Sportarten erhalten.

Sind Versicherte, die mit orthopädischen Straßenschuhen zu versorgen sind, an ihrem Arbeitsplatz auf das Tragen von Sicherheitsschuhen angewiesen, erhalten sie zusätzlich orthopädische Schuhe mit Merkmalen von Sicherheitsschuhen. Diese können bei der Erstausstattung in doppelter Zahl geliefert werden.

Orthpädische Hausschuhe, Badeschuhe und Sportschuhe werden bei der Erstausstattung nur einfach gewährt. Dabei wird für den nicht verletzten Fuß ein Schuh kostenlos mitgeliefert. Für Ersatz und Instandsetzung der Schuhe gilt Ziff. 6.4.5 entsprechend.

6.5 Handschuhe

6.5.1 Bei schweren Handverletzungen, die Verstümmelungen, Lähmungen, Versteifungen, erhebliche Durchblutungsstörungen oder ähnliche Folgen verursacht haben, sind als Kälte- oder Narbenschutz oder aus ästhetischen Gesichtspunkten gefütterte oder ungefütterte Handschuhe, auch Arbeitshandschuhe oder -fäustlinge zu bewilligen. Die Handschuhe werden kostenfrei ersetzt. Bedarf die nicht verletzte Hand unabhängig vom Versicherungsfall orthopädischer Versorgung, werden die dadurch entstehenden Kosten übernommen, falls nicht ein Dritter leistungspflichtig ist.

6.5.2 Für die nicht verletzte Hand wird bei Erstausstattung und Ersatz ein Handschuh kostenfrei mitgeliefert. Bedarf diese Hand unabhängig vom Versicherungsfall orthopädischer Versorgung und ist ein Dritter leistungspflichtig, gilt dies für die Ersatzbeschaffung nur dann, wenn sich der Dritte an den Kosten beteiligt.

6.6 Kunstaugen und Sehhilfen

6.6.1 Nach erfolgter Enukleation (Entfernung eines Auges) ist eine Interimsprothese als Ersatzauge zu liefern. Die endgültige Prothese soll nach Abschluss des Heilungsprozesses als Erstausstattung in der Regel in doppelter Zahl geliefert werden.

6.6.2 Brillen, Kontaktlinsen und andere Sehhilfen werden bewilligt, wenn die Sehbehinderung es erfordert.

6.6.3 Zum Ausgleich sonstiger Formen der Sehbehinderung können weitere (ggf. auch elektronische) Hilfsmittel bewilligt werden. Auf die Ziff. 6.13 und 6.14 wird verwiesen.

6.7 Blindenführhund

6.7.1 Ein Blindenführhund wird bewilligt, wenn die persönlichen oder beruflichen Verhältnisse es angezeigt erscheinen lassen und der Blinde sich einer angeordneten Ausbildung unterzieht.

Zum Unterhalt eines Blindenführhundes oder zu den Aufwendungen für fremde Führung erhalten Blinde einen monatlichen Zuschuss in Höhe des in § 14 Bundesversorgungsgesetz jeweils festgesetzten Betrages.

6.8 Hörgeräte

6.8.1 Hörgeräte werden bewilligt, wenn die Schwerhörigkeit es erfordert. Hörbrillen oder sonstige Spezialausführungen von elektrischen Hörgeräten kommen in Betracht, wenn mit anderen Hörgeräten keine ausreichende Hörfähigkeit erzielt werden kann oder wenn berufliche, schulische oder soziale Gesichtspunkte die Benutzung erfordern.

6.8.2 Die Energiequellen für Hörgeräte sind bei Bedarf zu ersetzen.

6.9   Zahnersatz

6.9.1   Für die Bewilligung von Zahnersatz gilt das zwischen den Spitzenverbänden der gesetzlichen Unfallversicherungträger und der Kassenzahnärztlichen Bundesvereinigung geschlossene Abkommen in der jeweils geltenden Fassung.

6.10   Gehhilfen

6.10.1 Gehhilfen sind zu bewilligen, wenn die Gehfähigkeit der Versicherten durch den Versicherungsfall erheblich beeinträchtigt ist und die Behinderung durch Körperersatzstücke oder orthopädische Hilfsmittel nicht genügend behoben werden kann.

6.11   Handbetriebene und motorisierte Rollstühle

6.11.1 Handbetriebene Rollstühle für den Straßengebrauch (auch Schieberollstühle) sind zu bewilligen, wenn die Gehfähigkeit der Versicherten durch den Versicherungsfall erheblich beeinträchtigt ist und die Behinderung durch Körperersatzstücke oder orthopädische Hilfsmittel nicht genügend behoben werden kann.

6.11.2 Zusätzlich zu handbetriebenen Rollstühlen kann ein Rollstuhl für den Hausgebrauch bewilligt werden.

6.11.3 Die Lieferung motorisierter Rollstühle kann zusätzlich erforderlich sein, falls die Versorgung nach Ziff. 6.11.1 nicht ausreicht.

6.11.4 Rollstühle müssen mit dem erforderlichen Zubehör ausgestattet sein und ggf. den Vorschriften der Straßenverkehrszulassungsordnung entsprechen.

6.11.5 Versicherte erhalten die wegen des Gesundheitsschadens für die Benutzung des Rollstuhls notwendige Ausrüstung.

6.11.6 Versicherte sind für eine sachgemäße und sichere Unterbringung ihres Rollstuhls verantwortlich. Notwendige Aufwendungen, die ihnen dadurch entstehen, sind zu ersetzen.

6.12   Kraftfahrzeughilfe

6.12.1 Kraftfahrzeughilfe zur medizinischen, beruflichen, schulischen und sozialen Rehabilitation ist in den „Richtlinien über Kraftfahrzeughilfe in der gesetzlichen Unfallversicherung" geregelt.

6.13   Hilfsmittel zur Teilhabe am Arbeitsleben

6.13.1 Technische Arbeitshilfen und sonstige Hilfen zur Anpassung an den Arbeitsplatz und des Arbeitsplatzes selbst werden bewilligt, wenn sie wegen des Versicherungsfalls erforderlich sind, um die Ausübung einer beruflichen Tätigkeit zu ermöglichen oder zu erleichtern, oder den Umgang mit Arbeitsmitteln sicherer zu machen.

        Kommen gleichartige Leistungen Dritter in Betracht (z.B. Hauptfürsorgestelle, Arbeitgeber), so ist auf eine Kostenbeteiligung hinzuwirken.

        Kinder in Tageseinrichtungen, Schüler und Studierende werden mit den wegen des Gesundheitsschadens notwendigen Unterrichts- und Lernhilfen versorgt, wenn dadurch ihre Fähigkeit zur Teilnahme an einer angemessenen Schul- oder Berufsausbildung gestärkt wird oder das Hilfsmittel auf andere Weise geeignet ist, die Persönlichkeitsentwicklung zu fördern.

6.14   Hilfsmittel zur Teilhabe am Leben in der Gemeinschaft

6.14.1 Hilfsmittel, die besonders für Behinderte entwickelt worden sind, und Gebrauchsgegenstände des täglichen Lebens in Normalausführung oder in Sonderausführung für Behinderte werden Versicherten, die auf ihren Gebrauch angewiesen sind, bewilligt, wenn sie geeignet sind, nichtberufliche Verrichtungen des täglichen Lebens zu erleichtern. Dazu gehören auch Kommunikations- und Orientierungshilfen für schwer körperlich, sinnes- oder sprachgeschädigte Versicherte.

6.14.2 Sonstige Hilfen werden bewilligt, wenn sie für die Teilnahme am gesellschaftlichen und kulturellen Leben erforderlich sind.

---

*Die Tatbestände für „Kleider- und Wäscheverschleiß mit Bewertungszahl" sind nicht abgedruckt.
Quelle: www.dguv.de/inhalt/rehabilitation/richtlinien/index.

4 Gemeinsame Richtlinien der Verbände der Unfallversicherung über häusliche Krankenpflege (§ 32 Abs. 4 SGB VII)

1. Rechtsnatur

Die häusliche Krankenpflege ist Teil der Heilbehandlung (§ 27 Abs. 1 Nr. 5 SGB VII) und wird grundsätzlich als Sachleistung erbracht. Als umfassendere Leistung geht die häusliche Krankenpflege den Leistungen zur Pflege (§ 44 SGB VII) und der Haushaltshilfe bei ambulanter Behandlung (§ 42 SGB VII i.V.m. § 54 Abs. 1–3 SGB IX) vor, soweit es sich um zweckidentische Leistungen handelt. Weitere Ansprüche nach diesen Vorschriften bleiben im Einzelfall unberührt.

2. Anspruchsvoraussetzungen

2.1 Versicherte erhalten häusliche Krankenpflege nach § 32 SGB VII, wenn

a) die allgemeinen Voraussetzungen der Nrn. 2.2 und 2.3 erfüllt sind,
b) stationäre Behandlung geboten, aber nicht ausführbar ist oder dadurch vermieden oder verkürzt werden kann und
c) sie einen Haushalt führen oder im Haushalt der Familie leben.

Häusliche Krankenpflege kann auch gewährt werden, wenn dies zur dauerhaften Sicherung des Behandlungsergebnisses unter häuslichen Bedingungen führt.

2.2 Die häusliche Krankenpflege muss im Rahmen der wegen der Folgen des Versicherungsfalls erforderlichen ärztlichen Behandlung erbracht werden und deren Ziele

a) Heilung, Besserung, Linderung der gesundheitlichen Beschwerden,
b) Verhütung einer Verschlimmerung oder Vorbeugung von Sekundärerkrankungen sowie
c) Vermeidung von Pflegebedürftigkeit

unterstützen.

2.3 Der Anspruch auf häusliche Krankenpflege besteht nur,

a) wenn durch ihre Einleitung an Stelle von stationärer Behandlung das Ziel der Heilbehandlung nicht gefährdet wird,
b) soweit es einer im Haushalt lebenden Person nicht zuzumuten ist, Versicherte in dem erforderlichen Umfang zu pflegen und zu versorgen und
c) wenn sie auch unter Berücksichtigung der Grundsätze der Wirtschaftlichkeit und Sparsamkeit angemessen und vertretbar ist.

3. Häusliche Krankenpflege an Stelle von stationärer Behandlung

3.1 Versicherte erhalten als häusliche Krankenpflege die im Einzelfall erforderliche Grund- und Behandlungspflege sowie hauswirtschaftliche Versorgung, wenn

– stationäre Behandlung geboten, aber nicht ausführbar ist (3.1.1),
– stationäre Behandlung dadurch vermieden (3.1.2) oder
– stationäre Behandlung dadurch verkürzt werden kann (3.1.3).

3.1.1 Die Gründe, dass eine stationäre Behandlung nicht ausführbar ist, können sowohl in den persönlichen Verhältnissen Versicherter als auch im stationären Bereich liegen, z.B.
– Mangel an geeigneten freien Klinikbetten oder
– Trennung eines verletzten Kindes von seinen Eltern, die dessen Gesundheitszustand nachteilig beeinflussen würde.

3.1.2 Um stationäre Behandlung oder eine Wiederaufnahme zu vermeiden, ist in geeigneten Fällen zu prüfen, ob das Behandlungsziel durch ambulante Behandlung und häusliche Krankenpflege zu erreichen ist. Die Entscheidung kann z.B. im Rahmen einer vorstationären Untersuchung oder durch Einschalten des beratenden Arztes des Unfallversicherungsträgers in Abstimmung mit dem behandelnden Arzt getroffen werden.

Häusliche Krankenpflege kommt auch dann in Betracht, wenn stationäre Behandlung gegenwärtig zwar noch nicht notwendig ist, jedoch ohne häusliche Krankenpflege voraussichtlich erforderlich werden könnte.

3.1.3 Eine Verkürzung der Dauer des stationären Aufenthalts kann durch eine vorhergehende, die Klinikbehandlung vorbereitende, oder durch eine nachgehende, die Klinikbehandlung danach ersetzende häusliche Krankenpflege eintreten. In Fällen stationärer Behandlung sollte der Unfallversicherungsträger unter Hinweis auf die Möglichkeit der häuslichen Krankenpflege in allen medizinisch vertretbaren Fällen gemeinsam mit der Akutklinik und dem weiterbehandelnden Arzt auf eine frühzeitige Entlassung hinwirken. Soweit Angehörige oder andere nicht professionelle Pflegekräfte die häusliche Krankenpflege übernehmen, sollen sie durch das Akutkrankenhaus rechtzeitig in die Behandlungsplanung einbezogen und auf ihre Aufgaben vorbereitet werden. Durch rechtzeitige Kontaktaufnahme mit Pflegediensten und anderen Maßnahmen (z.B. Einsatz erprobter Hilfsmittel, Anpassung der Wohnräume) ist die Rückkehr Versicherter in ihren Haushalt vorzubereiten.

Häusliche Krankenpflege zur Vermeidung oder Abkürzung der stationären Behandlung sowie zur Dauerversorgung kommt z.B. bei folgenden Indikationen in Betracht:

– Frakturen mit erheblichen Funktionsbeeinträchtigungen,
– Versorgung mit Endoprothesen (Hüfte, Knie),
– Beckenfrakturen,
– Amputation von Gliedmaßen,
– Plexusausreißungen, Nervendurchtrennungen, periphere Nervenschäden,
– schwere Folgen nach Brandverletzungen,
– schwere neurologische Defektsyndrome nach Schädel-Hirn-Verletzungen,
– Querschnittlähmungen (z.B. dauerbeatmete Hochgelähmte).

4.   Inhalt der Leistungen

4.1   Häusliche Krankenpflege kann sowohl Behandlungspflege als auch Grundpflege sowie hauswirtschaftliche Versorgung umfassen. Behandlungs- und Grundpflege können insgesamt oder einzeln in Frage kommen, hauswirtschaftliche Versorgung nur ergänzend zu einer dieser Maßnahmen. Im Einzelfall richtet sich der Leistungsinhalt:

4.1.1 nach dem Krankheitsbild sowie

4.1.2 nach den Möglichkeiten, die Versicherten und/oder pflegenden Personen verblieben sind. Dabei sind, soweit erforderlich, auch die besonderen persönlichen und familiären Verhältnisse Versicherter zu berücksichtigen.

4.2   Welche Maßnahmen jeweils in Betracht kommen, ist nach medizinischer Indikation unter Berücksichtigung des Gebots der Wirtschaftlichkeit und Sparsamkeit zu beurteilen.

4.3   Die Kosten von Pflegehilfsmitteln (z.B. Dekubitusmatratzen, Sitzhilfen, Katheter) werden aufgrund ärztlicher Verordnung übernommen, wenn sie erforderlich sind, um die häusliche Krankenpflege zu erleichtern, um Beschwerden der Versicherten zu lindern oder um ihnen eine selbständige Lebensführung zu ermöglichen.

4.4   Leistungsarten

4.4.1 Grundpflege

Zur Grundpflege gehören pflegerische Leistungen nicht medizinischer Art, die von dafür geeigneten Personen erbracht werden.
Grundpflegerische Maßnahmen sind:

– Betten und Lagern
– Körperpflege
– Patientenbezogene Hilfen im hygienischen Bereich, z.B. Toilettenbenutzung, Nahrungsaufnahme, Messen der Körpertemperatur
– Tag- und Nachtwachen ohne weitergehende medizinische Maßnahmen
– Überwachung der Medikamenteneinnahme
– Hilfen zur Mobilität (Schieben des Rollstuhls oder Stützung beim Gehen)
– Hilfen zur Bewältigung von Alltagsanforderungen.

4.4.2 Behandlungspflege

Zur Behandlungspflege gehören diejenigen medizinischen Leistungen, die an Fachkräfte (Pflegekräfte) delegiert werden und die aufgrund eines ärztlich definierten medizinischen Behandlungsziels im Rahmen eines individuellen Behandlungsplanes dazu dienen, Krankheiten zu heilen, ihre Verschlimmerung zu verhüten oder Beschwerden zu lindern. Die Behandlungspflege kann insbesondere umfassen:

– Verbandwechsel und Wundpflege
– Subcutane, intramuskuläre und sonstige Injektionen und Infusionen nach ärztlicher Verordnung
– Verabreichung von Medikamenten und Einreibungen
– Thromboseprophylaxe durch Kompressionsbehandlung und spezielle Lagerung
– Decubitusprophylaxe durch lokale Maßnahmen und spezielle Lagerung, ggf. Behandlung nach ärztlicher Verordnung
– Verabreichung von Sondennahrung und Sondenpflege
– Katheterisierung, Pflege transurethraler oder suprapubischer Katheterableitung, getriggerte Blasenentleerung
– Einlaufe und Spülungen
– Beobachtung des jeweiligen Krankheitszustandes und der Krankheitsentwicklung
– Maßnahmen zur Stabilisierung psychisch Kranker und Gefährdeter
– Krisenintervention
– Sicherung der Arztbesuche und der ärztlich verordneten Therapie
– Erhebung und Überwachung der Vitalparameter (Blutdruck, Puls, Temperatur, Sauerstoffsättigung)
– Tracheostompflege einschließlich Pflege und Wechsel der Trachealkanüle
– Absaugung von Lungensekret und Sekretgewinnung zur bakteriologischen Kontrolle
– Vorbeugung von Atelektasen durch Lagerungsbehandlung und Absaugung
– Überwachung und Pflege medizinischer Hilfsmittel einschließlich von Beatmungsgeräten und Geräten zur Elektrostimulation
– Einsatz und Kontrolle medizintechnischer Überwachungsgeräte.

4.4.3 Hauswirtschaftliche Versorgung

Zur hauswirtschaftlichen Versorgung gehören die Maßnahmen, die zur Aufrechterhaltung der grundlegenden Anforderungen einer eigenständigen Haushaltsführung allgemein notwendig sind, um in diesem Haushalt die Behandlungs- und Grundpflege durchführen zu können. Dazu zählen z. B. Einkaufen oder Zubereiten von Mahlzeiten, Spülen, Wäsche wechseln und waschen, Reinigen und Heizen der Wohnung.

5. Zusätzliche Leistungen der Haushaltshilfe

Zusätzlich zur häuslichen Krankenpflege oder allein kommt Haushaltshilfe nach § 42 SGB VII i.V.m. § 54 Abs. 1–3 SGB IX bei ambulanter Behandlung in Betracht, wenn

1. stationäre Behandlung dadurch vermieden oder verkürzt oder das Ziel der ärztlichen Behandlung gesichert werden kann,

2. nach ärztlicher Bescheinigung die Weiterführung des Haushalts wegen Art oder Schwere der Gesundheitsstörungen oder wegen akuter Verschlimmerungsgefahr nicht möglich ist

3. eine andere im Haushalt lebende Person diesen nicht weiterführen kann.

6. Durchführung der häuslichen Krankenpflege

6.1 Versicherte haben Anspruch auf häusliche Krankenpflege durch geeignete Pflegekräfte. Für die Behandlungspflege kommen insbesondere Personen in Betracht, die die Erlaubnis zur Führung der Berufsbezeichnung „Krankenschwester" oder „Krankenpfleger" oder „Kinderkrankenschwester" oder „Kinderkrankenpfleger" – entsprechend den gesetzlichen Bestimmungen in der jeweils gültigen Fassung – besitzen.

6.2 Die häusliche Krankenpflege kann auch von anderen geeigneten Personen erbracht werden. Geeignet ist derjenige, der die im Einzelfall erforderliche Behandlungs- und Grundpflege, ggf. unter Anleitung einer Fachkraft, ordnungsgemäß verrichten kann. Die an die Eignung zu stellenden Anforderungen richten sich nach Art und Schwere der Krankheit. Sie können deshalb unterschiedlich hoch sein und in entsprechenden Fällen auch Kenntnisse und Fähigkeiten krankenpflegerischer Art voraussetzen. In erster Linie dürften daher solche Pflegekräfte in Betracht kommen, die aufgrund ihrer Tätigkeit (z. B. in Sozialstationen und ähnlichen Einrichtungen) ausreichende Erfahrungen gesammelt haben. Dies ist vom verordnenden Arzt zu überprüfen.

6.3 Bei einer häuslichen Krankenpflege durch eine Berufspflegekraft (Nr. 6.1) sind die Aufwendungen im Allgemeinen bis zur Höhe der von den Verbänden der Krankenkassen und den öffentlichen, gemeinnützigen oder privaten Leistungserbringern nach § 132 SGB V vereinbarten Leistungssätze zu übernehmen.

Bis zu dieser Höhe können auch die Aufwendungen für eine andere geeignete Pflegekraft getragen werden.
Ebenfalls bis zu dieser Höhe können die Kosten für einen Einsatz mehrerer Pflegekräfte berücksichtigt werden.

Die in Satz 1 bis 3 genannten Obergrenzen können angemessen erhöht werden, insbesondere wenn Art und Umfang der häuslichen Krankenpflege dies erfordern. Erfolgt die häusliche Krankenpflege nicht für den gesamten Kalendermonat, ist der Höchstsatz entsprechend zu mindern.

6.4 Sofern eine Pflegekraft nicht gestellt werden kann oder wenn ein Grund vorliegt, von der Bereitstellung abzusehen, hat der Unfallversicherungsträger die Kosten für eine selbstbeschaffte geeignete Pflegekraft in angemessener Höhe zu erstatten. Zu den zu übernehmenden Kosten gehören neben der Vergütung für die Pflege auch die von Versicherten zu erstattenden Fahrkosten. Angemessen sind im Allgemeinen höchstens die Kosten, die bei der Inanspruchnahme von vergleichbaren Pflegekräften entstehen (vgl. Nrn. 6.1 bis 6.3).

7.   **Dauer des Anspruchs**

Anspruch auf häusliche Krankenpflege besteht solange, wie sie unter Berücksichtigung der Zielsetzung medizinisch erforderlich ist, und sich nicht die Notwendigkeit stationärer Behandlung ergibt.

8.   **Verordnung häuslicher Krankenpflege*)**

8.1   Die erforderliche Grund- und Behandlungspflege wird vom behandelnden Arzt verordnet; dient die häusliche Krankenpflege dem Zweck, die stationäre Behandlung abzukürzen, erfolgt die Verordnung durch den verantwortlichen Arzt des Krankenhauses in Absprache mit dem weiterbehandelnden Arzt.

8.2   Die ärztliche Verordnung muss Angaben über Art, Dauer und tägliche Stundenzahl der Leistung enthalten und die von der Pflegekraft zu erbringenden Leistungen genau bezeichnen. Nach Bedarf ist die häusliche Krankenpflege nach dem im behandelnden Krankenhaus erstellen Pflegeplan zu organisieren. Der Zeitraum, für den die Leistung verordnet werden kann, ist auf längstens vier Wochen begrenzt. In begründeten Fällen kann der Unfallversicherungsträger die häusliche Krankenpflege von vornherein für einen längeren Zeitraum bewilligen, wenn deren Notwendigkeit feststeht. Im übrigen ist eine Verlängerung der häuslichen Krankenpflege für jeweils bis zu vier weiteren Wochen erneut zu verordnen.

8.3   Die Erbringung der Leistung bedarf der Genehmigung des Unfallversicherungsträgers. Daher ist die Verordnung grundsätzlich vor Beginn der häuslichen Krankenpflege dem Unfallversicherungsträger vorzulegen. Über seine Entscheidung unterrichtet der Unfallversicherungsträger den behandelnden Arzt und den Versicherten unverzüglich, insbesondere auch darüber, wenn die verordnete Leistung nicht oder nicht in vollem Umfang bewilligt wird.

8.4   Der behandelnde Arzt hat sich über die sachgerechte Durchführung und über den Erfolg der häuslichen Krankenpflege zu vergewissern. Sind einzelne Maßnahmen der häuslichen Krankenpflege ganz oder teilweise nicht mehr notwendig, ist der Unfallversicherungsträger zu informieren.

Der Unfallversicherungsträger verpflichtet die Leistungserbringer, die ärztlichen Weisungen zu beachten. Er sollte ferner den behandelnden Arzt im Sinne einer Qualitätskontrolle in geeigneter Weise unterstützen, z.B. durch Besuche des Berufshelfers in Fällen mit länger andauernder häuslicher Krankenpflege.

---

*) Vgl. auch § 19 des Vertrags Ärzte/Unfallversicherungsträger vom 1. April 2008 (Anhang 2.2)

5 Gemeinsame Richtlinien der Spitzenverbände der Unfallversicherungsträger zur Gewährung von Rehabilitationssport

Geltung: 1. Januar 1998

1. Rechtsgrundlage, Aufgabe und Ziel des Rehabilitationssports

1.1 Nach Eintritt eines Arbeitsunfalles oder einer Berufskrankheit haben die Träger der gesetzlichen Unfallversicherung im Rahmen der Rehabilitation u.a. Heilbehandlung und Berufshilfe zu gewähren.

1.2 Die Heilbehandlung und die Berufshilfe sollen mit allen geeigneten Mitteln

1.2.1 die durch den Arbeitsunfall oder die Berufskrankheit verursachte Körperverletzung oder Gesundheitsstörung und Minderung der Erwerbsfähigkeit beseitigen oder bessern, eine Verschlimmerung der Folgen verhüten und deren Auswirkungen erleichtern, einer drohenden Behinderung vorbeugen;

1.2.2 den Verletzten nach seiner Leistungsfähigkeit und unter Berücksichtigung seiner Eignung, Neigung und bisherigen Tätigkeit möglichst auf Dauer in Arbeit, Beruf und Gesellschaft eingliedern.

1.3 Ambulante Heilbehandlung und Berufshilfe werden durch ärztlich verordneten Rehabilitationssport in Gruppen unter ärztlicher Betreuung ergänzt (§ 39 Nr. 6 SGB VII). Für behinderte Kinder, Schüler und Studierende kommt die Teilnahme am Rehabilitationssport in Betracht, soweit ihnen nicht nach anderen Regelungen im Kindergarten, im allgemeinen Sportunterricht oder in Sondergruppen außerhalb des Schulbetriebes oder an der Hochschule ausreichende Gelegenheit zum Rehabilitationssport geboten ist.

1.4 Aufgabe des Rehabilitationssportes ist es, durch Übungen, die auf die Art und Schwere der Behinderung und den gesundheitlichen Allgemeinzustand des Behinderten abzustimmen sind, die Rehabilitation zu fördern und ihren Erfolg zu sichern. Die Teilnahme am Rehabilitationssport ist freiwillig.

1.5 Rehabilitationssport kommt immer dann und solange in Betracht, wie dadurch das Ziel der Rehabilitation gefördert wird.

1.6 Vor jeder ärztlichen Verordnung und Bewilligung von Rehabilitationssport ist nach Art und Schwere der Folgen der Verletzung oder der Berufskrankheit im Einzelfall zu prüfen, ob die in den Ziff. 1.2 und 1.5 genannten allgemeinen Voraussetzungen gegeben sind. Diese sind insbesondere anzunehmen bei Amputation oder Lähmung von Gliedmaßen (Bein, Arm), Querschnittlähmung, Erblindung.

2. Verordnung und Genehmigung

2.1 Rehabilitationssport ist im Allgemeinen von dem Arzt zu verordnen, der den Verletzten wegen der Folgen des Arbeitsunfalles oder der Berufskrankheit auf Kosten des Unfallversicherungsträgers behandelt. Über die Sportart soll er eine Empfehlung geben. Bei der Auswahl der Sportart soll der Arzt die Möglichkeiten berücksichtigen, die in der dem Wohn- oder Arbeitsort nächstgelegenen Rehabilitationssportgruppe zur Verfügung stehen.

2.2 Die ärztliche Verordnung ist dem Unfallversicherungsträger bekannt. Über die Sportart soll der Arzt die Möglichkeiten berücksichtigen, die in der dem Wohn- oder Arbeitsort nächstgelegenen Rehabilitationssportgruppe zur Verfügung stehen.

3.   Art, Dauer und Umfang

3.1   Rehabilitationssport im Rahmen der Richtlinien sind Gymnastik, Leichtathletik, Schwimmen, Ballspiele in Gruppen, Boßeln, Tischtennis, für besondere Behindertengruppen, z.B. Bogenschießen für Rollstuhlfahrer und Sportkegeln für Blinde.

3.1   Die Verordnung erstreckt sich im Allgemeinen auf bis zu 2, höchstens 3 Übungsveranstaltungen je Woche. Die Notwendigkeit der Durchführung von 3 Übungsveranstaltungen je Woche ist vom verordnenden Arzt jeweils zu begründen. Grundsätzlich ist der Rehabilitationssport jeweils für ein halbes Jahr zu gewähren. In Ausnahmefällen kann dieser Zeitraum bis zu einem Jahr betragen.

3.3   Nach Ablauf der Bewilligungszeit sind die Voraussetzungen für die Fortsetzung des Rehabilitationssports erneut zu prüfen. Auch dann ist eine ärztliche Verordnung zur Genehmigung vorzulegen.

4.   Anerkennung von Rehabilitationssportgemeinschaften

4.1   Der Rehabilitationssport wird in Rehabilitationssportgruppen der Rehabilitationssportgemeinschaften durchgeführt. Diese müssen dem Deutschen Behindertensportverband angehören und von dem zuständigen Landesversorgungsamt aufgrund des § 11a Abs. 2 des Bundesversorgungsgesetzes sowie der dazu ergangenen Verwaltungsvorschriften und Richtlinien anerkannt sein.

4.2   Sind Rehabilitationssportgemeinschaften vom Landesversorgungsamt nicht anerkannt worden, weil ihnen keine Kriegsbeschädigten angehören, oder gehören sie nicht dem Deutschen Behindertensportverband an, haben sie den für ihre Anerkennung erforderlichen Nachweis gegenüber dem zuständigen Landesverband des Hauptverbandes der gewerblichen Berufsgenossenschaften zu führen.

        Für die Anerkennung durch die Landesverbände des Hauptverbandes der gewerblichen Berufsgenossenschaften gelten § 11a Abs. 2 des Bundesversorgungsgesetzes und die dazu ergangenen Verwaltungsvorschriften und Richtlinien entsprechend.

4.3   An einer Übungsveranstaltung sollen nicht mehr als 15 Behinderte je Übungsleiter teilnehmen. Sofern Blinde, Doppelamputierte, Hirnverletzte oder Beschädigte mit schweren Lähmungen Behindertensport in geschlossenen Übungsgruppen durchführen, sollen diesen nicht mehr als 7 Behinderte angehören.

4.4   Für eine ordnungsgemäße Durchführung des Rehabilitationssportes bei Kindern und Jugendlichen sollen in der Regel insbesondere folgende Voraussetzungen erfüllt sein:

4.4.1   Für Kinder und Jugendliche sind innerhalb der Rehabilitationssportgemeinschaften möglichst besondere Übungsgruppen zu bilden.

4.4.2   Die Zahl der Teilnehmer einer Übungsgruppe soll höchstens 6 bis 10, bei Schwerbehinderten höchstens 3 bis 5 betragen.

4.4.3   Die Übungsveranstaltungen müssen von Personen geleitet werden, die die für die Betreuung von Kindern und Jugendlichen erforderlichen psychologisch-pädagogischen Fähigkeiten besitzen.

4.4.4   Von den Rehabilitationssportgemeinschaften ist die für die Sicherheit der Kinder und Jugendlichen während ihres Aufenthaltes auf der Übungsstätte notwendige zusätzliche Vorsorge zu treffen.

5. Durchführung

5.1 Der Behinderte soll sich der seinem Wohn- oder Arbeitsort nächstgelegenen Rehabilitationssportgruppe anschließen, es sei denn, dass bei dieser Sportgruppe die nach den Verletzungsfolgen ärztlich verordneten Übungen nicht möglich sind.

5.2 Die von dem Träger der gesetzlichen Unfallversicherung genehmigte ärztliche Verordnung hat der Behinderte der Sportgemeinschaft auszuhändigen. Diese fügt die Verordnung der dem Träger der gesetzlichen Unfallversicherung zu übersendenden Rechnung bei. Die Rehabilitationssportgemeinschaft hat die Teilnahme an den jeweils verordneten Maßnahmen durch Unterschrift des Behinderten am Tage der Teilnahme bestätigen zu lassen. Diese Bestätigung ist der Rechnung beizufügen.

5.3 Rehabilitationssport darf nur in Gruppen unter ärztlicher Betreuung stattfinden.

5.4 Nimmt ein Behinderter an den ihm für einen bestimmten Zeitraum gewährten Übungsveranstaltungen nicht teil, ist eine Übertragung auf eine spätere Zeit nicht zulässig.

6. Kosten

6.1 Für die Teilnahme an Übungsveranstaltungen in einer Rehabilitationssportgemeinschaft des Deutschen Behindertensportverbandes werden Pauschalgebühren nach dem mit diesem Verband geschlossenen Abkommen vergütet. Andere Behindertensportgruppen erhalten entsprechende Vergütungen.

6.2 Mitgliedsbeiträge zu den Rehabilitationssportgemeinschaften werden nicht übernommen.

6.3 Dem Behinderten werden die notwendigen Fahrkosten nach den jeweils geltenden Bestimmungen erstattet.

6.4 Die Kosten für die allgemein übliche Sportbekleidung (Trainingsanzug, Sporthemd, Sporthose, Sportschuhe) werden nicht übernommen. Soweit der Behinderte wegen der Behinderung Sonderanfertigungen benötigt, sind die Mehrkosten zu erstatten. Kosten für rehabilitationssporteigentümliche Bekleidungsstücke (z.B. Sitzballhosen, Ellbogenschützer) und für Hilfsmittel, die der Rehabilitationsarzt für die Durchführung im Einzelfall für erforderlich erachtet, können übernommen werden.

6.5 Die für den Rehabilitationssport notwendigen Sportgeräte sind von der Rehabilitationssportgemeinschaft zu stellen. Die Kosten ihrer Anschaffung oder Benutzung werden durch die für die Übungsveranstaltungen zu zahlende Pauschalgebühr abgegolten.

7. Wettkämpfe

7.1 Der Leistungsvergleich unter den Teilnehmern an einer Übungsveranstaltung (auch im Rahmen eines Wettkampfes innerhalb der Rehabilitationssportgruppe) gilt als Rehabilitationssport im Rahmen dieser Richtlinien. Dies gilt nicht für Wettkampfveranstaltungen außerhalb der Rehabilitationssportgruppe.

Kosten, auch Fahrkosten, werden nicht erstattet. Hiervon können die Spitzenverbände der Unfallversicherungsträger Ausnahmen bestimmen.

8. Unfallversicherungsschutz

8.1 Die Teilnehmer am Rehabilitationssport, der von einem Träger der Unfallversicherung genehmigt wurde, unterliegen während der Durchführung der Maßnahme und auf den dazu notwendigen Wegen dem Schutz der gesetzlichen Unfallversicherung (§ 11 SGB VII).

P.S.: Das Abkommen zwischen den Bundesverbänden der Unfallversicherungsträger und dem Deutschen Behinderten-Sportverband e.V., Bonn, i.d.F. v. 1. 4. 1998 regelt die Durchführung des Rehabilitationssports, deren Verordnung, die Kostenerstattung, die Abrechnung und den Datenschutz.

6 Gemeinsame Richtlinien der Spitzenverbände der Unfallversicherungsträger über Belastungserprobung

1. Rechtsgrundlage – Begriffe

Die Heilbehandlung in der gesetzlichen Unfallversicherung umfasst u.a. auch Belastungserprobung und Arbeitstherapie nach § 27 Abs. 1 Nr. 7 SGB VII. Beide zielen auf die berufliche Eingliederung. Während die Belastungserprobung feststellen soll, ob überhaupt und falls ja, welche Dauerbelastung dem noch arbeitsunfähigen Verletzten/Erkrankten zuzumuten ist, zählt die Arbeitstherapie zur Ergotherapie, die körperlich und geistige Störungen beheben sowie die Eingliederung in Gesellschaft und Beruf erleichtern soll. Die Belastungserprobung ist in aller Regel an die Arbeitstherapie gekoppelt, sie wird vornehmlich in Betrieben, aber auch in Krankenhäusern und ähnlichen Einrichtungen durchgeführt.

2. Ziele

Bei einem Verletzten/Erkrankten, bei dem die Folgen eines Arbeitsunfalls oder einer Berufskrankheit befürchten lassen, dass es bei seiner Wiedereingliederung in das Berufsleben zu Schwierigkeiten kommt, sollte neben einer eventuellen psycho-therapeutischen Behandlung im Krankenhaus durch die Belastungserprobung in Form einer Beschäftigung in einem betrieblichen Bereich (vornehmlich im früheren Betrieb) folgendes erreicht werden:

✓ Stärkung und Erprobung der körperlichen evtl. auch der geistigen Belastbarkeit,

✓ Kräftigung der atrophierten Muskulatur,

✓ Verbesserung der Funktionsfähigkeit bewegungseingeschränkter Gelenke,

✓ Überwindung einer evtl. noch bestehenden Unfallfehlverarbeitung,

✓ Wiedereingewöhnung in die betriebliche Arbeitswelt.

Darüber hinaus soll diese Maßnahme sowohl dem Arbeitgeber wie auch dem Verletzten/Erkrankten – und ebenso dem behandelnden Arzt – Gelegenheit geben zu prüfen, ob

✓ die vorgesehene Tätigkeit unter Berücksichtigung der Folgen des Unfalls bzw. einer Berufskrankheit geeignet ist, d.h. als behinderungsgerecht angesehen,

✓ die Tätigkeit ohne Gefahr einer Überlastung und Gefährdung durch die Gestaltung des Arbeitsplatzes bzw. durch betriebliche Einrichtungen verrichtet,

✓ bei einer Berufskrankheit ein Wiederaufleben oder eine Verschlimmerung ausgeschlossen,

✓ ein anderer geeigneter Arbeitsplatz, unter Berücksichtigung der Verletzungs- oder Erkrankungsfolgen, zur Verfügung gestellt

werden kann.

3. Verfahren

3.1 Einleitung

Die Initiative zu einer Belastungserprobung geht in der Regel vom behandelnden Arzt, vom Berufshelfer oder vom Sachbearbeiter des Unfallversicherungsträgers aus.

Die Einleitung der Belastungserprobung erfolgt im Einverständnis mit dem Verletzten/Erkrankten, in der Regel dem Durchgangsarzt oder bei Berufskrankheiten dem behandelnden Arzt, dem Arbeitgeber und dem Unfallversicherungsträger, evtl. unter Einschaltung des Betriebsrates, des Schwerbehindertenbeauftragten und des Betriebsarztes.

3.2 Durchführung

Die Durchführung bedarf einer engen und vertrauensvollen Zusammenarbeit aller Beteiligten. Die Federführung für das Verfahren obliegt in aller Regel dem Berufshelfer. Den Ablauf der Maßnahme legt er normalerweise vor Ort fest. Dies geschieht anhand der ärztlichen Unterlagen, nach Absprache mit dem Arbeitgeber und dem Verletzten/Erkrankten. Letzterer muss die Möglichkeit der Kontaktaufnahme durch entsprechendes Telefon/Adressenmaterial mit den übrigen Beteiligten erhalten.

Der behandelnde Arzt leitet zum frühest möglichen Zeitpunkt die Maßnahme ein. Er prüft in jeder Phase der Heilbehandlung die Notwendigkeit der beruflichen Wiedereingliederung. Spätestens nach 8 Wochen ab Unfalltag überprüft er, ob die berufliche Wiedereingliederung am alten Arbeitsplatz binnen 3 Wochen erfolgen kann oder nicht. Wenn nicht, erstellt er aus derzeitiger Sicht einen Bericht unter Verwendung der Formulare F 3110 und F 3112*. Dies bedeutet die Erstellung des Leistungsprofils unter Berücksichtigung des bisherigen und künftigen Arbeitsplatzes. Oder er informiert den Unfallversicherungsträger gemäß § 17 Ärztevertrag. Der Betriebsarzt ist bei entsprechender betrieblicher Struktur einzuschalten. Das Ergebnis der Absprache ist den Beteiligten unter Verwendung des Vordruckes 3410 mitzuteilen.

Die Belastungserprobung wird durch den Berufshelfer in Zusammenarbeit mit dem behandelnden Arzt und durch diesen mittels fest vereinbarter Vorstellungstermine oder Soforttermine laufend überwacht und ggf. modifiziert.

Sie soll zunächst stufenweise beginnen (z.B. mit 4 Stunden) und nach Anweisung und unter Kontrolle des behandelnden Arztes zunehmend ausgedehnt werden. Unter Berücksichtigung der physischen und psychischen Leistungsfähigkeit kann in Einzelfällen die Maßnahme aber auch von Anfang an vollschichtig erfolgen, wobei vermehrte Regenerationspausen einzuplanen sind. In der Regel ist ein Zeitraum von etwa 4–6 Wochen vorgesehen. Unter bestimmten Voraussetzungen kann aber auch eine längere Dauer erforderlich werden, um das angestrebte Ziel zu erreichen.

3.3 Abschluss

Die betriebliche Belastungserprobung endet

● mit Wegfall der Arbeitsunfähigkeit

● mit dem Tage, von dem ab der Verletzte/Erkrankte eine andere geeignete Arbeits- oder Erwerbstätigkeit aufnehmen kann oder

● mit Beendigung der zwischen dem Unternehmen und dem Unfallversicherungsträger vereinbarten Dauer oder

● (im ungünstigsten Fall) durch Abbruch.

Über das Ergebnis werden die Beteiligten durch den Berufshelfer mit dem Verlaufsbericht 13610 informiert. Nach Abbruch hat sich der Verletzte/Erkrankte unverzüglich bei dem Arzt, der die Belastungsprobe überwacht hat, vorzustellen.

4. Leistungen – Mitwirkung – Unfallversicherungsschutz

Während der Belastungserprobung ist kein Entgelt zu zahlen. Während der Teilnahme an der Maßnahme besteht weiterhin Arbeitsunfähigkeit und deshalb Anspruch auf Weiterzahlung des Verletztengeldes.

---

* Die Formulare sind nicht abgedruckt. Quelle: Richtlinien zur Rehabilitation in der gesetzlichen Unfallversicherung, 2. Auflage 2002, Gentner- Verlag Stuttgart (Fax: 07 11/36 72-7 35 oder www.dguv.de).

Die durch die Teilnahme entstandenen Fahrtkosten werden gegen Vorlage einer vom Arbeitgeber ausgestellten Bescheinigung über die Anzahl der Tage, an denen der Verletzte/Erkrankte zu dieser Maßnahme erschienen ist, vom Unfallversicherungsträger erstattet, §43 SGB VII (Reisekosten).

Der Verletzte/Erkrankte hat nach §63 SGB I eine Mitwirkungspflicht, weil die Belastungserprobung zu den zumutbaren Maßnahmen der Heilbehandlung gehört (vgl. §65 SGB I).

Während der Belastungserprobung besteht (bei Durchführung der Heilbehandlung oder einem dazu notwendigen Weg) Unfallversicherungsschutz.

Anmerkung für die neuen Bundesländer:

Die Belastungserprobung weicht sowohl inhaltlich als auch organisatorisch von der Zuweisung eines Schonarbeitsplatzes nach §216 des Arbeitsgesetzbuches der ehemaligen DDR ab. Im Gegensatz zum früheren §216 AGB ist der Betrieb nicht gesetzlich verpflichtet, einen Schonarbeitsplatz zur Verfügung zu stellen. Ferner ist für die Planung und Durchführung der Belastungserprobung und Arbeitstherapie grundsätzlich der Unfallversicherungsträger zuständig. Die Regelung im Arbeitsgesetzbuch, dass der behandelnde Arzt in Abstimmung mit dem Betrieb die Modalitäten bei der Zuweisung eines Schonarbeitsplatzes festlegt, gilt nicht mehr.

7 Grundsätze der DGUV zur Förderung von Erholungsaufenthalten für Schwerstbehinderte im Rahmen der Teilhabe am Leben in der Gemeinschaft – Stand: 1. Juli 2009

1. Berechtigte, Ziel, Abgrenzung von Maßnahmen der medizinischen Rehabilitation

Zuschüsse zu Erholungsaufenthalten können zur Abdeckung des behinderungsbedingten Mehrbedarfs Blinden, Querschnittgelähmten, Schwer-Schädel-Hirnverletzten und anderen vergleichbaren Verletzten/Berufserkrankten mit einer MdE von 80 % und mehr im Rahmen der Teilhabe am Leben in der Gemeinschaft bewilligt werden (§ 39 Abs. 1 Nr. 2 SGB VII). In Einzelfällen können auch Zuschüsse für Schwerbehinderte mit einer MdE unter 80 % in Betracht kommen.

Erholungsaufenthalte dienen dem Erreichen und der Sicherstellung des Rehabilitationserfolges. Sie sind dazu bestimmt, eine durch die Unfallfolgen/Erkrankungsfolgen bedingte allgemeine körperliche oder psychische Schwächung zu beseitigen oder zu bessern. Gleichzeitig soll durch sie die soziale Integration Schwerstbehinderter gefördert werden.

Nicht unter den Begriff des Erholungsaufenthaltes fallen ambulante Heilbehandlungsmaßnahmen, auf die aus Gründen der medizinischen Rehabilitation Anspruch besteht. Sofern während des Erholungsaufenthaltes ärztliche Behandlung notwendig wird, ändert dies nicht den Charakter der Maßnahme als Leistung zur sozialen Rehabilitation. Kosten für die Behandlung von Unfallfolgen/Erkrankungsfolgen trägt der Unfallversicherungsträger nach allgemeinen Grundsätzen.

2. Bewilligung

Voraussetzung für die Bewilligung ist, dass der Versicherte vor Antritt des Erholungsaufenthaltes einen Antrag auf einen Zuschuss zu dem Erholungsaufenthalt bei dem Unfallversicherungsträger stellt. Ort und Dauer des Erholungsaufenthaltes dürfen den Zielen (siehe Nr. 1 Abs. 2) nicht entgegenstehen. In Zweifelsfällen hat der Versicherte die Eignung des Erholungsaufenthaltes durch eine ärztliche Bescheinigung nachzuweisen.

3. Dauer und Häufigkeit

Der Erholungsaufenthalt kann nur einmal jährlich bewilligt werden. Die Dauer beträgt bis zu vier Wochen. Der Anreise- und Abreisetag gelten zusammen als ein Urlaubstag.

4. Zuschuss für Versicherte und notwendige Begleitpersonen

Zur Abgeltung eines behinderungsbedingten Mehrbedarfs für Unterbringung, Verpflegung und Transport erhalten der Versicherte und eine notwendige Begleitperson/Pflegeperson jeweils einen Zuschuss in Höhe eines pauschalen Tagessatzes von 25,– EUR. Für die notwendige Begleitperson/Pflegeperson werden ggf. anfallende Mehrkosten in Härtefällen nach den Grundsätzen der Wirtschaftlichkeit und Sparsamkeit gegen Nachweis übernommen.

5. Pflegegeld

Für die Dauer des Erholungsaufenthaltes wird das Pflegegeld ungekürzt weitergezahlt.

8 Berufsgenossenschaftliche Unfallkliniken (www.bg-kliniken.de)

Name	Anschrift	Träger
Berufsgenossenschaftliches Unfallkrankenhaus *Hamburg*	Bergedorfer Str. 10 21033 Hamburg Tel.: 040 7306-0 Fax: 040 7394660 www.buk-hamburg.de	Berufsgenossenschaftlicher Verein für Heilbehandlung Hamburg e.V. Pappelallee 35–37 22089 Hamburg Tel.: 040 202007-0 Fax: 040 20207525
Berufsgenossenschaftliche Kliniken *Bergmannsheil* Klinikum der Ruhr-Universität Bochum	Bürkle-de-la-Camp-Platz 1 44789 Bochum Tel.: 0234 302-0 Fax: 0234 330734 www.bergmannsheil.de	Berufsgenossenschaftliches Universitätsklinikum Bergmannsheil Bochum GmbH Hunscheidtstraße 18 44789 Bochum Tel.: 0234 316-0 Fax: 0234 316300
Berufsgenossenschaftliche Unfallklinik *Duisburg*	Großenbaumer Allee 250 47249 Duisburg Tel.: 0203 7688-1 Fax: 0203 76882260 www.bgu-duisburg.de	Berufsgenossenschaftliche Unfallklinik Duisburg GmbH Großenbanner Allee 250 47249 Duisburg
Berufsgenossenschaftliche Unfallklinik *Frankfurt a. Main*	Friedberger Landstraße 430 60389 Frankfurt a. Main Tel.: 069 475-0 Fax: 069 4752221 www.bgu-frankfurt.de	Verein für Berufsgenossenschaftliche Heilbehandlung Frankfurt a. Main e.V. An der Festeburg 27–29 60389 Frankfurt a. M. Tel.: 069 475-0 Fax: 069 4752221
Berufsgenossenschaftliche Unfallklinik *Ludwigshafen*	Ludwig-Guttmann-Straße 13 67071 Ludwigshafen Tel.: 0621 6810-0 Fax: 0621 6810-2600 www.bgu-ludwigshafen.de	Verein für Berufsgenossenschaftliche Heilbehandlung Heidelberg e.V. Kurfürsten-Anlage 62 69115 Heidelberg Tel.: 06221 523-0 Fax: 06221 523562
Berufsgenossenschaftliche Unfallklinik *Tübingen*	Schnarrenbergstraße 95 72076 Tübingen Tel.: 07071 606-0 Fax: 07071 6061902 www.bgu-tuebingen.de	Verein für Berufsgenossenschaftliche Heilbehandlung Heidelberg e.V. Kurfürsten-Anlage 62 69115 Heidelberg Tel.: 06221 523-0 Fax: 06221 523562
Berufsgenossenschaftliche Unfallklinik *Murnau*	Professor-Küntscher-Straße 8 82418 Murnau Tel.: 08841 48-0 Fax: 08841 482600 www.bgu-murnau.de	Berufsgenossenschaftlicher Verein für Heilbehandlung Murnau e.V. Loristraße 8, 80335 München Tel.: 089 12179-0 Fax: 089 12179-574
Unfallkrankenhaus Berlin Krankenhaus *Berlin-Marzahn* mit Berufsgenossenschaftlicher Unfallklinik	Warener Straße 7 12683 Berlin Tel.: 030 5681-0 Fax. 030 5630-1475 www.ukb.de	Verein für berufsgenossenschaftliche Heilbehandlung Berlin-Marzahn e.V. Deelbägenkamp 4 22297 Hamburg Tel.: 040 5146-2503 Fax: 040 5146-2003

Name	Anschrift	Träger
Berufsgenossenschaftliche Kliniken *Bergmannstrost*	Merseburger Straße 165 06112 Halle (Saale) Tel.: 0345 13260 Fax: 0345 132-6313 www.bergmannstrost.com	Verein für Berufsgenossenschaftliche Heilbehandlung Halle e.V. c/o Deutsche Gesetzliche Unfallversicherung Mittelstr. 51 10117 Berlin
Vereinigung Berufsgnossenschaftlicher Kliniken (VBGK)	Bergedorfer Str. 10 21033 Hamburg Tel.: +40 7306-1336 Fax: +40 7306-1706 info@bg-kliniken.de www.bg-kliniken.de	

9 Gemeinsame Empfehlung nach § 13 Abs. 1 i.V.m. § 12 Abs. 1 Nr. 4 SGB IX für die Durchführung von Begutachtungen möglichst nach einheitlichen Grundsätzen

Gemeinsame Empfehlung „Begutachtung" vom 22. März 2004

Für alle Rehabilitationsträger sind eine umfassende sozialmedizinische und bei Bedarf auch psychologische Begutachtung[1] über die Gesundheitsprobleme[2] von behinderten oder von Behinderung bedrohten Menschen und die mögliche Prognose einschließlich beruflicher Perspektive wichtig, um den betroffenen Menschen entsprechende Leistungen zur Teilhabe anbieten zu können.

Da vermeidbare Begutachtungen die betroffenen Menschen unnötig belasten, sollen Gutachten grundsätzlich so gestaltet sein, dass die erhobenen Befunde und Beurteilungen möglichst auch bei der Prüfung der Voraussetzungen für Leistungen anderer Rehabilitationsträger verwendet werden können.

Mit der Gemeinsamen Empfehlung werden vorrangig trägerübergreifende Grundsätze für Begutachtungen vereinbart. Die sozialrechtlichen Rahmenbedingungen und damit verbundenen Verfahren ergeben sich insbesondere aus dem SGB IX bzw. den weiteren vereinbarten Gemeinsamen Empfehlungen; sie sind nicht Gegenstand dieser Gemeinsamen Empfehlung. Mit der ICF als Grundlage für ein bio-psycho-soziales Verständnis bei Begutachtungen gelingt über den bio-medizinischen Ansatz hinaus eine ganzheitliche Betrachtungsweise aller sozialmedizinisch relevanten Aspekte einer Person in ihrem jeweiligen Umfeld. Unter Berücksichtigung des Begutachtungsauftrages und weiterer trägerspezifischen Anforderungen folgen daraus eine flexible Anwendung und Übertragung der entwickelten Grundsätze auf die jeweilige Begutachtungssituation.

Zu diesem Zweck vereinbaren

die gesetzlichen Krankenkassen,
die Bundesagentur für Arbeit,
die Träger der gesetzlichen Unfallversicherung,
die Träger der gesetzlichen Rentenversicherung,
die Träger der Alterssicherung der Landwirte,
die Träger der Kriegsopferversorgung und die Träger der Kriegsopferfürsorge im Rahmen des Rechts der sozialen Entschädigung bei Gesundheitsschäden

sowie

die Integrationsämter in Bezug auf Leistungen und sonstige Hilfen für schwerbehinderte Menschen

die nachfolgende Gemeinsame Empfehlung. Im Rahmen der Zusammenarbeit der Rehabilitationsträger sollen Begutachtungen möglichst nach einheitlichen Grundsätzen durchgeführt werden. Die Gemeinsame Empfehlung sieht für die sozialmedizinischen Gutachten eine einheitliche Gliederung vor und beschreibt ein in Abhängigkeit von der Fragestellung grundsätzlich mögliches Anforderungsprofil bzw. die trägerübergreifenden Aspekte eines Gutachtens für die jeweiligen Rehabilitationsträger.

---

1 Im Weiteren unter sozialmedizinische Gutachten subsumiert.
2 Die Gemeinsame Empfehlung nutzt die ICF (Internationale Klassifikation der Funktionsfähigkeit, Behinderung und Gesundheit) als gemeinsame Sprache für die Beschreibung trägerübergreifender Grundsätze.

1. Allgemeiner Zweck der Begutachtung für die Rehabilitationsträger

Das Gutachten des/der Sachverständigen[3] soll einen bestimmten entscheidungserheblichen sozialmedizinischen Sachverhalt klären und dem Rehabilitationsträger als eine Grundlage für die Entscheidung über die Leistungen zur Teilhabe dienen.

2. Erstattung des Gutachtens

2.1 Grundsätzlich lässt sich das Gutachten im Sinne dieser Empfehlung definieren als die Anwendung medizinischer Erkenntnisse und Erfahrungen auf einen Einzelfall im Hinblick auf eine aus rechtlichen Gründen notwendige Fragestellung. Wesentliches Merkmal eines Gutachtens ist, dass es eine wissenschaftlich begründbare Schlussfolgerung enthält, so dass es auch überprüft und nachvollzogen werden kann. Soweit der Gutachter eine weitere Sachaufklärung (z. B. in einem anderen Fachgebiet) für erforderlich hält, weist er in seinem Gutachten darauf hin.

2.2 Gutachten können auch ohne aktuelle persönliche Untersuchung und Befragung durch den Gutachter, also nach Aktenlage auf der Grundlage der vorhandenen Unterlagen erstellt werden, wenn bereits daraus die für die Schlussfolgerungen notwendigen Angaben und Befunde ermittelt werden können. Die qualitativen Anforderungen an beide Begutachtungsformen sind gleich.

2.3 Das Gutachten muss für seinen Bestimmungszweck geeignet sein und die Fragen des Auftraggebers umfassend beantworten. Besondere Qualitätskriterien des Gutachtens sind sachliche Richtigkeit, Verständlichkeit, Nachvollziehbarkeit, Transparenz und die Erstellung durch einen fachlich unabhängigen und unparteiischen Gutachter.

2.4 Im Gutachten sind die maßgeblichen Beurteilungsgrundlagen und die nachfolgend dargestellten trägerübergreifenden sozialmedizinischen Aspekte mitsamt den eigenen Erhebungen und Untersuchungsergebnissen abzuhandeln. Das Gutachten soll grundsätzlich nach der unter Punkt 4 vereinbarten Gliederung aufgebaut sein.

3. Allgemeine inhaltliche Grundsätze für die Gutachtenerstellung

3.1 Inhaltlich gehen Gutachten auf die Frage ein, inwieweit und wie die in § 4 Abs. 1 Nr. 1 bis 4 SGB IX angesprochenen Ziele für behinderte oder von Behinderung bedrohte Menschen im Einzelfall verwirklicht werden können. Hierfür ist das Teilhabepotenzial individuell zu ermitteln, und zwar mit einer Prognose der Entwicklung, die bei einer bestmöglichen Förderung und Nutzung aller Ressourcen und Kompetenzen der Betroffenen erreichbar wäre. Notwendig sind Leistungen zur Teilhabe, wenn sie zum Erreichen der in § 4 Abs. 1 Nr. 1 bis 4 SGB IX angesprochenen Ziele geeignet sind und kein anderer, sinnvoller Weg, diese Ziele zu erreichen, gegeben ist.

3.2 Der Begutachtung wird der bio-psycho-soziale Ansatz des Konzepts der funktionalen Gesundheit und Behinderung der „International Classification of Functioning, Disability and Health" (ICF) der Weltgesundheitsorganisation (WHO) zugrundegelegt. Hierbei werden die Komponenten der Funktionsfähigkeit bzw. Behinderung in ihrer Wechselwirkung unter besonderer Beachtung des gesamten Lebenshintergrundes des behinderten Menschen beschrieben.[4] Integrativ sind Krankheiten (im Sinne der ICD) und krankheitsbedingte Gefährdungs- und Belastungsfaktoren zu berücksichtigen.

3.3 Um einen bestmöglichen Erfolg im Sinne der Teilhabe am gesellschaftlichen, insbesondere beruflichen Leben, zu erreichen, umfassen Leistungen zur Teilhabe einen ganzheitlichen Ansatz, der über das Erkennen, Behandeln und Heilen einer Krankheit hinaus die wechselseitigen Beziehungen zwischen den Gesundheitsproblemen einer Person – be-

---

3 Aus Gründen der besseren Lesbarkeit wird nachfolgend nur jeweils die männliche Form verwendet.
4 siehe ausführlicher Anhang

schrieben in Form von Schädigungen der Körperfunktionen und Körperstrukturen, Beeinträchtigungen der Aktivitäten sowie der Teilhabe – und ihren Kontextfaktoren berücksichtigt. Dies erfordert insbesondere die umfassende Berücksichtigung der Kontextfaktoren in Bezug auf Person und Umwelt als Voraussetzung für den angestrebten Rehabilitationserfolg.

3.4 Im Rahmen der gutachterlichen Klärung der Notwendigkeit und der Zielsetzung einer Leistung zur Teilhabe sind u.a. folgende Kriterien sozialmedizinisch zu prüfen:

Rehabilitationsbedürftigkeit im trägerübergreifenden Sinn
Rehabilitationsbedürftigkeit bezieht sich auf eine gesundheitlich bedingte drohende oder bereits manifeste Beeinträchtigung der Teilhabe, die über die kurative Versorgung hinaus den mehrdimensionalen und interdisziplinären Ansatz der Rehabilitation erforderlich macht. Dabei bezieht sich das gesundheitliche Problem auf die Schädigungen der Körperfunktionen und Körperstrukturen und die Beeinträchtigungen der Aktivitäten unter Berücksichtigung der Kontextfaktoren.

Rehabilitationsfähigkeit im trägerübergreifenden Sinn
Der Begriff der Rehabilitationsfähigkeit bezieht sich auf die somatische und psychische Verfassung des behinderten oder von Behinderung bedrohten Menschen (z. B. Motivation bzw. Motivierbarkeit und Belastbarkeit) für die Inanspruchnahme einer geeigneten Leistung zur Teilhabe.

Rehabilitationsprognose im trägerübergreifenden Sinn
Die Rehabilitationsprognose ist eine sozialmedizinisch begründete Wahrscheinlichkeitsaussage für den Erfolg der Leistung zur Teilhabe
- auf der Basis der Erkrankung, des bisherigen Verlaufs, des Kompensationspotentials/ der Rückbildungsfähigkeit unter Beachtung und Förderung individueller Ressourcen (Rehabilitationspotential einschließlich psychosozialer Faktoren)
- über die Erreichbarkeit des festgelegten Teilhabeziels
- durch eine geeignete Leistung zur Teilhabe
- in einem notwendigen Zeitraum.

3.5 **Trägerspezifische Aufgaben zur Erreichung der Teilhabeziele**

Leistungen zur Teilhabe zielen vorrangig
- in der **Krankenversicherung** darauf, eine Behinderung oder Pflegebedürftigkeit abzuwenden, zu beseitigen, zu mindern, auszugleichen, ihre Verschlimmerung zu verhüten oder ihre Folgen zu mildern,
- in der **Rentenversicherung** einschließlich der **Alterssicherung der Landwirte** darauf, den Auswirkungen einer Krankheit oder einer körperlichen, geistigen oder seelischen Behinderung auf die Erwerbsfähigkeit der Versicherten entgegenzuwirken oder sie zu überwinden und dadurch Beeinträchtigungen der Erwerbsfähigkeit der Versicherten oder ihr vorzeitiges Ausscheiden aus dem Erwerbsleben zu verhindern oder sie möglichst dauerhaft in das Erwerbsleben wiedereinzugliedern,
- in der **Unfallversicherung** darauf, den durch einen Arbeitsunfall oder eine Berufskrankheit verursachten Gesundheitsschaden zu beseitigen, zu bessern, seine Verschlimmerung zu verhüten oder seine Folgen zu mildern, den Versicherten auch dadurch möglichst auf Dauer beruflich und sozial einzugliedern,
- in der **Arbeitsförderung** darauf, die wegen Art oder Schwere der Behinderung erforderlichen Leistungen zur Förderung der Teilhabe am Arbeitsleben zu erbringen, um die Erwerbsfähigkeit behinderter Menschen zu erhalten, zu bessern, herzustellen oder wiederherzustellen und ihre Teilhabe am Arbeitsleben zu sichern,
- in der **Sozial- und Jugendhilfe** darauf, eine drohende Behinderung zu verhüten oder eine Behinderung oder deren Folgen zu beseitigen oder zu mildern und die von einer

wesentlichen Behinderung bedrohten behinderten Menschen in die Gesellschaft einzugliedern. Hierzu gehört vor allem, den behinderten Menschen die Teilnahme am Leben in der Gemeinschaft zu ermöglichen oder zu erleichtern, ihnen die Ausübung eines angemessenen Berufs oder einer sonstigen Tätigkeit zu ermöglichen oder sie soweit wie möglich unabhängig von Pflege zu machen,

– im **Recht der sozialen Entschädigung bei Gesundheitsschäden** darauf, anerkannte Gesundheitsstörungen oder die durch sie bewirkte Beeinträchtigung der Berufs- oder Erwerbsfähigkeit durch medizinische Leistungen zur Rehabilitation zu beseitigen oder zu bessern, eine Zunahme des Leidens zu verhüten, Pflegebedürftigkeit zu vermeiden, zu überwinden, zu mindern oder ihre Verschlimmerung zu verhüten, körperliche Beschwerden zu beheben, die Folgen der Schädigung (Gesundheitsstörung) zu erleichtern oder um den betroffenen Menschen eine möglichst umfassende Teilhabe am Leben in der Gesellschaft zu ermöglichen. Leistungen zur Teilhabe am Arbeitsleben werden erbracht, um die Folgen der erlittenen Schädigung angemessen auszugleichen oder zu mildern, insbesondere die Erwerbsfähigkeit entsprechend der Leistungsfähigkeit zu bessern, herzustellen, wiederherzustellen und den betroffenen Menschen hierdurch möglichst auf Dauer beruflich einzugliedern und

– im **Schwerbehindertenrecht** darauf, die wegen Art und Schwere der Behinderung erforderlichen Leistungen der begleitenden Hilfe im Arbeitsleben erbringen zu können, damit schwerbehinderte Menschen auf für sie geeigneten Arbeitsplätzen beschäftigt werden und sich im Erwerbsleben behaupten können. Auch zur Einleitung arbeitsplatzerhaltender präventiver Maßnahmen und für die Wirksamkeit des besonderen Kündigungsschutzes kann es auf sozialmedizinisch zu beurteilende behinderungsbedingte Zusammenhänge ankommen.

4. Gliederung und Anforderungsprofil des Gutachtens

In den folgenden Abschnitten 1 bis 5 werden alle wesentlichen Aspekte genannt, die in Bezug auf

– Anamnese,

– Untersuchungsbefunde,

– Diagnosen,

– Epikrise

– und sozialmedizinische Beurteilung,

einschließlich der Darstellung der Körperfunktionen und Körperstrukturen, Aktivitäten und Teilhabe sowie deren Beeinträchtigungen, der Kontextfaktoren, der Prognose und der Interventionsmöglichkeiten in einem Gutachten generell erwartet werden. Je nach Fragestellung und Fallgestaltung sind bei der Erstellung des Gutachtens Schwerpunkte zu setzen. Dabei ist zu berücksichtigen, dass sozialmedizinisch relevante Aspekte, die im Rahmen des weiteren Verlaufs und der weiteren Befassung unterschiedlicher Rehabilitationsträger von Bedeutung sein können, erfasst bzw. dokumentiert werden müssen.

4.1 Anamnese

Die Anamnese gliedert sich in:

4.1.1 Allgemeine Anamnese

4.1.1.1 Familienanamnese

Nur wesentliche Angaben zur familiären Belastung, z. B. Herz-Kreislauf-, Stoffwechsel-, Lungenerkrankungen, psychische und bösartige Erkrankungen, sind erforderlich.

4.1.1.2 Eigenanamnese
Aufzuführen sind: Kinderkrankheiten mit Folgeschäden, prä-, peri- und postnatale Auffälligkeiten, Entwicklung bis Schulbeginn, schwere Akuterkrankungen, Operationen, Beginn und Verlauf chronischer Erkrankungen, Krankenhausbehandlungen und Leistungen zur medizinischen Rehabilitation, Unfälle einschließlich Arbeitsunfälle und Berufskrankheiten, allergische Dispositionen und Manifestationen (z. B. Milchschorf, Neurodermitis, Heuschnupfen, Arbeitsstoffe, Tierhaare), Angaben zu Risikofaktoren, Ernährung (z. B. Diät), Gebrauch von Genussmitteln (z. B. Alltagsdrogen) und Suchtstoffen. Ggfs. zeitliche Angaben zum Auftreten und Verlauf.

Organbezogene/vegetative Anamnese:
Herz-/Kreislaufsystem, Lungen und Atemwege, gastrointestinales System, Stütz- und Bewegungsapparat, Haut und -Anhangsgebilde, Nieren und ableitende Harnwege, endokrinologisches System, zentrales und peripheres Nervensystem, Sinnesorgane, Psyche, gynäkologische Anamnese, Vita sexualis, Angaben zu Appetit, Durst, Speisenunverträglichkeit, Gewichtsverhalten, Stuhlgang, Miktion/Nykturie, Inkontinenz, Husten, Auswurf, Schlaf.

Jetzige Beschwerden:
Die Schilderung der Beschwerden und der Beeinträchtigungen des Befindens muss aus Sicht des betroffenen Menschen dokumentiert werden. Die Beschwerden sind ihren Symptomkomplexen zugeordnet, also strukturiert, aufzuzeichnen (z. B. Druckgefühl in der Brust bei gleichzeitigem Schmerz in den Kiefergelenken und im linken Arm). Wichtig sind der Beschwerdeverlauf und dessen Folgen für Beruf und Alltagsleben. Der Gutachter fragt gezielt nach typischen Symptomen im Hinblick auf spezielle Erkrankungen und stellt differenzialdiagnostische Erwägungen an, insbesondere bei vermeintlichen Widersprüchen zwischen vorliegenden medizinischen Unterlagen und Angaben des betroffenen Menschen. Er klärt das subjektive Krankheitsverständnis.

Therapie:
Angaben zur Therapie – möglichst die letzten 12 Monate überspannend mit Beschreibung von:
Medikation: Dauer-/Bedarfsmedikation, seit welcher Zeit, in welcher Dosis, mit welchem Erfolg/Misserfolg, Nebenwirkungen von Therapien? Evtl. Hinweis auf weitere Therapien, deren Art und Häufigkeit/Dosierung, auch geplante Therapien.
Hilfsmittel: u.a. welche vorhanden sind und genutzt werden?
Heilmittel: z. B. Logopädie, Ergotherapie, Physiotherapie
Weitere Therapien: z. B. Psychotherapie, Soziotherapie

Behandelnde Ärzte/Psychologen/Psychologische Psychotherapeuten:
Angabe der Behandler, deren Fachrichtung und Anschrift.

4.1.2 Biographische Anamnese (bei psychiatrischen Gutachten)
Diese sollte die ausführliche Erhebung der Lebensgeschichte des betroffenen Menschen enthalten, Besonderheiten der frühkindlichen Entwicklung, der sozialen Herkunft, des späteren Lebensweges im Hinblick auf Familie, Partnerschaft und Beruf, sodass Zusammenhänge von Lebensgeschichte und Erkrankungsbeginn, -verlauf und -art zu erkennen sind.

4.1.3 Arbeits- und Sozialanamnese

4.1.3.1 Schulausbildung/Schulabschluss
Neben den erreichten Abschlüssen ist auch anlassbezogen nach Schwierigkeiten in der Schulausbildung zu fragen.

4.1.3.2 Berufs- und Arbeitsanamnese
Berufliche Zielvorstellungen bzw. Ausbildungsabsichten, Berufsausbildung mit/ohne Abschluss, Arbeitsbiographie: Art und Dauer bisheriger Tätigkeiten, berufliche Belastungen, Gründe für evtl. Berufs-/Tätigkeitswechsel, Weiterbildungsmaßnahmen, jetzige Tätigkeit mit Beschreibung des Arbeitsplatzes und der -atmosphäre, besondere psychische und physische Belastungen am Arbeitsplatz, betriebsärztliche Betreuung, vorhandene und verwendete Hilfsmittel und Schutzmaßnahmen am Arbeitsplatz, Möglichkeiten der Arbeitsplatzanpassung oder -umsetzung, Weg zur Arbeitsstelle. Derzeit arbeitslos, arbeitsunfähig, gekündigt (mit zeitlichem Ablauf und Gründen)?

4.1.3.3 Umstände der Antragstellung, bisherige Sozialleistungen (sofern Daten nicht bereits vorliegen)
 – Angabe, warum und ggf. durch wen Aufforderung zur Antragstellung erfolgte.
 – Arbeitsunfähigkeitsverläufe (z. B. Dauer, Häufigkeit und Ursachen vor allem der letzten 3 Jahre, erste AU wegen des zum Antrag führenden Leidens?)
 – Frühere, laufende und beantragte Sozialleistungen (evtl. auch im Herkunftsland): z. B. medizinische Vorsorge- und/oder Rehabilitationsleistungen sowie Leistungen zur Teilhabe am Arbeitsleben und am Leben in der Gemeinschaft, ambulant und/oder stationär, Renten (RV, UV o.a.), Kranken- bzw. Verletztengeld, Arbeitslosengeld oder -hilfe, Sozialhilfe, Leistungen der Pflegeversicherung, Leistungen durch das Gesundheitsamt und die Träger der sozialen Entschädigung, z. B. Versorgungsverwaltung, Angaben zum GdB (mit Merkzeichen), MdE, Pflegestufe, ggf. Rechtsmittelverfahren.

4.1.3.4 Sozialanamnese und Aktivitäten des täglichen Lebens
Soziales Umfeld, Angaben zu vorhandenen Fähigkeiten, Schwierigkeiten und Kompensationspotenzialen bei den Aktivitäten des täglichen Lebens (z. B. Beruf, Familie, Kommunikation, Freizeit mit Sport und Hobbys, kulturelle Aktivitäten, Ehrenämter, häusliche Situation, Garten, zu pflegende Angehörige, Finanzsituation, Haustiere). Ggf. Angaben zur jetzigen Versorgungs- und Betreuungssituation, wenn sie für die Feststellung der Leistungsfähigkeit oder eine Rehabilitationsleistung von Bedeutung sind.

4.2   Untersuchungsbefunde
Die klinische Untersuchung muss die Informationen aus der Anamneseerhebung und Auswertung früher erstellter Befunde und sonstiger Unterlagen berücksichtigen. Grundlage der gutachterlichen Beurteilung des Leistungsvermögens ist die präzise Beschreibung der Funktionen bzw. Funktionseinschränkungen, möglichst mit Maßangaben, zumal zwischen morphologischem Befund (z. B. Röntgenbild der Wirbelsäule) und Funktion nicht zwangsläufig eine Korrelation bestehen muss. Die medizinischtechnische Zusatzdiagnostik sollte der Objektivierung von Funktionseinbußen und -fähigkeiten dienen. Sie ist bei Bedarf um eine arbeitsplatz-und/oder alltagsbezogene Funktionsdiagnostik zu ergänzen.

4.2.1 Klinischer Untersuchungsbefund
Der behinderte oder von Behinderung bedrohte Mensch muss – sofern es die Fragestellung erfordert – vollständig untersucht und das Untersuchungsergebnis in seiner Gesamtheit dokumentiert und übersichtlich gegliedert werden. Auch bei Fachgutachten wird ein orientierender klinischer Gesamtstatus erwartet. Dies ist besonders wichtig, wenn fachgebietsbezogene Symptome/Befunde (z. B. Sehstörungen oder Tinnitus) an einen Zusammenhang mit anderen Erkrankungen (z. B. arterielle Hypertonie) denken lassen. Außerdem sollten klinische Hinweise auf Erkrankungen, die außerhalb des jeweiligen Fachgebietes liegen, dokumentiert werden (z. B. äußer-

lich sichtbare Veränderungen wie Zyanose oder Ikterus). Messbare Untersuchungsbefunde sollten unter Angabe ihrer Messgröße (z. B. Neutral-0-Methode, vergleichende Umfangsmessungen in cm u.a. m.), ggf. mit Einbeziehung von Messblättern,
aufgezeigt werden. Die pauschale Zusammenfassung des Befundes in „unauffällig"
oder „o. B." ist nicht ausreichend.

Normalbefunde sind aufzuführen, insbesondere wenn
- Beschwerden vorgetragen werden
- pathologische Vorbefunde vorliegen
- das Krankheitsbild korrelierende pathologische Befunde erwarten lässt (z. B.
  Hodgkin-Lymphom, bei dem Milzgröße und Lymphknotenstatus unauffällig
  sind)
- die Untersuchung im symptomfreien Intervall einer typischerweise in Schüben
  bzw. klinisch sehr wechselhaft (z. B. mit Exazerbationen) verlaufenden Krankheit
  (z. B. Asthma bronchiale, rheumatoide Arthritis) erfolgt.

Eine orientierende Prüfung der Sinnesorgane, der Lese- und Schreibfähigkeit sowie
des Sprachvermögens ist erforderlich.

Eine neurologische Untersuchung ist in ihrem Umfang aufzuzeigen (z. B. Angabe, ob
die Sensomotorik geprüft wurde und Angabe der Händigkeit).

Beschreibungen des Bewegungsablaufes (z. B. Stand, Gang, Sitzen, Bewegungen
beim Aus- und Ankleiden, Aufrichten von der Untersuchungsliege, Nutzung von
Hilfsmitteln, Gebrauchszustand der Hilfsmittel) sind weitere wichtige Informationen, auf die hingewiesen werden sollte. Unabhängig vom jeweiligen Fachgebiet
müssen psychische Auffälligkeiten beachtet und mitgeteilt werden. Vor allem bei
einer Diskrepanz zwischen „Befund" und „Befindlichkeit" müssen mögliche Zusammenhänge mit psychischen Störungen in die differenzialdiagnostischen Überlegungen einbezogen werden.

Der psychische Befund wird mit Beschreibung u.a. von Stimmungslage und ggf.
bestehenden Auffälligkeiten auch hinsichtlich der Konzentrationsfähigkeit dokumentiert.

4.2.2 Medizinisch-technische Untersuchungen

Medizinisch-technische Diagnostik ist gezielt einzusetzen und sollte sich individuell
nach dem Krankheitsbild richten. Sie ist nicht erforderlich, wenn
- aus mitgereichten medizinischen Unterlagen der Umfang der Funktionsdefizite
  bereits erkennbar ist
- die Beurteilung der Leistungsfähigkeit*) schon durch den klinischen Befund erfolgen kann
- keinerlei Hinweise auf eine organbezogene Leistungseinschränkung bestehen.

Die Diagnostik muss angemessen und zumutbar sein; ein Routineprogramm ist
abzulehnen. Die Wirtschaftlichkeit muss beachtet werden. Entsprechend der Rönt-
genverordnung sind bereits erstellte Röntgenbilder beizuziehen. Röntgenaufnahmen, die in ein anderes Fachgebiet gehören, sind grundsätzlich nicht zu erstellen.
Zur funktionsanalytischen Stufendiagnostik in den verschiedenen Fachgebieten
wird auf die Fachliteratur verwiesen.

4.3 Diagnosen

Diagnosen sind stets gesondert aufzulisten mit klinisch relevanten Angaben. Sie sind
nach ihrer sozialmedizinischen Bedeutung zu ordnen.

---

*) Der Terminus „Leistungsfähigkeit" in diesem Kontext ist nicht identisch mit dem Begriff „Leistungsfähigkeit" der ICF (s. S. 16).

Sozialmedizinisch relevante chronische Erkrankungen, die zurzeit erscheinungsfrei sind, sollen mit diesem Zusatz beschrieben werden. Das Aufzeigen sozialmedizinisch bedeutungsloser Diagnosen ist nicht erforderlich (z. B. Cholezystektomie 1988), ggf. erfolgt ein Hinweis in der Epikrise. Die Formulierung „Zustand nach" ist wenig aussagekräftig. Sie enthält keine Information über zwischenzeitliche Abheilung oder fortbestehende Funktionseinbußen.

Die Diagnosen werden nach der jeweils gültigen ICD verschlüsselt.

4.4   Epikrise

Die Epikrise ist die zusammenfassende Darstellung der Erkrankungen (ihrer Lokalisation, ihres Schweregrades, ihres Verlaufs). Die Epikrise ist damit die Grundlage für die nachfolgende sozialmedizinische Beurteilung. Dabei sind wichtige Vorbefunde (Krankenhaus- und Reha-Entlassungsberichte, mitgereichte Untersuchungsergebnisse, Gutachten anderer Rehabilitationsträger), differenzialdiagnostische Überlegungen, besondere Probleme bei der Begutachtung oder Widersprüche zwischen Beschwerden und Befunden (einschließlich Beobachtungen außerhalb des Untersuchungsvorganges) sowie Angaben aus strukturierten Selbstauskünften zu berücksichtigen. Bei vorgelegten Befunden ist die aktuelle Verwertbarkeit zu prüfen.

4.5   Sozialmedizinische Beurteilung

Unter Berücksichtigung der ICF wird die sozialmedizinische Beurteilung in die nachfolgenden Abschnitte gegliedert:

Die Gesundheitsprobleme sind gekennzeichnet durch den aktuellen Status von Körperfunktionen und Körperstrukturen, Aktivitäten und Teilhabe sowie deren Beeinträchtigungen. Strukturen und Funktionen sind zu überprüfen und zu beschreiben in Bezug auf: mentale Funktionen[5], Sinnesfunktionen, Schmerzempfindungen, Stimm- und Sprechfunktionen, kardiopulmonale Funktionen, Funktionen des hämatologischen und immunologischen Systems, Funktionen des Verdauungssystems, des Stoffwechsels und des endokrinen Systems, Funktionen des Urogenitalsystems, des Stütz- und Bewegungsapparats sowie der Haut und Hautanhangsgebilde. Aktivitäten und Teilhabe sind in folgenden Bereichen zu überprüfen und zu beschreiben: Lernen und Wissensanwendung, Bewältigung allgemeiner Aufgaben und Anforderungen, Kommunikation und Mobilität einschließlich Tragen, Bewegen und Handhaben von Gegenständen, Selbstversorgung, häusliches Leben, interpersonelle Interaktionen und Beziehungen, Arbeit, Beschäftigung und Bildung, Gemeinschafts-, soziales und staatsbürgerliches Leben.

Hinsichtlich Kontextfaktoren sind insbesondere sich auf die Teilhabe günstig oder ungünstig auswirkende Einflüsse folgender Bereiche zu überprüfen und zu beschreiben: Produkte, Ausrüstungen und Technologien, natürliche Umwelt einschließlich klimatischer Faktoren, vom Menschen beeinflusste Umweltfaktoren wie beispielsweise Lärm und Luftqualität, psychosozialer Bereich der Unterstützung und Beziehungen, Einstellungen einzelner Personen oder Personengruppen einschließlich gesellschaftlicher Einstellungen, Auswirkungen und Ansatzmöglichkeiten vorhandener Dienste und Systeme einschließlich gesetzlicher Grundlagen, Regeln und Konventionen (insbesondere auch Möglichkeiten des Gesundheitswesen und unterstützende Einrichtungen). Auch wenn für personbezogene Faktoren in der ICF keine Kodierungsmöglichkeiten vorgesehen sind, müssen diese im Einzelfall davon unabhängig erfasst werden.

---

5 Gemäß ICF umfassen mentale auch die psychischen Funktionen.

In der Prognosebeurteilung wird der weitere Verlauf der geschilderten Gesundheitsprobleme unter Berücksichtigung der kurativ-medizinischen Versorgung eingeschätzt. Dabei sind die Kontextfaktoren zu berücksichtigen.

Als Interventionsmöglichkeiten werden medizinische, berufliche, gesellschaftliche, private und speziell auf die Kontextfaktoren abzielende Interventionen aufgeführt, die geeignet erscheinen, die Prognose zu verbessern. Insbesondere sind hier Möglichkeiten der Prävention, der Kuration, der Versorgung mit Heil- und Hilfsmitteln, der unterschiedlichen Leistungsgruppen zur Teilhabe behinderter Menschen, der Pflege und den Möglichkeiten des Engagements in Selbsthilfegruppen zu berücksichtigen.

Zusammenfassend bilden die Epikrise und die sozialmedizinische Beurteilung auch die Grundlage für die Beantwortung der trägerspezifischen Fragestellungen (z. B. zur Rehabilitationsbedürftigkeit, Rehabilitationsfähigkeit und Rehabilitationsprognose). Der Sachverständige kann den betroffenen Menschen über die Ergebnisse seiner Untersuchung informieren. Der Auftraggeber soll informiert werden, welche Begutachtungsergebnisse bereits an den betroffenen Menschen mitgeteilt wurden. Mitteilungen dürfen keine Leistungen des zuständigen Rehabilitationsträgers präjudizieren.

5. Selbstauskunft

Ziele von strukturierten Selbstauskünften sind z. B. eine verstärkte Orientierung am behinderten oder von Behinderung bedrohten Menschen, eine Verbesserung des Informationsflusses, eine Erleichterung der Begutachtung oder in Verbindung mit sozialmedizinischen Unterlagen eine Vermeidung einer Begutachtung mit persönlicher Untersuchung, eine Optimierung der Auswahl der Leistung, eine Selbsteinschätzung der Leistungsfähigkeit einschließlich der Kontextfaktoren und eine Unterstützung des Verfahrens. Darüber hinaus dienen sie dem betroffenen Menschen zur besseren Vorbereitung auf und Einbindung in die Begutachtung.

Der Einsatz von Selbstauskunftsbögen wird gegenwärtig in verschiedenen Arbeitsgruppen trägerspezifisch und trägerübergreifend diskutiert. Die Erarbeitung eines einheitlichen Selbstauskunftsbogens für alle Rehabilitationsträger wird angestrebt.

6. Inkrafttreten

6.1 Diese Gemeinsame Empfehlung tritt am 1. Juli 2004 in Kraft.

6.2 Die Vereinbarungspartner und die anderen Rehabilitationsträger werden auf der Ebene der Bundesarbeitsgemeinschaft für Rehabilitation in angemessenen Zeitabständen unter Einbeziehung der Verbände behinderter Menschen einschließlich der Verbände der freien Wohlfahrtspflege, der Selbsthilfegruppen und der Interessenvertretung behinderter Frauen sowie der für die Wahrnehmung der Interessen der ambulanten und stationären Rehabilitationseinrichtungen auf Bundesebene maßgeblichen Spitzenverbände prüfen, ob die Vereinbarung aufgrund zwischenzeitlich gewonnener Erfahrungen verbessert oder wesentlich veränderten Verhältnissen angepasst werden muss. Für diesen Fall erklären die Vereinbarungspartner ihre Bereitschaft, unverzüglich an der Überarbeitung einer entsprechenden zu ändernden gemeinsamen Empfehlung mitzuwirken.

Anhang (Stand: 19. Februar 2004)

Der bio-psycho-soziale Ansatz in der Begutachtung

Das Konzept der Funktionalen Gesundheit der ICF[6]

Für die sozialmedizinische Beurteilung steht mit der „International Classification of Functioning, Disability and Health"[7] (ICF) ein von der Weltgesundheitsorganisation (WHO) entwickeltes Klassifikationssystem zur Verfügung, mit dem die „funktionale Gesundheit" und deren Beeinträchtigungen abgebildet werden kann. Anhand der ICF, die eine Weiterentwicklung der ICIDH[8] von 1980 darstellt, können Folgeerscheinungen von Krankheiten klassifiziert werden. Mit der Einbeziehung von umwelt- und personbezogenen Faktoren kann nunmehr der gesamte Lebenshintergrund einer Person berücksichtigt werden. Im SGB IX wurden bereits wesentliche Aspekte der ICF unter Berücksichtigung der in Deutschland anerkannten Besonderheiten aufgenommen.

Dabei ist zu berücksichtigen, dass die Zuordnung einiger sozialmedizinisch geläufiger Begriffe zu den Kategorien der ICF noch Gegenstand der Fachdiskussion ist.

Die ICF ist eine Klassifikation wichtiger Aspekte der funktionalen Gesundheit. Danach gilt eine Person als funktional gesund, wenn – vor ihrem gesamten Lebenshintergrund

- ihre körperlichen Funktionen (einschließlich des mentalen Bereichs) und Körperstrukturen denen eines gesunden Menschen entsprechen,
- sie all das tut oder tun kann, was von einem Menschen ohne Gesundheitsproblem erwartet wird und
- sie ihr Dasein in allen Lebensbereichen, die ihr wichtig sind, in der Weise und dem Umfang entfalten kann, wie es von einem Menschen ohne Beeinträchtigungen der Körperfunktionen und Körperstrukturen oder der Aktivitäten erwartet wird.

Alle modernen Definitionen des Begriffs der Rehabilitation basieren auf der ICIDH bzw. der ICF. Danach hat die Rehabilitation allgemein die Sicherung, Wiederherstellung oder Verbesserung der funktionalen Gesundheit bei gefährdeter oder beeinträchtigter Teilhabe an den verschiedenen Bereichen des Lebens in der Gesellschaft zum Gegenstand. Rehabilitation und Teilhabe umfasst einen ganzheitlichen Ansatz, der über das Erkennen, Behandeln und Heilen einer Krankheit hinaus die wechselseitigen Beziehungen zwischen den Gesundheitsproblemen einer Person – beschrieben in Form von Schädigungen der Körperfunktionen und Körperstrukturen, Beeinträchtigungen der Aktivitäten sowie der Teilhabe und ihren Kontextfaktoren – berücksichtigt, um den angestrebten Rehabilitationserfolg im Sinne der Teilhabe an Gesellschaft, Arbeit und Beruf zu erreichen.

Ein wichtiges Ziel der ICF ist, gemeinsame Begriffe für die Beschreibung der funktionalen Gesundheit und deren Beeinträchtigung zur Verfügung zu stellen, um die Kommunikation zwischen Fachleuten im Gesundheits- und Sozialwesen sowie den Menschen mit Beeinträchtigungen ihrer Funktionsfähigkeit zu verbessern.

Die ICF kann in Bezug auf Körperfunktionen und Körperstrukturen, Aktivitäten und Teilhabe sowohl defizit- als auch ressourcenorientiert verwendet werden. Dies ist für die sozialmedizinische Begutachtung wichtig.

Mit Hilfe der ICF können unter Berücksichtigung der Kontextfaktoren

- die Körperfunktionen und Körperstrukturen,

---

6 – Schuntermann, M. F.: Grundsatzpapier der Rentenversicherung zur Internationalen Klassifikation der Funktionsfähigkeit, Behinderung und Gesundheit (ICF) der Weltgesundheitsorganisation (WHO). In: DRV (Deutsche Rentenversicherung), Hrsg.: Verband Deutscher Rentenversicherungsträger, Frankfurt/Main, Heft 1-2/2003, S. 52–59,
– Schuntermann, M. F.: Ausbildungsmaterialien zur ICF. Internetausgabe.www.vdr.de, Rubrik Rehabilitation, ICF (ICIDH-2)
7 Internationale Klassifikation der Funktionsfähigkeit, Behinderung und Gesundheit
8 International Classification of Impairments, Disabilities and Handicaps (Internationale Klassifikation der Schädigungen, Fähigkeitsstörungen und Beeinträchtigungen)

- die Aktivitäten unter den Aspekten der Leistung (Art und Umfang der Durchführung einer Aktivität unter den gegenwärtigen Umweltbedingungen der betrachteten Person) oder der Leistungsfähigkeit (Art und Umfang der Durchführung einer Aktivität unter Test-, Standard- oder Optimalbedingungen der betrachteten Person) und
- die Teilhabe

und deren Beeinträchtigungen beschrieben werden.

Die Teilhabe an Lebensbereichen kann durch Umweltfaktoren (z. B. Einstellungen, Werte und Überzeugungen von Menschen, politisches und Rechtssystem eines Landes, Art des Gesundheits- und Bildungswesens und der zur Verfügung stehenden Güter und Technologien) beeinträchtigt (Barrieren, z. B. fehlende Teilzeitarbeitsplätze) oder unterstützt (Förderfaktoren, z. B. soziale Unterstützung) werden. Neben den Umweltfaktoren sind personbezogene Faktoren die zweite Komponente der Kontextfaktoren. Sie sind zwar wegen der großen soziokulturellen Unterschiedlichkeit in der ICF nicht klassifiziert, müssen jedoch im Gutachten berücksichtigt werden.

Eine Beeinträchtigung der funktionalen Gesundheit wird in der Regel durch eine – oft chronische – Krankheit hervorgerufen. Eine funktionale Problematik ist jedoch nicht gleichzusetzen mit Krankheit. Die betreffende Person muss nicht im engeren Sinn krank sein, kann aber andererseits funktional erheblich schwerwiegender beeinträchtigt sein als es die zugrunde liegende Krankheit erwarten lässt. In Abhängigkeit von der jeweiligen individuellen Situation besteht dann Interventionsbedarf. Als Beeinträchtigung der funktionalen Gesundheit (= „Behinderung") wird nach der ICF die negative Wechselwirkung zwischen einer Person mit einem Gesundheitsproblem und ihren Kontextfaktoren auf ihre Körperfunktionen und Körperstrukturen, Aktivitäten oder Teilhabe bezeichnet. Dieser Behinderungsbegriff ist erheblich weiter gefasst als der des SGB IX.

Das in der folgenden Abbildung skizzierte Modell bietet eine Grundlage für die sozialmedizinische Begutachtung in den Teilbereichen des Gesundheitswesens und der sozialen Sicherung. Hierauf bauen die trägerspezifischen Besonderheiten in der Begutachtung auf.

Gesundheitsproblem einer Person

Krankheit (ICD-10)

Funktionale Problematik
(Funktionen/Strukturen, Aktivitäten, Teilhabe an Lebensbereichen)

Kontextfaktoren
(Umweltfaktoren und personbezogene Faktoren, als Barrieren oder Förderfaktoren)

Prognose
(unter Berücksichtigung des Krankheitsbildes auf allen drei Ebenen und der medizinischen Versorgung)

Interventionsmöglichkeiten
(vorhanden, nicht vorhanden, wenn vorhanden: schlechte, mittlere, gute Erfolgsprognose)

Zur *funktionalen Problematik*: Hier werden die funktionalen Befunde und Symptome auf den Ebenen der Körperfunktionen und Körperstrukturen, der Aktivitäten und der Teilhabe sowie deren Beeinträchtigungen angegeben.

Zu den **Kontextfaktoren**: Die Kontextfaktoren haben praktisch immer einen Einfluss auf die funktionale Gesundheit einer Person. In der Begutachtung werden sie in Form von Faktoren, die sich negativ bzw. positiv auf die funktionale Gesundheit auswirken, berücksichtigt. Hierbei steht die Teilhabe im Vordergrund.

Zur **Prognose**: Prognostische Aussagen sind erforderlich zu einer fachlich begründeten Einschätzung über den Verlauf der funktionalen Problematik vor dem Hintergrund der Dynamik des Gesundheitsproblems. Hierbei sind die Kontextfaktoren, die Wechselwirkungen zwischen Gesundheitsproblem und funktionaler Problematik und mögliche Sekundärprozesse (z. B. Entstehung neuer Krankheiten infolge der funktionalen Problematik) zu berücksichtigen. In der Reha-Begutachtung ist es insbesondere erforderlich, sich den Verlauf zu vergegenwärtigen, der eintreten würde, wenn die weitere medizinische Versorgung auf kurative Maßnahmen beschränkt bliebe. Hieraus leitet sich ein Interventionsbedarf ab bzw. die Notwendigkeit zur Überprüfung der Interventionsmöglichkeiten.

Zu **Interventionsmöglichkeiten**: Unter Interventionsmöglichkeiten werden im Grundsatz Interventionen aller Art (medizinische, berufliche, gesellschaftliche, private, kontextbezogene) verstanden. Dabei ist vorrangig die Frage zu klären, ob es für die jeweilige funktionale Problematik vor dem Hintergrund der Prognose überhaupt Interventionsmöglichkeiten gibt oder nicht. Wenn es sie gibt, dann kann eventuell eine allgemeine Erfolgsprognose für die Intervention angegeben werden.

Rehabilitationsbedürftigkeit besteht demnach, wenn bei einer gesundheitlich bedingten drohenden oder bereits manifesten Beeinträchtigung der Teilhabe über die kurative Versorgung hinaus der mehrdimensionale und interdisziplinäre Ansatz der medizinischen Rehabilitation erforderlich ist.
Dabei bezieht sich das gesundheitliche Problem auf die Schädigungen der Körperfunktionen und Körperstrukturen und die Beeinträchtigungen der Aktivitäten unter Berücksichtigung der Kontextfaktoren.

Anhang 3

1 Allgemeine Unfallversicherungs-Bedingungen (AUB 2008/II)*

Musterbedingungen des GDV (Stand: Dezember 2008)

Unverbindliche Bekanntgabe des Gesamtverbandes der Deutschen Versicherungswirtschaft e.V. – GDV –. Zur fakultativen Verwendung. Abweichende Vereinbarungen sind möglich.

Sie als Versicherungsnehmer sind unser Vertragspartner.
Versicherte Person können Sie oder jemand anderer sein.
Wir als Versicherer erbringen die vertraglich vereinbarten Leistungen.

Inhaltsübersicht

Der Versicherungsumfang
1   Was ist versichert?
2   Welche Leistungsarten können vereinbart werden?
2.1 Invaliditätsleistung
2.2 Übergangsleistung
2.3 Tagegeld
2.4 Krankenhaustagegeld, ambulante Operationen
2.5 Genesungsgeld
2.6 Todesfallleistung
3   Welche Auswirkung haben Krankheiten oder Gebrechen?
4   *GESTRICHEN*
5   In welchen Fällen ist der Versicherungsschutz ausgeschlossen?
6   Was müssen Sie
    • bei vereinbartem Kinder-Tarif
    • bei Änderungen der Berufstätigkeit oder Beschäftigung
    beachten?

Der Leistungsfall
7   Was ist nach einem Unfall zu beachten (Obliegenheiten)?
8   Welche Folgen hat die Nichtbeachtung von Obliegenheiten?
9   Wann sind die Leistungen fällig?

Die Versicherungsdauer
10 Wann beginnt und wann endet der Vertrag?
    Wann ruht der Versicherungsschutz bei militärischen Einsätzen?

Der Versicherungsbeitrag
11 Was müssen Sie bei der Beitragszahlung beachten?
    Was geschieht, wenn Sie einen Beitrag nicht rechtzeitig bezahlen?

Weitere Bestimmungen
12 Wie sind die Rechtsverhältnisse der am Vertrag beteiligten Personen zueinander?
13 Was bedeutet die vorvertragliche Anzeigepflicht?
14 *GESTRICHEN*
15 Wann verjähren die Ansprüche aus dem Vertrag?

---

* Herunterladbar aus www.gdv.de

16   Welches Gericht ist zuständig?
17   Was ist bei Mitteilungen an uns zu beachten?
     Was gilt bei Änderungen Ihrer Anschrift?
18   Welches Recht findet Anwendung?

Der Versicherungsumfang

1   **Was ist versichert?**

1.1   Wir bieten Versicherungsschutz bei Unfällen, die der versicherten Person während der Wirksamkeit des Vertrages zustoßen.

1.2   Der Versicherungsschutz umfasst Unfälle in der ganzen Welt.

1.3   Ein Unfall liegt vor, wenn die versicherte Person durch ein plötzlich von außen auf ihren Körper wirkendes Ereignis (Unfallereignis) unfreiwillig eine Gesundheitsschädigung erleidet.

1.4   Als Unfall gilt auch, wenn durch eine erhöhte Kraftanstrengung an Gliedmaßen oder Wirbelsäule
             • ein Gelenk verrenkt wird oder
             • Muskeln, Sehnen, Bänder oder Kapseln gezerrt oder zerrissen werden.

1.5   Auf die Regelungen über die Einschränkungen der Leistung (Ziffer 3) sowie die Ausschlüsse (Ziffer 5) weisen wir hin. Sie gelten für alle Leistungsarten.

2.   **Welche Leistungsarten können vereinbart werden?**

             Die Leistungsarten, die Sie vereinbaren können, werden im folgenden oder in zusätzlichen Bedingungen beschrieben.

             Die von Ihnen mit uns vereinbarten Leistungsarten und die Versicherungssummen ergeben sich aus dem Vertrag.

2.1   **Invaliditätsleistung**

2.1.1   Voraussetzungen für die Leistung:

2.1.1.1 Die körperliche oder geistige Leistungsfähigkeit der versicherten Person ist unfallbedingt dauerhaft beeinträchtigt (Invalidität). Eine Beeinträchtigung ist dauerhaft, wenn sie voraussichtlich länger als drei Jahre bestehen wird und eine Änderung des Zustandes nicht erwartet werden kann.

             Die Invalidität ist
             • innerhalb eines Jahres nach dem Unfall eingetreten und
             • innerhalb von fünfzehn Monaten nach dem Unfall von einem Arzt schriftlich festgestellt und von Ihnen bei uns geltend gemacht worden.

2.1.1.2 Kein Anspruch auf Invaliditätsleistung besteht, wenn die versicherte Person unfallbedingt innerhalb eines Jahres nach dem Unfall stirbt.

2.1.2   Art und Höhe der Leistung:

2.1.2.1 Die Invaliditätsleistung zahlen wir als Kapitalbetrag.

2.1.2.2 Grundlage für die Berechnung der Leistung bilden die Versicherungssumme und der Grad der unfallbedingten Invalidität.

2.1.2.2.1 Bei Verlust oder völliger Funktionsunfähigkeit der nachstehend genannten Körperteile und Sinnesorgane gelten ausschließlich, die folgenden Invaliditätsgrade:
             • Arm   70 %
             • Arm bis oberhalb des Ellenbogengelenks   65 %

- Arm unterhalb des Ellenbogengelenks   60 %
- Hand   55 %
- Daumen   20 %
- Zeigefinger   10 %
- anderer Finger   5 %
- Bein über der Mitte des Oberschenkels   70 %
- Bein bis zur Mitte des Oberschenkels   60 %
- Bein bis unterhalb des Knies   50 %
- Bein bis zur Mitte des Unterschenkels   45 %
- Fuß   40 %
- große Zehe   5 %
- andere Zehe   2 %
- Auge   50 %
- Gehör auf einem Ohr   30 %
- Geruchssinn   10 %
- Geschmackssinn   5 %

Bei Teilverlust oder teilweiser Funktionsbeeinträchtigung gilt der entsprechende Teil des jeweiligen Prozentsatzes.

2.1.2.2.2   Für andere Körperteile und Sinnesorgane bemißt sich der Invaliditätsgrad danach, inwieweit die normale körperliche oder geistige Leistungsfähigkeit insgesamt beeinträchtigt ist. Dabei sind ausschließlich medizinische Gesichtspunkte zu berücksichtigen.

2.1.2.2.3   Waren betroffene Körperteile oder Sinnesorgane oder deren Funktionen bereits vor dem Unfall dauernd beeinträchtigt, wird der Invaliditätsgrad um die Vorinvalidität gemindert. Diese ist nach Ziffer 2.1.2.2.1 und Ziffer 2.1.2.2.2 zu bemessen.

2.1.2.2.4   Sind mehrere Körperteile oder Sinnesorgane durch den Unfall beeinträchtigt, werden die nach den vorstehenden Bestimmungen ermittelten Invaliditätsgrade zusammengerechnet. Mehr als 100 % werden jedoch nicht berücksichtigt.

2.1.2.3   Stirbt die versicherte Person
- aus unfallfremder Ursache innerhalb eines Jahres nach dem Unfall oder
- gleichgültig, aus welcher Ursache, später als ein Jahr nach dem Unfall,

und war ein Anspruch auf Invaliditätsleistung entstanden, leisten wir nach dem Invaliditätsgrad, mit dem aufgrund der ärztlichen Befunde zu rechnen gewesen wäre.

2.2   Übergangsleistung

2.2.1   Voraussetzungen für die Leistung: Die normale körperliche oder geistige Leistungsfähigkeit der versicherten Person ist im beruflichen oder außerberuflichen Bereich unfallbedingt
- nach Ablauf von sechs Monaten vom Unfalltag an gerechnet und
- ohne Mitwirkung von Krankheiten oder Gebrechen

noch um mindestens 50 % beeinträchtigt.

Diese Beeinträchtigung hat innerhalb der sechs Monate ununterbrochen bestanden.

Sie ist von Ihnen spätestens sieben Monate nach Eintritt des Unfalles unter Vorlage eines ärztlichen Attestes bei uns geltend gemacht worden.

2.2.2   Art und Höhe der Leistung:
Die Übergangsleistung wird in Höhe der vereinbarten Versicherungssumme gezahlt.

2.3   **Tagegeld**

2.3.1   Voraussetzungen für die Leistung:

Die versicherte Person ist unfallbedingt
- in der Arbeitsfähigkeit beeinträchtigt und
- in ärztlicher Behandlung.

2.3.2   Höhe und Dauer der Leistung:

Das Tagegeld wird nach der vereinbarten Versicherungssumme berechnet. Es wird nach dem festgestellten Grad der Beeinträchtigung der Berufstätigkeit oder Beschäftigung abgestuft.

Das Tagegeld wird für die Dauer der ärztlichen Behandlung, längstens für ein Jahr, vom Unfalltag an gerechnet, gezahlt.

2.4   **Krankenhaustagegeld, ambulante Operationen**

2.4.1   Voraussetzungen für die Leistung:
Die versicherte Person
- befindet sich wegen des Unfalles in medizinisch notwendiger vollstationärer Heilbehandlung
oder
- unterzieht sich wegen eines Unfalls einer ambulanten chirurgischen Operation und ist deswegen für mindestens x Tage ununterbrochen vollständig arbeitsunfähig bzw. vollständig in ihrem Aufgaben- und Tätigkeitsbereich beeinträchtigt.

Kuren sowie Aufenthalte in Sanatorien und Erholungsheimen gelten nicht als medizinisch notwendige Heilbehandlung.

2.4.2   Höhe und Dauer der Leistung:
Das Krankenhaustagegeld wird in Höhe der vereinbarten Versicherungssumme
- für jeden Kalendertag der vollstationären Behandlung gezahlt, längstens jedoch für x Jahre, vom Unfalltag an gerechnet.
- für x Tage bei ambulanten chirurgischen Operationen gezahlt. Ein Anspruch auf Genesungsgeld nach Ziffer … besteht nicht.

2.5   **Genesungsgeld**

2.5.1   Voraussetzungen für die Leistung: Die versicherte Person ist aus der vollstationären Behandlung entlassen worden und hatte Anspruch auf Krankenhaus-Tagegeld nach Ziffer 2.4.

2.5.2   Höhe und Dauer der Leistung: Das Genesungsgeld wird in Höhe der vereinbarten Versicherungssumme für die gleiche Anzahl von Kalendertagen gezahlt, für die wir Krankenhaus-Tagegeld leisten, längstens für 100 Tage.

2.6   **Todesfallleistung**

2.6.1   Voraussetzungen für die Leistung: Die versicherte Person ist infolge des Unfalles innerhalb eines Jahres gestorben. Auf die besonderen Pflichten nach Ziffer 7.5 weisen wir hin.

2.6.2   Höhe der Leistung: Die Todesfallleistung wird in Höhe der vereinbarten Versicherungssumme gezahlt.

3   Welche Auswirkung haben Krankheiten oder Gebrechen?

Als Unfallversicherer leisten wir für Unfallfolgen. Haben Krankheiten oder Gebrechen bei der durch ein Unfallereignis verursachten Gesundheitsschädigung
oder deren Folgen mitgewirkt, mindert sich

• im Falle einer Invalidität der Prozentsatz des Invaliditätsgrades,

• im Todesfall und, soweit nichts anderes bestimmt ist, in allen anderen Fällen
die Leistung entsprechend dem Anteil der Krankheit oder des Gebrechens.

Beträgt der Mitwirkungsanteil weniger als 25 %, unterbleibt jedoch die Minderung.

4   *GESTRICHEN*

5   In welchen Fällen ist der Versicherungsschutz ausgeschlossen?

5.1   Kein Versicherungsschutz besteht für folgende Unfälle:

5.1.1   Unfälle der versicherten Person durch Geistes- oder Bewusstseinsstörungen, auch
soweit diese auf Trunkenheit beruhen, sowie durch Schlaganfälle, epileptische
Anfälle oder andere Krampfanfälle, die den ganzen Körper der versicherten Person ergreifen. Versicherungsschutz besteht jedoch, wenn diese Störungen oder
Anfälle durch ein unter diesen Vertrag fallendes Unfallereignis verursacht waren.

5.1.2   Unfälle, die der versicherten Person dadurch zustoßen, dass sie vorsätzlich eine
Straftat ausführt oder versucht.

5.1.3   Unfälle, die unmittelbar oder mittelbar durch Kriegs- oder Bürgerkriegsereignisse
verursacht sind. Versicherungsschutz besteht jedoch, wenn die versicherte Person
auf Reisen im Ausland überraschend von Kriegs- oder Bürgerkriegsereignissen
betroffen wird.

Dieser Versicherungsschutz erlischt am Ende des siebten Tages nach Beginn eines
Krieges oder Bürgerkrieges auf dem Gebiet des Staates, in dem sich die versicherte Person aufhält.

Die Erweiterung gilt nicht bei Reisen in oder durch Staaten, auf deren Gebiet
bereits Krieg oder Bürgerkrieg herrscht. Sie gilt auch nicht für die aktive Teilnahme am Krieg oder Bürgerkrieg sowie für Unfälle durch ABC-Waffen und im Zusammenhang mit einem Krieg oder kriegsähnlichen Zustand zwischen den Ländern China, Deutschland, Frankreich, Großbritannien, Japan, Russland oder
USA.

5.1.4   Unfälle der versicherten Person

• als Luftfahrzeugführer (auch Luftsportgeräteführer), soweit er nach deutschem
Recht dafür eine Erlaubnis benötigt, sowie als sonstiges Besatzungsmitglied
eines Luftfahrzeuges;

• bei einer mit Hilfe eines Luftfahrzeuges auszuübenden beruflichen Tätigkeit;

• bei der Benutzung von Raumfahrzeugen.

5.1.5   Unfälle, die der versicherten Person dadurch zustoßen, dass sie sich als Fahrer,
Beifahrer oder Insasse eines Motorfahrzeuges an Fahrtveranstaltungen einschließ-
lich der dazugehörigen Übungsfahrten beteiligt, bei denen es auf die Erzielung von
Höchstgeschwindigkeiten ankommt.

5.1.6   Unfälle, die unmittelbar oder mittelbar durch Kernenergie verursacht sind.

5.2 Ausgeschlossen sind außerdem folgende Beeinträchtigungen:

5.2.1 Schäden an Bandscheiben sowie Blutungen aus inneren Organen und Gehirnblutungen. Versicherungsschutz besteht jedoch, wenn ein unter diesen Vertrag fallendes Unfallereignis nach Ziffer 1.3 die überwiegende Ursache ist.

5.2.2 Gesundheitsschäden durch Strahlen.

5.2.3 Gesundheitsschäden durch Heilmaßnahmen oder Eingriffe am Körper der versicherten Person. Versicherungsschutz besteht jedoch, wenn die Heilmaßnahmen oder Eingriffe, auch strahlendiagnostische und -therapeutische, durch einen unter diesen Vertrag fallenden Unfall veranlasst waren.

5.2.4 Infektionen.

5.2.4.1 Sie sind auch dann ausgeschlossen, wenn sie
  • durch Insektenstiche oder -bisse oder
  • durch sonstige geringfügige Haut-oder Schleimhautverletzungen

verursacht wurden, durch die Krankheitserreger sofort oder später in den Körper gelangten.

5.2.4.2 Versicherungsschutz besteht jedoch für
  • Tollwut und Wundstarrkrampf sowie für
  • Infektionen, bei denen die Krankheitserreger durch Unfallverletzungen, die nicht nach Ziffer 5.2.4.1 ausgeschlossen sind, in den Körper gelangten.

5.2.4.3 Für Infektionen, die durch Heilmaßnahmen oder Eingriffe verursacht sind, gilt Ziffer 5.2.3 Satz 2 entsprechend.

5.2.5 Vergiftungen infolge Einnahme fester oder flüssiger Stoffe durch den Schlund. Versicherungsschutz besteht jedoch für Kinder, die zum Zeitpunkt des Unfalles das X. Lebensjahr noch nicht vollendet haben. Ausgeschlossen bleiben Vergiftungen durch Nahrungsmittel.

5.2.6 Krankhafte Störungen infolge psychischer Reaktionen, auch wenn diese durch einen Unfall verursacht wurden.

5.2.7 Bauch- oder Unterleibsbrüche. Versicherungsschutz besteht jedoch, wenn sie durch eine unter diesen Vertrag fallende gewaltsame von außen kommende Einwirkung entstanden sind.

6 **Was müssen Sie bei vereinbartem Kinder-Tarif und bei Änderungen der Berufstätigkeit oder Beschäftigung beachten?**

6.1 Umstellung des Kinder-Tarifs

6.1.1 Bis zum Ablauf des Versicherungsjahres, in dem das nach dem Kinder-Tarif versicherte Kind das X. Lebensjahr vollendet, besteht Versicherungsschutz zu den vereinbarten Versicherungssummen. Danach gilt der zu diesem Zeitpunkt gültige Tarif für Erwachsene. Sie haben jedoch folgendes Wahlrecht:
  • Sie zahlen den bisherigen Beitrag, und wir reduzieren die Versicherungssummen entsprechend.
  • Sie behalten die bisherigen Versicherungssummen, und wir berechnen einen entsprechend höheren Beitrag.

6.1.2 Über Ihr Wahlrecht werden wir Sie rechtzeitig informieren. Teilen Sie uns das Ergebnis Ihrer Wahl nicht bis spätestens zwei Monate nach Beginn des neuen Versicherungsjahres mit, setzt sich der Vertrag entsprechend der ersten Wahlmöglichkeit fort.

6.2   Änderung der Berufstätigkeit oder Beschäftigung

6.2.1   Die Höhe der Versicherungssummen bzw. des Beitrages hängt maßgeblich von der Berufstätigkeit oder der Beschäftigung der versicherten Person ab. Grundlage für die Bemessung der Versicherungssummen und Beiträge ist unser geltendes Berufsgruppenverzeichnis. (*Unternehmensindividueller Text zur Fundstelle*)

               Eine Änderung der Berufstätigkeit oder Beschäftigung der versicherten Person müssen Sie uns daher unverzüglich mitteilen. Pflichtwehrdienst, Zivildienst oder militärische Reserveübungen fallen nicht darunter.

6.2.2   Errechnen sich bei gleichbleibendem Beitrag nach dem zum Zeitpunkt der Änderung gültigen Tarif niedrigere Versicherungssummen, gelten diese nach Ablauf eines Monats ab der Änderung. Errechnen sich dagegen höhere Versicherungssummen, gelten diese, sobald wir Kenntnis von der Änderung erlangen, spätestens jedoch nach Ablauf eines Monats ab der Änderung.

               Errechnen sich dagegen höhere Versicherungssummen, gelten diese, sobald uns Ihre Erklärung zugeht, spätestens jedoch nach Ablauf eines Monats ab der Änderung. Die neu errechneten Versicherungssummen gelten sowohl für berufliche als auch für außerberufliche Unfälle.

6.2.3   Auf Ihren Wunsch führen wir den Vertrag auch mit den bisherigen Versicherungssummen bei erhöhtem oder gesenktem Beitrag weiter, sobald uns Ihre Erklärung zugeht.

Der Leistungsfall

7   **Was ist nach einem Unfall zu beachten (Obliegenheiten)?**

               Ohne Ihre Mitwirkung und die der versicherten Person können wir unsere Leistung nicht erbringen.

7.1   Nach einem Unfall, der voraussichtlich eine Leistungspflicht herbeiführt, müssen Sie oder die versicherte Person unverzüglich einen Arzt hinzuziehen, seine Anordnungen befolgen und uns unterrichten.

7.2   Die von uns übersandte Unfallanzeige müssen Sie oder die versicherte Person wahrheitsgemäß ausfüllen und uns unverzüglich zurücksenden; von uns darüber hinaus geforderte sachdienliche Auskünfte müssen in gleicher Weise erteilt werden.

7.3   Werden Ärzte von uns beauftragt, muss sich die versicherte Person auch von diesen untersuchen lassen. Die notwendigen Kosten einschließlich eines dadurch entstandenen Verdienstausfalles tragen wir.

7.4   Die Ärzte, die die versicherte Person – auch aus anderen Anlässen – behandelt oder untersucht haben, andere Versicherer, Versicherungsträger und Behörden sind zu ermächtigen, alle erforderlichen Auskünfte zu erteilen.

7.5   Hat der Unfall den Tod zur Folge, ist uns dies innerhalb von 48 Stunden zu melden, auch wenn uns der Unfall schon angezeigt war.

               Uns ist das Recht zu verschaffen, gegebenenfalls eine Obduktion durch einen von uns beauftragten Arzt vornehmen zu lassen.

8   **Welche Folgen hat die Nichtbeachtung von Obliegenheiten?**

               Wird eine Obliegenheit nach Ziffer 7 vorsätzlich verletzt, verlieren Sie Ihren Versicherungsschutz. Bei grob fahrlässiger Verletzung einer Obliegenheit sind wir berechtigt, unsere Leistung in einem der Schwere Ihres Verschuldens entsprechenden Verhältnis zu kürzen. Beides gilt nur, wenn wir Sie durch gesonderte Mitteilung in Textform auf diese Rechtsfolgen hingewiesen haben.

Weisen Sie nach, dass Sie die Obliegenheit nicht grob fahrlässig verletzt haben, bleibt der Versicherungsschutz bestehen.

Der Versicherungsschutz bleibt auch bestehen, wenn Sie nachweisen, dass die Verletzung der Obliegenheit weder für den Eintritt oder die Feststellung des Versicherungsfalls noch für die Feststellung oder den Umfang der Leistung ursächlich war. Das gilt nicht, wenn Sie die Obliegenheit arglistig verletzt haben.

Diese Bestimmungen gelten unabhängig davon, ob wir ein uns zustehendes Kündigungsrecht wegen der Verletzung einer vorvertraglichen Anzeigepflicht ausüben.

9 Wann sind die Leistungen fällig?

9.1 Wir sind verpflichtet, innerhalb eines Monats – beim Invaliditätsanspruch innerhalb von drei Monaten – in Textform zu erklären, ob und in welchem Umfang wir einen Anspruch anerkennen. Die Fristen beginnen mit dem Eingang folgender Unterlagen:
- Nachweis des Unfallhergangs und der Unfallfolgen,
- beim Invaliditätsanspruch zusätzlich der Nachweis über den Abschluss des Heilverfahrens, soweit es für die Bemessung der Invalidität notwendig ist.

Die ärztlichen Gebühren, die Ihnen zur Begründung des Leistungsanspruchs entstehen, übernehmen wir
- bei Invalidität bis zu ... % der versicherten Summe,
- bei Übergangsleistung bis zu ... % der versicherten Summe,
- bei Tagegeld bis zu ... Tagegeldsatz,
- bei Krankenhaustagegeld bis zu ... Krankenhaustagegeldsatz.

Sonstige Kosten übernehmen wir nicht.

9.2 Erkennen wir den Anspruch an oder haben wir uns mit Ihnen über Grund und Höhe geeinigt, leisten wir innerhalb von zwei Wochen.

9.3 Steht die Leistungspflicht zunächst nur dem Grunde nach fest, zahlen wir – auf Ihren Wunsch – angemessene Vorschüsse. Vor Abschluss des Heilverfahrens kann eine Invaliditätsleistung innerhalb eines Jahres nach dem Unfall nur bis zur Höhe einer vereinbarten Todesfallsumme beansprucht werden.

9.4 Sie und wir sind berechtigt, den Grad der Invalidität jährlich, längstens bis zu drei Jahren nach dem Unfall, erneut ärztlich bemessen zu lassen. Bei Kindern bis zur Vollendung des X. Lebensjahres verlängert sich diese Frist von drei auf X Jahre. Dieses Recht muss
- von uns zusammen mit unserer Erklärung über unsere Leistungspflicht nach Ziffer 9.1,
- von Ihnen vor Ablauf der Frist
ausgeübt werden.

Ergibt die endgültige Bemessung eine höhere Invaliditätsleistung, als wir bereits erbracht haben, ist der Mehrbetrag mit ... % jährlich zu verzinsen.

9.5 Zur Prüfung der Voraussetzungen für den Rentenbezug sind wir berechtigt, Lebensbescheinigungen anzufordern. Wird die Bescheinigung nicht unverzüglich übersandt, ruht die Rentenzahlung ab der nächsten Fälligkeit.

Die Versicherungsdauer

10   **Wann beginnt und wann endet der Vertrag? Wann ruht der Versicherungsschutz bei militärischen Einsätzen?**

10.1   Beginn des Versicherungsschutzes

Der Versicherungsschutz beginnt zu dem im Versicherungsschein angegebenen Zeitpunkt, wenn Sie den ersten oder einmaligen Beitrag unverzüglich nach Fälligkeit im Sinne von Ziffer 11.2 zahlen.

10.2   Dauer und Ende des Vertrages

Der Vertrag ist für die im Versicherungsschein angegebene Zeit abgeschlossen.

Bei einer Vertragsdauer von mindestens einem Jahr verlängert sich der Vertrag um jeweils ein Jahr, wenn nicht Ihnen oder uns spätestens drei Monate vor dem Ablauf des jeweiligen Versicherungsjahres eine Kündigung zugegangen ist.

Bei einer Vertragsdauer von weniger als einem Jahr endet der Vertrag, ohne dass es einer Kündigung bedarf, zum vorgesehenen Zeitpunkt.

Bei einer Vertragsdauer von mehr als drei Jahren kann der Vertrag schon zum Ablauf des dritten Jahres oder jedes darauffolgenden Jahres gekündigt werden; die Kündigung muss Ihnen oder uns spätestens drei Monate vor dem Ablauf des jeweiligen Versicherungsjahres zugegangen sein.

10.3   Kündigung nach Versicherungsfall

Den Vertrag können Sie oder wir durch Kündigung beenden, wenn wir eine Leistung erbracht oder Sie gegen uns Klage auf eine Leistung erhoben haben.

Die Kündigung muss Ihnen oder uns spätestens einen Monat nach Leistung oder – im Falle eines Rechtsstreits – nach Klagrücknahme, Anerkenntnis, Vergleich oder Rechtskraft des Urteils in Schriftform zugegangen sein.

Kündigen Sie, wird Ihre Kündigung sofort nach ihrem Zugang bei uns wirksam. Sie können jedoch bestimmen, dass die Kündigung zu einem späteren Zeitpunkt, spätestens jedoch zum Ende der laufenden Versicherungsperiode, wirksam wird.

Eine Kündigung durch uns wird einen Monat nach ihrem Zugang bei Ihnen wirksam.

10.4   Ruhen des Versicherungsschutzes bei militärischen Einsätzen

Der Versicherungsschutz tritt für die versicherte Person außer Kraft, sobald sie Dienst in einer militärischen oder ähnlichen Formation leistet, die an einem Krieg oder kriegsmäßigen Einsatz zwischen den Ländern China, Deutschland, Frankreich, Großbritannien, Japan, Russland oder USA beteiligt ist. Der Versicherungsschutz lebt wieder auf, sobald uns Ihre Anzeige über die Beendigung des Dienstes zugegangen ist.

Der Versicherungsbeitrag

11   **Was müssen Sie bei der Beitragszahlung beachten? Was geschieht, wenn Sie einen Beitrag nicht rechtzeitig zahlen?**

11.1   Beitrag und Versicherungsteuer

Der in Rechnung gestellte Beitrag enthält die Versicherungsteuer, die Sie in der jeweils vom Gesetz bestimmten Höhe zu entrichten haben.

11.2   Zahlung und Folgen verspäteter Zahlung/Erster oder einmaliger Beitrag

11.2.1 Fälligkeit und Rechtzeitigkeit der Zahlung

Der erste oder einmalige Beitrag wird unverzüglich nach Ablauf von zwei Wochen nach Zugang des Versicherungsscheins fällig.

Ist die Zahlung des Jahresbeitrags in Raten vereinbart, gilt als erster Beitrag nur die erste Rate des ersten Jahresbeitrags.

11.2.2 Späterer Beginn des Versicherungsschutzes

Zahlen Sie den ersten oder einmaligen Beitrag nicht rechtzeitig, sondern zu einem späteren Zeitpunkt, beginnt der Versicherungsschutz erst ab diesem Zeitpunkt, sofern Sie durch gesonderte Mitteilung in Textform oder durch einen auffälligen Hinweis im Versicherungsschein auf diese Rechtsfolge aufmerksam gemacht wurden. Das gilt nicht, wenn Sie nachweisen, dass Sie die Nichtzahlung nicht zu vertreten haben.

11.2.3 Rücktritt

Zahlen Sie den ersten oder einmaligen Beitrag nicht rechtzeitig, können wir vom Vertrag zurücktreten, solange der Beitrag nicht gezahlt ist. Wir können nicht zurücktreten, wenn Sie nachweisen, dass Sie die Nichtzahlung nicht zu vertreten haben.

11.3 Zahlung und Folgen verspäteter Zahlung/Folgebeitrag

11.3.1 Fälligkeit und Rechtzeitigkeit der Zahlung

Die Folgebeiträge werden zu dem jeweils vereinbarten Zeitpunkt fällig.

11.3.2 Verzug

Wird ein Folgebeitrag nicht rechtzeitig gezahlt, geraten Sie ohne Mahnung in Verzug, es sei denn, dass Sie die verspätete Zahlung nicht zu vertreten haben.

Wir werden Sie auf Ihre Kosten in Textform zur Zahlung auffordern und Ihnen eine Zahlungsfrist von mindestens zwei Wochen setzen. Diese Fristsetzung ist nur wirksam, wenn wir darin die rückständigen Beträge des Beitrags sowie die Zinsen und Kosten im Einzelnen beziffern und die Rechtsfolgen angeben, die nach den Ziffern 11.3.3 und 11.3.4 mit dem Fristablauf verbunden sind.

Wir sind berechtigt, Ersatz des uns durch den Verzug entstandenen Schadens zu verlangen.

11.3.3 Kein Versicherungsschutz

Sind Sie nach Ablauf dieser Zahlungsfrist noch mit der Zahlung in Verzug, besteht ab diesem Zeitpunkt bis zur Zahlung kein Versicherungsschutz, wenn Sie mit der Zahlungsaufforderung nach Ziffer 11.3.2 Absatz 2 darauf hingewiesen wurden.

11.3.4 Kündigung

Sind Sie nach Ablauf dieser Zahlungsfrist noch mit der Zahlung in Verzug, können wir den Vertrag ohne Einhaltung einer Frist kündigen, wenn wir Sie mit der Zahlungsaufforderung nach Ziffer 11.3.2 Absatz 2 darauf hingewiesen haben.

Haben wir gekündigt, und zahlen Sie danach innerhalb eines Monats den angemahnten Beitrag, besteht der Vertrag fort. Für Versicherungsfälle, die zwischen dem Zugang der Kündigung und der Zahlung eingetreten sind, besteht jedoch kein Versicherungsschutz.

11.4   Rechtzeitigkeit der Zahlung bei Lastschriftermächtigung

Ist die Einziehung des Beitrags von einem Konto vereinbart, gilt die Zahlung als rechtzeitig, wenn der Beitrag zu dem Fälligkeitstag eingezogen werden kann und Sie einer berechtigten Einziehung nicht widersprechen.

Konnte der fällige Beitrag ohne Ihr Verschulden von uns nicht eingezogen werden, ist die Zahlung auch dann noch rechtzeitig, wenn sie unverzüglich nach unserer in Textform abgegebenen Zahlungsaufforderung erfolgt.

Kann der fällige Beitrag nicht eingezogen werden, weil Sie die Einzugsermächtigung widerrufen haben, oder haben Sie aus anderen Gründen zu vertreten, dass der Beitrag wiederholt nicht eingezogen werden kann, sind wir berechtigt, künftig Zahlung außerhalb des Lastschriftverfahrens zu verlangen. Sie sind zur Übermittlung des Beitrags erst verpflichtet, wenn Sie von uns hierzu in Textform aufgefordert worden sind.

11.5   Teilzahlung und Folgen bei verspäteter Zahlung

Ist die Zahlung des Jahresbeitrags in Raten vereinbart, sind die noch ausstehenden Raten sofort fällig, wenn Sie mit der Zahlung einer Rate in Verzug sind.

Ferner können wir für die Zukunft jährliche Beitragszahlung verlangen.

11.6   Beitrag bei vorzeitiger Vertragsbeendigung

Bei vorzeitiger Beendigung des Vertrages haben wir, soweit nicht etwas anderes bestimmt ist, nur Anspruch auf den Teil des Beitrages, der dem Zeitraum entspricht, in dem Versicherungsschutz bestanden hat.

11.7   Beitragsbefreiung bei der Versicherung von Kindern

Wenn Sie während der Versicherungsdauer sterben und
• Sie bei Versicherungsbeginn das X. Lebensjahr noch nicht vollendet hatten,
• die Versicherung nicht gekündigt war und
• Ihr Tod nicht durch Kriegs- oder Bürgerkriegsereignisse verursacht wurde,

gilt folgendes:

11.7.1 Die Versicherung wird mit den zu diesem Zeitpunkt geltenden Versicherungssummen bis zum Ablauf des Versicherungsjahres beitragsfrei weitergeführt, in dem das versicherte Kind das X. Lebensjahr vollendet.

11.7.2 Der gesetzliche Vertreter des Kindes wird neuer Versicherungsnehmer, wenn nichts anderes vereinbart ist.

Weitere Bestimmungen

12   **Wie sind die Rechtsverhältnisse der am Vertrag beteiligten Personen zueinander?**

12.1   Ist die Versicherung gegen Unfälle abgeschlossen, die einem anderen zustoßen (Fremdversicherung), steht die Ausübung der Rechte aus dem Vertrag nicht der versicherten Person, sondern Ihnen zu. Sie sind neben der versicherten Person für die Erfüllung der Obliegenheiten verantwortlich.

12.2   Alle für Sie geltenden Bestimmungen sind auf Ihren Rechtsnachfolger und sonstige Anspruchsteller entsprechend anzuwenden.

12.3   Die Versicherungsansprüche können vor Fälligkeit ohne unsere Zustimmung weder übertragen noch verpfändet werden.

13   **Was bedeutet die vorvertragliche Anzeigepflicht?**

13.1   Vollständigkeit und Richtigkeit von Angaben über gefahrerhebliche Umstände

Sie haben uns bis zur Abgabe Ihrer Vertragserklärung alle Ihnen bekannten Gefahrumstände in Textform anzuzeigen, nach denen wir Sie in Textform gefragt haben und die für unseren Entschluss erheblich sind, den Vertrag mit dem vereinbarten Inhalt zu schließen. Sie sind auch insoweit zur Anzeige verpflichtet, als wir nach Ihrer Vertragserklärung, aber vor unserer Vertragsannahme Fragen im Sinne des S. 1 in Textform stellen. Gefahrerheblich sind die Umstände, die geeignet sind, auf unseren Entschluss Einfluss auszuüben, den Vertrag überhaupt oder mit dem vereinbarten Inhalt abzuschließen.

Soll eine andere Person versichert werden, ist diese neben Ihnen für die wahrheitsgemäße und vollständige Anzeige der gefahrerheblichen Umstände und die Beantwortung der an sie gestellten Fragen verantwortlich.

Wird der Vertrag von Ihrem Vertreter geschlossen und kennt dieser den gefahrerheblichen Umstand, müssen Sie sich so behandeln lassen, als hätten Sie selbst davon Kenntnis gehabt oder dies arglistig verschwiegen.

13.2   **Rücktritt**

13.2.1   Voraussetzungen und Ausübung des Rücktritts Unvollständige und unrichtige Angaben zu den gefahrerheblichen Umständen berechtigen uns, vom Versicherungsvertrag zurückzutreten. Dies gilt nur, wenn wir Sie durch gesonderte Mitteilung in Textform auf die Folgen einer Anzeigepflichtverletzung hingewiesen haben.

Wir müssen unser Rücktrittsrecht innerhalb eines Monats schriftlich geltend machen. Dabei haben wir die Umstände anzugeben, auf die wir unsere Erklärung stützen. Innerhalb der Monatsfrist dürfen wir auch nachträglich weitere Umstände zur Begründung unserer Erklärung angeben. Die Frist beginnt mit dem Zeitpunkt, zu dem wir von der Verletzung der Anzeigepflicht, die unser Rücktrittsrecht begründet, Kenntnis erlangen.

Der Rücktritt erfolgt durch Erklärung Ihnen gegenüber.

13.2.2   Ausschluss des Rücktrittsrechts

Wir können uns auf unser Rücktrittsrecht nicht berufen, wenn wir den nicht angezeigten Gefahrumstand oder die Unrichtigkeit der Anzeige kannten.

Wir haben kein Rücktrittsrecht, wenn Sie nachweisen, dass Sie oder Ihr Vertreter die unrichtigen oder unvollständigen Angaben weder vorsätzlich noch grob fahrlässig gemacht haben.

Unser Rücktrittsrecht wegen grob fahrlässiger Verletzung der Anzeigepflicht besteht nicht, wenn Sie nachweisen, dass wir den Vertrag auch bei Kenntnis der nicht angezeigten Umstände, wenn auch zu anderen Bedingungen, geschlossen hätten.

13.2.3   Folgen des Rücktritts

Im Fall des Rücktritts besteht kein Versicherungsschutz.

Treten wir nach Eintritt des Versicherungsfalls zurück, dürfen wir den Versicherungsschutz nicht versagen, wenn Sie nachweisen, dass der unvollständig oder unrichtig angezeigte Umstand weder für den Eintritt des Versicherungsfalls noch für die Feststellung oder den Umfang der Leistung ursächlich war. Auch in diesem

Fall besteht aber kein Versicherungsschutz, wenn Sie die Anzeigepflicht arglistig verletzt haben.

Uns steht der Teil des Beitrages zu, der der bis zum Wirksamwerden der Rücktrittserklärung abgelaufenen Vertragszeit entspricht.

13.3   Kündigung oder rückwirkende Vertragsanpassung

13.3.1   Ist unser Rücktrittsrecht ausgeschlossen, weil Ihre Verletzung einer Anzeigepflicht weder auf Vorsatz noch auf grober Fahrlässigkeit beruhte, können wir den Versicherungsvertrag unter Einhaltung einer Frist von einem Monat in Schriftform kündigen. Dies gilt nur, wenn wir Sie durch gesonderte Mitteilung in Textform auf die Folgen einer Anzeigepflichtverletzung hingewiesen haben.

Dabei haben wir die Umstände anzugeben, auf die wir unsere Erklärung stützen. Innerhalb der Monatsfrist dürfen wir auch nachträglich weitere Umstände zur Begründung unserer Erklärung angeben. Die Frist beginnt mit dem Zeitpunkt, zu dem wir von der Verletzung Ihrer Anzeigepflicht Kenntnis erlangt haben.

Wir können uns auf unser Kündigungsrecht wegen Anzeigepflichtverletzung nicht berufen, wenn wir den nicht angezeigten Gefahrumstand oder die Unrichtigkeit der Anzeige kannten.

Das Kündigungsrecht ist auch ausgeschlossen, wenn Sie nachweisen, dass wir den Vertrag auch bei Kenntnis der nicht angezeigten Umstände, wenn auch zu anderen Bedingungen, geschlossen hätten.

13.3.2   Können wir nicht zurücktreten oder kündigen, weil wir den Vertrag auch bei Kenntnis der nicht angezeigten Umstände, aber zu anderen Bedingungen geschlossen hätten, werden die anderen Bedingungen auf unser Verlangen rückwirkend Vertragsbestandteil. Haben Sie die Pflichtverletzung nicht zu vertreten, werden die anderen Bedingungen ab der laufenden Versicherungsperiode Vertragsbestandteil. Dies gilt nur, wenn wir Sie durch gesonderte Mitteilung in Textform auf die Folgen einer Anzeigepflichtverletzung hingewiesen haben.

Wir müssen die Vertragsanpassung innerhalb eines Monats schriftlich geltend machen. Dabei haben wir die Umstände anzugeben, auf die wir unsere Erklärung stützen. Innerhalb der Monatsfrist dürfen wir auch nachträglich weitere Umstände zur Begründung unserer Erklärung angeben. Die Frist beginnt mit dem Zeitpunkt, zu dem wir von der Verletzung der Anzeigepflicht, die uns zur Vertragsanpassung berechtigt, Kenntnis erlangen.

Wir können uns auf eine Vertragsanpassung nicht berufen, wenn wir den nicht angezeigten Gefahrumstand oder die Unrichtigkeit der Anzeige kannten.

Erhöht sich durch die Vertragsanpassung der Beitrag um mehr als 10 % oder schließen wir die Gefahrabsicherung für den nicht angezeigten Umstand aus, können Sie den Vertrag innerhalb eines Monats nach Zugang unserer Mitteilung fristlos in Schriftform kündigen.

13.4   Anfechtung

Unser Recht, den Vertrag wegen arglistiger Täuschung anzufechten, bleibt unberührt. Im Fall der Anfechtung steht uns der Teil des Beitrages zu, der der bis zum Wirksamwerden der Anfechtungserklärung abgelaufenen Vertragszeit entspricht.

14   *GESTRICHEN*

15   **Wann verjähren die Ansprüche aus dem Vertrag?**

15.1   Die Ansprüche aus dem Versicherungsvertrag verjähren in drei Jahren. Die Frist-berechnung richtet sich nach den allgemeinen Vorschriften des Bürgerlichen Ge-setzbuches.

15.2   Ist ein Anspruch aus dem Versicherungsvertrag bei uns angemeldet worden, ist die Verjährung von der Anmeldung bis zu dem Zeitpunkt gehemmt, zu dem Ihnen unsere Entscheidung in Textform zugeht.

16   **Welches Gericht ist zuständig?**

16.1   Für Klagen aus dem Versicherungsvertrag gegen uns bestimmt sich die gerichtli-che Zuständigkeit nach unserem Sitz oder dem unserer für den Versicherungsver-trag zuständigen Niederlassung. Örtlich zuständig ist auch das Gericht, in dessen Bezirk Sie zur Zeit der Klageerhebung Ihren Wohnsitz oder, in Ermangelung eines solchen, Ihren gewöhnlichen Aufenthalt haben.

16.2   Klagen aus dem Versicherungsvertrag gegen Sie müssen bei dem Gericht erhoben werden, das für Ihren Wohnsitz oder, in Ermangelung eines solchen, den Ort Ih-res gewöhnlichen Aufenthalts zuständig ist.

17   **Was ist bei Mitteilungen an uns zu beachten?**
           Was gilt bei Änderung Ihrer Anschrift?

17.1   Alle für uns bestimmten Anzeigen und Erklärungen sollen an unsere Hauptver-waltung oder an die im Versicherungsschein oder in dessen Nachträgen als zu-ständig bezeichnete Geschäftsstelle gerichtet werden.

17.2   Haben Sie uns eine Änderung Ihrer Anschrift nicht mitgeteilt, genügt für eine Willenserklärung, die Ihnen gegenüber abzugeben ist, die Absendung eines einge-schriebenen Briefes an die letzte uns bekannte Anschrift. Die Erklärung gilt drei Tage nach der Absendung des Briefes als zugegangen. Dies gilt entsprechend für den Fall einer Änderung Ihres Namens.

18   **Welches Recht findet Anwendung?**
           Für diesen Vertrag gilt deutsches Recht.

2 Qualitätssicherung bei Gutachten in der privaten Unfallversicherung

Inhaltsübersicht

Präambel
Einleitung
Allgemeine Anforderungen an den Gutachter
Verpflichtung zur Wirtschaftlichkeit
Eigenständige Erstellung des Gutachtens
Prüfung des Gutachtenauftrages
Zeitrahmen für die Erstellung eines Gutachtens
Fachliche Anforderungen an den Gutachter
Aufgaben des Gutachters
Rangordnung der Befunde
Bewertung der Befunde
Aufbau des Gutachtens
Form und Länge des Gutachtens
Der Gebührenanspruch des Gutachters

Präambel

Der vorliegende Leitfaden soll der Qualitätssicherung medizinischer Gutachten in der privaten Unfallversicherung dienen und Gutachtern einen kompakten Überblick über die elementaren Anforderungen der privaten Unfallversicherer an den Gutachter ermöglichen.

Einleitung

Qualitativ hochwertige Gutachten sind Voraussetzung für eine sachgerechte Anerkennung oder Ablehnung in der Leistungsbeurteilung. Die Gutachtenqualität hängt dabei entscheidend von den fachlichen Voraussetzungen des Gutachters ab. Folgen nicht sachgerecht erstellter Gutachten sind sowohl ungerechtfertigte Leistungszahlungen als auch unnötige Leistungsablehnungen sowie vermeidbare Rechtsstreitigkeiten. Qualitätsmaßstäbe sind die formale und inhaltliche Richtigkeit des Gutachtens, die Beachtung der Allgemeinen Versicherungsbedingungen des jeweiligen Vertrages und die zeitnahe Bearbeitung des Gutachtenauftrages.

In der privaten Unfallversicherung stehen der Begriff der Invalidität und die Bemessung des unfallbedingten Invaliditätsgrades im Zentrum der gutachterlichen Fragestellungen.

Die für die Beurteilung maßgeblichen versicherungstechnischen Begriffe und Bewertungsgrundlagen sind in den Allgemeinen Unfallversicherungsbedingungen definiert. Sie sind mit den Einstufungen in der Sozialversicherung nicht vergleichbar.

Zur Beantwortung der Frage, ob und in welcher Höhe eine Invalidität vorliegt, sind vorrangig folgende Teilfragen zu klären:
- Liegt eine ursächlich auf den Unfall zurückzuführende dauernde Beeinträchtigung der körperlichen oder geistigen Leistungsfähigkeit vor?
- In welchem Ausmaß besteht die Beeinträchtigung der körperlichen oder geistigen Leistungsfähigkeit aufgrund ausschließlich medizinischer Gesichtspunkte und haben unfallfremde Komponenten an der Gesundheitsschädigung oder ihren Folgen mitgewirkt?

Begründete ärztliche Stellungnahmen sind für die Beantwortung dieser Fragen unabdingbare Voraussetzung.

Allgemeine Anforderungen an den Gutachter

Der Gutachter muss frei und unabhängig sein, d. h. er darf bei der Erstattung von Gutachten keinerlei Weisungen seines Vorgesetzten oder gar einer Klinikverwaltung ausgesetzt sein.

Es dürfen keine persönlichen oder beruflichen Beziehungen zu Auftraggebern oder Patienten bestehen. Gibt es unterschiedliche oder sich widersprechende Angaben zwischen Auftraggeber und Patient, ist vom Gutachter auf diese Diskrepanz hinzuweisen.

Verpflichtung zur Wirtschaftlichkeit

Der Gutachter ist zur Wirtschaftlichkeit verpflichtet, d. h. unnötige Untersuchungen außerhalb der Diagnosesicherung haben zu unterbleiben. Dies gilt insbesondere für bildgebende Untersuchungen, so weit vergleichbare innerhalb der vorausgegangenen Monate erfolgt sind. Vorbefunde sind einzubeziehen.

Eigenständige Erstellung des Gutachtens

Der beauftragte Gutachter hat seine Leistung persönlich zu erbringen. Eine Delegation von Leistungen (Untersuchungen, Zusatzgutachten, Röntgenleistungen) kann nur nach Rücksprache mit dem Auftraggeber erfolgen und muss begründeten Ausnahmefällen vorbehalten sein.

Prüfung des Gutachtenauftrages

Der Sachverständige prüft unverzüglich nach Eingang des Auftrages, ob er für dessen Erledigung die erforderliche Fachkunde und eigene Erfahrung besitzt. Hält er sich nicht für kompetent, darf er keinesfalls von sich aus den Auftrag ganz oder teilweise auf andere übertragen, also auch keine Zusatzgutachten eines anderen Faches einholen. Er hat vielmehr unverzüglich den Auftraggeber zu verständigen und es diesem zu überlassen, einen anderen oder einen weiteren Sachverständigen zu bestellen.

Hat der Sachverständige Zweifel am Inhalt und Umfang des Auftrages, soll er sich unverzüglich mit dem Auftraggeber in Verbindung setzen und von diesem den Auftrag erläutern lassen.

Gleiches gilt, wenn er eine Änderung oder Ergänzung des Gutachtenauftrages anregen will (z. B. Bewertung einer unfallbedingt mitgeschädigten Gliedmaße, die nicht Gegenstand des Auftrages ist).

Zeitrahmen für die Erstellung eines Gutachtens

So weit vom Auftraggeber keine Erledigungsfrist benannt ist, haben Untersuchung und Abfassung des Gutachtens zeitnah zum Auftrag zu erfolgen.

Auch wenn die Frist nach dem Ärzteabkommen (Unfallversicherungsträgerleitnummer 67) mit drei Wochen häufig nicht ausreichen wird, kann unter „zeitnah" ein Zeitraum von nicht mehr als 6–8 Wochen verstanden werden.

Fachliche Anforderungen an den Gutachter

Er muss als Facharzt über eine medizinische wissenschaftliche Qualifikation verfügen und die diagnostischen Verfahren beherrschen. Die besondere Sachkunde ist gleichzusetzen mit überdurchschnittlichen Erfahrungen und Kenntnissen seines Fachgebietes.

Aufgaben des Gutachters

Ein ärztliches Gutachten ist die Anwendung medizinischer Erkenntnisse und Erfahrungen auf einen Einzelfall im Hinblick auf eine bestimmte aus rechtlichen Gründen notwendige Fragestellung, wobei der medizinische Sachverständige aus Tatsachen oder Zuständen, die er selbst oder ein anderer wahrgenommen hat, mit Hilfe seiner Sachkunde Schlüsse zieht.

Die primäre Aufgabe ist die Feststellung/Ermittlung medizinischer Fakten.

Der ärztliche Sachverständige erfüllt seine Aufgabe nur, wenn er seine Feststellungen und Beurteilungen dem Auftraggeber vermitteln kann. Ein guter Sachverständiger „meint oder glaubt" nicht, er „ist auch nicht überzeugt oder sicher".

Formulierungen wie „meines Erachtens" oder „ich konnte diesen Befund nicht erheben" offenbaren zudem einen subjektiven Ton, der in Gutachten vermieden werden muss.

Vielmehr muss es dem Gutachter gelingen, den Auftraggeber in verständlicher Sprache umfassend zu informieren, damit dieser sich eine eigene Überzeugung bilden und diese nach außen verantworten und vertreten kann.

Der Gutachter äußert sich nicht zu Rechtsfragen. Für die Beantwortung z. B. der Frage des versicherten Unfallereignisses ist der juristisch gebildete Sachbearbeiter oder Richter, nicht der sachverständige Arzt kompetent.

Rangordnung der Befunde

Objektive Befunde sind die harten und damit entscheidenden Daten der Begutachtung. Es sind Befunde, deren Erhebung von der Mitarbeit des Untersuchten unabhängig ist.

Strukturelle (morphologische) Veränderungen und reproduzierbare funktionelle Störungen sind selten interpretationsfähig.

Erst danach sind die semiobjektiven Befunde zu erheben, die der Mitarbeit des Probanden bedürfen.

Zur Sicherung dieser Befunde sind Messblattdaten anzufertigen und korrekt zu bewerten.

Die subjektiven Befunde sind – auch wenn sie nicht in die Bewertung maßgeblich einfließen – beim Probanden abzufragen und aufzulisten (so z. B. Schmerz, Schwindel, Missempfindungen).

Bewertung der Befunde

Die Abgrenzung der physiologischen Belastungen von der unphysiologischen Belastung ist Kern traumatologischer Begutachtung.

Diese Kernaufgabe findet sich in der Fragestellung wieder: Welche Verletzung wurde durch das in Frage stehende Ereignis verursacht (Primärschaden) und welche Folgen hat dieser Primärschaden.

Die Bewertung hat ausschließlich auf der Grundlage der aktuellen medizinischen Lehrmeinung zu erfolgen, die Bewertungs- und Beurteilungsmaßstäbe müssen mitgeteilt werden.

Aufbau des Gutachtens

Das Gutachten hat mit der gesundheitlichen Vorgeschichte zu beginnen und auf den körperlichen Status des Patienten vor dem Unfallereignis mit der Fragestellung nach Vorschäden, Befinden, Beschwerden sowie Vorbehandlungen einzugehen.

Danach ist der Ereignisablauf mit den vorliegenden Angaben in der Schadenanzeige und den nochmals abgefragten Angaben des Verletzten zu dokumentieren. Widersprüche sind herauszuarbeiten und die Frage eines potentiell geeigneten Verletzungsmechanismus' ist nach Auswertung des dezidierten Herganges zu beantworten.

Dabei sind die Funktionen der verletzten Strukturen und der Unfallmechanismus zu analysieren.

Äußere Verletzungen sind als Hinweis auf den Ereignisablauf zu bewerten.

Das Verletzungsbild ist umfassend herauszuarbeiten, wobei klinische Dokumentationen in Einklang mit festgestellten Bewegungseinschränkungen zu bringen sind.

Die pathomorphologischen Befunde sind abschließend aufzulisten (OP-Berichte, histologische Befunde, Sonographie der Gegenseite etc.) und zu bewerten.

Form und Länge des Gutachtens

Von Mehrfachwiederholung der gestellten Fragen und von langen Ausführungen zum familiären Hintergrund ist abzusehen.

Für das Ergebnis nicht relevante Befunde sind nicht aufzulisten, unklare und mehrdeutige Diagnosen (Syndrome oder Erscheinungen) sind zu präzisieren.

Soweit nicht für die Beantwortung der Fragestellung notwendig, sind Befunde aufzulisten und nicht zu bewerten. Angaben zu Größe und Gewicht genügen, der Schluss auf eine *adipositas* oder gar *adipositas per magna* ist für die übliche Fragestellung meist irrelevant und der Akzeptanz des Gutachtens durch den Probanden nicht zuträglich.

Das Gutachten gewinnt nicht an Qualität, wenn eine Vielzahl von Literaturquellen aufgelistet wird.

Nicht Einzelmeinungen, sondern die herrschende Lehrmeinung muss Grundlage der Beurteilung sein.

Das Gutachten schließt mit der Zusammenfassung und der gezielten Beantwortung der Fragestellung und der regelmäßigen Einverständniserklärung zur Weitergabe des Gutachtens an den Untersuchten bzw. seinen Rechtsvertreter.

Der Gebührenanspruch des Gutachters

Ist die Höhe der Vergütung nicht bestimmt, so ist die Gebührenordnung für Ärzte (GOÄ) als vereinbarte Taxe gem. § 632 II BGB maßgeblich.

Für den zu berechnenden Zeitaufwand muss ein objektiver Maßstab zugrunde gelegt werden.

Grundsätzlich wird die Zeit für das Studium der einschlägigen Fachliteratur nicht vergütet.

Der Sachverständige muss regelmäßig selbst die notwendigen Literaturkenntnisse besitzen und sich durch Einsicht in die einschlägige Literatur auf dem Laufenden halten.

Anhang 4

Kriterien der medizinischen Beurteilung der Berufskrankheiten

Das Recht der Berufskrankheiten und das Verfahren bei der Beurteilung sind in Teil 1, Abschnitt 2.4.5 abgehandelt. Die Liste der Berufskrankheiten ergibt sich aus der nachfolgenden Übersicht.

1 Liste der Berufskrankheiten

nach der zuletzt zum 1. Juli 2009 geänderten Berufskrankheiten-Verordnung der Bundesregierung vom 05.09.2002 (BGBl. I Nr. 65 v. 13.09.02) i.d. aktuellen Fassung (BGBl. I 2009, 1273 f.)

§ 9 Abs. 1 Sozialgesetzbuch VII

Berufskrankheiten sind Krankheiten, die die Bundesregierung durch Rechtsverordnung mit Zustimmung des Bundesrates als Berufskrankheiten bezeichnet und die Versicherte infolge einer den Versicherungsschutz nach den §§ 2, 3 oder § 6 begründenden Tätigkeit erleiden. Die Bundesregierung wird ermächtigt, in der Rechtsverordnung solche Krankheiten als Berufskrankheiten zu bezeichnen, die nach den Erkenntnissen der medizinischen Wissenschaft durch besondere Einwirkungen verursacht sind, denen bestimmte Personengruppen durch ihre versicherte Tätigkeit in erheblich höherem Grade als die übrige Bevölkerung ausgesetzt sind; sie kann dabei bestimmen, dass die Krankheiten nur dann Berufskrankheiten sind, wenn sie durch Tätigkeiten in bestimmten Gefährdungsbereichen verursacht worden sind oder wenn sie zur Unterlassung aller Tätigkeiten geführt haben, die für die Entstehung, die Verschlimmerung oder das Wiederaufleben der Krankheit ursächlich waren oder sein können.

Nr.	Krankheiten
1	**Durch chemische Einwirkungen verursachte Krankheiten**
11	**Metalle und Metalloide**
1101	Erkrankungen durch **Blei** oder seine Verbindungen
1102	Erkrankungen durch **Quecksilber** oder seine Verbindungen
1103	Erkrankungen durch **Chrom** oder seine Verbindungen
1104	Erkrankungen durch **Cadmium** oder seine Verbindungen
1105	Erkrankungen durch **Mangan** oder seine Verbindungen
1106	Erkrankungen durch **Thallium** oder seine Verbindungen
1107	Erkrankungen durch **Vanadium** oder seine Verbindungen
1108	Erkrankungen durch **Arsen** oder seine Verbindungen
1109	Erkrankungen durch **Phosphor** oder seine anorganischen Verbindungen
1110	Erkrankungen durch **Beryllium** oder seine Verbindungen
12	**Erstickungsgase**
1201	Erkrankungen durch **Kohlenmonoxid**
1202	Erkrankungen durch **Schwefelwasserstoff**
13	**Lösemittel, Schädlingsbekämpfungsmittel (Pestizide) und sonstige chemische Stoffe**
1301	Schleimhautveränderungen, Krebs oder andere Neubildungen der Harnwege durch **aromatische Amine**

Nr.	Krankheiten

1302 Erkrankungen durch **Halogenkohlenwasserstoffe**

1303 Erkrankungen durch **Benzol**, seine Homologe oder durch **Styrol**

1304 Erkrankungen durch Nitro- oder Aminoverbindungen des **Benzols** oder seiner Homologe oder ihrer Abkömmlinge

1305 Erkrankungen durch **Schwefelkohlenstoff**

1306 Erkrankungen durch **Methylalkohol** (Methanol)

1307 Erkrankungen durch **organische Phosphorverbindungen**

1308 Erkrankungen durch **Fluor** oder seine Verbindungen

1309 Erkrankungen durch **Salpetersäureester**

1310 Erkrankungen durch **halogenierte Alkyl-, Aryl- oder Alkylaryloxide**

1311 Erkrankungen durch **halogenierte Alkyl-, Aryl- oder Alkylarylsulfide**

1312 Erkrankungen der Zähne durch **Säuren**

1313 Hornhautschädigungen des Auges durch **Benzochinon**

1314 Erkrankungen durch **para-tertiär-Butylphenol**

1315 Erkrankungen durch **Isocyanate**, die zur Unterlassung aller Tätigkeiten gezwungen haben, die für die Entstehung, die Verschlimmerung oder das Wiederaufleben der Krankheit ursächlich waren oder sein können

1316 Erkrankungen der Leber durch Dimethylformamid

1317 Polyneuropathie oder Enzephalopathie durch organische Lösungsmittel oder deren Gemische

1318 Erkrankungen des Blutes, des blutbildenden und des lymphatischen Systems durch Benzol

Zu den Nummern 1101 bis 1110, 1201 und 1202, 1303 bis 1309 und 1315:
Ausgenommen sind Hauterkrankungen. Diese gelten als Krankheiten im Sinne dieser Anlage nur insoweit, als sie Erscheinungen einer Allgemeinerkrankung sind, die durch Aufnahme der schädigenden Stoffe in den Körper verursacht werden, oder gemäß Nummer 5101 zu entschädigen sind.

2   **Durch physikalische Einwirkungen verursachte Krankheiten**

21 **Mechanische Einwirkungen**

2101 Erkrankungen der **Sehnenscheiden** oder des Sehnengleitgewebes sowie der Sehnen- oder Muskelansätze, die zur Unterlassung aller Tätigkeiten gezwungen haben, die für die Entstehung, die Verschlimmerung oder das Wiederaufleben der Krankheit ursächlich waren oder sein können

2102 **Meniskusschäden** nach mehrjährigen andauernden oder häufig wiederkehrenden, die Kniegelenke überdurchschnittlich belastenden Tätigkeiten

2103 Erkrankungen durch **Erschütterung** bei Arbeit mit Druckluftwerkzeugen oder gleichartig wirkenden Werkzeugen oder Maschinen

2104 Vibrationsbedingte **Durchblutungsstörungen** an den Händen, die zur Unterlassung aller Tätigkeiten gezwungen haben, die für die Entstehung, die Verschlimmerung oder das Wiederaufleben der Krankheit ursächlich waren oder sein können

2105 Chronische Erkrankungen der Schleimbeutel durch ständigen **Druck**

2106 **Druckschädigung** der Nerven

2107 Abrissbrüche der **Wirbelfortsätze**

2108 Bandscheibenbedingte **Erkrankungen der Lendenwirbelsäule** durch langjähriges Heben oder Tragen schwerer Lasten oder durch langjährige Tätigkeiten in extremer Rumpfbeugehaltung, die zur Unterlassung aller Tätigkeiten gezwungen haben, die für die Entstehung, die Verschlimmerung oder das Wiederaufleben der Krankheit ursächlich waren oder sein können

Nr.	Krankheiten
2109	Bandscheibenbedingte **Erkrankungen der Halswirbelsäule** durch langjähriges Tragen schwerer Lasten auf der Schulter, die zur Unterlassung aller Tätigkeiten gezwungen haben, die für die Entstehung, die Verschlimmerung oder das Wiederaufleben der Krankheit ursächlich waren oder sein können
2110	Bandscheibenbedingte **Erkrankungen der Lendenwirbelsäule** durch langjährige, vorwiegend vertikale Einwirkung von Ganzkörperschwingungen im Sitzen, die zur Unterlassung aller Tätigkeiten gezwungen haben, die für die Entstehung, die Verschlimmerung oder das Wiederaufleben der Krankheit ursächlich waren oder sein können
2111	Erhöhte **Zahnabrasionen** durch mehrjährige quarzstaubbelastende Tätigkeit
2112	Gonarthrose durch eine Tätigkeit in Knien oder vergleichbare Kniebelastung mit einer kumulativen Einwirkunsdauer während des Arbeitslebens von mindestens 13 000 Stunden oder eine Mindesteinwirkungsdauer von insgesamt einer Stunde pro Schicht
22	**Druckluft**
2201	Erkrankungen durch Arbeit in **Druckluft**
23	**Lärm**
2301	**Lärmschwerhörigkeit**
24	**Strahlen**
2401	Grauer Star durch **Wärmestrahlung**
2402	Erkrankungen durch **ionisierende Strahlen**
3	**Durch Infektionserreger oder Parasiten verursachte Krankheiten sowie Tropenkrankheiten**
3101	**Infektionskrankheiten,** wenn der Versicherte im Gesundheitsdienst, in der Wohlfahrtspflege oder in einem Laboratorium tätig oder durch eine andere Tätigkeit der Infektionsgefahr in ähnlichem Maße besonders ausgesetzt war
3102	Von **Tieren** auf Menschen übertragbare Krankheiten
3103	**Wurmkrankheit** der Bergleute, verursacht durch Ankylostoma duodenale oder Strongyloides stercoralis
3140	**Tropenkrankheiten,** Fleckfieber
4	**Erkrankungen der Atemwege und der Lungen, des Rippenfells und Bauchfells**
41	**Erkrankungen durch anorganische Stäube**
4101	**Quarzstaub**lungenerkrankung (Silikose)
4102	**Quarzstaub**lungenerkrankung in Verbindung mit aktiver Lungentuberkulose (**Siliko-Tuberkulose**)
4103	**Asbeststaub**lungenerkrankung (**Asbestose**) oder durch Asbeststaub verursachte Erkrankung der Pleura
4104	**Lungenkrebs oder Kehlkopfkrebs** – in Verbindung mit Asbeststaublungenerkrankung (**Asbestose**), – in Verbindung mit durch Asbeststaub verursachter Erkrankung der Pleura oder – bei Nachweis der Einwirkung einer kumulativen Asbestfaserstaub-Dosis am Arbeitsplatz von mindestens 25 Faserjahren {25×10^6 [(Fasern/m^3) × Jahre]}
4105	Durch Asbest verursachtes **Mesotheliom** des Rippenfells, des Bauchfells oder des Pericards
4106	Erkrankungen der tieferen Atemwege und der Lungen durch **Aluminium** oder seine Verbindungen

Nr.	Krankheiten

4107 Erkrankungen an Lungenfibrose durch **Metallstäube** bei der Herstellung oder Verarbeitung von Hartmetallen

4108 Erkrankungen der tieferen Atemwege und der Lungen durch **Thomasmehl** (Thomasphosphat)

4109 Bösartige Neubildungen der Atemwege und der Lungen durch **Nickel** oder seine Verbindungen

4110 Bösartige Neubildungen der Atemwege und der Lungen durch **Kokereirohgase**

4111 Chronische obstruktive Bronchitis oder Emphysem von Bergleuten unter Tage im Steinkohlebergbau bei Nachweis der Einwirkung einer kumulativen Dosis von in der Regel 100 Feinstaubjahren [(mg/m³) × Jahre]

4112 Lungenkrebs durch die Einwirkung von kristallinem Silizumdioxid (SiO_2) bei nachgewiesener Quarzstaublungenerkrankung (Silikose oder Siliko-Tuberkulose)

4113 Lungenkrebs durch polyzyklische aromatische Kohlenwasserstoffe bei Nachweis der Einwirkung einer kumulativen Dosis von mindestens 100 Benzo[a]pyren-Jahren [(µg/m³/) × Jahre]

4114 Lungenkrebs durch das Zusammenwirken von Asbestfaserstaub und polyzyklischen aromatischen Kohlenwasserstoffen bei Nachweis der Einwirkung einer kumulativen Dosis, die einer Verursachungswahrscheinlichkeit von mindestens 50 Prozent nach der Anlage 2 entspricht

4115 Lungenfibrose durch extreme und langjährige Einwirkung von Schweißrauchen und Schweißgasen (Siderofibrose)

42 **Erkrankungen durch organische Stäube**

4201 Exogen-allergische **Alveolitis**

4202 Erkrankungen der tieferen Atemwege und der Lungen durch Rohbaumwoll-, Rohflachs- oder Rohhanfstaub (**Byssinose**)

4203 **Adenokarzinome** der Nasenhaupt- und Nasennebenhöhlen durch Stäube von Eichen- oder Buchenholz

43 **Obstruktive Atemwegserkrankungen**

4301 durch allergisierende Stoffe verursachte obstruktive Atemwegserkrankungen (einschließlich Rhinopathie), die zur Unterlassung aller Tätigkeiten gezwungen haben, die für die Entstehung, die Verschlimmerung oder das Wiederaufleben der Krankheit ursächlich waren oder sein können

4302 durch **chemisch-irritativ** oder **toxisch wirkende Stoffe** verursachte obstruktive Atemwegserkrankungen, die zur Unterlassung aller Tätigkeiten gezwungen haben, die für die Entstehung, die Verschlimmerung oder das Wiederaufleben der Krankheit ursächlich waren oder sein können

5 **Hautkrankheiten**

5101 Schwere oder wiederholt rückfällige **Hauterkrankungen**, die zur Unterlassung aller Tätigkeiten gezwungen haben, die für die Entstehung, die Verschlimmerung oder das Wiederaufleben der Krankheit ursächlich waren oder sein können

5102 **Hautkrebs** oder zur Krebsbildung neigende Hautveränderungen durch Russ, Rohparaffin, Teer, Anthrazen, Pech oder ähnliche Stoffe

6 **Krankheiten sonstiger Ursache**

6101 **Augenzittern** der Bergleute

2 Merkblätter zu Berufskrankheiten (Auswahl)

Im Folgenden sind einige Merkblätter des Bundesministeriums für Arbeit und Sozialordnung (BMAS) für die ärztlichen Untersuchungen bei Berufskrankheiten wiedergegeben, auf die in diesem Buch verwiesen werden und die einen engen Bezug zum Unfall (plötzliches Ereignis) haben. Das sind im Wesentlichen die Berufskrankheiten des Stütz- und Bewegungsapparates. Die Merkblätter des BMAS dienen als Hinweise für die Erstattung von Verdachtsanzeigen, wozu die Ärzte gemäß § 202 SGB VII verpflichtet sind.

Nr. 1313 Hornhautschädigungen des Auges durch Benzochinon

I. Vorkommen und Gefahrenquellen

Benzochinon (p-Benzochinon) ist u.a. ein Zwischenprodukt bei der Herstellung des Hydrochinons sowie ein Umwandlungsprodukt bei der Oxydation des Hydrochinons. Benzochinon kristallisiert in gelben Prismen, wird bei offenen Arbeitsverfahren vom Wasserdampf der Luft aufgenommen, ist flüchtig und riecht stechend. In alkalischen Gewebsflüssigkeiten wird Hydrochinon zu gelblich-braunem Benzochinon oxydiert.

Gefahrenquellen sind bei der offenen Benzochinon- sowie bei der Hydrochinonherstellung oder bei Verwendung dieser Stoffe vorhanden, besonders wenn diese in Verbindung mit Wasserdampf oder Staub den Arbeitsplatz verunreinigen.

II. Aufnahme und Wirkungsweise

Benzochinon wird entweder direkt oder nach Umwandlung aus Llydrochinon vom Bindehaut- und Hornhautepithel des Auges resorbiert. Es ist noch nicht hinreichend geklärt, ob außer der direkten Einwirkung der schädigenden Substanz auf die Hornhaut des Auges auch eine indirekte Einwirkung nach Aufnahme über die Atemwege und den Magen-Darm-Trakt möglich ist.

III. Krankheitsbild und Diagnose

Benzochinon kann zunächst zu unspezifischen Reizwirkungen an Bindehaut und Hornhaut führen. Nach längerer, meist mehrjähriger Einwirkung dieses Stoffes kann es im Lidspaltenbereich zu Tingierungen kommen. Diese sind vorwiegend gelblich-braun, unter Einwirkung des Lichtes, später sepiafarben oder dunkelbraun. Es bilden sich feinere bis gröbere Trübungen im Hornhautepithel und -parenchym. Erosionen können auftreten, die Hornhaut kann quellen, sich verformen und zu einem irregulären Astigmatismus führen, der nicht völlig auszugleichen ist. Zunächst fehlen Bindehauthyperaemie und Hornhautvascularisation. Die Sensibilität der Hornhaut ist herabgesetzt, ihre Regenerationsfähigkeit vermindert.

Häufig bleibt eine erhöhte Anfälligkeit gegen Sekundärinfektionen bestehen. Auch ohne erneute Einwirkung können selbst nach jahrelangem Intervall Epitheldefekte mit hartnäckigen Geschwüren bis zum klinischen Bild des Ulcus serpens auftreten. Dauerschäden (Trübung, Astigmatismus, Keratektasie) sind häufig. Verlust des Sehvermögens und des Auges ist möglich.

Die Prognose der Erkrankung hinsichtlich der Erhaltung des Sehvermögens ist zweifelhaft, da es bereits im Anfangsstadium zur irreversiblen Schädigung der Hornhaut kommen kann. Im günstigen Falle ist durch frühzeitigen Arbeitsplatzwechsel und rechtzeitige augenärztliche Behandlung eine Rückbildung der Hornhauterkrankung möglich.

Nr. 2101 Erkrankungen der Sehnenscheiden oder des Sehnengleitgewebes sowie der Sehnen- oder Muskelansätze, die zur Unterlassung aller Tätigkeiten gezwungen haben, die für die Entstehung, die Verschlimmerung oder das Wiederaufleben der Krankheit ursächlich waren oder sein können

I. Vorkommen und Gefahrenquellen

Diese Erkrankungen können durch einseitige, langdauernde mechanische Beanspruchung und ungewohnte Arbeiten aller Art bei fehlender oder gestörter Anpassung entstehen. Überwiegend sind die oberen Extremitäten, insbesondere die Unterarme, betroffen.

II. Krankheitsbild und Diagnose

Es können auftreten:

1. die Paratenonitis (Tendovaginitis) crepitans. Sie ist im Wesentlichen eine Erkrankung des Sehnengleitgewebes mit Druck- und Bewegungsschmerz sowie fühlbarem schneeballartigem Knirschen über dem betreffenden Sehnengebiet. Bevorzugt ist die Umgebung der Strecksehnen der Finger, besonders des Daumens, betroffen.

2. Periostosen an Sehnenansätzen (Epicondylitis und Styloiditis). Bei den Periostosen finden sich ein umschriebener Druckschmerz am Muskelursprung bzw. Knochenansatzpunkt sowie eine Infiltration im Bereich des betroffenen Epicondylus und Spontanschmerz im erkrankten Gebiet.

3. in seltenen Fällen die Tendovaginitis stenosans. Hierbei führen die krankhaften Wandveränderungen der Sehnenscheide zur Einengung des Sehnenfachs; vorwiegend sind die Sehnenscheiden der Daumen betroffen.

4. Dupuytren'sche Kontraktur und Periarthritis humeroscapularis sind im Allgemeinen nicht auf berufliche
Einflüsse zurückzuführen.

III. Hinweise für die ärztliche Beurteilung

Die ärztliche Beurteilung muss sich auf eine eingehende
Anamnese, insbesondere Arbeitsanamnese, stützen. Au-
ßerberuflich gelegene Schädigungsmöglichkeiten sind
auszuschließen.

Unter Nr. 43 der Anlage zur 7. Berufskrankheiten-Verordnung[1] sind nicht diejenigen Erkrankungen erfasst,

deren Entstehung auf rheumatische, toxische, fokaltoxi-
sche und spezifisch oder unspezifisch infektiöse Grundlagen sowie überwiegend auf konstitutionelle und dispo-
sitionelle Faktoren zurückzuführen ist. Außerdem fallen
hierunter nicht die Folgezustände degenerativer oder anderer Veränderungen an Gelenken, insbesondere der
HWS.

---

[1] jetzt: Nr. 2101BeKV

[2] durch Neufassung BeKV gegenstandslos

Nr. 2102 Meniskusschäden nach mehrjährigen andauernden oder häufig wiederkehrenden, die Kniegelenke überdurchschnittlich belastenden Tätigkeiten

I. Gefahrenquellen

Chronische Meniskopathien können anlagebedingt in
unterschiedlichem Ausmaß auftreten, aber auch z. B. in
ursächlichem Zusammenhang mit verschiedenen Sportarten (Fußball, Tennis, Skilaufen und -springen, Slalom).

Im Berufsleben muss mit einer überdurchschnittlichen
Belastung der Kniegelenke (s. unter II.), z. B. im Bergbau
unter Tage, ferner bei Ofenmaurern, Fliesen- oder Park-
kettlegern, bei Rangierarbeiten, bei Berufssportlern und
bei Tätigkeiten unter besonders beengten Raumverhält-
nissen gerechnet werden.

II. Pathophysiologie

Eine überdurchschnittliche Belastung der Kniegelenke ist
biomechanisch gebunden an eine

– Dauerzwangshaltung, insbesondere bei Belastungen
durch Hocken oder Knien bei gleichzeitiger Kraftauf-
wendung oder

– häufig wiederkehrende erhebliche Bewegungsbean-
spruchung, insbesondere Laufen oder Springen mit
häufigen Knick-, Scher- oder Drehbewegungen auf
grob unebener Unterlage.

Unter diesen Umständen werden die halbmondförmigen,
auf den Schienbeinkopfgelenkflächen nur wenig ver-
schiebbaren Knorpelscheiben, insbesondere der Innenmeniskus, in verstärktem Maße belastet. Dadurch können
allmählich Deformierungen, Ernährungsstörungen des
bradytrophen Gewebes sowie degenerative Veränderungen mit Einbuße an Elastizität und Gleitfähigkeit der
Menisken entstehen.

Ein derart vorgeschädigter Meniskus kann beim Aufrichten aus kniender Stellung, bei Drehbewegungen, beim
Treppensteigen oder auch bei ganz normalem Gehen an
seinen Ansatzstellen ganz oder teilweise gelöst werden.
Man spricht hier von Spontanlösung aus Gelegenheitsursache.

Die berufsbedingte Meniskopathie kann als Folgeschaden
auch zu Arthrosis deformans führen.

III. Krankheitsbild und Diagnose

Ein chronischer Meniskusschaden kann lange Zeit unbemerkt verlaufen, kann aber auch mit Schmerzen am
Gelenkspalt, medial oder lateral, und späteren Funktionsstörungen einhergehen. Ein plötzlich auftretender
scharfer Schmerz, nicht selten kombiniert mit Gelenk-
sperre deutet auf eine Einklemmung hin. Ein Gelenkerguss kann das Bild eines „Reizknies" hervorrufen. Der
Gelenkspalt ist häufig wulstartig geschwollen und
druckschmerzhaft.

Die Diagnose ergibt sich aus Vorgeschichte und Befund
bei meist typischem Beschwerdebild. Die Untersuchung
umfasst die allgemein anerkannten Verfahren einschließlich der verschiedenen „Meniskuszeichen". Differentialdiagnostisch sind u. a. abzugrenzen:

– Meniskusanomalien,

– Osteochondrosis dissecans,

– primäre Arthropathien spezifischer oder unspezifischer
Genese.

– retropatellare Chondromalazien und

– Einklemmungen von Synovialfalten und -zotten des
Hoffa'schen Fettkörpers.

Verwechslungen mit der akut-traumatischen Form lassen
sich oft durch die histologische Untersuchung des Ope-
rationsproduktes richtigstellen (Kapillarsprossimg, bin-
degewebliche Vernarbung).

IV. Weitere Hinweise

Die berufsbedingte chronische Meniskopathie tritt früher
auf als in der beruflich nicht belasteten Bevölkerung. Die
Prognose unterscheidet sich nicht von derjenigen bei
chronischen Meniskopathien anderer Genese.

Die Abgrenzung gegen Entstehung durch Unfall kann
gelegentlich Schwierigkeiten bereiten.

Eine gleichzeitig mit der Meniskopathie vorliegende Ar-
thropathie spricht nicht gegen das Vorliegen einer Berufskrankheit.

V. Literatur

Andreesen, R. und W. Schramm: Meniskusschäden als
Berufskrankheit. Münch. Med. Wschr., 117 (1975),
973.

Aufdermaur, M.: Die Bedeutung der histologischen Untersuchung des Kniegelenkmeniskus. Schweiz, med.
Wschr., 101 (1971), 1405 und 1441.

Laarmann, A.: Berufskrankheiten nach mechanischen
Einwirkungen. 2. Aufl., Stuttgart, 1977.

Pressel, G.: Die Bedeutung der beruflichen Exposition für
die Ätiologie des chronischen Meniskusschadens. Habilitationsschrift Frankfurt (M), 1980.

Pressel, G.: Die BK 2102 „Meniskusschaden" nach der
Neuregelung – Hinweise für die Begutachtung. Arbeitsmed. Sozialmed. Präventivmed. 23 (1988), 308.

Refior, H. J. und H. Fischer: Vergleichende mikrostruk-
turelle Untersuchungen zur Degeneration der Kniege-
lenkmenisken. Z. Orthopädie. 112 (1974), 128.

Springorum, P. W: Der Einfluss der Arbeitsweise auf Meniskusschäden bei Bergleuten. Mschr. Unfallheilk., 72 (1969), 478.

Wittgens, H. und G. Pressel: Die Meniskuserkrankungen unter dem Gesichtspunkt neuer rechtlicher und medizinischer Erkenntnisse — Arbeitsmedizinische Gesichtspunkte.

Aus dem Bericht über die Unfallmedizinische Tagung des Landesverbandes Rheinland-Westfalen der gewerblichen Berufsgenossenschaften am 28./29. März 1987 in Düsseldorf (BGUMed. 62).

Nr. 2103 Erkrankungen durch Erschütterung bei Arbeit mit Druckluftwerkzeugen oder gleichartig wirkenden Werkzeugen oder Maschinen

I. Vorkommen und Gefahrenquellen

Diese Erkrankungen kommen bei Arbeiten mit bestimmten Werkzeugen oder Maschinen vor, die rhythmische Rückstoßerschütterungen oder schnelle Vibrationen an den haltenden oder stützenden Körperteilen bewirken.

Gefahrenquellen sind z.B. gegeben bei Arbeiten mit Pressluftwerkzeugen (Hämmer, Meißel, Bohrer, Stampfer) oder gleichartig wirkenden Werkzeugen oder Maschinen, die im Bergbau, in Steinbrüchen, in Gussputzereien, in Kesselschmieden, beim Schiffsbau und beim Straßenbau Verwendung finden. Dies gilt auch für Anklopfmaschinen, z.B. in der Schuhindustrie.

Unter Pressluft- und gleichartig wirkenden Werkzeugen oder Maschinen sind hier die sogenannten Schlagwerkzeuge mit hohen Schlagzahlen zu verstehen. Druckluftmotoren, Hebemaschinen, Motorrammen und ortsfest automatisch arbeitende Maschinen fallen nicht hierunter.

II. Entstehungsweise, Krankheitsbild und Diagnose

Die Erkrankungen beruhen vorwiegend auf rhythmischen Rückstoßerschütterungen, die durch aktiven Andruck oder Gegendruck des menschlichen Körpers abgefangen werden.

Besonders sind das Ellenbogengelenk, das Schulter-Schlüsselbeingelenk sowie das handgelenksnahe Ellen-Speichengelenk betroffen. Veränderungen im Schultergelenk werden kaum beobachtet. Neurale, vasomotorische und muskuläre Störungen und Veränderungen können auftreten. Erkrankungen bestimmter Handwurzelknochen sind möglich. Die individuell unterschiedliche Belastbarkeit des Halte- und Stützapparates sowie dispositioneile Faktoren sind bei der Entstehung dieser Erkrankungen von wesentlicher Bedeutung.

Zum klinischen Bild gehören neben örtlichen Ermüdungserscheinungen Kraftlosigkeit, Schmerzen bei Arbeitsbeginn und in der Ruhe – insbesondere in der Nacht –, Druckempfindlichkeit und Bewegungsbehinderung. Eine Durchblutungsstörung (Ischämie) kann an den Händen, insbesondere im Bereich des 3. bis 5. Fingers, entstehen.

Dadurch bedingte Beschwerden kommen häufig anfallsweise vor und können auch durch Kältereize ausgelöst werden.

An den peripheren Nerven sind funktionelle Störungen und organische Veränderungen möglich. Die funktionellen Störungen äußern sich in Kraftlosigkeit, in Gefühlsstörungen und Händezittern. Organische Veränderungen können primär durch direkte Druckeinwirkung (Thenar, Hypothenar) oder sekundär nach periartikulärer Knochenwucherung durch Kompression oder Überdehnung, z.B. des N.ulnaris entstehen.

Röntgenologisch gibt es keine für Pressluftschäden spezifische Veränderungen. Sie entsprechen vielmehr denen einer Arthrosis deformans bzw. Osteochondrosis dissecans. Zackige oder spornartige Knochenwucherungen, Deformierungen an den Gelenkflächen, freie Gelenkkörper als Folge von Knorpelzerstörungen in den Gelenken sowie Kalk- oder Knocheneinlagerungen in der Gegend der Ansatzstelle der Gelenkkapseln oder der Muskeln sind nachweisbar. Im Flandgelenk ist als Folge einer Ernährungsstörung der sogenannte Mondbeintod möglich. Am Kahnbein kann sich nach einer sogenannten Ermüdungsfraktur eine Pseudarthrose ausbilden.

Differentialdiagnostisch sind die genannten Erkrankungen vor allem von den auf toxischer, infektiöser und neurogener Grundlage beruhenden Gelenkerkrankungen sowie der auf anderen Ursachen beruhenden Arthrosis deformans und Chondromatose abzugrenzen.

III. Hinweise für die ärztliche Beurteilung

Die ärztliche Beurteilung muss sich insbesondere auf eine eingehende Anamnese, vor allem auch Arbeitsanamnese, stützen. Die beruflich verursachten Erkrankungen an den Gelenken und am Mondbein treten in der Regel nicht vor Ablauf einer mindestens 2-jährigen regelmäßig durchgeführten Arbeit mit den genannten Werkzeugen oder Maschinen auf; die Ermüdungsfraktur des Kahnbeins ist an keine Mindestarbeitsdauer gebunden.

Auch nach Aufgabe dieser Arbeiten können derartige Erkrankungen noch in Erscheinung treten oder sich verschlimmern.

Nr. 2104 Vibrationsbedingte Durchblutungsstörungen an den Händen, die zur Unterlassung aller Tätigkeiten gezwungen haben, die für die Entstehung, die Verschlimmerung oder das Wiederaufleben der Krankheit ursächlich waren oder sein können

Vibrationen sind mechanische Schwingungen, die durch hohe Frequenzen mit niedriger Amplitude, Erschütterungen solche, die durch niedrige Frequenzen mit hoher Amplitude gekennzeichnet sind. Beide Begriffe überlappen sich.

I. Gefahrenquellen

Vibrierende, von Hand geführte technische Werkzeuge und Maschinen können Durchblutungsstörungen an den Fingern verursachen. Nach praktisch-klinischen Erfahrungen werden diese Störungen bei Vibrationen mit Frequenzen hauptsächlich im Bereich von etwa 20 bis 1000 Hz beobachtet.

Derartige Vibrationen treten auf z. B. bei der Bedienung von hochtourigen Bohrern, Meißeln, Fräsen, Sägen, Schneide-, Schleif- und Poliermaschinen sowie Niethämmern und Anklopfmaschinen, ferner bei Handrichtern.

Bevorzugt eingesetzt werden diese pneumatisch oder motorbetriebenen Arbeitsmittel in der Forstwirtschaft, dem Hoch- und Tiefbau, der metallverarbeitenden Industrie und im Schiffsbau.

II. Pathophysiologie

Durch die Einwirkung von Vibrationen kann es an der betroffenen Hand zu Schäden an den Gefäßen und/oder peripheren Nerven kommen. Die Krankheitsbezeichnung „Vibrationsbedingtes Vasospastisches Syndrorn (VVS)" drückt die ursächlichen Beziehungen aus. Früher verwendete Synonyme waren meist deskriptiver Art: „Weißfinger-Krankheit", „traumatisches Raynaud-Phänomen". Im Schrifttum finden sich ferner die Bezeichnungen „Traumatic Vasospastic Disease (TDV)" bzw. „Vibration Inclued White Finger (VWF)" sowie Vibrations-Syndrom.

III. Krankheitsbild und Diagnose

Das Krankheitsbild mit anfallsartig und örtlich begrenzt auftretenden Störungen der Durchblutung und Sensibilität an den Händen tritt im Allgemeinen nach einigen Monaten bis Jahren auf. Es besteht eine Abhängigkeit von Dauer und Intensität der täglichen Exposition. Meist treten die Beschwerden im Winterhalbjahr bei Arbeitsbeginn auf. Typischerweise werden die Anfälle durch Kälteeinfluss begünstigt, in fortgeschrittenen Stadien auch unabhängig von der Arbeit.

Die Anfallshäufigkeit variiert von vereinzelten bis zu täglich mehrmaligem Auftreten. Die Dauer der vasomotorischen Störungen beträgt einige Minuten bis mehrere Stunden und kann durch Aufwärmen verkürzt werden.

Die Symptome der chronisch-intermittierend auftretenden Durchblutungsstörungen sind örtlich begrenzt auf den Teil der Hand, der die Vibrationen hauptsächlich aufnimmt. In den meisten Fällen sind betroffen die Finger II bis V der Halte- und Bedienungshand. Nur ausnahmsweise treten Beschwerden im Daumen und in der Hohlhand auf. Die überwiegende Zahl der Patienten gibt einseitig bestehende Störungen der Durchblutung und Sensibilität an: Absterbe- und Kältegefühl bei Weißwerden der Finger mit Schwäche und Steifigkeit. Cyanotische Verfärbung und spätere Rötung mit Wärmegefühl sind nicht obligat. Paraesthesien in Form von Nadelstichen werden oft beschrieben. Die Ausbreitung und Rückbildung dieser Missempfindungen erfolgt innerhalb von Minuten von den Fingerspitzen nach proximal. Komplikationen infolge trophischer Störungen treten bei vibrationsbedingten Durchblutungsstörungen praktisch niemals auf. Zwischen den nur anfallsweise auftretenden Durchblutungsstörungen sind die davon betroffenen Personen beschwerdefrei.

Die Diagnose der Erkrankung ist im beschwerdefreien Intervall schwierig: Inspektion und Palpation ergeben keine für die Krankheit charakteristischen Veränderungen. Sie sind aus differential-diagnostischen Gründen jedoch wichtig. Bedeutsam ist die Arbeitsanamnese und die genaue Beschreibung der Beschwerden im zeitlichen und örtlichen Verlauf. Die Durchführung eines Provokationstests (z. B. Kaltwassertest bei 12°C) ist erforderlich. Eine Objektivierung der arbeitsbedingten Durchblutungsstörungen wird ermöglicht durch die Messung der Hauttemperatur, die Bestimmung der Wiedererwärmungszeit, den Fingernagel-Pressversuch und neurologi-

sche Untersuchungen mit Prüfung der Sensibilität und Motorik. Ergänzend können sphygmomanometrische Untersuchungen und speziellere Tests, die jedoch standardisiert sein sollten, durchgeführt werden. Röntgenaufnahmen der Hand zeigen keine für diese Erkrankungen spezifischen Veränderungen.

IV. Weitere Hinweise

Die chronisch-rezidivierend und örtlich begrenzt auftretenden vibrationsbedingten Störungen der Durchblutung und Sensibilität sind aufgrund von Arbeitsanamnese, Beschwerdebild und Lokalbefund nach Provokationstests zu diagnostizieren. Mithilfe des Krankheitsverlaufes und der erhobenen Befunde lassen sich differentialdiagnostisch andere, nicht beruflich verursachte periphere Durchblutungsstörungen abgrenzen: Der klassische M. Raynaud (typischerweise symmetrischer Befall der Finger jüngerer Frauen, infolge emotionaler oder Kälte-Reize), vasospastische Erkrankungen wie Akrocyanose, Livedo reticularis und familiär gehäuft zu beobachtende sog. kalte Hände, die allesamt bei Kälteexposition auftreten, chronische Erkrankungen der Arterien (z. B. Thrombangiitis obliterans) und Zustände nach Ergotamin-Medikation bzw. Noradrenalin. Das Raynaud'sche Phänomen beobachtet man meist als plötzlich auftretendes und zunehmende Beschwerden verursachendes Symptom bei systemischen Erkrankungen ungünstiger Prognose (Kollagenosen, Myelome). Ähnliche Symptome treten auf bei hämatologischen Erkrankungen, wobei Dysproteinämien und Kryoglobuline nachweisbar sind. Prädisponierende Faktoren für die Manifestation arbeitsbedingter Durchblutungsstörungen sind Kälteexposition (auch in der Freizeit), Nikotinabusus und eine noch nicht weiter abgeklärte individuelle Disposition, wobei das Alter offensichtlich keinen Einfluss hat.

Die Prognose der Erkrankung ist abhängig von der Dauer des Bestehens und dem Schweregrad der Beschwerden: Die intermittierenden Durchblutungsstörungen sind anfangs reversibel und verlieren sich bei fehlender Exposition. Auch noch in fortgeschrittenen Fällen kann die Unterlassung der gefährdenden Tätigkeit zu einer Besserung der Erkrankung hinsichtlich Intensität, Häufigkeit und Ausmaß der Beschwerden führen.

V. Literatur

Iwata, H., Dupius, H., Freund, J.L., Härtung, E.: Bei Hand-Arm-Schwingungen auftretende Erkrankungen. Arbeitsmed. Sozialmed., Präventivmed., 12, 295–296, 1973

Klosterkötter, W: Kriterien für vibrationsbedingte Durchblutungsstörungen bei beruflichen Tätigkeiten. In: Ergonomische Aspekte der Arbeitsmedizin. Verhandlungen der Deutschen Gesellschaft für Arbeitsmedizin, Jahrestagung 1975, S. 191–199, Gentner-Verlag, Stuttgart

Laarmann, A.: Berufskrankheiten nach mechanischen Einwirkungen. Enke-Verlag, Stuttgart 1977

Lidström, J.-M.: Periphere Kreislauf- und Nervenfunktionsstörungen bei Personen, die Vibrationseinwirkungen über die Hände ausgesetzt sind. Arbeitsmed., Sozialmed., Präventivmed., 11, 142–244, 1974

McCallum, R.L.: Vibration Syndrome. Brit. J. industr. Med. 28, 90–99, 1971

Jancik, G.: Durchblutungsstörungen der Hände durch Vibrationen bei Holz und Metallarbeitern. Verhandlungsbericht über den 13. Kongress für Arbeitsschutz und Arbeitsmedizin 1973 in Düsseldorf.

Nr. 2105 Chronische Erkrankungen der Schleimbeutel durch ständigen Druck

I. Vorkommen und Gefahrenquellen

Die Schleimbeutel stellen eine Schutzvorrichtung des Organismus gegen Druck- und Stoßbelastung dar. Fortgesetzte lang anhaltende, die Grenzen des Physiologischen überschreitende Belastungen können zu chronischen Erkrankungen der Schleimbeutel führen. Hiervon können auch Schleimbeutel betroffen werden, die nicht in Verbindung mit Gelenken stehen.

Gefährdet sind vorwiegend Personen, die bei ihrer beruflichen Tätigkeit Druckbelastungen im Bereich der Knie-, Ellenbogen- und Schultergelenke ausgesetzt sind. Dies trifft insbesondere für Bergleute, Bodenleger und -abzieher, Fliesenleger, Straßenbauer, Steinsetzer, Reinigungspersonal, Glas- und Steinschleifer sowie Lastenträger zu.

II. Krankheitsbild und Diagnose

In den betroffenen Schleimbeuteln kommt es zunächst zu einer Reizung und Entwicklung eines serösen Exsudates, das später fibrinös (flockig-getrübt) umgewandelt werden kann. Da die degenerative Umwandlung mit kapillarer Neubildung einhergeht, sind gelegentliche hämorrhagische Beimengungen im Exsudat möglich. Nach längerer Zeit kann sich ein Schleimbeutelhygrom bilden. Dieses besteht aus einem schwielig-fibrösen ein- oder mehrkammerigen Hohlraum, dessen Innenwand zotten- und warzenähnliche Erhebungen aufweist. Aus diesen können sich im weiteren Verlauf reiskornähnliche Körperchen entwickeln. Kalkeinlagerungen sind möglich. Die Haut über diesen Schleimbeuteln ist oft schwielig verändert. Im Bereich des erkrankten Gebietes sind mitunter Spannungsgefühl und evtl. auch Bewegungsbehinderung vorhanden. Sekundärinfektionen mit nachfolgender Vereiterung des betreffenden Schleimbeutels kommen vor.

Differentialdiagnostisch sind die nicht beruflich verursachten Schleimbeutelerkrankungen abzugrenzen. Dies sind z. B. Verletzungsfolgen, akute und spezifische Entzündungen, chronische, mechanisch bedingte Erkrankungen der Schleimbeutel sowie körpereigene Ursachen, wie Exostosen und Geschwülste.

III. Hinweise für die ärztliche Beurteilung

Für die Beurteilung der Erkrankung ist die Arbeitsanamnese wichtig. Nur selten treten durch Komplikationen vorübergehende oder bleibende Folgezustände auf.

Nr. 2106 Druckschädigung der Nerven

I. Vorkommen und Gefahrenquellen

Eine arbeitsbedingte Druckschädigung eines Nerven im Sinne dieser Berufskrankheit setzt wiederholte mechanische und druckschädigende Einwirkung voraus. Betroffen sind einerseits Nerven, die einer von außen kommenden anhaltenden Einwirkung gut zugänglich sind, andererseits Nerven, die wiederholten mechanischen Einwirkungen aufgrund einer anatomischen Enge nicht genügend ausweichen können, z. B. über einer knöchernen Unterlage, innerhalb eines knöchernen oder fibrösen Kanals (z. B. Sulcus-ulnaris-Syndrom) oder an Sehnenkreuzungen. Es können sowohl motorische als auch sensible Nerven oder Nervenanteile geschädigt werden.

Als Gefahrenquellen sind bekannt:

- ständig wiederholte, gleichartige Körperbewegungen im Sinne von mechanischen Überbelastungen,
- überwiegend haltungskonstante Arbeiten mit nicht oder nur schwer korrigierbaren Zwangshaltungen, z. B. Daueraufstützen des Handgelenkes oder der Ellbogen, Andrücken eines Werkzeuges oder bestimmte Gelenkstellungen, die längere Zeit beibehalten werden müssen.
- Überbeanspruchung von Muskeln mit nachfolgender Druckeinwirkung auf Nerven,
- Dehnungs- und Traktionswirkungen mit indirekter Einwirkung auf den Nerven,
- von außen kommende direkte Druck- oder Zugbelastungen,
- wiederholte Einwirkungen von Schlag- oder Reibungskräften,
- häufiges Greifen mit hohem Kraftaufwand.

Es bestehen Hinweise auf vermehrt betroffene Berufsgruppen, z. B. Berufsmusiker, Schleifer, Metzger, Lebensmittelhändler, Beschäftigte in der Tiefkühlkostherstellung, Supermarktkassiererinnen und Bodenreiniger. Zusätzlich gibt es zahlreiche Hinweise auf bestimmte schädigende berufliche Expositionsfaktoren (z. B. großer Kraftaufwand bei Greifbewegungen, repetitive Bewegungen im Handgelenk, gebeugtes bzw. überstrecktes Handgelenk). Diese Expositionsfaktoren treten in den untersuchten Berufsgruppen vermehrt auf, sind aber auch bei einer Vielzahl anderer Tätigkeiten zu finden.

Schäden können auch durch das Ausüben bestimmter Sportarten hervorgerufen werden. Dies ist sowohl von ätiologischem Interesse als auch hinsichtlich der berufsmäßigen Ausübung bestimmter sportlicher und artistischer Tätigkeiten zu beachten (z. B. Radfahrer, Golfer, Kegler, Reiter).

Im Weiteren werden nur diejenigen Druckeinwirkungen betrachtet, die aufgrund ihrer Charakteristik einen diagnostizierbaren und evtl. bleibenden Nervenschaden hervorrufen.

Nicht Gegenstand dieser Berufskrankheit sind akute traumatische Nervenschädigungen, das Karpaltunnel-Syndrom (CTS) sowie Nervenschäden durch bestimmte Erkrankungen, die über andere Berufskrankheiten erfasst sind (z. B. bandscheibenbedingte Erkrankungen der Hals- oder Lendenwirbelsäule oder Nervenschädigungen durch toxische Substanzen).

II. Pathophysiologie

Kennzeichnend für das Vorliegen einer Berufskrankheit gemäß dieser Begründung ist eine eindeutige Beziehung zwischen der Lokalisation des einwirkenden Drucks und dem anatomisch zuzuordnenden klinisch-neurologischen Befund.

Jede Druckschädigung am peripheren Nerv beginnt mit einem reversiblen Leitungsblock durch umschriebene funktionelle Veränderungen an den Markscheiden (Neurapraxie): die elektrische Erregbarkeit des Nerven bleibt distal der Läsion erhalten. Bei chronischem oder intermittierendem Weiterwirken der Druckbelastung kommt es jedoch zum umschriebenen Untergang der Myelinscheide (segmentale Demyelinisierung), dem nosologisch typischen Stadium. Gleichzeitig oder später kann es zur Kontinuitätsunterbrechung von Axonen und endoneuralen Strukturen bei erhaltener Nervenhülle (Axonotmesis) kommen. Eine komplette Durchtrennung von Nervenfasern und Nervenhülle (Neurotmesis) ist nicht zu erwarten.

Mehrfachen und unterschiedlich lokalisierten Einwirkungen auf den Nerven, sog. Double-Crush-Syndromen, wird ein kumulativer Effekt zugeschrieben: Ein geringfügiger proximal lokalisierter Druck, der allein nicht ausreicht, um einen Schaden zu verursachen, kann die Empfindlichkeit der distal gelegenen Nervenanteile gegenüber Druck deutlich erhöhen.

III. Krankheitsbilder und Diagnosen

Das typische pathophysiologische und klinische Bild einer durch Druck verursachten Nervenschädigung ist ein Nebeneinander von segmentaler De- und Remyelinisierung. Betroffen sein können die Nervenwurzel, ein Plexusbereich (z.B. Plexus cervicalis, Plexus brachialis, Plexus lumbo-cacralis) und periphere Nerven. Isolierte Ausfälle peripherer Nerven (Monocuropathien) haben nahezu immer mechanische Ursachen. Störungen im peripheren motorischen Neuron führen zum Syndrom des schlaffen Lähmungstyps, dessen Symptomatik vom Umfang und Schweregrad der Schädigung abhängig ist. Frühsymptome sind Reizerscheinungen, Sensibilitätsstörungen und Kraftminderung in den betroffenen Regionen. Bei fortgeschrittener Schädigung sind Muskelatrophien und ausgeprägte Paresen oder Paralysen zu beobachten.

Bei Druckschädigungen von Nerven werden typischerweise schon in frühen Stadien anamnestische Angaben über „Kribbeln, pelziges Gefühl, Ameisenlaufen, eingeschlafener Körperteil etc." oder „allgemeines Ermüdungsgefühl" gemacht. Ebenfalls schon früh werden Schmerzen im Versorgungsgebiet des Nerven angegeben. Diese treten häufig auch in Ruhe und nachts auf und können über den unmittelbar schädigenden Druckbereich hinausgehen. Typischerweise finden sich bei diesen Nervenläsionen auffällige elektroneurographische und elektromyographische Befunde; besonders kennzeichnend ist eine herabgesetzte Nervenleitgeschwindigkeit.

Folgende Sensibilitätsstörungen sind zu unterscheiden:

– **Reizsymptome** (z.B. Schmerzen, Parästhesien, Dysästhesien, Neuralgien, Hyperpathien),

– **Ausfallsymptome** (z.B. Anästhesie, taktile Hypästhesie, thermische Hypästhesie oder Anästhesie, Hypalgesie oder Analgesie, Oberflächen- oder Tiefensensibilitätsstörungen),

– **partielle Leistungsstörungen** mit pathologischem Funktionswandel (z.B. Kausalgien, Phantomschmerzen).

Meist bestehen Reiz- und Ausfallsymptome sowie trophische Störungen nebeneinander. Partielle Leitungsstörungen sind bei arbeitsbedingten Druckschädigungen kaum zu erwarten. Bei Plexusschäden oder Läsionen peripherer Nerven, die auch autonome Fasern führen, ist auch mit Reiz- oder Ausfallserscheinungen der vegetativen Innervation zu rechnen. Eine vollständige Unterbrechung eines peripheren Nerven verursacht beispielsweise eine Anhidrose. Die Symptome sind auf das Versorgungsgebiet des jeweiligen Nerven begrenzt und besitzen somit hohe diagnostische Bedeutung. Zu beachten ist, dass die Symptomatik aufgrund der histologisch nachweisbaren Markscheidenveränderungen über den Bereich der unmittelbaren Druckwirkung hinausreichen kann.

Mögliche Symptome bei druckbedingten Nervenschäden sind ohne wertende Reihung nachfolgend aufgelistet:

– Spontanschmerzen mit Ausstrahlung,

– Klopfschmerzen im Nervenverlauf,

– Druckschmerzempfindlichkeit,

– Überempfindlichkeit,

– Missempfindungen,

– Unempfindlichkeit,

– Muskelschwäche, -atrophie,

– Reflexausfälle, -abschwächungen,

– Gestörte Schweißsekretion,

– Trophische Störungen von Haut- und Hautanhangsgebilden,

– „Elektrisierende Sensationen" durch Beklopfen des Nervenkompressionsortes (Tinel'sches Zeichen),

– Veränderungen der Nervenleitgeschwindigkeit,

– Veränderungen im Elektromyogramm,

– Entartungsreaktion in der Reizstromdiagnostik.

Nachstehend werden beispielhaft und ohne Anspruch auf Vollständigkeit für betroffene Nerven (N) die typischen morphologischen Schädigungsmöglichkeiten, ggf. mit Hinweisen auf anatomische Varianten (V), und bekannte arbeitsbedingte Belastungen (B) sowie ggf. bestimmte Krankheitsbilder aufgelistet:

1. Nervenschäden an der oberen Extremität

N.: **Armplexusschaden im Wurzelbereich (C4) C5 – Th1** (Thoracic-outlet-Syndrom);

V.: Engpassproblematik im Bereich der Skalenuslücken, der kosto-klavikulären Passage und/oder des Korakoids;

B.: Lastendruck auf der Schulter, Lastenzug am Arm, repetitive Abduktions- und Adduktionsbewegungen im Schultergelenk, Überkopfarbeiten mit nach hinten gestrecktem Arm, Spielen von Streichinstrumenten.

N.: **N. axillaris**

V.: Einengung der lateralen Achsellücke;

B.: Passiver Druck in der Axilla durch Hebel.

N.: **N. medianus** (mit Ausnahme des CTS)

V.: Beeinträchtigung der A. brachialis und des Muskelbauches des M. brachialis, suprakondyläre Prozesse („Struthers ligament"), M. pronator teres, Muskelkopf M. flexor pollicis longus, M. interosseus anterior. Wird der Nerv in der Ellenbeuge oder proximal davon geschädigt, fallen die Hand- und die langen Fingerbeuger aus („Schwurhand").
Bei einer Schädigung distal der Ellenbeuge kommt es vorwiegend zu Sensibilitäts- und vegetativ-trophischen Störungen, aber auch zu motorischen Störungen.

B.: Protator-teres-Syndrom: Repetitive Pro- und Supinationsbewegungen bei gleichzeitigen repetitiven Fingerbewegungen, insbesondere Fingerflexion;
Interosseus-anterior-Syndrom (Kiloh-Nevin): Forcierte Pronation mit gleichzeitiger Beugung, Tragen von Lasten auf dem gebeugten Unterarm.

N.: **N. musculocutaneus**

V.: Meist im Rahmen einer Armplexusschädigung;

B.: Tragen schwerer Lasten, am gebeugten Unterarm hängendes Gewicht, exzessives fortlaufendes Schrauben.

N.: **N. radialis**

V.: Axilla, Humerusschaft, M. triceps brachii, Radialis-
tunnel bzw. M-supinator (Supinatorsyndrom), Kompression des Ramus superficialis N. radialis. Wird
der Nerv proximal der Ellenbeuge geschädigt, finden
sich muskuläre Störungen bei der Unterarmstre-
ckung bis zu einem Totalausfall, Sensibilitätsauffäl-
ligkeiten und Supinationsstörungen („Fallhand").
Beim Supinatorsyndrom finden sich motorische
Ausfälle der Hand- und Fingerstrecker, aber keine
Sensibilitätsausfälle.

B.: Axilla- und Oberarmkompression: Druck von He-
beln („Krückenlähmung"), chronische Überbeanspruchung des M. triceps brachii, z.B. bei Maurern,
Zimmerleuten;
Supinatorsyndrom: Repetitive Pro- und Supinationsbewegungen bei extendiertem Ellbogengelenk;
Ramus superficialis (Cheiralgia paracshetica): Repetitive Pro- und Supination mit Drehbewegungen,
z.B. Wickeln, Blumenbinden, Töpferarbeiten; Druck
auf den Unterarm bei gestrecktem Handgelenk, z.B.
Steinetragen, Spielen von Tasteninstrumenten etc.

N.: N. suprascapularis

V.: Relative Fixation des Nerven in der Incisura scapu-
lae mit mechanischem Reibungsschaden;

B.: Repetitive kombinierte Außen/Innenrotationsbewe-
gungen in Abduktion zur Gegenseite, z.B. Spielen
von Musikinstrumenten, repetitive Überkopfarbeiten, einseitiges Heben und Tragen schwerer Lasten
über der Schulter.

N.: N. thoracias longus

V.: Untere Armplexusschädigung (C8, Th1) oder klavi-
kulärer Engpass;

B.: Tragen starrer und schwerer Lasten auf den Schultern („Rucksacklähmung"), Arbeiten in Bauchlage,
wuchtige Schläge mit schwerem Werkzeug.

N.: N. ulnaris

V.: Medialer Epikondylus bzw. Sulcus ulnaris, Muskelkopf M. flexor carpi ulnaris (Kubitaltunnelsyn-
drom), Guyon'sche Loge. Die motorischen Ausfälle
bei Nervenschädigungen proximal des Handgelenkes sind unter dem Begriff „Krallenhand" bekannt.

B.: Sulcus-ulnaris-Syndrom: von außen einwirkender
Druck, z.B. bei aufgestütztem Ellbogen, Friktions-
trauma im Sulcus durch repetitive Flexion und Ex-
tension im Ellbogengelenk, z.B. bei Pianisten, Blä-
sern und Saiteninstrumentalisten;
Kubitaltunnel-Syndrom: Repetitive Bewegungen im
Ellenbogengelenk und Druckeinwirkungen am proximalen Unterarm bei gebeugtem Ellenbogengelenk,
z.B. Hämmern, Heben/Tragen;
Guyon-Logensyndrom: Druck von Arbeitsmitteln
im Hohlhandbereich, gelegentlich mit Hyperextension im Handgelenksbereich verbunden, z.B. Kris-
tallglasschleifer, Elektronikarbeiter, Kellner.

2. Nervenschäden der unteren Extremität

N.: Beinplexusschaden im Wurzelbereich Th12 – S5

V.: N. ilioinguinalis beim Durchtritt durch die Mm.
transversus abdominis und obliquus interatis abdominis, N. cutancus femoris lateralis, N. obtaramus,
N. ischiadicus;

B.: Anhaltende Ventralbeugung des Rumpfes, anhaltend angespannte Bauchmuskulatur, Hyperflexion
oder Hyperextension im Hüftgelenk, selten Druck-
paresen des N. ischiadicus, z.B. bei Reitern.

N.: N. tibialis

V.: Kompression unter dem Retinaculum flexorum
(Tarsaltunnelsyndrom);

B.: Enges Schuhwerk, langes Gehen unter Belastung,
repetitive Fußbeugung und -streckung, z.B. Pedalbe-
tätigungen, Arbeiten im Knien mit zurückgelegter
Körperhaltung, Arbeiten im Sitzen mit hängenden
Beinen.

N.: N. peronseus (N. fibularis)

V.: Oberflächliche Lage des Nerven am Capitulum fibu-
lae;

B.: Hocken und Knien, z.B. Fliesenlegen, Asphaltieren;
längerdauernde Kälteexposition.

3. Sonstige Nervenschäden

N.: N. facialis, N. trigeuninus

V.: Druckneuropathie;

B.: Druckbelastungen im Versorgungsbereich des Nerven, z.B. beim Gebrauch von Blasinstrumenten
(Ansatzstörung, fokale Dystonie). Da im Lippenbe-
reich sehr umschriebene Bezirke betroffen sein können, ist elektroneurographisch – entgegen der gegenwärtig üblichen Vorgehensweise – gegebenenfalls
die Ableitung mit Nadelelektroden und eine multi-
lokuläre Reizung erforderlich.

IV. Weitere Hinweise

Beim Zusammenwirken von arbeitsbedingten und nicht
arbeitsbedingten Faktoren muss deren jeweilige Bedeutung abgewogen werden. Die wichtigsten differential-
diagnostischen Erwägungen sind nachstehend aufgeführt:

– anatomische Varianten (z.B. suprakondyläre Prozesse,
Halsrippe etc.),

– angeborene Schäden (z.B. Geburtslähmung d. Plexus),

– Nervenverlaufsvarianten,

– Erkrankungen des zentralen Nervensystems (z.B. Neuritis, multiple Sklerose, Syringomyelie, Vorderhornpro-
zesse etc.),

– idiopathische Fazialisparese,

– Tendovaginitiden oder andere Erkrankungen des Sehnengleitgewebes,

– primäre Muskelerkrankungen,

– Infiltration durch Tumore (z.B. Pancoasttumor),

– Bandscheibenschäden,

– Blutkrankheiten,

– Frakturen und Frakturfolgen (z.B. Druckschäden
durch Gipsbandage, Fehlstellungen),

– Schnitt-, Scher-, Stich- und Quetschverletzungen,

– Schwangerschaft,

– Stoffwechselstörungen oder Einwirkung toxischer
Substanzen (z.B. Polyneuropathie bei Diabetes mellitus, Alkoholabusus, Urikämie etc.),

– Stromeinwirkung,

– thermische Schäden,

– latrogene Schäden (z.B. Injektionen, Operation, Anwendung von Röntgenstrahlen, medikamentöse Therapien).

Eine sorgfältige Einzelfallprüfung auf objektivierbare und
reproduzierbare neurologische und neurophysiologische
Parameter, differentialdiagnostische Überlegungen sowie
eine sorgfältige Arbeitsanamnese sind unentbehrlich, um
eine eindeutige Diagnose vor allem im Hinblick auf eine

arbeitsbedingte Ursache stellen zu können. Der elektro-neurograhische Nachweis einer Veränderung der peripheren Nervenleitfähigkeit ist dabei in der Regel unverzichtbar. Die Expositionsvermeidung mit Ausschaltung der schädigenden Druckbelastung ist für die Heilung bzw. für die Besserung der Symptome unerlässlich.

V. Literatur

Bundesministerium für Arbeit und Sozialordnung – BMA (Hrsg.): Wissenschaftliche Begründung für die Berufskrankheit „Druckschädigung der Nerven". BArbBl. 9/2001, S. 59–63.

Anmerkung der Autoren: Im Gemeinsamen Ministerialblatt Ausgabe Nr. 27 vom 30. Juni 2009, S. 573 ff. wurde die wissenschaftliche Begründung für eine (voraussichtlich) neue Berufskrankheit zur „Druckschädigung des Nervus medianus im Carpaltunnel (Carpaltunnel-Syndrom) durch repetitive manuelle Tätigkeiten mit Beugung und Streckung der Handgelenke, durch erhöhten Kraftaufwand der Hände oder durch Hand-Arm-Schwingungen" vom BMAS (www.bmas-bund.de) veröffentlicht (Anfragen auch über info@dguv.de).

Nr. 2107 Abrissbrüche der Wirbelfortsätze

I. Vorkommen und Entstehungsweise

Abrissbrüche der Wirbelfortsätze kommen hauptsächlich bei Schaufelarbeiten mit überhohen und überweiten Würfen vor. Auch während eines Arbeitsschwunges, bei ungewöhnlichen oder selten ausgeführten Körperbewegungen, z.B. beim Aufheben oder Ablegen einer Last, können Abrissbrüche auftreten. Der Abriss kann auch bei einer belanglosen Gelegenheit eintreten, nämlich dann, wenn ein Ermüdungsschaden soweit fortgeschritten ist, dass der endgültige Bruch (Ermüdungsbruch) im degenerierten Knochengewebe zu jedem Zeitpunkt möglich ist.

Für die Entstehung der Schädigung, die auch als sogenannte Schipperkrankheit bezeichnet wird, spielen körperliche Überlastung infolge erschwerter Arbeitsbedingungen, ungeschickte Handhabung des Arbeitsgerätes sowie mangelnde Arbeitsübung eine Rolle. Herabgesetzter Allgemeinzustand, statische Störungen im Bereich der Wirbelsäule und konstitutionelle Faktoren können ebenfalls von Bedeutung sein.

Überwiegend werden die Dornfortsätze der unteren Hals- und oberen Brustwirbelsäule geschädigt. Diese sind durch den dort kreuzenden Kraftverlauf der Rumpf- und Schultergürtelmuskulatur einer besonders hohen Beanspruchung ausgesetzt.

Muskulöse Athletiker sind ebenso gefährdet wie Pykniker und Astheniker.

Pathologisch-anatomisch entstehen sog. Ermüdungsbrüche durch Auflösungsvorgänge an den Knochenkristallen und durch Gestaltsveränderungen der Knochenbälkchen mit kleincystischer Umwandlung der Knochenstruktur, die schließlich zu sichtbarer Spaltbildung führen.

II. Krankheitsbild und Diagnose

Dem Abrissbruch können Schwächegefühl und zeitweise auftretende ziehende und reißende Schmerzen zwischen den Schulterblättern, die oft als rheumatische Beschwerden angesehen werden, vorausgehen.

Auch ohne solche Vorzeichen kann unter plötzlich auftretenden heftigen, meist stechenden Schmerzen überwiegend im Nacken oder zwischen den Schulterblättern der Abriss eines Dornfortsatzes erfolgen. Manchmal ist dies mit hörbarem Knacken verbunden. Danach kommt es zu einer Steifhaltung der Schultern mit Zwangshaltung des Kopfes nach vorn und unten; hierdurch ist u.a. das An- und Ausziehen der Kleidung erschwert.

Die Röntgenaufnahme zeigt einen meist senkrecht verlaufenden Aufhellungsspalt; das gelöste Bruchstück ist in der Regel etwas nach unten verzogen. Die Bruchflächen weisen je nach Alter des Ermüdungsbruchs einen mehr oder weniger ausgeprägten Degenerationssaum auf.

Vorwiegend betroffen ist der Dornfortsatz des 1. Brust- und des 7. Halswirbels, weniger häufig der des 6. Hals- oder 2. Brustwirbels.

Gelegentlich kommen Abrissbrüche gleichzeitig an mehreren Dornfortsätzen, möglicherweise auch an Querfortsätzen von Wirbelkörpern vor.

Differentialdiagnostisch abzugrenzen sind Frakturen, als Folge einer einmaligen direkten (z.B. Schlag) oder indirekten (z.B. Zerrung) Gewalteinwirkung, pseudarthrotische Spaltbildungen, seltener Frakturen infolge von Entzündungen, Tumoren u.a.

III. Hinweise für die ärztliche Beurteilung

Die Diagnosestellung stützt sich auf die ausführlich zu erhebende Anamnese, insbesondere Arbeitsanamnese. Die Behandlungsdauer eines Abrissbruches beträgt in der Regel wenige Wochen. Die Heilung erfolgt meist bindegewebig.

Spätschäden sind im Allgemeinen nicht zu erwarten.

Nr. 2108 Bandscheibenbedingte Erkrankungen der Lendenwirbelsäule durch langjähriges Heben oder Tragen schwerer Lasten oder durch langjährige Tätigkeit in extremer Rumpfbeugehaltung, die zur Unterlassung aller Tätigkeiten gezwungen haben, die für die Entstehung, die Verschlimmerung oder das Wiederaufleben der Krankheit ursächlich waren oder sein können[*]

I. Gefahrenquellen

Bandscheibenbedingte Erkrankungen der Lendenwirbelsäule (LWS) haben eine multifaktorielle Ätiologie. Sie sind weit verbreitet und kommen in allen Altersgruppen, sozialen Schichten und Berufsgruppen vor. Unter den arbeitsbedingten Einwirkungen, die bandscheibenbedingte Erkrankungen der LWS wesentlich mit verursachen und verschlimmern können, sind fortgesetztes Heben oder Tragen schwerer Lasten oder häufiges Arbeiten in extremer Beugehaltung des Rumpfes wichtige Gefahrenquellen. Dabei sind als besondere Ausprägungen des Hebens oder Tragens von Lasten auch untrennbar damit zusammenhängende Lastenhandhabungen wie das Um- oder Absetzen, Halten, Ziehen oder Schieben schwerer Lasten sowie Schaufeln von Schuttgütern zu berücksichtigen. Dadurch entstehen dem Heben oder Tragen schwerer Lasten vergleichbare Belastungen der Lendenwirbelsäule. Das alleinige Ziehen oder Schieben von Lasten ohne damit zusammenhängendes Heben oder Tragen von Lasten ist nicht Gegenstand dieser Berufskrankheit. Derartige arbeitsbedingte Belastungen der LWS können vor allem im untertägigen Bergbau, bei Maurern, Steinsetzern, Stahlbetonbauern und Bauhelfern, bei Schauerleuten, Möbel-, Kohlen-, Fleisch- und anderen Lastenträgern, bei Landwirten, Fischern und Waldarbeitern sowie bei Beschäftigten in der Kranken-, Alten- und Behindertenpflege auftreten. Tätigkeiten mit vergleichbarem Belastungsprofil sind als Gefahrenquelle ebenfalls in Betracht zu ziehen. Bei vielen Tätigkeiten ist Heben oder Tragen mit Ziehen oder Schieben schwerer Lasten verbunden, z. B. in der Pflege oder bei Transportarbeiten. Eine zusätzliche Gefährdung geht von Arbeiten mit Heben und Tragen schwerer Lasten und Arbeiten in extremer Rumpfbeugehaltung aus, wenn sie in verdrehter Körperhaltung durchgeführt werden.

Ein anderer bandscheibengefährdender Faktor im Arbeitsprozess ist die Einwirkung mechanischer Ganzkörperschwingungen (vgl, BK-Nr. 2110).

Als konkurrierende Faktoren und Fehlbelastungen der Lendenwirbelsäule durch außerberufliche Tätigkeiten im Sinne von Abs. 1, z. B. beim Hausbau oder bei schwerer Gartenarbeit zu beachten, sofern diese entsprechend den in Abschnitt IV gegebenen Hinweisen ebenso langjährig durchgeführt werden und mit dem Heben oder Tragen schwerer Lasten oder Tätigkeiten in extremer Rumpfbeugehaltung verbunden sind. Weiterhin sind sportliche Aktivitäten mit Heben oder Tragen schwerer Lasten oder in extremer Rumpfbeugehaltung zu berücksichtigen.

II. Pathophysiologie

Die Zwischenwirbelabschnitte der unteren Lendenwirbelsäule sind beim Menschen schon während des gewöhnlichen Tagesablaufs erheblich belastet. Da die blutgefäßlosen Bandscheiben hinsichtlich ihrer Ernährung besonders von den Diffusionsbedingungen abhängen, sind sie für die mechanischen Dauerbelastungen sehr anfällig. Anhaltende Kompressionsbelastung reduziert die druckabhängigen Flüssigkeitsverschiebungen und beeinträchtigt damit den Stoffwechsel im Bandscheibengewebe.

Durch Laktatakkumulation und pH-Verschiebung zu sauren Werten wird ein Milieu erzeugt, das zytolytisch wirkende Enzyme aktiviert. Damit werden degenerative Veränderungen eingeleitet oder beschleunigt. In diesem Milieu werden die restitutiven Prozesse gehemmt.

Unter Belastungen durch Heben und Tragen schwerer Lasten und Rumpfbeugehaltungen erhöht sich der intradiskale Druck um ein Mehrfaches. Intradiskale Druckmessungen und biomechanische Berechnungen zeigten, dass Kompressionskräfte erreicht werden, die im Experiment an menschlichen Wirbelsäulenpräparaten Deckplatteneinbrüche der Wirbelkörper sowie Einrisse am Anulus fibrosus der Bandscheiben verursachen.

Eingetretene Schäden am Bandscheibengewebe sind irreversibel. Sie setzen einen Prozess in Gang, in dem Bandscheibendegeneration, degenerative Veränderungen der Wirbelkörperabschlussplatten, Massenverschiebungen im Bandscheibeninneren, Instabilität im Bewegungssegment, Bandscheibenvorwölbung, Bandscheibenvorfall (einschließlich Sequester), knöcherne Ausziehungen an den Randleisten der Wirbelkörper, degenerative Veränderungen der Wirbelgelenke sowie durch derartige Befunde hervorgerufene Wirbelsäulenbeschwerden mit Funktionsstörungen in einem ätiopathogenetischen Zusammenhang zu betrachten sind.

Die pathophysiologischen Kenntnisse werden durch zahlreiche epidemiologische Studien gestützt, die belegen, dass mit ansteigender Wirbelsäulenbelastung die Häufigkeit bandscheibenbedingter Erkrankungen erheblich zunimmt. Solche Untersuchungen wurden insbesondere bei Lastenträgern im Hafenumschlag, in Schlachthöfen und im sonstigen innerbetrieblichen Transport durchgeführt (Mach et al. 1976, Chan und Tan 1979; Luttmann et al. 1988). Ebenso gut belegt ist der Zusammenhang zwischen Heben oder Tragen schwerer Lasten und der Häufigkeit von bandscheibenbedingten Erkrankungen der Wirbelsäule bei Maurern, Steinsetzern, Stahlbetonbauern und anderen Beschäftigten im Hoch- und Tiefbau (Yoshida et al. 1971, Häublein 1979, Damlund et al. 1982, Riihimäki 1985, Heliövaara 1987, Riihimäki et al. 1989, Vingard et al. 1992, Stürmer et al. 1997) sowie bei Bergleuten (Kellgren und Lawrence 1952 und 1958, Schlomka et al. 1955, Lawrence 1969, Billenkamp 1972, Brinckmann et al. 1998, Liebers et al. 2003). Ein erhöhtes Risiko für die Entwicklung von bandscheibenbedingten Erkrankungen der Lendenwirbelsäule konnte auch für Beschäftigte in der Krankenpflege, insbesondere bei Pflegehelferinnen gesichert werden (Videmann et al. 1984, Venning et al. 1987, Kaplan und Deyo 1988, Estryn-Behar et al. 1990]. Für einen Überblick über die Literatur sei auf Andersson (1991), Bolm-Audorff (1993 und 1998) sowie Hofmann et al. (2002) verwiesen.

Weiterhin ergaben epidemiologische Studien bei Beschäftigten, die beruflich in extremer Rumpfbeugehaltung arbeiten müssen, ein erhöhtes Risiko für bandscheibenbedingte Erkrankungen der Lendenwirbelsäule. Solche Studien wurden bei Bergleuten durchgeführt, die unter Tage in Streben mit einer Höhe von < 100 cm tätig waren und dort häufig im Knien, Hocken und verdrehter Körperhaltung arbeiteten (Havelka 1980). Weitere Studien wurden bei Stahlbetonbauern im Hochbau durchgeführt, die neben Heben und Tragen schwerer Lasten in der Summe ca. 1 h/d in extremer Rumpfbeugehaltung arbeiteten (Wickströmetal. 1985, Riihimäki et al. 1989).

---

[*] Die DGUV hat zusätzlich „Merksätze und Gutachtenempfehlungen" zu den Berufskrankheiten 2108 bis 2110 herausgegeben (www.dguv.de)

III. Krankheitsbild und Diagnose

Drei Gesichtspunkte der Diagnosesicherung sind zu beachten:

- Die typische Diagnose umfasst Ort, Art und Ausstrahlungscharakter der Beschwerden und liefert somit erste Voraussetzungen für die sinnvolle Planung des weiteren Untersuchungsganges.

- Die Strukturdiagnose beinhaltet verschiedene Untersuchungstechniken, um die geschilderten Beschwerden den pathogenetisch führenden Strukturen zuzuordnen (Gelenke, Ligamente, Muskeln, Bandscheiben etc.).

- Die Aktualitätsdiagnose berücksichtigt die im Vordergrund stehenden und den Patienten am meisten belastenden Beschwerden, wie Bewegungseinschränkungen, Kraftabschwächung, Sensibilitätsstörung, Schmerzsituation, vegetative Begleitsymptomatik oder psychische Einstellung.

Folgende bandscheibenbedingte Erkrankungen können unter bestimmten Bedingungen durch Heben und Tragen schwerer Lasten oder Arbeiten in extremer Rumpfbeugehaltung verursacht werden:

a) Lokales Lumbalsyndrom

Chronisch rezidivierende Beschwerden in der Kreuz-Lendengegend mit Belastungs-, Entlastungs- sowie Hyperlordose-Kreuzschmerz (z. B. chronisch-rezidivierende Lumbago, Segmentlockerungs- oder Facettensyndrom). Möglich ist auch eine pseudoradikuläre Schmerzausstrahlung in die Oberschenkelmuskulatur.

Pathomechanismus: Mechanische Irritation des hinteren Längsbandes (z. B. durch intradiskale Massenverschiebung), der Wirbelgelenkkapsel und/oder des Wirbelperiosts.

b) Mono- und polyradikuläre lumbale Wurzelreizsyndrome

Ein- oder beidseitig segmental ins Bein ausstrahlende, dem Verlauf des Ischiasnerven folgende Schmerzen, meist in Verbindung mit Zeichen eines lokalen Lumbalsyndroms.

Weitere Leitsymptome sind insbesondere: ischialgieforme Fehlhaltung, segmentale Sensibilitätsstörungen, Reflexabweichungen, motorische Störungen, positives Lasègue-Zeichen (vgl. Tabelle 1).

Pathomechanismus: Mechanische Irritation der Nervenwurzeln L3-S1 durch degenerative Veränderungen der lumbalen Bandscheiben (Bandscheibenvorwölbung und -Vorfall, Lockerung und Volumenänderung der Bandscheiben, Instabilität im Bewegungssegment, Randzacken an den Hinterkanten der Wirbelkörper).

Es kommen auch hohe lumbale Wurzelsyndrome (L1 und L2) infolge einer Kompression der ventralen Spinalnervenäste vor, sie sind insgesamt jedoch selten.

c) Kaudasyndrom

Sonderform der polyradikulären lumbalen Wurzelsyndrome mit Reithosenanästhesie, Fehlen des Achillessehnenreflexes bei Schwäche der Wadenmuskeln, Schließmuskel-Insuffizienz von Blase und Mastdarm; auch Potenzstörungen kommen vor. Bei höherliegender Läsion: Fuß- und Zehenheberparese. Quadrizepsschwächen und Patellarsehnenreflexausfälle. In aller Regel handelt es sich beim bandscheibenbedingten Kaudakompressionssyndrom um ein akutes Ereignis.

Pathomechanismus: Medianer Massenprolaps bei L3/L4 und/ oder L4/L5 mit Kompression aller Nervenwurzeln der Cauda equina.

Die Diagnose wird auf der Grundlage der Vorgeschichte, der klinischen (vorwiegend orthopädisch-neurologischen) und der radiologischen Untersuchungen gestellt. Veränderungen im Röntgenbild, wie eine Verschmälerung des Zwischenwirbelraumes und eine Verdichtung der Deck- und Grundplatten der Wirbelkörper (Osteochondrose) oder Veränderungen der kleinen Wirbelgelenke (Spondylarthrose) und Randwülste an den Wirbelkörpern (Spondylose), können auf bandscheibenbedingte Erkrankungen hinweisen. Ohne entsprechende chronisch-rezidivierende Beschwerden und Funktionseinschränkungen begründen sie für sich allein keinen Verdacht auf das Vorliegen einer Berufskrankheit, da solche Veränderungen auch bei Beschwerdefreien nachweisbar sein können.

Bei der Diagnostik eines lokalisierbaren Schmerzpunktes in einem Wirbelsäulensegment müssen auch die Bewegungsstörung, die Schmerzausstrahlung und die neurologische Irritation diesem Segment zugeordnet werden können, erst dann kann eine vertebragene Ursache angenommen werden.

Bei der klinischen Untersuchung stehen Inspektion, Palpation, Funktionsprüfung und ein orientierender neurologischer Status im Vordergrund. Gegebenenfalls sind weiterführende diagnostische Verfahren wie Elektromyographie, Myelographie, Computertomographie, Kernspintomographie oder Diskographie indiziert.

Auf eine sorgfältige Befunddokumentation ist zu achten (z. B. Messblatt für die Wirbelsäule nach der Neutral-Null-Methode).

Differentialdiagnostisch sind bandscheibenbedingte Erkrankungen der Lendenwirbelsäule von folgenden konkurrierenden vertebralen und extravertebralen Ursachen abzugrenzen:

Vertebral
- Angeborene oder erworbene Fehlbildungen der LWS
- nicht degenerative Spondylolisthesis
- Spondylitis
- Tumor (Metastase)
- Osteoporose
- Fraktur
- Kokzygodynie
- Wirbelfehlbildungen
- Idiopathische Wirbelkanalstenose
- Fluorose (BK-Nr. 1308)
- Morbus Paget
- Morbus Bechterew

Extravertebral
- gynäkologische Krankheiten
- urologische Krankheiten
- Krankheiten des Verdauungssystems
- hüftbedingte Schmerzen (Koxalgie)
- Erkrankungen des Iliosakralgelenkes
- Tumoren (z. B. retroperitoneal)
- Spritzenschädigung
- diabetische Neuropathie
- arterielle Durchblutungsstörungen in den Beinen
- Aortenaneurysma
- statische Beinbeschwerden durch Fußdeformierungen, Achsenabweichungen oder Beinlängendifferenzen
- Neuropathien
- psychosomatische Erkrankungen

IV. Weitere Hinweise

Die Beurteilung von bandscheibenbedingten Erkrankungen der Lendenwirbelsäule im Hinblick auf arbeitsbedingte Entstehungsursachen stellt sich nicht selten als schwieriges Problem dar.

Zu beachten ist, dass der Begriff „schwere Lasten" nicht allein durch das Lastgewicht bzw. durch die beim Ziehen oder Schieben ausgeübte Aktionskraft definiert wird.

Tabelle 1: Leitsymptome bei lumbalen Wurzelsyndromen (nach Krämer 1997)

Segment	Peripheres Schmerz- und Hypästhesiefeld	Motorische Störungen (Kennmuskel)	Reflex-Abschwächung	Nervendehnungszeichen
L1/L2	Leistengegend	–	–	(Femoralisdehnungs-schmerz)
L3	Vorderaußenseite Oberschenkel	Quadrizeps	Patellarsehnenreflex	Femoralisdehnungs-schmerz
L4	Vorderaußenseite Ober-schenkel, Innenseite Un-terschenkel und Fuß	Quadrizeps	Patellarsehnenreflex	(positives Lasègue-Zeichen)
L5	Außenseite Unterschen-kel, medialer Fußrü-cken, Großzehe	Extensor hallucis longus	–	positives Lasègue-Zeichen
S1	Hinterseite Unterschen-kel, Ferse, Fußaußen-rand, 3.–5. Zehe	Triceps surae, Glutäen	Achillessehnenreflex	positives Lasègue-Zeichen

Von Bedeutung sind eine Reihe weiterer Faktoren, insbesondere Körperhaltung, Häufigkeit und allgemeine Ausführungsbedingungen der Lastenhandhabung. Die Körperhaltung kann aufrecht, vorgeneigt, gebeugt, verdreht, stehend, sitzend, kniend oder hockend sein; häufig werden Kombinationen angetroffen. Bei der Ausführung können ergonomisch günstige Bedingungen (z. B. ausreichender Platz, ebener fester Boden, ausreichende Beleuchtung, gute Griffbedingungen, günstige Greifhöhe), aber auch eingeschränkte Bedingungen (z. B. Arbeitsfläche unter 1,5 qm, eingeschränkte Höhe, eingeschränkte Standsicherheit) vorliegen.

Anhaltspunkte für den Begriff „schwere Lasten" sind die folgenden Lastgewichte beim Heben, Umsetzen und Tragen bzw. Aktionskräfte beim Ziehen oder Schieben (Tab. 2).

Tabelle 2: Lastgewichte (in kg) und Aktionskräfte (in N) mit einem erhöhten Risiko für die Verursachung bandscheibenbedingter Erkrankungen der Lendenwirbelsäule

Tätigkeit	Frauen	Männer
beidhändiges Heben	10 kg	20 kg
einhändiges Heben	5 kg	10 kg
beidhändiges Umsetzen	20 kg	30 kg
einhändiges Umsetzen	5 kg	10 kg
beidseitiges Tragen neben dem Körper, auf den Schultern oder dem Rücken	20 kg	30 kg
Tragen vor oder einseitig neben dem Körper	15 kg	25 kg
Ziehen	250 N	350 N
Schieben	300 N	450 N

Beim Heben von Lasten wird der Oberkörper je nach Höhe der Lastaufnahme oder Lastabgabe mehr oder weniger stark nach vorne geneigt. Aufgrund des Zusammenhangs zwischen Rumpfneigung und Wirbelsäulenbelastung werden deshalb in der Tabelle zwei Kategorien unterschieden: „Heben" ist in der Regel mit deutlicher Rumpfneigung verbunden, während beim „Umsetzen" in diesem Zusammenhang keine starke Rumpfneigung auftritt.

Die in Tabelle 2 genannten Lastgewichte oder Aktionskräfte müssen mit einer gewissen Regelmäßigkeit, d. h. Häufigkeit und Dauer pro Schicht, gehandhabt worden sein oder eingewirkt haben, um als Ursache von bandscheibenbedingten Erkrankungen der Lendenwirbelsäule in Frage kommen zu können. Als Anhaltspunkt für die Bewertung der in Tabelle 2 genannten manuellen Lastenhandhabungen als gefährdend gilt eine Häufigkeit von ca. 250 Hebe- oder Umsetzvorgängen pro Tag oder eine Gesamttragedauer von ca. 30 Minuten pro Tag (Jäger et al. 1999, LASI 2001). Dies gilt nur für ergonomisch günstige Ausführungsbedingungen. Bei Vorgängen, die eine vorsichtige Handhabung der zu bewegenden Lasten erfordern (z. B. Handhabung zerbrechlicher oder gefährlicher Gegenstände, Positionierung großformatiger Lastobjekte, Transfers von Patienten im Gesundheitswesen), tragen auch geringere Häufigkeiten bzw. Zeitanteile wesentlich zur Entstehung bei.

Grundsätzlich gilt, dass bei großen Häufigkeiten, ungünstigen Körperhaltungen und eingeschränkten Ausführungsbedingungen bereits geringere Lastgewichte bzw. Aktionskräfte als in Tabelle 2 als „schwere Lasten" zu werten sind. Umgekehrt sind bei seltenen Lastenhandhabungen in guter Körperhaltung und unter guten ergonomischen Bedingungen auch höhere Lastgewichte bzw. Aktionskräfte akzeptabel.

Unter Tätigkeiten in extremer Rumpfbeugehaltung sind Arbeiten in Bodenhöhe oder unter der Standfläche zu verstehen, bei denen es zu einer Beugung des Oberkörpers aus der aufrechten Körperhaltung um ca. 90° oder mehr kommt. Ferner zählen Arbeiten in Arbeitsräumen dazu, die niedriger als ca. 100 cm sind und somit andauernde Zwangshaltungen mit Arbeiten im Knien, Hocken, im Fersensitz bzw. verdrehter Körperhaltung bedingen. Solche Tätigkeiten treten z. B. bei Stahlbetonbauern im Hochbau [Wickström et al. 1985], Steinsetzern, Schweißern in engen Räumen oder Bergleuten (Havelka 1980) auf.

Als Anhaltspunkt für eine langjährige Tätigkeit gilt, dass ca. 10 Berufsjahre als untere Grenze der Dauer der belastenden Tätigkeit nach den vorgenannten Kriterien zu fordern ist. Hierfür sprechen epidemiologische Studien bei Bauarbeitern und Pflegepersonal, bei denen in der Regel nach mehr als zehnjähriger Expositionsdauer ein Anstieg in der Häufigkeit von degenerativen Wirbelsäulenerkrankungen zu beobachten war (Häublein 1979, Hofmann et al. 1995). In begründeten Einzelfällen kann es jedoch möglich sein, dass bereits eine kürzere, aber sehr intensive Belastung eine bandscheibenbedingte Erkrankung der Lendenwirbelsäule verursachen kann (Mach et al. 1976). Expositionszeiten mit Heben und Tragen schwerer Lasten sowie Zeiten mit Arbeiten in extremer Rumpfbeugehaltung können für die Berechnung der Gesamtexpositionsdauer addiert werden. Dabei sind auch unterbrochene Tätigkeiten zu berücksichtigen.

Für das Heben oder Tragen schwerer Lasten und für Arbeiten in extremer Rumpfbeugehaltung gilt, dass diese Belastungen in einer erheblichen Zahl der Arbeitsschichten pro Jahr vorgelegen haben müssen, um als Ursache von bandscheibenbedingten Erkrankungen der Lendenwirbelsäule in Frage kommen zu können. Als Anhaltspunkt sind in der Regel 60 Schichten mit relevanter Wirbelsäulenbelastung pro Jahr anzusetzen (Härtung et al. 2000).

Als besondere Formen des Hebens oder Tragens schwerer Lasten im Sinne dieser Berufskrankheit und somit bei der Beurteilung der beruflichen Einwirkung mit zu berücksichtigende Belastungsfälle können auch Tätigkeiten mit schräg auf den Körper über das Hand-Arm-System einwirkenden hohen Kräften gelten, wie sie beim Bewegen von Patienten oder beim Ziehen oder Schieben von schweren Lasten auftreten. Daraus können sich hohe, dem Heben oder Tragen vergleichbare Belastungen der Lendenwirbelsäule ergeben (Jäger et al. 2001, Jäger 2001).

Für die Feststellung, ob eine arbeitsbedingte Belastung eine besondere Einwirkung im Sinne dieser Berufskrankheit darstellt, ist im Einzelfall die so weit wie möglich standardisierte und detaillierte Erfassung der Tätigkeitsmerkmale aller Belastungsabschnitte in einer Arbeitsanamnese und die einheitliche Bewertung der o. g. Faktoren der manuellen Lastenhandhabung in ihrer Kombination erforderlich (Art, Häufigkeit und Dauer, allgemeine Ausführungsbedingungen sowie die Körperhaltung bei der Lastenhandhabung pro Schicht, Kombinationswirkungen mit Ganzkörperschwingung, Arbeitsschichten pro Jahr und im Arbeitsleben).

Die erfassten Merkmale sind so exakt wie möglich im Ermittlungsbericht zu dokumentieren. Zur zusammenfassenden Bewertung der Wirbelsäulenbelastung können ergänzend kumulative Dosismodelle unter Beachtung der jeweiligen Verfahrensvoraussetzungen und -einschränkungen genutzt werden. Die in derartigen Modellen (z. B. Jäger et al. 1999, Härtung et al. 1999 und 2000) genannten Werte sind grundsätzlich keine Grenzwerte. Sie können aber eine Hilfe im Sinne von Orientierungswerten bei der Beurteilung des medizinischen Zusammenhangs zwischen versicherter Einwirkung und Erkrankung darstellen.

Bei der zusammenfassenden Bewertung aller Faktoren zu einer Gesamtbelastung ist zu beachten, dass die in den vorhergehenden Abschnitten genannten Zahlenangaben für die Anhaltspunkte für eine schwere Last mit den zugehörigen Anhaltspunkten für die Häufigkeit von Hebe- und Umsetzungsvorgängen bzw. für die Dauer von Tragevorgängen pro Schicht und für die Anzahl belasteter Schichten pro Jahr sowie die Langjährigkeit jede für sich zwar Minimalvoraussetzungen darstellen, die jedoch trotzdem unterschritten werden können, wenn dafür andere Faktoren höhere Werte annehmen. Bei wesentlich schwereren Lasten als den in Tabelle 2 angegebenen kann die arbeitsbedingte Belastung auch bei entsprechend niedrigeren Werten für die Häufigkeit von Hebe- und Umsetzvorgängen bzw. für die Dauer von Tragevorgängen pro Schicht oder für die Anzahl belasteter Schichten pro Jahr oder für die Einwirkung im Sinne dieser Berufskrankheit darstellen.

Ganzkörperschwingungen wirken erschwerend und müssen als zusätzlicher Belastungsfaktor berücksichtigt werden. Daher sind Einwirkungen durch Heben oder Tragen schwerer Lasten oder durch Arbeiten in extremer Rumpfbeugehaltung und Einwirkungen durch Ganzkörperschwingungen (s. BK 2110) zusammen zu bewerten (Schäfer und Härtung 1999).

Das akute Lumbalsyndrom mit guter Behandlungsmöglichkeit erfüllt nicht die medizinischen Voraussetzungen zur Anerkennung als Berufskrankheit. Vielmehr müssen chronische oder chronisch-rezidivierende Beschwerden und Funktionseinschränkungen bestehen, die therapeutisch nicht mehr voll kompensiert werden können und die den geforderten Unterlassungstatbestand begründen.

Zusammengefasst ergeben sich folgende Kriterien für die Annahme eines begründeten Verdachts auf das Vorliegen einer bandscheibenbedingten Erkrankung der Lendenwirbelsäule durch Heben oder Tragen schwerer Lasten oder Arbeiten in extremer Rumpfbeugehaltung:

– Vorliegen einer unter Ziffer III genannten bandscheibenbedingten Erkrankungen mit chronisch-rezidivierenden Beschwerden und Funktionseinschränkungen, die therapeutisch nicht mehr voll kompensiert werden können und die den geforderten Unterlassungstatbestand begründen;

– als Anhaltspunkt für den Begriff „langjährig" gilt, als untere Grenze, eine ca. zehnjährige Tätigkeit mit Heben oder Tragen schwerer Lasten oder Arbeiten in extremer Rumpfbeugehaltung;

– als Anhaltspunkte für den Begriff „schwere Last" sind die in Tabelle 2 aufgeführten Angaben unter Berücksichtigung der entsprechenden Erläuterungen heranzuziehen;

– die Belastungen durch Heben oder Tragen oder extreme Rumpfbeugehaltung müssen in einer erheblichen Zahl von Arbeitsschichten (Anhaltspunkt: in der Regel mindestens 60 Schichten pro Jahr) eingewirkt haben;

– unter Arbeiten in extremer Rumpfbeugehaltung sind Tätigkeiten in Arbeitsbereichen zu verstehen, die niedriger als ca. 100 cm sind, z. B. im untertägigen Bergbau sowie Arbeiten mit einer Beugung des Oberkörpers aus der aufrechten Haltung um ca. 90° und mehr.

Der alleinige Nachweis von degenerativen Veränderungen wie Osteochondrose, Spondylose und Spondylarthrose ohne chronisch-rezidivierende Beschwerden und Funktionsausfälle begründet keinen Berufskrankheitenverdacht.

Die Unterlassung der gefährdenden Tätigkeit ist nicht Voraussetzung für die Anzeige auf Verdacht einer Berufskrankheit.

V. Literatur:

Andersson, G.B.J.: The epidemiology of spinal disorders. In: Frymoyer, J. W. et al. (eds.): The adult spine, principles and practice, New York, Raven Press, 1991, 107–146

Billenkamp, G.: Körperliche Belastung und Spondylosis deformans. Fortschr. Röntgenstr. 116 (1972) 211–216

Bolm-Audorff, U.: Berufskrankheiten der Wirbelsäule durch Heben oder Tragen schwerer Lasten, In: Konietzko, J., Dupuis, H, (Hrsg): Handbuch der Arbeitsmedizin, Landsberg, Ecomed-Verlag, Loseblattsammlung, 10. Ergänzungslieferung, 1993

Bolm-Audorff, U.: Einfluss arbeitsmedizinisch-epidemiologischer Erkenntnisse auf die Kodifizierung der berufsbedingten Bandscheibenerkrankung, In: Kügelgen, B., Böhm, B., Schröter, F. (Hrsg): Lumbale Bandscheibenkrankheit, München, Zuckschwerdt-Verlag, 1998, 176–264

Brinckmann, P., Frobin, W., Biggemann, M., Tillotson, M., Burton, K.: Quantification of overload injuries to thoracolumbar vertebrae and discs in persons exposed to heavy physical exertions or vibration at the workplace. Clinical Biomechanics 13 (1998) Suppl. 2, S1–S36

Chan, O.Y., Tan, K.: Study of lumbar disk pathology among a group of dockworkers. Ann. Acad. Med. 8 (1979) 81–85

Damlund, M., Goth, S., Hasle, B., Jeune, B., Munk, K.: The incidence of disability pensions and mortality among semi-skilled construction workers in Copenhagen. Scand J. Soc. Med. 10 (1982) 43–47

Estryn-Behar, M., Kaminski, M., Peigne, E., Maillard, M.F., Pelletier, A., Berthier, C, Delaports, M.F., Paoli, M.C., Leroux, J.M.: Strenuous working conditions and musculoskeletal disorders among female hospital workers, Int. Arch. Occup. Environ. Health 62 (1990) 47–67

Härtung, E., Schäfer, K., Jäger, M., Luttmann, A., Bolm-Audorff, U., Kühn, S., Paul, R., Francks, H.-P.: Mainz-Dortmunder Dosismodell (MDD) zur Beurteilung der Belastung der Lendenwirbelsäule durch Heben oder Tragen schwerer Lasten oder durch Tätigkeiten in extremer Rumpfbeugehaltung bei Verdacht auf Berufskrankheit Nr. 2108. Teil 2: Vorschlag zur Beurteilung der arbeitstechnischen Voraussetzungen im Berufskrankheiten-Feststellungsverfahren. Arbeitsmed. Sozialmed. Umweltmed. 34 (1999) 112–122

Härtung, E., Schäfer, K., Jäger, M., Luttmann, A., Bolm-Audorff, U., Kühn, S., Paul, R., Francks, H.-P.: Methode zur einheitlichen Beurteilung der arbeitstechnischen Voraussetzungen der BK 2108 nach dem Mainz-Dortmunder Dosismodell MDD. In: J. Konietzko, H. Dupuis (Hrsg.): Handbuch der Arbeitsmedizin Kap. IV.7.8.3.1.2., 1–24. Ecomed Verlagsgesellschaft, 25. Erg.-Lfg., Landsberg/Lech 2000

Häublein H.-G.: Berufsbelastung und Bewegungsapparat, Berlin, VEB Volk und Gesundheit, 1979

Havelka, J.: Vergleich der Ergebnisse der Morbiditätsanalyse mit denen aus der arbeitsmedizinischen Tauglichkeits-Screening-Untersuchung bei ausgewählten Tätigkeiten. Z. Ges. Hyg. 26 (1980) 181–187

Heliövaara, M.: Occupation and risk of herniated lumbar intervertebral disk or sciatica leading to hospitalization, J. Chron. Dis. 40 (1987) 259–264

Hofmann, F., Michaelis, M., Siegel, A., Stößel, U., Stroink, O.: Bandscheibenbedingte Erkrankungen der Wirbelsäule – Untersuchungen zur Frage der beruflichen Verursachung, In: Wolter, D., Seide, K (Hrsg): Berufskrankheit 2108, Kausalität und Abgrenzungskriterien, Berlin, Springer-Verlag 1995, 47–64

Hofmann, F., Bolm-Audorff, U., Dupuis, H., Rehder, U.: Berufsbedingte Wirbelsäulenerkrankungen – Biomechanik, Epidemiologie, Exposition, Klinik und Begutachtung. Zbl. Arbeitsmed. 52 (2002) 78–103

Jäger, M., Luttmann A.: Biomechanische Beurteilung der Belastung der Wirbelsäule beim Handhaben von Lasten. Med. Sach. 90 (1994) 160–164

Jäger, M., Luttmann, A., Bolm-Audorff, U., Schäfer, K., Hartung, E., Kuhn, S., Paul, R., Francks, H.-P.: Mainz-Dortmunder Dosismodell (MDD) zur Beurteilung der Belastung der Lendenwirbelsäule durch Heben oder Tragen schwerer Lasten oder durch Tätigkeiten in extremer Rumpfbeugehaltung bei Verdacht auf Berufskrankheit Nr. 2108. Teil 1: Retrospektive Belastungsermittlung für risikobehaftete Tätigkeitsfelder, Arbeitsmed. Sozialmed. Umweltmed. 34 (1999) 101–111

Jäger, M., Jordan, C., Theilmeier, A., Luttmann, A.: Dortmunder Lumbalbelastungsstudie 2: Ermittlung und

Beurteilung vergleichbarer Tätigkeiten hinsichtlich der Körperhaltung und der Wirbelsäulenbelastung bei verschiedenen beruflichen Tätigkeiten, Schriftenreihe des Hauptverbandes der gewerblichen Berufsgenossenschaften, St. Augustin, 2001

Jäger, M.: Belastung und Belastbarkeit der Lendenwirbelsäule im Berufsalltag, ein interdisziplinärer Ansatz für eine ergonomische Arbeitsgestaltung, Düsseldorf, VDI-Verlag, 2001

Kaplan, R.M., Deyo, R.A.; Back pain in health care workers, Occupational medicine, State of the art reviews 3 (1988) 61–73

Kellgren, J.H., Lawrence, J.S.: Rheumatism in miners, part II: x-ray study. Brit. J. Industr. Med. 9 (1952) 197–207

Kellgren, J.H., Lawrence, J.S.: Osteoarthrosis and disk degeneration in an urban population. Ann. Rheum. Dis. 17 (l 958) 388–397

Krämer, J,: Bandscheibenbedingte Erkrankungen; Ursachen, Diagnose, Behandlung, Vorbeugung und Begutachtung, Stuttgart, Thieme-Verlag, 1997

Länderausschuss für Arbeitsschutz und Sicherheitstechnik (LASI): Handlungsanleitung zur Beurteilung der Arbeitsbedingungen beim Heben und Tragen von Lasten, Potsdam, 2001

Lawrence, J.S.: Disc degeneration, its frequency and relationship to symptoms. Ann. Rheum. Dis. 28 (1969) 121–138

Liebers, F., Caffier, G., Frauendorf, H., Steinberg, U.: Inzidenz von Rückenerkrankungen in einer Kohorte von Hauern und Elektrikern im Untertageerzbergbau der SDAG Wismut. Arbeitsmed. Sozialmed. Umweltmed. 38 (2003) 556–565

Luttmann, A.Jäger, M., Laurig, W., Schlegel, K.F.: Orthopaedic diseases among transport workers, Int. Arch. Occup. Environ. Health 61 (1988) 197–205

Mach, J., Heitner, H., Ziller, R.: Die Bedeutung der beruflichen Belastung für die Entstehung degenerativer Wirbelsäulenveränderungen. Z. Ges. Hyg. 22 (1976) 352–354

Riihimäki, H.: Back pain and heavy physical work: a comparative study of concrete reinforcement workers and maintenance house painters, Brit. J. Industr. Med. 42 (1985) 226–232

Riihimäki, H., Wickström, G., Hänninen, K., Mattson, T., Waris, P., Zitting, A.; Radiographically detectable lumbar degenerative changes as risk indicators of back pain, a cross-sectional epidemiologic study of concrete reinforcement workers and house painters. Scand. J. Work Environ. Health 15 (1989) 208–285

Schäfer, K., Hartung, E.: Mainz-Dortmunder Dosismodell (MDD) zur Beurteilung der Belastung der Lendenwirbelsäule durch Heben oder Tragen schwerer Lasten oder durch Tätigkeiten in extremer Rumpfbeugehaltung bei Verdacht auf Berufskrankheit Nr. 2108. Teil 3: Vorschlag zur Beurteilung der arbeitstechnischen Voraussetzungen im Berufskrankheiten-Feststellungsverfahren bei kombinierter Belastung mit Ganzkörper-Schwingungen. Arbeitsmed. Sozialmed. Umweltmed. 34 (1999) 143–147

Schlomka, G., Schröter, G., Ochernal, A.: Über die Bedeutung der beruflichen Belastung für die Entstehung der degenerativen Gelenkleiden, III. Mitteilung. Z. Inn. Med. 10 (1955) 993–999

Stürmer, T., Luessenhoop, S., Neth, A., Soyka, M., Karmaus, W., Toussaint, R., Liebs, T., Rehder, U.: Construction work and low back disorders, premelinary findings of the Hamburg construction worker study. Spine 22 (1997) 2558–2563 j

Venning, P. J., Walter, S.D., Stitt, L.W.: Personal and job related factors as determinants of incidence of back injuries among nursing personnel. J. Occup. Med. 29 (1987) 820–825

Videmann, T., Nurminen, T., Tola, S., Kuorinka, I., Vanharanta, H., Troup, J.D.G.: Low-back pain in nurses and some loading factors od work, Spine 9 (1984) 400–404

Vingard, E., Alfredsson, L., Fellenius, E., Hogstedt, C.: Disability pensions due to musculo-skeletal disorders among men in heavy occupations. Scand. J. Soc. Med. 20 (1992) 31–36

Wickström, G., Niskanen, T., Riihimäki, H.: Strain on the back in concrete reinforcement work. Brit. J. Industr. Med. 42 (1985) 233–239

Yoshida, T., Goto, M., Nagira, T., Ono, A., Fujita, L, Goda, S., Bando, M.: Studies in low back pain among workers in small scale construction companies. Jap. J. Industr. Health 13 (1971) 37-43

Nr. 2109 Bandscheibenbedingte Erkrankungen der Halswirbelsäule durch langjähriges Tragen schwerer Lasten auf der Schulter, die zur Unterlassung aller Tätigkeiten gezwungen haben, die für die Entstehung, die Verschlimmerung oder das Wiederaufleben der Krankheit ursächlich waren oder sein können

I. Gefahrenquellen

Unter den beruflichen Faktoren, die bandscheibenbedingte Erkrankungen der Halswirbelsäule (HWS) verursachen oder verschlimmern können, steht fortgesetztes Tragen schwerer Lasten auf der Schulter, einhergehend mit einer statischen Belastung der zervikalen Bewegungssegmente und außergewöhnlicher Zwangshaltung der HWS im Vordergrund. Eine derartige kombinierte Belastung der HWS wird z.B. bei Fleischträgern beobachtet, die Tierhälften oder -viertel auf dem Kopf bzw. dem Schultergürtel tragen. Die nach vorn und seitwärts erzwungene Kopfbeugehaltung und das gleichzeitige maximale Anspannen der Nackenmuskulatur führen zu einer Hyperlordosierung und auch zu einer Verdrehung der HWS.

Tätigkeiten mit vergleichbarem Belastungsprofil sind ebenfalls in Betracht zu ziehen.

II. Pathophysiologie

Wie im Bereich der Lendenwirbelsäule sind die blutgefäßlosen Bandscheiben der HWS hinsichtlich ihrer Ernährung besonders von den Diffusionswegen abhängig. Symmetrische und asymmetrische Kompressionsbelastung verbunden mit Haltungskonstanz reduziert die druckabhängigen Flüssigkeitsverschiebungen und beeinträchtigt damit den Stoffwechsel im Bandscheibengewebe.

Durch Laktatakkumulation und pH-Verschiebung zu sauren Werten wird ein Milieu mit Aktivierung der enzymatischen Zytolyse erzeugt. Damit werden die degenerativen Veränderungen eingeleitet oder beschleunigt. In diesem Milieu werden die restitutiven Prozesse gehemmt.

Die Bewegungssegmente der HWS weisen gegenüber den anderen Wirbelsäulenabschnitten anatomische und biomechanische Besonderheiten auf, die sie für belastungsbedingten vorzeitigen Verschleiß besonders anfällig machen. Von degenerativen Bandscheibenveränderungen ausgehende knöcherne Ausziehungen im Bereich der Processus uncinati liegen in unmittelbarer Nachbarschaft zum Spinalnerven und zur Arteria vertebralis. Die als physiologisch zu bezeichnenden gelenkähnlichen Horizontalspalten verbessern einerseits die zervikale Beweglichkeit, andererseits stellen sie mit ihrer Tendenz, sich nach medial und lateral zu erweitern, unter biomechanischen Aspekten ein Gefährdungspotential dar. Damit kann eine Lockerung und Instabilität im Bewegungssegment eintreten. Laterale Erweiterungen der Horizontalspalten zerstören die Integrität des osmotischen Systems

der Bandscheibe; es kommt zu einem Absinken des intradiskalen onkotischen Druckes, zum Flüssigkeitsverlust und damit zur Höhenabnahme der Bandscheibe.

Hervorzuheben ist ferner die enge topographische Beziehung der Bandscheibe und der arideren Anteile des Bewegungssegmentes zur Arteria vertebralis und zum Halsstrang des Sympathikus.

Mit der Bandscheibendegeneration vergrößert sich der knöcherne Kontakt an den Processus uncinati sowie an den Wirbelgelenken. Es kommt zu osteophytären Reaktionen im Bereich der Processus uncinati, die zusammen mit dem verminderten Zwischenwirbelabschnitt die Foramina intervertebralia einengen. Osteophytäre Reaktionen an den Wirbelgelenkfacetten, die vorzugsweise im Bereich der oberen und mittleren Halswirbel auftreten, verengen insbesondere den oberen Teil des Foramen intervertebrale.

Experimentelle Untersuchungen belegen, dass bei Haltungskonstanz und asymmetrischer Kompression der Bandscheiben mit intradiskalen Massenverschiebungen zu rechnen ist. Letztere spielen in der Entstehung von Zervikalsyndromen eine wesentliche Rolle.

Bei langjährig wiederkehrender Belastung der HWS durch das Tragen von schweren Lasten unter außergewöhnlicher Haltung des Kopfes sind nicht nur die unteren Bewegungssegmente gefährdet. Zug- und Kompressionskräfte im Bereich der Wirbelgelenkfacetten in Verbindung mit Seitverbiegung und Verdrehung tragen dazu bei, dass insbesondere oberhalb von C5/C6 bis zu C2/C3 degenerative Veränderungen beobachtet wurden, die in der Allgemeinbevölkerung weniger häufig anzutreffen sind.

III. Krankheitsbild und Diagnose

Folgende bandscheibenbedingte Erkrankungen der HWS können unter bestimmten Bedingungen durch langjähriges Tragen schwerer Lasten auf dem Kopf oder auf der Schulter verursacht werden: Direkt oder indirekt von degenerativen Veränderungen der Halsbandscheiben ausgehende Krankheitszustände können zu einem chronischen Zervikalsyndrom führen. Dazu zählen vielfältige Beschwerdebilder wie schmerzhafte Bewegungseinschränkung der Halswirbelsäule, segmentale Nervenwurzelsymptome im Arm, Kopfschmerzen, Schwindelanfälle und Rückenmarksymptome. Eine systematische Einteilung der Zervikalsyndrome hat orientierenden Charakter. Es ist zu berücksichtigen, dass häufig viele Symptome gleichzeitig vorkommen.

Folgende bandscheibenbedingte Erkrankungen können unter den Regelungsbereich dieser Berufskrankheit fallen:

a) Lokales Zervikalsyndrom:

Auf die Halsregion beschränkte chronisch-rezidivierende Beschwerden, die durch positionsabhängige Nacken- und Schulterschmerzen, Muskelverspannungen und Bewegungseinschränkungen der HWS charakterisiert sind.

Pathomechanismus: Mechanische Irritation des hinteren Längsbandes, der Wirbelgelenkkapsel und des Wirbelperiosts durch degenerative Veränderungen im Bewegungssegment. Vorwiegend betroffen sind die sensiblen Fasern der Rami meningei und dorsales.

Differentialdiagnostisch sind u. a. abzugrenzen:

– Myalgien anderer Genese

– Tumoren (z. B. Neurinom, Karzinommetastasen)

– akute und chronische Entzündungen (z. B. Sponclylitiden)

– Morbus Bechterew

– Tendopathien an den Dorn- und Querfortsätzen

b) Zervikobrachiales Syndrom:

Von den Bewegungssegmenten C5 – C6 ausgehende bandscheibenbedingte Brachialgien (Schmerzen, Sensibilitätsstörungen oder motorische Ausfälle), meistens in Verbindung mit Symptomen eines lokalen Zervikalsyndroms. Im Vordergrund stehen Schmerzausstrahlung entlang der Dermatomstreifen.

Pathomechanismus: Irritation des Ramus ventralis des Spinalnerven durch einen dorsolateralen Diskusprolaps oder durch unkovertebrale Osteophyten in Verbindung mit Segmentlockerung.

Die Differenzierung der verschiedenen monoradikulären zervikobrachialen Syndrome erfolgt in erster Linie anhand klinischer Kriterien (Tabelle 1). Am häufigsten sind die Spinalnervenwurzeln C6 bis C8 betroffen.

Differentialdiagnostisch sind u. a. abzugrenzen:

– Wurzelentzündungen

– Tumoren, z. B. Pancoast-Tumor, neurogener Tumor

– Skalenussyndrom

– Kostoklavikularsyndrom

– Karpaltunnelsyndrom

– andere Läsionen peripherer Nerven (z. B. Ulnaris-kompressionssyndrom)

– Insertionstendopathien der Schulterregion (Periarthropathia humeroscapularis, sofern sie sich nicht im Rahmen eines Zervikalsyndroms entwickelt hat)

– Insertionstendopathien des Armes

– extravertebrale Entzündungsprozesse

– Thrombose der Veria axillaris

– coronare Herzkrankheit

– Wirbelfraktur

– Spondylitis

– Morbus Paget

c) Zervikozephales Syndrom:

Mit Kopfschmerzen oder Schwindelattacken einhergehende Beschwerden durch degenerative Veränderungen in den zervikalen Bewegungssegmenten, häufig in Kombination mit einem lokalen Zervikalsyndrom.

Pathomechanismus: Kompression der Arteria vertebralis und Irritation des Halssympathikus.

Differentialdiagnostisch sind u. a. abzugrenzen:

– posttraumatische Zustände

– arterielle Durchblutungsstörungen anderer Genese

– Tumoren (Metastasen)

Die klinische Untersuchung beginnt nach einer ausführlichen Erhebung der Krankheitsvorgeschichte mit der Inspektion und Palpation. Die anschließende Funktionsprüfung der HWS erfasst Einschränkungen der Beweglichkeit in Winkelgraden (Neutral-Null-Methode) und sollte den Extensionstest einbeziehen. Immer ist ein neurologischer Status zu erheben. Auf eine röntgenologische Untersuchung kann nicht verzichtet werden. Im Hinblick auf therapeutische Konsequenzen sind ggf. Funktionsaufnahmen, Computertomographie oder Kernspintomographie indiziert. Die Elektromyographie und die Prüfung der Nervenleitgeschwindigkeit sind ein wichtiges Hilfsmittel für die Objektivierung zervikaler Wurzelreizerscheinungen. Beim zervikozephalen Syndrom können HNO-ärztliche, internistische oder augenärztliche Spezialuntersuchungen erforderlich sein.

IV. Weitere Hinweise

Für den begründeten Verdacht auf das Vorliegen einer bandscheibenbedingten Berufskrankheit der HWS ist neben dem Ausschluss anderer Krankheitsursachen der Nachweis einer langjährigen, außergewöhnlich intensiven mechanischen Belastung der HWS erforderlich. Ein typisches Beispiel für eine derartige, die HWS gefährdende Tätigkeit ist das Tragen auf der Schulter, wie es für Fleischträger beschrieben wurde (Hult 1954, Schröter und Rademacher 1971).

Ein erhöhtes Risiko für die Entwicklung bandscheibenbedingter Erkrankungen der HWS ist anzunehmen, wenn Lastgewichte von 50 kg und mehr regelmäßig auf der Schulter getragen werden. Dies gründet sich auf epidemiologische Studien über das vermehrte Auftreten von bandscheibenbedingten Erkrankungen der HWS, welche bei Transportarbeitern in Schlachthöfen gewonnen wur-

Tab. 1: Zervikale Wurzelreizsyndrome (nach Krämer 1986)

Nerven- wurzel	Band- scheibe	Peripheres Dermatom	Kennmuskel	Reflexabschwächung
C5	(C4/C5)		Deltoideus	Bizeps
C6	(C5/C6)	Daumen, Teil des Zeigefingers	Bizeps, Brachioradialis	Bizeps, Radiusperiost
C7	(C6/C7)	Zeige- und Mittelfinger, Teil des Ringfingers	Daumenballen, Trizeps, Pronator teres	Trizeps
C8	(C7/Th1)	Kleinfinger, Teil des Ringfingers	Kleinfingerballen, Fingerbeuger, Interossei	(Trizeps)

den, die Lastgewichte von 50 kg und mehr trugen. Das im Vergleich zum Merkblatt für die Berufskrankheit nach Nr. 2108 Berufskrankheiten-Verordnung höhere Lastgewicht begründet sich mit dem Umstand, dass auf der Schulter die Last achsennah einwirkt und der Hebelarm, der bei der Belastung der Lendenwirbelsäule durch Heben oder Tragen schwerer Lasten zu berücksichtigen ist, entfällt.

Langjährig bedeutet, dass 10 Berufsjahre als die im Durchschnitt untere Grenze der belastenden Tätigkeit nach den vorgenannten Kriterien zu fordern sind. In begründeten Einzelfällen kann es jedoch möglich sein, dass bereits eine kürzere, aber sehr intensive Belastung eine bandscheibenbedingte Erkrankung der HWS verursacht.

Das genannte Lastgewicht muss mit einer gewissen Regelmäßigkeit und Häufigkeit in der überwiegenden Zahl der Arbeitsschichten getragen worden sein.

Vorübergehende und nach kürzerer Zeit therapeutisch beherrschbare akute Zervikalsyndrome erfüllen nicht die medizinischen Voraussetzungen für eine Anerkennung als Berufskrankheit. Vielmehr müssen chronische oder chronisch-rezidivierende Beschwerden und Funktionseinschränkungen bestehen, die therapeutisch nicht mehr voll kompensiert werden können und die den geforderten Unterlassungstatbestand begründen.

Zusammenfassend ergeben sich folgende Kriterien für die Annahme eines begründeten Verdachtes auf das Vorliegen einer bandscheibenbedingten Erkrankung der Halswirbelsäule durch Heben oder Tragen schwerer Lasten auf dem Kopf und auf den Schultern:

– Vorliegen einer unter Ziffer III genannten bandscheibenbedingten Erkrankung mit chronisch-rezidivierenden Beschwerden und Funktionsausfällen;

– mindestens 10-jährige Tätigkeit mit Tragen schwerer Lasten auf der Schulter;

– Tragen von Lastgewichten mit 50 kg oder mehr auf der Schulter;

– die Lasten müssen mit einer gewissen Regelmäßigkeit und Häufigkeit in der überwiegenden Zahl der Arbeitsschichten getragen worden sein.

Der Nachweis von degenerativen Veränderungen wie Osteochondrose und Spondylose ohne chronisch-rezidivierende Beschwerden und Funktionsausfälle begründet für sich allein keinen Berufskrankheitenverdacht. Die Aufgabe der gefährdenden Tätigkeit ist nicht Voraussetzung für die Anzeige als Berufskrankheit.

V. Literatur

Ecklin, U.: Die Altersveränderungen der Halswirbelsäule, Berlin: Springer 1960

Frymoyer, J.W. et al. (eds.): The Adult Spine. New York: Raven Press 1991

Heuchert, G.: Krankheiten durch fortgesetzte mechanische Überlastung des Bewegungsapparates. In: Konetzke, G. etal. (Hrsg.): Berufskrankheiten – gesetzliche Grundlagen zur Meldung, Begutachtung und Entschädigung. Berlin: Volk und Gesundheit 1988, S. 104–113

Hult, L.: Cervical, dorsal and lumbar spinal syndromes, a field investigation of a non-selected material of 1200 workers in different occupations with special references to disc degeneration and so-called muscular rheumatism, Acta Orthop. Scand. Suppl. 17 (1954)

Junghanns, H.: Die Wirbelsäule in der Arbeitsmedizin. Teil I: Biomechanische und biochemische Probleme der Wirbelsäulenbelastung. (Die Wirbelsäule in Forschung und Praxis, Bd. 78) Stuttgart: Hippokrates 1979

Junghanns, H.: Die Wirbelsäule in der Arbeitsmedizin. Teil II: Einflüsse der Berufsarbeit auf die Wirbelsäule. (Die Wirbelsäule in Forschung und Praxis, Bd. 79) Stuttgart: Hippokrates 1979

Junghanns, H. (Hrsg.): Wirbelsäule und Beruf. (Die Wirbelsäule in Forschung und Praxis, Bd. 92) Stuttgart: Hippokrates 1980

Krämer, J.: Bandscheibenbedingte Erkrankungen; Ursachen, Diagnose, Behandlung, Vorbeugung und Begutachtung. Stuttgart: Thieme 1986

Schröter, F.: Begutachtung der Wirbelsäule mit Verwendung eines Messblattes. Med. Sachverst. 80 (1984) 114

Schröter, G.: Die Berufsschäden des Stütz- und Bewegungssystems. Leipzig: Barth 1961

Schröter, G.; Rademacher, W: Die Bedeutung von Belastung und außergewöhnlicher Haltung für das Entstehen von Verschleißschäden der HWS, dargestellt an einem Kollektiv von Fleischabträgern, Z. ges. Hyg. 17 (1971) 841–843

Nr. 2110 Bandscheibenbedingte Erkrankungen der Lendenwirbelsäule durch langjährige, vorwiegend vertikale Einwirkung von Ganzkörperschwingungen im Sitzen, die zur Unterlassung aller Tätigkeiten gezwungen haben, die für die Entstehung, die Verschlimmerung oder das Wiederaufleben der Krankheit ursächlich waren oder sein können

I. Gefahrenquellen

Bandscheibenbedingte Erkrankungen der Lendenwirbelsäule (LWS) haben eine multifaktorielle Ätiologie. Sie sind weit verbreitet und kommen in allen Altersgruppen, sozialen Schichten und Berufsgruppen vor. Unter den arbeitsbedingten Faktoren, die bandscheibenbedingte Erkrankungen der LWS mitverursachen und verschlimmern können, stellt die langjährige (vorwiegend vertikale) Einwirkung von Ganzkörper-Schwingungen im Sitzen eine besondere Gefahrenquelle dar. Derartigen arbeitsbedingten Belastungen der LWS können insbesondere Fahrer von folgenden Fahrzeugen und fahrbaren Arbeitsmaschinen ausgesetzt sein:

– Baustellen-LKW

– Land- und forstwirtschaftliche Schlepper

– Forstmaschinen im Gelände

– Bagger bei intensiver Schwingungsbelastung, z. B. bei Abbrucharbeiten

– Grader (Straßenhobel, Bodenhobel, Erdhobel), nur bei intensiver Schwingungsbelastung, z. B. Überwiegen von Grobplanierung (Grobplanum)

– Scraper (Schürfwagen)

– Dumper und Muldenkipper

– Rad- und Kettenlader

– Raddozer

– Gabelstapler auf unebenen Fahrbahnen (Hofflächen, Pflaster usw.)

– Militärfahrzeuge im Gelände

– Wasserfahrzeuge in Gleitfahrt bei Seegang

Dagegen sind z. B. bei Fahrern von Taxis, Gabelstaplern auf ebenen Fahrbahnen, Baggern im stationärem Einsatz sowie bei Fahrern von LKW und Omnibussen mit schwingungsgedämpften Fahrersitzen keine hinreichend gesicherten gesundheitsschädigenden Auswirkungen durch Schwingungen beobachtet worden.

Andere bandscheibengefährdende Faktoren im Arbeitsprozess sind durch die BK-Nr. 2108 erfasst. Die dort genannten Belastungen und die Einwirkungen von Ganzkörper-Schwingungen sind als synergistisch wirkende Belastungen zu betrachten (Schäfer und Härtung 1999).

Als konkurrierende Faktoren sind Fehlbelastungen der LWS durch außerberufliche Tätigkeiten, wie Eigenleistungen beim Hausbau, Gartenarbeit, sofern diese langjährig durchgeführt werden und mit dem Heben und Tragen schwerer Lasten oder Tätigkeiten in extremer Rumpfbeugehaltung verbunden sind, bestimmte Sportarten (z. B. Motorrad-Geländesport) und einseitig die Wirbelsäule belastende Trainingsmethoden in der Freizeit zu beachten.

II. Pathophysiologie

Die Zwischenwirbelabschnitte der unteren LWS sind beim Menschen schon während des gewöhnlichen Tagesablaufes erheblich belastet. Da die blutgefäßlosen, bradytrophen Bandscheiben hinsichtlich ihrer Ernährung besonders von den Diffusionsbedingungen abhängen, sind sie für mechanische Dauerbelastungen anfällig. Anhaltende Kompressionsbelastung und starke Schwingungsbelastung reduzieren den druckabhängigen Flüssigkeitsverschiebungen und beeinträchtigen damit den Stoffwechsel im Bandscheibengewebe.

Durch Laktatakkumulation und pH-Verschiebung zu sauren Werten wird ein Milieu erzeugt, das zytolytisch wirkende Enzyme aktiviert. Damit werden degenerative Veränderungen eingeleitet oder beschleunigt. In diesem Milieu werden die restitutiven Prozesse gehemmt.

Unter Belastung durch mechanische Ganzkörper-Schwingungen erhöht sich der intradiskale Druck um ein Mehrfaches. So führen insbesondere Resonanzschwingungen des Rumpfes und der Wirbelsäule, die vorwiegend bei Schwingungsfrequenzen zwischen 3 und 5 Hz auftreten, nicht nur zu vertikalen Relativbewegungen zwischen den Wirbelkörpern mit Stauchungen und Streckungen der Zwischenwirbelscheiben, sondern darüber hinaus auch zu Rotationsbewegungen der Segmente und zu horizontalen Segmentverschiebungen. Stoßhaltige Schwingungsbelastungen, also Schwingungsverläufe mit einzelnen oder wiederholten, stark herausragenden Beschleunigungsspitzen, stellen eine besonders hohe Gefährdung dar. Nach biomechanischen Berechnungen können dabei Kompressionskräfte erreicht werden, die im Experiment an menschlichen Wirbelsäulenpräparaten Deckplatteneinbrüche der Wirbelkörper sowie Einrisse am Anulus fibrosus der Bandscheibe verursachen.

Besondere pathophysiologische Bedeutung haben auch erhöhte Druck-, Torsions- und Schubkräfte durch ungünstige Körperhaltungen (Wilke et al. 2001; White und Panjabi 1990; Seidel et al. 2000)

Eingetretene Schäden am Bandscheibengewebe sind irreversibel. Sie setzen einen Prozess in Gang, in dem Bandscheibendegeneration, degenerative Veränderungen der Wirbelkörperabschlussplatten, Massenverschiebungen im Bandscheibeninneren, Instabilität im Bewegungssegment, Bandscheibenvorwölbung, Bandscheibenvorfall, knöcherne Ausziehungen an den vorderen und seitlichen Randleisten der Wirbelkörper, degenerative Veränderungen der Wirbelgelenke sowie durch derartige Befunde hervorgerufene Beschwerden und Funktionsstörungen in einem ätiopathogenetischen Zusammenhang zu betrachten sind.

Die durch arbeitsbedingte Einwirkungen verursachten degenerativen Prozesse können zu objektivierbaren Veränderungen wie Chondrose, Osteochondrose, Spondylose, Spondylarthrose, Bandscheibenprotrusion und Bandscheibenprolaps führen.

Die pathophysiologischen Erkenntnisse werden durch zahlreiche epidemiologische Studien gestützt, die belegen, dass Berufsgruppen mit langjähriger Einwirkung intensiver Ganzkörper-Schwingungen im Sitzen eine signifikant höhere Prävalenz bandscheibenbedingter Erkrankungen gegenüber den nichtbelasteten Kontrollgruppen zeigen (Andersson 1991; Bovenzi et Hulshof 1998; Müsch 1987; Schwarze et al. 1999). Langjährige Belastungen durch intensive Ganzkörper-Schwingungen führen zu einer deutlichen Linksverschiebung der Beziehung zwischen Erkrankungshäufigkeit und Alter gegenüber den nichtbelasteten Vergleichspopulationen; d. h. zu einer erheblichen Vorverlagerung der bandscheibenbedingten Erkrankungen in die jüngeren Altersgruppen (Müsch 1992).

III. Krankheitsbild, Diagnose und Differentialdiagnose

Folgende bandscheibenbedingte Erkrankungen können unter bestimmten Bedingungen durch die Einwirkung von Ganzkörper-Schwingungen im Sitzen verursacht werden:

a) Lokales Lumbalsyndrom

Das lokale Lumbalsyndrom ist durch chronisch-rezidivierende Beschwerden in der Kreuz-Lendengegend gekennzeichnet. Dabei wird ein Belastungs-, ein Entlastungs- sowie ein Hyperlordose-Kreuzschmerz (Facettensyndrom) unterschieden. Möglich ist auch eine pseudoradikuläre Schmerzausstrahlung in die Oberschenkelmuskulatur.

Pathomechanismus: Mechanische Irritation des hinteren Längsbandes (z. B. durch intradiskale Massenverschiebung), der Wirbelgelenkkapsel und/oder des Wirbelperiosts.

b) Mono- und polyradikuläre lumbale Wurzelreizsyndrome

Ein- oder beidseitig segmental ins Bein ausstrahlende, dem Verlauf des Ischiasnerven folgende Schmerzen, meist in Verbindung mit Zeichen eines lokalen Lumbalsyndroms.

Weitere Leitsymptome sind: Positives Lasègue-Zeichen, ischialgiforme Fehlhaltung, segmentale Sensibilitätsstörungen, Reflexabweichungen, motorische Störungen (vgl. Tab. 1).

Pathomechanismus: Mechanische Irritation der Nervenwurzeln L3-S1 durch degenerative Veränderungen der lumbalen Bandscheiben (Bandscheibenvorwölbung, -vorfall und Sequestration, Lockerung und Volumenänderung der Bandscheiben, Instabilität im Bewegungssegment, Randzacken an den Hinterkanten der Wirbelkörper).

Es kommen auch hohe lumbale Wurzelreizsyndrome (L1 und L2) infolge einer Kompression der ventralen Spinalnervenäste vor. Sie sind insgesamt jedoch selten.

c) Kaudasyndrom

Sonderform der polyradikulären lumbalen Wurzelreizsyndrome mit Reithosenanästhesie, Fehlen des Achillessehnenreflexes bei Schwäche der Wadenmuskeln, oft Schließmuskelinsuffizienzen von Blase und Mastdarm; auch Potenzstörungen kommen vor. Bei höhergelegener Läsion: Fuß- und Zehenheberparesen, Quadrizepsschwächen und Patellarsehnenreflexausfälle. In aller Regel handelt es sich beim bandscheibenbedingten Kaudasyndrom um ein akutes Ereignis.

Pathomechanismus: Medianer Massenprolaps bei L3/L4 oder L4/L5 mit Kompression aller Nervenwurzeln der Cauda equina.

Tabelle 1: Leitsymptome bei lumbalen Wurzelsyndromen (nach Krämer 1997, Tab. 11.13)

Segment	Peripheres Schmerz-und Hypästhesiefeld	Motorische Störung (Kennmuskel)	Reflexabschwächung	Nervendehnungs-zeichen
L1/L2	Leistengegend	–	–	(Femoralisdehnungs-schmerz)
L3	Vorderaußenseite Oberschenkel	Quadrizeps	Patellarsehnenreflex	Femoralisdehnungs-schmerz
L4	Vorderaußenseite Oberschenkel, Innenseite Unterschenkel und Fuß	Quadrizeps	Patellarsehnenreflex	(positives Lasègue-Zeichen)
L5	Außenseite Unterschenkel, medialer Fußrücken, Großzehe	Extensor hallucis longus	–	positives Lasègue-Zeichen
S1	Hinterseite Unterschenkel, Ferse, Fußaußenrand, 3.–5. Zehe	Triceps surae, Glutäen	Achillessehnenreflex	positives Lasègue-Zeichen

Drei Gesichtspunkte der Diagnosesicherung sind zu beachten:

– Die topische Diagnose umfasst Ort, Art und Ausstrahlungscharakter der Beschwerden und liefert somit erste Voraussetzungen für die sinnvolle Planung des weiteren Untersuchungsganges.

– Die Strukturdiagnose beinhaltet verschiedene Untersuchungstechniken, um die geschilderten Beschwerden den pathogenetisch führenden Strukturen zuzuordnen (Gelenke, Ligamente, Muskeln, Bandscheiben etc.).

– Die aktuelle Diagnose berücksichtigt die im Vordergrund stehenden und den Patienten am meisten belastenden Beschwerden, wie Bewegungseinschränkungen, Kraftabschwächung, Sensibilitätsstörung, Schmerzsituation, vegetative Begleitsymptomatik oder psychische Einstellung.

Bei der klinischen Untersuchung stehen Inspektion, Palpation, Funktionsprüfung und ein orientierender neurologischer Status im Vordergrund. Gegebenenfalls sind weiterführende diagnostische Verfahren wie Elektromyographie, Myelographie, Computertomographie, Kernspintomographie oder Diskographie indiziert. Bei der Diagnostik eines lokalisierbaren Schmerzpunktes in einem Wirbelsäulensegment müssen auch die Bewegungsstörung, die Schmerzausstrahlung und die neurologische Irritation diesem Segment zugeordnet werden können. Erst dann kann eine vertebragene Ursache angenommen werden. Die Differentialdiagnostik ist dringend erforderlich, um wirbelsäulenabhängige Beschwerden von extravertebralen Ursachen abzugrenzen.

Insgesamt wird die Diagnose auf der Grundlage der Vorgeschichte, insbesondere auch der Arbeitsanamnese, der klinischen (vorwiegend orthopädisch-neurologischen) und der radiologischen Untersuchungen gestellt. Veränderungen im Röntgenbild, und anderen bildgebenden Verfahren, wie eine Verschmälerung des Zwischenwirbelraumes und eine Verdichtung der Deck- und Grundplatten der Wirbelkörper (Osteochondrose) oder Veränderungen der kleinen Wirbelgelenke (Spondylarthrose) und Randwülste an den Wirbelkörpern (Spondylose), können auf bandscheibenbedingte Erkrankungen hinweisen.

Auf eine sorgfältige Befunddokumentation ist zu achten (z. B. Messblatt für die Wirbelsäule nach der Neutral-Null-Methode).

Differenzialdiagnostisch sind bandscheibenbedingte Erkrankungen der Lendenwirbelsäule von folgenden konkurrierenden vertebralen und extravertebralen Ursachen abzugrenzen:

Vertebral
– angeborene oder erworbene Fehlbildungen der LWS
– nicht degenerative Spondylolisthesis
– Spondylitis
– Tumor (Metastase)
– Osteoporose
– Fraktur
– Kokzygodynie
– Wirbelfehlbildungen
– idiopathische Wirbelkanalstenose
– Fluorose (BK-Nr. 1308)
– Morbus Paget
– Morbus Bechterew

Extravertebral
– gynäkologische Krankheiten
– urologische Krankheiten
– Krankheiten des Verdauungssystems
– hüftbedingte Schmerzen (Koxalgie)
– Erkrankungen des Iliosakralgelenkes
– Tumoren (z. B. retroperitoneal)
– Spritzenschädigung
– diabetische Neuropathie
– arterielle Durchblutungsstörungen in den Beinen
– Aortenaneurysma
– statische Beinbeschwerden durch Fußdeformierungen, Achsenabweichungen oder Beinlängendifferenzen
– Neuropathien
– psychosomatische Erkrankungen

IV. Weitere Hinweise

Die Beurteilung von bandscheibenbedingten Erkrankungen der Lendenwirbelsäule im Hinblick auf arbeitsbedingte Entstehungsursachen stellt sich nicht selten als schwieriges Problem dar. Die wichtigsten Gründe dafür sind, dass einerseits degenerative Veränderungen der Wirbelsäule auch unabhängig von arbeitsbedingten Belastungen häufig vorkommen. Andererseits hängt die gesundheitliche Gefährdung durch die Ganzkörperschwingung erheblich von der individuellen Belastbarkeit (z. B. Alter, Geschlecht, Konstitution) und von der Robustizität des Skelettes sowie die Körperhaltung ab (Seidel et al. 2000). Als besonders gefährdend gelten Körperhaltungen wie: Seitneigung beim Fahren am Hang, Vorneigung des Oberkörpers ohne Unterstützung durch die Rückenlehne, Verdrehen der Wirbelsäule (z. B. beim Rückwärtsfahren). Allerdings konnte in epidemiologischen Studien der Einfluss dieser Faktoren auf Grund der Datenlage nicht quantitativ bewertet werden.

Voraussetzung für die Annahme eines arbeitsbezogenen Kausalzusammenhanges ist eine langjährige (fünf- bis zehnjährige oder längere), wiederholte Einwirkung von (vorwiegend vertikalen) Ganzkörperschwingungen in Sitzhaltung mit einer „Tagesdosis" in Form der Beurteilungsbeschleunigung $a_{w(8)}$ von im Regelfall 0,63 m/s^2 in der vertikalen z-Achse (siehe Anmerkungen). In Ausnahmefällen können auch schon bei geringeren Beurteilungsbeschleunigungen Gesundheitsrisiken auftreten. Hinweise, ab welchen Beurteilungsbeschleunigungen und Tätigkeitsdauern mit einem Gesundheitsrisiko zu rechnen und eine Annahme der Voraussetzungen für eine Anzeige als Berufskrankheit angebracht ist, sind der **Tabelle 2** zu entnehmen. Bei der Berechnung der $a_{w(8)}$ Werte, welche die Gesamtbelastung während eines Tages kennzeichnen, sind die Maschinenart und zahlreiche weitere Faktoren wie z. B. der befahrene Untergrund, die individuelle Fahrgeschwindigkeit und Fahrweise und/oder Zuladung zu berücksichtigen.

Tabelle 2: Risiko der Entstehung einer bandscheibenbedingten Erkrankung der LWS durch Ganzkörper-Schwingungen

Bezeichnung	Beurteilungsbeschleunigung $a_{w(8)}$	Hinweise für eine Expositionsdauer von in der Regel $\geq 5 - <10$ Jahren	Hinweise für eine Expositionsdauer von in der Regel ≥ 10 Jahren
Untergrenze der Zone erhöhter Gesundheitsgefährdung (VDI 2057-1)	0,45 ms^{-2}	Ein Gesundheitsrisiko ist wenig wahrscheinlich.	Ein Gesundheitsrisiko kann bestehen, falls die Exposition mit anderen risikoerhöhenden Faktoren einhergeht, wie Alter zum Beginn der Exposition > 40 Jahre, vorgeneigte[1] oder verdrehte Haltung[2]), Stoßhaltigkeit[3]), kurze tägliche Expositionsabschnitte mit hoher Intensität[4]), längerdauernde Expositionszeiten mit hoher Intensität in Verbindung mit längerdauernden Expositionspausen oder Zeiten mit sehr geringer Intensität[5]) (vgl. VDI 2057-1)
Auslösewert der EU-Richtlinie 2002/44/EG	0,5 ms^{-2}		
Wert etwa in der Mitte der Zone erhöhter Gesundheitsgefährdung (VDI 2057-1)	0,63 ms^{-2}	Ein Gesundheitsrisiko kann bestehen, falls die Exposition mit anderen risikoerhöhenden Faktoren einhergeht, wie Alter zum Beginn der Exposition > 40 Jahre, vorgeneigte oder verdrehte Haltung, Stoßhaltigkeit, kurze tägliche Expositionsabschnitte mit hoher Intensität, längerdauernde Expositionszeiten mit hoher Intensität in Verbindung mit längerdauernden Expositionspausen oder Zeiten mit sehr geringer Intensität.	Von einem Gesundheitsrisiko ist auszugehen.
Obergrenze der Zone erhöhter Gesundheitsgefährdung (VDI 2057-1)	0,8 ms^{-2}	Siehe vorstehend. Die Wahrscheinlichkeit des Gesundheitsrisikos nimmt mit steigender Beurteilungsbeschleunigung zu.	Von einem Gesundheitsrisiko ist auszugehen.

[1] Eine vorgeneigte Haltung liegt vor, wenn während der Schwingungsexposition durch Vorneigung des Oberkörpers überwiegend kein Kontakt zur Rückenlehne besteht, wie z. B. bei Fahrern von Erdbaumaschinen, Brückenkranfahrern, oder Hubschrauberpiloten, die sich zur visuellen Kontrolle ihrer Tätigkeit vorbeugen müssen.

[2] Eine verdrehte Haltung liegt vor, wenn die Tätigkeit während der Schwingungsexposition eine Verdrehung des Oberkörpers (Kopf, Schulter, Thorax) um die Körperlängsachse erfordert, wie z. B. bei Fahrern von Maschinen, deren Arbeitsplatz so angeordnet ist, dass der Fahrer quer zur Fahrtrichtung sitzt. Eine während der GKS-Exposition vorliegende Seitneigung des Rumpfes, z. B. durch Neigung der Sitzfläche in der Frontalebene bei Arbeiten am Hang, kann der verdrehten Haltung als besondere Bedingung hinsichtlich der Risiko erhöhenden Wirkung gleichgestellt werden.

[3] Stoßhaltigkeit liegt vor, wenn Belastungsabschnitte hohe Spitzen der frequenzbewerteten Beschleunigung aufweisen, siehe VDI 2057-1 S. 22 Abs. 4.4

[4] Kurze tägliche Expositionsabschnitte mit hoher Intensität sind tägliche Expositionen mit einer täglichen Einwirkungsdauer unter 2 Stunden und einem $a_{w(8)}$-Wert > 0,9 ms^{-2}.

[5] Länger dauernde Expositionszeiten mit hoher Intensität sind Zeiten mit vorwiegend täglichen Expositionen mit einem $a_{w(8)}$-Wert > 0,8 ms^{-2}, Expositionspausen oder Zeiten mit sehr geringer Intensität sind Zeiten mit vorwiegend täglichen Expositionen mit einem $a_{w(8)}$-Wert < 0,45 ms^{-2}.

Aus der **Tabelle 3** sind maschinenspezifische Faktoren ersichtlich, mit denen früher (vor 2002) ermittelte Kr-Werte an die jetzt gültigen Beurteilungsbeschleunigungswerte $a_{w(8)}$ näherungsweise angepasst werden können.

Tabelle 3: Faktoren zur näherungsweisen Umrechnung von Messwerten in z-Richtung nach VDI 2057:1987 in Messwerte, die nach der neuen Frequenzbewertung (VDI 2057-1:2002) zu erwarten wären

Fahrzeug/fahrbare Arbeitsmaschine	Faktor alte zu neue Frequenzbewertung z-Richtung
Baustellen-Lkw	0,95
Land- u. forstwirtschaftliche Schlepper	0,90
Bagger	1,15
Grader	0,95
Scraper	0,95
Muldenkipper	0,95
Radlader	0,95
Kettenlader	1,20
Raddozer	0,95
Planierraupe	1,20
Gabelstapler auf unebenem Gelände	1,0

Die Faktoren sind (aufgerundete) Mittelwerte auf der Basis von VDI 2057-1:2002, Berufsgenossenschaftliches Institut für Arbeitsschutz – BIA (im HVBG) Fachbereich: Arbeitsgestaltung, Physikalische Einwirkungen Referat: Vibration Dr. E. Christ

Als medizinische Voraussetzungen für die Anzeige eines Verdachtes auf das Vorliegen der Berufskrankheit 2110 sind chronische oder chronisch-rezidivierende Beschwerden und Funktionseinschränkungen zu fordern.

Die Unterlassung der gefährdenden Tätigkeiten ist nicht Voraussetzung für eine Anzeige als Berufskrankheit.

Anmerkungen:

Der bisher in der Bundesrepublik Deutschland verwendete Begriff der Beurteilungsschwingstärke K_r wird in Anpassung an internationale Definitionen durch $a_{w(8)}$ (in m/s²) ersetzt. Für horizontale und vertikale Schwingungsrichtungen gilt:

$$a_{w(8)} \cdot 20(m/s+)^a\ K_r$$

Für die vertikale z-Achse wurde die Frequenzbewertung geändert, so dass je nach Frequenzbereich bis zu 20 %, höhere, gleich hohe oder bis 20 % niedrigere Beträge eintreten werden (VDI 2057-Blatt 1, 2002).

Falls sich erweisen sollte, dass die Einwirkung in horizontaler Richtung die stärkste Schwingungsrichtung ist, so ist diese mit zu berücksichtigen (vergleiche EU Richtlinie 2002/44/EG).

V. Literatur

Andersson, G.B.J.: The epidemiology of spinal disorders. In: Frymover, J.W. et al. (eds): The Adult Spine, Principles and Practice, New York, Raven Press, p. 107–146 (1991)

Bovenzi, M., Hulshof, C.T.J.: An updated review of epidemiologic studies on the relationship between exposure to whole-body vibrations and low back pain. J. Sound and Vibration, 215, 4, 595–611 (1998)

Christ, E.: Schwingungsbelastung an Arbeitsplätzen – Kennwerte der Hand-, Arm- und Ganzkörper-Schwingungsbelastung. BIA-Report 2/88, Berufsgenossenschaftliches Institut für Arbeitssicherheit, Sankt Augustin (1988)

Dupuis, H.: Erkrankungen durch Ganzkörper-Schwingungen. In: Konietzko, J. und Dupuis, H. (Hrsg.): Handbuch der Arbeitsmedizin, ecomed IV-3.5, 1–24 (1993)

Dupuis, H., Hartung, E.: Belastung und Beanspruchung durch stoßhaltige Schwingungen, Verbundprojekt Ganzkörperschwingungen II. Schriftenreihe des Hauptverbandes der gewerblichen Berufsgenossenschaften e.V., Bonn 1–158 (1991)

Griffin, M.J.: Handbook of human vibration. Academic Press, San Diego (1990)

Härtung, E. et al.: Belastung und Beanspruchung durch stoßhaltige Ganzkörper-Schwingungen. Verbundprojekt Ganzkörperschwingungen III (Schlussbericht). Schriftenreihe BAfAM Forschung – Fb 01 HK 030/040/049/061/989 Berlin 1995

Heuchert, G.: Krankheiten durch fortgesetzte mechanische Überbelastung des Bewegungsapparates. In: Konetzke, G. et al. (Hrsg.): Berufskrankheiten – gesetzliche Grundlagen zur Meldung, Begutachtung und Entschädigung, Volk und Gesundheit, Berlin, S. 104–113 (1988)

Junghanns, H.: Die Wirbelsäule in der Arbeitsmedizin. Teil II: Einflüsse der Berufsarbeit auf die Wirbelsäule. Die Wirbelsäule in Forschung und Praxis, Bd. 79, Hippokrates, Stuttgart (1979)

Krämer, J.: Bandscheibenbedingte Erkrankungen: Ursachen, Diagnose, Behandlung, Vorbeugung und Begutachtung, Thieme, Stuttgart (1997)

Müsch, F.H.: Lumbale Bandscheibendegeneration bei Erdbaumaschinenfahrern mit langjähriger Ganzkörper-Vibrationsexposition. Med. Diss., Mainz (1987)

Müsch F.H.: Lumbalsyndrom durch Ganzkörper-Vibrationsbelastung. In: Kreutz R. und Piekarski C. (Hrsg.): 32. Jahrestagung der Deutschen Gesellschaft für Arbeitsmedizin Seite 730–734, Genter Stuttgart 1992

Richtlinie 2002/44/EG des Europäischen Parlaments und des Rates vom 25. Juni 2002 über Mindestvorschriften zum Schutz von Sicherheit und Gesundheit der Arbeitnehmer vor der Gefährdung durch physikalische Einwirkungen (Vibrationen). Amtsblatt der Europäischen Gemeinschaft L 177: 13–22 (2002)

Schäfer, K., Hartung, E.: Mainz-Dortmunder Dosismodell (MDD) zur Beurteilung der Belastung der Lendenwirbelsäule durch Heben und Tragen schwerer Lasten oder durch Tätigkeiten in extremer Rumpfbeugehaltung bei Verdacht auf Berufskrankheit Nr. 2108. Teil 3: Vorschlag zur Beurteilung der arbeitsmedizinischen Voraussetzungen im Berufskrankheiten-Feststellungsverfahren bei kombinierter Belastung mit Ganzkörper-Schwingungen, Arbeitsmed. Sozialmed. Umweltmed. 34, 143–146 (1999)

Schwarze, S. et al.: Auswirkungen von Ganzkörper-Schwingungen auf die Lendenwirbelsäule, Arbeitsmed. Sozialmed. Umweltmed. 33,10, 429–442 (1998)

Schwarze, S. et al.: Epidemiologische Studie „Ganzkörpervibration" Verbundforschungsvorhaben im Auftrag des Hauptverbandes der gewerblichen Berufsgenossenschaften. Abschlussbericht. Schriftenreihe des Hauptverbandes der gewerblichen Berufsgenossenschaften, ISBN 3-88383-493-9. Sankt Augustin 1–288 (1999)

Seidel, H., Heide, R.: Long-term effects of whole-body vibration: A critical survey of the literature. Int. Arch. Occup. Environ. Health, 58, S. 1–29 (1986)

Seidel, H. Begründung und Erläuterung zur BK-Nummer 2110. In: Erkrankungen der Wirbelsäule bei körperlicher Schwerarbeit und Ganzkörperschwingungen. Erläuterungen zu den neuen BK-Nummern 2108, 2109, 2110 und zur EG-Richtlinie 90/269/EWG (Heben und Tragen von Lasten). Sonderschrift 3. Schriftenreihe der Bundesanstalt für Arbeitsmedizin, S. 45–61

Seidel, H. et al.: Belastung der Lendenwirbelsäule durch stoßhaltige Ganzkörperschwingungen. Experimentelle interdisziplinäre Untersuchung – Anthropometrie, Biodynamik, biomechanisches Modell, Psychophysik und Elektromyographie. Fb 01 HK 061, Schriftenreihe der Bundesanstalt für Arbeitsmedizin (1995)

Seidel, H. et al.: Ermittlung vibrationsbedingter Belastungsverläufe in der Lendenwirbelsäule mit Hilfe dynamischer Vielkörpermodellierung. Fb 889 Schriftenreihe der Bundesanstalt für Arbeitsschutz und Arbeitsmedizin (2000)

Seidel, H. et al.: Entsprechen die Frequenzbewertungen für das Beanspruchungskriterium Gesundheit nach ISO

2631-1 und VDI 2057 Blatt 1 der Wirkung? Tagungsband der VDI-Tagung Humanschwingungen 17.–18. 3. 2004 Darmstadt – im Druck

VDI 2057, Blatt 1. Einwirkung mechanischer Schwingungen auf den Menschen; Grundlagen, Gliederung, Begriffe. – Düsseldorf: VDI-Verl., 1987 – 6 S.

VDI 2057, Blatt 2. Einwirkung mechanischer Schwingungen auf den Menschen. Bewertung – Düsseldorf: VDI-Verl., 1987 – 8 S.

VDI 2057, Blatt 3. Einwirkung mechanischer Schwingungen auf den Menschen. Beurteilung. – Düsseldorf: VDI-Verl., 1987 – 7 S.

VDI-Richtlinie 2057: Einwirkung mechanischer Schwingungen auf den Menschen, Blatt 1 / Part 1: Ganzkörper-Schwingungen, Beuth Berlin (2002)

White, A.A., Panjabi, M.M.: Clinical Biomechanics of the spine, 2nd ed., J.B. Lippincott Company, Philadelphia (1990)

Wilke H.J. et al.: Intradiscal pressure together with anthropometric data - a data set for the validation of models. Clin. Biomech. 16 Suppl. 1:111–126 (2001)

Nr. 2111 Erhöhte Zahnabrasionen durch mehrjährige quarzstaubbelastende Tätigkeit

Zahnabrasion ist der langsam fortschreitende Verlust von Zahnhartsubstanzen, d.h. von Zahnschmelz, später auch Dentin, an Kauflächen und Schneidekanten.

I. Vorkommen und Gefahrenquellen

Erhöhter Abrieb von Zahnhartsubstanzen kann durch Partikel in der Nahrung (= Demastikation) und insbesondere durch bestimmte Staubarten, die sich nach Mundatmung am Arbeitsplatz im Speichel anreichern, verursacht werden.

Epidemiologische Untersuchungen zeigen übereinstimmend, dass bestimmte Personengruppen, insbesondere Beschäftigte in Granit-Steinbrüchen, Bergleute, Steinmetze und Steinhauer nach Einwirkung quarzhaltiger Stäube am Arbeitsplatz eine erhöhte und schneller fortschreitende Abrasion an den Kauflächen der Zähne aufweisen, welche Krankheitswerte annehmen kann.

Als weitere Ursachenfaktoren der arbeitsbedingt erhöhten Abrasion werden Vibrationen sowie vermehrte Kauaktivität (Parafunktionen) infolge schwerer körperlicher Arbeit und Stress diskutiert, sind aber bisher nicht gesichert.

II. Pathophysiologie

Bei Mundatmung gelangen Staubpartikel verschiedener Korngröße in die Mundhöhle, die sich anreichern und mit dem Speichel verteilt werden. Die Härte kristalliner Quarzpartikel liegt in der Größenordnung der Härte des Zahnschmelzes (MOHS-Skalierung etwa 7–8). Sie übertrifft diejenige des Dentins bei weitem. Rasterelektronenmikroskopische Untersuchungen bei Granitarbeitern haben gegenüber Vergleichskollektiven größere Spurrillen mit Schmelzaussplitterungen auf den Abrasionsflächen infolge von Granitstaubpartikeln gezeigt. Damit ist erwiesen, dass quarzhaltige Staubpartikel direkt und in erster Linie für die erhöhte Zahnabrasion bei dieser Personengruppe verantwortlich sind.

Inwieweit Tonuserhöhungen der Kaumuskulatur bei schwerer körperlicher Arbeit (sog. Mitinnervation), Stress

oder vermehrte Knirschbewegungen durch Fremdkörper auf den Kontaktflächen der Zähne induziert werden und eine wesentliche Mitursache der vermehrten Abrasion darstellen, konnte anhand von epidemiologischen Untersuchungen bisher nicht abgegrenzt werden.

III. Krankheitsbild und Diagnose

Zahnhartsubstanzverlust kann auch physiologischerweise infolge von Abnutzung durch direkten Zahnkontakt (Attrition) entstehen. Als Attrition wird der Verlust von Zahnhartsubstanz durch alleinigen Antagonistenkontakt beim Schlucken und Sprechen bezeichnet. Vermehrte Kauaktivität bei Parafunktionen (Knirschen und Pressen) kann zu erhöhter Zahnabrasion führen. Das Ausmaß der Zahnabrasion kann auch durch Faktoren wie Anzahl, Stellung und Hypolasien der Zähne beeinflusst werden. Mit zunehmendem Lebensalter nimmt der Abrasionsgrad in der Allgemeinbevölkerung zu. Frauen weisen ein geringeres Ausmaß der Zahnabrasion als Männer auf. Zahnabrasion ist ferner differentialdiagnostisch von Karies, Erosion, Hypoplasie, Fraktur und Resorption abzugrenzen.

Die Übergänge zwischen physiologischer und pathologischer Abrasion sind fließend. Orientiert man die pathologische Abrasion an der Behandlungsbedürftigkeit, so sollte dann behandelt werden, wenn das Dentin im Bereich der Kauflächen mehr als nur punktförmig, d.h. flächig, freiliegt. Bei diesem Erkrankungsstadium schreitet die Abrasion im weicheren Dentin zunehmend schneller fort.

Bei ausgeprägter Zahnabrasion kann es durch Bisssenkung zu Beschwerden im Bereich der Kaumuskulatur kommen. Bei generalisierter starker Zahnabrasion sind vor einem prothetischen Ersatz ggf. Bisshebung und funktionstherapeutische Maßnahmen erforderlich.

IV. Weitere Hinweise

Die Feststellung einer erhöhten Zahnabrasion durch quarzhaltigen Staub setzt neben einer zahnärztlichen Befunderhebung die Klärung der schädigenden Einwirkungen am Arbeitsplatz voraus. Erforderlich sind hierfür die gezielte Erhebung der Arbeitsvorgeschichte und eine umfassende Tätigkeitsbeschreibung. Dabei ist abzuwägen, ob eine mehrjährige Einwirkung quarzhaltiger Stäube am Arbeitsplatz wesentlich zu der erhöhten Abrasion beigetragen hat. Ferner bleibt zu prüfen, ob andere, nicht arbeitsbedingte Umstände, wie ein frühzeitiger Zahnverlust, Parafunktionen oder Nahrungsmitteleigenschaften, an der erhöhten Abrasion wesentlich mitgewirkt haben.

V. Literatur

Berger, F.: Zahnabrasion – eine berufsbedingte Schädigung? Med. Diss. Marburg 1985

Demner, G.H. und Moldovanow, A.: Außerordentliche pathologische Abnützung der Zähne bei Arbeitern in Kohleschächten (russ) Stomatol. (Mosk) 59, 53 (1980)

Enbom, L., Magnussori, T. und Wall, G.: Occlusal wear in miners. Swed. Dent. J. 10, 165 (1986)

Heese, B. und Baldus, S.: Zahnschäden bei Steinbrucharbeitern. Arbeitsmed. Sozialmed. Präventivmed. 18, 12 (1983)

Hickel, R.: Zahnabrasion und beruflich bedingte Einflüsse bei Granitsteinbrucharbeitern.
Med. Habilitationsschrift, Erlangen 1988

Hickel, R., Maier, J. und Kröncke, A.: Zahnabrasion bei Steinbrucharbeitern.
Wissenschaftliches Gutachten an den Hauptverband der gewerblichen Berufsgenossenschaften und die Steinbruchs-Berufsgenossenschaft vom 20. 2.1987

Pöllmann, L., Berger, F. und Pöllmann, B.: Age and dental abrasion. Gerondontics 3, 94 (1987)

Ring, A.: Zur Frage berufsbedingter Abrasionsschäden bei Steinmetzen und Steinhauern. Dtsch. Zahnärztl. Z. 39, 36 (1984)

Nr. 2201 Erkrankungen durch Arbeit in Druckluft

I. Vorkommen, Gefahrenquellen und Entstehungsweise

Arbeiten in Druckluft (Druckluftarbeiten) sind solche, die in einem Luftdruck durchgeführt werden, der über dem atmosphärischen Druck liegt. Dies sind z.B. Arbeiten, die unterhalb des Grundwasserspiegels oder im Wasser mit Hilfe von Senkkästen, den sog. Caissons, bei Tunnelbauten nach dem Schildvortriebverfahren sowie in Taucheranzügen oder Taucherglocken vorgenommen werden müssen.

Druckluftarbeiter oder Taucher befinden sich je nach Arbeits- oder Wassertiefe in unterschiedlich hohem Überdruck (1 atü entspricht einem Druck von 1 kg/qcm oder 2 ata oder etwa 10 m Wassertiefe) und werden später wieder nach bestimmten, festgesetzten Zeiten in den normalen Atmosphärendruck zurückgebracht.

Mit steigendem Druck werden die in der Atemluft enthaltenen Gase, insbesondere Stickstoff, vom Körper vermehrt aufgenommen. Der sich im Körper vollziehende Lösungsvorgang dieser Gase verlangsamt sich mit zunehmender Sättigung. Der Grad der Sättigung ist abhängig von der Arbeits- oder Tauchtiefe, Expositions- oder Tauchzeit sowie der unterschiedlich starken Durchblutung und dem unterschiedlich großen Stickstoffbindungsvermögen der Körpergewebe. Dabei tritt zuerst eine Sättigung der Körperflüssigkeiten, nach längerer Einwirkungsdauer eine solche der lipoid- und fetthaltigen Gewebe ein.

Die Entsättigung des Körpers muss langsam vor sich gehen, damit der bei Druckentlastung freiwerdende Stickstoff über das Herz- und Kreislaufsystem und die Atmungsorgane abgeatmet werden kann. Erfolgt die Druckherabsetzung zu schnell, so kann freigewordener Stickstoff in Körperflüssigkeiten, wie Blut, Lymphe, Liquor, Gelenkflüssigkeiten, sowie auch in den Geweben zur Bildung von Gasblasen führen. Luftembolien sind die häufigsten Ursachen der Erkrankungen durch Arbeit in Druckluft. Ebenso kann die sog. autochthone Stickstoffentbindung, d.h. das Freiwerden von Stickstoff innerhalb der Zellen, vorübergehende oder dauernde Gesundheitsschäden bewirken.

II. Krankheitsbild und Diagnose

Zu rascher Übergang von Normal- auf Überdruck (Einschleusen in den Caisson, Abstieg im Wasser) kann infolge mangelnden Druckausgleichs, z.B. in Ohrtuben, Stirn- und Kieferhöhlen, zu Kopf- und Ohrenschmerzen, bei schadhaftem Gebiss auch zu Zahnschmerzen, führen.

Nach zu schnellem Ausschleusen oder Auftauchen treten innerhalb der ersten halben Stunde, vielfach auch erst nach Stunden oder Tagen, je nach Größe, Anzahl oder Lokalisation im Körper befindlicher Gasblasen, mehr oder weniger heftige „Druckfailbeschwerden" auf. Zu den Krankheitssymptomen gehören z.B. Gelenk- und Muskelschmerzen, Ohrensausen, Schwerhörigkeit, Mono-Paraplegie, Tonusverlust der Muskulatur („Zusammensinken des Körpers"), Aphasie und Asphyxie. Mehrtägige Temperatursteigerungen beruhen evtl. auf einer gestörten Wärmeregulation.

Örtliche Zirkulationsstörungen können Gefäßerweiterungen, Ödeme und Marmorierung der Haut verursachen.

Auch ein Herzinfarkt infolge von Stickstoffgasembolie ist möglich.

In der Regel klingen Beschwerden und Symptome der Drucklufterkrankung nach Wiedereinschleusung (Rekompression auf den vorausgegangenen Arbeitsdruck), die in jedem Falle die in Frage kommende Behandlungsmaßnahme ist, in relativ kurzer Zeit ab.

Dauernde Lähmungen, vorwiegend der unteren Gliedmaßen sowie Symptome des Meniereschen Syndroms, sind infolge der Stickstoffgasembolien im Zentralnervensystem möglich. Auch vorübergehende psychische Störungen, epileptiforme Anfälle, Schäden in Hirnstamm und evtl. röntgenologisch nachzuweisende Dauerschäden in den großen Gelenken können Folgeerkrankungen von Arbeit in Druckluft sein.

III. Hinweise für die ärztliche Beurteilung

Für die Diagnosestellung und Beurteilung sind die eingehende Anamnese und Ermittlung der speziellen Arbeitsbedingungen hinweisgebend. Dabei ist die Kenntnis der Arbeitstiefen der Atmosphären-Überdrucke und des Bodenprofils, der Ein- und Ausschleusungszeiten sowie der Dauer der Arbeiten im Überdruck von Wichtigkeit.

Nr. 2301 Lärmschwerhörigkeit

Lärm in Sinne dieses Merkblattes ist Schall (Geräusch), der das Gehör schädigen kann. Bei einem Beurteilungspegel von 90 dB (A) und mehr sowie andauernder Einwirkung besteht für einen beträchtlichen Teil der Betroffenen die Gefahr einer Gehörschädigung. Gehörschäden können jedoch auch bereits durch einen Lärm verursacht werden, dessen Beurteilungspegel den Wert von 85 dB (A) erreicht oder überschreitet.

Der Beurteilungspegel kennzeichnet die Wirkung eines Geräusches auf das Ohr. Er ist der Pegel eines für die Dauer einer achtstündigen Arbeitsschicht konstanten Geräusches oder, bei zeitlich schwankendem Pegel, der diesem gleichgesetzte Pegel. Wenn die Beurteilungspegel an den Tagen einer Arbeitswoche unterschiedlich sind, wird der Beurteilungspegel auf eine 40-stündige Arbeitswoche bezogen. Der Beurteilungspegel wird nach der VDI Richtlinie 2068 Blatt 2 „Beurteilungspegel von Arbeitslärm am Arbeitsplatz hinsichtlich Gehörschäden" Abs. 4.4 in Zusammenhang mit Anhang A und DIN 45641 ermittelt und in dB (A) angegeben.

Am Arbeitsplatz kann Lärm nach mehrjähriger Einwirkung zu Lärmschäden des Gehörs führen. Bei sehr hohen Lautstärken sind bleibende Gehörschäden schon nach wenigen Tagen oder Wochen möglich. Geräusche, bei denen Frequenzen über 1000 Hz vorherrschen, und schlagartige Geräusche hoher Intensität (Impulslärm) sind für das Gehör besonders gefährlich. Durch Lärm verursachte Gehörschäden können eine Berufskrankheit „Lärmschwerhörigkeit" werden.

I. Gefahrenquellen

Lärmarbeiten kommen in vielen Gewerbezweigen vor, besonders vielfältig und häufig in der Metallbe- und verarbeitung (Niet- und Hammerarbeiten, Arbeiten in Draht- und Nagelfabriken, Gussputzen, Schleifen, Blechbearbeitung; alle Arbeiten mit Druckluftwerkzeugen, Strahlarbeiten, Spritzmetallarbeiten, manche Schweiß- und Schneidarbeiten, Arbeiten an Pressen), im Bergbau, an Motorenprüfständen, im Bereich von Gasturbinen, Kompressoren und Gebläsen, bei der Holzbearbeitung (Hobelmaschinen, Sägen), in der Textilindustrie (Web- und Spinnmaschinen), an Druckereimaschinen, in der Lebensmittelindustrie (Flaschenabfüllerei, Fleischcutter); beim Gewinnen und Bearbeiten von Steinen, bei Bauarbeiten (Rammen, Planierraupen, Bagger und Gleisstopfmaschinen); im Luftverkehr (vor allem beim Bodenpersonal), im Schiffsverkehr (Maschinenräume), sowie auch sonst in der Nähe von Dieselmotoren usw.

II. Pathophysiologie

Die Schallwellen gelangen durch Luftleitung über den Gehörgang und – in schwächerem Maße – als Körperschall über die Schädelknochen zum Innenohr. Sie führen dort zunächst zu einer Ermüdung der Sinneszellen der unteren Schneckenwindung (reversible „Vertäubung", „vorübergehende Schwellenabwanderung" im Tonaudiogramm, „Kompensationsphase"). Wenn die Erholungsmöglichkeit (z.B. durch Lärmpausen von entsprechender Dauer) nicht mehr ausreicht, kommt es zu einem Dauerschaden durch Stoffwechselerschöpfung und Zelltod. Das Ausmaß des Lärmschadens nimmt mit der Dauer der Lärmexposition und mit der Lärmintensität zu. Nach etwa 15 – 20 Jahren wird – infolge Zerstörung aller durch Lärm zerstörbaren Zellen – eine „Sättigungsphase" erreicht. Nach beendeter Lärmexposition ist nicht mehr mit einem Fortschreiten der Lärmschwerhörigkeit zu rechnen.

III. Krankheitsbild und Diagnose

Die Lärmschwerhörigkeit ist eine Schallempfindungsschwerhörigkeit vom „Haarzelltyp" (= Innenohrschwerhörigkeit). Zunächst ist die Wahrnehmung der höheren, später erst die der mittleren und tieferen Töne beeinträchtigt. Bei Lärmschwerhörigkeit sind eine große Differenz zwischen den Hörweiten für Umgangs- und Flüstersprache sowie im Tonaudiogramm ein Übereinstimmen der Hörschwellenkurven für Luft- und für Knochenleitung festzustellen. Die chronische Schwerhörigkeit durch Lärm tritt immer doppelseitig auf, sie muss aber nicht streng symmetrisch ausgebildet sein; große Seitendifferenzen mahnen allerdings zu kritischer Klärung und Beurteilung. Subjektive Ohrgeräusche werden verhältnismäßig häufig angegeben, sind aber nicht spezifisch für eine Schwerhörigkeit durch Lärm. Gleichgewichtsstörungen gehören nicht zum Krankheitsbild.

Schon die beginnende Gehörschädigung durch Lärm kann mittels Tonaudiogramm durch typischen Hörverlust im Frequenzbereich um 4000 Hz (sog. C_5-Senke) festgestellt werden. Auch später ist noch für längere Zeit ein Überwiegen der Hochtonstörung feststellbar, aus der Hochtonsenke wird ein Hochtonabfall. Der Hauptsprachbereich (500 – 3000 Hz) wird erst spät beeinträchtigt.

Ein Lautheitsausgleich (Recruitment), möglichst durch mehrere überschwellige Prüfmethoden bestätigt, spricht für eine Schädigung der Sinneszellen des Corti-Organs durch Lärm.

Differentialdiagnostisch ist eine Schalleitungs-(mittelohr)Schwerhörigkeit leicht auszuschließen (u.a. im Tonaudiogramm in nicht nur einer Frequenz mehr als 10 dB Differenz zwischen Luft- und Knochenleitung); weitere Hinweise auf die Möglichkeit einer gestörten Schallleitung sind morphologische Veränderungen und Bewegungseinschränkungen an den Trommelfellen, eine behinderte Tubendurchgängigkeit und eine Fixation der Gehörknöchelchenkette. Schwieriger gestaltet sich der Ausschluss von Schallempfindungsstörungen anderer Ursache; neben dem Recruitment ist vor allem die Form des Tonaudiogramms von Bedeutung. Nur der basocochleäre Typ spricht für Schwerhörigkeit durch Lärm, während mediocochleäre Typen für eine andere Lokalisation im Schneckenwindungssystem entweder im Sinne einer hereditären oder einer Hörnervenschwerhörigkeit sprechen, pancochleäre Formen eher auf eine Meniere'sche Krankheit hindeuten. Hinweise auf toxische Schäden des Innenohrs (durch ototoxische Medikamente, besonders bei Tbk, durch Kohlenmonoxid usw.) und auf Knalltraumen müssen in erster Linie aus der Anamnese gewonnen werden. Eine konstituionelle degenerative Innenohrschwerhörigkeit muss nicht immer erkennbar erblich sein; sie ist häufig seitendifferent, ihr Beginn ist vielfach schon auf die Zeit vor der Lärmexposition zurückzuverfolgen. Auch muss man bei einem auffälligen Missverständnis zwischen Schwere der Hörstörung und Dauer und/oder Intensität der Lärmexposition an degenerative Prozesse, z.B. auch in ursächlichem Zusammenhang mit einer erkennbaren Hirnsklerose, denken. Auch ein Durchblutungsmangel des Innenohrs infolge Osteochondrose der Halswirbelsäule ist zu beachten.

IV. Weitere Hinweise

Zur Anzeigepflicht: Der Verdacht auf eine anzeigepflichtige Lärmschwerhörigkeit ist begründet, wenn der Versicherte eine Reihe von Jahren unter Lärmbedingungen tätig ist oder war, die Hörfunktionsstörung dem Bilde der Innenohrschwerhörigkeit entspricht und das Sprachgehör beeinträchtigt ist.

Reine Hochtonverluste sind nicht anzeigepflichtig. Präventivmedizinische Zielsetzungen können auf andere Weise (z. B. durch Kontakt mit dem Betriebsarzt oder Mitteilung an den Träger der gesetzlichen Unfallversicherung) wirksamer und einfacher verfolgt werden.

Zur Begutachtung: Führende deutsche Audiologen haben in Zusammenarbeit mit dem Berufsgenossenschaftlichen Forschungsinstitut für Lärmbekämpfung des Hauptverbandes der gewerblichen Berufsgenossenschaften „Empfehlungen des Hauptverbandes der gewerblichen Berufsgenossenschaften für die Begutachtung der beruflichen Lärmschwerhörigkeit" („Königsteiner Merkblatt") erarbeitet, die dem jeweiligen Stand der Wissenschaft und der praktischen Erfahrung von Zeit zu Zeit angepasst werden sollen. Die in den Empfehlungen enthaltenen Tabellen zur Einschätzung der MdE sind allgemeine Richtwerte, sie dürfen nicht schematisch für die Ermittlung der individuellen MdE angewendet werden. Für den Vorschlag zur Höhe der MdE ist entscheidend, in welchem Umfang dem Versicherten der allgemeine Arbeitsmarkt mit seinen vielfältigen Erwerbsmöglichkeiten, in dem es häufig auf das ungestörte Hörvermögen wenig ankommt, verschlossen ist.

Die Empfehlungen enthalten außerdem Hinweise auf die für eine angemessene Begutachtung erforderlichen Untersuchungen: Eigen- und Familienanamnese sowie Arbeitsanamnese, Spiegeluntersuchung einschl. Prüfung der Beweglichkeit der Trommelfelle und der Tubendurchgängigkeit, Stimmgabelprüfung, Tonschwellenaudiometrie, mindestens zwei überschwellige Testmethoden zur Differentialdiagnose, Sprachaudiometrie, Hörweitenprüfung und Prüfung auf Spontan- und Provokationsnystagmus. Rö-Untersuchungen sollen nur bei spezieller Indikation vorgenommen werden.

Es wird verlangt, dass der Funktionsverlust in Form des prozentualen Hörverlustes angegeben wird, aus dem dann der MdE-Vorschlag abzuleiten ist.

Grundvoraussetzung für die Bejahung einer beruflichen Lärmschwerhörigkeit ist eine hinreichende Lärmexposition am Arbeitsplatz. Lärmmessungen am Arbeitsplatz sind deshalb unentbehrlich, wenn nicht auf bereits bekannte Messergebnisse zurückgegriffen werden kann.

Eine Alterskorrektur wird bei noch unter Lärmbedingungen Tätigen grundsätzlich nicht vorgenommen; dagegen ist sie zu berücksichtigen, wenn bei fortgeschrittenem Alter seit dem Ende der Lärmarbeit einige Jahre vergangen sind oder wenn der augenblickliche Hörverlust den zu erwartenden Altersverlust nicht übersteigt. Bei dem nicht ganz seltenen Ereignis einer akut auftretenden Hörstörung durch Lärm ist der zeitliche Zusammenhang zwischen der schädigenden Lärmeinwirkung und dem Auftreten der Hörstörung eingehend zu prüfen. Außerdem ist nach Möglichkeit der Beweis zu führen, dass vor der Lärmexposition ein normales oder doch wesentlich besseres Hörvermögen bestanden hat.

V. Literatur

Lehnhardt, E.: Die Berufsschäden des Ohres. Hauptreferat der 36. Tagung d. Dtsch. Ges. HNO-Ärzte, Hamburg 1965.

Boenninghaus, H.G., und D.Roeser: Neue Tabellen zur Bestimmung des prozentualen Hörverlustes für das Sprachgehör. Laryng. Rhinol: 52 (1973) 153–161.

Feldmann, H.: Das Gutachten des Hals-Nasen-Ohren-Arztes. Suttgart 1976.

Hauptverband der gewerblichen Berufsgenossenschaften (Schriftenreihe): Arbeitsmedizinische Tagung über die berufliche Lärmschwerhörigkeit. Bad Reichenhall 1974 (dort auch erste Fassung des „Königsteiner Merkblattes").

Literatur

1. Allgemeine Begutachtung

Mehrhoff, F., J. Fritze (Hrsg): Die ärztliche Begutachtung, 7. Auflage, Heidelberg 2008.

Jessnitzer/Ulrich: Der gerichtliche Sachverständige, 11. Auflage, München 2001.

Ludolph, Lehmann, Schürmann: Kursbuch der ärztlichen Begutachtung, Loseblattwerk, 2002.

Francke, J./Gagel, A., Der Sachverständigenbeweis im Sozialrecht: Inhalt und Überprüfung medizinischer Gutachten, Baden-Baden 2009.

2. Besondere Begutachtungsthemen

Barmeyer, Jürgen, Das kardiologische Gutachten, 2. Aufl., Stuttgart 2009.

Hausrotter, W., J. Eich, Die Begutachtung für die private Berufsunfähigkeitsversicherung, Karlsruhe 2008.

Kügelgen, B. Hanisch, C. (Hrsg.): Begutachtung von Schmerz, Stuttgart 2001.

Orthopädisches Forschungsinstitut (OFI, Münster) (Hrsg.): Beurteilung und Begutachtung von Gelenkschäden, Wirbelsäulenschäden. Darmstadt 2001, 2002 (jährliches Erscheinen).

Rauschelbach, H.-H., K.-A. Jochheim, B. Widder (Hrsg.): Das neurologische Gutachten, 4. Aufl., Stuttgart – New York 2000.

Tägert, J.: Die gutachterliche Bewertung von Hirnleistungsstörungen, Berlin – New York 2000.

Schönberger, Mehrtens, Valentin: Arbeitunfall und Berufskrankheiten, 8. Aufl., Berlin 2010.

3. Zeitschriften allgemein

Der medizinische Sachverständige, Gentner Verlag Stuttgart, Telefon 07 11/63 67 20, Fax 07 11/6 36 72 69 und gentner@gentnerverlag.de.

Die Rehabilitation, Zeitschrift für Praxis und Forschung in der Rehabilitation, Georg Thieme Verlag Stuttgart, Telefon 07 11/89 31-0, Fax 07 11/89 31-2 98 und kunden.service@thieme.de.

Trauma und Berufskrankheit, Springer Verlag, Heidelberg (www.traumaundberufskrankheit.springer.de).

4. Weitere Informationen

Bundesverband der für die BGen tätigen Ärzte e.V. (Geschäftführer Dr. med. Norbert Bönninghoff), Langenfeldstraße 63 A, 45481 Mülheim.

Initativkreis „Medizinische Begutachtung" (Geschäftsführer Dr. Frank Schröter), Institut für Medizinische Begutachtung, Landgraf-Karl-Straße 21, 34131 Kassel.

Deutsche Gesellschaft für Unfallchirurgie, Kommision Begutachtung, Kontaktadresse Prof. Dr. Kuno Weise, Ärztlicher Direktor der Bgl. Unfallklinik Tübingen, Schnarrenbergstraße 95, 72076 Tübingen.

Deutsche Gesellschaft für Orthopädie und Traumatologie, Sektion Begutachtung, Leiter Prof. Dr. med. Michael Weber, Chirurg. Univ. Klinik, Abtl. für Orthopädie, Hugstetter Straße 55, 79106 Freiburg i. Br.

Deutsche Gesellschaft für Neurologie Arbeitsgemeinschaft Begutachtung, Prof. Dr. Bernhard Widder, Chefarzt der Neurologie, Bezirkskrankenhaus Günzburg, Ludwig-Heilmeyer-Straße 2, 89312 Günzburg.

5. Ergänzende Literatur und Quellenangaben

Adams, M. A., Hutton, W. C. Prolapsed intervertebral disc. A hyperflexion injury. Spine 1982;7:184–191.

Badke, A.: Muss die Einschätzung zur MdE bei verbesserter Orthopädietechnik überdacht werden? Begutachtung nach Amputationen – Kontra aus ärztlicher Sicht. Abteilung für Querschnittgelähmte, BG-Unfallklinik Tübingen. Trauma und Berufskrankheit Supplement 3, Springer 2001.

Begutachtung, MdE-Einschätzung bei Hüftendoprothesen. Niederschrift über die Sitzung des Heilverfahrensausschusses des Landesverbandes Südwestdeutschland der gewerblichen Berufsgenossenschaften, Waldenburg 29./30.04.1997.

Benz: Entstehung (Eintritt), Verschlimmerung eines Versicherungsfalls und Minderung der Erwerbsfähigkeit (MdE) in der gesetzlichen Unfallversicherung. WzS 2000, 178.

Boden, S.D., Davis, D.O., Dina, T.S., Patronas, N.J., Wiesel, S.M.: Abnormal magnetic resonance scans of the lumbar spine in symptomatic subjects. J Bone Joint Surg Am 1990;72:403–408.

Bötel, U.: Chirurgische Berufskrankheit „Wirbelsäulenerkrankungen". Nach einem Vortrag auf der Unfallmedizinischen Arbeitstagung, Baden-Baden 23./24. Oktober 1993.

Bötel, U.: Syndromorientierte Therapie von HWS-Traumen unter besonderer Berücksichtigung der non-contact-Traumafolgen. 10. Frankfurter Schmerzkonferenz, Frankfurt a.M. 9./10. Juni 1990.

Brinckmann, P.: Injury of the annulus fibrosus and disc protrusions. An in vitro investigation on human lumbar discs. Spine 1986;11:149–153.

Brinckmann, P., Biggemann, M., Hilweg, D.: Prediction of the compressive strength of human lumbar vertebrae. Clinical Biomechanics 1989;4 Suppl. 2:S 1–27.

BSG-Beschluss vom 08.05.01 – B 2 U 97/01 B: Ruptur der Bauchaorta (Aneurysma) ist nicht Folge eines Arbeitsunfalles. (§548 Abs. 1 Satz 1 RVO = §8 Abs 1 Satz 1 SGB VII) Anlageleiden.

Christ-Panknin, C.: Enterothorax nach Zwerchfellruptur – posttraumatischer Folgeschaden nach 29 Jahren. Med Sach 96 (2000) No. 5.

Duncan, N.A., Ahmed, A.M.: The role of axial rotation in the etiology of unilateral disc prolapse. An experimental and finite-element analysis. Spine 1991;16:1089–1098.

Ehlers, A.: Fortschritte der Psychotherapie. Manuale für die Praxis, Posttraumatische Belastungsstörung Band 8. Hogrefe-Verlag für Psychologie, Göttingen 1999.

Flatten, G., Gast, U., Hofmann, A., Liebermann, P., Reddemann, L., Siol, T., Wöller, W., Petzold, E.R.: Posttraumatische Belastungsstörung. 2. Auflage, Schattauer, Stuttgart 2004.

Grosser, V., Kranz, H-W., Wenzl, M., Schmidt, H.G.K., Jürgens, C.: Zusammenhangsfragen bei der Begutachtung des so genannten Verhebetraumas. Abteilung für Unfall- und Wiederherstellungschirurgie, BG-Unfallkrankenhaus Hamburg. Trauma und Berufskrankheit 3, Springer 2000.

Grosser, V., Wenzl, M., Keine, J., Jürgens, C.: Folgezustände nach abdominaler Verletzung, MdE und spezielle Begutachtungsfragen. BG-Unfallkrankenhaus Hamburg. Trauma und Berufskrankheit Supplement 3, Springer 2001.

Hartwit, E., Hoellen, I., Liener, U., Kramer, M., Wickstroem, M., Kinzl, L.: Berufserkrankung 2108, Kernspintomographische Degenerationsmuster der LWS von Patienten mit unterschiedlicher wirbelsäulenbelastender Tätigkeit. Abteilung für Unfall-, Hand und Wiederherstellungschirurgie, Universität Ulm und Abteilung für Radiologie, Universität Ulm.

Hierholzer, G., Hax, P.-M., Hierholzer, S.: HWS-Beschleunigungsverletzung, Minderung der Erwerbsfähigkeit, Arbeitsunfähigkeit, Kriterien ärztlicher Berichte und Gutachten, Forum, Gutachtenkolloquium 12, Springer 1997.

Hutton, W.C., Cyron, B.M., Stott, J.R.R.: The compressive strength of lumbar vertebrae. J Anat 1979;129:753–758.

Jäger, M., Luttmann, A., Bolm-Audorff, U., Schäfer, K., Hartung, E., Kuhm, S., Paul, R., Francks, H.-P.: Retrospektive Belastungsermittlung für risikobehaftete Tätigkeitsfelder. Mainz-Dortmunder Dosismodell, Institut für Arbeitspsychologie an der Universität Dortmund, Ardeystr. 67, 44139 Dortmund.

Kater: Ursächlicher Zusammenhang im Sinne der Entstehung oder Verschlimmerung – Abgrenzung dispositioneller Faktoren von relevanten Vorschäden aus juristischer Sicht – Med Sach 113 (2001).

Kathrein, A. u.a.: Die Pathomorphologie der verletzten zervikalen Bandscheibe. Hefte zu „Der Unfallchirurg". Springer, Berlin 1999;271:145–156.

Köhler, K.F.: Isoliertes psychisches Trauma und Suizid (Versuch) – Kausalitätsprobleme der gesetzlichen Unfallversicherung. Fachhochschule des Bundes für öffentliche Verwaltung – Fachbereich Landwirtschaftliche Sozialversicherung, Kassel. SGb 9/2001.

Koss, M.: Kausalitätsbeurteilung nach Sehnenverletzungen. Med Sach 98 (2002) No. 1.

Koss, M.: Muss die Einschätzung zur MdE bei verbesserter Orthopädietechnik überdacht werden? Begutachtung nach Amputationen – Pro aus ärztlicher Sicht. Versorgungsärztliche Untersuchungsstelle Kassel. Trauma und Berufskrankheit Supplement 3, Springer 2001.

Krämer, J.: (Hrsg.), Bandscheibenbedingte Erkrankungen. Thieme, Stuttgart 1978, 246–250.

Lob, A.: Zitat aus Schönberger, A., Mertens, G., Valentin, H. Arbeitsunfall und Berufskrankheit. 6. Auflage, Schmidt, Berlin 1998, 491–492.

LSG Berlin v. 07.09.2000; HVBG-Info 2001, 1709; BSG vom 02.02.1999; LSG NRW v. 06.02.2001; HVBG-Info 2001, 1196: Verschlimmerung eines vorbestehenden Leidens: Beispiele aus Rechtssprechung und Praxis (V) 122.

Münnich, U., König, D.-P., Popken, F., Hackenbroch, M.H.: Entwicklung der körperlichen und sportlichen Aktivität von Patienten vor und nach Implantation einer totalen Knieendoprothese. Versicherungsmedizin 55 (2003) Heft 2.

Münsteraner Sachverständigengespräche: Der Traumatische Querschnitt – Prognose und Begutachtung. Beurteilung und Begutachtung von Wirbelsäulenschäden und deren Folgen – Standortbestimmung 2001, 2. Münsteraner Sachverständigengespräch, 31.03.2001.

Münsteraner Sachverständigengespräche: Beurteilung und Begutachtung von Wirbelsäulenschäden, Orthopädisches Forschungsinstitut, Steinkopff, Darmstadt 2002.

Münsteraner Sachverständigengespräche: Beurteilung und Begutachtung von Gelenkschäden, Orthopädisches Forschungsinstitut, Steinkopff, Darmstadt 2002.

Niedeggen, A., Gläser, E.: Läsion der Halswirbelsäule und psychische Reaktion. Können psychische Reaktionen nach stattgefundener HWS-Distorsion vermieden werden? Gesellschaft für Wirbelsäulenforschung e.V., Frankfurt a.M. 24.02.1995.

Nyberg, E., Stieglitz, R.-D., Frommberger, U., Berger, M.: Psychische Störungen nach schweren Arbeitsunfällen. Versicherungsmedizin 55 (2003) Heft 2.

Olbrich, D.: Psychische und psychosoziale Faktoren bei chronischen Rückenschmerzen. Versicherungsmedizin 55 (2003) Heft 2.

Pfirrmann, C.W.A., Binker, C.A., Hanetti, M., Boss, N., Hodler, J.: MR morphology of alar ligaments and occipitoatlantoaxial joints: study in 50 asymptomatic subjects. Radiology 2001;218:133–137.

Popken, F., Münnich, U., Rack, C., Michael, J., König, D.-P., Eysel, P.: Der Behandlungsablauf bei endoprothetischem Kniegelenkersatz – eine systematische Kostenträgerrechnung am konkreten Beispiel. Versicherungsmedizin 55 (2003) Heft 2.

Raab, W.: Folgezustände nach thorakaler Verletzung, MdE und spezielle Begutachtungsfragen. Klinik für Berufskrankheiten, BG der keramischen und Glas-Industrie, Bad Reichenhall. Trauma und Berufskrankheit Supplement 3, Springer 2001.

Schütz, A.G.: Muss die Einschätzung zur MdE bei verbesserter Orthopädietechnik überdacht werden? Begutachtung nach Amputationen – Pro aus Sicht der Verwaltung. Tiefbau-Berufsgenossenschaft, Wuppertal. Trauma und Berufskrankheit Supplement 3, Springer 2001.

Schwerdtfeger, U.: Muss die Einschätzung zur MdE bei verbesserter Orthopädietechnik überdacht werden? Begutachtung nach Amputationen-Kontra aus Sicht der Verwaltung. Holz-Berufsgenossenschaft, Bezirksverwaltung Köln. Trauma und Berufskrankheit Supplement 3, Springer 2001.

Thomann, K.-D.: Die Begutachtung von Schmerzkranken – eine interdisziplinäre Aufgabe. Versicherungsmedizin 55 (2003) Heft 2.

Widder, B., Hausotter, W., Marx, P., Puhlmann, H.U., Wallesch, C.W.: Empfehlung zur Schmerzbegutachtung. Med Sach 98 (2002) No. 1.

Wittenberg, R.H., Shea, M., Edwards, C. u.a.: In-vitro-Hyperextensionsverletzungen der HWS. Vortrag während der 46. Jahrestagung der Vereinigung Süddeutscher Orthopäden e.V., Baden-Baden 1998.

Sachregister

Abfindungen 30
Abrissbrüche 358
Abstrakter Schadensersatz 27
Achillessehne
  – Riss der 227
Aggravation 136
AIDS, HIV-Infektion 199
Akteneinsicht 37, 102
Aktinomykose 201
Allgemeine Unfallversicherungs-
  Bedingungen 329
Allgemeininfektion 202
Altersveränderungen 205
Amputationen 163
Anamnese 320
Aneurysmen 154, 208
Ängste 255
Anhörung 37
Anschlussrehabilitation (AHB) 48
Aortenaneurysma 206
Apoplexie 210
Appendizitis 216
Arbeitsanamnese 322
arbeitsbedingte Gesundheitsgefahren 20
Arbeitslosenversicherung, gesetzliche 86
  – Arbeitsförderungsrecht 86
  – Ärztlicher Dienst 87
  – Bundesagentur für Arbeit 86
Arbeitsmarkt
  – allgemeiner 27, 139
Arbeitsmedizinische Vorsorge 20
Arbeitsschwielen 123
Arbeits- und Gesundheitsschutz 8
Arbeitsunfähigkeit 23, 39
Arbeitsunfähigkeits-Bescheinigung 286
Arbeitsunfall 7, 14
Arme 126, 159
Arteriosklerose 210
Arthrosis deformans 232
Ärztevertrag 5
Arzthaftung 6
ärztliche Anzeige 14
ärztlicher Bericht 84
Arztwahl 22, 43
AUB 329
Aufbau des Gutachtens 345
Aufzeichnungspflichten 287

Auge 144
Auskunftspflicht 3, 37, 103

Bandscheibenvorfall 223
Bauchdecke 156
Bauchfellentzündung 214
Bauchorgane 156
Bauchspeicheldrüse 217
Bechterewsche Erkrankung 232
Becken 155
Befund 44
Begleitpersonen 314
Begutachtungsmethodik 248
Behandlung
  – ambulante 32
  – stationäre 32
Behandlungsfehler 17
Behindertensport 22
Beinamputierte 297
Beine 163
Beiträge 40
Beitragsbemessungsgrenze 70
Belastungserprobung 22
Belastungsstörungen 254
Bericht der Ärzte 36
Berufshelfer 10
Berufskrankheiten 7, 18
  – Berufskrankheitenliste 18
  – Berufskrankheitenverordnung, BKV 18
  – Merkblätter 18
Berufsunfähigkeit 45, 78
Bescheid 38
Beschleunigungsgebot 36
Besuchsdienst 33
Betastung 118, 119
Betriebliche Gesundheitsförderung 42
Betriebs- und Werksärzte 43
Beweisanforderung 16
Beweiserhebung 19
Beweiskraft 102
Beweismittel 4
BG-Kliniken 9
BGSW 23
bio-psycho-sozialer Ansatz 326
Bizepssehnenriss 227
Blindenführhund 299
Blutergussinfektion 201

Bronchitis 154
Brückensymptome 62
Brustbein 154
Brusthöhle 154
Brustkorb 154
Bundesagentur für Arbeit 92
Bundesarbeitsgemeinschaft für
  Rehabilitation 3, 65
Bundessozialgericht 15
Bundesversicherungsamt 8

Chronische Hepatitis 217
Crohn-Krankheit 62

Darmgeschwüre 216
Darmverschluss 216
Darmzerreißungen 216
D-Ärzte 9
Datenschutz 35
Depression 16, 255
Deutsche Gesetzliche Unfallversicherung
  (DGUV) 9
Diabetes mellitus 157, 204
Diphtherie 198
Disability Manager 10
Dornfortsatzbruch (Schipperkrankheit) 231
Druckluft 372
Druckschädigung der Nerven 348
Dupuytrensche Kontraktur 228

EAP 22
Eingeweidebrüche 213
Einwilligung 44
Ejakulationsstörungen 221
Ellenbogen 160
Embolie 210
Endangiitis obliterans 211
Energieaufwand 253
Entgeltfortzahlung 24
Entschädigung 20, 54
Epikrise 324
Epilepsie 237
erektile Dysfunktion 219
Erfrierungen 195
Erholungsaufenthalte 314
Erste Hilfe 8
Erwerbsminderung
  – Erwerbsminderungsrente 49
  – teilweise 49
  – volle 50
Erysipel 201

Festbetrag 41
Fettleibigkeit 204
Finger 161
Fistel 157, 208
Folgeschaden 63
Formulargutachten 91
Fristen 5
Funktionseinschränkungen 75
Furunkel 222
Fuß 121, 167

Gallenblasenentzündung 217
Gallenwege 217
Ganglion 235
Gangrän einer Gliedmaße 211
Gasvergiftung 198
Gebührenordnung für Ärzte 346
Gehirn 142
Gehör 151
Geldleistungen 41
Gelegenheitsursache 16
Gelenk
  – Ellenbogen- 122, 126
  – Fuß- 166
  – Hand- 160
  – Hüft- 126
  – Knie- 136, 166
  – Schulter- 122, 159
Gelenkchondromatose 236
Gelenkrheumatismus 235
Gemeinsame Empfehlungen 66
Gemeinsamer Bundesausschuss Ärzte/
  Krankenkassen 40
Gemeinsame Servicestelle 67
Genesungsgeld 332
genitale Erkrankung 221
Gerichte 88
Geruch 153
Gesamt-MdE 253
Gesamtvergütung 31
Geschlechtsorgane 158
Geschmack 153
Geschwülste 202
gesetzliche Arbeitslosenversicherung 86
gesetzliche Krankenversicherung 39
gesetzliche Pflegeversicherung 69
gesetzliche Rentenversicherung 45
gesetzliche Unfallversicherung 7
  – Berufsgenossenschaften 7
  – Unfallkassen 7
Gesicht 142
Gewaltopfer 56

Gicht 236
Gliedertaxe 27
Gliedmaße 159
Gonarthrose 349
Grad der Behinderung (GdB) 60
Grad der Schädigungsfolgen (GdS) 59
Grauer Star 240
Grüner Star (Glaukom) 240
Gutachten
 – Form des 102, 106, 191
Gutachtenauftrag 33, 344
Gutachterlisten 35

Haftpflichtversicherung 52
Hals 153
Halswirbelsäule 364
Hämatomyelie 238
Hand 161
Handwurzel 282
Harnblase 157
Harnblasenstein 221
Harnorgane 157
Harnröhre 158
Harnröhrenstrikturen 221
Haushaltshilfe 7, 305
häusliche Krankenpflege 302
häusliche Pflege
 – Kurzzeitpflege 71
 – Pflegegeld 71
 – Pflegekasse 70
 – Pflegeperson 71
Hauttemperatur 121
Heilbehandlung 8, 17, 57, 278
 – allgemeine 278
 – besondere 279
Hepatitis 156, 200
Herzmuskel und Herzklappen 206
Hilfsmittel 14, 294
Hinterbliebene 30
Hirnabszess 238
Hitzschlag 197
Hörgeräte 299
Hornhaut 351
Hüfte 164
Hydronephrose 219

ICF 318
Impfgeschädigte 56
Infektionskrankheit 61
innerer Zusammenhang 15
Insektenstiche 198
Integrierte Versorgung 43

Invaliditätsgrad 79
Invaliditätsleistung 330
Ischias 238

Jahresarbeitsverdienst 21
Jugend- und Sozialhilfe 65

Kannversorgung 62
Kassenärztliche Bundesvereinigung 9
Kausalzusammenhang 15
Kinder 7
Kindergartenkinder 13
Kniegelenksarthrose 64
Knochenbrüche 119
Knochennekrosen 236
Kontextfaktoren 327
Kopf 142
Körperoberfläche 141
Körperschaft des öffentlichen Rechts 43
Kraftfahrzeughilfe 294
Krampfadern 208
Krankenbehandlung 41, 57
Krankengeld 24
Krankenhaustagegeld 332
Krankenkassen
 – Betriebskrankenkassen 39
 – Bundesknappschaft 40
 – Ersatzkassen 40
 – Innungskrankenkassen 40
 – landwirtschaftliche Krankenkassen 40
 – Ortskrankenkassen 39
 – Seekrankenkasse 40
Krankenpflege
 – häusliche 22
Krankheit 39
Krankheitswert 253
Kriegsopferversorgung 54
Kunstaugen 299

Laborbefunde 125
Lähmungen 161
Lärmschwerhörigkeit 151, 349
Leber 217
Lendenwirbelsäule 359
Leukämie 205
Lues 201
Lumbago (Hexenschuss) 223
Lunatumnekrose (Mondbeintod) 231
Lungenblutung 212
Lungenemphysem 212
Lungenentzündung 211
Lungentuberkulose 154, 212

Lungenverletzungen 211
Lymphangitis 202

Magenblutung 215
Magengeschwür 215
Magenkrebs 216
Magensenkung 215
Mastdarmfisteln 217
Mastdarmvorfall 217
MdE 21, 110
MdE-Maßstäbe für psychische
  Funktionsbeeinträchtigungen 252
MdE-Tabelle für psychische
  Gesundheitsschäden 254
Medizinischer Dienst 39
Meldepflichten 7
Meniskusriss 234
Meniskusschäden 348
Messbögen 125
Milzbrand 199
Milzzerreißungen 206
Minderung der Erwerbsfähigkeit 8, 28
mittelbare Unfallfolge 17
Mitwirkungspflichten 3
Mundhöhle 153
Muskelatrophie
  – progressive spinale 240
Muskelhernien 222
Muskelrisse 222
Myositis ossificans 223

Nachschaden 28, 63, 114
Narben 121
Nase 153
Navikularpseudarthrose der Hand 231
Nebennieren 205
Netzhautablösung 240
Neurofibromatose 240
neurogene Blasenentleerungsstörung 219
Niere 157
Nierenbeckenentzündung 220
Nierenstein 218
Nierentuberkulose 220
Nothelfer 7

Oberarm 160
Oberschenkel 163
Ohren 149
Opferentschädigungsgesetz 56
orthopädische Schuhe 298
Ösophagusdivertikel 214
Osteochondritis dissecans 235

Ostitis
  – akute nach Weichteiltrauma 229
Ostitis fibrosa 230

Panaritium 222
Pankreasnekrose 218
Pankreaszysten 218
Paratyphus 199
Periarthritis humero-scapularis 228
perniziöse Anämie 205
persönliche Leistungserbringung 35
persönliches Budget 21, 67
Persönlichkeitsänderungen 255
Pflege 24
  – Behandlungspflege 304
  – Grundpflege 304
  – häusliche 70, 302
  – Pflegebedürftigkeit 24
  – Pflegefall 24
  – Pflegegeld 24, 168
  – Pflegekasse 24
  – Pflegekraft 305
  – stationäre 72
Pflegestufe 70, 73
Phlegmon 222
Phobien 254
Pleuritis 213
private Unfallversicherung 7, 78, 343
psychische Störungen 247
psychoreaktive Syndrome 237
Puls 121
Pyonephrose 219

Qualitätssicherung 35, 343
Querschnittlähmung 124, 238

Rehabilitanden-Unfälle 15
Rehabilitation 8
  – Zuständigkeitsklärung 52
Rehabilitationsfähigkeit 319
Rehabilitationsrecht 3, 65, 66
Rehabilitations-Richtlinien 68
Rehabilitationssport 22, 48
Rehabilitationsträger 65
Rehabilitation vor Rente 21, 45
Reisekosten 23
Rente 25
  – Altersrente 50
  – Arbeitsmarktrente 50
  – Dauerrente 29, 112
  – Rentenantrag 51
  – Stützrente 26

– Teilrente 26
– Verletztenrente 25
– Vollrente 26
– vorläufige 29, 112
– Waisenrente 30
– Wartezeit 51
Rentengutachten 5
Rentensätze 139
Rententabelle 145
Rollstühle 300
Röntgenstrahlen 197
Röntgenuntersuchung 123
Rotatorenmanschettenruptur 229
Rotz 199
Rückenmarksschädigung 155

Sachbearbeiter 35
Schädel 142
Schadensersatz 9, 20
Schleimbeutelentzündungen 228
Schmerzen 5
Schmerzensgeld 21
Schulter 159
Schultergelenk 122
Schultergelenksluxation 233
Schweigepflicht 104
Schwerbehindertenrecht 60, 65
Schwerverletzte 26
Sehhilfen 299
Selbstauskunft 325
Selbstmord 16
Simulation 136
Soldaten 56
Sonnenstich 197
soziale Entschädigung 54
Sozialgeheimnis 37
Sozialgerichtsbarkeit 4, 38
Sozialhilfe 88
Spätschaden 64
Spitzenverband Bund der Krankenkassen
  40
Spitzgriff 123
Spondylarthrose 231
Spondylolisthesis (Wirbelgleiten) 232
Spontanfrakturen 230
Staatliche Gewerbeärzte 19
stationäre Pflege
– Aktivitäten des täglichen Lebens 75
– Pflegeberatung 72
– Pflegedienste 72
– Pflegekräfte 72
– Pflegeplan 74

Störungsbilder
– somatoforme 255
Stromunfall 282
Studenten 7
stufenweise Wiedereingliederung 43, 67

Tagegeld 332
Teilhabe 17, 23
– am Arbeitsleben 23
– am Leben in der Gemeinschaft 23
Tendovaginitis crepitans 227
Tetanus 202
Thrombose 209
Tuberkulose 199
Tuberkulose der Knochen und Gelenke 230
Typhus abdominalis 199

Übergangsgeld 21, 24
Umfangmaße 121
Umschulung 65
UN-Behindertenrechtskonvention 65
Unfallakten 117
Unfallanzeige des Unternehmers 36
Unfallfolge
– mittelbare 17
Unfallkausalität von psychischen Störungen
  250
Unfallneurosen 82
Unfallrente 21
Unfallverhütungsvorschrift (UVV) 20
Unfallversicherung
– gesetzliche 7
  – landwirtschaftliche
    Berufsgenossenschaften 275
– private 7, 78, 343
  – Allgemeine Unfallversicherungs-
    bedingungen (AUB) 78
  – Gesamtverband der Deutschen
    Versicherungswirtschaft 329
  – Gesundheitsprüfung 80
  – Invaliditätsgrad 83
  – Schadenanzeigen 84
  – Versicherungsvertragsgesetz 81
Unterarm 160
Unterschenkel 163
Unterschenkelgeschwüre 208
Untersuchungen
– psychologische 249
Untersuchungsmethode 119
Ureterstein 218
Ursachen 15

Verbrennungen 196
Vergiftungen 198
Vergütung von Gutachten 90
  – GOÄ 92
  – Justizvergütungs- und
    Entschädigungsgesetz 91
  – Portokosten 91
  – Schreibgebühren 92
  – Umsatzsteuer 93
Verhalten
  – bewusstseinsnahes 251
Verhaltensweisen
  – psychoreaktive 247
Verletztengeld 21, 24
Verschlimmerung 17, 28, 63
Verschlimmerung eines vorbestehenden
  Leidens 252
versicherter Personenkreis 40
Versicherungsfall 14, 41
Versorgungsmedizin-Verordnung
  – GdS/GdB-Tabellen 60
  – Versorgungsmedizinische Grundsätze
    60
Verwaltungsakt 4
Verwaltungsverfahren 36
Virushepatitis 217

Vollbeweis 250
völlige Erwerbsunfähigkeit 30
Vordrucke 34
Vorerkrankung 251
Vorschaden 27, 63, 114
  – psychischer 253

Wahrscheinlichkeit 16
Wegeunfälle 17
wesentliche Änderung 17, 63
Willensanstrengung
  – zumutbare 251
Winkelmessungen 121
Wirbelsäule 124, 155, 240
Wirtschaftlichkeit und Sparsamkeit 295
Wunddiphtherie 202
Wunsch- und Wahlrechte 67

Zahnärzte 19
Zähne 153
Zahnersatz 300
Zehen 164
Zirrhose 217
Zusatzgutachten 36
Zwerchfell 154
Zwölffingerdarmgeschwür 215